2009年全国地市县财政统计资料

（内部资料　注意保存）

财政部国库司　编

中国财政经济出版社

图书在版编目（CIP）数据

2009年全国地市县财政统计资料/财政部国库司编．—北京：中国财政经济出版社，2011．4
ISBN 978-7-5095-2751-1

Ⅰ．①2… Ⅱ．①财… Ⅲ．①地方财政-统计资料-中国-2009 Ⅳ．①F812．7-66

中国版本图书馆CIP数据核字（2011）第021621号

责任编辑：翁晓红　　责任校对：陈可强

封面设计：邹海东　　版式设计：苏　红

中国财政经济出版社出版

URL：http：//www．cfeph．cn

E-mail：cfeph @ cfeph．cn

社址：北京市海淀区阜成路甲28号　邮政编码：100142

营销中心电话：88190406　北京财经书店电话：010-64033436

涿州市新华印刷有限公司印刷

787×1092毫米　16开　36．5印张　899 000字

2011年12月第1版　2011年12月涿州第1次印刷

定价：47．00元

ISBN 978-7-5095-2751-1/F·2342

（图书出现印装问题，本社负责调换）

本社质量投诉电话：010-88190744

编 制 说 明

一、本书资料内容包括：各省、自治区、直辖市地市县财政一般预算收支平衡表、地市县财政政府性基金收支平衡表、地市县预算外财政专户资金收支平衡表以及地市县基本数字表，共四部分。

二、本书资料根据2009年地方财政总决算结算前数据整理、汇编。

三、本书的各项“总计”、“合计”数字均未含我国港、澳、台地区。

四、本书属内部资料，供财税系统和有关部门研究参考，请注意保存，勿对外引用。

财政部国库司

2010年10月

总 目 录

目　录

一、一 般 预 算

二、政府性基金

三、预算外财政专户

四、基本数字表

一、一般预算

2009年北京市区县财政一般预算收支平衡表

1－1－1　　单位:万元

地区	收入							
	收入总计	其中:						
		本年收入	返还性收入	一般性转移支付收入	专项转移支付收入	转贷财政部代理发行地方政府债券收入	上年结余	调入资金
区县合计	**16205016**	**9030452**		**4029832**	**2304235**		**838643**	**1854**
东城区	971460	729028		98333	78198		65901	
西城区	1795342	1468452		84363	158129		84398	
崇文区	540236	204271		186131	66072		83762	
宣武区	773193	456529		157352	67875		91437	
朝阳区	2148283	1883143		131284	117391		16465	
海淀区	2047327	1622426		118242	219096		87504	59
石景山区	364908	179832		123644	39254		22178	
丰台区	841183	391719		244972	193272		11220	
门头沟区	405083	92666		221442	83875		7100	
房山区	787915	233367		388009	164965		1114	460
通州区	794974	260607		308153	161981		64233	
昌平区	742206	316138		242530	139781		43549	208
顺义区	906243	481208		256631	119892		48512	
大兴区	813856	230857		297897	249759		35343	
怀柔区	621007	164675		276551	102307		77474	
平谷区	563923	122765		296794	98947		44808	609
密云县	614599	129269		321490	129280		34042	518
延庆县	473278	63500		276014	114161		19603	

注:一般预算收支平衡表中专项转移支付收入包括地震灾后恢复重建补助收入,调入资金包括地震灾后恢复重建调入资金。

1－1－2　　　　　　　　　　　　　　　　　　　　　　单位：万元

地　　区	支出						年终结余	其中：净结余
	支出总计	其　中：						
		本年支出	一般性转移支付上解	专项转移支付上解	安排预算稳定调节基　金	调出资金		
区县合计	**15032931**	**13319131**	**1434518**	**142496**	**133786**		**1172085**	**235224**
东城区	900682	639265	206548	19671	35198		70778	32593
西城区	1712184	1209101	429025	74058			83158	59749
崇文区	455292	454642		650			84944	12609
宣武区	613071	502162	98213	1696	11000		160122	16000
朝阳区	2136776	1402892	643077	22717	68090		11507	11201
海淀区	1915156	1843983	55541	12632			132171	39327
石景山区	337315	334417	2114	784			27593	
丰台区	824096	822593		1503			17087	
门头沟区	378107	372620		487	5000		26976	885
房山区	781775	781215		560			6140	
通州区	704780	704147		633			90194	46470
昌平区	679785	672455		2332	4998		62421	
顺义区	828506	818204		802	9500		77737	
大兴区	772289	771533		756			41567	5119
怀柔区	491306	490399		907			129701	8084
平谷区	498466	497780		686			65457	
密云县	569761	569028		733			44838	3187
延庆县	433584	432695		889			39694	

一、一般预算

2009年天津市区县财政一般预算收支平衡表

1－2－1　　　　单位:万元

地　区	收入							
	收入总计	其中:						
		本年收入	返还性收入	一般性转移支付收入	专项转移支付收入	转贷财政部代理发行地方政府债券收入	上年结余	调入资金
区县合计	**6772927**	**4958279**	**387132**	**490816**	**287631**		**507679**	**141390**
和平区	254130	243266	15263	－19992	11384		1136	3073
河北区	226295	134290	4317	40574	25591		21523	
河东区	229518	170230	7048	10756	23271		17371	842
河西区	290618	267600	6015	－24567	16606		21076	3888
南开区	274227	243006	6992	4181	15849		4199	
红桥区	167477	80384	5556	46792	19153		15592	
塘沽区	553437	367456	13518	44503	10403		103549	14008
汉沽区	113401	72183	2962	18464	7232		4579	7981
大港区	209431	126212	13446	32656	8659		14658	13800
东丽区	404494	354623	17515	1347	8514		21151	1344
西青区	371588	305025	23008	12357	6813		23885	500
津南区	411234	269456	15640	60674	7223		56308	1933
北辰区	332242	218045	17583	2480	8294		85840	
武清区	368176	220475	21942	79545	29081		17133	
宝坻区	248796	107877	8813	68997	24459		38270	380
蓟县	207647	79040	4554	54688	28726		40639	
宁河县	129035	56629	6556	37003	16004		12843	
静海县	188250	96182	13982	47790	19895		2227	8174
开发区	1134832	983514	158453	－8021	429		457	
保税区	480679	382828	14933	－3636	33		1054	85467
园区	177420	179958	9036	－15775	12		4189	

1－2－2

单位:万元

地　区	支　出						年终结余	其中:净结余
	支出总计	其　中:						
		本年支出	一般性转移支付上解	专项转移支付上解	安排预算稳定调节基　金	调出资金		
区县合计	**6137795**	**5760084**	**187154**	**190557**			**635132**	**84847**
和平区	248895	239144	8453	1298			5235	4953
河北区	202243	196440	4415	1388			24052	11685
河东区	211369	193288	13943	4138			18149	13570
河西区	283635	245764	34658	3213			6983	6983
南开区	271227	237584	1056	32587			3000	
红桥区	160673	159596	23	1054			6804	
塘沽区	398465	390657	1712	6096			154972	2050
汉沽区	110381	109224	143	1014			3020	1537
大港区	193783	191042	1139	1602			15648	6397
东丽区	378709	357431	17571	3707			25785	9584
西青区	339932	331068	6667	2197			31656	1656
津南区	304375	297988	2901	3486			106859	6227
北辰区	228399	215929	8731	3739			103843	500
武清区	349784	342290	5131	2363			18392	5180
宝坻区	215874	213490	1251	1133			32922	
蓟县	157518	156461	92	965			50129	
宁河县	118446	117717	437	292			10589	
静海县	186010	183234	1664	1112			2240	
开发区	1133508	998285	18496	116727			1324	995
保税区	479307	435219	42569	1519			1372	1372
园区	165262	148233	16102	927			12158	12158

一、一般预算

2009 年河北省地市县财政一般预算收支平衡表

1－3－1 单位:万元

地区	收入							
	收入总计	其中:						
		本年收入	返还性收入	一般性转移支付收入	专项转移支付收入	转贷财政部代理发行地方政府债券收入	上年结余	调入资金
地市县合计	**20126497**	**8033326**	**1095110**	**4594012**	**4515265**	**450000**	**1217060**	**219018**
石家庄市小计	**2628990**	**1259614**	**170399**	**483705**	**517805**	**59800**	**126415**	**9494**
本级	397944	82069	34416	53276	93545	49658	83422	
区县小计	2231046	1177545	135983	430429	424260	10142	42993	9494
赞皇县	63750	9888	2416	17251	24924	126	9145	
平山县	135303	52697	3322	38700	40967	2900	－3283	
灵寿县	69469	11231	2604	21595	29126	268	4645	
行唐县	72624	15961	2069	30850	22534	1057	153	
井陉县	83274	35294	8689	10173	23803	772	4543	
鹿泉市	111294	57270	15637	12812	21167	264	4144	
正定县	82669	38077	6668	18122	16176	589	3037	
栾城县	70130	31096	6518	14156	13774	86	4500	
辛集市	123179	49482	9109	27695	29686	1900	1331	3976
晋州市	84030	28199	5736	24146	18921	317	993	5518
深泽县	39103	14467	1869	12098	10597	149	－77	
无极县	57855	14453	3504	21842	16972	607	477	
藁城市	136323	63598	6941	32867	31569	438	910	
赵县	72298	16687	3143	31739	20204	224	301	
新乐市	59166	20946	4086	19503	14529	36	66	
高邑县	39545	9027	1986	13664	14564	170	134	
元氏县	62378	18688	3896	21000	15810	195	2789	
长安区	165148	135049	6185	12193	9109		2612	
桥东区	145291	116752	6606	12277	9382		274	
桥西区	184457	163919	4551	2895	11389		1703	
新华区	130974	93861	9759	11857	13002		2495	
裕华区	135109	103872	9417	14223	6594		1003	
矿区	32190	18184	2881	5490	5374	44	217	
高新区	75487	58847	8391	3281	4087		881	
唐山市小计	**3017746**	**1697161**	**208191**	**471340**	**490102**	**60700**	**55555**	**34685**
本级	621745	558097	－102943	45896	73748	36000	10947	
区县小计	2396001	1139064	311134	425444	416354	24700	44608	34685
滦县	115708	53000	6592	27718	25292	1000	777	1329
滦南县	131031	56984	7010	32141	28930	1000	2880	2086
乐亭县	142657	47618	12604	24802	39474	1000	3291	13868
迁西县	126949	61983	38250	－625	23923	1000	2418	
唐海县	86777	36978	6557	25759	15199	1000	1284	
迁安市	359625	223852	18238	78565	28526	7100	3234	110
玉田县	125383	40680	10454	30124	32576	1000	4094	6455

1－3－2　　　　　　　　　　　　　　　　　　　　　　　　　　　　单位:万元

地　　区	支出						年终结余	其中:净结余
	支出总计	其中:						
		本年支出	一般性转移支付上解	专项转移支付上解	安排预算稳定调节基金	调出资金		
地市县合计	**18701212**	**18261694**	**226134**	**205164**		**4314**	**1425285**	**57134**
石家庄市小计	**2498335**	**2409171**	**57375**	**29031**			**130655**	**5975**
本级	336156	736717	－19734	－382385			61788	1600
区县小计	2162179	1672454	77109	411416			68867	4375
赞皇县	43295	42126	195	974			20455	57
平山县	135303	129951	108	5244				
灵寿县	59454	58834	99	521			10015	26
行唐县	68400	71431	1	－3032			4224	
井陉县	80025	74293	2095	3637			3249	9
鹿泉市	108709	100385	6908	1416			2585	1085
正定县	78107	73437	1976	2694			4562	118
栾城县	63986	60499	268	3219			6144	171
辛集市	121640	116439	100	5101			1539	
晋州市	80256	81191	1556	－2691			3774	2
深泽县	38677	40528	13	－1864			426	
无极县	57027	57837	18	－828			828	
藁城市	135890	129663	1304	3923			433	69
赵县	71240	75342	286	－4388			1058	
新乐市	58379	60982	32	－2635			787	10
高邑县	39537	38431	670	436			8	8
元氏县	58978	60412	343	－1777			3400	48
长安区	163814	58400	1107	104307			1334	65
桥东区	145111	63566	109	81436			180	180
桥西区	183800	70970	1171	111659			657	657
新华区	130212	68917	57677	3618			762	321
裕华区	133901	59344	70	74487			1208	310
矿区	32045	29315	712	2018			145	145
高新区	74393	50161	291	23941			1094	1094
唐山市小计	**2928335**	**2857675**	**42349**	**28299**			**89411**	**1495**
本级	589818	596837	11219	－18238			31927	77
区县小计	2338517	2260838	31130	46537			57484	1418
滦县	115337	113044	951	1342			371	
滦南县	125533	130307	766	－5540			5498	
乐亭县	141873	139898	778	1197			784	
迁西县	126940	125472	1155	313			9	9
唐海县	85937	84308	938	691			840	
迁安市	340761	323904	147	16710			18864	82
玉田县	123799	123554	1636	－1391			1584	

一、一般预算

1-3-3　　单位:万元

地区	收入							
	收入总计	其中:						
		本年收入	返还性收入	一般性转移支付收入	专项转移支付收入	转贷财政部代理发行地方政府债券收入	上年结余	调入资金
遵化市	197912	89885	16727	41354	33840	3600	8506	4000
路南区	77512	31141	16347	16097	11298	1000	1267	362
路北区	141289	78184	16723	26433	18361		1588	
古冶区	90132	29707	17136	22348	18262	1000	130	1549
开平区	89741	32366	19847	11896	21408	1000	1124	2100
丰润区	193302	79180	26336	37039	47878	1000	1869	
丰南区	222033	98639	64379	15167	32865	1000	7606	2365
高新开发区	45160	27028	12676	4138	843		475	
海港开发区	61716	47329	9697	2248	1188	1000	254	
南堡开发区	32284	18156	1826	5864	5377	1000	61	
芦台开发区	15454	3965	600	6839	3740		221	89
汉沽管理区	19662	6069	1163	7306	4727		25	372
曹妃甸工业园区	121674	76320	7972	10231	22647	1000	3504	
邯郸市小计	**2217096**	**871760**	**114222**	**511071**	**505583**	**39900**	**169846**	**4714**
本级	470637	308794	45543	-34879	69640	25000	52604	3935
区县小计	1746459	562966	68679	545950	435943	14900	117242	779
大名县	99082	7586	2504	48039	39311	1400	242	
魏县	106811	13496	2002	48520	33324	690	8000	779
曲周县	70317	6028	1756	34771	24626	690	2446	
邱县	50192	5678	1396	20657	14265	500	7696	
鸡泽县	47669	3639	1442	23764	16827	550	1447	
肥乡县	55392	7600	1122	22626	19581	600	3863	
广平县	48796	6960	1993	19522	15496	540	4285	
成安县	69406	10063	1411	29296	20559		8077	
临漳县	80485	8258	1507	41105	24524	550	4541	
馆陶县	65782	7988	1621	23825	26815	920	4613	
磁县	139330	69124	7072	23814	29378	950	8992	
涉县	142404	81482	1926	27265	26639	950	4142	
永年县	154010	57174	6329	37751	31688	900	20168	
邯郸县	85173	26665	5621	34227	14527	960	3173	
武安市	272459	137889	19207	52515	46756	3500	12592	
邯山区	37241	11315	1639	10335	7706		6246	
丛台区	45375	17756	993	14676	8069		3881	
复兴区	29573	8198	749	10063	4269		6294	
峰峰矿区	112041	53644	7523	18526	25839		6509	
开发区	19816	12624	561	4044	2055	500	32	
马头工业园区	15105	9799	305	609	3689	700	3	
张家口市小计	**1601890**	**469952**	**90432**	**391746**	**481275**	**34300**	**126910**	**7265**

1－3－4　　　　单位:万元

地　　区	支出总计	支出：其中：本年支出	一般性转移支付上解	专项转移支付上解	安排预算稳定调节基金	调出资金	年终结余	其中：净结余
遵化市	178917	168433	139	10345			18995	670
路南区	74331	69329	4590	412			3181	
路北区	141289	132954	7374	961				
古冶区	90132	88530	1265	337				
开平区	85675	83153	640	1882			4066	30
丰润区	192076	183987	7327	762			1226	226
丰南区	220304	216002	2427	1863			1729	150
高新开发区	45059	40195	442	4422			101	45
海港开发区	61682	56225	233	5224			34	34
南堡开发区	32245	26277	104	5864			39	39
芦台开发区	15454	15226	196	32				
汉沽管理区	19662	19184	22	456				
曹妃甸工业园区	121511	120856		655			163	133
邯郸市小计	**2037720**	**1977222**	**27521**	**32977**			**179376**	**2048**
本级	392655	371882	16796	3977			77982	
区县小计	1645065	1605340	10725	29000			101394	2048
大名县	99082	100152		－1070				
魏县	106811	108290	47	－1526				
曲周县	69443	69443	161	－161			874	
邱县	46465	46770	21	－326			3727	
鸡泽县	46894	46323	27	544			775	
肥乡县	53028	53110	3	－85			2364	
广平县	45060	45510	29	－479			3736	32
成安县	67584	67079	12	493			1822	
临漳县	77855	77138	4	713			2630	
馆陶县	65782	66505	6	－729				
磁县	125434	123346	709	1379			13896	796
涉县	128445	125659	1395	1391			13959	
永年县	146297	143738	1114	1445			7713	13
邯郸县	78583	76788	438	1357			6590	2
武安市	250437	230185	500	19752			22022	
邯山区	33459	32758	567	134			3782	1202
丛台区	40361	39106	885	370			5014	
复兴区	27419	26501	231	687			2154	3
峰峰矿区	101735	95057	4535	2143			10306	
开发区	19786	18030	41	1715			30	
马头工业园区	15105	13852		1253				
张家口市小计	**1578952**	**1552291**	**16959**	**9692**			**22938**	**－795**

1－3－5　　　　单位:万元

地　　区	收　　入							
	收入总计	其　中:						
		本年收入	返还性收　入	一般性转移支付收入	专项转移支付收入	转贷财政部代理发行地方政府债券收入	上年结余	调入资金
本级	431074	209963	13470	－41	133373	30900	41240	2169
区县小计	1170816	259989	76962	391787	347902	3400	85670	5096
蔚县	84987	15608	3925	34928	27975		2366	185
阳原县	56251	8608	2457	21066	19545		4523	52
张北县	97773	17178	1667	31267	39362	2900	5074	325
康保县	56073	4708	795	28443	19419		2636	72
沽源县	58074	4991	310	26743	20017		6013	
尚义县	50350	4689	577	24035	17761		3288	
怀安县	66108	13289	2933	22144	19984		4892	2866
赤城县	72199	20662	1905	24626	19405		5591	
崇礼县	48470	13013	867	13254	13055		8281	
万全县	55846	12302	2120	20509	19531		1051	333
宣化县	54015	13359	3929	21222	15171		155	179
怀来县	93259	38286	4349	18803	28606	500	2147	568
涿鹿县	70743	11556	2812	27279	23896		4992	208
宣化区	96069	41051	24270	15697	13226		1745	80
下花园区	40429	5011	1138	14952	5406		13793	129
桥东区	59141	14948	11389	12970	16329		3505	
桥西区	61165	9549	11203	11622	17798		10993	
高新区	30645	7814	316	13216	5570		3729	
察北区	10180	1979		5298	2415		389	99
塞北区	9039	1388		3713	3431		507	
保定市小计	**2354388**	**732559**	**111833**	**657692**	**572612**	**44700**	**204397**	**29872**
本级	462874	251570	42720	－27042	73294	23435	95301	3596
区县小计	1891514	480989	69113	684734	499318	21265	109096	26276
清苑县	82879	16387	3066	37626	21952	600	3177	
满城县	70126	14583	3155	27170	18989	600	5629	
安新县	66884	12079	2102	27459	19565	200	5479	
唐县	80385	7922	1147	34360	28400	200	3395	4961
顺平县	54542	7568	1338	23855	18441	200	3140	
博野县	36877	5360	870	17991	11025	200	1431	
曲阳县	74530	10490	1531	32178	24187	200	5844	100
涞源县	93070	38782	2079	22825	22086	300	6998	
阜平县	50973	8402	666	20244	19240	200	2221	
易县	94764	13309	2562	36954	35372	300	6267	
定兴县	75010	12687	1782	34734	23107	300	2400	
徐水县	94862	24048	4302	35529	27260	1000	2603	120
容城县	46183	11035	2507	16450	11348	300	4460	83

1-3-6　　　　单位:万元

地区	支出						年终结余	其中:净结余
	支出总计	其中:						
		本年支出	一般性转移支付上解	专项转移支付上解	安排预算稳定调节基金	调出资金		
本级	425691	419668	11108	-5085			5383	356
区县小计	1153261	1132623	5851	14777			17555	-1151
蔚县	85137	84171	165	801			-150	-150
阳原县	56606	56166	27	413			-355	-355
张北县	95601	95661	294	-354			2172	
康保县	55484	55173	10	301			589	
沽源县	57517	57215		302			557	
尚义县	50189	49109	615	465			161	161
怀安县	63868	63486		382			2240	-293
赤城县	70323	69931		382			1876	264
崇礼县	48097	47911	1	185			373	-312
万全县	56132	55506	60	566			-286	-327
宣化县	54015	53243	26	746				
怀来县	91675	89189	10	2476			1584	266
涿鹿县	65553	64653	900				5190	-226
宣化区	95811	88925	2022	4864			258	30
下花园区	40325	39456	359	510			104	66
桥东区	58224	55703	958	1563			917	-82
桥西区	58936	57907	399	630			2229	-193
高新区	30645	30134	5	506				
察北区	10150	10126		24			30	
塞北区	8973	8958		15			66	
保定市小计	**2047898**	**2003560**	**21378**	**22197**		**40**	**306490**	**-3152**
本级	333018	313951	14806	4261			129856	-3726
区县小计	1714880	1689609	6572	17936		40	176634	574
清苑县	76869	75912	125	761			6010	
满城县	60318	59437	225	656			9808	
安新县	60598	59982	33	583			6286	
唐县	76958	76338	12	608			3427	
顺平县	52390	52032	46	312			2152	
博野县	34063	33706	8	349			2814	
曲阳县	67453	66874	17	562			7077	
涞源县	83408	82919		489			9662	
阜平县	47948	47635	1	312			3025	
易县	86992	86408	43	541			7772	
定兴县	72581	73459	20	-898			2429	
徐水县	90784	89018	1019	747			4078	77
容城县	45747	45483	378	-114			436	

一、一般预算

1－3－7

单位:万元

地区	收入							
	收入总计	其中:					上年结余	调入资金
		本年收入	返还性收入	一般性转移支付收入	专项转移支付收入	转贷财政部代理发行地方政府债券收入		
涿州市	155563	88831	5976	22071	21911	4100	3380	8762
涞水县	60753	10556	1194	26505	19849	200	1697	752
高碑店市	80676	20429	3846	27412	19864	300	8825	
雄县	56938	14349	2224	22087	13745	200	4333	
望都县	45591	9261	1466	19779	13019	200	1866	
高阳县	59193	17645	3117	19092	14482	1000	1229	2628
蠡县	71878	11451	6143	30575	18274	300	5015	
安国市	62397	17072	3245	20957	17492	2000	1631	
定州市	184272	47879	8527	47814	52078	3300	15804	8870
南市区	49098	10885	2504	25525	6481	800	2903	
北市区	50728	18538	930	18237	6303	600	6120	
新市区	58652	21594	1676	20825	13863	600	94	
高新区	34690	9847	1158	16480	985	3065	3155	
沧州市小计	**1785972**	**647331**	**75553**	**465772**	**388998**	**36100**	**119218**	**53000**
本级	311067	138637	13719	57284	42494	23100	34799	1034
区县小计	1474905	508694	61834	408488	346504	13000	84419	51966
肃宁县	84391	31912	2659	26581	18058	443	4540	198
献县	86609	16025	2773	36328	30171	479	86	747
盐山县	85822	19243	2607	35118	23640	493	4721	
孟村县	55152	10216	2190	22520	19501	447	13	265
沧县	102336	32901	5554	29328	26571	742	2333	4907
青县	85327	21897	5604	29483	23076	712	4549	6
南皮县	79493	13981	2774	30593	22822	350	6231	2742
河间市	125555	34453	6035	38407	26846	590	7567	11657
任丘市	181864	93648	6935	7827	28887	5300	17915	21352
海兴县	52956	6679	1788	20015	19282		1254	3938
东光县	79871	19091	3383	27587	20505	469	8836	
泊头市	102751	25677	6460	39186	24500	346	5588	994
吴桥县	57865	10103	1714	25569	15515	313	4621	30
黄骅市	117577	45558	7897	26759	27563	747	7471	1582
新华区	29503	19189	1131	1689	5360		2044	90
运河区	49698	47108	1600	－11095	5483	218	6384	
开发区	6012	4155	273	1119	246		219	
港口区	43131	34271	327	1099	2610	1351	15	3458
南大港	15301	6679	97	5430	3072		23	
临港区	33691	15908	33	14945	2796		9	
秦皇岛市小计	**1098438**	**563332**	**67636**	**199822**	**224533**	**29900**	**10562**	**2450**
本级	338810	262260	23803	－23776	53598	12000	9491	1331

表 1－3－8 单位:万元

地区	支出						年终结余	其中:净结余
	支出总计	其中:						
		本年支出	一般性转移支付上解	专项转移支付上解	安排预算稳定调节基金	调出资金		
涿州市	139447	134540	634	3741			16116	259
涞水县	56912	56557	15	340			3841	
高碑店市	63649	62582	74	953		40	17027	
雄县	44561	44627	98	－164			12377	7
望都县	44734	45313	18	－597			857	50
高阳县	56553	55050	825	678			2640	181
蠡县	64343	63591	157	475			7535	
安国市	59869	58924	14	931			2528	
定州市	151184	148721	633	1830			33088	
南市区	40590	38804	631	1155			8508	
北市区	44807	43451	361	995			5921	
新市区	57970	55112	1104	1754			682	
高新区	34152	33134	81	937			538	
沧州市小计	**1615450**	**1575413**	**21048**	**17403**		**1586**	**170522**	**9906**
本级	274488	293616	10397	－31111		1586	36579	6383
区县小计	1340962	1281797	10651	48514			133943	3523
肃宁县	73086	65721		7365			11305	－457
献县	86377	85951	77	349			232	－187
盐山县	81124	80298	141	685			4698	－39
孟村县	55152	54709	55	388				
沧县	102890	98979	1949	1962			－554	－3367
青县	77448	74282	1582	1584			7879	13
南皮县	63934	59762	656	3516			15559	128
河间市	114978	110985	1454	2539			10577	
任丘市	157707	140087	313	17307			24157	3556
海兴县	50614	49955	259	400			2342	－115
东光县	72451	70410	595	1446			7420	4212
泊头市	87694	83425	2219	2050			15057	41
吴桥县	51748	50612	271	865			6117	60
黄骅市	97910	95733	261	1916			19667	
新华区	27158	24497	734	1927			2345	
运河区	44042	41294	33	2715			5656	－408
开发区	6012	5848	34	130				
港口区	41683	40994	15	674			1448	48
南大港	15301	14954	3	344				
临港区	33653	33301		352			38	38
秦皇岛市小计	**1071815**	**1037192**	**21325**	**12010**		**1085**	**26623**	**2056**
本级	315004	324663	7295	－18142		1085	23806	4196

一、一般预算

1－3－9　　　　单位:万元

地区	收入							
	收入总计	其中:					上年结余	调入资金
		本年收入	返还性收入	一般性转移支付收入	专项转移支付收入	转贷财政部代理发行地方政府债券收入		
区县小计	759628	301072	43833	223598	170935	17900	1071	1119
青龙满族自治县	105921	29199	2722	41899	32614	2200	－2734	21
昌黎县	117214	37821	6107	33796	35517	2800	1073	
卢龙县	80336	15515	3309	35567	24071	2100	－226	
抚宁县	109775	41088	10990	25123	27899	3600	977	98
山海关	50733	13517	3932	14503	15765	1200	816	1000
海港区	119054	69677	5366	26739	14053	2700	519	
北戴河	62203	30804	2709	13655	13704	1200	131	
秦皇岛经济技术开发区	114392	63451	8698	32316	7312	2100	515	
邢台市小计	**1537353**	**430323**	**81925**	**418438**	**433883**	**33100**	**133107**	**6577**
本级	321584	138933	27650	－9217	59018	20000	85034	166
区县小计	1215769	291390	54275	427655	374865	13100	48073	6411
南宫市	68868	8194	3407	30837	23078		3352	
沙河市	99880	41336	7082	25035	26387		40	
邢台县	98718	31535	7787	25794	23532	1700	7553	817
临城县	50784	7140	1773	17490	22513		1868	
内邱县	62281	21610	3145	17250	14878		5398	
柏乡县	34549	3511	990	17311	11803		934	
隆尧县	85038	15241	3180	26066	33709		6842	
任县	50943	4193	1389	22820	18022	1700	2819	
南和县	47261	4796	1051	23602	14588	800	1407	1017
宁晋县	110644	35159	5833	30270	34193	3300	1089	800
巨鹿县	62809	5266	1851	26275	23531		5063	823
新河县	31630	2132	980	16804	10840		50	824
广宗县	46008	2664	600	22117	19485		1142	
平乡县	47401	4656	1505	21473	15539		2098	2130
威县	69645	5533	1595	35169	24777		2571	
清河县	67075	14275	6656	19987	23660	1600	897	
临西县	55750	5799	2219	26485	17318		3929	
桥东区	35397	18041	1120	7516	6685	1100	935	
桥西区	65578	45795	1230	9895	7143	1500	15	
高开区	19728	13469	671	1998	2135	1400	55	
大曹庄管理区	5782	1045	211	3461	1049		16	
廊坊市小计	**1461701**	**692629**	**72992**	**290176**	**199680**	**42400**	**97811**	**66013**
本级	245485	153427	13521	－4548	7314	20800	38389	16582
区县小计	1216216	539202	59471	294724	192366	21600	59422	49431
三河市	247790	178140	10206	21848	17722	7900	4949	7025
大厂县	44225	18382	3574	9934	9005	800	858	1672

1－3－10　　　　单位：万元

地区	支出						年终结余	其中：净结余
	支出总计	其中：						
		本年支出	一般性转移支付上解	专项转移支付上解	安排预算稳定调节基金	调出资金		
区县小计	756811	712529	14030	30152			2817	－2140
青龙满族自治县	108564	106189	4	2371			－2643	－2643
昌黎县	116750	112890	2015	1745			464	
卢龙县	80797	81241	446	－890			－461	－461
抚宁县	108006	102005	3017	2984			1769	5
山海关	49777	45481	2255	2041			956	100
海港区	118081	106973	4067	7041			973	196
北戴河	61634	57681	737	3216			569	94
秦皇岛经济技术开发区	113202	100069	1489	11644			1190	569
邢台市小计	**1356349**	**1326306**	**3704**	**24736**		**1603**	**181004**	**599**
本级	211191	240596	245	－31253		1603	110393	
区县小计	1145158	1085710	3459	55989			70611	599
南宫市	63343	62649	811	－117			5525	6
沙河市	99855	98197	11	1647			25	
邢台县	87108	79279	42	7787			11610	
临城县	47462	46877		585			3322	
内邱县	54569	53691	18	860			7712	
柏乡县	34120	33683	62	375			429	73
隆尧县	74316	73387	362	567			10722	
任县	48776	48341	9	426			2167	3
南和县	45400	45001	1	398			1861	
宁晋县	110116	107161	1734	1221			528	162
巨鹿县	57125	56491	25	609			5684	6
新河县	31630	31189	9	432				
广宗县	45104	44722	35	347			904	
平乡县	45183	44704	73	406			2218	2
威县	67511	67753		－242			2134	26
清河县	65221	64211		1010			1854	298
临西县	43402	43325	175	－98			12348	
桥东区	34363	25292	11	9060			1034	
桥西区	65544	35929	14	29601			34	
高开区	19391	18221	67	1103			337	23
大曹庄管理区	5619	5607		12			163	
廊坊市小计	**1344163**	**1321476**	**13031**	**9656**			**117538**	**33438**
本级	203919	240438	－2194	－34325			41566	16519
区县小计	1140244	1081038	15225	43981			75972	16919
三河市	239378	231642	268	7468			8412	2518
大厂县	41720	41201	107	412			2505	414

1－3－11

单位:万元

地区	收入							
	收入总计	其中:					上年结余	调入资金
		本年收入	返还性收入	一般性转移支付收入	专项转移支付收入	转贷财政部代理发行地方政府债券收入		
香河县	108355	45720	6788	16799	17293	800	6591	14364
永清县	73770	13329	3383	28727	21040	800	5656	835
固安县	92434	24840	2548	30971	23792	800	9462	21
霸州市	183480	86372	12876	33374	25838	3900	2042	19078
文安县	94147	25978	7047	32025	23671	800	2668	1958
大城县	87874	15697	3987	34198	20779	800	11677	736
安次区	70202	18830	2717	23128	17505	1500	3498	3024
广阳区	81100	55556	3310	2648	13121	1500	4247	718
开发区	132839	56358	3035	61072	2600	2000	7774	
承德市小计	**1418756**	**451789**	**55220**	**356454**	**418923**	**26800**	**108463**	**1107**
本级	362636	185561	18897	－33196	89365	4000	98009	
区县小计	1056120	266228	36323	389650	329558	22800	10454	1107
宽城县	114213	36978	4358	39512	30189	2200	976	
滦平县	96997	31632	3898	31943	27207	2100	217	
丰宁县	117471	26042	2677	39003	47761	1600	388	
隆化县	115289	25597	2449	46000	36383	1800	1953	1107
围场县	117271	9688	2400	55215	45611	4100	257	
承德县	108799	34938	5272	31274	35965	1100	250	
兴隆县	76765	17631	4635	26515	26330	1400	254	
平泉县	131231	31389	5773	45197	47267	1600	5	
双桥区	53263	22613	1805	17632	10084	1200	－71	
双滦区	60336	19432	1382	30452	7894	1200	24	
营子区	44124	3989	816	16527	14842	2700	5250	
开发区	20361	6299	858	10380	25	1800	999	
衡水市小计	**1004167**	**216876**	**46707**	**347796**	**281871**	**42300**	**64776**	**3841**
本级	151456	55317	10647	21776	30043	11883	21548	242
区县小计	852711	161559	36060	326020	251828	30417	43228	3599
武邑县	78235	10409	2221	27644	29629	3117	5145	70
饶阳县	56229	6075	1633	23440	22749		2221	111
安平县	67599	13611	3213	24091	19571	3400	3413	300
冀州市	93813	17522	5347	30188	26395	3900	10460	1
枣强县	65942	10027	4647	29324	17292	2000	236	2416
深州市	91314	12966	4345	38422	27890		7691	
武强县	49989	5817	1768	20637	18501	2000	565	701
故城县	73510	10785	2900	37026	20964	2000	－165	
景县	92413	15869	4024	38639	26547	2000	5334	
阜城县	61337	6609	1683	27866	21604		3575	
桃城区	99195	39864	3922	25595	18134	7000	4680	

1-3-12 单位:万元

地区	支出						年终结余	其中:净结余
	支出总计	其中:						
		本年支出	一般性转移支付上解	专项转移支付上解	安排预算稳定调节基金	调出资金		
香河县	96294	93356	1874	1064			12061	2553
永清县	70110	68853	858	399			3660	
固安县	82913	81586	684	643			9521	858
霸州市	176454	169850	367	6237			7026	680
文安县	90183	86174	3104	905			3964	
大城县	80513	78240	1695	578			7361	
安次区	66336	61400	611	4325			3866	179
广阳区	72172	51144	1713	19315			8928	1426
开发区	124171	117592	3944	2635			8668	8291
承德市小计	**1308445**	**1297273**	**502**	**10470**			**110311**	**5564**
本级	266792	285997	-116	-19289			95844	196
区县小计	1041653	1011276	618	29759			14467	5368
宽城县	114114	112360		1754			99	99
滦平县	96997	96819		178				
丰宁县	117471	115620	1	1850				
隆化县	113490	111883		1607			1799	
围场县	117271	115629	75	1567				
承德县	105360	102871		2489			3439	3439
兴隆县	76765	74829	169	1767				
平泉县	129606	122370	43	7193			1625	1625
双桥区	53237	50238	59	2940			26	26
双滦区	60336	54838		5498				
营子区	36824	36007	96	721			7300	
开发区	20182	17812	175	2195			179	179
衡水市小计	**913750**	**904115**	**942**	**8693**			**90417**	
本级	117673	148710	48	-31085			33783	
区县小计	796077	755405	894	39778			56634	
武邑县	68784	65800	13	2971			9451	
饶阳县	52596	51601	4	991			3633	
安平县	62828	61712	383	733			4771	
冀州市	90435	88218	45	2172			3378	
枣强县	59049	55708	20	3321			6893	
深州市	84269	80859	40	3370			7045	
武强县	47062	45809	38	1215			2927	
故城县	72385	69900	141	2344			1125	
景县	86927	83532	110	3285			5486	
阜城县	57255	55801	56	1398			4082	
桃城区	91352	73496	24	17832			7843	

1－3－13

单位:万元

地区	收入							
	收入总计	其中:						
		本年收入	返还性收入	一般性转移支付收入	专项转移支付收入	转贷财政部代理发行地方政府债券收入	上年结余	调入资金
高开区	21115	11706	357	2069	1963	5000	20	
衡水湖	2020	299		1079	589		53	

1－3－14 单位:万元

地区	支出						年终结余	其中:净结余
	支出总计	其中:						
		本年支出	一般性转移支付上解	专项转移支付上解	安排预算稳定调节基金	调出资金		
高开区	21115	20999	20	96				
衡水湖	2020	1970		50				

2009年山西省地市县财政一般预算收支平衡表

1-4-1　　单位:万元

地区	收入							
	收入总计	其中:					上年结余	调入资金
		本年收入	返还性收入	一般性转移支付收入	专项转移支付收入	转贷财政部代理发行地方政府债券收入		
地市县合计	**13760117**	**5990072**	**543582**	**2688398**	**2554627**	**230000**	**1646234**	**106381**
太原市小计	**1851245**	**1175322**	**76692**	**134197**	**307178**	**40000**	**114701**	**3155**
本级	974851	666935	23526	43618	113588	40000	85781	1403
区县小计	876394	508387	53166	90579	193590		28920	1752
清徐县	91525	45727	9427	10647	23414		2310	
阳曲县	50940	15386	2017	11498	19649		2390	
娄烦县	55526	24712	-1143	8732	19757		3468	
古交市	81919	53261	2711	9115	13984		2848	
小店区	123557	80352	3794	7403	24723		5980	1305
尖草坪区	67908	33809	6041	5955	17310		4793	
迎泽区	93917	66639	8555	4906	14328		-511	
杏花岭区	108685	64407	8631	9874	21964		3362	447
万柏林区	78356	44980	7609	6336	17569		1862	
晋源区	44585	13256	2134	7484	19353		2358	
太原高新区	29816	25734	3938	-602	156		590	
太原经济区	36776	29751	-548	6359	1303		-89	
太原民营区	12884	10373		2872	80		-441	
大同市小计	**1396129**	**476174**	**53284**	**308936**	**292363**	**30000**	**198015**	**37357**
本级	455061	295212	13104	38067	48783	30000	24362	5533
区县小计	941068	180962	40180	270869	243580		173653	31824
大同城区	108524	19071	4427	26876	28427		29711	12
大同矿区	102867	9256	2112	29406	18619		20700	22774
大同南郊区	103816	45825	14339	10440	15100		18112	
大同新荣区	49927	19842	3797	8731	10541		7016	
左云县	67566	23149	3590	11922	15399		4468	9038
阳高县	87454	5083	1389	32624	29585		18773	
天镇县	79539	3420	1180	30293	29384		15262	
广灵县	68916	3479	1790	31674	20327		11646	
灵丘县	86509	17649	630	27800	24716		15714	
浑源县	107474	10857	2870	36515	31693		25539	
大同县	61123	9988	2561	24316	19482		4776	
大同开发区	17353	13343	1495	272	307		1936	
阳泉市小计	**544006**	**297740**	**27815**	**69425**	**100034**	**10000**	**27996**	**10979**
本级	201487	146073	7964	5059	26529	3800	12045	
区县小计	342519	151667	19851	64366	73505	6200	15951	10979
平定县	88548	23875	-514	24013	22470	2700	6924	9080
盂县	109340	57592	7898	14875	22164	2500	2710	1601
阳泉郊区	69468	26414	6879	16732	13711	1000	4434	298

1－4－2

单位：万元

地　　区	支出						年终结余	其中：净结余
	支出总计	其中：						
		本年支出	一般性转移支付上解	专项转移支付上解	安排预算稳定调节基金	调出资金		
地市县合计	**11593245**	**11435197**	**127049**		**3000**	**26376**	**2166872**	**92350**
太原市小计	**1679997**	**1599051**	**70337**			**10609**	**171248**	**52341**
本级	834003	792140	32393			9470	140848	51989
区县小计	845994	806911	37944			1139	30400	352
清徐县	90679	87361	2880			438	846	36
阳曲县	48062	48062					2878	9
娄烦县	52488	52488					3038	50
古交市	80298	77894	2404				1621	
小店区	113656	108986	4670				9901	6
尖草坪区	64144	60060	3433			651	3764	
迎泽区	93598	83402	10196				319	
杏花岭区	104100	99149	4901			50	4585	29
万柏林区	77333	70248	7085				1023	109
晋源区	43350	42535	815				1235	9
太原高新区	29528	27968	1560				288	5
太原经济区	36458	36458					318	99
太原民营区	12300	12300					584	
大同市小计	**1141087**	**1111142**	**28020**			**1925**	**255042**	**－17433**
本级	381392	368279	11188			1925	73669	－8251
区县小计	759695	742863	16832				181373	－9182
大同城区	95111	93651	1460				13413	202
大同矿区	83141	81862	1279				19726	200
大同南郊区	63514	53583	9931				40302	
大同新荣区	40521	38893	1628				9406	－26
左云县	63579	61045	2534				3987	121
阳高县	71190	71190					16264	
天镇县	65366	65366					14173	－727
广灵县	54052	54052					14864	－2367
灵丘县	70184	70184					16325	233
浑源县	84646	84646					22828	
大同县	54660	54660					6463	－6824
大同开发区	13731	13731					3622	6
阳泉市小计	**509116**	**488775**	**17180**			**3144**	**34890**	**4930**
本级	182143	179883	－29			2272	19344	13378
区县小计	326973	308892	17209			872	15546	－8448
平定县	81376	76238	5138				7172	－2943
盂县	106426	102618	3808				2914	
阳泉郊区	65641	59938	5478			225	3827	－5505

一、一般预算

1－4－3

单位:万元

地区	收入							
	收入总计	其中:					上年结余	调入资金
		本年收入	返还性收入	一般性转移支付收入	专项转移支付收入	转贷财政部代理发行地方政府债券收入		
阳泉城区	33472	20100	3163	2448	7178		583	
阳泉矿区	27132	17161	1788	418	6588		1177	
阳泉开发区	14559	6525	637	5880	1394		123	
长治市小计	**1358252**	**695730**	**65254**	**234781**	**205678**	**20000**	**136736**	**73**
本级	329317	246199	17200	25614	2614	7188	30502	
区县小计	1028935	449531	48054	209167	203064	12812	106234	73
长治县	119293	67466	6111	10368	16828	571	17949	
潞城市	67811	36006	4160	5371	13289	1326	7659	
屯留县	87861	36870	1936	15548	17103	1094	15310	
长子县	85960	27013	2356	33437	16058	1715	5381	
壶关县	78332	9492	2554	34061	24520	1025	6680	
平顺县	60548	5454	997	25194	17053	1464	10386	
黎城县	51049	10382	3805	16374	13887	866	5735	
武乡县	84172	32219	2235	16902	20747	1833	10163	73
襄垣县	112491	80419	2720	7753	12530	866	8203	
沁县	66167	4874	1503	37916	16299	662	4913	
沁源县	104145	71611	2979	9627	11096	547	8285	
长治城区	45774	27038	5474	－17	11704	665	910	
长治郊区	52359	28305	12142	－3473	11069	178	4138	
长治高新区	12973	12382	－918	106	881		522	
晋城市小计	**831619**	**480742**	**35339**	**110550**	**138987**	**20000**	**34776**	**11225**
本级	232321	165356	29484	19213	－10173	12000	16441	
区县小计	599298	315386	5855	91337	149160	8000	18335	11225
阳城县	110184	55099	6856	15572	24430	1000	1588	5639
高平市	133546	73457	6541	16962	31267	1500	1783	2036
沁水县	81134	52703	－6933	9166	21925	1000	723	2550
陵川县	79579	9063	2454	29020	26247	2500	9295	1000
晋城城区	60210	32510	3390	5783	16148	1000	1379	
泽州县	125810	81168	－6396	18276	28247	1000	3515	
晋城开发区	8835	11386	－57	－3442	896		52	
朔州市小计	**891460**	**462213**	**22033**	**117245**	**139697**	**20000**	**116871**	**13401**
本级	238429	190583	－12667	12587	－5256	6741	46441	
区县小计	653031	271630	34700	104658	144953	13259	70430	13401
朔城区	140608	62935	12218	17189	30143	2268	15855	
平鲁区	97396	63397	5745	6172	17393	507	4182	
山阴县	143849	78836	5411	14691	23861	278	11471	9301
怀仁县	95872	41102	7745	18059	19047	2513	7406	
应县	94994	8144	2141	30837	30475	3713	19684	

1－4－4　　　　单位：万元

地　　区	支出						年终结余	其中：净结余
	支出总计	其中：						
		本年支出	一般性转移支付上解	专项转移支付上解	安排预算稳定调节基金	调出资金		
阳泉城区	33272	30778	2273			221	200	
阳泉矿区	25798	25062	370			366	1334	
阳泉开发区	14460	14258	142			60	99	
长治市小计	**1129852**	**1126539**				**2513**	**228400**	**31929**
本级	271272	270549	－1715			1638	58045	12244
区县小计	858580	855990	1715			875	170355	19685
长治县	90876	90476	400				28417	12453
潞城市	60901	59751	440			710	6910	107
屯留县	67906	67906					19955	363
长子县	74017	74017					11943	39
壶关县	64782	64782					13550	269
平顺县	47057	47027				30	13491	8
黎城县	40128	40068	60				10921	110
武乡县	70810	70810					13362	5
襄垣县	100597	100247	350				11894	4466
沁县	44562	44527				35	21605	51
沁源县	96748	96648				100	7397	6
长治城区	43308	43108	200				2466	288
长治郊区	45351	45186	165				7008	183
长治高新区	11537	11437	100				1436	1337
晋城市小计	**770749**	**764896**	**4604**			**1249**	**60870**	**13358**
本级	197350	201211	－3861				34971	13196
区县小计	573399	563685	8465			1249	25899	162
阳城县	108344	105462	2882				1840	
高平市	130996	127688	2356			952	2550	1
沁水县	79868	79868					1266	18
陵川县	64844	64844					14735	17
晋城城区	57649	56785	864				2561	36
泽州县	122922	120262	2363			297	2888	90
晋城开发区	8776	8776					59	
朔州市小计	**723109**	**721488**	**1347**			**274**	**168351**	**8809**
本级	172165	181576	－9411				66264	5705
区县小计	550944	539912	10758			274	102087	3104
朔城区	118940	115253	3687				21668	82
平鲁区	85810	84610	1200				11586	188
山阴县	116013	112901	3112				27836	55
怀仁县	86713	83680	2759			274	9159	2715
应县	76295	76295					18699	53

1－4－5

单位:万元

地区	收入总计	其中:本年收入	返还性收入	一般性转移支付收入	专项转移支付收入	转贷财政部代理发行地方政府债券收入	上年结余	调入资金
右玉县	66913	10532	1386	18245	23240	1980	11530	
朔州开发区	13399	6684	54	－535	794	2000	302	4100
忻州市小计	**1183828**	**335438**	**32506**	**362878**	**291578**	**10000**	**149828**	**1600**
本级	175333	99095	－2954	36114	28208	6800	8070	
区县小计	1008495	236343	35460	326764	263370	3200	141758	1600
五台县	95353	13408	2013	37991	26120	800	15021	
静乐县	67097	6123	1010	26967	14493		18504	
河曲县	66590	31985	2558	13289	14886		3872	
神池县	51978	6383	1990	21667	12800		9138	
五寨县	60954	6703	665	24369	14628		14589	
繁峙县	87378	11695	1879	26895	25158		21751	
岢岚县	58628	3952	703	25207	11808		16958	
偏关县	55454	9357	819	20584	16081		8613	
代县	67891	16359	1092	19249	18779	600	11812	
原平市	118499	42268	6964	27331	29423	600	11913	
忻府区	75388	19893	6908	27806	29451	600	－9270	
定襄县	56651	9706	2805	24474	17678	600	1388	
宁武县	67702	13843	3112	19545	16185		13417	1600
保德县	76978	42773	3010	11494	15739		3962	
忻州开发区	1954	1895	－68	－104	141		90	
晋中市小计	**1272221**	**577570**	**56972**	**240378**	**219821**	**20000**	**152657**	**4823**
本级	175462	117164	5618	10642	－1549	3300	38187	2100
区县小计	1096759	460406	51354	229736	221370	16700	114470	2723
榆次区	137211	63255	5778	30557	38158	500	－1037	
太谷县	83398	17216	4783	24587	23388	2500	10924	
祁县	70893	12574	4892	24267	18917	1500	8665	78
平遥县	121189	29171	5069	34772	27474	6500	18203	
介休市	136842	87449	10598	12055	18592	1000	7123	25
灵石县	149609	101409	6317	8779	15718	800	16586	
寿阳县	97388	49399	3604	17531	15717	400	10737	
昔阳县	88184	26658	2924	24615	17137	1000	15850	
和顺县	67301	20169	2206	17250	14806	700	10050	2120
左权县	73003	24032	2639	18987	15833	800	10712	
榆社县	51074	12191	1665	16022	14362	1000	5334	500
晋中开发区	20667	16883	879	314	1268		1323	
吕梁市小计	**1555523**	**597196**	**71146**	**312845**	**276060**	**20000**	**275061**	**3215**
本级	230435	97206	22603	23583	26667	12029	48347	
区县小计	1325088	499990	48543	289262	249393	7971	226714	3215

1－4－6 单位：万元

地　　区	支出						年终结余	其中：净结余
	支出总计	其　中：						
		本年支出	一般性转移支付上解	专项转移支付上解	安排预算稳定调节基　金	调出资金		
右玉县	53859	53859					13054	
朔州开发区	13314	13314					85	11
忻州市小计	**1021030**	**1020222**				**808**	**162798**	**－16856**
本级	152655	159648	－6993				22678	－16930
区县小计	868375	860574	6993			808	140120	74
五台县	81663	81663					13690	－3615
静乐县	49037	48992				45	18060	4162
河曲县	62818	62602				216	3772	1420
神池县	41190	41190					10788	－3944
五寨县	47651	47586				65	13303	603
繁峙县	66459	66381				78	20919	3618
岢岚县	37031	36980				51	21597	7569
偏关县	49557	49557					5897	
代县	53658	53658					14233	1371
原平市	109497	105138	4359				9002	1320
忻府区	86365	84632	1733				－10977	－11964
定襄县	54002	53471	439			92	2649	－2041
宁武县	55496	54965	462			69	12206	1020
保德县	72081	71889				192	4897	555
忻州开发区	1870	1870					84	
晋中市小计	**1039547**	**1032386**	**5561**			**1600**	**232674**	**－14200**
本级	123066	148162	－25096				52396	2157
区县小计	916481	884224	30657			1600	180278	－16357
榆次区	135789	121160	14433			196	1422	－13758
太谷县	67810	65187	2623				15588	
祁县	61144	59663	1481				9749	67
平遥县	98758	97114	1234			410	22431	－2148
介休市	126319	119810	6509				10523	180
灵石县	100994	98297	2169			528	48615	
寿阳县	85719	85050	669				11669	100
昔阳县	69547	68844	551			152	18637	42
和顺县	52656	52569				87	14645	
左权县	59256	59256					13747	－860
榆社县	38753	38671				82	12321	7
晋中开发区	19736	18603	988			145	931	13
吕梁市小计	**1222059**	**1217730**			**3000**	**1329**	**333464**	**4746**
本级	152769	191945	－42176		3000		77666	9091
区县小计	1069290	1025785	42176			1329	255798	－4345

一、一般预算

1－4－7

单位:万元

地区	收入							
	收入总计	其中:						
		本年收入	返还性收入	一般性转移支付收入	专项转移支付收入	转贷财政部代理发行地方政府债券收入	上年结余	调入资金
兴县	97650	14766	1011	33350	25014	396	23113	
岚县	62957	8442	480	24832	15082	167	13954	
交城县	83377	35048	4033	15528	16127	794	11847	
文水县	96575	15052	5649	32387	21564	1117	20348	458
汾阳市	114100	45254	24124	14930	20874	181	8619	118
孝义市	200873	130858	3338	21145	20232	534	24679	87
柳林县	160425	110536	1832	13261	15487	408	18901	
中阳县	59674	26923	2001	9022	14748	187	6793	
石楼县	65148	1889	245	24597	15928	295	22194	
交口县	43479	11795	1810	11316	10071	101	5834	2552
临县	153028	17342	1235	62589	42067	1491	28304	
方山县	65275	13554	893	18063	17151	570	15044	
离石区	122527	68531	1892	8242	15048	1730	27084	
临汾市小计	**1566158**	**629205**	**63199**	**359636**	**281930**	**20000**	**192581**	**18801**
本级	217852	111266	42974	3495	16620	12390	30707	
区县小计	1348306	517939	20225	356141	265310	7610	161874	18801
尧都区	152759	83288	8638	23063	27218	255	10241	
侯马市	73023	24202	4322	19470	14574	79	10376	
曲沃县	71930	15098	3354	26145	14328	507	12498	
翼城县	94865	40582	1854	26261	17580	1032	7556	
襄汾县	108993	32197	1523	28789	20538	1714	5431	18801
洪洞县	150989	72581	－1327	37843	28314	144	13434	
霍州市	74810	43068	－2147	12811	12821	917	7340	
古县	63878	35735	－212	11062	9610	26	7657	
安泽县	51352	18307	476	14750	10290	40	7489	
浮山县	40832	9288	941	14935	10360	74	5084	
吉县	54675	2971	273	23917	13654	742	13118	
乡宁县	99377	66473	385	11470	15004	113	5832	
蒲县	73380	45955	131	10510	10529	406	5849	
大宁县	48689	1802	340	21984	13753	44	10666	
永和县	46366	735	119	20071	15215	350	9876	
隰县	60941	3349	430	24300	17016	351	15495	
汾西县	61559	9550	381	24904	13636	816	12272	
临汾开发区	13316	8068	494	2532	568		1654	
侯马开发区	6572	4690	250	1324	302		6	
运城市小计	**1309676**	**262742**	**39342**	**437527**	**301301**	**20000**	**247012**	**1752**
本级	159544	65674	36478	4480	19311	3000	30601	
区县小计	1150132	197068	2864	433047	281990	17000	216411	1752

1－4－8

单位：万元

地　　区	支出						年终结余	其中：净结余
	支出总计	其中：						
		本年支出	一般性转移支付上解	专项转移支付上解	安排预算稳定调节基金	调出资金		
兴县	73482	73482					24168	7
岚县	45051	45051					17906	
交城县	73054	72898	156				10323	
文水县	71187	70793	394				25388	12
汾阳市	106439	89634	16805				7661	－4700
孝义市	188508	172504	16004				12365	92
柳林县	129726	121103	8623				30699	15
中阳县	52079	52079					7595	15
石楼县	38156	38156					26992	90
交口县	37863	37863					5616	84
临县	113861	113861					39167	5
方山县	46902	46902					18373	
离石区	92982	91459	194			1329	29545	35
临汾市小计	**1322129**	**1320408**				**915**	**244029**	**17045**
本级	168641	179062	－10821				49211	14298
区县小计	1153488	1141346	10821			915	194818	2747
尧都区	133953	129334	4618	－55			18806	
侯马市	62251	59381	2900	－30			10772	
曲沃县	57354	56594	760				14576	18
翼城县	84101	83801	300				10764	
襄汾县	103929	103629	300				5064	
洪洞县	135785	135385				400	15204	
霍州市	63649	62868	781				11161	668
古县	56447	56447					7431	
安泽县	44243	44243					7109	
浮山县	35080	34930					5752	34
吉县	41127	41107				20	13548	276
乡宁县	93348	91753	1000			495	6029	
蒲县	66678	66678					6702	145
大宁县	36400	36300					12289	19
永和县	29000	29000					17366	－160
隰县	44314	44314					16627	
汾西县	48588	48588					12971	47
临汾开发区	10671	10485	131	55			2645	1698
侯马开发区	6570	6509	31	30			2	2
运城市小计	**1034570**	**1032560**				**2010**	**275106**	**7681**
本级	113245	126491	－14043			797	46299	5141
区县小计	921325	906069	14043			1213	228807	2540

1-4-9

单位:万元

地区	收入							
	收入总计	其中:						
		本年收入	返还性收入	一般性转移支付收入	专项转移支付收入	转贷财政部代理发行地方政府债券收入	上年结余	调入资金
盐湖区	117937	31047	11043	29648	28799	2000	15400	
永济市	94486	17981	4622	29901	23456	1000	17320	206
芮城县	85908	6636	2978	36075	22094	1570	16009	546
临猗县	97277	8804	1942	43448	25018		17717	348
绛县	74486	4381	1770	32801	19257	1230	15047	
河津市	107383	61337	-29665	37173	17459	3492	17549	38
新绛县	75422	8827	1941	29934	16886	2200	15634	
垣曲县	77281	7281	-487	30235	22223	552	17477	
闻喜县	82377	14879	2677	27237	23432	2265	11273	614
万荣县	87590	7760	1063	38634	20085	875	19173	
稷山县	78821	10952	1178	27955	17970	1500	19266	
平陆县	78246	5175	852	31851	24935		15433	
夏县	82695	4945	960	36331	20140	316	20003	
运城经济技术开发区	4078	3017	244	1806			-989	
风陵渡开发区	3790	3094	634		63		-1	
华信开发区	2355	952	1112	18	173		100	

1－4－10　　　　　　　　　　　　　　　　　　　　　　　　　　单位:万元

地区	支出						年终结余	其中:净结余
	支出总计	其中:						
		本年支出	一般性转移支付上解	专项转移支付上解	安排预算稳定调节基金	调出资金		
盐湖区	99952	93317	6635				17985	48
永济市	78883	76678	2205				15603	35
芮城县	69641	69476	165				16267	56
临猗县	79380	78830	550				17897	20
绛县	57825	57825					16661	547
河津市	79209	76345	2100			764	28174	
新绛县	63432	63108	263			61	11990	5
垣曲县	60930	60781				149	16351	158
闻喜县	69118	68412	706				13259	120
万荣县	71646	71646					15944	18
稷山县	62350	62149				201	16471	282
平陆县	58850	58850					19396	309
夏县	59901	59863				38	22794	942
运城经济技术开发区	4078	2659	1419					
风陵渡开发区	3790	3790						
华信开发区	2340	2340					15	

2009年内蒙古自治区地市县财政一般预算收支平衡表

1-5-1　　　　单位:万元

地区	收入							
	收入总计	其中:						
		本年收入	返还性收入	一般性转移支付收入	专项转移支付收入	转贷财政部代理发行地方政府债券收入	上年结余	调入资金
地市县合计	**17550227**	**6708257**	**472772**	**4330001**	**4321884**	**370000**	**1126718**	**218635**
呼伦贝尔市小计	**1901738**	**492947**	**43346**	**661425**	**584078**	**35000**	**62207**	**22735**
本级	415169	157100	10426	108743	87772	16500	31624	3004
区县小计	1486569	335847	32920	552682	496306	18500	30583	19731
海拉尔市	109053	43653	7541	31762	18333	1450	5648	666
满洲里市	260667	105533	8566	25167	109076	5000	6825	500
扎兰屯市	142555	13280	3832	64611	58154	1250	334	1094
牙克石市	156577	26738	2899	77009	42166	1250	4276	2239
阿荣旗	130004	19277	1088	52966	53899	1050	179	1545
莫力达瓦自治旗	121434	7425	1197	59388	46865	910	3317	2332
根河市	89653	6468	1438	52683	26306	910	1848	
额尔古纳市	67608	9456	771	33821	21141	910	67	1442
鄂伦春自治旗	134095	6188	1945	74288	44420	910	3021	3323
新巴尔虎左旗	57705	13676	166	21719	19787	910	537	910
新巴尔虎右旗	55775	23481	281	12056	14031	1450	4180	296
陈巴尔虎旗	63306	21321	844	19220	19222	1050	293	1356
鄂温克自治旗	98137	39351	2352	27992	22906	1450	58	4028
兴安盟小计	**866030**	**82863**	**22204**	**382228**	**325513**	**20000**	**30991**	**2231**
本级	194412	28424	3953	85170	25293	7117	43829	626
区县小计	671618	54439	18251	297058	300220	12883	-12838	1605
乌兰浩特市	96284	19157	13934	37963	39220	2000	-16350	360
科右前旗	128838	10565	1518	57904	55444	3000	257	150
突泉县	117035	4022	836	59079	50907	2000	191	
扎赉特旗	159069	8482	725	71179	76307	2000	-561	937
科右中旗	126414	8354	810	55217	59014	2000	1019	
阿尔山市	43978	3859	428	15716	19328	1883	2606	158
通辽市小计	**1634789**	**507032**	**37863**	**532569**	**453120**	**30000**	**73206**	**999**
本级	444357	162158	16639	119015	71381	19000	55365	799
区县小计	1190432	344874	21224	413554	381739	11000	17841	200
科尔沁区	230391	119502	7398	46729	53524	3000	238	
开鲁县	130979	23656	1992	59583	44467	1000	281	
科左中旗	148493	13272	1535	71805	61725		156	
科左后旗	131077	13108	1634	58998	53535	1000	2802	
奈曼旗	151749	24017	2006	65654	58283	1000	789	
库伦旗	90899	11116	1160	40791	34847	1500	1485	
扎鲁特旗	155882	31981	2101	54049	60529	1500	5522	200
霍林郭勒市	150962	108222	3398	15945	14829	2000	6568	
锡林郭勒盟小计	**1045156**	**350942**	**17712**	**245731**	**377438**	**35000**	**12121**	**5962**

1－5－2

单位：万元

地　　区	支出						年终结余	其中：净结余
	支出总计	其　中：						
		本年支出	一般性转移支付上解	专项转移支付上解	安排预算稳定调节基　金	调出资金		
地市县合计	**16112932**	**15989056**	**34928**	**78813**	**2075**		**1437295**	**113945**
呼伦贝尔市小计	**1812877**	**1805773**	**449**	**6655**			**88861**	**7156**
本级	375318	378145	79	－2906			39851	1176
区县小计	1437559	1427628	370	9561			49010	5980
海拉尔市	102876	100325	75	2476			6177	16
满洲里市	253197	252698	227	272			7470	
扎兰屯市	141503	140252	－4	1255			1052	329
牙克石市	144202	142794		1408			12375	324
阿荣旗	129473	128443		1030			531	275
莫力达瓦自治旗	119944	118677		1267			1490	397
根河市	86894	86736	3	155			2759	803
额尔古纳市	67349	66709	6	634			259	138
鄂伦春自治旗	122979	122395	9	575			11116	2358
新巴尔虎左旗	56903	56823		80			802	409
新巴尔虎右旗	52918	52793	54	71			2857	606
陈巴尔虎旗	62347	62241		106			959	60
鄂温克自治旗	96974	96742		232			1163	265
兴安盟小计	**803439**	**798257**	**368**	**4814**			**62591**	
本级	130586	130189		397			63826	17184
区县小计	672853	668068	368	4417			－1235	－17184
乌兰浩特市	113468	112882		586			－17184	－17184
科右前旗	127113	125800		1313			1725	
突泉县	115791	114560	368	863			1244	
扎赉特旗	156788	156020		768			2281	
科右中旗	124943	124149		794			1471	
阿尔山市	34750	34657		93			9228	
通辽市小计	**1533385**	**1524310**	**191**	**8884**			**101404**	**4840**
本级	378591	378713	－1683	1561			65766	854
区县小计	1154794	1145597	1874	7323			35638	3986
科尔沁区	230076	226400	1667	2009			315	
开鲁县	128393	127302	3	1088			2586	296
科左中旗	148326	147053	82	1191			167	167
科左后旗	126132	124899		1233			4945	15
奈曼旗	151485	150620		865			264	54
库伦旗	88502	88194		308			2397	186
扎鲁特旗	137372	136828	16	528			18510	2812
霍林郭勒市	144508	144301	106	101			6454	456
锡林郭勒盟小计	**996936**	**991561**	**2290**	**2835**			**48220**	

一、一般预算

1－5－3

单位：万元

地区	收入							
	收入总计	其中：						
		本年收入	返还性收入	一般性转移支付收入	专项转移支付收入	转贷财政部代理发行地方政府债券收入	上年结余	调入资金
本级	115327	49368	3870	26300	11242	4169	14786	5592
区县小计	929829	301574	13842	219431	366196	30831	－2665	370
太仆寺旗	87998	5170	754	37419	42446	4266	－2057	
多伦县	62981	14217	390	17653	34581	1546	－5406	
正蓝旗	64485	26781	1303	14516	23952	2025	－4092	
正镶白旗	47296	3503	198	16606	23777	3228	－16	
镶黄旗	37321	13264	292	11607	14468	1068	－3378	
苏尼特左旗	62038	11831	157	15341	31075	3500	134	
西乌珠穆沁旗	106042	57616	772	23414	19054	1000	4186	
东乌珠穆沁旗	79787	29383	855	16242	30550	368	2059	330
阿巴嘎旗	68143	13996	265	14239	34941	4300	402	
锡林浩特市	163537	87665	5120	24963	41674	3715	110	40
苏尼特右旗	69668	18171	1437	19823	27168	815	2254	
二连市	80533	19977	2299	7608	42510	5000	3139	
乌兰察布盟小计	**1300525**	**139933**	**21167**	**497616**	**454757**	**30000**	**134651**	**22233**
本级	319290	33542	4627	87149	64050	18944	107539	3271
区县小计	981235	106391	16540	410467	390707	11056	27112	18962
集宁区	98097	26423	4188	34582	36812	2685	－10337	3744
察右前旗	82506	7133	1583	38315	30229	196	4046	1004
察右中旗	87300	4090	642	42616	32221	1064	4223	2444
察右后旗	89732	8663	944	36015	35344	513	8253	
丰镇市	100717	24326	3856	31110	36075	1257	4083	10
凉城县	85221	12927	1141	34210	31287	1384	851	3421
兴和县	77294	4849	1002	33633	35897	350	－37	1600
卓资县	75636	7910	814	35868	28213	973	1848	10
四子王旗	110548	3483	805	50010	46925	959	7798	568
商都县	95540	3142	984	39130	45329	1423	－629	6161
化德县	78644	3445	581	34978	32375	252	7013	
鄂尔多斯市小计	**2538000**	**1620408**	**48807**	**260441**	**310105**	**50000**	**174599**	**73240**
本级	229835	130531	21857	13596	－128928	30000	118397	44382
区县小计	2308165	1489877	26950	246845	439033	20000	56202	28858
准格尔旗	502749	388116	3455	48490	44768	4000	13521	399
达拉特旗	190218	97861	2996	28383	46499	1500	12332	647
东胜区	624515	452769	10146	44817	90007	4000	22275	101
伊金霍洛旗	416754	316199	2447	37006	34092	4000	21786	1224
鄂托克旗	168039	97549	3021	22215	41000	2000	2254	
乌审旗	155889	78984	1879	14425	34044	1500	1570	23487
杭锦旗	146463	27831	2366	29846	95792	1500	－13872	3000

1－5－4　　　　　　　　　　　　　　　　　　　　　　　　　　单位:万元

地　区	支出						年终结余	其中:净结余
	支出总计	本年支出	其中:一般性转移支付上解	专项转移支付上解	安排预算稳定调节基金	调出资金		
本级	84998	156122		－71124			30329	7462
区县小计	911938	835439	2290	73959			17891	－7462
太仆寺旗	91227	90800		427			－3229	－3229
多伦县	71529	70082	15	1432			－8548	－8548
正蓝旗	67152	59085		8067			－2667	－2667
正镶白旗	42053	41932		121			5243	
镶黄旗	39433	37589		1844			－2112	－2112
苏尼特左旗	61731	60275		1456			307	307
西乌珠穆沁旗	92839	75844		16995			13203	
东乌珠穆沁旗	74021	69180		4841			5766	5766
阿巴嘎旗	65807	63951		1856			2336	
锡林浩特市	156697	120630	1524	34293			6840	2673
苏尼特右旗	69367	66407	421	2539			301	301
二连市	80082	79664	330	88			451	47
乌兰察布盟小计	**1143793**	**1139854**	**1494**	**2277**			**156732**	
本级	182168	205567	－3	－23564			137122	22806
区县小计	961625	934287	1497	25841			19610	－22806
集宁区	121862	116790	34	5038			－23765	－23765
察右前旗	75411	73574		1837			7095	355
察右中旗	87297	83842		3455			3	
察右后旗	84349	81991		2358			5383	
丰镇市	97632	94980	96	2556			3085	
凉城县	83610	81160		2450			1611	
兴和县	72612	71975		637			4682	
卓资县	68674	66062	5	2607			6962	
四子王旗	100825	97179	924	2722			9723	18
商都县	96152	95449		703			－612	－612
化德县	73201	71285	438	1478			5443	1198
鄂尔多斯市小计	**2353849**	**2316345**		**34104**			**184151**	**32939**
本级	121258	602763	－490159	8654			108577	32807
区县小计	2232591	1713582	490159	25450			75574	132
准格尔旗	494114	355770	135852	2492			8635	55
达拉特旗	183641	164108	15949	3584			6577	669
东胜区	590595	399503	182145	8547			33920	7048
伊金霍洛旗	356867	236339	114342	3186			59887	35602
鄂托克旗	158242	132651	24616	975			9797	
乌审旗	176118	165342	8862	1914			－20229	－20229
杭锦旗	160353	152402	5861	2090			－13890	－13890

一、一般预算

1－5－5 单位:万元

地区	收入							
	收入总计	其中:						
		本年收入	返还性收入	一般性转移支付收入	专项转移支付收入	转贷财政部代理发行地方政府债券收入	上年结余	调入资金
鄂托克前旗	103538	30568	640	21663	52831	1500	－3664	
巴彦淖尔盟小计	**1133544**	**299983**	**28654**	**335995**	**362466**	**20000**	**84454**	**1992**
本级	370269	34769	7644	132614	130863	13000	50483	896
区县小计	763275	265214	21010	203381	231603	7000	33971	1096
磴口县	57400	8843	1384	22466	23445		1062	200
杭锦后旗	102589	20227	4062	44832	29728	1000	2269	471
临河市	152327	72862	6378	22705	40673	2000	7609	100
五原县	101231	14949	2135	47526	27975	2000	6371	275
乌拉特前旗	133971	52919	4729	29125	39590		7608	
乌拉特中旗	116408	33232	1206	30294	44279	2000	5397	
乌拉特后旗	99349	62182	1116	6433	25913		3655	50
阿拉善盟小计	**415180**	**152494**	**12543**	**70430**	**160416**	**20000**	**－4**	**－699**
本级	119124	67763	6585	1492	38250	5000	733	－699
区县小计	296056	84731	5958	68938	122166	15000	－737	
阿左旗	178804	65712	4554	39212	63028	6730	－432	
阿右旗	59581	7660	718	14753	33060	3450	－60	
额济纳旗	57671	11359	686	14973	26078	4820	－245	
呼和浩特市小计	**1801719**	**1067947**	**86486**	**247253**	**275092**	**30000**	**89188**	**5753**
本级	531672	325468	69102	43863	43358	22185	26735	961
区县小计	1270047	742479	17384	203390	231734	7815	62453	4792
土左旗	160815	91516	2159	32695	30670	2097	1678	
托县	147542	93348	3251	19304	22156	3309	6174	
赛罕区	212880	154301	1694	25464	24864	222	2676	3659
新城区	206398	155041	2891	21247	22879	195	4145	
回民区	145710	85702	1810	19065	19332	88	19713	
玉泉区	114630	68480	1405	12222	21249	358	10810	106
和林县	112439	58114	2789	19882	28634	465	2460	95
武川县	90376	17191	505	32731	32878	239	6832	
清水河县	79257	18786	880	20780	29072	842	7965	932
包头市小计	**2177151**	**1303120**	**78430**	**307594**	**270778**	**50000**	**163846**	**2241**
本级	762079	389818	54919	140076	33088	28227	113808	1001
区县小计	1415072	913302	23511	167518	237690	21773	50038	1240
东河区	213579	152283	3604	20433	32026		5233	
青山区	257923	199510	3619	27128	16307	10000	1359	
昆区	277383	214665	4766	19760	22559	1500	14133	
石拐区	78347	30424	1058	8684	35488		2393	300
白云区	27025	18508	274	4319	3104		820	
九原区	153288	98229	4799	17849	16081	10000	6330	

1-5-6　　　　单位:万元

地　　区	支出						年终结余	其中:净结余
	支出总计	其中:						
		本年支出	一般性转移支付上解	专项转移支付上解	安排预算稳定调节基金	调出资金		
鄂托克前旗	112661	107467	2532	2662			-9123	-9123
巴彦淖尔盟小计	**1058855**	**1054775**	**1399**	**2681**			**74689**	**2232**
本级	328581	328200		381			41688	811
区县小计	730274	726575	1399	2300			33001	1421
磴口县	55902	55613	158	131			1498	10
杭锦后旗	100698	100068	170	460			1891	41
临河市	143816	143136	97	583			8511	181
五原县	93433	92948	114	371			7798	198
乌拉特前旗	125407	124725	170	512			8564	679
乌拉特中旗	116226	115358	690	178			182	
乌拉特后旗	94792	94727		65			4557	312
阿拉善盟小计	**414942**	**414565**		**377**			**238**	**238**
本级	118281	118056	-48	273			843	843
区县小计	296661	296509	48	104			-605	-605
阿左旗	179081	178902		179			-277	-277
阿右旗	59631	59706		-75			-50	-50
额济纳旗	57949	57901	48				-278	-278
呼和浩特市小计	**1667188**	**1651684**	**11390**	**4114**			**134531**	**61458**
本级	479393	722045	7452	-250104			52279	15511
区县小计	1187795	929639	3938	254218			82252	45947
土左旗	156251	155744		507			4564	
托县	134138	133583	334	221			13404	
赛罕区	212476	135391	927	76158			404	3
新城区	199100	103026	1584	94490			7298	5489
回民区	122619	82982	1051	38586			23091	20817
玉泉区	101492	60021	7	41464			13138	6737
和林县	110125	109429	31	665			2314	96
武川县	84195	83810		385			6181	5439
清水河县	67399	65653	4	1742			11858	7366
包头市小计	**1980648**	**1955634**	**15841**	**2856**	**2075**		**196503**	**2486**
本级	628627	765415	-132920	-5117	507		133452	1554
区县小计	1352021	1190219	148761	7973	1568		63051	932
东河区	211762	156853	37778	17131			1817	
青山区	257783	198481	53703	5599			140	
昆区	270587	215616	39403	14000	1568		6796	
石拐区	67652	65686	1379	587			10695	430
白云区	26215	25575	637	3			810	60
九原区	136789	156661	7186	-30558			16499	141

1－5－7

单位:万元

地区	收入总计	本年收入	返还性收入	一般性转移支付收入	专项转移支付收入	转贷财政部代理发行地方政府债券收入	上年结余	调入资金
		其中:						
土右旗	146227	73353	2435	30438	38188	273	1200	340
固阳县	104482	46253	1312	17701	31621		7295	300
达茂旗	156818	80077	1644	21206	42316		11275	300
乌海市小计	**549900**	**232367**	**19758**	**73611**	**119730**	**20000**	**77209**	**7225**
本级	151849	29222	1436	37021	18418	12754	45818	7180
区县小计	398051	203145	18322	36590	101312	7246	31391	45
乌达区	124601	54837	5026	12923	41822	2496	7497	
海勃湾区	153034	85349	7608	13498	29725	2435	14374	45
海南区	120416	62959	5688	10169	29765	2315	9520	
赤峰市小计	**2186495**	**458221**	**55802**	**715108**	**628391**	**30000**	**224250**	**74723**
本级	366583	83510	19737	22958	52478	13000	125884	49016
区县小计	1819912	374711	36065	692150	575913	17000	98366	25707
红山区	147042	73332	3260	35232	21536	3000	1795	8887
松山区	168570	30548	4297	64201	55318	3000	10786	420
元宝山区	163098	59121	4586	33878	47320	3000	8324	6869
阿鲁科尔沁旗	140665	11190	2007	68881	50987	1000	6600	
巴林左旗	138429	21694	2454	59283	43419	1000	10579	
巴林右旗	140635	20094	1980	61345	37598	1000	18518	100
林西县	99116	15250	2443	44950	34885	1000	－2482	3070
克什克腾旗	145002	44744	2099	34100	58176	1000	125	4758
翁牛特旗	179633	18825	2036	78507	70341	1000	8624	300
喀喇沁旗	138766	29855	2378	62158	34805	1000	8570	
宁城县	174088	27660	6023	77976	52420	1000	7861	1148
敖汉旗	184868	22398	2502	71639	69108		19066	155

1－5－8　　　　　　　　　　　　　　　　　　　　　　　　单位:万元

地　　区	支出						年终结余	其中:净结余
	支出总计	其中:本年支出	其中:一般性转移支付上解	其中:专项转移支付上解	其中:安排预算稳定调节基金	其中:调出资金		
土右旗	142912	138289	4353	270			3315	10
固阳县	95688	94310	938	440			8794	180
达茂旗	142633	138748	3384	501			14185	111
乌海市小计	**468498**	**465197**	**203**	**3098**			**81402**	
本级	103032	213198	－100973	－9193			48817	
区县小计	365466	251999	101176	12291			32585	
乌达区	115349	81704	30097	3548			9252	
海勃湾区	141796	96624	40455	4717			11238	
海南区	108321	73671	30624	4026			12095	
赤峰市小计	**1878522**	**1871101**	**1303**	**6118**			**307973**	**2596**
本级	226553	342289	1303	－117039			140030	
区县小计	1651969	1528812		123157			167943	2596
红山区	145151	100600		44551			1891	80
松山区	132332	124840		7492			36238	
元宝山区	152927	118220		34707			10171	2336
阿鲁科尔沁旗	129647	127284		2363			11018	
巴林左旗	118713	115003		3710			19716	356
巴林右旗	121265	118699		2566			19370	
林西县	101170	98468		2702			－2054	－2647
克什克腾旗	144760	135295		9465			242	242
翁牛特旗	154288	149568		4720			25345	758
喀喇沁旗	130390	127462		2928			8376	1471
宁城县	166576	162428		4148			7512	
敖汉旗	154750	150945		3805			30118	

2009年辽宁省地市县财政一般预算收支平衡表

1－6－1 单位:万元

地区	收入							
	收入总计	其中:						
		本年收入	返还性收入	一般性转移支付收入	专项转移支付收入	转贷财政部代理发行地方政府债券收入	上年结余	调入资金
地市县合计	**25544818**	**13403890**	**2027513**	**2320127**	**5051754**	**560000**	**1500081**	**239084**
沈阳市小计	**5310310**	**3202070**	**539811**	**312183**	**800001**	**150000**	**228382**	**77863**
本级	2728009	1345516	431842	－4335	532751	143763	225849	52623
区县小计	2582301	1856554	107969	316518	267250	6237	2533	25240
铁西区	464361	388312	27132	19436	22434		7047	
和平区	262990	240219	7535	5054	9386		796	
沈河区	267967	202967	13654	33027	9761		7548	1010
大东区	171203	136366	16020	7372	9605		1840	
皇姑区	150743	105852	4517	18424	10017		1085	10848
苏家屯区	125467	90982	3774	10779	16052	1124	1940	816
沈北新区	223335	170169	2191	20294	18538	104	1551	10488
东陵区	164840	116015	14550	20555	9743		2982	995
于洪区	205238	155676	12872	19143	10763		6784	
辽中县	130624	63678	408	33042	32412	578	－367	873
新民市	168128	81003	1034	46167	45862	953	－6924	33
法库县	139882	57402	1506	45573	43478	1355	－9482	50
康平县	107523	47913	2776	37652	29199	2123	－12267	127
大连市小计	**5854491**	**4002340**	**480269**	**129206**	**313999**		**470191**	**18922**
本级	2859585	1585442	480269	－86829	68617		363969	8797
区县小计	2994906	2416898		216035	245382		106222	10125
瓦房店市	348288	250788		23048	53989		17775	2688
普兰店市	208396	140615		20680	43996		3105	
庄河市	260822	181168		23346	50197		5041	1070
长海县	45498	20547		12574	11349		1028	
金州区	252947	211384		25883	10033		4566	1081
旅顺口区	163535	130306		14781	9831		8491	126
甘井子区	330392	260691		26727	24951		18023	
中山区	160436	142877		1463	11902		4194	
西岗区	151532	113358		10692	10634		16848	
沙河口区	157117	131988		5800	15260		4069	
开发区	570190	507956		34572	1594		20664	5160
高新园区	243800	229077		11053	1461		2209	
保税区	101953	96143		5416	185		209	
鞍山市小计	**2090335**	**1231230**	**203472**	**148708**	**351358**	**40000**	**106140**	**9427**
本级	1072777	661612	118992	9793	164583	36154	79406	2237
区县小计	1017558	569618	84480	138915	186775	3846	26734	7190
海城市	347677	212016	30811	47386	50778	1435	4352	899
台安县	98355	35088	3036	28146	30883	2161	－1159	200

1－6－2 单位:万元

地区	支出						年终结余	其中:净结余
	支出总计	其中:						
		本年支出	一般性转移支付上解	专项转移支付上解	安排预算稳定调节基金	调出资金		
地市县合计	**23669563**	**22361108**	**718000**	**357283**	**88439**	**16719**	**1875255**	**52844**
沈阳市小计	**5072464**	**4758822**	**198164**	**101754**		**13724**	**237846**	**3837**
本级	2496123	2271026	186192	25397		13508	231886	16717
区县小计	2576341	2487796	11972	76357		216	5960	-12880
铁西区	458402	441899	5633	10870			5959	5531
和平区	262194	247480	3493	11221			796	796
沈河区	261473	228921	883	31669			6494	1547
大东区	169363	164157	580	4626			1840	1840
皇姑区	149658	144996	66	4596			1085	1085
苏家屯区	124849	122273	154	2422			618	-1449
沈北新区	222234	220258	354	1622			1101	-288
东陵区	161944	158884	209	2851			2896	2896
于洪区	197187	194800	83	2304			8051	6685
辽中县	131518	130566		736		216	-894	-1674
新民市	175033	173830	48	1155			-6905	-6905
法库县	149348	147235	449	1664			-9466	-9957
康平县	113138	112497	20	621			-5615	-12987
大连市小计	**5103379**	**4711648**	**247174**	**19348**			**751112**	**24317**
本级	2241453	2003587	204024	-91123			618132	10430
区县小计	2861926	2708061	43150	110471			132980	13887
瓦房店市	329195	325412	393	3390			19093	180
普兰店市	201336	194179	599	6558			7060	1830
庄河市	252435	248145	227	4063			8387	1397
长海县	44470	43355	23	1092			1028	1028
金州区	247432	234604	835	11993			5515	195
旅顺口区	153626	150353	326	2947			9909	501
甘井子区	312866	301386	1371	10109			17526	91
中山区	157232	130480	22305	4447			3204	838
西岗区	132203	123985	4118	4100			19329	2240
沙河口区	150950	143252	2142	5556			6167	1052
开发区	536337	482864	7687	45542			33853	3195
高新园区	242039	233580	1659	6800			1761	1192
保税区	101805	96466	1465	3874			148	148
鞍山市小计	**1972719**	**1778665**	**72557**	**43102**	**78395**		**117616**	**3548**
本级	993299	874034	67045	4676	47544		79478	2001
区县小计	979420	904631	5512	38426	30851		38138	1547
海城市	337270	317745	2433	13537	3555		10407	10
台安县	99455	92239	9	3220	3987		-1100	-1388

一、一般预算

1-6-3　　　　　　　　　　　　　　　　　　　　　　　　　　　　　　单位:万元

地区	收入							
	收入总计	其中:						
		本年收入	返还性收入	一般性转移支付收入	专项转移支付收入	转贷财政部代理发行地方政府债券收入	上年结余	调入资金
岫岩县	132257	45588	5423	36855	42146	250	1135	860
铁东区	98773	82360	7202	-2843	11850		204	
铁西区	53236	30405	4970	4707	11677		1477	
立山区	76331	41333	8761	4586	16212		3581	1858
千山区	161931	90066	16058	14847	21248		16714	2998
高新区	43885	31079	6322	4451	1671		362	
风景区	5113	1683	1897	780	310		68	375
抚顺市小计	**1402531**	**537671**	**140755**	**175609**	**373177**	**33640**	**127317**	**14362**
本级	710728	212351	104265	-396	249383	32352	100918	11855
区县小计	691803	325320	36490	176005	123794	1288	26399	2507
抚顺县	93123	40039	3987	17461	26935	266	4435	
清原县	116428	41489	4286	34003	31935	244	4471	
新宾县	112296	33388	4065	34156	35303	542	4842	
顺城区	75272	37135	5592	19238	8461	43	4743	60
新抚区	64229	37000	3292	18033	3839		1965	100
东洲区	55377	23280	3478	17992	6498	39	1809	2281
望花区	51136	26187	2771	15132	5093	124	1763	66
抚顺经济开发区	113723	81676	7787	16551	5505	30	2174	
胜利开发区	10219	5126	1232	3439	225		197	
本溪市小计	**1047053**	**503177**	**86912**	**77536**	**296735**	**33636**	**33372**	**15685**
本级	646460	305321	69561	14761	191445	32575	17112	15685
区县小计	400593	197856	17351	62775	105290	1061	16260	
本溪县	122885	50088	5523	22869	37698		6707	
桓仁县	117820	38063	3630	25216	44334		6577	
平山区	43805	31953	2673	3799	4186		1194	
明山区	47269	32577	2569	3792	7156		1175	
溪湖区	42609	30676	2090	3527	5730		586	
南芬区	26205	14499	866	3572	6186	1061	21	
丹东市小计	**1227241**	**501352**	**74294**	**131633**	**410058**	**33636**	**72411**	**3257**
本级	417765	123609	29871	23686	195769	33636	9519	1675
区县小计	809476	377743	44423	107947	214289		62892	1582
东港市	217511	100588	9647	28054	57877		19163	1582
凤城市	206125	101377	10268	30924	50564		12992	
宽甸县	151277	60067	7066	29492	44578		10074	
振安区	52581	25802	3973	9356	10728		2722	
元宝区	32076	15202	2154	3053	9638		2029	
振兴区	66255	36532	4839	3682	15114		6088	
合作区	83651	38175	6476	3386	25790		9824	

1－6－4

单位:万元

地　　区	支出						年终结余	其中:净结余
	支出总计	其　中:						
		本年支出	一般性转移支付上解	专项转移支付上解	安排预算稳定调节基金	调出资金		
岫岩县	126948	122739	41	4168			5309	
铁东区	98655	92428	164	4707	1356		118	118
铁西区	51802	45930	200	4862	810		1434	84
立山区	72750	62264	542	5197	4747		3581	155
千山区	145216	129033	1808	2279	12096		16715	2484
高新区	42225	37190	307	428	4300		1660	70
风景区	5099	5063	8	28			14	14
抚顺市小计	**1262459**	**1181225**	**56187**	**25047**			**140072**	**5060**
本级	605976	583191	19516	3269			104752	2271
区县小计	656483	598034	36671	21778			35320	2789
抚顺县	87209	84767	1598	844			5914	410
清原县	113085	111873	16	1196			3343	233
新宾县	104680	103658	7	1015			7616	369
顺城区	68861	62125	4771	1965			6411	705
新抚区	60345	44262	14573	1510			3884	458
东洲区	52895	43841	7668	1386			2482	29
望花区	47913	39746	6807	1360			3223	182
抚顺经济开发区	111481	98158	989	12334			2242	399
胜利开发区	10014	9604	242	168			205	4
本溪市小计	**1009185**	**966118**	**30225**	**12842**			**37868**	**4438**
本级	624425	592846	29950	1629			22035	2113
区县小计	384760	373272	275	11213			15833	2325
本溪县	116278	115209		1069			6607	1233
桓仁县	111243	110236		1007			6577	－105
平山区	42958	40154	275	2529			847	481
明山区	46094	43780		2314			1175	319
溪湖区	42003	39269		2734			606	376
南芬区	26184	24624		1560			21	21
丹东市小计	**1150881**	**1114247**	**18914**	**17120**			**76360**	**－911**
本级	387678	373885	14534	－741			30087	－27476
区县小计	763203	740362	4380	17861			46273	26565
东港市	200162	194143	594	4825			17349	4564
凤城市	201588	198639	127	2822			4537	4417
宽甸县	147780	145204	12	2564			3497	2693
振安区	49582	47467	916	1199			2999	710
元宝区	31009	29382	806	821			1067	578
振兴区	61311	57745	980	2586			4944	4240
合作区	71771	67782	945	3044			11880	9363

1－6－5 单位:万元

地区	收入							
	收入总计	其中:					上年结余	调入资金
		本年收入	返还性收入	一般性转移支付收入	专项转移支付收入	转贷财政部代理发行地方政府债券收入		
锦州市小计	**1254999**	**480088**	**85033**	**190366**	**366085**	**33636**	**89747**	**10044**
本级	485691	106835	45109	66564	153982	31929	77566	3706
区县小计	769308	373253	39924	123802	212103	1707	12181	6338
凌海市	166274	81555	9525	24558	43346	363	6651	276
义县	112957	30338	3021	29530	46838	156	3034	40
北镇市	106900	31000	5110	31149	40598	724	－1881	200
黑山县	132581	33170	6371	39941	53027	452	－426	46
古塔区	49272	43957	3000	－5533	6681		418	749
凌河区	56422	44375	3971	－4985	7414		2135	3512
太和区	55690	36110	3340	6355	7964	12	574	1335
开发区	89212	72748	5586	2787	6235		1676	180
营口市小计	**1159082**	**571465**	**100662**	**131800**	**282563**	**33636**	**17123**	**21833**
本级	442484	169014	61306	20239	125806	32430	12108	21581
区县小计	716598	402451	39356	111561	156757	1206	5015	252
盖州市	145630	43950	5645	44454	57850	499	－6905	137
大石桥市	216534	113016	18979	32087	51439	277	736	
老边区	79594	48594	5989	11845	11378	322	1466	
站前区	37746	26800	1864	3804	4657		621	
西市区	32020	20876	1572	3694	5749		129	
经济技术开发区	205074	149215	5307	15677	25684	108	8968	115
阜新市小计	**902311**	**185978**	**42955**	**168156**	**371063**	**33636**	**97993**	**2430**
本级	504392	83633	29897	42377	230852	31789	83641	2103
区县小计	397919	102345	13058	125779	140211	1847	14352	327
海州区	33818	14284	1556	11713	5623	16	357	269
细河区	24618	8749	856	8377	5555	10	1030	41
太平区	22065	7643	1004	8911	5765	10	－1268	
新邱区	15478	5328	1133	5823	3027	16	151	
清河门区	25431	5477	1083	5493	11517	37	1807	17
高新技术园区	7702	3899	247	1358	2218		－20	
开发区	14351	9393	643	1295	2846		174	
阜蒙县	146213	26284	3544	49137	60158	1176	5914	
彰武县	108243	21288	2992	33672	43502	582	6207	
辽阳市小计	**945761**	**479746**	**53421**	**119333**	**198135**	**33636**	**60474**	**1016**
本级	451660	217161	32487	13611	123076	33636	31689	
区县小计	494101	262585	20934	105722	75059		28785	1016
辽阳县	133083	68888	5528	24665	29754		4101	147
灯塔市	150954	75700	4908	31133	25244		13884	85
太子河区	30894	14964	3116	5018	4167		3057	572

1－6－6 单位:万元

地　区	支出总计	本年支出	一般性转移支付上解	专项转移支付上解	安排预算稳定调节基金	调出资金	年终结余	其中:净结余
	支出		其中:					
锦州市小计	**1152725**	**1114530**	**19341**	**18854**			**102274**	**7516**
本级	392359	389622	15552	－12815			93332	404
区县小计	760366	724908	3789	31669			8942	7112
凌海市	159687	156554	633	2500			6587	6587
义县	110322	108936		1386			2635	2135
北镇市	109771	108005	4	1762			－2871	－2935
黑山县	133678	131392		2286			－1097	－1551
古塔区	48854	43752	435	4667			418	418
凌河区	55715	49297	595	5823			707	452
太和区	55242	51245	1259	2738			448	448
开发区	87097	75727	863	10507			2115	1558
营口市小计	**1133861**	**1063752**	**34667**	**35418**		**24**	**25221**	**－17529**
本级	425123	396255	14091	14753		24	17361	－17760
区县小计	708738	667497	20576	20665			7860	231
盖州市	146759	141766	818	4175			－1129	－2306
大石桥市	214703	205811	2095	6797			1831	478
老边区	78330	63565	10565	4200			1264	
站前区	36632	34401	557	1674			1114	70
西市区	31489	29598	541	1350			531	81
经济技术开发区	200825	192356	6000	2469			4249	1908
阜新市小计	**807332**	**797723**		**9509**			**94979**	**－5172**
本级	420160	421808		－1748			84232	209
区县小计	387172	375915		11257			10747	－5381
海州区	33696	31840		1856			122	66
细河区	23551	22620		931			1067	
太平区	23046	21372		1674			－981	－1268
新邱区	15381	14766		615			97	
清河门区	22600	21963		637			2831	－828
高新技术园区	7722	7533		189			－20	－20
开发区	14321	13772		549			30	30
阜蒙县	142456	140016		2440			3757	－2163
彰武县	104399	102033		2366			3844	－1198
辽阳市小计	**852385**	**806803**	**17659**	**17879**	**10044**		**93376**	**3424**
本级	395939	381146	12930	1863			55721	－2958
区县小计	456446	425657	4729	16016	10044		37655	6382
辽阳县	128827	121789	84	2336	4618		4256	978
灯塔市	138908	131005	22	2485	5396		12046	1115
太子河区	26100	24100	808	1192			4794	1344

一、一般预算

1－6－7 单位：万元

地区	收入							
	收入总计	其中：					上年结余	调入资金
		本年收入	返还性收入	一般性转移支付收入	专项转移支付收入	转贷财政部代理发行地方政府债券收入		
弓长岭区	74119	41166	－1616	22751	5420		6186	212
白塔区	32198	22366	2033	4478	2923		398	
文圣区	25656	16578	1650	3542	3320		566	
宏伟区	47197	22923	5315	14135	4231		593	
铁岭市小计	**1164957**	**479851**	**54893**	**218993**	**329691**	**33636**	**43291**	**4602**
本级	338491	107684	29603	18408	149184	22013	10601	998
区县小计	826466	372167	25290	200585	180507	11623	32690	3604
铁岭县	160783	68000	4105	33971	25210	10110	19113	274
开原市	201417	122085	6446	30697	37403	219	4049	518
昌图县	171958	32097	3982	73316	57553	365	2573	2072
西丰县	86046	20226	1646	29548	31482	867	2277	
调兵山市	82198	50000	2661	18232	10875		310	120
银州区	49204	35346	1653	6693	4207	20	778	507
清河区	35673	18073	4366	6667	6085	42	328	112
开发区	39187	26340	431	1461	7692		3262	1
朝阳市小计	**1303252**	**421494**	**63171**	**254665**	**452291**	**33636**	**71981**	**5299**
本级	438261	95168	35615	15249	209442	33636	43137	5299
区县小计	864991	326326	27556	239416	242849		28844	
北票市	186860	63600	5481	52409	53395		11975	
朝阳县	147992	53968	4576	42477	41693		5278	
凌源市	148778	53318	5535	40749	46607		2569	
建平县	166155	71540	5117	39767	46047		3684	
喀左县	110750	31958	3213	36458	35912		3209	
双塔区	46549	20358	1995	14400	8766		1030	
龙城区	43153	18067	1279	12776	9970		1061	
开发区	14754	13517	360	380	459		38	
盘锦市小计	**883902**	**434322**	**39604**	**109469**	**192487**	**33636**	**38992**	**35392**
本级	445103	235379	19217	17336	87576	32662	24933	28000
区县小计	438799	198943	20387	92133	104911	974	14059	7392
盘山县	134867	40903	4773	35747	44203	242	5158	3841
大洼县	178551	71600	3711	42621	50560	732	5776	3551
双台子区	34624	20106	2488	5234	5809		987	
兴隆台区	90757	66334	9415	8531	4339		2138	
葫芦岛市小计	**998593**	**373106**	**62261**	**152470**	**314111**	**33636**	**42667**	**18952**
本级	372230	149775	38903	7754	120093	30847	22924	1644
区县小计	626363	223331	23358	144716	194018	2789	19743	17308
兴城市	111311	30093	5027	25492	36157	436	2303	10703
绥中县	127868	38099	3037	31851	52469	852	1560	

2009 年全国地市县财政统计资料

1－6－8　　　　　　　　　　　　　　　　　　　　　　　　　单位:万元

地　　区	支　　出						年终结余	其中:净结余
	支出总计	其　中:						
		本年支出	一般性转移支付上解	专项转移支付上解	安排预算稳定调节基金	调出资金		
弓长岭区	59696	56458	51	3187			14423	2716
白塔区	30299	26247	646	3406			1899	
文圣区	25638	22688	741	2209			18	10
宏伟区	46978	43370	2377	1201	30		219	219
铁岭市小计	**1112928**	**1097129**		**15799**			**52029**	**460**
本级	318640	332815		－14175			19851	160
区县小计	794288	764314		29974			32178	300
铁岭县	145929	137285		8644			14854	
开原市	197158	190359		6799			4259	85
昌图县	167216	163928		3288			4742	
西丰县	81541	79601		1940			4505	
调兵山市	80555	74051		6504			1643	
银州区	48559	47127		1432			645	175
清河区	34693	33933		760			980	40
开发区	38637	38030		607			550	
朝阳市小计	**1229433**	**1214473**		**11274**		**2971**	**73819**	**1800**
本级	398740	398058		－3004		2971	39521	
区县小计	830693	816415		14278			34298	1800
北票市	171451	169761		1690			15409	100
朝阳县	140099	138415		1684			7893	261
凌源市	147466	145922		1544			1312	315
建平县	162532	159785		2747			3623	701
喀左县	106014	104729		1285			4736	114
双塔区	45569	43630		1939			980	182
龙城区	42847	39652		3195			306	127
开发区	14715	14521		194			39	
盘锦市小计	**851253**	**829837**	**7115**	**14301**			**32649**	**5858**
本级	425136	425468	2224	－2556			19967	5312
区县小计	426117	404369	4891	16857			12682	546
盘山县	131033	125833	932	4268			3834	
大洼县	173806	168680	808	4318			4745	
双台子区	32269	30477	64	1728			2355	
兴隆台区	89009	79379	3087	6543			1748	546
葫芦岛市小计	**958559**	**926136**	**15997**	**15036**			**40034**	**16198**
本级	354251	345469	14738	－6246			17979	－1600
区县小计	604308	580667	1259	21282			22055	17798
兴城市	109008	105182	68	2658			2303	541
绥中县	124368	122666	14	1688			3500	1560

1－6－9 单位:万元

地　　区	收入							
	收入总计	其中:						
		本年收入	返还性收　入	一般性转移支付收入	专项转移支付收入	转贷财政部代理发行地方政府债券收入	上年结余	调入资金
建昌县	122825	32855	3306	33355	46443	483	540	5843
连山区	147198	58628	7247	28733	39985	898	11707	
南票区	42606	9661	2194	19920	9361	112	812	546
龙港区	74555	53995	2547	5365	9603	8	2821	216

1－6－10

单位:万元

地　　区	支出						年终结余	其中:净结余
	支出总计	其中:						
		本年支出	一般性转移支付上解	专项转移支付上解	安排预算稳定调节基金	调出资金		
建昌县	122414	120866		1548			411	371
连山区	135051	128285		6766			12147	11771
南票区	41698	38773	17	2908			908	769
龙港区	71769	64895	1160	5714			2786	2786

一、一般预算

2009年吉林省地市县财政一般预算收支平衡表

1－7－1　　　　　　　　　　　　　　　　　　单位:万元

地区	收入							
	收入总计	其中:					上年结余	调入资金
		本年收入	返还性收入	一般性转移支付收入	专项转移支付收入	转贷财政部代理发行地方政府债券收入		
地市县合计	**12440142**	**3588846**	**706356**	**3466706**	**3634579**	**192500**	**724252**	**123150**
长春市小计	**3519671**	**1426506**	**266599**	**848190**	**668071**	**30546**	**265892**	**11775**
本级	1783747	988322	215764	202224	218249	2804	145203	10781
区县小计	1735924	438184	50835	645966	449822	27742	120689	994
榆树市	277642	40050	4646	121257	88795	5315	16692	183
德惠市	220522	41078	5914	86718	64817	6004	15883	108
农安县	236275	48305	7638	94855	73922	5071	5247	268
九台市	308882	64666	4968	104808	92690	6685	35046	
南关区	100980	53141	4773	15924	17833	562	8407	340
宽城区	111075	36636	5053	40191	17783	35	11377	
朝阳区	129762	63290	6577	34516	19989	222	5168	
二道区	115027	32223	6422	45686	20013	1009	9674	
绿园区	108866	40595	2951	44147	15401	487	5261	24
双阳区	126893	18200	1893	57864	38579	2352	7934	71
吉林市小计	**2042511**	**609955**	**158933**	**558268**	**507830**	**17267**	**157177**	**32916**
本级	906829	278709	126733	195875	155653	1082	118967	29650
区县小计	1135682	331246	32200	362393	352177	16185	38210	3266
永吉县	124487	32279	2822	42975	40425	1814	3072	1100
蛟河市	167113	36469	3254	53872	65710	2468	5335	
舒兰市	217898	27135	4229	85686	81507	4088	15253	
磐石市	181442	63922	7951	54012	51755	2301	1499	2
桦甸市	170173	54114	6994	52885	47059	1417	7526	178
昌邑区	71723	28809	1756	19002	19004	1471	51	1630
船营区	63662	23516	1820	17867	17699	980	1780	
丰满区	54639	14929	1435	21847	11993	741	3694	
龙潭区	84545	50073	1939	14247	17025	905		356
四平市小计	**1027791**	**213578**	**45833**	**355825**	**346312**	**14867**	**48574**	**2741**
本级	245780	66993	25463	60524	74661	2346	13792	1961
区县小计	782011	146585	20370	295301	271651	12521	34782	780
梨树县	197309	25700	4836	79356	68686	2368	16363	
双辽市	140483	28189	3510	47937	50533	3264	7050	
伊通县	128322	17548	2200	54497	45955	2680	5282	160
公主岭市	240184	58438	7272	82719	81748	3836	5587	563
铁东区	42842	7286	1393	18711	15169	281	2	
铁西区	32871	9424	1159	12081	9560	92	498	57
辽源市小计	**629189**	**144253**	**16887**	**192467**	**217937**	**7248**	**46842**	**3541**
本级	299972	82225	9260	79627	93330	2321	31059	2136
区县小计	329217	62028	7627	112840	124607	4927	15783	1405

1－7－2　　　　单位：万元

地　区	支出						年终结余	其中：净结余
	支出总计	其中：						
		本年支出	一般性转移支付上解	专项转移支付上解	安排预算稳定调节基金	调出资金		
地市县合计	**11565443**	**10910147**	**214005**	**408876**		**28662**	**874699**	**7465**
长春市小计	**3275920**	**3060062**	**82297**	**118468**		**13001**	**243751**	**6390**
本级	1669094	1517270	82179	56966		12279	114653	566
区县小计	1606826	1542792	118	61502		722	129098	5824
榆树市	255692	242265	63	12660			21950	
德惠市	203920	192970		10746		204	16602	
农安县	227867	212019	55	14824			8408	
九台市	277725	265666		11701		339	31157	164
南关区	97599	96318		1281			3381	
宽城区	103223	102266		957			7852	2945
朝阳区	123352	120919		2433			6410	1910
二道区	101418	100665		753			13609	128
绿园区	99501	97715		1786			9365	677
双阳区	116529	111989		4361		179	10364	
吉林市小计	**1799878**	**1647383**	**97020**	**51814**		**3496**	**242633**	**77**
本级	739218	635427	79178	21845		2608	167611	
区县小计	1060660	1011956	17842	29969		888	75022	77
永吉县	121456	117271	32	4046		107	3031	
蛟河市	161948	157157	917	3659		210	5165	
舒兰市	178841	172142	10	6513		176	39057	
磐石市	178271	169625		8458		188	3171	77
桦甸市	163423	155980	1196	6040		207	6750	
昌邑区	70143	69560		583			1580	
船营区	59277	59020		257			4385	
丰满区	45683	45486		197			8956	
龙潭区	81618	65715	15687	216			2927	
四平市小计	**967111**	**907641**	**8337**	**49280**		**1792**	**60680**	**35**
本级	226859	203327	7613	14792		1087	18921	5
区县小计	740252	704314	724	34488		705	41759	30
梨树县	181221	173082		8139			16088	
双辽市	134940	127322		7304		314	5543	
伊通县	123758	120032	2	3660		64	4564	14
公主岭市	226108	210387	722	14819		159	14076	9
铁东区	42804	42378		352		74	38	2
铁西区	31421	31113		214		94	1450	5
辽源市小计	**553547**	**529870**	**3509**	**19152**		**1002**	**75642**	
本级	243580	227698	3473	11667		728	56392	
区县小计	309967	302172	36	7485		274	19250	

1－7－3

单位:万元

地　　区	收　入							
	收入总计	其　中:						
		本年收入	返还性收　入	一般性转移支付收入	专项转移支付收入	转贷财政部代理发行地方政府债券收入	上年结余	调入资金
东丰县	131839	20655	3500	51075	46615	2939	5650	1405
东辽县	127000	20032	1647	47852	47178	1655	8636	
龙山区	40391	13154	1652	7926	15829	333	1497	
西安区	29987	8187	828	5987	14985			
通化市小计	**1046013**	**260058**	**63194**	**273278**	**354937**	**18278**	**64250**	**12018**
本级	238765	52588	21463	54789	74469	2697	25823	6936
区县小计	807248	207470	41731	218489	280468	15581	38427	5082
通化县	125908	37589	7908	27859	47045	3315	2192	
集安市	119996	26938	4763	31465	49251	1966	4574	1039
柳河县	134853	20964	3900	47357	51691	2677	8261	3
辉南县	121922	23158	5767	35816	45901	2683	4991	3606
梅河口市	214270	66100	9224	62107	65568	4002	7197	72
东昌区	51933	22597	5759	7428	9272	489	6321	67
二道江区	38366	10124	4410	6457	11740	449	4891	295
白山市小计	**862762**	**197769**	**21108**	**261148**	**309928**	**9800**	**50898**	**12090**
本级	208638	53828	6672	56299	72217	1154	18468	
区县小计	654124	143941	14436	204849	237711	8646	32430	12090
抚松县	163883	41468	3471	62540	52295	1584	2525	
靖宇县	94684	15579	1262	33089	38592	1827	3103	1226
长白县	78359	11900	1396	27692	29141	1115	7115	
临江市	110681	22822	2082	31341	48902	2090	2600	844
江源区	126621	31362	4141	32474	45585	1465	11579	
八道江区	79896	20810	2084	17713	23196	565	5508	10020
白城市小计	**874073**	**126346**	**21412**	**312080**	**343848**	**32166**	**27269**	**10002**
本级	208188	28265	7956	49878	87405	12495	13199	8990
区县小计	665885	98081	13456	262202	256443	19671	14070	1012
洮南市	149460	14641	3766	60270	61018	7832	1738	195
大安市	164604	29238	3456	58613	57952	3747	10781	817
镇赉县	141348	25116	3287	46974	62627	3344		
通榆县	126651	15056	1395	55278	49625	3954	393	
洮北区	83822	14030	1552	41067	25221	794	1158	
松原市小计	**1024406**	**258289**	**26453**	**298971**	**328585**	**40216**	**46105**	**25387**
本级	265140	90519	7535	46052	74376	21741	19284	5463
区县小计	759266	167770	18918	252919	254209	18475	26821	19924
前郭县	230094	70515	8140	62986	75867	4660	7926	
长岭县	150922	16014	1467	74084	46846	3960	8428	3
乾安县	124807	34206	2867	45440	37512	1769	3013	
扶余县	170579	21526	1538	61082	72203	6731	7389	

1－7－4

单位：万元

地区	支出						年终结余	其中：净结余
	支出总计	其中：						
		本年支出	一般性转移支付上解	专项转移支付上解	安排预算稳定调节基金	调出资金		
东丰县	122534	118777	7	3605		145	9305	
东辽县	118050	114718	29	3174		129	8950	
龙山区	39396	38933		463			995	
西安区	29987	29744		243				
通化市小计	**981230**	**933776**	**6720**	**39130**		**1604**	**64783**	**339**
本级	223127	211689	6016	4817		605	15638	34
区县小计	758103	722087	704	34313		999	49145	305
通化县	124318	120068	15	4117		118	1590	60
集安市	115015	111786	16	3044		169	4981	68
柳河县	125614	121336	7	4151		120	9239	
辉南县	117593	112157	12	5269		155	4329	77
梅河口市	198590	190140	649	7364		437	15680	77
东昌区	44623	36400	5	8218			7310	17
二道江区	32350	30200		2150			6016	6
白山市小计	**791533**	**764146**	**5288**	**21174**		**904**	**71229**	**164**
本级	190192	184892	1108	3876		316	18446	
区县小计	601341	579254	4180	17298		588	52783	164
抚松县	159824	152501	2686	4637			4059	108
靖宇县	90499	88536	6	1886		65	4185	56
长白县	68193	67467		670		56	10166	
临江市	102926	100552	243	2030		101	7755	
江源区	108466	100147	1245	6808		251	18155	
八道江区	71433	70051		1267		115	8463	
白城市小计	**842189**	**810816**	**3383**	**26722**		**318**	**31884**	
本级	192962	186636	71	6255			15226	
区县小计	649227	624180	3312	20467		318	16658	
洮南市	146239	140765	38	5334		102	3221	
大安市	152849	146199	1139	5321		190	11755	
镇赉县	141348	134575	255	6518				
通榆县	126251	121003	1863	2409		26	400	
洮北区	82540	81638	17	885			1282	
松原市小计	**973077**	**930056**	**6772**	**33346**		**2503**	**51329**	**199**
本级	248166	234645	4512	6336		2503	16974	
区县小计	724911	695411	2260	27010			34355	199
前郭县	219147	207240	1331	10576			10947	199
长岭县	144600	139270	901	4309			6322	
乾安县	118407	114092	6	4309			6400	
扶余县	159967	153879	22	5956			10612	

1－7－5

单位:万元

地　　区	收入							
	收入总计	其中:						
		本年收入	返还性收　入	一般性转移支付收入	专项转移支付收入	转贷财政部代理发行地方政府债券收入	上年结余	调入资金
宁江区	82864	25509	4906	9327	21781	1355	65	19921
延边朝鲜族自治州小计	**1345674**	**346994**	**85562**	**350459**	**518499**	**20793**	**11454**	**11863**
本级	249985	49031	31797	48851	110326	3655	3175	3150
区县小计	1095689	297963	53765	301608	408173	17138	8279	8713
延吉市	230000	113827	22822	29619	53914	3421	4742	1655
图们市	79489	14079	4027	26781	31443	1897	59	1203
龙井市	103905	14820	3437	40687	42252	955	45	1659
和龙市	114000	19933	3970	40023	48158	951		965
汪清县	115711	16700	2782	38698	54438	1535	60	1498
安图县	90208	14974	2493	33094	37240	1386	41	980
珲春市	137273	43972	4224	23808	61589	2768	763	149
敦化市	225103	59658	10010	68898	79139	4225	2569	604
长白山管委会小计	**68052**	**5098**	**375**	**16020**	**38632**	**1319**	**5791**	**817**
本级	68052	5098	375	16020	38632	1319	5791	817

1－7－6

单位:万元

地区	支出						年终结余	其中:净结余
	支出总计	其中:						
		本年支出	一般性转移支付上解	专项转移支付上解	安排预算稳定调节基金	调出资金		
宁江区	82790	80930		1860			74	
延边朝鲜族自治州小计	**1318466**	**1263957**	**670**	**49790**		**3999**	**27208**	**228**
本级	237112	234788		2324			12873	158
区县小计	1081354	1029169	670	47466		3999	14335	70
延吉市	224523	203666	130	17819		2908	5477	5
图们市	79343	76053	49	3163		78	146	1
龙井市	99940	97287		2551		52	3965	
和龙市	112000	109563	3	2305		129	2000	
汪清县	115706	112617	40	2966		83	5	
安图县	90108	86960		3111		37	100	9
珲春市	137077	131636	375	4765		301	196	
敦化市	222657	211387	73	10786		411	2446	55
长白山管委会小计	**62492**	**62440**	**9**			**43**	**5560**	**33**
本级	62492	62440	9			43	5560	33

2009年黑龙江省地市县财政一般预算收支平衡表

1－8－1

单位：万元

地区	收入							
	收入总计	其中：					上年结余	调入资金
		本年收入	返还性收入	一般性转移支付收入	专项转移支付收入	转贷财政部代理发行地方政府债券收入		
地市县合计	**14086125**	**4595358**	**856321**	**3341421**	**4463102**	**250000**	**565788**	**12207**
哈尔滨市小计	**3845509**	**1933598**	**224235**	**596353**	**805394**	**70000**	**213781**	**1348**
本级	1628315	1122111	130713	804	156057	70000	148144	146
区县小计	2217194	811487	93522	595549	649337		65637	1202
阿城市	159455	55571	10405	28379	60679		4421	
宾县	136314	28007	5980	37233	52959		11705	
方正县	64405	10695	1966	27669	24075			
依兰县	110907	31180	5544	32152	40146		1885	
巴彦县	140256	18754	4219	50245	53838		13200	
木兰县	75316	8241	4695	25400	31747		5233	
通河县	75911	8279	1158	32597	31139		2738	
延寿县	81609	13054	4993	27592	35924		46	
双城市	166305	54067	10499	37001	62211		2527	
五常市	166205	30000	4256	56589	66394		8966	
尚志市	123360	28306	5808	35966	52806		474	
道里区	150285	110886	9912	8685	19930		872	
南岗区	186098	141751	9588	11251	22474		1034	
道外区	145513	70058	5480	48308	19824		641	1202
平房区	42795	17310	1105	15069	8626		685	
松北区	63010	25030	789	17025	11632		8534	
香坊区	191720	127264	5725	39330	18915		456	
呼兰区	137730	33034	1400	65058	36018		2220	
齐齐哈尔市小计	**1621292**	**345346**	**98585**	**476273**	**599094**	**30000**	**71853**	**50**
本级	561305	200176	43237	43360	201626	30000	42815	
区县小计	1059987	145170	55348	432913	397468		29038	50
龙江县	114748	11089	5303	43594	45068		9694	
讷河县	130851	10618	4604	43298	61891		10440	
依安县	96319	8486	5533	37262	42318		2670	50
泰来县	81390	8875	5994	29873	35529		1119	
甘南县	84087	7465	4446	32896	36739		2541	
富裕县	66974	9533	5230	23319	28848		44	
克山县	79036	5496	3986	36947	32607			
克东县	76032	8816	8515	27757	31809		－865	
拜泉县	101916	6863	2694	41685	46628		4046	
龙沙区	43484	20651	1336	16200	5297			
建华区	33472	13216	3356	13157	3592		151	
铁锋区	46919	16948	1520	22046	6405			
富拉尔基区	39955	11071	2396	20580	5908			

1－8－2

单位：万元

地区	支出						年终结余	其中：净结余
	支出总计	其中：						
		本年支出	一般性转移支付上解	专项转移支付上解	安排预算稳定调节基金	调出资金		
地市县合计	**13269573**	**13021892**	**17140**	**220387**		**8026**	**816552**	**24274**
哈尔滨市小计	**3580213**	**3484127**	**3663**	**84277**		**7346**	**265296**	**16387**
本级	1463105	1395292	3000	57214		7259	165210	2584
区县小计	2117108	2088835	663	27063		87	100086	13803
阿城市	152896	150211		2685			6559	535
宾县	120368	118399	81	1458			15946	232
方正县	64405	63589	1	815				
依兰县	106346	104928	220	1198			4561	10
巴彦县	124982	124169	1	812			15274	2282
木兰县	64021	63394	34	593			11295	1571
通河县	71707	71037	51	619			4204	3360
延寿县	81497	80857	7	633			112	112
双城市	151087	149366		1721			15218	104
五常市	155009	153177	8	1824			11196	3262
尚志市	123237	121485	260	1492			123	123
道里区	149451	146716		2719		16	834	834
南岗区	185332	181578		3754			766	766
道外区	144655	142623		2032			858	77
平房区	41990	41525		441		24	805	37
松北区	54810	54387		423			8200	91
香坊区	191025	189021		1927		47	695	208
呼兰区	134290	132373		1917			3440	199
齐齐哈尔市小计	**1553593**	**1528681**	**4050**	**20730**		**41**	**67699**	**－1255**
本级	539354	527423	3982	7858			21951	1038
区县小计	1014239	1001258	68	12872		41	45748	－2293
龙江县	104919	103811	4	1104			9829	
讷河县	112154	111044	7	1103			18697	236
依安县	94576	93459	4	1113			1743	626
泰来县	75914	75059		855			5476	－1362
甘南县	80736	79692	1	1002		41	3351	367
富裕县	66896	65423		1473			78	78
克山县	79030	77661	40	1329			6	6
克东县	76737	75842	12	883			－705	－1442
拜泉县	93841	93004		837			8075	68
龙沙区	43484	42823		661				
建华区	33472	33040		432				
铁锋区	46919	45542		1377				
富拉尔基区	39955	39600		355				

一、一般预算

1－8－3 单位:万元

地区	收入							
	收入总计	其中:						
		本年收入	返还性收入	一般性转移支付收入	专项转移支付收入	转贷财政部代理发行地方政府债券收入	上年结余	调入资金
昂昂溪区	17598	2339	200	12019	3040			
梅里斯达斡尔族区	28660	1211	68	20019	7362			
碾子山区	18546	2493	167	12261	4427		－802	
牡丹江市小计	**1194594**	**305663**	**101644**	**253442**	**423438**	**15000**	**93407**	**2000**
本级	433537	84866	21302	94788	165979	15000	51602	
区县小计	761057	220797	80342	158654	257459		41805	2000
林口县	102462	18448	8520	34755	35122		5617	
穆棱市	111995	27480	13998	29954	37343		3220	
东宁县	106664	25904	10763	18646	38653		12698	
宁安县	124353	23347	5436	37135	52473		5962	
海林市	119568	31767	10027	33077	39743		4954	
绥芬河市	130799	35863	22917	10717	51445		7857	2000
东安区	17256	15482	2705	－2596	962		703	
西安区	17702	15577	2482	－1477	605		515	
爱民区	15533	14178	1587	－978	471		275	
阳明区	14725	12751	1907	－579	642		4	
佳木斯市小计	**955239**	**145400**	**58597**	**298421**	**390843**	**15000**	**43618**	**3358**
本级	345773	63492	19664	78752	131133	15000	34372	3358
区县小计	609466	81908	38933	219669	259710		9246	
桦南县	91880	9765	5201	35634	40503		777	
桦川县	72593	5558	3543	26993	36480		19	
汤原县	80330	7012	3141	29252	37341		3584	
抚远县	72411	9274	5617	22368	35152			
富锦市	122184	16418	9565	45685	50508		8	
同江市	95348	9612	6304	30155	44433		4844	
东风区	10579	5023	698	3689	1167		2	
前进区	9576	6054	1163	2074	279		6	
向阳区	12518	6557	1686	3557	715		3	
郊区	42047	6635	2015	20262	13132		3	
鸡西市小计	**720404**	**183823**	**51089**	**152694**	**308931**	**10000**	**13494**	
本级	318084	86896	18266	24851	174685	10000	3013	
区县小计	402320	96927	32823	127843	134246		10481	
鸡东县	93650	19389	10755	29554	30824		3128	
密山市	107324	15797	6582	39331	42469		3145	
虎林市	82107	12002	3162	32579	30156		4208	
鸡冠区	40174	21963	5162	6731	6318			
恒山区	22187	9652	2101	4564	5870			
滴道区	19913	8671	1968	4565	4709			

1-8-4 单位:万元

地区	支出						年终结余	其中:净结余
	支出总计	其中:						
		本年支出	一般性转移支付上解	专项转移支付上解	安排预算稳定调节基金	调出资金		
昂昂溪区	17598	17473		125				
梅里斯达斡尔族区	28660	28520		140				
碾子山区	19348	19265		83			-802	-870
牡丹江市小计	**1050685**	**1031683**	**1212**	**17790**			**143909**	**631**
本级	363799	356137	498	7164			69738	13
区县小计	686886	675546	714	10626			74171	618
林口县	85095	84098	38	959			17367	57
穆棱市	109492	107919	42	1531			2503	25
东宁县	93855	92509	139	1207			12809	200
宁安县	103628	101827	12	1789			20725	8
海林市	104820	102405	418	1997			14748	15
绥芬河市	126392	124838	65	1489			4407	291
东安区	16214	15762		452			1042	22
西安区	17132	16665		467			570	
爱民区	15533	15163		370				
阳明区	14725	14360		365				
佳木斯市小计	**898698**	**884835**	**608**	**13253**			**56541**	**-116**
本级	297173	289600	124	7447			48600	58
区县小计	601525	595235	484	5806			7941	-174
桦南县	91865	90624	433	808			15	15
桦川县	72575	72039		536			18	18
汤原县	76999	76375	6	618			3331	
抚远县	72395	72004	15	376			16	16
富锦市	122174	120995	1	1178			10	10
同江市	91754	91174	29	551			3594	-389
东风区	10433	10121		312			146	146
前进区	9570	9065		505			6	6
向阳区	12517	12013		504			1	1
郊区	41243	40825		418			804	3
鸡西市小计	**703592**	**693863**	**51**	**8655**		**450**	**16812**	**1781**
本级	317395	327208	-9076	-1560		450	689	41
区县小计	386197	366655	9127	10215			16123	1740
鸡东县	85452	84103		1349			8198	58
密山市	104592	103251	51	1090			2732	1122
虎林市	76914	76062		852			5193	560
鸡冠区	40174	30944	8819	411				
恒山区	22187	19832		2355				
滴道区	19913	18008	97	1808				

一、一般预算

1－8－5　　　　单位:万元

地　　区	收入 收入总计	其中: 本年收入	返还性收入	一般性转移支付收入	专项转移支付收入	转贷财政部代理发行地方政府债券收入	上年结余	调入资金
城子河区	18016	5609	1756	3788	6863			
梨树区	12693	2237	847	3643	5966			
麻山区	6256	1607	490	3088	1071			
鹤岗市小计	**473982**	**117510**	**32004**	**83166**	**200455**	**10000**	**29802**	**1045**
本级	321874	78289	17612	35216	150270	10000	29442	1045
区县小计	152108	39221	14392	47950	50185		360	
萝北县	54874	10529	4735	19672	19578		360	
绥滨县	60445	4167	2506	23165	30607			
南山区	6630	4755	1460	415				
向阳区	4101	2814	850	437				
工农区	5546	3544	1711	291				
兴山区	2917	1730	476	711				
东山区	13309	8838	1823	2648				
兴安区	4286	2844	831	611				
双鸭山市小计	**659364**	**166358**	**38367**	**146494**	**254267**	**10000**	**43678**	**200**
本级	331055	87451	12947	37383	138281	10000	44993	
区县小计	328309	78907	25420	109111	115986		－1315	200
集贤县	87564	19534	6385	28814	32334		297	200
宝清县	111048	23492	7509	35948	44010		89	
友谊县	39471	6216	2409	15321	15525			
饶河县	49632	5258	3425	21941	20709		－1701	
尖山区	9919	7463	1756	213	487			
岭东区	10526	6382	1406	1911	827			
四方台区	8252	3778	898	2744	832			
宝山区	11897	6784	1632	2219	1262			
七台河市小计	**433215**	**167846**	**36618**	**72647**	**144238**	**10000**	**1566**	
本级	259047	97660	18654	25132	106697	10000	604	
区县小计	174168	70186	17964	47515	37541		962	
勃利县	103931	24543	17556	27022	34119		691	
新兴区	28389	17486	96	10009	722		76	
桃山区	17394	13745	222	2862	477		88	
茄子河区	24454	14412	90	7622	2223		107	
黑河市小计	**634742**	**98711**	**33102**	**233976**	**237768**	**10000**	**20823**	
本级	156921	29618	8921	39033	54417	10000	14570	
区县小计	477821	69093	24181	194943	183351		6253	
北安市	118267	14122	8687	44158	46141		5159	
嫩江县	106055	25650	5332	36372	38618		83	
五大连池市	78444	4888	1598	43853	28017		88	

1-8-6 单位:万元

地区	支出						年终结余	其中:净结余
	支出总计	其中:						
		本年支出	一般性转移支付上解	专项转移支付上解	安排预算稳定调节基金	调出资金		
城子河区	18016	16707	77	1232				
梨树区	12693	11875		818				
麻山区	6256	5873	83	300				
鹤岗市小计	**415402**	**411471**	**19**	**3897**		**15**	**58580**	**50**
本级	278443	277000	8	1435			43431	50
区县小计	136959	134471	11	2462		15	15149	
萝北县	54033	53303	11	704		15	841	
绥滨县	46137	45689		448			14308	
南山区	6630	6528		102				
向阳区	4101	4010		91				
工农区	5546	4702		844				
兴山区	2917	2843		74				
东山区	13309	13185		124				
兴安区	4286	4211		75				
双鸭山市小计	**593930**	**587837**	**50**	**6043**			**65434**	**-1116**
本级	276958	274251	16	2691			54097	338
区县小计	316972	313586	34	3352			11337	-1454
集贤县	80307	78935		1372			7257	16
宝清县	105600	104599	22	979			5448	121
友谊县	39248	38812	12	424			223	
饶河县	51223	50646		577			-1591	-1591
尖山区	9919	9919						
岭东区	10526	10526						
四方台区	8252	8252						
宝山区	11897	11897						
七台河市小计	**431942**	**427139**	**3027**	**1476**			**1273**	**966**
本级	258617	255503	2814				430	430
区县小计	173325	171636	213	1476			843	536
勃利县	103347	102292	12	1043			584	277
新兴区	28251	28049		202			138	138
桃山区	17304	17073		231			90	90
茄子河区	24423	24222	201				31	31
黑河市小计	**585624**	**576947**	**509**	**7632**		**174**	**49118**	**7777**
本级	134167	130279	491	2905		130	22754	262
区县小计	451457	446668	18	4727		44	26364	7515
北安市	105447	103898	2	1547			12820	
嫩江县	106055	104937	3	1115				
五大连池市	71199	70435	3	761			7245	7245

1－8－7

单位：万元

地区	收入							
		其中：						
	收入总计	本年收入	返还性收入	一般性转移支付收入	专项转移支付收入	转贷财政部代理发行地方政府债券收入	上年结余	调入资金
逊克县	57696	11173	2719	23097	20674		33	
孙吴县	47202	2542	1523	22884	20181		72	
爱辉区	70157	10718	4322	24579	29720		818	
伊春市小计	**536436**	**58612**	**11613**	**243481**	**221557**		**－1927**	**3100**
本级	397579	45586	7976	190341	154051		－3475	3100
区县小计	138857	13026	3637	53140	67506		1548	
铁力市	80053	7287	2460	36938	33368			
嘉荫县	58804	5739	1177	16202	34138		1548	
大庆市小计	**1444534**	**844833**	**77539**	**238578**	**222707**	**60000**	**677**	**200**
本级	764658	569561	6342	39010	89305	60000	440	
区县小计	679876	275272	71197	199568	133402		237	200
林甸县	68320	15819	6129	21453	24916		3	
肇洲县	95433	33417	8421	25739	27856			
肇源县	114895	28014	10589	23184	52834		74	200
杜尔伯特蒙古族自治县	81056	20170	15915	17155	27796		20	
萨尔图区	76843	40640	9618	26585				
让胡路区	86022	50675	6998	28209			140	
龙凤区	69124	45148	8346	15630				
红岗区	26057	10203	3246	12608				
大同区	62126	31186	1935	29005				
大兴安岭地区小计	**252336**	**34505**	**8938**	**114269**	**84781**		**9843**	
本级	89453	6579	198	51935	30659		82	
区县小计	162883	27926	8740	62334	54122		9761	
加格达奇区	44574	10207	5645	16739	11565		418	
呼玛县	38952	3537	1348	16998	13675		3394	
塔河县	27437	4163	396	12562	8532		1784	
漠河县	51920	10019	1351	16035	20350		4165	
绥化市小计	**1314478**	**193153**	**83990**	**431627**	**569629**	**10000**	**25173**	**906**
本级	113891	28558	18622	25636	26736	10000	4339	
区县小计	1200587	164595	65368	405991	542893		20834	906
安达市	130227	46392	18541	24691	38387		1516	700
肇东市	216601	58305	12608	41489	99104		5095	
兰西县	99080	5134	3598	38165	52183			
青冈县	95313	4680	4324	37043	49008		258	
明水县	80045	4998	4231	32424	38392			
海伦市	133568	9368	4430	56264	62761		609	136
望奎县	105112	6296	4097	41366	53163		190	
绥棱县	85042	3766	2815	38495	39966			

1－8－8

单位:万元

地　区	支出						年终结余	其中:净结余
	支出总计	其中:						
		本年支出	一般性转移支付上解	专项转移支付上解	安排预算稳定调节基金	调出资金		
逊克县	53490	53027		463			4206	133
孙吴县	46877	46479	10	388			325	87
爱辉区	68389	67892		453		44	1768	50
伊春市小计	**521280**	**512960**	**820**	**7500**			**15156**	**－4506**
本级	382423	375162	747	6514			15156	－4506
区县小计	138857	137798	73	986				
铁力市	80053	79394	53	606				
嘉荫县	58804	58404	20	380				
大庆市小计	**1443832**	**1419862**	**44**	**23926**			**702**	**702**
本级	764388	784534	12	－20158			270	270
区县小计	679444	635328	32	44084			432	432
林甸县	68312	67345		967			8	8
肇洲县	95334	93963	1	1370			99	99
肇源县	114840	113692	23	1125			55	55
杜尔伯特蒙古族自治县	80959	80224	8	727			97	97
萨尔图区	76806	62599		14207			37	37
让胡路区	85886	74421		11465			136	136
龙凤区	69124	58540		10584				
红岗区	26057	24234		1823				
大同区	62126	60310		1816				
大兴安岭地区小计	**220874**	**209562**	**5**	**11307**			**31462**	**539**
本级	74299	71999	－286	2586			15154	21
区县小计	146575	137563	291	8721			16308	518
加格达奇区	43610	42746	291	573			964	26
呼玛县	35143	34620		523			3809	56
塔河县	25592	22141		3451			1845	436
漠河县	42230	38056		4174			9690	
绥化市小计	**1269908**	**1252925**	**3082**	**13901**			**44570**	**2434**
本级	103809	101279		2530			10082	251
区县小计	1166099	1151646	3082	11371			34488	2183
安达市	129309	127578	1731				918	918
肇东市	201003	198152		2851			15598	534
兰西县	99080	98268		812				
青冈县	95019	94083		936			294	28
明水县	80045	79061		984				
海伦市	132149	130200		1949			1419	614
望奎县	105083	103962	1	1120			29	
绥棱县	85042	84045		997				

1－8－9

单位:万元

地区	收入							
	收入总计	其中:					上年结余	调入资金
		本年收入	返还性收入	一般性转移支付收入	专项转移支付收入	转贷财政部代理发行地方政府债券收入		
庆安县	106525	7618	4192	38732	55659		254	70
北林区	149074	18038	6532	57322	54270		12912	

1－8－10

单位:万元

地　　区	支　　出						年终结余	其中：净结余
	支出总计	其　中：						
		本年支出	一般性转移支付上解	专项转移支付上解	安排预算稳定调节基　金	调出资金		
庆安县	106231	104881	1350				294	41
北林区	133138	131416		1722			15936	48

2009年上海市区县财政一般预算收支平衡表

1-9-1　　　　单位:万元

地　区	收　入							
	收入总计	其中:						
		本年收入	返还性收　入	一般性转移支付收入	专项转移支付收入	转贷财政部代理发行地方政府债券收入	上年结余	调入资金
区县合计	**19752552**	**12832396**	**4063391**	**1725692**	**317137**		**753978**	**27492**
黄浦区	828950	558528	228829	18795	5645		17153	
卢湾区	627786	466183	102324	7164	4393		47722	
徐汇区	976237	785616	122229	34096	12355		21941	
长宁区	839778	629518	120095	25039	10571		33693	5862
普陀区	773663	442580	169406	116862	12150		32665	
静安区	729561	563328	108536	12538	4432		30579	10148
闸北区	597567	362638	139666	81253	11497		2513	
虹口区	708369	420459	155216	80955	19128		32611	
杨浦区	777281	440468	161531	116411	26960		7515	9930
宝山区	1070539	626956	297860	114884	20061		9226	1552
闵行区	1502249	1103457	224226	108605	18513		47448	
嘉定区	1070441	679752	307503	36181	13132		30873	
浦东新区	4401254	3283820	673714	108133	36035		299552	
金山区	626400	239549	172690	190540	16307		7314	
松江区	1087534	672977	270070	37019	14727		92741	
青浦区	820609	486802	282895	34551	10881		5480	
南汇区	895754	516059	219582	116212	21880		22021	
奉贤区	687427	319597	190275	151697	18410		7448	
崇明县	731153	234109	116744	334757	40060		5483	

1－9－2

单位:万元

地区	支出总计	其中:本年支出	一般性转移支付上解	专项转移支付上解	安排预算稳定调节基金	调出资金	年终结余	其中:净结余
区县合计	**19050752**	**17923653**	**586954**	**298070**	**242075**		**701800**	**701800**
黄浦区	810526	731256	62637	11633	5000		18424	18424
卢湾区	576942	550264	17760	8918			50844	50844
徐汇区	954296	895056	26992	11541	20707		21941	21941
长宁区	802278	743117	17132	9517	32512		37500	37500
普陀区	740864	715471	17711	7682			32799	32799
静安区	696930	667825	19343	9762			32631	32631
闸北区	594960	568628	19628	6704			2607	2607
虹口区	665273	639523	18563	7187			43096	43096
杨浦区	769213	714917	18025	7271	29000		8068	8068
宝山区	1059352	964423	24837	10092	60000		11187	11187
闵行区	1449222	1384856	35794	13572	15000		53027	53027
嘉定区	1036651	949947	36797	10051	39856		33790	33790
浦东新区	4193734	3929167	138748	125819			207520	207520
金山区	618960	599952	13135	5873			7440	7440
松江区	988693	910096	29227	9370	40000		98841	98841
青浦区	814183	783848	22389	7946			6426	6426
南汇区	873124	826636	22674	23814			22630	22630
奉贤区	679881	650314	23610	5957			7546	7546
崇明县	725670	698357	21952	5361			5483	5483

2009年江苏省地市县财政一般预算收支平衡表

1－10－1　　　　　　　　　　　　　　　　　　　　　　　　单位:万元

地　　区	收　　入							
	收入总计	其　中:						
		本年收入	返还性收　入	一般性转移支付收入	专项转移支付收入	转贷财政部代理发行地方政府债券收入	上年结余	调入资金
地市县合计	**44230554**	**29169457**	**3738939**	**2191735**	**5145019**	**440000**	**2882601**	**654179**
南京市小计	**5865736**	**4345080**	**661374**	**197796**	**380259**	**41500**	**199580**	**35172**
本级	1382682	1047692	411532	－127666	－136681	21000	153779	9551
区县小计	4483054	3297388	249842	325462	516940	20500	45801	25621
玄武区	305983	224178	18098	26612	34139		2956	
白下区	295289	235271	15338	6835	37528		317	
秦淮区	129787	88736	9282	14934	16687		148	
建邺区	266261	190949	11195	44377	17624		2116	
鼓楼区	426895	332351	19999	27814	35132		10099	
下关区	168393	126933	8070	11268	21666		456	
浦口区	549210	394638	37064	57162	44124	3500	12722	
栖霞区	407894	292110	22711	61682	27839		3552	
雨花台区	255986	168718	12236	41989	31368		1675	
江宁区	839859	716009	44620	3615	64692	7000	3378	545
六合区	415104	276605	23057	18199	73331	4000	4582	15330
溧水县	231320	144188	14923	5186	59781	3000	2296	1946
高淳县	191073	106702	13249	5789	53029	3000	1504	7800
无锡市小计	**5689008**	**4159143**	**581220**	**20423**	**357971**	**39500**	**471932**	**58819**
本级	1663794	1081820	280598	－46966	80113	15000	244601	8628
区县小计	4025214	3077323	300622	67389	277858	24500	227331	50191
崇安区	214036	173888	2542	8626	11950		9556	7474
南长区	180868	135612	1930	8111	17645		9592	7978
北塘区	157210	125605	2716	10782	9130		1052	7925
锡山区	404290	282902	43123	13998	30486	3500	29781	500
惠山区	487164	380997	44714	8677	25576	4000	20984	2216
滨湖区	549398	420432	11822	30514	40906		45724	
江阴市	1330989	1107679	136362	－15074	63375	11000	26549	1098
宜兴市	701259	450208	57413	1755	78790	6000	84093	23000
徐州市小计	**3337080**	**1643440**	**231835**	**379696**	**691415**	**34500**	**323846**	**32130**
本级	961945	495063	135669	－17703	168421	10000	168758	1737
区县小计	2375135	1148377	96166	397399	522994	24500	155088	30393
鼓楼区	80660	62534	3670	10275	2711		1463	7
云龙区	119170	90796	3895	13710	4114		1155	5500
九里区	46928	28318	3857	8714	3673		2338	28
贾汪区	124933	50081	7272	18066	26580	2000	19636	1080
泉山区	121078	99183	4273	11903	5212		507	
丰县	250604	90180	8732	55238	70221	3500	18228	4505
沛县	347295	151056	13709	65271	84058	4000	25661	3540

1－10－2　　　　　　　　　　　　　　　　　　　　　　　　单位：万元

地　区	支出						年终结余	其中：净结余
	支出总计	其中：						
		本年支出	一般性转移支付上解	专项转移支付上解	安排预算稳定调节基金	调出资金		
地市县合计	**40341314**	**33448324**	**1461585**	**5276321**	**98985**	**3025**	**3889240**	**401267**
南京市小计	**5589457**	**4612662**	**198644**	**766866**	**8500**	**750**	**276279**	**15277**
本级	1169948	1600454	111615	－549346	5000	750	212734	2000
区县小计	4419509	3012208	87029	1316212	3500		63545	13277
玄武区	304134	172078	3649	128347			1849	1849
白下区	294360	164715	6283	123362			929	929
秦淮区	129730	77012	2002	50716			57	57
建邺区	264033	158082	2420	103531			2228	414
鼓楼区	412625	219558	4753	184814	3500		14270	1478
下关区	167652	97024	3491	67137			741	717
浦口区	532392	363937	21133	147322			16818	2850
栖霞区	405147	223155	16532	165460			2747	2461
雨花台区	253621	157878	3228	92015			2365	255
江宁区	832311	657697	11529	163085			7548	600
六合区	411204	351780	9107	50317			3900	1667
溧水县	224090	198434	1805	23851			7230	
高淳县	188210	170858	1097	16255			2863	
无锡市小计	**5154267**	**4056142**	**293325**	**769294**		**506**	**534741**	**116068**
本级	1394009	1430186	163137	－214320		6	269785	96223
区县小计	3760258	2625956	130188	983614		500	264956	19845
崇安区	208392	85796	1513	121083			5644	
南长区	171012	80714	284	90014			9856	
北塘区	155450	75650	641	79159			1760	
锡山区	360835	260743	23467	76125		500	43455	10398
惠山区	457771	343398	20793	93580			29393	3791
滨湖区	492884	275681	1909	215294			56514	3148
江阴市	1304282	1016983	58485	208814			26707	1642
宜兴市	609632	486991	23096	99545			91627	866
徐州市小计	**2912217**	**2565349**	**61087**	**284353**		**1210**	**424863**	**5377**
本级	796664	775449	50094	－30089		1210	165281	683
区县小计	2115553	1789900	10993	314442			259582	4694
鼓楼区	79858	39856	555	39447			802	185
云龙区	116682	57004	767	58911			2488	150
九里区	44839	26563	1452	16824			2089	34
贾汪区	108027	95197	2425	10187			16906	2601
泉山区	119484	54472	1359	63653			1594	143
丰县	223971	208700	105	15166			26633	382
沛县	300983	271959	71	28953			46312	39

一、一般预算

1－10－3

单位:万元

地区	收入							
	收入总计	其中:					上年结余	调入资金
		本年收入	返还性收入	一般性转移支付收入	专项转移支付收入	转贷财政部代理发行地方政府债券收入		
铜山县	370108	196016	18179	45127	71311	4000	26992	8483
睢宁县	258329	82169	8099	60472	83860	3500	19329	900
新沂市	264229	105910	11237	44399	78908	3500	17925	2350
邳州市	391801	192134	13243	64224	92346	4000	21854	4000
常州市小计	**2937415**	**2158888**	**305165**	**22425**	**242146**	**29000**	**125814**	**53244**
本级	374030	245569	131162	－106933	7449	12000	73565	10485
区县小计	2563385	1913319	174003	129358	234697	17000	52249	42759
天宁区	276188	230261	5228	23467	17155		13	64
钟楼区	280783	212650	10906	30555	15777		54	10841
戚墅堰区	75893	56328	4070	7919	5964		1612	
新北区	543422	412770	25525	56237	35062		13828	
武进区	812612	628800	81286	8754	60952	7000	22033	3787
溧阳市	344317	231688	27832	1941	63707	5500	4582	9067
金坛市	230170	140822	19156	485	36080	4500	10127	19000
苏州市小计	**9413009**	**7451800**	**739696**	**149736**	**456858**	**73500**	**504256**	**37163**
本级	1951610	1354507	162213	167643	66427	13000	171000	16820
区县小计	7461399	6097293	577483	－17907	390431	60500	333256	20343
沧浪区	202929	153146	14787	3688	6329		24979	
平江区	140699	109536	12652	3042	5567		9902	
金阊区	136654	95380	12877	3623	5625		18016	1133
虎丘区	601906	510828	40369	3285	23883	5000	16503	2038
吴中区	628870	500147	53824	6300	36403	5000	26333	863
相城区	356948	276126	24701	2404	16906	3500	33311	
常熟市	1047443	780778	109540	－9527	41470	10000	108715	6467
张家港市	1224252	1050018	106581	－12350	55022	11000	13981	
昆山市	1552982	1331331	80101	－7751	103976	11000	31515	2810
吴江市	857291	702000	69222	－7709	57998	8000	25780	2000
太仓市	711425	588003	52829	－2912	37252	7000	24221	5032
南通市小计	**3296784**	**1989873**	**282020**	**187561**	**430380**	**36500**	**282283**	**88167**
本级	601226	311847	101462	－29716	43779	12000	160164	1690
区县小计	2695558	1678026	180558	217277	386601	24500	122119	86477
崇川区	370888	326771	12324	16923	7369		6453	1048
港闸区	186832	143384	7177	18065	3871		10966	3369
海安县	326590	155797	23764	39638	66381	3500	30310	7200
如东县	351306	153346	21801	49207	76006	4000	25805	21141
启东市	319716	213132	27108	8973	54712	4000	6562	5229
如皋市	436953	216529	25685	64284	82626	4500	25209	18120
通州区	379008	241912	34296	14491	52409	4500	7479	23921

2009年全国地市县财政统计资料

1－10－4 单位:万元

地　　区	支出						年终结余	其中:净结余
	支出总计	其中:						
		本年支出	一般性转移支付上解	专项转移支付上解	安排预算稳定调节基金	调出资金		
铜山县	315293	285893	530	28870			54815	23
睢宁县	230099	217116	894	12089			28230	909
新沂市	237379	221451	1023	14905			26850	108
邳州市	338938	311689	1812	25437			52863	120
常州市小计	**2748116**	**2187465**	**146047**	**413871**			**189299**	**32428**
本级	276530	687414	90642	－502259			97500	16543
区县小计	2471586	1500051	55405	916130			91799	15885
天宁区	276175	93994	2248	179933			13	
钟楼区	280783	118655	922	161206				
戚墅堰区	74066	38000	195	35871			1827	
新北区	529594	219878	4021	305695			13828	13828
武进区	751714	557669	36736	157309			60898	
溧阳市	337316	284866	4903	47547			7001	
金坛市	221938	186989	6380	28569			8232	2057
苏州市小计	**8766501**	**6867778**	**397334**	**1404154**	**87485**	**550**	**646508**	**183769**
本级	1762946	1662430	80544	－36763	56185	550	188664	61652
区县小计	7003555	5205348	316790	1440917	31300		457844	122117
沧浪区	183405	83178	16630	83597			19524	11420
平江区	127777	66666	8712	52399			12922	897
金阊区	117218	58460	9299	49459			19436	10050
虎丘区	570939	328888	30769	211282			30967	11099
吴中区	594932	436123	28474	128935			33938	323
相城区	321413	236090	9275	68748	7300		35535	419
常熟市	874615	678286	52172	144157			172828	62958
张家港市	1210173	988444	44683	177046			14079	2282
昆山市	1504195	1143625	52216	277354	24000		48787	9863
吴江市	821571	638326	41646	140799			35720	12806
太仓市	677317	547262	22914	107141			34108	
南通市小计	**2891278**	**2374668**	**132504**	**384105**		**1**	**405506**	**4222**
本级	385432	549095	51095	－214758			215794	3900
区县小计	2505846	1825573	81409	598863		1	189712	322
崇川区	365060	107374	3421	254265			5828	275
港闸区	179417	68773	1827	108817			7415	47
海安县	270819	231221	8212	31386			55771	
如东县	311215	274427	8484	28304			40091	
启东市	312878	258473	15313	39092			6838	
如皋市	397229	338918	12686	45625			39724	
通州区	367790	298661	18890	50239			11218	

1－10－5

单位:万元

地区	收入总计	本年收入	返还性收入	一般性转移支付收入	专项转移支付收入	转贷财政部代理发行地方政府债券收入	上年结余	调入资金
	收入							
		其中:						
海门市	324265	227155	28403	5696	43227	4000	9335	6449
连云港市小计	**1825941**	**902133**	**88392**	**201177**	**429705**	**22000**	**147137**	**33099**
本级	397470	262630	53589	－70198	78713	8000	62458	
区县小计	1428471	639503	34803	271375	350992	14000	84679	33099
连云区	110675	65036		25636	17017		2966	
新浦区	158030	92080		45921	17423		2606	
海州区	65743	30743		17513	14106		1074	2307
赣榆县	278256	117132	10022	43873	87691	3500	7395	8643
东海县	281563	113479	8586	47494	87471	3500	18445	2588
灌云县	263509	105029	5569	50029	68014	3500	31224	144
灌南县	270695	116004	10626	40909	59270	3500	20969	19417
淮安市小计	**1915648**	**964504**	**131568**	**221636**	**392431**	**27000**	**171816**	**6693**
本级	529592	326526	77746	7498	56090	8000	53732	
区县小计	1386056	637978	53822	214138	336341	19000	118084	6693
清河区	105440	90835	2714	－3460	9048		6228	75
楚州区	230986	85059	7709	49869	62118	3500	22012	719
淮阴区	215324	100166	7059	39108	46026	3500	19465	
清浦区	93239	67487	2454	461	16348		6489	
涟水县	239210	76088	11320	52142	68773	3500	27112	275
洪泽县	148487	75216	7523	21221	35128	2500	6102	797
盱眙县	220022	88116	7021	35069	63444	3500	22403	469
金湖县	133348	55011	8022	19728	35456	2500	8273	4358
盐城市小计	**2673386**	**1268290**	**140147**	**324939**	**576568**	**36000**	**249193**	**78249**
本级	294963	132642	37351	4165	56551	8000	52369	3885
区县小计	2378423	1135648	102796	320774	520017	28000	196824	74364
亭湖区	228839	160288	7917	5786	32989		15990	5869
盐都区	311882	175550	14190	45276	53525	3500	19819	22
响水县	174470	68008	4514	30079	50657	2500	18712	
滨海县	264909	90290	9473	46591	71043	3500	31452	12560
阜宁县	273021	100666	10109	46723	66224	3500	20122	25677
射阳县	245688	100088	9889	39349	59339	3500	27254	6269
建湖县	266570	131278	13903	29387	60376	4000	16601	11025
东台市	351851	176600	18445	44673	65048	4000	34085	9000
大丰市	261193	132880	14356	32910	60816	3500	12789	3942
扬州市小计	**2022745**	**1280788**	**171846**	**87544**	**288405**	**28000**	**141683**	**24429**
本级	533471	324379	59254	12447	64604	10000	62737	
区县小计	1489274	956409	112592	75097	223801	18000	78946	24429
广陵区	169760	136529	6875	10251	6922		9183	

1－10－6

单位:万元

地区	支出						年终结余	其中：净结余
	支出总计	其中：						
		本年支出	一般性转移支付上解	专项转移支付上解	安排预算稳定调节基金	调出资金		
海门市	301438	247726	12576	41135		1	22827	
连云港市小计	**1572212**	**1403077**	**14408**	**149429**	**3000**		**253729**	**2153**
本级	311163	396516	11999	－99630			86307	1663
区县小计	1261049	1006561	2409	249059	3000		167422	490
连云区	106696	47021	419	59236			3979	
新浦区	153339	64557	54	88728			4691	
海州区	61865	33492	145	28228			3878	
赣榆县	241183	222959	621	17603			37073	
东海县	239716	220576	581	18559			41847	490
灌云县	218132	197007	378	17747	3000		45377	
灌南县	240118	220949	211	18958			30577	
淮安市小计	**1668660**	**1482720**	**31380**	**154552**		**8**	**246988**	**10151**
本级	476806	422909	28297	25600			52786	2054
区县小计	1191854	1059811	3083	128952		8	194202	8097
清河区	99955	72086	330	27539			5485	
楚州区	190208	173868	1290	15050			40778	
淮阴区	189961	172801	183	16977			25363	
清浦区	77729	56024	172	21533			15510	3730
涟水县	200505	189082	178	11245			38705	
洪泽县	134322	121532	96	12694			14165	
盱眙县	176581	163653	112	12808		8	43441	4367
金湖县	122593	110765	722	11106			10755	
盐城市小计	**2307534**	**2065341**	**21745**	**217258**			**365852**	**2289**
本级	230317	294417	337	－67627			64646	539
区县小计	2077217	1770924	21408	284885			301206	1750
亭湖区	208115	114719	3355	90041			20724	68
盐都区	275311	199878	3208	72225			36571	22
响水县	144658	133820	281	10557			29812	
滨海县	216759	202815	279	13665			48150	
阜宁县	237709	221589	255	15865			35312	54
射阳县	207814	193189	1057	13568			37874	
建湖县	234420	212736	991	20693			32150	68
东台市	311165	278253	6281	26631			40686	1005
大丰市	241266	213925	5701	21640			19927	533
扬州市小计	**1862105**	**1590064**	**48347**	**223644**			**160640**	**14760**
本级	475151	511618	12771	－49288			58320	4668
区县小计	1386954	1078446	35576	272932			102320	10092
广陵区	157710	83841	1746	72123			12050	7980

一、一般预算

1－10－7　　　　单位:万元

地区	收入							
	收入总计	其中:						
		本年收入	返还性收入	一般性转移支付收入	专项转移支付收入	转贷财政部代理发行地方政府债券收入	上年结余	调入资金
邗江区	253195	178425	16793	8240	23881	3500	22356	
维扬区	128191	99463	4560	3537	5659		14972	
宝应县	219467	97410	13479	32828	51444	3500	9841	10965
仪征市	202228	147873	27664	－18459	30302	3500	7675	3673
高邮市	225964	102889	13876	32501	57121	3500	13835	2242
江都市	290469	193820	29345	6199	48472	4000	1084	7549
镇江市小计	**1590883**	**1015693**	**152618**	**22706**	**202531**	**24000**	**102213**	**70772**
本级	486838	308689	42153	2652	48053	10000	57810	17481
区县小计	1104045	707004	110465	20054	154478	14000	44403	53291
京口区	108762	83468	10580	604	6904		1606	5600
润州区	111070	83196	12511	314	7374		5184	2491
丹徒区	151037	84800	15394	8646	24729	2500	8045	6573
丹阳市	335250	230015	39606	2517	41852	5000	12315	3945
扬中市	172562	113403	19104	868	22813	3000	10103	3271
句容市	225364	112122	13270	7105	50806	3500	7150	31411
泰州市小计	**2163337**	**1359115**	**176712**	**103045**	**297841**	**26000**	**97883**	**102741**
本级	439226	329374	22817	2675	51046	10000	23314	
区县小计	1724111	1029741	153895	100370	246795	16000	74569	102741
海陵区	277780	201869	42984	6778	14706		9936	1507
高港区	142209	92790	14733	7320	13389		3169	10808
兴化市	349954	158000	18396	59362	84711	4000	7487	17998
靖江市	333028	244029	27526	4992	33566	4500	16845	1570
泰兴市	372114	188300	30769	11749	53988	4000	29629	53679
姜堰市	249026	144753	19487	10169	46435	3500	7503	17179
宿迁市小计	**1499582**	**630710**	**76346**	**273051**	**398509**	**22500**	**64965**	**33501**
本级	213584	99868	6471	33527	32337	5000	20694	15687
区县小计	1285998	530842	69875	239524	366172	17500	44271	17814
宿城区	215890	106545	22783	24558	48509	3000	10495	
宿豫区	172704	66599	7070	38535	53243	3000	4257	
沭阳县	407541	175471	10132	80236	111992	4500	25210	
泗阳县	241681	85593	9092	51511	74444	3500		17541
泗洪县	248182	96634	20798	44684	77984	3500	4309	273

1－10－8

单位:万元

地区	支出						年终结余	其中:净结余
	支出总计	其中:						
		本年支出	一般性转移支付上解	专项转移支付上解	安排预算稳定调节基金	调出资金		
邗江区	218729	162227	9046	47456			34466	385
维扬区	108342	56004	3181	49157			19849	
宝应县	211914	192926	2449	16539			7553	402
仪征市	192574	156263	4242	32069			9654	304
高邮市	210810	186202	3167	21441			15154	501
江都市	286875	240983	11745	34147			3594	520
镇江市小计	**1446254**	**1213152**	**53044**	**179708**			**144629**	**4536**
本级	413081	439726	21509	－48154			73757	4
区县小计	1033173	773426	31535	227862			70872	4532
京口区	106182	50872	1536	53774			2580	846
润州区	108437	53763	2152	52522			2633	
丹徒区	135396	99035	2460	33551			15641	3380
丹阳市	310790	247206	18132	45452			24460	233
扬中市	157885	129564	4807	23514			14677	63
句容市	214483	192986	2448	19049			10881	10
泰州市小计	**2007313**	**1729288**	**55161**	**222864**			**156024**	**2096**
本级	413294	503316	11711	－101733			25932	166
区县小计	1594019	1225972	43450	324597			130092	1930
海陵区	269034	120076	4142	144816			8746	37
高港区	137505	90217	4891	42397			4704	
兴化市	339088	305377	4458	29253			10866	
靖江市	302041	238937	18522	44582			30987	420
泰兴市	315365	271220	6954	37191			56749	15
姜堰市	230986	200145	4483	26358			18040	1458
宿迁市小计	**1415400**	**1300618**	**8559**	**106223**			**84182**	**8141**
本级	175707	196109	345	－20747			37877	1977
区县小计	1239693	1104509	8214	126970			46305	6164
宿城区	211660	151814	2385	57461			4230	
宿豫区	169994	154511	1390	14093			2710	768
沭阳县	372039	345898	278	25863			35502	5396
泗阳县	241681	225090	1993	14598				
泗洪县	244319	227196	2168	14955			3863	

一、一般预算

2009 年浙江省地市县财政一般预算收支平衡表

1－11－1　　　　单位：万元

地区	收入							
	收入总计	其中：						
		本年收入	返还性收入	一般性转移支付收入	专项转移支付收入	转贷财政部代理发行地方政府债券收入	上年结余	调入资金
地市县合计	**33157132**	**19207289**	**2751975**	**2509230**	**3020848**	**670000**	**4375358**	**257234**
杭州市小计	**7435414**	**5207899**	**603939**	**402467**	**403854**	**140000**	**633470**	**42007**
本级	899945	566154	241501	－10639	－117039	77900	134296	5994
区县小计	6535469	4641745	362438	413106	520893	62100	499174	36013
富阳市	414316	275699	37682	20394	38069		38285	4187
桐庐县	194695	95011	15261	24821	34459		23177	1966
临安市	278480	140369	22451	29322	48457		37281	600
建德市	224971	105736	21339	27597	38513		26603	5183
淳安县	187449	55893	8662	56994	37961		26985	954
上城区	523442	389886	26834	16621	17049		72547	505
下城区	641283	575339	17315	6178	23579		18757	115
江干区	370432	298945	15952	12105	19451		23979	
拱墅区	394192	290758	22575	12846	19288		48725	
西湖区	581840	464546	20173	29806	52625		14690	
滨江区	474589	369136	13776	19671	31750		39664	592
萧山区	911846	695281	77417	21745	59901	23600	24762	9140
余杭区	824913	596701	55749	18620	43587	38500	69337	2419
开发区	375038	262600	4844	73853	10025		23716	
西湖风景名胜区	116018	25845	2408	32307	43418		1688	10352
临平工业园区	21965			10226	2761		8978	
嘉兴市小计	**2301491**	**1417039**	**248637**	**122902**	**214711**	**95000**	**181002**	**22200**
本级	574935	475050	77322	37802	－118990	23750	65925	14076
区县小计	1726556	941989	171315	85100	333701	71250	115077	8124
海宁市	359565	239510	48533	15738	25574	17564	8922	3724
桐乡市	347308	225734	42828	15403	26721	17646	17796	1180
平湖市	310185	208229	34477	20619	27661		17664	1535
嘉善县	267623	159700	25301	15207	29205	12290	24883	1037
海盐县	187017	108816	20176	18133	26121		13410	361
南湖区	135928				107069	11875	16984	
秀洲区	118930				91350	11875	15418	287
湖州市小计	**1516759**	**800106**	**121042**	**120663**	**203578**	**75000**	**185714**	**10656**
本级	489841	361736	63328	39235	－85261	26400	83249	1154
区县小计	1026918	438370	57714	81428	288839	48600	102465	9502
长兴县	340990	184703	20403	28412	47714	21000	36023	2735
德清县	241021	148235	22960	10891	26018	11600	19633	1684
安吉县	231698	105432	14351	42125	40109	4000	24026	1655
吴兴区	92423				79529	3000	8188	1706
南浔区	89730				73215	3000	11793	1722

1－11－2

单位:万元

地区	支出						年终结余	其中：净结余
	支出总计	其中：						
		本年支出	一般性转移支付上解	专项转移支付上解	安排预算稳定调节基金	调出资金		
地市县合计	**27856128**	**23275671**	**3993713**	**516863**		**7572**	**5301004**	**595628**
杭州市小计	**6677329**	**4981883**	**1252131**	**441537**			**758085**	**286329**
本级	836164	1372993	7598	－546205			63781	23027
区县小计	5841165	3608890	1244533	987742			694304	263302
富阳市	338885	273521	64390	974			75431	27294
桐庐县	166499	142678	23780	41			28196	1646
临安市	227912	189515	38274	123			50568	7195
建德市	177675	146030	31419	226			47296	796
淳安县	153170	151915	1230	25			34279	－1103
上城区	451247	165821	90158	195268			72195	7629
下城区	615204	170700	107975	336529			26079	1380
江干区	339688	180258	99330	60100			30744	28967
拱墅区	338609	145487	56263	136859			55583	36933
西湖区	545587	241234	118256	186097			36253	22769
滨江区	448062	271319	129789	46954			26527	8575
萧山区	854155	650678	198675	4802			57691	9177
余杭区	730896	580629	148049	2218			94017	58759
开发区	323836	183745	129500	10591			51202	47520
西湖风景名胜区	114306	101777	5616	6913			1712	514
临平工业园区	15434	13583	1829	22			6531	5251
嘉兴市小计	**2048872**	**1611146**	**426983**	**6996**		**3747**	**252619**	**12344**
本级	471058	335630	140146	－8465		3747	103877	3528
区县小计	1577814	1275516	286837	15461			148742	8816
海宁市	345017	262957	78046	4014			14548	
桐乡市	322902	250918	67817	4167			24406	
平湖市	290601	224919	62303	3379			19584	915
嘉善县	231390	181264	47671	2455			36233	180
海盐县	168452	136006	31000	1446			18565	5635
南湖区	116914	116914					19014	1845
秀洲区	102538	102538					16392	241
湖州市小计	**1316847**	**1088133**	**219359**	**9355**			**199912**	
本级	409517	310917	103909	－5309			80324	
区县小计	907330	777216	115450	14664			119588	
长兴县	279960	230005	43690	6265			61030	
德清县	230753	189125	40795	833			10268	
安吉县	204096	172492	30965	639			27602	
吴兴区	82412	79388		3024			10011	
南浔区	79821	77508		2313			9909	

1－11－3

单位:万元

地区	收入							
	收入总计	其中:						
		本年收入	返还性收入	一般性转移支付收入	专项转移支付收入	转贷财政部代理发行地方政府债券收入	上年结余	调入资金
湖州经济开发区	31056				22254	6000	2802	
舟山市小计	**964264**	**487786**	**52769**	**134263**	**176404**	**15000**	**91021**	**7021**
本级	330103	210201	21948	41346	－14975	10000	58033	3550
区县小计	634161	277585	30821	92917	191379	5000	32988	3471
岱山县	144217	51058	7708	31765	46402	1000	6065	219
嵊泗县	95470	36928	2972	23218	22150	1000	9083	119
定海区	160437	62018	8092	14420	65757	1500	5881	2769
普陀区	234037	127581	12049	23514	57070	1500	11959	364
金华市小计	**2547090**	**1292755**	**174406**	**262226**	**330248**	**70000**	**395741**	**21714**
本级	474602	314800	38737	84621	－112117	19000	125858	3703
区县小计	2072488	977955	135669	177605	442365	51000	269883	18011
兰溪市	220613	90218	23479	40122	38194		26867	1733
永康市	285887	177160	26553	13745	30572	8000	29207	650
武义县	177555	73445	9803	34034	27485	6500	25726	562
东阳市	268929	151531	25287	24859	37109		28928	1215
磐安县	94460	27200	3976	30231	25510		7063	480
义乌市	567276	386255	35359	13008	30490	16000	77979	8185
浦江县	140708	72146	11212	21606	19252	1500	14457	535
金东区	122304				86843	10000	24649	812
婺城区	152945				117958	9000	22148	3839
开发区	41811				28952		12859	
绍兴市小计	**2751062**	**1604310**	**249712**	**133455**	**228115**	**85000**	**440666**	**9804**
本级	725158	430134	72239	29342	－14939	30000	176344	2038
区县小计	2025904	1174176	177473	104113	243054	55000	264322	7766
绍兴县	723707	435832	68652	14406	30009	20000	151938	2870
上虞市	366933	227646	33623	16593	42568	18000	28004	499
嵊州市	201364	108594	19779	25400	33977		11210	2404
新昌县	194538	106438	20587	24049	25451		16126	1887
诸暨市	469811	295666	34832	23665	46657	17000	51885	106
绍兴市越城区	69551				64392		5159	
温州市小计	**4142253**	**1956445**	**306921**	**388776**	**348127**	**30000**	**1053447**	**53071**
本级	1001452	497605	134778	72053	－273014	21000	537484	8398
区县小计	3140801	1458840	172143	316723	621141	9000	515963	44673
平阳县	245816	99451	18468	47220	40983	1500	34987	1179
苍南县	337225	129345	22699	65498	53777	1500	62302	2104
瑞安市	487992	274038	47133	16054	35516	1500	108875	4826
永嘉县	268519	115877	20875	45937	45649	1500	29276	9405
乐清市	430593	272332	51011	16362	30194	3000	40813	16641

1－11－4　　　　　　　　　　　　　　　　　　　　　　　　　　　　单位:万元

地　　区	支出						年终结余	其中：净结余
	支出总计	其中：						
		本年支出	一般性转移支付上解	专项转移支付上解	安排预算稳定调节基金	调出资金		
湖州经济开发区	30288	28698		1590			768	
舟山市小计	**866008**	**827392**	**37400**	**1216**			**98256**	**8682**
本级	281760	273150	7821	789			48343	10928
区县小计	584248	554242	29579	427			49913	－2246
岱山县	134525	123931	10477	117			9692	－4395
嵊泗县	81420	81169	32	219			14050	501
定海区	154297	149880	4411	6			6140	
普陀区	214006	199262	14659	85			20031	1648
金华市小计	**1996130**	**1649119**	**330558**	**16453**			**550960**	**－8143**
本级	331544	241752	79501	10291			143058	－5476
区县小计	1664586	1407367	251057	6162			407902	－2667
兰溪市	179085	148558	30175	352			41528	－2835
永康市	244293	192351	51156	786			41594	320
武义县	142129	127353	14191	585			35426	－380
东阳市	230777	188226	41583	968			38152	78
磐安县	79999	79030	915	54			14461	
义乌市	453900	356885	94102	2913			113376	150
浦江县	120361	100922	18935	504			20347	
金东区	84617	84617					37687	
婺城区	100985	100985					51960	
开发区	28440	28440					13371	
绍兴市小计	**2200809**	**1695366**	**494708**	**10735**			**550253**	**25071**
本级	482926	344720	135287	2919			242232	
区县小计	1717883	1350646	359421	7816			308021	25071
绍兴县	567543	420590	144477	2476			156164	18799
上虞市	332973	267468	63887	1618			33960	6138
嵊州市	180889	145856	33688	1345			20475	53
新昌县	165415	132729	32067	619			29123	81
诸暨市	409973	322913	85302	1758			59838	
绍兴市越城区	61090	61090					8461	
温州市小计	**3007882**	**2515604**	**472570**	**14242**			**1134371**	**94075**
本级	460507	519088	253945	－315674			540945	1530
区县小计	2547375	1996516	218625	329916			593426	92545
平阳县	206571	183085	20710	748			39245	2355
苍南县	248689	217714	30440	535			88536	21991
瑞安市	344140	270205	71919	1966			143852	19074
永嘉县	218465	193730	24395	340			50054	8392
乐清市	398675	325164	70891	2380			31918	5016

1－11－5　　　　单位：万元

地　区	收　入							
	收入总计	其　中：						
		本年收入	返还性收入	一般性转移支付收入	专项转移支付收入	转贷财政部代理发行地方政府债券收入	上年结余	调入资金
文成县	154999	26770	2883	52908	42319		29629	490
泰顺县	164037	26327	2835	53302	46231		33641	1701
洞头县	96763	22707	6239	19442	22744		24761	870
鹿城区	315211	169557			101027		39203	5424
瓯海区	252456	130754			94674		26566	462
龙湾区	208009	107873			69304		29261	1571
开发区	179181	83809			38723		56649	
台州市小计	**2749547**	**1360227**	**241827**	**239189**	**343668**	**35000**	**500941**	**28402**
本级	307655	88037	92799	55466	－89849	3500	154818	2591
区县小计	2441892	1272190	149028	183723	433517	31500	346123	25811
临海市	331909	173388	31888	36511	48232	4500	36642	748
温岭市	462694	250238	47564	15183	51489	4000	90339	3881
玉环县	301911	165568	28341	21776	26810	2500	56297	619
三门县	181862	66069	11585	32523	32001	4000	32353	3331
仙居县	182469	49377	12674	38912	34909	2500	35430	8667
天台县	177099	65442	16976	38818	33829	3000	15281	3753
椒江区	279765	180667			75300	3000	19708	1090
黄岩区	267657	142843			71396	4000	47345	2073
路桥区	256526	178598			59551	4000	12728	1649
丽水市小计	**1397069**	**374198**	**57272**	**405598**	**332530**	**55000**	**162509**	**9962**
本级	218406	125530	－24146	33643	45925	11200	24251	2003
区县小计	1178663	248668	81418	371955	286605	43800	138258	7959
缙云县	151539	44467	9400	41630	35538	13100	6992	412
景宁县	131846	17022	2849	45950	37422		28303	300
莲都区	120043	2631	40379	44286	18742		11414	2591
龙泉市	129003	24870	4840	42695	40645		15321	632
青田县	221173	73922	7388	51957	41204	30700	15754	248
庆元县	97792	12941	3044	40690	27154		13697	266
松阳县	105421	21933	4281	37394	31211		10024	578
遂昌县	143741	31879	6761	38536	33517		30528	2520
云和县	78105	19003	2476	28817	21172		6225	412
衢州市小计	**1198826**	**378521**	**59479**	**267684**	**250837**	**70000**	**145484**	**26736**
本级	343252	192062	28991	108528	－57705	25000	44592	1699
区县小计	855574	186459	30488	159156	308542	45000	100892	25037
龙游县	150277	50011	7273	35938	37676	9000	10145	234
常山县	133526	38056	5624	37168	28064	9000	10960	4654
江山市	234228	65879	11908	40756	49247	13000	37809	15629
开化县	145402	32513	5683	45294	36023	14000	11124	765

1－11－6 单位:万元

地区	支出：支出总计	支出：其中：本年支出	支出：其中：一般性转移支付上解	支出：其中：专项转移支付上解	支出：其中：安排预算稳定调节基金	支出：其中：调出资金	年终结余	其中：净结余
文成县	109271	109191	64	16			45728	4336
泰顺县	105311	105202	38	71			58726	
洞头县	64117	63901	168	48			32646	3989
鹿城区	287446	174918		112528			27765	1425
瓯海区	223524	141630		81894			28932	2169
龙湾区	195448	130779		64669			12561	
开发区	145718	80997		64721			33463	23798
台州市小计	**2125012**	**1759524**	**352762**	**11933**			**624535**	**－1693**
本级	107133	214337	153537	－261034			200522	
区县小计	2017879	1545187	199225	272967			424013	－1693
临海市	296813	248477	47595	741			35096	
温岭市	360814	288982	69510	2322			101880	2135
玉环县	237242	191298	44262	1682			64669	
三门县	151361	140965	9479	917			30501	－3900
仙居县	134967	123298	11293	376			47502	
天台县	147383	129441	17086	856			29716	
椒江区	258966	148622		110344			20799	
黄岩区	202187	153019		49168			65470	
路桥区	228146	121085		106561			28380	72
丽水市小计	**1189339**	**1128670**	**59594**	**1075**			**207730**	**－7840**
本级	204933	184538	19997	398			13473	
区县小计	984406	944132	39597	677			194257	－7840
缙云县	135557	125089	10413	55			15982	－611
景宁县	89604	89554		50			42242	
莲都区	113354	105729	7513	112			6689	253
龙泉市	104760	98850	5797	113			24243	－1319
青田县	200825	199950	805	70			20348	－700
庆元县	75850	72996	2785	69			21942	－2446
松阳县	92863	88153	4627	83			12558	－1957
遂昌县	102573	94957	7529	87			41168	－748
云和县	69020	68854	128	38			9085	－312
衢州市小计	**1052033**	**958046**	**92453**	**1449**			**146793**	**－10043**
本级	291640	242861	47901	793			51612	－2800
区县小计	760393	715185	44552	656			95181	－7243
龙游县	142019	129428	12267	324			8258	－1448
常山县	127985	120151	7756	78			5541	－3375
江山市	183421	166118	17136	167			50807	－1720
开化县	141557	134077	7393	87			3845	－700

1－11－7　　单位:万元

地区	收入							
	收入总计	其中:						
		本年收入	返还性收入	一般性转移支付收入	专项转移支付收入	转贷财政部代理发行地方政府债券收入	上年结余	调入资金
柯城区	80550				66424		14126	
衢江区	111591				91108		16728	3755
宁波市小计	**6153357**	**4328003**	**635971**	**32007**	**188776**		**585363**	**25661**
本级	803106	423326	170380	－112050	－311087		271012	3949
区县小计	5384951	3904677	465591	144057	499863	34700	314351	21712
慈溪市	676160	491037	68899	8578	51983		51271	4392
余姚市	530826	390273	58936	6066	49997		24323	1231
奉化市	257273	144213	26851	7670	56177	7100	14162	1100
象山县	295314	167067	28409	6451	65735		27333	319
宁海县	293843	179067	30162	6607	54879	12300	10368	460
鄞州区	902701	661218	76553	21162	61440	8700	66171	7457
镇海区	314575	216618	24388	20642	23946		28547	434
北仑区	269002	186373	25283	1682	32063		22574	1027
江东区	314855	247057	12830	19523	22707	3000	9738	
江北区	331930	247458	20808	18866	33999		10779	20
海曙区	400460	325218	17154	19233	25436	3600	9819	
开发区	292195	240525	32240	4888	1825		12717	
大榭开发区	162727	130657	19835	3141	3118		3526	2450
宁波保税区	142072	106155	15776	7991	2948		6380	2822
东钱湖区	58400	50050	3571	－2871	2223		5427	
高新开发区	142618	121691	3896	－5572	11387		11216	

1－11－8　　　　　　　　　　　　　　　　　　　　　　　　　　　　　　单位:万元

地区	支出						年终结余	其中:净结余
	支出总计	其中:						
		本年支出	一般性转移支付上解	专项转移支付上解	安排预算稳定调节基金	调出资金		
柯城区	61581	61581					18969	
衢江区	103830	103830					7761	
宁波市小计	**5375867**	**5060788**	**255195**	**1872**		**3825**	**777490**	**196846**
本级	520859	1313115	－787081	－97887		3825	282247	40278
区县小计	4889708	3747673	1042276	99759			495243	156568
慈溪市	590939	500721	78680	11538			85221	9845
余姚市	472175	392416	70409	9350			58651	15613
奉化市	233546	204380	25143	4023			23727	2488
象山县	260355	231628	24587	4140			34959	1183
宁海县	263974	235775	23706	4493			29869	1528
鄞州区	811326	650211	144363	16752			91375	47196
镇海区	279017	207792	63226	7999			35558	12279
北仑区	242504	189718	43382	9404			26498	19551
江东区	293423	149239	139591	4593			21432	9232
江北区	309958	200659	103474	5825			21972	8175
海曙区	389119	160510	223058	5551			11341	180
开发区	277535	216963	54691	5881			14660	12298
大榭开发区	160065	152733	2618	4714			2662	1846
宁波保税区	137392	102192	33002	2198			4680	3662
东钱湖区	45863	42968	1835	1060			12537	4486
高新开发区	122517	109768	10511	2238			20101	7006

一、一般预算

2009年安徽省地市县财政一般预算收支平衡表

1－12－1　　　　单位:万元

地区	收入							
	收入总计	其中:					上年结余	调入资金
		本年收入	返还性收入	一般性转移支付收入	专项转移支付收入	转贷财政部代理发行地方政府债券收入		
地市县合计	**18029223**	**7269266**	**764592**	**4724807**	**4193612**	**400000**	**603418**	**70928**
宣城市小计	**926220**	**354225**	**32421**	**225377**	**229939**	**29041**	**54921**	**296**
本级	150663	58678	2867	44614	29218	5120	10166	
区县小计	775557	295547	29554	180763	200721	23921	44755	296
宣州区	177553	65114	5172	41137	40834	2249	23047	
郎溪县	82526	25506	2629	26909	25794	1541	146	1
广德县	136617	55708	4263	31436	32236	7000	5974	
宁国市	159237	89603	10091	21593	32886	3195	1869	
泾县	101674	27107	4052	24821	33031	5632	6736	295
旌德县	47659	11238	1113	16366	14584	2064	2294	
绩溪县	70291	21271	2234	18501	21356	2240	4689	
宿州市小计	**1004828**	**185322**	**18150**	**438695**	**274605**	**14258**	**71991**	**1807**
本级	175654	55347	3741	57508	36424	4128	18506	
区县小计	829174	129975	14409	381187	238181	10130	53485	1807
埇桥区	221158	57548	6763	89268	51976	4755	10848	
砀山县	139803	15330	1939	67172	44168	1072	9915	207
萧县	185408	24299	2453	88414	56571	1420	10651	1600
灵璧县	151759	15863	1889	77007	46983	1847	8170	
泗县	131046	16935	1365	59326	38483	1036	13901	
滁州市小计	**1129039**	**370665**	**55276**	**327888**	**313254**	**28844**	**31965**	**1147**
本级	266353	97019	21562	55612	72699	11358	7703	400
区县小计	862686	273646	33714	272276	240555	17486	24262	747
琅琊区	38899	21632	2467	7613	6776	115	296	
南谯区	57666	22419	1667	16608	14492	1524	956	
天长市	169564	66699	6911	38660	43454	4218	9622	
来安县	98042	28554	3469	32881	27914	1558	3666	
全椒县	101833	35353	5824	30210	26971	2943	532	
定远县	156896	29217	2526	63704	52490	4015	4944	
凤阳县	130593	42797	4287	44020	34461	1584	3355	89
明光市	109193	26975	6563	38580	33997	1529	891	658
池州市小计	**556818**	**240977**	**10996**	**139826**	**135927**	**18449**	**10643**	
本级	162093	108458	2565	17654	27769	3711	1936	
区县小计	394725	132519	8431	122172	108158	14738	8707	
贵池区	137151	54028	3827	38948	32631	4764	2953	
石台县	51447	7389	729	19484	18098	2302	3445	
青阳县	87585	36783	1380	21819	21698	3726	2179	
东至县	118542	34319	2495	41921	35731	3946	130	
阜阳市小计	**1442248**	**299226**	**46198**	**603441**	**374093**	**29816**	**82608**	**6466**

1－12－2

单位：万元

地　　区	支出						年终结余	其中：净结余
	支出总计	其中：						
		本年支出	一般性转移支付上解	专项转移支付上解	安排预算稳定调节基金	调出资金		
地市县合计	**17423847**	**16776966**	**577096**	**14253**	**53934**	**1598**	**605376**	**137358**
宣城市小计	**880127**	**866391**	**－264**	**500**	**13500**		**46093**	**1356**
本级	142120	143638	－2018	500			8543	408
区县小计	738007	722753	1754		13500		37550	948
宣州区	166005	160665	340		5000		11548	1553
郎溪县	82522	82193	329				4	－801
广德县	132186	131723	463				4431	196
宁国市	157709	148855	354		8500		1528	
泾县	90174	90139	35				11500	
旌德县	45953	45930	23				1706	
绩溪县	63458	63248	210				6833	
宿州市小计	**962742**	**954915**	**－673**	**500**	**8000**		**42086**	**509**
本级	157166	152868	－1085	－2617	8000		18488	310
区县小计	805576	802047	412	3117			23598	199
埇桥区	217074	213785	172	3117			4084	
砀山县	135817	135689	128				3986	199
萧县	184938	184928	10				470	
灵璧县	147238	147219	19				4521	
泗县	120509	120426	83				10537	
滁州市小计	**1091586**	**1078925**	**12311**	**350**			**37453**	**－1926**
本级	250783	248442	1991	350			15570	－2903
区县小计	840803	830483	10320				21883	977
琅琊区	38889	32993	5896				10	10
南谯区	56712	54786	1926				954	
天长市	160370	158328	2042				9194	68
来安县	94628	94325	303				3414	19
全椒县	101809	101799	10				24	8
定远县	152640	152640					4256	863
凤阳县	126787	126720	67				3806	
明光市	108968	108892	76				225	9
池州市小计	**549284**	**547496**	**－1**	**289**	**1500**		**7534**	**987**
本级	160663	161358	－148	－547			1430	22
区县小计	388621	386138	147	836	1500		6104	965
贵池区	134687	133804	47	836			2464	30
石台县	48483	46965	18		1500		2964	259
青阳县	87037	87026	11				548	548
东至县	118414	118343	71				128	128
阜阳市小计	**1346438**	**1339949**	**4119**	**570**	**1800**		**95810**	**5705**

1－12－3

单位:万元

地区	收入							
	收入总计	其中:						
		本年收入	返还性收入	一般性转移支付收入	专项转移支付收入	转贷财政部代理发行地方政府债券收入	上年结余	调入资金
本级	234994	98503	27718	43312	47650	4036	13775	
区县小计	1207254	200723	18480	560129	326443	25780	68833	6466
颍州区	87210	20907	1101	40083	21742	714	2663	
颍泉区	82910	15659	1620	40746	21800	1330	1755	
颍东区	84245	13819	481	41358	22408	2390	3789	
临泉县	207192	21828	2470	111140	60645	2925	8184	
太和县	203472	28587	3303	91680	52388	3407	21828	2279
颍上县	241963	58715	1737	96480	62248	9282	8914	4187
阜南县	184984	16127	2309	92179	51264	2742	20363	
界首市	115278	25081	5459	46463	33948	2990	1337	
六安市小计	**1343689**	**330759**	**26211**	**500009**	**432097**	**40599**	**13998**	**16**
本级	264404	101295	4825	63281	78485	11109	5409	
区县小计	1079285	229464	21386	436728	353612	29490	8589	16
金安区	126172	29665	2368	49870	40955	2839	475	
裕安区	125564	23031	1619	55963	42985	1670	296	
寿县	167355	21611	2823	82839	55772	3484	826	
霍邱县	235572	57639	3525	91175	70072	7946	5215	
舒城县	167575	31124	4088	65382	59519	6936	526	
金寨县	136035	22673	2997	57447	47992	3667	1243	16
霍山县	121012	43721	3966	34052	36317	2948	8	
巢湖市小计	**965815**	**309447**	**30623**	**299751**	**269325**	**25635**	**30196**	**838**
本级	180661	74362	8115	38948	43216	3827	11355	838
区县小计	785154	235085	22508	260803	226109	21808	18841	
居巢区	140661	39201	4443	51176	40951	1567	3323	
庐江县	193189	42831	4887	69837	58529	7511	9594	
含山县	103134	36035	3554	29164	24811	5994	3576	
和县	121178	39404	3227	38658	35137	2632	2120	
无为县	226992	77614	6397	71968	66681	4104	228	
合肥市小计	**2681320**	**1808977**	**116829**	**273010**	**365731**	**56704**	**58455**	**1614**
本级	1669910	1282019	89713	92484	153283	38054	14357	
区县小计	1011410	526958	27116	180526	212448	18650	44098	1614
瑶海区	68821	34322	3239	11583	14097	205	5375	
庐阳区	98670	76511	6862	1605	11454	273	1965	
蜀山区	99603	63849	2547	8937	14964	181	9125	
包河区	148024	95764	3748	4581	36644	179	7108	
肥东县	217221	92180	3555	58459	50074	4475	8478	
长丰县	160440	62302	2366	47215	37717	4367	4859	1614
肥西县	218631	102030	4799	48146	47498	8970	7188	

1－12－4

单位:万元

地　　区	支出						年终结余	其中:净结余
	支出总计	其中:						
		本年支出	一般性转移支付上解	专项转移支付上解	安排预算稳定调节基金	调出资金		
本级	222691	217131	3690	570	1300		12303	119
区县小计	1123747	1122818	429		500		83507	5586
颍州区	80382	80377	5				6828	
颍泉区	79214	79186	28				3696	
颍东区	80491	79975	16		500		3754	
临泉县	197202	197181	21				9990	
太和县	177219	177024	195				26253	676
颍上县	233551	233543	8				8412	
阜南县	166888	166751	137				18096	
界首市	108800	108781	19				6478	4910
六安市小计	**1335899**	**1329039**	**1240**	**620**	**5000**		**7790**	**1409**
本级	258933	252270	1043	620	5000		5471	471
区县小计	1076966	1076769	197				2319	938
金安区	125691	124624	1067				481	
裕安区	125350	127168	－1818				214	214
寿县	167355	167285	70					
霍邱县	235466	235016	450				106	106
舒城县	167015	166851	164				560	560
金寨县	135085	134980	105				950	50
霍山县	121004	120845	159				8	8
巢湖市小计	**936194**	**932419**	**3455**	**320**			**29621**	**465**
本级	169603	167774	2105	－276			11058	58
区县小计	766591	764645	1350	596			18563	407
居巢区	138314	137347	371	596			2347	
庐江县	185154	184956	198				8035	18
含山县	97245	97185	60				5889	130
和县	119064	118421	643				2114	81
无为县	226814	226736	78				178	178
合肥市小计	**2619876**	**2458575**	**153721**	**2580**	**5000**		**61444**	**39597**
本级	1656640	1534889	146839	－25088			13270	5041
区县小计	963236	923686	6882	27668	5000		48174	34556
瑶海区	56491	54727	5	1759			12330	12259
庐阳区	96744	87562	5276	3906			1926	1926
蜀山区	92118	91172		946			7485	7400
包河区	142179	120396	726	21057			5845	5128
肥东县	208280	208130	150				8941	3326
长丰县	155665	155479	186				4775	1540
肥西县	211759	206220	539		5000		6872	2977

一、一般预算

1－12－5

单位:万元

地区	收入							
	收入总计	其中:					上年结余	调入资金
		本年收入	返还性收入	一般性转移支付收入	专项转移支付收入	转贷财政部代理发行地方政府债券收入		
蚌埠市小计	**1051811**	**317195**	**84664**	**253107**	**295369**	**18135**	**77486**	**5855**
本级	542105	163919	72953	75896	160724	9948	57671	994
区县小计	509706	153276	11711	177211	134645	8187	19815	4861
龙子湖区	33999	23816	1227	1857	6594		505	
蚌山区	22903	17512	1162	1102	2411		546	170
禹会区	28976	21720	1016	2232	3420		8	580
淮上区	25876	16413	270	2777	6017		399	
怀远县	176517	32106	4400	75157	53639	4043	7172	
固镇县	102578	18518	1534	47349	28405	1163	1498	4111
五河县	118857	23191	2102	46737	34159	2981	9687	
淮南市小计	**765192**	**372847**	**26172**	**154202**	**153721**	**13148**	**22703**	**22399**
本级	372010	176122	15925	58254	81877	11645	13933	14254
区县小计	393182	196725	10247	95948	71844	1503	8770	8145
田家庵区	69863	45596	2315	11114	8878		860	1100
大通区	21093	8770	1291	6117	4845		70	
谢家集区	33618	10673	1742	12285	6381		37	2500
八公山区	18007	6630	920	5737	2770		91	1859
潘集区	57821	21042	808	19790	13148		347	2686
凤台县	192780	104014	3171	40905	35822	1503	7365	
铜陵市小计	**519390**	**330450**	**23302**	**68121**	**68527**	**7733**	**18061**	**3196**
本级	343921	230448	16870	37344	42572	6133	10048	506
区县小计	175469	100002	6432	30777	25955	1600	8013	2690
铜官山区	31863	21317	849	5537	3056		1104	
狮子山区	18164	11649	1041	2487	1482		1505	
郊区	24189	16372	1214	3787	2082		734	
铜陵县	101253	50664	3328	18966	19335	1600	4670	2690
马鞍山市小计	**906092**	**637281**	**55988**	**97591**	**96947**	**11908**	**3531**	**2846**
本级	592172	433742	42706	56356	47902	7997	2013	1456
区县小计	313920	203539	13282	41235	49045	3911	1518	1390
花山区	57275	42762	2980	1803	8304	110	806	510
雨山区	48040	36324	3227	4664	3579	83	72	91
金家庄区	36799	32553	1963	782	1238	9	254	
当涂县	171806	91900	5112	33986	35924	3709	386	789
淮北市小计	**567727**	**221226**	**26733**	**166588**	**129563**	**8760**	**5403**	**9454**
本级	289157	134289	20370	57393	65767	4957	3528	2853
区县小计	278570	86937	6363	109195	63796	3803	1875	6601
相山区	34813	18324		9045	5312	1000	2	1130
杜集区	40321	10000		19395	8582	1000	99	1245

1-12-6

单位:万元

地区	支出						年终结余	其中：净结余
	支出总计	其中：						
		本年支出	一般性转移支付上解	专项转移支付上解	安排预算稳定调节基金	调出资金		
蚌埠市小计	**969494**	**877276**	**91818**	**400**			**82317**	**37891**
本级	485008	420090	72958	-8040			57097	16834
区县小计	484486	457186	18860	8440			25220	21057
龙子湖区	32309	21688	8146	2475			1690	1690
蚌山区	22878	17036	3471	2371			25	25
禹会区	28725	18750	7140	2835			251	115
淮上区	25436	24606	71	759			440	85
怀远县	161207	161184	23				15310	12207
固镇县	102410	102403	7				168	99
五河县	111521	111519	2				7336	6836
淮南市小计	**737022**	**696485**	**37299**	**290**	**1350**	**1598**	**28170**	**9668**
本级	355760	353543	30728	-28511			16250	131
区县小计	381262	342942	6571	28801	1350	1598	11920	9537
田家庵区	66964	47817	4027	15120			2899	2899
大通区	20605	17025		3580			488	68
谢家集区	33584	29100	967	3517			34	34
八公山区	17616	13554	313	2399	1350		391	55
潘集区	57326	53447		3879			495	495
凤台县	185167	181999	1264	306		1598	7613	5986
铜陵市小计	**497915**	**486384**	**10924**	**607**			**21475**	**570**
本级	333083	323557	9389	137			10838	381
区县小计	164832	162827	1535	470			10637	189
铜官山区	30165	29711	300	154			1698	80
狮子山区	16754	16329	300	125			1410	89
郊区	22322	21840	291	191			1867	20
铜陵县	95591	94947	644				5662	
马鞍山市小计	**901979**	**800721**	**96746**	**1062**	**3450**		**4113**	**2054**
本级	590229	545468	43872	889			1943	256
区县小计	311750	255253	52874	173	3450		2170	1798
花山区	56475	31315	21650	60	3450		800	800
雨山区	48008	32139	15801	68			32	32
金家庄区	36622	21955	14622	45			177	177
当涂县	170645	169844	801				1161	789
淮北市小计	**563820**	**542611**	**20959**	**250**			**3907**	**1085**
本级	286972	270584	16138	250			2185	171
区县小计	276848	272027	4821				1722	914
相山区	34806	31745	3061				7	7
杜集区	40131	39199	932				190	

一、一般预算

1－12－7 单位:万元

地区	收入							
	收入总计	其中:						
		本年收入	返还性收入	一般性转移支付收入	专项转移支付收入	转贷财政部代理发行地方政府债券收入	上年结余	调入资金
烈山区	37473	7977		16829	7988	1000	500	3179
濉溪县	165963	50636	6363	63926	41914	803	1274	1047
芜湖市小计	**1221488**	**694123**	**107263**	**157776**	**215060**	**20309**	**17639**	**7118**
本级	517028	240343	89930	57013	110255	12921	6566	
区县小计	704460	453780	17333	100763	104805	7388	11073	7118
镜湖区	117510	101801	2565	5413	4920		2811	
弋江区	93937	79457	1538	6325	5738		879	
鸠江区	65047	48888	2096	6411	2174		5478	
三山区	41607	27402	213	5384	5173		437	2998
繁昌县	129413	74320	5318	19967	24797	1545	1266	
南陵县	129005	51974	2266	30866	35435	4200	144	4120
芜湖县	127941	69938	3337	26397	26568	1643	58	
安庆市小计	**1482723**	**415553**	**55203**	**497118**	**432853**	**40958**	**37516**	**3522**
本级	328013	118363	32270	73898	80751	8205	11106	3420
区县小计	1154710	297190	22933	423220	352102	32753	26410	102
迎江区	29123	16208	993	3854	6744	100	1224	
大观区	31746	13728	613	7334	8520	100	1436	15
宜秀区	29930	9135	1340	8261	8366	145	2596	87
怀宁县	149716	59114	4252	44849	36470	4843	188	
枞阳县	166038	49621	2122	54322	47641	6120	6212	
桐城市	154927	56463	5895	49987	37241	4093	1248	
潜山县	134532	23762	2012	55004	46451	2313	4990	
太湖县	122020	15632	1416	52535	42509	5780	4148	
宿松县	138850	22221	1528	57532	49854	3570	4145	
望江县	103925	17177	1509	44793	38069	2364	13	
岳西县	93903	14129	1253	44749	30237	3325	210	
黄山市小计	**591139**	**207809**	**19863**	**160100**	**174965**	**19985**	**7412**	**1005**
本级	150514	69765	6328	27796	38745	3048	4036	796
区县小计	440625	138044	13535	132304	136220	16937	3376	209
屯溪区	44087	24385	1697	5852	9972	1165	927	89
黄山区	69834	25278	1771	17381	22595	2605	204	
徽州区	36154	14188	824	8184	11247	1215	496	
祁门县	64997	17130	1819	21753	21643	2353	259	40
黟县	38858	9579	830	13392	12518	2273	241	25
休宁县	74135	20901	2366	25766	23244	1424	434	
歙县	112560	26583	4228	39976	35001	5902	815	55
亳州市小计	**873684**	**173184**	**28700**	**362207**	**231636**	**15718**	**58890**	**3349**
本级	114844	36555	16274	26433	25245	3018	7319	

1－12－8　　　　单位:万元

地区	支出						年终结余	其中:净结余
	支出总计	其中:本年支出	一般性转移支付上解	专项转移支付上解	安排预算稳定调节基金	调出资金		
烈山区	37042	36214	828				431	431
濉溪县	164869	164869					1094	476
芜湖市小计	**1204674**	**1084741**	**103596**	**4765**	**11572**		**16814**	**10368**
本级	511192	531169	－27742	4765	3000		5836	510
区县小计	693482	553572	131338		8572		10978	9858
镜湖区	114625	62326	52299				2885	2885
弋江区	92582	41290	47292		4000		1355	1355
鸠江区	59569	33482	21515		4572		5478	5478
三山区	41269	31524	9745				338	39
繁昌县	128602	128501	101				811	25
南陵县	128950	128803	147				55	20
芜湖县	127885	127646	239				56	56
安庆市小计	**1435173**	**1399597**	**35086**	**490**			**47550**	**1985**
本级	316763	282453	33820	490			11250	290
区县小计	1118410	1117144	1266				36300	1695
迎江区	27616	27497	119				1507	50
大观区	30317	30203	114				1429	103
宜秀区	27955	27918	37				1975	18
怀宁县	145318	145200	118				4398	188
枞阳县	155251	155243	8				10787	500
桐城市	153089	152700	389				1838	500
潜山县	128241	128128	113				6291	106
太湖县	118648	118647	1				3372	
宿松县	134377	134162	215				4473	
望江县	103904	103883	21				21	21
岳西县	93694	93563	131				209	209
黄山市小计	**584857**	**580432**	**1443**	**220**	**2762**		**6282**	**48**
本级	147441	144923	983	－527	2062		3073	
区县小计	437416	435509	460	747	700		3209	48
屯溪区	43359	42499	113	747			728	48
黄山区	69261	69214	47				573	
徽州区	35694	34929	65		700		460	
祁门县	64761	64740	21				236	
黟县	38657	38626	31				201	
休宁县	73870	73754	116				265	
歙县	111814	111747	67				746	
亳州市小计	**806767**	**801010**	**5317**	**440**			**66917**	**25587**
本级	105041	99357	5244	440			9803	1175

1－12－9 单位:万元

地区	收入							
	收入总计	其中:					上年结余	调入资金
		本年收入	返还性收入	一般性转移支付收入	专项转移支付收入	转贷财政部代理发行地方政府债券收入		
区县小计	758840	136629	12426	335774	206391	12700	51571	3349
谯城区	191408	35579	2095	78088	48852	3163	22576	1055
涡阳县	202120	38235	4911	86569	53336	2571	15623	875
蒙城县	176783	37683	4372	77770	45648	1926	8361	1023
利辛县	188529	25132	1048	93347	58555	5040	5011	396

1－12－10

单位:万元

地区	支出						年终结余	其中:净结余
	支出总计	其中:						
		本年支出	一般性转移支付上解	专项转移支付上解	安排预算稳定调节基金	调出资金		
区县小计	701726	701653	73				57114	24412
谯城区	165862	165830	32				25546	7360
涡阳县	188683	188676	7				13437	8827
蒙城县	167489	167479	10				9294	8225
利辛县	179692	179668	24				8837	

2009年福建省地市县财政一般预算收支平衡表

1－13－1　　　　　　　　　　　　　　　　　　　　　　　　单位：万元

地　　区	收　　入							
	收入总计	其　中：						
		本年收入	返还性收　入	一般性转移支付收入	专项转移支付收入	转贷财政部代理发行地方政府债券收入	上年结余	调入资金
地市县合计	**14707855**	**8459580**	**1010463**	**1269922**	**1967250**	**240000**	**1552089**	**91425**
福州市小计	**3090996**	**1952612**	**166641**	**143785**	**269205**	**26182**	**489549**	**43022**
本级	1029544	743684	103614	－18833	48490		146129	6460
区县小计	2061452	1208928	63027	162618	220715	26182	343420	36562
鼓楼区	173674	138268	282	4648	8986		21375	115
台江区	101000	73585	100	2084	6415		16337	2479
仓山区	112712	76842	203	2407	9551		23614	95
晋安区	126566	80800	446	2651	7543		35126	
马尾区	188612	125671	11376	6650	8577	5557	30728	53
琅岐经济区	21490	16527	1425	390	529		2615	4
保税区	10980	9394			10		1576	
闽侯县	283060	165770	7017	9496	21810	789	78066	112
长乐市	191882	116452	7220	11332	20662	4865	20611	10740
福清市	314566	210498	15905	21208	33708	889	31897	461
连江县	160172	75637	5293	14201	26762	1441	21799	15039
罗源县	87096	37187	6617	9276	18525	1456	11140	2895
闽清县	93549	30744	3883	18906	16387	1576	21715	338
永泰县	77767	16057	1693	26055	23524	5474	2311	2653
平潭县	118326	35496	1567	33314	17726	4135	24510	1578
三明市小计	**1008667**	**379648**	**53227**	**151892**	**231712**	**32307**	**158863**	**1018**
本级	180441	97742	16452	8057	21797	5889	30485	19
区县小计	828226	281906	36775	143835	209915	26418	128378	999
三元区	35023	15467	1833	3683	7128	200	6712	
梅列区	38373	23666	1500	2367	5970		4870	
永安市	140746	74422	10599	7641	25969	4531	17064	520
宁化县	91068	17190	1942	21882	27370	3132	19442	110
大田县	90683	29940	4057	18884	19594	1477	16630	101
清流县	50695	9389	1922	12300	17552	4405	5107	20
明溪县	43051	7357	1673	11426	13651	1379	7540	25
尤溪县	96718	26710	3892	21085	21895	2570	20566	
沙县	88784	38763	3458	9842	18708	2225	15778	10
将乐县	57471	20268	2169	10848	16333	1232	6621	
泰宁县	50163	10636	2423	11428	19055	1182	5439	
建宁县	45451	8098	1307	12449	16690	4085	2609	213
南平市小计	**926718**	**313852**	**49368**	**177974**	**195631**	**32831**	**145499**	**11563**
本级	174590	73420	20600	4612	15059	7819	51948	1132
区县小计	752128	240432	28768	173362	180572	25012	93551	10431
延平区	70537	33176	3769	11694	19224	344	1259	1071

1 – 13 – 2　　　　单位:万元

地　　区	支出						年终结余	其中：净结余
	支出总计	其中：				调出资金		
		本年支出	一般性转移支付上解	专项转移支付上解	安排预算稳定调节基金			
地市县合计	**12795593**	**11471294**	**990257**	**146545**	**997**	**9012**	**1912262**	**171010**
福州市小计	**2436643**	**2050925**	**347031**	**32957**		**5730**	**654353**	**192038**
本级	825557	639786	171716	9090		4965	203987	45529
区县小计	1611086	1411139	175315	23867		765	450366	146509
鼓楼区	146861	86693	59113	1055			26813	5021
台江区	79985	61936	17095	954			21015	7432
仓山区	86924	75688	9469	1767			25788	21110
晋安区	86391	74810	10077	1504			40175	29057
马尾区	146607	105782	39468	1357			42005	17385
琅岐经济区	18042	14727	3117	194		4	3448	3084
保税区	10453	8512	1941				527	527
闽侯县	187934	180276	2886	4772			95126	40310
长乐市	171340	156428	12826	2086			20542	4059
福清市	268630	249332	15745	2792		761	45936	7265
连江县	120730	118222	1069	1439			39442	12653
罗源县	63970	62323	1127	520			23126	2346
闽清县	70237	64434	1382	4421			23312	2591
永泰县	70070	69531		539			7697	–7919
平潭县	82912	82445		467			35414	1588
三明市小计	**813790**	**751466**	**50613**	**11388**		**323**	**194877**	**39**
本级	140177	116210	18955	5012			40264	1955
区县小计	673613	635256	31658	6376		323	154613	–1916
三元区	28091	24107	3709	275			6932	88
梅列区	32411	26445	5539	427			5962	48
永安市	113913	100076	12781	1056			26833	272
宁化县	72917	72305		502		110	18151	59
大田县	69393	67050	1767	576			21290	19
清流县	42464	41486	545	433			8231	148
明溪县	32210	30839	936	435			10841	279
尤溪县	75481	73575	1216	690			21237	171
沙县	77049	73189	3138	722			11735	338
将乐县	45292	43515	1314	463			12179	–3400
泰宁县	45728	44603	713	412			4435	9
建宁县	38664	38066		385		213	6787	53
南平市小计	**756656**	**702391**	**43378**	**10118**		**769**	**170062**	**–6591**
本级	131905	114787	20281	–3747		584	42685	4162
区县小计	624751	587604	23097	13865		185	127377	–10753
延平区	68796	62273	5510	1013			1741	–6546

一、一般预算

1－13－3　　　　　　　　　　　　　　　　　　　　　　　　单位:万元

地区	收入							
	收入总计	其中:						
		本年收入	返还性收入	一般性转移支付收入	专项转移支付收入	转贷财政部代理发行地方政府债券收入	上年结余	调入资金
邵武市	102043	44049	5374	17015	19395	1178	12168	2864
建阳市	87982	31217	3483	19311	20331	2222	11412	6
顺昌县	62793	17318	3323	15334	13870	1969	10979	
建瓯市	106195	31362	3897	27190	25085	4061	13058	1542
浦城县	80685	21005	2653	22776	19652	3304	9686	1609
武夷山市	98821	34924	2487	16762	26481	4510	12352	1305
光泽县	47291	11148	1586	13533	12841	3750	3550	883
松溪县	41911	7923	1077	12515	10988	2075	7327	6
政和县	53870	8310	1119	17232	12705	1599	11760	1145
宁德市小计	**855713**	**275414**	**38002**	**194663**	**213303**	**22204**	**110185**	**1942**
本级	105991	39981	10292	12949	10403	2322	29357	687
区县小计	749722	235433	27710	181714	202900	19882	80828	1255
蕉城区	81333	24922	2805	25208	21231	523	6577	67
东侨区	22030	21978		54	726	190	－918	
福鼎市	128797	53058	6915	22348	30236	1574	14666	
福安市	163123	55547	6586	26865	38182	2910	32533	500
霞浦县	93229	23683	2850	24631	31940	1728	8338	59
古田县	83067	23567	3247	23300	22564	2323	7554	512
屏南县	44746	10009	1351	14896	12883	2303	3251	53
寿宁县	52253	8509	1297	19348	17490	2956	2653	
周宁县	38494	8438	1335	15099	11056	2270	296	
柘荣县	42650	5722	1324	9965	16592	3105	5878	64
莆田市小计	**765430**	**379066**	**33831**	**114137**	**137089**	**21993**	**71361**	**7953**
本级	102734	60988	12679	－2551	19318	2200	9640	460
区县小计	662696	318078	21152	116688	117771	19793	61721	7493
仙游县	172816	56666	5061	45184	44831	4943	15203	928
荔城区	125156	70200	4270	15528	15279	5678	14201	
城厢区	96589	57408	1981	14836	10780	1688	9403	493
涵江区	139170	80144	4985	16867	18618	2777	15549	230
秀屿区	102809	43549	4678	19510	21079	4707	8885	401
湄洲岛管委会	10684	2182	130	1336	3707		1078	2251
北岸管委会	15472	7929	47	3427	3477		－2598	3190
泉州市小计	**2285952**	**1500538**	**186694**	**122528**	**257638**	**22218**	**188090**	**8246**
本级	236751	214900	30041	－42026	－3265	269	33539	3293
区县小计	2049201	1285638	156653	164554	260903	21949	154551	4953
泉港区	111322	61089	2924	12971	14680	1701	17551	406
鲤城区	93905	62291	13753	2233	7143	50	8430	5
丰泽区	123215	94567	9920	3231	7800		6830	867

1-13-4

单位:万元

地区	支出						年终结余	其中:净结余
	支出总计	其中:						
		本年支出	一般性转移支付上解	专项转移支付上解	安排预算稳定调节基金	调出资金		
邵武市	88070	78077	6555	3438			13973	82
建阳市	70255	64606	3024	2625			17727	436
顺昌县	48382	45438	2141	803			14411	-2697
建瓯市	90156	85490	3405	1261			16039	-500
浦城县	65986	64844	108	1034			14699	186
武夷山市	78925	75870	1437	1477		141	19896	
光泽县	42128	40623	917	588			5163	-684
松溪县	32109	31485		580		44	9802	-854
政和县	39944	38898		1046			13926	-176
宁德市小计	**725483**	**693331**	**23246**	**8906**			**130230**	**-64130**
本级	77614	82799	4206	-9391			28377	-4420
区县小计	647869	610532	19040	18297			101853	-59710
蕉城区	74421	68034	4392	1995			6912	-11357
东侨区	21098	12425	4323	4350			932	-733
福鼎市	111167	103653	3637	3877			17630	-187
福安市	121272	113037	4013	4222			41851	189
霞浦县	81785	79715	1176	894			11444	-9126
古田县	78079	75925	1499	655			4988	-5062
屏南县	40570	40043		527			4176	-8905
寿宁县	49948	49440		508			2305	-9768
周宁县	36326	35508		818			2168	-10948
柘荣县	33203	32752		451			9447	-3813
莆田市小计	**688012**	**625898**	**55747**	**5255**		**1112**	**77418**	**-12268**
本级	91070	115383	-17511	-7262		460	11664	
区县小计	596942	510515	73258	12517		652	65754	-12268
仙游县	155240	151182	2979	878		201	17576	-8683
荔城区	104207	80735	22685	787			20949	10259
城厢区	85399	67033	17011	1355			11190	-1985
涵江区	129760	100993	21265	7427		75	9410	249
秀屿区	94172	83148	9483	1165		376	8637	-7903
湄洲岛管委会	10359	11001	-642				325	150
北岸管委会	17805	16423	477	905			-2333	-4355
泉州市小计	**2056734**	**1869038**	**153203**	**34493**			**229218**	**5615**
本级	192958	244104	24779	-75925			43793	2730
区县小计	1863776	1624934	128424	110418			185425	2885
泉港区	92961	74427	13470	5064			18361	
鲤城区	85106	56586	21328	7192			8799	281
丰泽区	113729	73940	23468	16321			9486	476

一、一般预算

1－13－5　　　　单位:万元

地　区	收入总计	收入					上年结余	调入资金
		其中:						
		本年收入	返还性收入	一般性转移支付收入	专项转移支付收入	转贷财政部代理发行地方政府债券收入		
洛江区	58870	37676	2247	2797	8233		7914	3
惠安县	254340	157942	19190	16024	31388	433	29256	107
晋江市	498788	370721	41663	34937	34983	3921	12083	480
石狮市	221383	154143	19630	12800	17175	4895	9766	2974
南安市	305172	163508	23558	34592	53609	5609	24294	2
安溪县	177075	87229	8468	24958	37170	1501	17640	109
永春县	113091	53502	7577	13139	25140	3450	10283	
德化县	92040	42970	7723	6872	23582	389	10504	
漳州市小计	**1491766**	**709464**	**70506**	**202851**	**294926**	**47147**	**150296**	**16576**
本级	226202	136660	24346	－7931	34675	1950	32396	4106
区县小计	1265564	572804	46160	210782	260251	45197	117900	12470
芗城区	102201	75482	8267	3873	9618	655	4124	182
龙文区	42063	27613	969	2970	5488	1021	3819	183
漳州经济开发区	55771	45715	866	8363	327		500	
龙海市	283569	174029	6871	24261	40716	14097	18132	5463
长泰县	67246	31266	2420	11849	15986	5932	－207	
东山县	82279	28916	2245	10791	27458	3345	9295	229
南靖县	106377	46248	5199	14547	22087	3896	12417	1983
平和县	95694	22440	2873	31258	28723	2528	6979	893
华安县	56864	16900	1437	11414	15756	5326	6031	
云霄县	96192	23167	6557	22096	24281	2825	13815	3451
漳浦县	164718	51369	5473	43153	39933	3609	21095	86
诏安县	105069	24480	2983	24691	28956	1963	21996	
常山开发区	7521	5179		1516	922		－96	
龙岩市小计	**1205221**	**543378**	**82625**	**145298**	**236056**	**35118**	**162636**	**110**
本级	308028	210466	43157	2160	19639	11486	21120	
区县小计	897193	332912	39468	143138	216417	23632	141516	110
新罗区	179273	95947	11626	8790	29005	80	33715	110
长汀县	127855	24405	2555	29788	37183	4186	29738	
永定县	138614	56849	7255	21072	32010	2988	18440	
上杭县	147077	67050	5836	22271	32800	3913	15207	
武平县	94413	20401	3323	23625	28537	6015	12512	
漳平市	102184	32253	5456	14776	30096	2446	17157	
连城县	90992	20602	3389	22623	26296	4004	14078	
开发区	16785	15405	28	193	490		669	
厦门市小计	**3077392**	**2405608**	**329569**	**16794**	**131690**		**75610**	**995**
本级	2108387	1710428	257911	－54661	46796		33086	
区县小计	969005	695180	71658	71455	84894		42524	995

1－13－6

单位:万元

地区	支出						年终结余	其中:净结余
	支出总计	其中:						
		本年支出	一般性转移支付上解	专项转移支付上解	安排预算稳定调节基金	调出资金		
洛江区	45772	41241	4344	187			13098	
惠安县	219156	215564	2124	1468			35184	
晋江市	484549	409134	34411	41004			14239	1590
石狮市	212417	181603	12804	18010			8966	
南安市	267994	234368	15503	18123			37178	538
安溪县	157740	156247	17	1476			19335	
永春县	103715	102565	417	733			9376	
德化县	80637	79259	538	840			11403	
漳州市小计	**1316744**	**1207303**	**83140**	**25223**		**1078**	**175022**	**7247**
本级	202650	182213	29380	-9801		858	23552	4054
区县小计	1114094	1025090	53760	35024		220	151470	3193
芗城区	96281	68992	20420	6869			5920	335
龙文区	35733	30756	4743	164		70	6330	1228
漳州经济开发区	54501	45549	8952				1270	1250
龙海市	262016	233672	10258	17936		150	21553	-2235
长泰县	65537	64251	560	726			1709	-4705
东山县	69740	68303	525	912			12539	2280
南靖县	91160	87389	2826	945			15217	1689
平和县	81241	79831		1410			14453	-3922
华安县	45034	44001	376	657			11830	287
云霄县	80339	73685	3664	2990			15853	3205
漳浦县	148263	146229	793	1241			16455	955
诏安县	76907	75628	120	1159			28162	3024
常山开发区	7342	6804	523	15			179	-198
龙岩市小计	**981715**	**890415**	**78981**	**12319**			**223506**	**27308**
本级	270739	225517	38598	6624			37289	12009
区县小计	710976	664898	40383	5695			186217	15299
新罗区	140078	105750	33717	611			39195	3645
长汀县	90731	90049		682			37124	640
永定县	118634	115941	1070	1623			19980	2338
上杭县	118396	117596		800			28681	6827
武平县	81865	81353		512			12548	625
漳平市	75843	72641	2397	805			26341	655
连城县	69190	68528		662			21802	54
开发区	16239	13040	3199				546	515
厦门市小计	**3019816**	**2680527**	**154918**	**5886**	**997**		**57576**	**21752**
本级	2095247	1776294	147952	-6487			13140	983
区县小计	924569	904233	6966	12373	997		44436	20769

1－13－7　　　　单位:万元

地　　区	收入							
	收入总计	其中:					上年结余	调入资金
		本年收入	返还性收入	一般性转移支付收入	专项转移支付收入	转贷财政部代理发行地方政府债券收入		
同安区	160511	97419	12936	12737	27150		10182	87
集美区	151535	115128	14601	5226	12692		3888	
翔安区	103645	52648	2960	21156	17554		6120	908
海沧区	167274	129342	4245	13172	6333		14182	
思明区	248265	200000	26265	8476	12049		1475	
湖里区	137775	100643	10651	10688	9116		6677	

1－13－8

单位:万元

地　　区	支出总计	其中:本年支出	其中:一般性转移支付上解	其中:专项转移支付上解	其中:安排预算稳定调节基　金	其中:调出资金	年终结余	其中:净结余
同安区	150868	147791	618	2459			9643	4739
集美区	146049	143670	460	1919			5486	
翔安区	95731	91868	816	2050	997		7914	1867
海沧区	159973	157659	610	1704			7301	4441
思明区	241951	236291	2698	2962			6314	6314
湖里区	129997	126954	1764	1279			7778	3408

2009年江西省地市县财政一般预算收支平衡表

1－14－1

单位：万元

地　　区	收入							
	收入总计	其中：						
		本年收入	返还性收入	一般性转移支付收入	专项转移支付收入	转贷财政部代理发行地方政府债券收入	上年结余	调入资金
地市县合计	**14893502**	**5083163**	**447502**	**4055668**	**3641065**	**308000**	**1245047**	**108609**
南昌市小计	**2457570**	**1158800**	**69126**	**430270**	**324803**	**100000**	**349379**	**25092**
本级	1072907	594801	28413	69040	60699	87106	213120	19628
区县小计	1384663	563999	40713	361230	264104	12894	136259	5464
南昌县	296460	122051	9360	70366	60592	2437	31067	587
新建县	197708	66947	3169	52796	52296	2507	19993	
进贤县	163188	34541	3916	54885	47403	2184	18191	2068
安义县	74259	20248	1635	21989	24771	567	2839	2210
湾里区	43838	17605	1598	13738	7206		3691	
青山湖区	120060	52593	4482	34467	10601		17917	
东湖区	82606	38266	2839	28185	7492		5669	155
西湖区	92250	40830	3322	30930	11066		6102	
青云谱区	55635	27160	1164	17770	6249		2848	444
昌北区	68879	38051	5004	9078	15032		1714	
南昌高新区	92469	40493	2265	17479	17167	2000	13065	
红谷滩区	68468	55711	24	6604	1324	2899	1906	
桑海区	9975	2430	1722	2013	2159	300	1351	
英雄区	18868	7073	213	930	746		9906	
景德镇市小计	**684026**	**243257**	**25076**	**182429**	**164301**	**10000**	**50972**	**7391**
本级	265104	89523	14096	70181	55443	6387	28874	
区县小计	418922	153734	10980	112248	108858	3613	22098	7391
高新科技园	23825	20200	110	1856	738	500	421	
乐平市	205483	65907	6283	51716	57063	957	16224	7333
浮梁县	97195	25930	2445	31797	32885	1156	2982	
珠山区	41998	16808	1317	12940	9543	500	832	58
昌江区	50421	24889	825	13939	8629	500	1639	
萍乡市小计	**780944**	**273057**	**28351**	**179187**	**224079**	**15000**	**58048**	**2689**
本级	211840	42067	9795	49757	60742	7500	41705	274
区县小计	569104	230990	18556	129430	163337	7500	16343	2415
莲花县	73709	14004	1729	27571	27007	800	1838	760
上栗县	114118	40416	5415	29263	33086	1600	4338	
芦溪县	82538	25456	2827	21348	29283	1200	2424	
安源区	131779	78595	4602	21526	22576	1500	2447	
湘东区	117744	34330	3617	25474	47125	1600	3943	1655
萍乡开发区	49216	38189	366	4248	4260	800	1353	
九江市小计	**1618099**	**505023**	**44161**	**474725**	**386254**	**30000**	**166046**	**11890**
本级	320020	85968	15941	60876	56068	22798	73482	4887
区县小计	1298079	419055	28220	413849	330186	7202	92564	7003

1－14－2

单位：万元

地区	支出						年终结余	其中：净结余
	支出总计	其中：						
		本年支出	一般性转移支付上解	专项转移支付上解	安排预算稳定调节基金	调出资金		
地市县合计	**13219012**	**12774045**	**156145**	**263457**		**18031**	**1674490**	**1928**
南昌市小计	**1950764**	**1817014**	**79804**	**53646**			**506806**	**21669**
本级	738007	680479	60324	－3096			334900	8869
区县小计	1212757	1136535	19480	56742			171906	12800
南昌县	256403	239633	3859	12911			40057	880
新建县	181031	173494	2095	5442			16677	674
进贤县	138155	134285	1496	2374			25033	
安义县	71605	70244	8	1353			2654	
湾里区	37681	35575	8	2098			6157	83
青山湖区	92388	87437	2065	2886			27672	2080
东湖区	70925	66719	2077	2129			11681	387
西湖区	85362	77646	3999	3717			6888	120
青云谱区	48601	47065	24	1512			7034	103
昌北区	65602	58001	2831	4770			3277	115
南昌高新区	81635	72037	948	8650			10834	3491
红谷滩区	66216	62891	70	3255			2252	1467
桑海区	7462	4473		2989			2513	644
英雄区	9691	7035		2656			9177	2756
景德镇市小计	**615796**	**579303**	**19687**	**11988**		**4218**	**68230**	**－3555**
本级	224872	210514	10724	3034			40232	－3350
区县小计	390924	368789	8963	8954		4218	27998	－205
高新科技园	22648	21989	20	639			1177	668
乐平市	189271	175395	4872	4786		4218	16212	40
浮梁县	92112	88990	2275	847			5083	－1167
珠山区	38711	35714	1255	1742			3287	167
昌江区	48182	46701	541	940			2239	87
萍乡市小计	**717839**	**696353**	**5757**	**15196**			**63105**	**7797**
本级	165887	175652	129	－9894			45953	5505
区县小计	551952	520701	5628	25090			17152	2292
莲花县	71845	70899	2	944			1864	－92
上栗县	107904	106095	526	1283			6214	912
芦溪县	79736	78180	303	1253			2802	615
安源区	129844	113847	3686	11778			1935	235
湘东区	114241	110681	1028	2532			3503	65
萍乡开发区	48382	40999	83	7300			834	557
九江市小计	**1400748**	**1346264**	**13205**	**40154**		**1125**	**217351**	**－16438**
本级	228635	244825	1052	－18367		1125	91385	658
区县小计	1172113	1101439	12153	58521			125966	－17096

1－14－3

单位：万元

地区	收入							
	收入总计	其中：					上年结余	调入资金
		本年收入	返还性收入	一般性转移支付收入	专项转移支付收入	转贷财政部代理发行地方政府债券收入		
修水县	177566	36873	2283	54331	58706	39	25334	
武宁县	94463	27362	1956	30571	30430	180	2368	1596
永修县	120313	35719	2490	43143	26659	681	11621	
德安县	65302	20621	2327	18116	20874	100	3264	
瑞昌市	113744	37123	2495	34545	29400	474	9707	
都昌县	143801	23645	1529	58233	48273	450	11671	
湖口县	92172	31768	1661	36326	22106	111	－788	988
彭泽县	85047	20079	1961	32951	25533	50	2983	1490
星子县	69934	17777	999	23870	17711	27	9550	
九江县	77062	25094	2128	28253	18627	90	2176	694
庐山局	34304	19789	277	5623	2297		6318	
庐山区	70662	36505	1899	17277	9692		5289	
浔阳区	58880	39603	3842	8557	5153		1725	
九江开发区	48222	32879	1018	6363	5417		310	2235
共青城	46607	14218	1355	15690	9308	5000	1036	
新余市小计	**631641**	**330301**	**16477**	**116847**	**117493**	**20000**	**26853**	**3655**
本级	225520	132934	7065	47556	8469	8000	17896	3585
区县小计	406121	197367	9412	69291	109024	12000	8957	70
分宜县	142666	73334	4056	27215	29769	3000	5292	
渝水区	174099	69982	3958	32792	62402	3000	1965	
仙女湖区	20868	11904	302	3788	2476	2000	398	
新余高新区	68488	42147	1096	5496	14377	4000	1302	70
鹰潭市小计	**473415**	**181148**	**10346**	**109444**	**115912**	**10000**	**44443**	**45**
本级	80780	18525	3668	16651	14392	4737	20730	
区县小计	392635	162623	6678	92793	101520	5263	23713	45
贵溪市	177773	76795	3630	41175	46722	1202	8249	
余江县	107221	24238	2087	34086	37077	1561	8171	1
月湖区	48351	27951	728	11068	5701		2859	44
龙虎山风景区	20646	9831	173	3496	4500	1000	1646	
鹰潭工业园	38644	23808	60	2968	7520	1500	2788	
赣州市小计	**2233054**	**680858**	**67438**	**723726**	**624894**	**35000**	**97564**	**3574**
本级	261100	106790	27876	41470	29925	17700	36939	400
区县小计	1971954	574068	39562	682256	594969	17300	60625	3174
章贡区	124936	56323	4569	33871	20815	1400	7955	3
黄金开发区	53418	37119	634	6300	8353	800	212	
赣县	150940	44758	2505	43608	47616	1000	11390	63
南康市	138369	48983	3078	46869	35251	1000	2723	465
信丰县	121424	34240	3031	43954	36574	900	2674	51

1－14－4　　　　　　　　　　　　　　　　　　　　　　　　　　　　单位:万元

地　区	支出						年终结余	其中:净结余
	支出总计	其中:						
		本年支出	一般性转移支付上解	专项转移支付上解	安排预算稳定调节基金	调出资金		
修水县	145283	142705	115	2463			32283	－2295
武宁县	90471	88646	129	1696			3992	－500
永修县	103707	98442	2027	3238			16606	－518
德安县	62247	59843	30	2374			3055	－1409
瑞昌市	99074	96699	433	1942			14670	122
都昌县	138845	136516	94	2235			4956	－2685
湖口县	84592	77632	136	6824			7580	－1271
彭泽县	80920	78943	233	1744			4127	－6103
星子县	57606	56100	163	1343			12328	－150
九江县	73303	69943	72	3288			3759	－2080
庐山局	24586	24152	28	406			9718	18
庐山区	67626	57911	1750	7965			3036	77
浔阳区	56512	34635	5925	15952			2368	32
九江开发区	45091	38535	1007	5549			3131	50
共青城	42250	40737	11	1502			4357	－384
新余市小计	**600109**	**587110**	**3126**	**9554**		**304**	**31532**	**17047**
本级	209111	210929	2655	－4790		302	16409	13815
区县小计	390998	376181	471	14344		2	15123	3232
分宜县	133984	128211	401	5372			8682	2269
渝水区	172774	166187	2	6585			1325	772
仙女湖区	18063	17778		285			2805	101
新余高新区	66177	64005	68	2102		2	2311	90
鹰潭市小计	**418181**	**408107**	**572**	**7425**			**55234**	**3500**
本级	57093	82823	－349	－27458			23687	1255
区县小计	361088	325284	921	34883			31547	2245
贵溪市	170192	150007	703	19482			7581	556
余江县	94405	93071	218	1116			12816	32
月湖区	41852	30374		11478			6499	436
龙虎山风景区	19475	19262		213			1171	83
鹰潭工业园	35164	32570		2594			3480	1138
赣州市小计	**2135085**	**2083492**	**15081**	**34996**			**97969**	**－1803**
本级	212813	221586	4351	－13124			48287	600
区县小计	1922272	1861906	10730	48120			49682	－2403
章贡区	120333	111001	5269	4063			4603	
黄金开发区	51692	47861	397	3234			1726	117
赣县	142100	136763	898	4239			8840	200
南康市	137930	134045	249	3636			439	－378
信丰县	120441	116688	1005	2548			983	3

1－14－5

单位:万元

地区	收入							
	收入总计	其中:						
		本年收入	返还性收入	一般性转移支付收入	专项转移支付收入	转贷财政部代理发行地方政府债券收入	上年结余	调入资金
大余县	97183	35668	2429	25231	31815	1000	1039	1
上犹县	72034	16572	1035	29958	22868	800	797	4
崇义县	71881	28439	2202	20638	17985	800	1709	108
安远县	91107	14840	1192	39481	33629	800	1165	
龙南县	82114	36033	1651	24023	17527	900	1857	123
定南县	71194	23204	1190	25676	19398	800	926	
全南县	63592	19333	1455	24156	17385	800	455	8
宁都县	136368	29638	1590	53780	45667	900	2549	2244
于都县	164502	36805	3083	61988	56796	1000	4824	6
兴国县	140019	26141	3931	50619	50566	1000	7761	1
瑞金市	127273	31334	2371	48645	41127	900	2882	14
会昌县	111995	25007	1776	41684	36816	900	5806	6
寻乌县	84031	17044	1035	34140	29138	800	1812	62
石城县	69574	12587	805	27635	25643	800	2089	15
宜春市小计	**1564847**	**476570**	**57980**	**450908**	**408394**	**20000**	**126503**	**24002**
本级	183600	48684	32616	17317	5746	14272	64565	400
区县小计	1381247	427886	25364	433591	402648	5728	61938	23602
丰城市	295752	129063	4398	80569	69922	889	10911	
高安市	191741	52875	3923	57564	55719	942	20699	9
樟树市	156268	60471	3141	42037	40913	1119	2587	6000
奉新县	102425	32078	1703	32702	28879	332	6731	
万载县	115282	30764	2822	38341	39125	386	3383	461
上高县	117324	39176	2193	37742	33058	207	4948	
宜丰县	95355	22549	1772	37674	28546	753	3526	155
靖安县	57625	13082	1150	22181	18451	126	1119	1416
铜鼓县	58912	13423	628	22176	18165	188	4048	284
袁州区	190563	34405	3634	62605	69870	786	3986	15277
上饶市小计	**1769372**	**480791**	**56043**	**569876**	**520134**	**30000**	**110067**	**2461**
本级	188829	65448	11061	28428	42743	16777	24271	101
区县小计	1580543	415343	44982	541448	477391	13223	85796	2360
信州区	81267	35310	3694	25554	15182	728	799	
上饶县	141892	37036	3813	47531	43920	240	9316	36
广丰县	157447	60549	12422	44300	33506	1241	5362	67
玉山县	128092	34678	3054	42214	34909	2305	10769	163
铅山县	116514	28288	2230	35805	37878	1389	10868	56
横峰县	85584	23868	1853	22373	25416	345	11720	9
弋阳县	105929	21581	2636	38396	34710	920	7686	
余干县	173526	25709	2037	68357	74341	1095	1985	2

1－14－6　　　　单位:万元

地　　区	支出						年终结余	其中：净结余
	支出总计	其中:						
		本年支出	一般性转移支付上解	专项转移支付上解	安排预算稳定调节基金	调出资金		
大余县	96835	94253	561	2021			348	－256
上犹县	71187	69990	154	1043			847	－370
崇义县	70181	68544	491	1146			1700	－190
安远县	91118	89819	129	1170			－11	－336
龙南县	80073	77930	550	1393			2041	380
定南县	70941	69517	21	1403			253	－262
全南县	62678	60699	560	1219			914	
宁都县	136369	131861	15	4493			－1	－448
于都县	162379	157600	66	4713			2123	－352
兴国县	129573	125981	13	3363			10446	26
瑞金市	126468	122764	263	3141			805	33
会昌县	105897	103000	89	2808			6098	－45
寻乌县	76863	75899		964			7168	－420
石城县	69214	67691		1523			360	－105
宜春市小计	**1417758**	**1385270**	**9407**	**22525**		**66**	**147089**	**5831**
本级	101512	127682	9203	－35429		56	82088	2707
区县小计	1316246	1257588	204	57954		10	65001	3124
丰城市	283586	269896	8	13682			12166	166
高安市	170427	163686	42	6689			21314	1089
樟树市	154930	148500	35	6395			1338	316
奉新县	94815	91958	5	2852			7610	200
万载县	111223	108390	35	2798			4059	53
上高县	110439	106745	3	3691			6885	69
宜丰县	90246	87873	22	1971			5109	23
靖安县	56474	54730	42	1592		10	1151	6
铜鼓县	54459	53249		1210			4453	1164
袁州区	189647	172561	12	17074			916	38
上饶市小计	**1579669**	**1538949**	**3984**	**24736**		**12000**	**189703**	**－23837**
本级	147442	166614	3206	－22378			41387	2110
区县小计	1432227	1372335	778	47114		12000	148316	－25947
信州区	73397	66666	106	6625			7870	－1708
上饶县	126992	123818	58	3116			14900	－2475
广丰县	143410	139764	89	3557			14037	106
玉山县	112032	109218	62	2752			16060	－801
铅山县	107015	104320	32	2663			9499	－1182
横峰县	69244	67222	11	2011			16340	－906
弋阳县	92945	90718	62	2165			12984	－1406
余干县	163402	147232	18	4152		12000	10124	－3173

一、一般预算

1－14－7

单位:万元

地区	收入							
	收入总计	其中:					上年结余	调入资金
		本年收入	返还性收入	一般性转移支付收入	专项转移支付收入	转贷财政部代理发行地方政府债券收入		
鄱阳县	236409	27882	3457	109996	82169	1848	11057	
万年县	100531	24354	2251	35405	37431	1381	－297	6
德兴市	155375	74945	5204	38263	29274	406	7048	235
婺源县	97977	21143	2331	33254	28655	1325	9483	1786
吉安市小计	**1443515**	**397408**	**44889**	**435998**	**433603**	**20000**	**102502**	**9115**
本级	148006	49245	11992	16928	26374	9204	32212	2051
区县小计	1295509	348163	32897	419070	407229	10796	70290	7064
吉安高新区	13824	9540	30	1938	1579		737	
吉州区	79599	22894	3788	27967	19451	600	4143	756
青原区	55439	13232	836	17636	16957	600	5398	780
吉安县	129520	44064	3725	37759	36848	1196	5697	231
吉水县	112793	25061	2229	38277	41497	874	4839	16
峡江县	67922	16952	2023	21912	23293	600	2835	307
新干县	92074	25967	3314	30683	27717	1326	3020	47
永丰县	104838	26026	2975	34619	37145	800	2609	664
泰和县	141767	41857	3026	39196	44720	1000	11968	
遂川县	114248	27320	2166	38149	37766	800	7861	186
万安县	83761	20510	1754	27568	25104	600	7603	622
安福县	119406	36987	3277	34638	36070	1000	5229	2205
永新县	105984	18110	1707	43694	36133	800	4691	849
井冈山市	74334	19643	2047	25034	22949	600	3660	401
抚州市小计	**1237019**	**355950**	**27615**	**382258**	**321198**	**18000**	**112670**	**18695**
本级	180673	67661	8658	34009	40847	10150	15032	4316
区县小计	1056346	288289	18957	348249	280351	7850	97638	14379
临川区	184513	45599	3598	65629	45605	500	21662	1916
南城县	101235	30722	1998	29350	22058	500	16480	127
南丰县	96712	26820	1621	25454	23223	530	11247	7817
黎川县	77084	22366	1515	25236	19368	530	8069	
崇仁县	91674	24740	1947	30751	26158	850	5145	2000
宜黄县	74737	17593	1256	23270	24909	150	6335	1224
乐安县	91741	18207	943	36769	31011	350	3743	718
金溪县	79246	21605	981	29995	22400	470	3795	
资溪县	51714	17101	1089	17316	13742	160	2306	
广昌县	81762	21888	1380	26420	21735	210	9292	577
东乡县	125928	41648	2629	38059	30142	3600	9564	

1－14－8 单位:万元

地区	支出						年终结余	其中:净结余
	支出总计	其中:						
		本年支出	一般性转移支付上解	专项转移支付上解	安排预算稳定调节基金	调出资金		
鄱阳县	218803	215040	25	3738			17606	－11144
万年县	102152	100371	8	1773			－1621	－3555
德兴市	143696	132333	249	11114			11679	259
婺源县	79139	75633	58	3448			18838	38
吉安市小计	**1305070**	**1280670**	**1148**	**22082**			**138445**	**－3993**
本级	114541	116443	－2784	882			33465	80
区县小计	1190529	1164227	3932	21200			104980	－4073
吉安高新区	10472	8537	69	1866			3352	615
吉州区	75504	72617	1284	1603			4095	－882
青原区	47060	46054	4	902			8379	15
吉安县	123509	120048	637	2624			6011	－38
吉水县	98499	97093	19	1387			14294	316
峡江县	64122	63091	16	1015			3800	－1487
新干县	87493	86013	64	1416			4581	20
永丰县	102423	100995	16	1412			2415	
泰和县	125070	122926	346	1758			16697	23
遂川县	101847	100639	155	1053			12401	－813
万安县	76666	75605	20	1041			7095	－664
安福县	109009	105057	1285	2647			10397	－273
永新县	98873	96964	7	1122			7111	－913
井冈山市	69982	68588	10	1354			4352	8
抚州市小计	**1077993**	**1051513**	**4374**	**21155**		**318**	**159026**	**－4290**
本级	150894	149994	－1636	2536			29779	60
区县小计	927099	901519	6010	18619		318	129247	－4350
临川区	158335	151836	1037	5458			26178	－5227
南城县	82430	79573	459	2345		53	18805	981
南丰县	83181	80843	438	1900			13531	2
黎川县	66468	64669	347	1452			10616	243
崇仁县	81828	79991	500	1254			9846	
宜黄县	64684	63274	398	1012			10053	－1157
乐安县	88833	87136	356	1341			2908	－1740
金溪县	70962	69615	275	1072			8284	－653
资溪县	49605	48590	395	545		75	2109	－498
广昌县	73709	71806	270	1183		190	8053	79
东乡县	107064	104186	1535	1057			18864	3620

2009年山东省地市县财政一般预算收支平衡表

1－15－1 单位:万元

地区	收入							
	收入总计	其中:						
		本年收入	返还性收入	一般性转移支付收入	专项转移支付收入	转贷财政部代理发行地方政府债券收入	上年结余	调入资金
地市县合计	**32913797**	**19524204**	**2862733**	**3137625**	**3709559**	**530000**	**2698114**	**108070**
青岛市小计	**5987542**	**3770087**	**544616**	**58704**	**301110**		**978725**	**2239**
本级	2825120	1546084	314904	－73724	－143315		849110	
区县小计	3162422	2224003	229712	132428	444425		129615	2239
即墨市	321072	225849	24119	8132	50348		11935	689
胶州市	284405	208377	23501	6027	36229		10271	
胶南市	407414	261567	24491	8529	47696		65131	
平度市	295455	165365	18218	41335	70007		530	
莱西市	238485	141235	11213	21548	61405		3084	
崂山区	280140	247777	25008	－18369	14625		11099	
城阳区	262216	159824	22682	45837	18694		15179	
黄岛区	142359	95926	5483	1156	33798		5996	
开发区	213515	169529	27528	11246	4698		514	
市南区	228274	244188	9516	－42410	16447		533	
市北区	172836	137042	14268	12447	8059		1020	
四方区	110323	62507	7606	18166	18152		2342	1550
李沧区	113567	78332	11615	9244	14166		210	
保税区	30496	21525	4464	3964	267		276	
高新区	61865	4960		5576	49834		1495	
济南市小计	**3113019**	**2101923**	**234175**	**107771**	**293435**	**74000**	**264778**	**35923**
本级	1591858	1004734	97563	114682	94203	34800	220796	24066
区县小计	1521161	1097189	136612	－6911	199232	39200	43982	11857
历下区	187463	207975	12316	－55637	10120	3000	9689	
市中区	150807	182801	8906	－60219	12632	3000	3687	
天桥区	116515	85445	12244	2415	10064	3000	3347	
槐荫区	114624	80161	12470	4222	10144	3000	4627	
历城区	235714	175258	21568	4046	26777	5000	3065	
长清区	104138	44673	9858	17615	24622	1100	6270	
章丘市	332003	206178	31827	27212	33826	15000	7115	10845
平阴县	84293	41970	9721	11523	17835	1100	1132	1012
济阳县	105053	50091	12771	14235	22451	1000	4505	
商河县	90551	22637	4931	27677	30761	4000	545	
淄博市小计	**1897473**	**1287699**	**184410**	**89838**	**173470**	**34000**	**116322**	**8705**
本级	589159	366710	72932	32239	12695	9348	88416	3790
区县小计	1308314	920989	111478	57599	160775	24652	27906	4915
博山区	137802	85699	17678	4729	18197	2027	6541	2931
淄川区	173825	115178	20991	12401	21522	2290	1443	
张店区	228052	176873	－1904	28619	15506	3050	5908	

1－15－2　　　　　　　　　　　　　　　　　　　　　　　　　　单位:万元

地　　区	支　　出						年终结余	其中:净结余
	支出总计	其　中:						
		本年支出	一般性转移支付上解	专项转移支付上解	安排预算稳定调节基　金	调出资金		
地市县合计	**29334930**	**28002343**	**939264**	**252805**		**18466**	**3578867**	**48537**
青岛市小计	**4746743**	**4335754**	**294569**	**2566**		**3233**	**1240799**	**12480**
本级	1837904	1601461	197301	－70674			987216	5698
区县小计	2908839	2734293	97268	73240		3233	253583	6782
即墨市	296702	277722	14583	3249		1148	24370	32
胶州市	273754	255129	13549	4012		1064	10651	1766
胶南市	341904	327887	10099	3492		426	65510	1728
平度市	290330	278568	8317	3164		281	5125	505
莱西市	219972	212566	4873	2219		314	18513	111
崂山区	243610	219735	6496	17379			36530	100
城阳区	231428	219432	8674	3322			30788	32
黄岛区	113212	111578	763	871			29147	177
开发区	206481	189560	9314	7607			7034	233
市南区	227662	208853	6086	12723			612	612
市北区	171738	159826	4152	7260			1098	1098
四方区	94432	88978	4216	1238			15891	100
李沧区	107340	97436	5345	4254			6227	227
保税区	30072	27955	801	1316			424	58
高新区	60202	59068		1134			1663	3
济南市小计	**2810051**	**2599178**	**175568**	**32396**		**1895**	**302968**	**2601**
本级	1371840	1234724	129702	6400			220018	858
区县小计	1438211	1364454	45866	25996		1895	82950	1743
历下区	153689	139488	6552	7649			33774	149
市中区	146009	133364	4312	8333			4798	100
天桥区	116006	106472	8503	1031			509	419
槐荫区	109230	101267	5942	959		1062	5394	114
历城区	231205	215741	13096	2368			4509	562
长清区	99559	98720	15	824			4579	100
章丘市	311679	301788	7066	2825			20324	296
平阴县	82288	81305	198	471		314	2005	3
济阳县	98093	97191	166	736			6960	
商河县	90453	89118	16	800		519	98	
淄博市小计	**1730881**	**1619741**	**85341**	**22770**			**166592**	**7511**
本级	458746	513322	－50558	－7047			130413	3377
区县小计	1272135	1106419	135899	29817			36179	4134
博山区	130861	106066	22578	2217			6941	
淄川区	172309	145321	23543	3445			1516	1281
张店区	218354	165089	43085	10180			9698	616

一、一般预算

1－15－3

单位：万元

地区	收入							
	收入总计	其中：					上年结余	调入资金
		本年收入	返还性收入	一般性转移支付收入	专项转移支付收入	转贷财政部代理发行地方政府债券收入		
周村区	109929	75342	13653	3630	11794	1535	3975	
临淄区	248240	212183	28820	－19945	17372	2168	7342	300
桓台县	189519	131462	17090	4241	26707	7606	2182	231
高青县	86888	48736	3371	11982	18785	2505	56	1453
沂源县	134059	75516	11779	11942	30892	3471	459	
枣庄市小计	**1111033**	**608037**	**79501**	**172297**	**147840**	**24000**	**75596**	**3762**
本级	323817	173054	18580	37170	36698	4600	53715	
区县小计	787216	434983	60921	135127	111142	19400	21881	3762
市中区	138695	94629	10597	13137	15959	3500	873	
薛城区	75478	32696	9369	17988	12817	1500	1108	
峄城区	71020	32560	5547	17505	13439	1600	369	
山亭区	77463	15686	3703	26397	21663	1200	5052	3762
台儿庄区	72622	32806	5258	16942	14932	1600	1084	
滕州市	351938	226606	26447	43158	32332	10000	13395	
烟台市小计	**2826057**	**1891166**	**317361**	**116491**	**317743**	**46000**	**131116**	**239**
本级	547867	287320	92998	104293	27115	6000	24787	1
区县小计	2278190	1603846	224363	12198	290628	40000	106329	238
芝罘区	166068	121198	21527	2547	13692	6000	1104	
福山区	126307	90517	12260	－4537	20155	3000	4912	
龙口市	353798	291660	30853	－9589	29611	3000	7675	
莱阳市	139046	70050	13499	10973	29413	3000	12111	
蓬莱市	190043	126631	20800	－1254	24855	3000	16011	
招远市	238729	180000	22064	－3560	26840	3000	10385	
莱州市	276480	191288	28360	1791	33232	3000	18809	
栖霞市	106416	32029	9635	23671	24954	3000	13127	
海阳市	150691	100008	8716	5533	29292	3000	4142	
牟平区	119841	70019	15697	129	29557	3000	1393	46
长岛县	31041	10018	2217	7702	9770	1000	142	192
开发区	267763	230412	32494	－17492	10519	3000	8830	
莱山区	111967	90016	6241	－3716	8738	3000	7688	
潍坊市小计	**2533355**	**1579518**	**258781**	**226789**	**316501**	**55000**	**92648**	**4041**
本级	492997	257930	89113	－16754	78156	2000	81862	690
区县小计	2040358	1321588	169668	243543	238345	53000	10786	3351
潍城区	107373	69807	8962	9417	14019	4143	1025	
坊子区	79004	47380	8881	9134	11426	2000	183	
寒亭区	105942	55958	4899	28407	13285	3150	243	
昌邑市	152506	95776	15303	12755	17624	3000	4697	3351
昌乐县	131175	82200	10808	17824	17450	2326	567	

1－15－4

单位:万元

地区	支出						年终结余	其中:净结余
	支出总计	其中:						
		本年支出	一般性转移支付上解	专项转移支付上解	安排预算稳定调节基金	调出资金		
周村区	105713	84598	18883	2232			4216	
临淄区	239993	213757	20122	6114			8247	1362
桓台县	185752	176874	6703	2175			3767	722
高青县	86469	84427	506	1536			419	61
沂源县	132684	130287	479	1918			1375	92
枣庄市小计	**1021189**	**1010421**	**1504**	**9264**			**89844**	**1702**
本级	254495	262602	－7915	－192			69322	869
区县小计	766694	747819	9419	9456			20522	833
市中区	138556	133148	3260	2148			139	139
薛城区	75424	72047	2165	1212			54	54
峄城区	70299	69546	46	707			721	35
山亭区	72580	71977	80	523			4883	151
台儿庄区	71081	70158	70	853			1541	64
滕州市	338754	330943	3798	4013			13184	390
烟台市小计	**2653202**	**2480328**	**140897**	**26035**		**1**	**172855**	**3328**
本级	521368	484553	26220	5242			26499	1237
区县小计	2131834	1995775	114677	20793		1	146356	2091
芝罘区	165010	155190	8261	1559			1058	139
福山区	118290	110998	6091	1201			8017	248
龙口市	344896	321807	19224	3277			8902	136
莱阳市	120487	110116	9056	1315			18559	233
蓬莱市	169758	159671	8369	1718			20285	218
招远市	221040	207830	11034	2176			17689	276
莱州市	252422	228040	21863	2519			24058	166
栖霞市	90499	87005	2719	775			15917	228
海阳市	142289	137384	3582	1323			8402	97
牟平区	117563	110963	5360	1240			2278	53
长岛县	30875	30483	153	239			166	81
开发区	257252	240206	14684	2361		1	10511	158
莱山区	101453	96082	4281	1090			10514	58
潍坊市小计	**2414280**	**2277162**	**120702**	**16339**			**119075**	**4586**
本级	379217	499613	46806	－167202			113780	2052
区县小计	2035063	1777549	73896	183541			5295	2534
潍城区	107018	74149	873	31996			355	300
坊子区	78843	69286	1858	7699			161	72
寒亭区	105342	86619	3827	14896			600	47
昌邑市	151909	136697	9868	5344			597	458
昌乐县	130973	122138	1889	6946			202	179

1－15－5

单位:万元

地区	收入							
	收入总计	其中:					上年结余	调入资金
		本年收入	返还性收入	一般性转移支付收入	专项转移支付收入	转贷财政部代理发行地方政府债券收入		
安丘市	137535	50050	19440	39276	23187	4200	1305	
寿光市	329930	251189	25234	19521	29436	4500	50	
青州市	223261	147274	18737	17213	25872	13500	665	
高密市	202912	142800	16910	19729	19611	3500	362	
诸城市	327050	246166	23111	20144	30700	6681	248	
临朐县	110566	32655	11591	35536	26849	3000	935	
奎文区	133104	100333	5792	14587	8886	3000	506	
济宁市小计	**2174939**	**1346606**	**176978**	**247091**	**245336**	**38000**	**106699**	**14229**
本级	582861	353206	47580	79863	43735	16575	41318	584
区县小计	1592078	993400	129398	167228	201601	21425	65381	13645
市中区	76497	58234	6180	－1572	7503	2000	3152	1000
任城区	110635	125566	6653	－33414	10550	500	768	12
兖州市	221771	173628	20634	385	20529	500	5394	701
曲阜市	155093	86878	20324	5671	20048	2500	10617	9055
泗水县	84039	20868	6691	27476	19320	2400	7284	
邹城市	307270	245597	22062	1268	18649	500	16317	2877
微山县	144472	110606	10790	7612	13850	1000	614	
鱼台县	79009	32346	6982	19797	11178	1000	7706	
金乡县	82117	21630	8296	32561	15941	3000	689	
嘉祥县	118962	50336	7982	32085	23834	3025	1700	
汶上县	116289	43183	6156	35286	21760	2000	7904	
梁山县	95924	24528	6648	40073	18439	3000	3236	
临沂市小计	**2054910**	**915066**	**198229**	**430896**	**345313**	**45000**	**107885**	**12521**
本级	583907	345549	79644	1812	51550	14719	90462	171
区县小计	1471003	569517	118585	429084	293763	30281	17423	12350
郯城县	122856	48507	11884	41461	16110	4540	354	
苍山县	136870	36077	11652	57122	30005	1597	417	
莒南县	139960	38930	10442	46775	37039	6620	154	
沂水县	172504	65000	13643	44265	32017	2738	14841	
蒙阴县	91678	24066	9757	26174	23623	5119		2939
平邑县	125661	37119	10347	44826	32179	988	202	
费县	127423	46006	12147	38345	30083	842		
沂南县	118303	35127	11098	44254	26455	1157		212
临沭县	101294	36853	9217	27051	25763	814	526	1070
兰山区	166575	121019	8787	20614	14221	1043	155	736
罗庄区	84929	55713	6999	9072	10363	2016	764	2
河东区	82950	25100	2612	29125	15905	2807	10	7391
泰安市小计	**1493430**	**914354**	**106234**	**175113**	**187111**	**26000**	**79348**	**5270**

1－15－6

单位:万元

地区	支出						年终结余	其中:净结余
	支出总计	其中:						
		本年支出	一般性转移支付上解	专项转移支付上解	安排预算稳定调节基金	调出资金		
安丘市	136898	122735	9994	4092			637	220
寿光市	329805	303153	13058	13594			125	
青州市	222383	196308	5103	20972			878	625
高密市	202555	183876	9011	9668			357	304
诸城市	325947	298113	11628	16206			1103	218
临朐县	110349	104969	948	4432			217	98
奎文区	133041	79506	5839	47696			63	13
济宁市小计	**2023451**	**1984911**	**12284**	**26256**			**151488**	**5532**
本级	522704	522899	－2778	2583			60157	2427
区县小计	1500747	1462012	15062	23673			91331	3105
市中区	69523	68346	610	567			6974	150
任城区	108910	107437	18	1455			1725	63
兖州市	212630	202189	4889	5552			9141	484
曲阜市	142628	138875	1609	2144			12465	472
泗水县	71897	70899		998			12142	146
邹城市	294279	283615	7237	3427			12991	1150
微山县	143972	141836	47	2089			500	306
鱼台县	68530	67273	56	1201			10479	36
金乡县	73991	72821	355	815			8126	109
嘉祥县	117389	115719	241	1429			1573	52
汶上县	106983	104933		2050			9306	137
梁山县	90015	88069		1946			5909	
临沂市小计	**1893189**	**1873418**	**10008**	**9763**			**161721**	**1449**
本级	450105	446840	3059	206			133802	1231
区县小计	1443084	1426578	6949	9557			27919	218
郯城县	122091	120045	776	1270			765	50
苍山县	135773	134880	142	751			1097	3
莒南县	138127	136404	984	739			1833	
沂水县	148908	147625	800	483			23596	10
蒙阴县	91678	90756	566	356				
平邑县	125398	123986	582	830			263	9
费县	127335	125930	799	606			88	
沂南县	118277	117100	402	775			26	
临沭县	101109	99998	689	422			185	106
兰山区	166539	163713	1214	1612			36	10
罗庄区	84909	83715	800	394			20	20
河东区	82940	82426	－805	1319			10	10
泰安市小计	**1360785**	**1344699**	**1828**	**14258**			**132645**	**1937**

1－15－7　　　　单位：万元

地区	收入							
	收入总计	其中：					上年结余	调入资金
		本年收入	返还性收入	一般性转移支付收入	专项转移支付收入	转贷财政部代理发行地方政府债券收入		
本级	321502	174931	29075	11664	43431	13000	49401	
区县小计	1171928	739423	77159	163449	143680	13000	29947	5270
新泰市	323760	232909	22636	23110	32351	4000	8754	
宁阳县	137905	62056	11176	34566	18529	1500	8082	1996
东平县	123818	53173	7702	36286	22393	2800	464	1000
肥城市	256599	183109	20434	22756	24422	3200	404	2274
泰山区	188998	155189	8583	5543	19337		346	
岱岳区	140848	52987	6628	41188	26648	1500	11897	
聊城市小计	**1295346**	**553762**	**127963**	**261707**	**189810**	**24000**	**137083**	**1021**
本级	310592	168580	31812	14513	46477	6979	41210	1021
区县小计	984754	385182	96151	247194	143333	17021	95873	
东昌府区	122271	50387	11645	29630	18080	801	11728	
临清市	117248	58536	15041	18118	16063	3991	5499	
阳谷县	129307	27266	10684	40284	20418	5632	25023	
莘县	124881	24139	6726	57069	21272	799	14876	
茌平县	177224	101098	24082	20098	16739	2960	12247	
东阿县	80884	28802	7540	23273	13990	446	6833	
冠县	100793	23176	6218	42553	19249	330	9267	
高唐县	132146	71778	14215	16169	17522	2062	10400	
菏泽市小计	**1620720**	**605731**	**118661**	**481065**	**228526**	**27000**	**151396**	**8341**
本级	299295	112757	51071	18434	41005	4000	70587	1441
区县小计	1321425	492974	67590	462631	187521	23000	80809	6900
牡丹区	169174	70017	11567	52228	27877		7485	
曹县	191898	65296	10081	73755	25438	3500	13828	
定陶县	92691	27913	4350	36479	15126	2200	6623	
成武县	96297	34696	6019	35687	16592	2500	803	
单县	182299	63332	7079	64693	23790	3500	15862	4043
巨野县	147805	62111	6798	52665	16903	2600	3971	2757
郓城县	179967	73006	6306	58820	22697	3000	16138	
鄄城县	117843	32015	6356	47310	19262	2200	10700	
东明县	143451	64588	9034	40994	19836	3500	5399	100
德州市小计	**1342955**	**552772**	**114487**	**291435**	**225382**	**23000**	**134410**	**1469**
本级	365606	165598	40549	－6920	44464	4000	117915	
区县小计	977349	387174	73938	298355	180918	19000	16495	1469
德城区	182196	103872	7239	19877	24116	19000	8092	
陵县	74311	22259	7101	31516	13341		94	
平原县	72859	21353	7959	27508	15689		350	
夏津县	68498	17200	5750	29928	15120		130	370

1－15－8　　　　单位:万元

地区	支出						年终结余	其中:净结余
	支出总计	其中:						
		本年支出	一般性转移支付上解	专项转移支付上解	安排预算稳定调节基金	调出资金		
本级	228549	313156	－84505	－102			92953	1036
区县小计	1132236	1031543	86333	14360			39692	901
新泰市	319277	308418	6238	4621			4483	253
宁阳县	124866	122600	102	2164			13039	36
东平县	120672	119367	6	1299			3146	171
肥城市	253269	245216	5083	2970			3330	366
泰山区	188606	119711	67261	1634			392	32
岱岳区	125546	116231	7643	1672			15302	43
聊城市小计	**1092907**	**1072570**	**5700**	**10879**		**3758**	**202439**	**2053**
本级	232922	234219	2118	－4462		1047	77670	437
区县小计	859985	838351	3582	15341		2711	124769	1616
东昌府区	93833	83679	333	9393		428	28438	67
临清市	105156	102528	1287	720		621	12092	402
阳谷县	104219	103030	250	734		205	25088	275
莘县	109819	108897	151	495		276	15062	98
茌平县	163873	161890	495	974		514	13351	158
东阿县	73418	72136	206	804		272	7466	279
冠县	92620	91149	337	964		170	8173	47
高唐县	117047	115042	523	1257		225	15099	290
菏泽市小计	**1429862**	**1411712**	**2253**	**14854**		**1043**	**190858**	**299**
本级	215609	223789	－10855	2026		649	83686	17
区县小计	1214253	1187923	13108	12828		394	107172	282
牡丹区	160590	158526	130	1540		394	8584	111
曹县	170302	166011	2620	1671			21596	105
定陶县	87121	85840	672	609			5570	4
成武县	92183	90088	1048	1047			4114	5
单县	166071	161385	1872	2814			16228	12
巨野县	143222	140117	1754	1351			4583	23
郓城县	160927	158222	1543	1162			19040	1
鄄城县	98782	96144	1387	1251			19061	
东明县	135055	131590	2082	1383			8396	21
德州市小计	**1173548**	**1148099**	**4564**	**18681**		**2204**	**169407**	**535**
本级	223786	221107		1479		1200	141820	60
区县小计	949762	926992	4564	17202		1004	27587	475
德城区	173356	164551	1470	7335			8840	94
陵县	74290	72808	470	1012			21	21
平原县	70743	69591	143	838		171	2116	20
夏津县	68230	67805	49	376			268	48

1－15－9

单位:万元

地区	收入							
	收入总计	其中:						
		本年收入	返还性收入	一般性转移支付收入	专项转移支付收入	转贷财政部代理发行地方政府债券收入	上年结余	调入资金
武城县	56339	14344	5937	22648	12311			1099
齐河县	119149	63518	9286	28483	14731		3131	
禹城市	99550	38905	8662	28753	22639		591	
乐陵市	82811	15995	6179	38610	19624		2403	
临邑县	109132	60400	7693	22947	16687		1405	
宁津县	63438	17500	5372	27107	13247		212	
庆云县	49066	11828	2760	20978	13413		87	
滨州市小计	**1426879**	**801707**	**105645**	**166639**	**180067**	**31000**	**132741**	**9080**
本级	234274	57089	30698	1565	31477	11000	97519	4926
区县小计	1192605	744618	74947	165074	148590	20000	35222	4154
惠民县	112659	30880	7525	40828	27757	2300	847	2522
阳信县	80650	20237	4688	30550	17232	1200	5111	1632
无棣县	138340	76112	7565	24231	18864	2000	9568	
沾化县	94540	41034	5335	28990	16506	1400	1275	
博兴县	165256	108744	13290	13255	20176	4700	5091	
邹平县	368730	283823	28209	14165	27741	6300	8492	
滨城区	232430	183788	8335	13055	20314	2100	4838	
东营市小计	**1203997**	**808719**	**70705**	**82472**	**133877**	**26000**	**81323**	**1**
本级	557341	386548	27075	53976	－2259	16500	74601	
区县小计	646656	422171	43630	28496	136136	9500	6722	1
东营区	165312	130226	12005	2616	18047	1600	818	
河口区	86078	58666	5712	971	18938	1600	191	
广饶县	195667	126856	14464	10828	38531	2100	2888	
垦利县	110605	70117	5804	4784	26169	1600	2131	
利津县	88994	36306	5645	9297	34451	2600	694	1
威海市小计	**1505910**	**1025211**	**141144**	**65496**	**204787**	**24000**	**44793**	**9**
本级	400219	225934	57379	25122	45366	20800	25609	9
区县小计	1105691	799277	83765	40374	159421	3200	19184	
环翠区	212115	176040	9502	－6554	21247	800	11080	
乳山市	194426	132867	13090	10651	34111	800	2907	
文登市	300337	213082	24318	10453	48221	800	3463	
荣成市	398813	277288	36855	25824	55842	800	1734	
日照市小计	**787227**	**434837**	**51323**	**108272**	**148716**	**21000**	**21859**	**1220**
本级	194797	96047	25805	1319	42216	7800	20390	1220
区县小计	592430	338790	25518	106953	106500	13200	1469	
莒县	154558	36802	9933	52573	46980	7100	1170	
五莲县	82916	28863	8758	22388	20766	2100	41	
东港区	185516	140108	4388	18700	19878	2400	42	

1-15-10 单位:万元

地区	支出						年终结余	其中:净结余
	支出总计	其中:						
		本年支出	一般性转移支付上解	专项转移支付上解	安排预算稳定调节基金	调出资金		
武城县	56267	55261	165	738		103	72	
齐河县	110882	109066	210	1606			8267	129
禹城市	98773	96019	569	1772		413	777	123
乐陵市	80032	78580	369	892		191	2779	24
临邑县	105436	102872	815	1749			3696	15
宁津县	63332	62568	207	557			106	
庆云县	48421	47871	97	327		126	645	1
滨州市小计	**1274335**	**1248044**	**8159**	**18132**			**152544**	**754**
本级	128637	259725	-129683	-1405			105637	77
区县小计	1145698	988319	137842	19537			46907	677
惠民县	111222	108798	1352	1072			1437	129
阳信县	72089	69246	1515	1328			8561	
无棣县	128613	120292	3934	4387			9727	288
沾化县	91204	87560	2551	1093			3336	
博兴县	159282	148379	6474	4429			5974	38
邹平县	357455	327956	23515	5984			11275	114
滨城区	225833	126088	98501	1244			6597	108
东营市小计	**1064195**	**1052619**	**5747**	**4929**			**139802**	**1200**
本级	435043	442415	-10011	1739			122298	740
区县小计	629152	610204	15758	3190			17504	460
东营区	164686	154130	10303	253			626	57
河口区	83643	81050	2449	144			2435	141
广饶县	185698	181222	2345	2131			9969	194
垦利县	108333	107359	485	489			2272	39
利津县	86792	86443	176	173			2202	29
威海市小计	**1436484**	**1369102**	**53173**	**13739**			**69426**	**1564**
本级	351118	421879	-45695	-25066			49101	398
区县小计	1085366	947223	98868	38805			20325	1166
环翠区	203354	136907	35562	30885			8761	291
乳山市	190519	178724	10066	1729			3907	288
文登市	297947	275326	19870	2751			2390	215
荣成市	393546	356266	33370	3440			5267	372
日照市小计	**745916**	**728517**	**8012**	**7459**		**1928**	**41311**	**552**
本级	157701	337779	5155	-186445		1212	37096	282
区县小计	588215	390738	2857	193904		716	4215	270
莒县	153000	147373	393	4879		355	1558	179
五莲县	82635	80286	563	1786			281	43
东港区	184902	90065	1640	93197			614	45

1－15－11

单位:万元

地区	收入							
	收入总计	其中:						
		本年收入	返还性收入	一般性转移支付收入	专项转移支付收入	转贷财政部代理发行地方政府债券收入	上年结余	调入资金
岚山区	169440	133017	2439	13292	18876	1600	216	
莱芜市小计	**539005**	**327009**	**32520**	**55549**	**70535**	**12000**	**41392**	
本级	132656	52724	22803	－17937	23992	12000	39074	
区县小计	406349	274285	9717	73486	46543		2318	
莱城区	208968	115729	5521	55149	31949		620	
钢城区	197381	158556	4196	18337	14594		1698	

1－15－12 单位：万元

地区	支出						年终结余	其中：净结余
	支出总计	其中：						
		本年支出	一般性转移支付上解	专项转移支付上解	安排预算稳定调节基金	调出资金		
岚山区	167678	73014	261	94042		361	1762	3
莱芜市小计	**463912**	**446068**	**8955**	**4485**		**4404**	**75093**	**454**
本级	70395	203883	8604	－146496		4404	62261	223
区县小计	393517	242185	351	150981			12832	231
莱城区	205302	148784	351	56167			3666	182
钢城区	188215	93401		94814			9166	49

2009年河南省地市县财政一般预算收支平衡表

1－16－1　　　　　　　　　　　　　　　　　　　　　　　　　　单位:万元

地区	收入							
	收入总计	其中:						
		本年收入	返还性收入	一般性转移支付收入	专项转移支付收入	转贷财政部代理发行地方政府债券收入	上年结余	调入资金
地市县合计	**25842272**	**10396617**	**1155774**	**6789106**	**5941945**	**633670**	**697112**	**228048**
郑州市小计	**4172817**	**3019248**	**189659**	**290194**	**429258**	**124858**	**81676**	**37924**
本级	1909833	1595690	91842	27438	54292	93000	36279	11292
区县小计	2262984	1423558	97817	262756	374966	31858	45397	26632
巩义市	283194	158529	21694	32876	54271	5028	10161	635
荥阳市	197607	101626	8747	29796	46635	3129	6492	1182
中牟县	193117	90566	3420	45697	45566	4304	2031	1533
新郑市	231349	126913	7063	32300	43096	3165	3996	14816
登封市	263991	147968	7946	29026	59734	3013	16010	294
新密市	220232	128077	8867	36988	49848	3135	－8925	2242
二七区	160255	116366	11314	9871	16600	2000	4004	100
金水区	264129	219829	8831	12381	16970	2000	2963	1155
中原区	143522	107744	7404	9429	11543		3786	3616
管城区	139020	104204	8021	11244	9786	2000	3765	
上街区	73612	54036	2458	6250	7866	2000	1002	
惠济区	92956	67700	2052	6898	13051	2084	112	1059
开封市小计	**1024960**	**295495**	**40337**	**379103**	**270704**	**22261**	**7442**	**9618**
本级	321661	135976	23240	52397	89072	6009	14414	553
区县小计	703299	159519	17097	326706	181632	16252	－6972	9065
兰考县	124617	21366	1722	58398	39347	2744	298	742
杞县	140777	26006	2479	70315	37260	3228	469	1020
通许县	86199	15205	1341	42954	23790	2114	795	
尉氏县	134007	34168	4236	55653	32616	2910	2291	2133
开封县	109643	23899	1641	54670	26322	3137	－3171	3145
禹王台区	20059	7937	1248	6262	4054	393	－330	495
鼓楼区	18141	8370	1193	4681	3646	112	139	
龙亭区	15777	6218	896	4608	3307	597	151	
顺河区	27891	8469	1007	10781	6687	557	190	200
金明区	26188	7881	1334	18384	4603	460	－7804	1330
洛阳市小计	**2302851**	**1202907**	**128063**	**338565**	**463087**	**79073**	**74573**	**16583**
本级	644094	371414	71818	17283	92706	48017	40199	2657
区县小计	1658757	831493	56245	321282	370381	31056	34374	13926
偃师市	217943	111385	8891	43933	45825	1976	4718	1215
孟津县	104823	46355	3578	24905	25146	1811	1828	1200
新安县	185010	105077	8604	22346	38394	6128	4461	
伊川县	188502	92288	6670	28420	46529	3945	7881	2769
汝阳县	100954	29383	4525	28469	34274	3584	718	1
嵩县	115724	34129	1899	35798	37341	3115	2131	1311

1－16－2

单位：万元

地　　区	支出						年终结余	其中：净结余
	支出总计	其中：						
		本年支出	一般性转移支付上解	专项转移支付上解	安排预算稳定调节基金	调出资金		
地市县合计	**24987277**	**23601650**	**926996**	**412875**	**8509**	**33994**	**854995**	**203607**
郑州市小计	**4035825**	**3530483**	**377501**	**124116**		**3675**	**136992**	**41848**
本级	1841236	1626904	241659	－27791		464	68597	23513
区县小计	2194589	1903579	135842	151907		3211	68395	18335
巩义市	267487	243508	8460	15519			15707	5089
荥阳市	187834	173741	8725	5368			9773	2354
中牟县	185574	177212	4459	3903			7543	17
新郑市	227550	199370	8586	16383		3211	3799	2129
登封市	253298	234715	12426	6157			10693	3083
新密市	221057	202582	3311	15164			－825	－4637
二七区	155584	117668	20877	17039			4671	1773
金水区	259666	194417	34681	30568			4463	1113
中原区	138833	104247	17653	16933			4689	1597
管城区	132878	101606	16698	14574			6142	4415
上街区	72050	68785	1138	2127			1562	1275
惠济区	92778	85728	－1172	8172			178	127
开封市小计	**1012705**	**972264**	**19218**	**18493**		**730**	**12255**	**－19592**
本级	303688	285521	9975	5462		730	17973	－8915
区县小计	709017	686743	9243	13031			－5718	－10677
兰考县	124676	122702	651	1323			－59	－1015
杞县	140557	135300	3359	1898			220	220
通许县	85412	82680	1844	888			787	29
尉氏县	131425	124236	4237	2952			2582	923
开封县	112427	106508	2694	3225			－2784	－2784
禹王台区	20389	20612	－717	494			－330	－330
鼓楼区	17492	17900	－1009	601			649	40
龙亭区	15392	16330	－1406	468			385	26
顺河区	27255	27483	－814	586			636	18
金明区	33992	32992	404	596			－7804	－7804
洛阳市小计	**2219646**	**2046260**	**136334**	**34974**		**978**	**83205**	**40933**
本级	602574	583989	68336	－49751			41520	19139
区县小计	1617072	1462271	67998	84725		978	41685	21794
偃师市	212621	186610	7294	18717			5322	1156
孟津县	99558	96446	2009	1103			5265	1290
新安县	181407	172105	6425	2877			3603	2899
伊川县	180926	175131	4858	937			7576	2621
汝阳县	100560	98536	1244	779		1	394	189
嵩县	114423	111898	671	910		944	1301	1289

1－16－3

单位:万元

地区	收入							
	收入总计	其中:					上年结余	调入资金
		本年收入	返还性收入	一般性转移支付收入	专项转移支付收入	转贷财政部代理发行地方政府债券收入		
栾川县	175092	105909	3114	27421	30508	39	6647	1454
宜阳县	134310	36866	2313	44546	40499	4686	330	5070
洛宁县	103958	29118	1041	33591	33330	4553	2325	
洛龙区	74017	47812	3980	9552	11033	608	1032	
吉利区	32206	20383	2583	4991	4332	441	－524	
涧西区	91611	74006	3654	5066	7961		923	1
西工区	71951	58179	2870	3126	6839	170	767	
老城区	30202	21203	1412	2947	4260		375	5
瀍河区	32454	19400	1111	6171	4110		762	900
平顶山市小计	**1441186**	**702997**	**84002**	**280696**	**315667**	**34171**	**17616**	**6037**
本级	427842	253710	41182	14734	73712	16960	26310	1234
区县小计	1013344	449287	42820	265962	241955	17211	－8694	4803
鲁山县	143838	41200	2080	51198	45749	2596	1015	
宝丰县	120738	50368	4698	31712	30853	2317	790	
叶县	135629	31756	1328	54141	42170	2918	1584	1732
郏县	111284	36366	1730	40194	30233	1986	775	
汝州市	172554	76200	16618	45522	47056	2943	－18856	3071
舞钢市	130565	74093	8861	19634	22478	2141	3358	
新华区	63095	43011	2105	7879	8097	650	1353	
卫东区	53369	38075	2426	5992	5723	650	503	
湛河区	50230	33358	2384	7264	6235	560	429	
石龙区	32042	24860	590	2426	3361	450	355	
安阳市小计	**1353874**	**551931**	**110527**	**291038**	**308162**	**35278**	**55821**	**1117**
本级	419448	209630	78835	14114	73848	12662	30349	10
区县小计	934426	342301	31692	276924	234314	22616	25472	1107
安阳县	198183	87568	7764	40789	43865	6001	11696	500
林州市	201095	80777	8143	42796	49870	4400	15109	
汤阴县	77108	20640	2474	31067	20094	1951	882	
滑县	173839	24885	4313	84348	57125	4070	－902	
内黄县	107421	13512	2056	53543	34994	5197	－1881	
文峰区	49512	31409	1577	7780	8484	206	56	
北关区	34354	22645	1192	4776	5324	252	165	
铁西区	42163	31135	1411	3757	5479	151	203	27
龙安区	50751	29730	2762	8068	9079	388	144	580
鹤壁市小计	**496334**	**180061**	**16854**	**100927**	**151357**	**27438**	**15988**	**3709**
本级	191310	91877	11404	8054	51132	14742	13819	282
区县小计	305024	88184	5450	92873	100225	12696	2169	3427
浚县	104776	16800	1507	51370	30281	3091	714	1013

1－16－4　　　　单位:万元

地　　区	支　　出						年终结余	其中:净结余
	支出总计	其　中:						
		本年支出	一般性转移支付上解	专项转移支付上解	安排预算稳定调节基金	调出资金		
栾川县	168974	123939	11509	32994		32	6118	3531
宜阳县	130952	127666	2080	1206			3358	2250
洛宁县	102275	100496	1076	703			1683	1016
洛龙区	72019	72826	4024	－4831			1998	1442
吉利区	31875	28240	1128	2507			331	331
涧西区	89968	58508	10942	20517		1	1643	1501
西工区	71177	49979	10126	10472			774	684
老城区	29156	29088	2650	－2582			1046	1002
瀍河区	31181	30803	1962	－1584			1273	593
平顶山市小计	**1405331**	**1314721**	**63982**	**26525**			**35855**	**－33024**
本级	398921	378482	20872	－433			28921	－16715
区县小计	1006410	936239	43110	26958			6934	－16309
鲁山县	137116	133369	1791	1956			6722	－2490
宝丰县	120628	116525	1897	2206			110	94
叶县	132588	129327	2045	1216			3041	360
郏县	107770	105659	977	1134			3514	2591
汝州市	186725	165117	11109	10499			－14171	－19401
舞钢市	126862	113093	11417	2249			3703	77
新华区	61826	54962	4319	2545			1269	886
卫东区	52995	46065	4714	2216			374	370
湛河区	49588	44400	3211	1977			642	642
石龙区	30312	27722	1630	960			1730	562
安阳市小计	**1310642**	**1217311**	**66196**	**20244**	**3509**	**3382**	**43232**	**11290**
本级	394850	362596	29441	261		2552	24598	581
区县小计	915792	854715	36755	19983	3509	830	18634	10709
安阳县	182046	172129	5898	3702		317	16137	10932
林州市	197347	183765	6612	3176	3509	285	3748	1028
汤阴县	76943	73698	1377	1868			165	165
滑县	174194	170806	1833	1555			－355	－355
内黄县	109218	108251	131	836			－1797	－1797
文峰区	49125	42264	5126	1735			387	387
北关区	34109	28871	3950	1288			245	245
铁西区	42163	32471	6484	3208				
龙安区	50647	42460	5344	2615		228	104	104
鹤壁市小计	**478399**	**463360**	**8262**	**6777**			**17935**	**1972**
本级	174344	169187	2100	3057			16966	1008
区县小计	304055	294173	6162	3720			969	964
浚县	104374	100978	2563	833			402	402

1－16－5

单位:万元

地区	收入							
	收入总计	其中:						
		本年收入	返还性收入	一般性转移支付收入	专项转移支付收入	财政部代理发行地方政府债券收入	上年结余	调入资金
淇县	71470	21876	2402	21200	23301	2075	616	
淇滨区	50847	25516	373	8842	13766	2030	320	
山城区	42990	15291	456	6553	17413	3000	277	
鹤山区	34941	8701	712	4908	15464	2500	242	2414
新乡市小计	**1455114**	**558896**	**73259**	**351298**	**371583**	**37742**	**57026**	**5310**
本级	374592	201733	37661	9783	75144	16183	31297	2791
区县小计	1080522	357163	35598	341515	296439	21559	25729	2519
获嘉县	69005	13836	2097	31431	19634	1433	574	
新乡县	110801	50104	6773	19656	28074	1847	4347	
原阳县	116415	19726	1843	51617	36017	2902	4310	
延津县	91469	22116	2197	35616	27454	2479	753	854
封丘县	121477	16416	1186	62004	37242	2717	1912	
长垣县	142104	43316	2218	48708	38625	2745	6492	
辉县市	200965	90139	6969	41442	54381	5118	2916	
卫辉市	104151	30203	3450	34081	32122	1449	2397	449
卫滨区	28131	17096	2002	3300	4775	166	792	
红旗区	34730	22509	2907	4002	4698		614	
牧野区	37307	21839	2310	5149	6746	368	300	595
凤泉区	23967	9863	1646	4509	6671	335	322	621
焦作市小计	**1183027**	**544235**	**80115**	**197566**	**245891**	**33901**	**59562**	**21757**
本级	381483	161709	45931	24081	68169	20607	50747	10239
区县小计	801544	382526	34184	173485	177722	13294	8815	11518
修武县	81502	40338	2489	20302	16104	1314	884	71
博爱县	110637	50298	4388	21967	28013	1987	993	2991
沁阳市	142484	73372	6915	24366	31971	1404	431	4025
温县	95145	30566	3284	26106	29936	1555	1409	2289
孟州市	113715	60268	5982	19552	23668	1515	2252	478
武陟县	119628	49228	3553	35166	29167	1772	662	80
解放区	44299	27308	2911	7896	5166	747	271	
中站区	29988	16093	1486	5031	4738	1000	466	1174
马村区	28171	13530	1416	5910	4539	1000	1366	410
山阳区	35975	21525	1760	7189	4420	1000	81	
濮阳市小计	**827818**	**253387**	**27481**	**282840**	**228466**	**16858**	**10474**	**8312**
本级	249557	141403	11931	19676	62410	2911	5496	5730
区县小计	578261	111984	15550	263164	166056	13947	4978	2582
濮阳县	165239	37834	4334	71639	43874	3476	1746	2336
清丰县	101585	14195	2320	55057	25103	4118	546	246
南乐县	91751	9160	1467	45405	31791	2800	1128	

1-16-6　　　　单位:万元

地区	支出						年终结余	其中:净结余
	支出总计	其中:						
		本年支出	一般性转移支付上解	专项转移支付上解	安排预算稳定调节基金	调出资金		
淇县	71214	69466	983	765			256	251
淇滨区	50650	46505	2804	1341			197	197
山城区	42892	42926	-447	413			98	98
鹤山区	34925	34298	259	368			16	16
新乡市小计	**1376222**	**1315836**	**43713**	**15685**		**988**	**78892**	**21491**
本级	342473	330294	14065	-2833		947	32119	7294
区县小计	1033749	985542	29648	18518		41	46773	14197
获嘉县	68581	66758	1114	709			424	369
新乡县	108345	102521	4354	1429		41	2456	463
原阳县	113078	111910	263	905			3337	766
延津县	82232	80256	1202	774			9237	951
封丘县	120432	119401	472	559			1045	381
长垣县	136865	132902	2691	1272			5239	1476
辉县市	183012	173233	5513	4266			17953	7899
卫辉市	101917	98816	1545	1556			2234	1036
卫滨区	27794	23691	2647	1456			337	47
红旗区	33142	25702	5306	2134			1588	520
牧野区	35665	29961	3368	2336			1642	284
凤泉区	22686	20391	1173	1122			1281	5
焦作市小计	**1097662**	**1035039**	**42279**	**20273**		**71**	**85365**	**58051**
本级	303693	297847	17812	-11966			77790	56071
区县小计	793969	737192	24467	32239		71	7575	1980
修武县	80963	74228	2810	3854		71	539	105
博爱县	109317	102454	3584	3279			1320	249
沁阳市	141503	133196	4514	3793			981	36
温县	94509	91006	2489	1014			636	636
孟州市	113275	105709	2645	4921			440	68
武陟县	117403	111703	3109	2591			2225	7
解放区	43775	35849	1755	6171			524	524
中站区	29456	27347	1088	1021			532	12
马村区	27932	26087	742	1103			239	204
山阳区	35836	29613	1731	4492			139	139
濮阳市小计	**813600**	**815487**	**-9998**	**8111**			**14218**	**1000**
本级	237847	255533	-16623	-1063			11710	-740
区县小计	575753	559954	6625	9174			2508	1740
濮阳县	164379	160336	2255	1788			860	860
清丰县	100964	99711	697	556			621	115
南乐县	91502	90971	69	462			249	249

一、一般预算

1－16－7

单位:万元

地区	收入							
	收入总计	其中:						
		本年收入	返还性收入	一般性转移支付收入	专项转移支付收入	转贷财政部代理发行地方政府债券收入	上年结余	调入资金
范县	93365	11988	3572	43723	31612	1494	976	
台前县	72867	6122	975	42098	21791	1561	320	
华龙区	53454	32685	2882	5242	11885	498	262	
许昌市小计	**1082130**	**470876**	**51148**	**261273**	**233991**	**21852**	**30546**	**12444**
本级	257023	136493	22911	19184	47462	9408	21565	
区县小计	825107	334383	28237	242089	186529	12444	8981	12444
许昌县	119303	33369	5791	44550	30836	2500	587	1670
长葛市	150220	64503	8777	36150	36409	1070	933	2378
鄢陵县	109789	23100	1896	50342	31736	2163	549	3
禹州市	262182	142399	7447	52386	44549	3120	5281	7000
襄城县	135689	48012	1445	48891	33038	2821	1466	16
魏都区	47924	23000	2881	9770	9961	770	165	1377
漯河市小计	**624832**	**204159**	**36822**	**190862**	**158695**	**19537**	**11437**	**3320**
本级	209565	119522	24231	14314	41161	7123	3214	
区县小计	415267	84637	12591	176548	117534	12414	8223	3320
舞阳县	104410	22600	3623	38157	33701	1959	1542	2828
临颍县	117598	24549	3655	47770	34924	4077	2267	356
源汇区	56608	16193	2037	20284	13538	1200	3356	
郾城区	73765	12696	1978	39070	17768	1481	772	
召陵区	62886	8599	1298	31267	17603	3697	286	136
三门峡市小计	**892136**	**415008**	**37685**	**156127**	**229663**	**20707**	**11649**	**21297**
本级	190091	88012	14170	11419	45669	12564	－872	19129
区县小计	702045	326996	23515	144708	183994	8143	12521	2168
义马市	83745	50188	1810	12358	17016	1736	637	
灵宝市	179305	77718	6795	43859	42064	2513	5826	530
渑池县	150439	85078	9333	22234	31170	1643	981	
陕县	127327	57217	2966	25607	36943	1838	1438	1318
卢氏县	101295	22066	1218	35032	39495	413	2751	320
湖滨区	59934	34729	1393	5618	17306		888	
南阳市小计	**2203713**	**561666**	**80244**	**752305**	**672098**	**35527**	**72996**	**28877**
本级	507005	185571	33521	47097	159735	16200	41046	23835
区县小计	1696708	376095	46723	705208	512363	19327	31950	5042
邓州市	223407	41466	6905	98447	61331	3735	11507	16
唐河县	178949	35456	3086	82061	53842	1569	1935	1000
方城县	143940	26315	2069	71768	37928	1277	4321	262
镇平县	117411	28518	3621	53657	36388	1307	－6080	
社旗县	103631	14031	2116	50766	34627	1461	630	
新野县	106313	24569	3055	44773	31559	1394	962	1

1－16－8 单位：万元

地区	支出						年终结余	其中：净结余
	支出总计	其中：						
		本年支出	一般性转移支付上解	专项转移支付上解	安排预算稳定调节基金	调出资金		
范县	93154	92273	180	701			211	211
台前县	72600	72892	－507	215			267	5
华龙区	53154	43771	3931	5452			300	300
许昌市小计	**1062153**	**1002894**	**38168**	**21090**		**1**	**19977**	**14950**
本级	239627	235617	2536	1474			17396	12369
区县小计	822526	767277	35632	19616		1	2581	2581
许昌县	119230	110303	6703	2224			73	73
长葛市	150125	139108	6230	4787			95	95
鄢陵县	109151	106097	1940	1113		1	638	638
禹州市	260667	238039	14608	8020			1515	1515
襄城县	135462	129092	4830	1540			227	227
魏都区	47891	44638	1321	1932			33	33
漯河市小计	**616953**	**590659**	**17118**	**9176**			**7879**	**－16785**
本级	211489	205980	9749	－4240			－1924	－19388
区县小计	405464	384679	7369	13416			9803	2603
舞阳县	102439	98426	1566	2447			1971	1273
临颍县	114473	109106	2165	3202			3125	201
源汇区	52849	48263	1572	3014			3759	181
郾城区	73229	70073	1807	1349			536	536
召陵区	62474	58811	259	3404			412	412
三门峡市小计	**887345**	**856571**	**17577**	**13137**		**60**	**4791**	**－3107**
本级	191239	222046	－28760	－2107		60	－1148	－7085
区县小计	696106	634525	46337	15244			5939	3978
义马市	82918	76902	4630	1386			827	827
灵宝市	177928	158010	14102	5816			1377	537
渑池县	149784	136978	9385	3421			655	615
陕县	126470	115966	8164	2340			857	53
卢氏县	100060	96859	2569	632			1235	958
湖滨区	58946	49810	7487	1649			988	988
南阳市小计	**2111498**	**2035311**	**32154**	**20692**		**23341**	**92215**	**18145**
本级	448528	418765	6523	－100		23340	58477	7784
区县小计	1662970	1616546	25631	20792		1	33738	10361
邓州市	209752	202361	4238	3153			13655	5155
唐河县	176091	172123	2770	1198			2858	2858
方城县	139404	136150	2013	1241			4536	1526
镇平县	122701	119357	2287	1057			－5290	－7042
社旗县	103510	101682	1002	826			121	10
新野县	105810	102336	2447	1026		1	503	503

1－16－9　　　　　　　　　　　　　　　　　　　　单位:万元

地区	收入							
	收入总计	其中:						
		本年收入	返还性收入	一般性转移支付收入	专项转移支付收入	转贷财政部代理发行地方政府债券收入	上年结余	调入资金
内乡县	111946	24090	3276	46521	35206	1414	1439	
淅川县	155204	30157	4894	64249	47172	1058	6844	830
西峡县	127366	53736	4779	30738	34561	930	2622	
南召县	111793	20948	2876	45283	39306	1890	1116	374
桐柏县	93130	24511	1658	29008	33591	955	1407	2000
宛城区	106562	24569	3110	44027	29983	1184	3130	559
卧龙区	117056	27729	5278	43910	36869	1153	2117	
商丘市小计	**1597944**	**353666**	**54591**	**696060**	**420753**	**30378**	**41895**	**601**
本级	257947	113068	20230	39042	59938	5669	19929	71
区县小计	1339997	240598	34361	657018	360815	24709	21966	530
永城市	258339	112736	6144	73130	59793	4562	1974	
夏邑县	154323	12069	2712	93677	42076	2292	1497	
虞城县	164113	18038	2734	86480	51043	2938	2880	
柘城县	140369	12766	2413	82968	37398	2927	1897	
宁陵县	107189	10006	5290	58317	30479	2469	628	
睢县	127661	11708	2729	73498	34956	2772	1998	
民权县	138087	13399	3648	78432	37164	3075	1839	530
梁园区	126811	28008	4026	48624	36186	1954	8013	
睢阳区	123105	21868	4665	61892	31720	1720	1240	
信阳市小计	**1583660**	**280210**	**37614**	**679974**	**511079**	**24925**	**30392**	**19466**
本级	233333	80730	10652	53297	69211	2616	13403	3424
区县小计	1350327	199480	26962	626677	441868	22309	16989	16042
罗山县	134451	15118	1729	65210	49675	1293	753	673
光山县	134325	20666	2755	63884	42009	1003	1498	2510
潢川县	133255	21106	1798	63322	41936	4319	774	
固始县	226587	38291	2919	105363	68954	3071	7754	235
商城县	134742	15000	1360	68999	47638	940	805	
新县	96465	11773	1215	38042	43081	1591	763	
息县	144658	16051	1680	73610	39802	908	616	11991
淮滨县	113078	12025	4702	58351	31845	3267	2676	212
浉河区	104457	27672	4848	38172	31055	1474	815	421
平桥区	128309	21778	3956	51724	45873	4443	535	
周口市小计	**1762710**	**308618**	**54003**	**857143**	**446383**	**28652**	**59056**	**8855**
本级	227776	79104	12775	44221	66011	7859	17306	500
区县小计	1534934	229514	41228	812922	380372	20793	41750	8355
扶沟县	122854	19058	2653	65133	31952	1416	－1358	4000
西华县	129910	17130	2003	75056	31365	2025	2331	
商水县	163219	18090	1816	93523	39239	1729	8522	300

1－16－10 单位:万元

地区	支出						年终结余	其中:净结余
	支出总计	其中:						
		本年支出	一般性转移支付上解	专项转移支付上解	安排预算稳定调节基金	调出资金		
内乡县	110461	107306	1749	1406			1485	1485
淅川县	145416	140357	2151	2908			9788	2008
西峡县	127105	122022	3086	1997			261	261
南召县	111500	109209	1293	998			293	250
桐柏县	93081	89768	1537	1776			49	49
宛城区	101299	100369	－921	1851			5263	3132
卧龙区	116840	113506	1979	1355			216	166
商丘市小计	**1543549**	**1511126**	**18844**	**13579**			**54395**	**16059**
本级	227854	231827	－5840	1867			30093	254
区县小计	1315695	1279299	24684	11712			24302	15805
永城市	253307	241659	7632	4016			5032	4245
夏邑县	152667	152369	－255	553			1656	914
虞城县	157557	155968	752	837			6556	6556
柘城县	140004	138686	692	626			365	143
宁陵县	106961	105366	952	643			228	151
睢县	124480	123158	629	693			3181	409
民权县	136603	135099	428	1076			1484	1328
梁园区	122285	112508	7496	2281			4526	1726
睢阳区	121831	114486	6358	987			1274	333
信阳市小计	**1556395**	**1533685**	**9531**	**13057**		**122**	**27265**	**8907**
本级	224450	232453	－2395	－5619		11	8883	2883
区县小计	1331945	1301232	11926	18676		111	18382	6024
罗山县	134181	131598	838	1745			270	270
光山县	132653	129622	997	1957		77	1672	209
潢川县	132585	130048	1458	1060		19	670	670
固始县	217027	214416	738	1873			9560	2616
商城县	134422	132760	111	1551			320	320
新县	96330	95670	－424	1084			135	135
息县	143123	140540	663	1920			1535	1535
淮滨县	109411	108000	－14	1410		15	3667	11
浉河区	104209	96614	4187	3408			248	248
平桥区	128004	121964	3372	2668			305	10
周口市小计	**1676154**	**1629281**	**21491**	**25070**		**312**	**86556**	**23331**
本级	184542	188269	－1914	－1825		12	43234	455
区县小计	1491612	1441012	23405	26895		300	43322	22876
扶沟县	123434	119148	1888	2398			－580	－580
西华县	127264	123171	1713	2380			2646	1849
商水县	153616	148803	2440	2373			9603	2864

一、一般预算

1－16－11　　　　　　　　　　　　　　　　　　　　单位:万元

地区	收入							
	收入总计	其中:						
		本年收入	返还性收入	一般性转移支付收入	专项转移支付收入	转贷财政部代理发行地方政府债券收入	上年结余	调入资金
太康县	182074	18444	2192	108378	43651	2098	5652	1659
鹿邑县	169752	31818	9948	82762	40757	1751	1456	1260
郸城县	173475	25166	2792	97061	45149	1835	1472	
淮阳县	178667	20866	2910	100862	46732	1782	4848	667
沈丘县	164012	27169	2761	88321	40934	2410	2417	
项城市	183719	32730	10169	74252	47094	3534	15940	
川汇区	67252	19043	3984	27574	13499	2213	470	469
驻马店市小计	**1512157**	**293191**	**39112**	**653169**	**424941**	**27192**	**53332**	**21220**
本级	237791	93587	14262	47865	40663	7844	30840	2730
区县小计	1274366	199604	24850	605304	384278	19348	22492	18490
确山县	103441	18566	1566	39162	35970	3077	5100	
泌阳县	158019	22609	2886	66560	62027	2745	1192	
遂平县	103207	18666	2714	44431	34252	1563	1071	510
西平县	133067	20022	2797	62418	40952	1460	1548	3870
上蔡县	171242	17136	2863	95655	47500	2092	4303	1693
汝南县	113364	15900	2212	59907	32302	1665	1378	
平舆县	131150	22259	2194	68684	33172	1797	3044	
新蔡县	127822	14100	1442	73754	36673	1510	343	
正阳县	129621	13116	1488	62944	37535	1209	3711	9618
驿城区	103433	37230	4688	31789	23895	2230	802	2799
济源市	**325009**	**200066**	**14258**	**29966**	**60167**	**13320**	**5631**	**1601**

1－16－12

单位:万元

地区	支出						年终结余	其中:净结余
	支出总计	其中:本年支出	一般性转移支付上解	专项转移支付上解	安排预算稳定调节基金	调出资金		
太康县	177737	173199	2065	2473			4337	4337
鹿邑县	167429	161166	3564	2699			2323	2323
郸城县	170205	165036	2803	2366			3270	3270
淮阳县	167071	161622	2456	2993			11596	3904
沈丘县	164731	158958	1721	3752		300	－719	－719
项城市	173094	165453	4097	3544			10625	5407
川汇区	67031	64456	658	1917			221	221
驻马店市小计	**1467120**	**1434963**	**13694**	**13129**	**5000**	**334**	**45037**	**14243**
本级	214349	210373	－3319	2067	5000	228	23442	536
区县小计	1252771	1224590	17013	11062		106	21595	13707
确山县	102294	100834	463	997			1147	96
泌阳县	153685	152000	712	880		93	4334	4334
遂平县	102795	100059	1581	1155			412	357
西平县	131729	128726	1770	1233			1338	305
上蔡县	170236	167750	1365	1121			1006	714
汝南县	113052	110501	1775	776			312	102
平舆县	126114	123903	773	1438			5036	4079
新蔡县	127157	125996	269	892			665	665
正阳县	123991	122521	816	654			5630	1340
驿城区	101718	92300	7489	1916		13	1715	1715
济源市	**316078**	**296399**	**10932**	**8747**			**8931**	**3895**

2009年湖北省地市县财政一般预算收支平衡表

1－17－1　　　　　　　　　　　　　　　　　　　　　　　单位:万元

地　　区	收　　入							
	收入总计	其　中:						
		本年收入	返还性收　入	一般性转移支付收入	专项转移支付收入	转贷财政部代理发行地方政府债券收入	上年结余	调入资金
地市县合计	**20150985**	**6308069**	**1459320**	**5308105**	**5314549**	**600000**	**999012**	**161930**
武汉市小计	**6052911**	**3160716**	**660233**	**881271**	**539377**	**300000**	**455235**	**56079**
本级	3664706	1727848	508638	463482	298320	187000	438774	40644
区县小计	2388205	1432868	151595	417789	241057	113000	16461	15435
江岸区	218217	165176	13800	16401	12714	10100	26	
江汉区	230621	171632	18894	13772	9148	11600	5575	
硚口区	160848	103528	20100	17425	11790	8000	5	
武昌区	243166	185007	13495	18714	13398	12100	452	
汉阳区	145857	103444	10115	12066	8496	8700	3036	
青山区	136026	68975	13840	36328	6119	10600	164	
洪山区	174977	114008	14920	25569	11580	8900		
东西湖区	225901	157512	16619	23031	17653	10600	486	
汉南区	47689	25000	2465	9343	8663	2200	18	
江夏区	216225	97074	8122	74177	27692	8500	660	
蔡甸区	148966	67461	7859	38493	26702	5700	2751	
新洲区	203493	75742	5632	63197	40563	7600		10759
黄陂区	236219	98309	5734	69273	46539	8400	3288	4676
黄石市小计	**896241**	**260327**	**69802**	**253330**	**237180**	**15000**	**51860**	**8742**
本级	337304	85874	48474	77173	93143	7000	21006	4634
区县小计	558937	174453	21328	176157	144037	8000	30854	4108
黄石港区	34012	24406		6865	2265		476	
西塞山区	32913	19191		9823	3896		3	
下陆区	26170	15866		7059	2453		384	408
铁山区	14968	8825		4609	1084		450	
大冶市	247049	70089	14053	77184	63234	5000	17489	
阳新县	203825	36076	7275	70617	71105	3000	12052	3700
十堰市小计	**1229857**	**257590**	**65572**	**382486**	**461178**	**32000**	**22176**	**8855**
本级	282311	117126	34125	59731	51537	17100	2170	522
区县小计	947546	140464	31447	322755	409641	14900	20006	8333
张湾区	32464	11640	4963	7360	7236	900	307	58
茅箭区	33809	15458	4227	5630	6150	2000	290	54
丹江口市	184782	45158	7940	46676	77388	6000	386	1234
郧县	159575	18289	5545	54064	72107	2000	3880	3690
郧西县	128564	9300	2211	49168	62962	1000	3923	
竹山县	133792	13666	2210	50896	62137	1000	3883	
竹溪县	117117	12987	1697	44778	52939	1000	3458	258
房县	157443	13966	2654	64183	68722	1000	3879	3039
荆州市小计	**1418369**	**223569**	**78071**	**549622**	**501098**	**18000**	**41306**	**6703**

1-17-2

单位:万元

地区	支出						年终结余	其中:净结余
	支出总计	其中:						
		本年支出	一般性转移支付上解	专项转移支付上解	安排预算稳定调节基金	调出资金		
地市县合计	**18900723**	**18329241**	**451887**	**115648**		**927**	**1250262**	**575830**
武汉市小计	**5332833**	**5036430**	**293480**	**2040**		**883**	**720078**	**276175**
本级	2958479	2765372	260789	-67682			706227	263148
区县小计	2374354	2271058	32691	69722		883	13851	13027
江岸区	218191	204741	4636	8814			26	26
江汉区	221154	199305	6422	15427			9467	9467
硚口区	160843	150452	6467	3924			5	5
武昌区	242665	224357	5651	12657			501	501
汉阳区	143425	138968	1874	2583			2432	2432
青山区	136026	123137	1357	11532				
洪山区	174977	172833	1116	1028				
东西湖区	225901	211551	2542	11808				
汉南区	47669	47653	683	-667			20	20
江夏区	215489	213524	729	353		883	736	
蔡甸区	148618	147001	1095	522			348	348
新洲区	203405	202587	119	699			88	
黄陂区	235991	234949		1042			228	228
黄石市小计	**841325**	**808457**	**24678**	**8190**			**54916**	**18666**
本级	329605	338459	-12644	3790			7699	6674
区县小计	511720	469998	37322	4400			47217	11992
黄石港区	33888	21693	12085	110			124	124
西塞山区	32758	23304	9361	93			155	155
下陆区	25793	16236	9422	135			377	377
铁山区	14149	9634	4458	57			819	819
大冶市	212236	207490	1792	2954			34813	7836
阳新县	192896	191641	204	1051			10929	2681
十堰市小计	**1214935**	**1185010**	**23902**	**6023**			**14922**	**-663**
本级	286398	266022	19243	1133			-4087	-4087
区县小计	928537	918988	4659	4890			19009	3424
张湾区	32464	29279	2261	924				
茅箭区	33809	30605	2263	941				
丹江口市	184781	183822	78	881			1	1
郧县	159061	158542	42	477			514	
郧西县	123359	122962		397			5205	
竹山县	130175	129766	2	407			3617	
竹溪县	112775	112412		363			4342	2423
房县	152113	151600	13	500			5330	1000
荆州市小计	**1336488**	**1303517**	**22216**	**10735**			**81881**	**64408**

1－17－3

单位:万元

地　　区	收　入							
	收入总计	其　中:						
		本年收入	返还性收　入	一般性转移支付收入	专项转移支付收入	转贷财政部代理发行地方政府债券收入	上年结余	调入资金
本级	286866	71672	32729	97092	76627	3000	5246	500
区县小计	1131503	151897	45342	452530	424471	15000	36060	6203
沙市区	63828	14615	5291	19629	21858		1750	685
荆州区	104956	30122	4353	30665	32016		4976	2824
江陵县	78325	5776	1048	35994	31314	2000	2193	
松滋市	158741	24200	7715	60216	60514	3000	3096	
公安县	177799	24710	9381	70660	63828	3000	6220	
石首市	120772	20735	6666	43998	43933	3000	2440	
监利县	239568	14169	4722	110804	96350	1000	12334	189
洪湖市	187514	17570	6166	80564	74658	3000	3051	2505
宜昌市小计	**1660697**	**549391**	**115308**	**377472**	**482577**	**60000**	**62370**	**13579**
本级	415160	193014	35563	61535	78267	19000	16489	11292
区县小计	1245537	356377	79745	315937	404310	41000	45881	2287
西陵区	33590	17868	3161	7242	3084	2000	185	50
伍家岗区	25165	13095	2474	3079	3181	3000	336	
点军区	22476	3743	1586	6824	7202	2000	－116	1237
猇亭区	19577	7977	656	3615	3094	4000	235	
夷陵区	202944	66058	18364	41656	56622	7000	13244	
宜都市	163420	68509	8214	30574	44856	8000	3267	
枝江市	147495	46910	8497	37419	45941	4000	4728	
当阳市	154360	46076	16099	38769	48166	4000	1250	
远安县	87265	25498	5115	19222	31393	2000	4037	
兴山县	84215	16871	5185	20988	32823	1000	7348	
秭归县	112129	17418	3645	35320	47073	2000	6673	
长阳县	116013	19354	4513	41276	46293	1000	2577	1000
五峰县	76888	7000	2236	29953	34582	1000	2117	
襄樊市小计	**1587447**	**370211**	**110880**	**472212**	**536000**	**46000**	**52144**	
本级	442495	130607	77020	77928	106055	35000	15885	
区县小计	1144952	239604	33860	394284	429945	11000	36259	
襄城区	55162	23567	1613	12216	14886		2880	
樊城区	84883	45911	3686	13574	18254		3458	
襄阳区	176929	30002	2977	71162	62397	2000	8391	
老河口市	136285	28596	5349	45032	50390	2000	4918	
枣阳市	217577	36447	5922	81256	87668	2000	4284	
宜城市	136322	27811	4198	49263	51459	2000	1591	
南漳县	127732	12979	2997	51047	55102	1000	4607	
谷城县	123314	20289	4832	42746	52482	1000	1965	
保康县	86748	14002	2286	27988	37307	1000	4165	

1－17－4　　　　单位:万元

地　区	支出						年终结余	其中:净结余
	支出总计	其中:						
		本年支出	一般性转移支付上解	专项转移支付上解	安排预算稳定调节基金	调出资金		
本级	243653	222312	18272	3069			43213	43213
区县小计	1092835	1081205	3944	7666			38668	21195
沙市区	61903	61520	135	248			1925	1925
荆州区	90724	90575	295	－146			14232	14232
江陵县	75570	75358	2	210			2755	2755
松滋市	156043	154088	450	1505			2698	2260
公安县	168558	166672	324	1562			9241	9
石首市	115873	114682	110	1061			4899	10
监利县	237694	234423	1432	1839			1874	4
洪湖市	186470	183887	1196	1387			1044	
宜昌市小计	**1601735**	**1565000**	**18923**	**17812**			**58962**	**52416**
本级	413068	393307	13199	6562			2092	1801
区县小计	1188667	1171693	5724	11250			56870	50615
西陵区	33590	32484	608	498				
伍家岗区	25155	24475	401	279			10	10
点军区	22805	22708	38	59			－329	－329
猇亭区	19534	19420	18	96			43	43
夷陵区	193369	189578	1333	2458			9575	8659
宜都市	159640	157367	1108	1165			3780	3720
枝江市	142859	140674	776	1409			4636	4636
当阳市	153410	150749	1111	1550			950	950
远安县	84216	83210	140	866			3049	3049
兴山县	71931	71059	69	803			12284	7005
秭归县	100959	100105	111	743			11170	11170
长阳县	111633	110720	4	909			4380	4380
五峰县	69566	69144	7	415			7322	7322
襄樊市小计	**1527505**	**1481637**	**32167**	**13701**			**59942**	**34063**
本级	425499	429776	19480	－23757			16996	16996
区县小计	1102006	1051861	12687	37458			42946	17067
襄城区	53188	42691	2056	8441			1974	
樊城区	83990	62250	2764	18976			893	893
襄阳区	165063	162641	776	1646			11866	8735
老河口市	126804	124486	734	1584			9481	2632
枣阳市	210204	203209	4451	2544			7373	463
宜城市	132788	130317	1172	1299			3534	784
南漳县	124999	123620	315	1064			2733	1709
谷城县	121629	120112	255	1262			1685	1685
保康县	83341	82535	164	642			3407	166

1－17－5

单位:万元

地区	收入							
	收入总计	其中:						
		本年收入	返还性收入	一般性转移支付收入	专项转移支付收入	转贷财政部代理发行地方政府债券收入	上年结余	调入资金
鄂州市小计	**376897**	**130169**	**26643**	**93882**	**92268**	**18000**	**14235**	**1700**
本级	238293	64430	19240	46334	80007	18000	8582	1700
区县小计	138604	65739	7403	47548	12261		5653	
鄂城区	82029	44973	4729	23540	6436		2351	
华容区	35628	14019	2199	14727	2964		1719	
梁子湖区	20947	6747	475	9281	2861		1583	
荆门市小计	**858950**	**181377**	**40650**	**257822**	**297034**	**25000**	**56958**	**109**
本级	207101	49874	23653	59014	50628	12500	11406	26
区县小计	651849	131503	16997	198808	246406	12500	45552	83
掇刀区	43803	17637	376	5038	14649	1500	4603	
东宝区	73603	28314	717	13175	25371	2000	4026	
钟祥市	259250	41108	6374	88311	88433	5000	30024	
京山县	148545	30509	7732	46439	58710	2000	3155	
沙洋县	126648	13935	1798	45845	59243	2000	3744	83
孝感市小计	**1165023**	**269674**	**57588**	**379572**	**384934**	**22000**	**38223**	**13032**
本级	174836	52102	12990	41101	50389	7000	7481	3773
区县小计	990187	217572	44598	338471	334545	15000	30742	9259
孝南区	139030	31586	5836	55052	40392	3000	3164	
孝昌县	124842	19448	2407	47310	51808	1000	2869	
大悟县	137839	23072	5829	48838	54427	2000	3673	
安陆市	136520	22095	6693	42240	53114	2000	3078	7300
云梦县	112959	29430	6693	37418	30722	1000	7026	670
应城市	148025	41742	8741	41719	47215	3000	5608	
汉川市	190972	50199	8399	65894	56867	3000	5324	1289
黄冈市小计	**1636775**	**321695**	**72450**	**553598**	**594462**	**15000**	**68551**	**11019**
本级	153871	39650	12183	44406	47433	1000	4757	4442
区县小计	1482904	282045	60267	509192	547029	14000	63794	6577
黄州区	76979	20110	3162	23803	23350		6554	
团风县	93279	14108	2375	29167	42544	1000	4085	
红安县	154405	26007	14486	46148	60889	1000	5875	
麻城市	222839	40514	7621	77170	79861	2000	15673	
罗田县	128343	18315	4109	48530	54350	1000	1441	598
英山县	110668	13306	2763	39386	51139	1000	1846	1228
浠水县	182244	29457	5349	68949	63031	2000	13458	
蕲春县	190571	36839	5872	66349	70927	2000	6964	1620
武穴市	154085	45332	8949	48689	43095	3000	1889	3131
黄梅县	169491	38057	5581	61001	57843	1000	6009	
咸宁市小计	**877934**	**181381**	**37833**	**250501**	**327830**	**11000**	**31840**	**37549**

1－17－6 单位:万元

地　　区	支　出						年终结余	其中:净结余
	支出总计	其　中:						
		本年支出	一般性转移支付上解	专项转移支付上解	安排预算稳定调节基金	调出资金		
鄂州市小计	**364110**	**356713**	**4797**	**2600**			**12787**	**165**
本级	226021	231993	411	－6383			12272	165
区县小计	138089	124720	4386	8983			515	
鄂城区	81773	69533	4234	8006			256	
华容区	35405	34517	152	736			223	
梁子湖区	20911	20670		241			36	
荆门市小计	**832082**	**816588**	**8528**	**6922**		**44**	**26868**	**8212**
本级	196661	187160	7032	2425		44	10440	8
区县小计	635421	629428	1496	4497			16428	8204
掇刀区	43134	42785	75	274			669	116
东宝区	67933	67525	15	393			5670	2632
钟祥市	254280	251144	1170	1966			4970	4703
京山县	144431	142861	173	1397			4114	583
沙洋县	125643	125113	63	467			1005	170
孝感市小计	**1112335**	**1097861**	**4224**	**10250**			**52688**	**10742**
本级	159460	159363	－239	336			15376	2376
区县小计	952875	938498	4463	9914			37312	8366
孝南区	134676	132492	168	2016			4354	4354
孝昌县	119740	118959	14	767			5102	742
大悟县	131118	130095	87	936			6721	1285
安陆市	133706	131713	895	1098			2814	274
云梦县	104819	103409	401	1009			8140	1252
应城市	142907	139327	1610	1970			5118	381
汉川市	185909	182503	1288	2118			5063	78
黄冈市小计	**1565460**	**1550937**	**2758**	**11765**			**71315**	**51932**
本级	148872	149378		－506			4999	4999
区县小计	1416588	1401559	2758	12271			66316	46933
黄州区	66032	64688		1344			10947	10947
团风县	88172	87463		709			5107	5107
红安县	150904	149678	134	1092			3501	3501
麻城市	204339	202008	940	1391			18500	10028
罗田县	128339	127419	49	871			4	4
英山县	110668	109729	61	878				
浠水县	170580	168510	629	1441			11664	3272
蕲春县	182642	180978	10	1654			7929	7929
武穴市	153570	151298	935	1337			515	87
黄梅县	161342	159788		1554			8149	6058
咸宁市小计	**860772**	**849665**	**1442**	**6665**			**17162**	**6917**

1－17－7

单位:万元

地区	收入							
	收入总计	其中:						
		本年收入	返还性收入	一般性转移支付收入	专项转移支付收入	转贷财政部代理发行地方政府债券收入	上年结余	调入资金
本级	142702	48824	11667	21935	28594	300	146	31236
区县小计	735232	132557	26166	228566	299236	10700	31694	6313
咸安区	136161	23301	5435	45386	48011	700	9675	3653
嘉鱼县	101076	21953	4220	30861	39128	2000	1659	1255
赤壁市	160730	44398	6848	39919	61785	4000	3780	
通城县	109093	16046	3243	35743	45213	2000	6848	
崇阳县	111481	13366	3549	36803	51223	1000	4135	1405
通山县	116691	13493	2871	39854	53876	1000	5597	
恩施自治州小计	**1066251**	**182885**	**58861**	**379697**	**366386**	**20000**	**54864**	**3558**
本级	107420	33676	7932	32199	14348	5000	12415	1850
区县小计	958831	149209	50929	347498	352038	15000	42449	1708
恩施市	178160	41837	5630	62997	56487	3900	7309	
建始县	123598	17388	11287	43378	42522	1500	7523	
巴东县	131479	22021	4580	50234	47411	1500	5662	71
利川市	164682	31388	11422	59011	55300	2500	4217	844
宣恩县	86788	8200	1541	35050	36149	1400	4448	
咸丰县	93781	10709	4133	37038	36259	1400	4242	
来凤县	94734	8208	10082	29872	39663	1400	5509	
鹤峰县	85609	9458	2254	29918	38247	1400	3539	793
随州市小计	**476626**	**75984**	**27766**	**170315**	**186008**	**8000**	**8053**	**500**
本级	152295	24488	10772	41087	77832	2000	－4384	500
区县小计	324331	51496	16994	129228	108176	6000	12437	
曾都区	74033	18374	1141	30408	16338	2800	4972	
广水市	171461	28736	14243	54278	63954	3000	7250	
随县	78837	4386	1610	44542	27884	200	215	
仙桃市	**278815**	**50518**	**19654**	**95445**	**96646**	**3000**	**13464**	**88**
天门市	**245685**	**35281**	**6729**	**99036**	**95928**	**3000**	**5711**	
潜江市	**243763**	**48593**	**9591**	**89686**	**75481**	**3000**	**16995**	**417**
神农架林区	**78744**	**8708**	**1689**	**22158**	**40162**	**1000**	**5027**	

1－17－8

单位:万元

地区	支出						年终结余	其中:净结余
	支出总计	其中:						
		本年支出	一般性转移支付上解	专项转移支付上解	安排预算稳定调节基金	调出资金		
本级	142697	147700	62	－5065			5	5
区县小计	718075	701965	1380	11730			17157	6912
咸安区	136158	129969	171	6018			3	3
嘉鱼县	100886	99783	149	954			190	190
赤壁市	157478	153951	763	2764			3252	3252
通城县	105704	101859	116	729			3389	3389
崇阳县	107803	107126	103	574			3678	
通山县	110046	109277	78	691			6645	78
恩施自治州小计	**1026470**	**1022452**	**89**	**3929**			**39781**	**39505**
本级	99549	106363		－6814			7871	7595
区县小计	926921	916089	89	10743			31910	31910
恩施市	173938	172484	5	1449			4222	4222
建始县	116582	114577	55	1950			7016	7016
巴东县	128543	127465		1078			2936	2936
利川市	161879	159148	5	2726			2803	2803
宣恩县	83784	83276		508			3004	3004
咸丰县	90600	89931	2	667			3181	3181
来凤县	88650	86863	2	1785			6084	6084
鹤峰县	82945	82345	20	580			2664	2664
随州市小计	**472093**	**461068**	**6023**	**5002**			**4533**	**1594**
本级	153118	147053	2633	3432			－823	－823
区县小计	318975	314015	3390	1570			5356	2417
曾都区	71920	71267	632	21			2113	2113
广水市	168522	164215	2758	1549			2939	
随县	78533	78533					304	304
仙桃市	**270274**	**262468**	**4125**	**3681**			**8541**	**3999**
天门市	**240294**	**234444**	**2749**	**3101**			**5391**	**3347**
潜江市	**235176**	**230349**	**1786**	**3041**			**8587**	**781**
神农架林区	**66836**	**66645**		**191**			**11908**	**3571**

2009年湖南省地市县财政一般预算收支平衡表

1－18－1　　　　单位:万元

地区	收入							
	收入总计	其中:						
		本年收入	返还性收入	一般性转移支付收入	专项转移支付收入	转贷财政部代理发行地方政府债券收入	上年结余	调入资金
地市县合计	**20397729**	**6957985**	**837396**	**5079774**	**5572970**	**360000**	**1469191**	**103203**
长沙市小计	**3541662**	**2463300**	**186092**	**243833**	**487683**	**53000**	**99398**	**8057**
本级	1413447	1122996	81352	30830	61231	53000	63739	
区县小计	2128215	1340304	104740	213003	426452		35659	8057
浏阳市	314193	123659	25830	43188	100539		20977	
宁乡县	254689	86792	10895	54733	101646		473	150
长沙县	337609	217892	27923	27059	58304		6431	
望城县	189552	83239	9335	46378	47295		3305	
雨花区	229266	200088	940	8913	18790		535	
芙蓉区	212372	172625	9291	6229	24046		181	
天心区	198282	167597	7257	5588	16380		1460	
岳麓区	180896	124976	4381	13405	29041		1186	7907
开福区	211356	163436	8888	7510	30411		1111	
株洲市小计	**1552931**	**665815**	**87711**	**232311**	**359231**	**25000**	**177221**	**5642**
本级	527912	215385	60742	26842	123400	20000	76468	5075
区县小计	1025019	450430	26969	205469	235831	5000	100753	567
株洲县	95733	31797	2751	26989	28531	1000	4665	
醴陵市	210233	90326	13509	37165	52975	1000	15258	
攸县	170513	60876	5423	35229	39103	1000	28654	228
茶陵县	156059	35433	2837	36124	44745	1000	35581	339
炎陵县	64635	19039	1878	15567	21187	1000	5964	
天元区	170718	133540		18299	11893		6986	
芦淞区	52124	25041	182	13051	11171		2679	
荷塘区	46045	21625	171	11792	11841		616	
石峰区	58959	32753	218	11253	14385		350	
湘潭市小计	**990364**	**387074**	**45942**	**177190**	**307652**	**20000**	**27270**	**9437**
本级	511943	204916	28566	70656	139482	20000	25556	6968
区县小计	478421	182158	17376	106534	168170		1714	2469
湘潭县	174883	59161	5476	46785	62126		13	1322
湘乡市	160638	49377	4870	42474	63653		264	
韶山市	34761	12403	1125	6061	14581		591	
雨湖区	55860	31822	3171	6057	14430		380	
岳塘区	52279	29395	2734	5157	13380		466	1147
衡阳市小计	**1773559**	**466127**	**65724**	**510962**	**505360**	**40000**	**155927**	**29370**
本级	541307	148359	35595	72477	143715	40000	83421	17740
区县小计	1232252	317768	30129	438485	361645		72506	11630
衡南县	167193	39809	4136	63364	47053		12831	
衡阳县	158832	27940	3659	71206	49662		6015	350

1－18－2　　　　　　　　　　　　　　　　　　　　　　　　　　　　单位:万元

地　　区	支出						年终结余	其中:净结余
	支出总计	其中:						
		本年支出	一般性转移支付上解	专项转移支付上解	安排预算稳定调节基金	调出资金		
地市县合计	**18101536**	**17767220**	**143098**	**149837**	**3040**	**20231**	**2296193**	**112813**
长沙市小计	**3276855**	**3140820**	**72003**	**56577**		**7156**	**264807**	**22717**
本级	1202800	1134526	47410	14565		6000	210647	4752
区县小计	2074055	2006294	24593	42012		1156	54160	17965
浏阳市	287397	280777	4482	1907		231	26796	428
宁乡县	254051	250890	1515	1542		104	638	638
长沙县	324619	312883	5440	5548		748	12990	12990
望城县	181372	179246	943	1110		73	8180	369
雨花区	229130	221361	177	7592			136	136
芙蓉区	211442	202510	4526	4406			930	930
天心区	196772	188484	2814	5474			1510	1187
岳麓区	178985	173387	891	4707			1911	218
开福区	210287	196756	3805	9726			1069	1069
株洲市小计	**1264860**	**1220985**	**33413**	**10042**		**420**	**288071**	**10862**
本级	382300	429991	25911	－73611		9	145612	1231
区县小计	882560	790994	7502	83653		411	142459	9631
株洲县	87680	85867	22	1713		78	8053	65
醴陵市	186536	178128	6048	2360			23697	1617
攸县	144343	140406	1431	2235		271	26170	
茶陵县	116896	115682	1	1213			39163	3173
炎陵县	54948	53936		1012			9687	222
天元区	156749	93880		62838		31	13969	3365
芦淞区	45472	41690		3782			6652	68
荷塘区	39469	36475		2963		31	6576	1121
石峰区	50467	44930		5537			8492	
湘潭市小计	**915737**	**874886**	**14552**	**7060**		**3440**	**74627**	**392**
本级	445220	422301	6525	－1972		2567	66723	7
区县小计	470517	452585	8027	9032		873	7904	385
湘潭县	172708	167944	1629	3135			2175	65
湘乡市	158896	152312	3904	1842		838	1742	
韶山市	33936	32956	185	795			825	
雨湖区	54048	51328	911	1774		35	1812	320
岳塘区	50929	48045	1398	1486			1350	
衡阳市小计	**1525847**	**1506442**	**6667**	**9609**	**3040**		**247712**	**8446**
本级	408137	410919	1699	－4481			133170	3486
区县小计	1117710	1095523	4968	14090	3040		114542	4960
衡南县	147131	145287		1844			20062	123
衡阳县	151394	149286	391	1717			7438	1886

1－18－3 单位:万元

地区	收入							
	收入总计	其中:						
		本年收入	返还性收入	一般性转移支付收入	专项转移支付收入	转贷财政部代理发行地方政府债券收入	上年结余	调入资金
衡山县	85899	21293	2302	31317	23955		7005	
衡东县	120193	24258	3362	44913	35746		11852	
常宁市	156937	46664	2325	54282	47200		6466	
祁东县	152920	24108	2399	64320	45895		15838	360
耒阳市	234071	80618	5103	75084	60655		1807	10804
南岳区	31132	15463	244	4999	6899		3527	
珠晖区	38786	9779	1521	10381	13018		4087	
雁峰区	28890	7253	1871	7286	11090		1390	
石鼓区	29223	10416	1718	5160	10607		1322	
蒸湘区	28176	10167	1489	6173	9865		366	116
邵阳市小计	**1604496**	**254822**	**53721**	**590597**	**510701**	**29000**	**161709**	**3946**
本级	359473	55079	26665	76505	113241	20000	67983	
区县小计	1245023	199743	27056	514092	397460	9000	93726	3946
双清区	42702	10587		15768	12352	500	3495	
大祥区	41643	9067		15548	12469	1000	3459	100
北塔区	21526	3949		8825	5579	1000	2028	145
邵东县	163558	36499	7331	55457	58921	900	3812	638
新邵县	126841	18200	2185	55232	41023	700	9482	19
隆回县	161925	22279	4973	70513	54619	900	8641	
洞口县	132462	19238	2704	60215	39000	700	10493	112
新宁县	117023	18794	1275	49140	33285	700	13764	65
邵阳县	155325	18254	2006	66965	50603	900	15631	966
绥宁县	82995	11201	2604	33344	27418	500	7928	
武冈市	131039	24393	2354	55289	39620	700	8683	
城步苗族自治县	67984	7282	1624	27796	22571	500	6310	1901
岳阳市小计	**1515192**	**436667**	**69957**	**394822**	**465944**	**20000**	**123821**	**3981**
本级	434820	199654	31362	53402	103157	10100	36519	626
区县小计	1080372	237013	38595	341420	362787	9900	87302	3355
汨罗市	163780	55492	7703	37587	45812	1000	16186	
平江县	167819	23390	4811	59119	70426	600	9473	
湘阴县	136797	25759	4363	46053	46940	600	13082	
临湘市	113089	21453	3435	38528	34515	1100	14058	
华容县	141705	23749	3873	51761	46688	1100	14534	
岳阳县	128391	20788	3360	50592	47069	600	2627	3355
岳阳楼区	86151	41835	5529	18488	17528	1800	971	
云溪区	51852	18255	4129	11905	12209	2600	2754	
君山区	90788	6292	1392	27387	41600	500	13617	
常德市小计	**1745308**	**511654**	**59151**	**458893**	**481261**	**25000**	**206860**	**2489**

1－18－4 单位:万元

地区	支出						年终结余	其中:净结余
	支出总计	其中:						
		本年支出	一般性转移支付上解	专项转移支付上解	安排预算稳定调节基金	调出资金		
衡山县	77536	76642	131	736			8363	
衡东县	101810	99816	224	1708			18383	759
常宁市	140030	138373	272	1385			16907	
祁东县	135059	130622	3752	685			17861	120
耒阳市	219932	218060	185	1687			14139	27
南岳区	26682	23453	1	188	3040		4450	58
珠晖区	36611	35818		793			2175	99
雁峰区	26805	25644	10	1151			2085	534
石鼓区	26682	25934	2	746			2541	1335
蒸湘区	28038	26588		1450			138	19
邵阳市小计	**1355853**	**1349964**	**598**	**4964**		**327**	**248643**	**－18625**
本级	257067	270016	－562	－12387			102406	－12898
区县小计	1098786	1079948	1160	17351		327	146237	－5727
双清区	38404	37813		548		43	4298	
大祥区	37032	36404		465		163	4611	
北塔区	18218	17271		947			3308	
邵东县	152436	148893	1096	2447			11122	
新邵县	111032	109296		1718		18	15809	
隆回县	152289	149427	1	2861			9636	－1815
洞口县	115908	114381	40	1487			16554	－2258
新宁县	98540	96881	13	1552		94	18483	－1654
邵阳县	137425	135687		1738			17900	
绥宁县	71227	70195		1032			11768	
武冈市	111366	109638		1728			19673	
城步苗族自治县	54909	54062	10	828		9	13075	
岳阳市小计	**1334743**	**1319123**	**4312**	**10600**		**108**	**180449**	**9420**
本级	376270	384917	－421	－8634		108	58550	4624
区县小计	958473	934206	4733	19234			121899	4796
汨罗市	141257	138263	1296	698			22523	1073
平江县	157949	156862	18	1069			9870	229
湘阴县	106728	104442	803	1483			30069	545
临湘市	92379	90485	841	1053			20710	252
华容县	118120	116107	681	1332			23585	105
岳阳县	128253	127971	41	941			138	138
岳阳楼区	85915	77312	4	8599			236	236
云溪区	46336	42358	12	3966			5516	2033
君山区	81536	80406	1037	93			9252	185
常德市小计	**1394338**	**1368056**	**7967**	**11764**		**6551**	**350970**	**38629**

一、一般预算

1－18－5

单位:万元

地区	收入							
	收入总计	其中:					上年结余	调入资金
		本年收入	返还性收入	一般性转移支付收入	专项转移支付收入	转贷财政部代理发行地方政府债券收入		
本级	558959	274851	28413	53603	92259	15000	94832	1
区县小计	1186349	236803	30738	405290	389002	10000	112028	2488
津市市	72313	19528	2970	21317	27335	1000	163	
安乡县	106509	14333	2028	47317	34447	800	7584	
汉寿县	135697	21384	2924	57917	50250	1300	1922	
澧县	176250	32849	4123	56396	58062	1500	23320	
临澧县	117206	18820	2902	33256	37075	800	22643	1710
桃源县	192854	30545	4246	63074	62806	1500	30683	
石门县	146932	31477	4344	47562	52575	1600	9374	
武陵区	78218	41161	2647	15413	17917		302	778
鼎城区	160370	26706	4554	63038	48535	1500	16037	
张家界市小计	**552227**	**120381**	**13112**	**166925**	**175400**	**10000**	**66409**	
本级	136494	42069	4223	25933	26811	5239	32219	
区县小计	415733	78312	8889	140992	148589	4761	34190	
永定区	104006	20121	2547	37038	38842	915	4543	
武陵源区	41685	17328	1371	5360	12466	1087	4073	
慈利县	148455	26854	3202	54126	53223	1757	9293	
桑植县	121587	14009	1769	44468	44058	1002	16281	
益阳市小计	**1179026**	**205965**	**40052**	**392685**	**361778**	**22000**	**149643**	**6370**
本级	296476	80081	13240	52480	87035	10000	49908	3711
区县小计	882550	125884	26812	340205	274743	12000	99735	2659
沅江市	143363	24743	4945	55734	44648	1800	11493	
南县	142747	15382	2873	59687	37066	1800	25427	
桃江县	140027	19803	4279	58024	47995	2200	7726	
安化县	186454	21636	4475	66289	61351	2200	27844	2659
资阳区	104775	14482	2529	40123	36942	1700	8999	
赫山区	165184	29838	7711	60348	46741	2300	18246	
永州市小计	**1274329**	**267889**	**41133**	**489289**	**418840**	**22000**	**24518**	**10660**
本级	244452	83618	20933	51304	66086	6800	15704	7
区县小计	1029877	184271	20200	437985	352754	15200	8814	10653
东安县	97297	17230	2259	44576	31181	1200	313	538
道县	108734	19082	1642	48024	37683	1200	192	911
宁远县	127357	20383	2233	54766	45794	1300	1387	1494
江永县	57576	9361	1340	24057	21274	1000	77	467
江华	86220	12510	1908	41985	27948	1000	4	865
蓝山县	69208	14785	1430	27142	24076	1000	775	
新田县	75315	12607	962	31782	27075	1000	1224	665
双牌县	48131	11130	1144	17450	18360	1000	－1550	597

1－18－6　　　　　　　　　　　　　　　　　　　　　　　　单位:万元

地　　区	支出						年终结余	其中:净结余
	支出总计	其中:						
		本年支出	一般性转移支付上解	专项转移支付上解	安排预算稳定调节基金	调出资金		
本级	385943	386176	1343	－8064		6488	173016	32561
区县小计	1008395	981880	6624	19828		63	177954	6068
津市市	72122	69605	1414	1103			191	191
安乡县	96710	95235	1	1464		10	9799	954
汉寿县	127529	125203	597	1729			8168	794
澧县	146261	143400	895	1966			29989	668
临澧县	85084	82956	128	2000			32122	423
桃源县	137889	134686	1100	2103			54965	1212
石门县	129940	127945	197	1776		22	16992	272
武陵区	77645	70438	1343	5833		31	573	573
鼎城区	135215	132412	949	1854			25155	981
张家界市小计	**467403**	**464708**	**57**	**2371**		**267**	**84824**	**130**
本级	92818	92005		787		26	43676	12
区县小计	374585	372703	57	1584		241	41148	118
永定区	99489	98846		514		129	4517	99
武陵源区	36930	36858		56		16	4755	19
慈利县	135174	134515	57	520		82	13281	
桑植县	102992	102484		494		14	18595	
益阳市小计	**989836**	**981056**	**2343**	**5323**		**581**	**189190**	**11097**
本级	226553	245781	－11501	－7838		90	69923	3195
区县小计	763283	735275	13844	13161		491	119267	7902
沅江市	134467	130889	1205	2334		39	8896	395
南县	111804	108803	684	1743		62	30943	1454
桃江县	129280	126893	467	1634		286	10747	629
安化县	154524	153036	117	1329		42	31930	897
资阳区	92325	89450	24	2837		14	12450	851
赫山区	140883	126204	11347	3284		48	24301	3676
永州市小计	**1243666**	**1235476**	**268**	**7337**		**585**	**30663**	**7493**
本级	228033	229804	82	－2068		215	16419	4621
区县小计	1015633	1005672	186	9405		370	14244	2872
东安县	96584	95368		1197		19	713	116
道县	107978	106979	25	909		65	756	756
宁远县	126891	125804	3	1070		14	466	163
江永县	57538	57066		472			38	38
江华	86133	85460		660		13	87	87
蓝山县	68909	68215		685		9	299	101
新田县	74852	74176		660		16	463	－1029
双牌县	49368	48928		424		16	－1237	－1237

1－18－7　　　　单位:万元

地　　区	收入							
	收入总计	其中:						
		本年收入	返还性收入	一般性转移支付收入	专项转移支付收入	转贷财政部代理发行地方政府债券收入	上年结余	调入资金
祁阳县	154143	27428	3297	67620	52672	1500	－17	1643
零陵区	103121	16194	2210	42461	33819	2500	5937	
冷水滩区	102775	23561	1775	38122	32872	2500	472	3473
郴州市小计	**1361787**	**488357**	**54406**	**331906**	**421836**	**26000**	**25019**	**14263**
本级	321029	139969	19165	27543	105605	18300	6947	3500
区县小计	1040758	348388	35241	304363	316231	7700	18072	10763
北湖区	100347	53850	3598	17694	23015	1900	290	
苏仙区	103529	46834	3397	18666	32207	1900	489	36
资兴市	130687	54165	7540	34945	31424	600	2013	
桂阳县	136353	50762	3724	36412	39281	600	1424	4150
永兴县	123535	46889	3298	33709	37803	600	936	300
宜章县	114899	32143	4821	34294	38223	600	4758	60
嘉禾县	68066	17885	1889	25359	19785	300	2848	
临武县	71204	18922	2571	22332	20626	300	253	6200
汝城县	72568	13300	2572	27704	27457	300	1235	
桂东县	46811	4699	842	19100	21752	300	101	17
安仁县	72759	8939	989	34148	24658	300	3725	
娄底市小计	**1034667**	**255395**	**40531**	**277134**	**337367**	**16000**	**103216**	**4534**
本级	267496	91725	12842	24325	71407	12700	53547	950
区县小计	767171	163670	27689	252809	265960	3300	49669	3584
娄星区	69138	20719	1949	19742	24770	500	174	1284
双峰县	162566	21310	4954	61111	63377	800	11014	
涟源市	183063	37685	7715	62575	65035	700	9353	
冷水江市	150174	55755	6983	36076	42229	500	8141	
新化县	202230	28201	6088	73305	70549	800	20987	2300
怀化市小计	**1302567**	**281081**	**48367**	**470711**	**425182**	**31000**	**41778**	**4448**
本级	267544	80252	23288	49928	72371	11000	26870	3835
区县小计	1035023	200829	25079	420783	352811	20000	14908	613
沅陵县	139681	29668	2613	46926	55067	4000	1407	
辰溪县	96905	22087	2946	39470	28030	2700	1672	
溆浦县	134650	24439	2770	59928	44560	1800	1153	
麻阳苗族自治县	74111	8686	1249	36464	25762	1000	950	
新晃侗族自治县	59994	6838	916	26874	22053	1000	2104	209
芷江侗族自治县	81948	14234	2109	31729	30555	1100	1965	256
鹤城区	71411	24366	1484	21896	19721	1500	2444	
中方县	58192	15386	391	23013	17743	1500	11	148
洪江市	130216	25056	5428	51383	45455	2100	794	
会同县	75385	12850	2023	32423	26075	1300	714	

1－18－8

单位：万元

地　区	支出 支出总计	其中： 本年支出	一般性转移支付上解	专项转移支付上解	安排预算稳定调节基金	调出资金	年终结余	其中：净结余
祁阳县	152315	150977	75	1237		26	1828	1822
零陵区	92556	91380		984		192	10565	1789
冷水滩区	102509	101319	83	1107			266	266
郴州市小计	**1320854**	**1312925**	**899**	**6491**		**239**	**40933**	**6912**
本级	312845	329215	－2323	－14047			8184	2437
区县小计	1008009	983710	3222	20538		239	32749	4475
北湖区	101870	98083	143	3644			－1523	－1523
苏仙区	93842	89619	185	4002		36	9687	207
资兴市	120371	117795	287	2205		84	10316	263
桂阳县	133731	128400	1124	4207			2622	137
永兴县	123414	121248	530	1636			121	121
宜章县	110961	108569	853	1479		60	3938	381
嘉禾县	65072	63911		819		42	2994	443
临武县	71065	69786		1279			139	126
汝城县	72148	71497	100	551			420	420
桂东县	46579	46284		278		17	232	139
安仁县	68956	68518		438			3803	3761
娄底市小计	**896376**	**889777**	**19**	**6090**			**138291**	**7652**
本级	196901	210922	－6314	－7707			70595	2765
区县小计	699475	678855	6333	13797			67696	4887
娄星区	67728	65080	10	2638			1410	1041
双峰县	140296	138295	541	1460			22270	487
涟源市	170643	166712	1918	2013			12420	1954
冷水江市	135166	125299	2902	6475			15008	324
新化县	185642	183469	962	1211			16588	1081
怀化市小计	**1262138**	**1254632**		**7165**		**341**	**40429**	**8622**
本级	256538	266710	－3257	－6964		49	11006	501
区县小计	1005600	987922	3257	14129		292	29423	8121
沅陵县	138511	136686	287	1471		67	1170	1170
辰溪县	92923	90857		2035		31	3982	1183
溆浦县	129643	126953	435	2223		32	5007	351
麻阳苗族自治县	73175	72205		960		10	936	302
新晃侗族自治县	57095	56301	222	561		11	2899	262
芷江侗族自治县	78552	77678		845		29	3396	728
鹤城区	64773	65433	3	－667		4	6638	705
中方县	57797	56544		1234		19	395	395
洪江市	128492	124247	1880	2329		36	1724	1724
会同县	74536	73041	261	1222		12	849	849

1－18－9　　　　　　　　　　　　　　　　　　　　　　　　　　　　　　　　单位:万元

地　　区	收入							
	收入总计	其　中:						
		本年收入	返还性收入	一般性转移支付收入	专项转移支付收入	转贷财政部代理发行地方政府债券收入	上年结余	调入资金
靖州苗族侗族自治县	59411	10635	1730	26024	19850	1000	172	
通道侗族自治县	53119	6584	1420	24653	17940	1000	1522	
湘西土家族苗族自治州小计	**969614**	**153458**	**31497**	**342516**	**314735**	**21000**	**106402**	**6**
本级	178095	25276	18712	53232	32647	2851	45371	6
区县小计	791519	128182	12785	289284	282088	18149	61031	
吉首市	110418	28658	1893	28500	31960	3024	16383	
泸溪县	90357	14034	1864	32549	35907	2409	3594	
凤凰县	100184	14772	617	39882	32336	1654	10923	
花垣县	101972	30508	3297	27229	34997	1722	4219	
保靖县	84110	12191	1520	32276	29936	2857	5330	
古丈县	52445	4006	572	22147	20371	1004	4345	
永顺县	117935	9890	887	51767	45894	2721	6776	
龙山县	134098	14123	2135	54934	50687	2758	9461	

1－18－10

单位:万元

地　　区	支出						年终结余	其中:净结余
	支出总计	其中:						
		本年支出	一般性转移支付上解	专项转移支付上解	安排预算稳定调节基金	调出资金		
靖州苗族侗族自治县	59101	57808	169	1089		35	310	310
通道侗族自治县	51002	50169		827		6	2117	142
湘西土家族苗族自治州小计	**853030**	**848370**		**4444**		**216**	**116584**	**－934**
本级	129380	141056	－3036	－8659		19	48715	2295
区县小计	723650	707314	3036	13103		197	67869	－3229
吉首市	89268	86030	192	2977		69	21150	528
泸溪县	90583	89740		822		21	－226	－1172
凤凰县	85166	82036	638	2483		9	15018	693
花垣县	96720	95525		1133		62	5252	244
保靖县	79712	78591		1099		22	4398	－466
古丈县	46549	46257		287		5	5896	－113
永顺县	111085	109315		1761		9	6850	－3323
龙山县	124567	119820	2206	2541			9531	380

2009年广东省地市县财政一般预算收支平衡表

1－19－1　　　　单位：万元

地区	收入							
	收入总计	其中：						
		本年收入	返还性收入	一般性转移支付收入	专项转移支付收入	转贷财政部代理发行地方政府债券收入	上年结余	调入资金
地市县合计	**46233319**	**29226360**	**3625322**	**2623712**	**4923450**	**450000**	**4135775**	**903389**
广州市小计	**10313643**	**7026527**	**1134020**	**81887**	**426841**	**41683**	**1540824**	**60543**
本级	4447200	3156266	576084	－134839	－113027	41683	920924	109
区县小计	5866443	3870261	557936	216726	539868		619900	60434
越秀区	558654	317248	79585	32351	59308		70162	
海珠区	436312	273658	41552	33471	42046		45585	
荔湾区	444591	271759	52446	28264	44457		47352	313
天河区	489757	314982	37275	19245	55141		63114	
白云区	456590	295055	35915	17377	49133		59110	
黄埔区	201220	97078	22125	17050	22635		30502	11830
花都区	516418	377737	36039	5130	41769		55743	
番禺区	765475	509214	119189	6183	49751		41183	38637
南沙区	345603	201884	6635	39288	13385		82770	1641
萝岗区	932114	741715	104865	9123	39331		30194	6886
从化市	264808	153363	9716	5317	68201		27084	1127
增城市	454901	316568	12594	3927	54711		67101	
深圳市小计	**11287761**	**8808168**	**1068105**	**30742**	**167459**		**344839**	**530623**
本级	6885361	5807353	696450	－371635	－74824		89909	400283
区县小计	4402400	3000815	371655	402377	242283		254930	130340
福田区	716706	466962	55818	51118	23054		89754	30000
罗湖区	565975	344188	26641	84626	84790		25730	
盐田区	202344	132038	20504	17075	5186		27541	
南山区	578253	384507	69453	56435	20820		31459	15579
宝安区	1312328	895189	112663	118643	58037		47660	80136
龙岗区	1026794	777931	86576	74480	50396		32786	4625
珠海市小计	**1405442**	**1014106**	**98218**	**27267**	**114666**	**6750**	**133051**	**9473**
本级	903575	664995	73087	24189	3735	6750	127905	1003
区县小计	501867	349111	25131	3078	110931		5146	8470
香洲区	222764	145929	12218	382	58887		4578	770
金湾区	120241	96148	6462	1248	15979		404	
斗门区	158862	107034	6451	1448	36065		164	7700
汕头市小计	**1088548**	**585353**	**90653**	**111568**	**233321**	**30465**	**27124**	**9406**
本级	390745	252124	55680	1701	35991	29059	11006	4876
区县小计	697803	333229	34973	109867	197330	1406	16118	4530
金平区	94868	52821	6974	8937	22707	519	2910	
龙湖区	88438	53088	4355	5472	18277		6901	345
澄海区	153425	86432	5192	20297	38983	160	695	1666
濠江区	43859	19391	1747	4798	17177	41	705	

1－19－2 单位:万元

地　　区	支出总计	本年支出	一般性转移支付上解	专项转移支付上解	安排预算稳定调节基金	调出资金	年终结余	其中:净结余
	支　出							
		其　中:						
地市县合计	**40961924**	**38478435**	**1298295**	**311416**	**364496**	**125891**	**5271395**	**1150294**
广州市小计	**8576699**	**7899155**	**259698**	**55749**	**309496**	**48130**	**1736944**	**457120**
本级	3576635	3179792	153842	－68985	300000	11986	870565	373009
区县小计	5000064	4719363	105856	124734	9496	36144	866379	84111
越秀区	455809	430420	11231	8632		5526	102845	320
海珠区	359819	331454	8393	16473		3499	76493	6817
荔湾区	382491	361307	5969	8086		6129	62100	40463
天河区	402736	376919	6217	13627		5240	87021	12188
白云区	388048	371388	6040	6482		4138	68542	128
黄埔区	162394	156584	1882	2954		974	38826	235
花都区	449595	431894	6362	7862		2477	66823	1320
番禺区	679989	641316	20217	12469		4669	85486	2276
南沙区	258099	237411	7682	2518	9496	992	87504	9356
萝岗区	893414	828600	22340	39974		2500	38700	10292
从化市	196418	191755	1761	2482			68390	328
增城市	371252	360315	7762	3175			83649	388
深圳市小计	**10827547**	**10008394**	**351551**	**92425**		**52910**	**460214**	**246737**
本级	6685680	6141621	347057	－130134			199681	19681
区县小计	4141867	3866773	4494	222559		52910	260533	227056
福田区	592828	566189	605	26034			123878	102881
罗湖区	540076	516113	512	23451			25899	25899
盐田区	199002	189270	769	8363			3342	3342
南山区	544964	514209	527	30228			33289	33289
宝安区	1281177	1155720	1041	74416		50000	31151	18671
龙岗区	983820	925272	1040	60067		2910	42974	42974
珠海市小计	**1277211**	**1213058**	**44855**	**13187**			**128231**	**38899**
本级	782113	811083	23107	－55188			121462	34413
区县小计	495098	401975	21748	68375			6769	4486
香洲区	216928	168933	5884	42111			5836	3553
金湾区	119627	100120	7211	12296			614	614
斗门区	158543	132922	8653	13968			319	319
汕头市小计	**1026418**	**993505**	**21694**	**10561**			**62130**	**1735**
本级	337981	324895	9914	2864			52764	121
区县小计	688437	668610	11780	7697			9366	1614
金平区	94378	93671	289	418			490	250
龙湖区	88110	86325	1543	242			328	318
澄海区	150521	145655	3457	1409			2904	388
濠江区	43495	41878	1239	378			364	124

1－19－3

单位:万元

地区	收入							
	收入总计	其中:					上年结余	调入资金
		本年收入	返还性收入	一般性转移支付收入	专项转移支付收入	转贷财政部代理发行地方政府债券收入		
朝阳区	161138	68392	9148	35672	45502	55	2150	219
潮南区	128902	48290	6538	27384	41969	601	1820	2300
南澳县	27173	4815	1019	7307	12715	30	937	
佛山市小计	**3526228**	**2546988**	**343307**	**28973**	**198659**	**13676**	**394625**	
本级	500252	256451	78488	－69170	35735	13676	185072	
区县小计	3025976	2290537	264819	98143	162924		209553	
禅城区	414564	256687	22921	73603	26676		34677	
南海区	1147194	858448	96229	12699	52316		127502	
顺德区	1108704	892899	112515	6411	55580		41299	
高明区	140515	118005	7157	1842	11502		2009	
三水区	214999	164498	25997	3588	16850		4066	
韶关市小计	**1071785**	**407094**	**69470**	**150571**	**292963**	**17708**	**133818**	**161**
本级	445725	198999	39569	11531	100690	13549	81278	109
区县小计	626060	208095	29901	139040	192273	4159	52540	52
浈江区	47721	17533	1779	5717	16715	721	5256	
武江区	36823	17654	1160	2672	12642		2695	
曲江区	81154	38914	5225	12403	22496	186	1930	
乐昌市	87640	23861	2849	24778	28261		7891	
南雄市	73132	22621	9397	16381	22831	914	988	
仁化县	61106	26703	2721	9338	17151		5193	
始兴县	48409	12736	1194	14976	14427	491	4533	52
翁源县	66629	12686	2162	21903	24225	1000	4653	
新丰县	51055	11608	1427	16646	15004	170	6200	
乳源瑶族自治县	72391	23779	1987	14226	18521	677	13201	
河源市小计	**918372**	**201839**	**26857**	**266670**	**258748**	**22486**	**128014**	**13758**
本级	249892	63959	5627	22436	47479	6331	91603	12457
区县小计	668480	137880	21230	244234	211269	16155	36411	1301
源城区	66595	28652	1659	15166	18533	1947	638	
东源县	132806	26045	3675	46128	48969	3735	4224	30
和平县	99971	11525	3458	41539	30543	4990	6860	1056
龙川县	143339	24411	5733	63971	44254	1794	3176	
紫金县	130665	20851	4319	46667	40039	2884	15905	
连平县	95104	26396	2386	30763	28931	805	5608	215
梅州市小计	**1072405**	**307699**	**76070**	**239285**	**322108**	**20749**	**60301**	**46193**
本级	278137	112376	19778	－25141	79607	15815	54352	21350
区县小计	794268	195323	56292	264426	242501	4934	5949	24843
梅江区	53583	20399	3862	15767	10857	55	432	2211
兴宁市	148943	26174	8139	56955	47718	2041	859	7057

1-19-4 单位:万元

地区	支出						年终结余	其中:净结余
	支出总计	其中:						
		本年支出	一般性转移支付上解	专项转移支付上解	安排预算稳定调节基金	调出资金		
朝阳区	159377	153149	1686	4542			1761	168
潮南区	126227	122158	3515	554			2675	228
南澳县	26329	25774	51	154			844	138
佛山市小计	**2977670**	**2669855**	**221969**	**15603**	**55000**	**12023**	**548558**	**107986**
本级	268354	394143	29282	-212104	55000	2033	231898	85512
区县小计	2709316	2275712	192687	227707		9990	316660	22474
禅城区	363659	344282	15053	926		1182	50905	42
南海区	940632	796806	62343	74117		7366	206562	1804
顺德区	1055133	832320	97636	125177			53571	19522
高明区	136350	118887	6300	11163			4165	516
三水区	213542	183417	11355	16324		1442	1457	590
韶关市小计	**907439**	**885895**	**12016**	**7883**			**164346**	**10856**
本级	354471	356451	10100	-12080			91254	4045
区县小计	552968	529444	1916	19963			73092	6811
浈江区	41728	38845	-301	3184			5993	549
武江区	33444	31646	-339	2137			3379	311
曲江区	75432	67638	3897	3897			5722	2416
乐昌市	73567	71603	-290	2004			14073	168
南雄市	70466	65858	2623	1735			2666	111
仁化县	57420	55112	264	1749			3686	
始兴县	42656	41981	-745	1278			5753	125
翁源县	58122	57561	-1156	1334			8507	2830
新丰县	41779	41660	-1013	1078			9276	136
乳源瑶族自治县	58354	57540	-1024	1567			14037	165
河源市小计	**805450**	**792403**	**4146**	**5848**		**250**	**112922**	**9712**
本级	195901	190423	2915	2313		250	53991	50
区县小计	609549	601980	1231	3535			58931	9662
源城区	64909	63517	602	790			1686	1686
东源县	126286	124345	415	616			6520	1176
和平县	92561	91615	13	353			7410	988
龙川县	133609	132224	194	790			9730	4897
紫金县	104726	103850	7	497			25939	787
连平县	87458	86429		489			7646	128
梅州市小计	**986959**	**972618**	**2632**	**6685**			**85446**	**1910**
本级	199994	199588	-1431	1837			78143	138
区县小计	786965	773030	4063	4848			7303	1772
梅江区	53284	50957	2046	281			299	80
兴宁市	147802	145916	215	802			1141	156

1－19－5

单位:万元

地区	收入							
	收入总计	其中:					上年结余	调入资金
		本年收入	返还性收入	一般性转移支付收入	专项转移支付收入	转贷财政部代理发行地方政府债券收入		
梅县	134079	54866	14397	24537	33959	391	880	5049
平远县	59232	13393	3872	14577	23696	194	696	2804
蕉岭县	61248	21493	5882	9804	18683	197	687	4502
大埔县	91689	24585	6547	30035	27654	1025	893	950
丰顺县	100437	19368	6094	42164	29601	268	672	2270
五华县	145057	15045	7499	70587	50333	763	830	
惠州市小计	**1680012**	**1015651**	**52916**	**109691**	**252370**	**26730**	**191593**	**31061**
本级	736620	507529	30637	18737	33396	15013	131308	
区县小计	943392	508122	22279	90954	218974	11717	60285	31061
惠城区	230580	161722	7649	9733	37820	1254	12308	94
惠阳区	168450	117189	4463	10054	31760	788	4196	
惠东县	198059	76063	1881	29144	52066	714	12404	25787
博罗县	247245	123769	4011	24254	67929	6630	19372	1280
龙门县	99058	29379	4275	17769	29399	2331	12005	3900
汕尾市小计	**712165**	**197136**	**20121**	**111662**	**186921**	**13829**	**165622**	**16860**
本级	209336	52854	5216	－7490	68568	8129	75993	6055
区县小计	502829	144282	14905	119152	118353	5700	89629	10805
城区	65932	21996	1921	11113	13619	150	17130	
陆丰市	188573	54893	4720	50581	49102	3050	26227	
海丰县	181045	55228	6253	34416	39221	2350	32772	10805
陆河县	67279	12165	2011	23042	16411	150	13500	
东莞市小计	**2678815**	**2311556**	**120944**	**12444**	**124053**	**14342**	**95476**	
本级	2678815	2311556	120944	12444	124053	14342	95476	
中山市小计	**1504810**	**1104409**	**75695**	**9816**	**110040**	**26657**	**175672**	**9**
本级	1504810	1104409	75695	9816	110040	26657	175672	9
江门市小计	**1297380**	**836323**	**98993**	**38785**	**203249**	**33768**	**65601**	**20661**
本级	263700	184799	27094	3837	11000	11163	21193	4614
区县小计	1033680	651524	71899	34948	192249	22605	44408	16047
蓬江区	140409	93620	10053	590	31180	2337	2629	
江海区	50730	32155	3676	206	11331	3000	362	
新会区	285483	186862	20022	2890	41889	14000	13618	6202
台山市	182996	116659	10385	7148	36812	768	8224	3000
开平市	141354	91986	12929	3318	26410		5328	1383
鹤山市	131033	94187	9807	2327	12969	2500	6281	2962
恩平市	101675	36055	5027	18469	31658		7966	2500
阳江市小计	**613370**	**201553**	**25689**	**111690**	**233420**	**21067**	**9133**	**10803**
本级	236791	88361	6369	12556	101752	18077	1258	8403
区县小计	376579	113192	19320	99134	131668	2990	7875	2400

1－19－6　　单位:万元

地　区	支出：支出总计	其中：本年支出	其中：一般性转移支付上解	其中：专项转移支付上解	其中：安排预算稳定调节基金	调出资金	年终结余	其中：净结余
梅县	132880	130192	409	1472			1199	482
平远县	58623	57800	100	318			609	139
蕉岭县	60357	59519	27	412			891	118
大埔县	90354	88803	285	525			1335	308
丰顺县	99568	97553	770	531			869	299
五华县	144097	142290	211	507			960	190
惠州市小计	**1406305**	**1347527**	**36251**	**6601**		**11134**	**273707**	**10140**
本级	552741	548269	16728	－23390		11134	183879	7997
区县小计	853564	799258	19523	29991			89828	2143
惠城区	214062	187282	9553	17227			16518	200
惠阳区	158289	150132	3719	3538			10161	396
惠东县	185295	178769	2326	2938			12764	443
博罗县	217111	206585	3876	4520			30134	233
龙门县	78807	76490	49	1768			20251	871
汕尾市小计	**542803**	**532082**	**2714**	**5300**			**169362**	**2052**
本级	135130	132547	165	2407			74206	438
区县小计	407673	399535	2549	2893			95156	1614
城区	54512	52720	1287	502			11420	769
陆丰市	162532	160280	178	1119			26041	474
海丰县	139301	135813	934	1025			41744	208
陆河县	51328	50722	150	247			15951	163
东莞市小计	**2461104**	**2326216**	**121255**	**13633**			**217711**	**125825**
本级	2461104	2326216	121255	13633			217711	125825
中山市小计	**1285775**	**1179019**	**92240**	**11516**			**219035**	**82156**
本级	1285775	1179019	92240	11516			219035	82156
江门市小计	**1211017**	**1110750**	**80561**	**12950**			**86363**	**11421**
本级	240120	220223	17242	2655			23580	2300
区县小计	970897	890527	63319	10295			62783	9121
蓬江区	135026	124187	7164	1619			5383	630
江海区	47447	45009	1984	454			3283	233
新会区	261277	239201	15399	1977			24206	4015
台山市	174930	161149	12056	1725			8066	2621
开平市	133241	119632	11264	2345			8113	944
鹤山市	124048	111488	11193	1367			6985	326
恩平市	94928	89861	4259	808			6747	352
阳江市小计	**574718**	**566367**	**2732**	**4695**			**38652**	**957**
本级	204231	205368	－3226	2074			32560	512
区县小计	370487	360999	5958	2621			6092	445

1－19－7　　　　单位:万元

地　区	收　入							
	收入总计	其　中:						
		本年收入	返还性收入	一般性转移支付收入	专项转移支付收入	转贷财政部代理发行地方政府债券收入	上年结余	调入资金
江城区	69024	19454	5367	10878	32177	250	598	300
阳春市	130697	36806	8244	41704	41157	340	2446	
阳东县	97998	42821	3232	22318	27420	250	1957	
阳西县	78860	14111	2477	24234	30914	2150	2874	2100
湛江市小计	**1630594**	**526512**	**82640**	**268525**	**372326**	**29207**	**261228**	**90069**
本级	769942	300425	62014	16815	101316	29207	179969	80109
区县小计	860652	226087	20626	251710	271010		81259	9960
赤坎区	46757	25819	1873	3284	11904		3877	
霞山区	61196	30810	1518	5233	19119		4516	
麻章区	42402	17885	1869	4775	17757		93	23
坡头区	40918	12719	1987	6617	19406		146	43
雷州市	161795	27839	1214	52315	47626		31271	1530
廉江市	164003	36635	3911	61264	55262		2114	4817
吴川市	131145	28395	5123	39181	29327		28594	525
遂溪县	109050	26206	770	41536	39642		869	27
徐闻县	103386	19779	2361	37505	30967		9779	2995
茂名市小计	**1104738**	**417044**	**40446**	**232573**	**306902**	**19280**	**70038**	**17785**
本级	385713	206843	16737	12102	69505	10000	60791	9585
区县小计	719025	210201	23709	220471	237397	9280	9247	8200
茂南区	72719	30484	2678	10363	27914	700	460	
茂港区	49386	13582	1242	8004	24526	580	677	625
信宜市	143318	38767	3642	55385	42393	1500	760	871
高州市	169247	49121	6379	53503	50312	3000	2356	4576
化州市	141986	36970	4673	52942	41920	2000	1539	1692
电白县	142369	41277	5095	40274	50332	1500	3455	436
肇庆市小计	**1156361**	**559151**	**52398**	**138489**	**261453**	**23589**	**92967**	**28314**
本级	361292	157298	15352	13076	74620	8789	73976	18181
区县小计	795069	401853	37046	125413	186833	14800	18991	10133
端州区	82305	58500	5169	3893	12102	2300	341	
鼎湖区	35856	20023	1449	3226	10199	800	131	28
四会市	129555	80913	4698	10592	25877	3000	4475	
高要市	169065	107833	6677	16157	26465	3800	6770	1363
广宁县	84109	31026	4246	19369	24545	1100	1772	2051
德庆县	79043	32237	4093	16041	24083	1200	1383	6
封开县	82082	28993	6219	19074	22674	1000	1742	2380
怀集县	133054	42328	4495	37061	40888	1600	2377	4305
清远市小计	**1207263**	**500355**	**39254**	**244492**	**292020**	**25123**	**105331**	**387**
本级	289028	141262	9650	21035	29194	19623	67622	341

1－19－8　　　　　　　　　　　　　　　　　　　　单位：万元

地　　区	支　　出						年终结余	其中：净结余
	支出总计	其　中：						
		本年支出	一般性转移支付上解	专项转移支付上解	安排预算稳定调节基　金	调出资金		
江城区	68283	66364	1576	343			741	68
阳春市	129071	126347	1152	1067			1626	138
阳东县	97180	94436	1678	762			818	101
阳西县	75953	73852	1552	449			2907	138
湛江市小计	**1260449**	**1232697**	**9637**	**16699**			**370145**	**8334**
本级	484856	495565	4549	－15345			285086	3135
区县小计	775593	737132	5088	32044			85059	5199
赤坎区	45014	40080	392	4542			1743	133
霞山区	57008	50067	429	6512			4188	164
麻章区	42059	37410	713	3936			343	50
坡头区	40551	36327	241	3983			367	367
雷州市	131454	127547	746	2861			30341	145
廉江市	163244	158118	1372	3354			759	87
吴川市	95835	92681	314	2612			35310	3547
遂溪县	107997	104986	526	2377			1053	620
徐闻县	92431	89916	355	1867			10955	86
茂名市小计	**995322**	**982755**	**5172**	**5781**			**109416**	**1148**
本级	288946	289411	10667	－11282			96767	189
区县小计	706376	693344	－5495	17063			12649	959
茂南区	72148	70500	－1293	2821			571	
茂港区	48955	47110	－142	1837			431	81
信宜市	140854	137903	－1795	4746			2464	150
高州市	165084	160204	－70	4482			4163	410
化州市	141083	139699	－842	1500			903	156
电白县	138252	137928	－1353	1677			4117	162
肇庆市小计	**1085987**	**1069336**	**4526**	**6473**			**70374**	**3852**
本级	307136	314457	1846	－9167			54156	1116
区县小计	778851	754879	2680	15640			16218	2736
端州区	81061	77797	472	2792			1244	82
鼎湖区	35262	33663	285	1314			594	83
四会市	125858	121438	534	2802			3697	509
高要市	167653	160619	1158	4341			1412	1209
广宁县	82825	81137		1033			1284	180
德庆县	78344	76536	181	1006			699	210
封开县	78719	77084	31	884			3363	230
怀集县	129129	126605	19	1468			3925	233
清远市小计	**1019050**	**1000529**	**5141**	**7569**			**188213**	**6087**
本级	181295	186708	2338	－8052			107733	100

1－19－9

单位:万元

地区	收入							
	收入总计	其中:					上年结余	调入资金
		本年收入	返还性收入	一般性转移支付收入	专项转移支付收入	转贷财政部代理发行地方政府债券收入		
区县小计	918235	359093	29604	223457	262826	5500	37709	46
清城区	196354	77509	3083	24857	85508		5397	
英德市	213194	83918	5583	51096	52110	2500	17987	
连州市	97352	38552	4659	29277	22837		2027	
佛冈县	96374	48838	3812	17058	18878		7788	
清新县	137679	58445	4510	41632	30277	500	2315	
连山壮族瑶族自治县	35178	7016	1700	13441	12542		479	
连南瑶族自治县	43664	12547	2201	15110	13347		459	
阳山县	98440	32268	4056	30986	27327	2500	1257	46
潮州市小计	**529812**	**182457**	**32537**	**94000**	**158569**	**20132**	**40974**	**1143**
本级	221832	90694	11129	4423	60219	20132	34735	500
区县小计	307980	91763	21408	89577	98350		6239	643
湘桥区	38057	16410	4275	5757	10051		1113	451
饶平县	122014	23571	8531	42662	44682		2391	177
潮安县	147909	51782	8602	41158	43617		2735	15
揭阳市小计	**917266**	**288656**	**52461**	**193566**	**254908**	**27728**	**92253**	**7694**
本级	239999	88199	15686	11184	68780	3261	50580	2309
区县小计	677267	200457	36775	182382	186128	24467	41673	5385
榕城区	64659	33874	3633	8664	18056		432	
普宁市	208197	79542	16043	39992	52649	11687	6496	1788
揭东县	133835	48153	8367	29505	37283	4080	3957	2490
揭西县	123104	17122	5407	52115	31475		16321	664
惠来县	147472	21766	3325	52106	46665	8700	14467	443
云浮市小计	**516549**	**187783**	**24528**	**121016**	**152454**	**15031**	**7291**	**8446**
本级	105891	48246	6978	4617	38871	4963	716	1500
区县小计	410658	139537	17550	116399	113583	10068	6575	6946
云城区	44862	19406	1889	8786	13300	895	586	
罗定市	132149	34716	5135	43998	38345	3653	629	5673
新兴县	103365	45523	5422	19176	26267	4188	2257	532
郁南县	74971	19962	4376	25982	20216	928	2766	741
云安县	55311	19930	728	18457	15455	404	337	

1－19－10

单位:万元

地区	支出：支出总计	支出：其中：本年支出	支出：其中：一般性转移支付上解	支出：其中：专项转移支付上解	支出：其中：安排预算稳定调节基金	支出：其中：调出资金	年终结余	其中：净结余
区县小计	837755	813821	2803	15621			80480	5987
清城区	149680	142962	237	6481			46674	80
英德市	204747	200497	294	2048			8447	333
连州市	95255	93835	53	772			2097	120
佛冈县	88185	85854	813	653			8189	69
清新县	126446	119183	1406	4357			11233	5029
连山壮族瑶族自治县	34416	34185		231			762	102
连南瑶族自治县	43020	42719		301			644	126
阳山县	96006	94586		778			2434	128
潮州市小计	**455501**	**442984**	**6629**	**3762**		**596**	**74311**	**1495**
本级	153893	150078	3187	32		596	67939	223
区县小计	301608	292906	3442	3730			6372	1272
湘桥区	36618	34120	719	1779			1439	119
饶平县	118756	116632	768	826			3258	168
潮安县	146234	142154	1955	1125			1675	985
揭阳市小计	**784597**	**767873**	**11532**	**4145**		**247**	**132669**	**1007**
本级	171953	170210	3985	-2489		247	68046	422
区县小计	612644	597663	7547	6634			64623	585
榕城区	58352	54184	2010	2158			6307	181
普宁市	194437	188607	3799	1531			13760	103
揭东县	123795	120678	1568	1549			10040	89
揭西县	104117	103044	107	666			18987	120
惠来县	131943	131150	63	730			15529	92
云浮市小计	**493903**	**485417**	**1344**	**4351**		**601**	**22646**	**20865**
本级	94926	93936		513		477	10965	10965
区县小计	398977	391481	1344	3838		124	11681	9900
云城区	43052	42179	120	611			1810	1810
罗定市	129569	127015	488	1161			2580	2580
新兴县	102180	99831	726	932			1185	1185
郁南县	69902	68881		690		124	5069	3288
云安县	54274	53575	10	444			1037	1037

一、一般预算

2009年广西壮族自治区地市县财政一般预算收支平衡表

1－20－1　　　　　　　　　　　　　　　　　　　　单位：万元

地区	收入							
	收入总计	其中：						
		本年收入	返还性收入	一般性转移支付收入	专项转移支付收入	转贷财政部代理发行地方政府债券收入	上年结余	调入资金
地市县合计	**15116980**	**4686147**	**1157508**	**3486557**	**3756552**	**510000**	**1491507**	**27609**
南宁市小计	**2480737**	**1204628**	**226307**	**363703**	**393007**	**80000**	**212192**	
本级	1218508	760772	113346	－15477	178988	63131	116848	
区县小计	1262229	443856	112961	379180	214019	16869	95344	
兴宁区	55320	30937	11193	12186	6000	49	－5045	
青秀区	119507	92725	14832	12413	6941	70	－7474	
江南区	55835	22299	8957	13379	7968	120	3112	
西乡塘区	86098	34360	13097	25248	12168	200	1025	
良庆区	43036	14342	5572	16173	7098	233	－382	
邕宁区	53927	4948	5063	27886	8957	47	7026	
武鸣县	118827	29666	14038	34134	26624	2794	11571	
横县	173141	46013	10687	58899	41680	5459	10403	
宾阳县	143303	35551	9121	55326	30367	687	12251	
上林县	110561	12727	2547	42817	23098	1383	27989	
马山县	86008	10374	2472	46633	17250	1449	7830	
隆安县	81454	12440	4012	32207	22227	4376	6192	
高新区	67783	49497	7695	724	1815		8052	
经开区	33895	26327	2333	341	586		4308	
华侨区	16067	10730	1104	1353	1100	2	1778	
相思湖区	8153	7444		25			684	
风景区	9314	3476	238	－564	140		6024	
柳州市小计	**1561327**	**614148**	**193806**	**249983**	**295962**	**50000**	**157428**	
本级	779245	398418	142705	6622	75788	40000	115712	
区县小计	782082	215730	51101	243361	220174	10000	41716	
柳江县	103471	30390	9883	22078	32596	3100	5424	
柳城县	93390	12967	8117	30160	34340	1000	6806	
鹿寨县	98141	22794	7850	26996	30473	3000	7028	
融安县	81863	10425	3489	34359	24316	1000	8274	
三江县	93130	8042	1771	36395	37961	900	8061	
融水县	109690	12157	4280	42992	47254	1000	2007	
城中区	33388	22111	2545	6930	1751		51	
鱼峰区	34299	21427	2420	7667	2702		83	
柳南区	58315	33722	3110	16050	3528		1905	
柳北区	47474	26332	3393	12685	4888		176	
高新开发区	18407	10195	3030	4174	285		723	
阳和工业新区	10514	5168	1213	2875	80		1178	
桂林市小计	**1833573**	**551498**	**155568**	**389560**	**441298**	**60000**	**235649**	
本级	468244	192911	62916	13696	100058	15949	82714	

1-20-2

单位：万元

地区	支出						年终结余	其中：净结余
	支出总计	其中：						
		本年支出	一般性转移支付上解	专项转移支付上解	安排预算稳定调节基金	调出资金		
地市县合计	**12844076**	**12484795**	**130076**	**167373**		**40732**	**2272904**	**240178**
南宁市小计	**2157614**	**2035519**	**39827**	**31368**		**30000**	**323123**	**59468**
本级	1047344	985840	18282	-7678		30000	171164	29988
区县小计	1110270	1049679	21545	39046			151959	29480
兴宁区	63362	52488	5823	5051			-8042	-11853
青秀区	116925	93810	10200	12915			2582	-160
江南区	50783	45027	2406	3350			5052	3733
西乡塘区	83107	76143	129	6835			2991	-4231
良庆区	43360	40789	1227	1344			-324	-5749
邕宁区	50520	47745	819	1956			3407	2469
武鸣县	100697	99967	42	688			18130	4471
横县	156422	155060	69	1293			16719	1457
宾阳县	118729	117633		1096			24574	2255
上林县	65972	65509		463			44589	19569
马山县	71746	71294		452			14262	2162
隆安县	70868	70296		572			10586	484
高新区	64182	61339	723	2120			3601	3027
经开区	24585	24147	76	362			9310	9149
华侨区	15014	14782	31	201			1053	3
相思湖区	6198	5866		332			1955	1411
风景区	7800	7784		16			1514	1283
柳州市小计	**1364757**	**1274760**	**54745**	**27999**		**7253**	**196570**	**23561**
本级	656607	580216	54726	16259		5406	122638	15678
区县小计	708150	694544	19	11740		1847	73932	7883
柳江县	94230	92817	13	1400			9241	797
柳城县	76556	75711		845			16834	2223
鹿寨县	86769	85596		1173			11372	64
融安县	70403	69689	3	711			11460	213
三江县	81485	81011	3	471			11645	-493
融水县	101601	100835		766			8089	2145
城中区	33192	31680		1171		341	196	184
鱼峰区	34100	32616		1134		350	199	163
柳南区	56064	53983		1605		476	2251	
柳北区	47342	45812		1032		498	132	132
高新开发区	17075	15606		1310		159	1332	1332
阳和工业新区	9333	9188		122		23	1181	1123
桂林市小计	**1454076**	**1417138**	**18245**	**16350**		**2343**	**379497**	**122720**
本级	348686	373872	-22939	-4590		2343	119558	28987

1－20－3

单位:万元

地区	收入							
	收入总计	其中:					上年结余	调入资金
		本年收入	返还性收入	一般性转移支付收入	专项转移支付收入	转贷财政部代理发行地方政府债券收入		
区县小计	1365329	358587	92652	375864	341240	44051	152935	
临桂县	147274	50699	7825	27186	28876	2591	30097	
阳朔县	85731	23083	2745	28316	23253	2100	6234	
灵川县	106499	38806	9136	19884	19535	2582	16556	
全州县	141539	21033	7506	48343	51469	3818	9370	
兴安县	112270	32125	6267	27691	31920	3471	10796	
永福县	86095	17769	4661	23238	30831	1700	7896	
荔浦县	98476	22225	6676	31025	25490	2360	10700	
平乐县	85058	11733	3570	35415	24638	1000	8702	
恭城县	94528	14759	3678	30522	28440	1628	15501	
灌阳县	68316	10975	2334	30350	22555	950	1152	
龙胜县	71086	9994	3112	26170	23609	1200	7001	
资源县	53007	6586	1518	27917	15245	450	1291	
秀峰区	38337	20013	5565	1743	2096	5500	3420	
象山区	56722	33366	9582	2283	2807	4000	4684	
叠彩区	22911	11131	3651	1535	2022	3451	1121	
七星高新区	82415	31538	13549	8827	4389	6250	17862	
雁山区	15065	2752	1277	5419	4065	1000	552	
梧州市小计	**769971**	**234922**	**61544**	**223498**	**181813**	**40000**	**24896**	**3298**
本级	233500	102323	26031	12028	45056	23000	21764	3298
区县小计	536471	132599	35513	211470	136757	17000	3132	
岑溪市	138815	34576	8378	54440	36853	4000	568	
苍梧县	119977	26222	5091	51956	30389	4000	2319	
藤县	147986	33816	7706	55567	43947	5000	1950	
蒙山县	54941	10381	2609	25108	15247	2000	－404	
万秀区	16829	5330	3666	7159	2612	500	－2438	
蝶山区	22246	8124	3919	5823	3765	500	115	
长洲区	25126	10738	3455	5706	3944	1000	283	
工业园区	10551	3412	689	5711			739	
北海市小计	**644230**	**172227**	**42711**	**97767**	**176125**	**40000**	**115033**	**367**
本级	309792	102562	22788	23755	67285	27792	65243	367
区县小计	334438	69665	19923	74012	108840	12208	49790	
合浦县	235026	21873	10551	57870	85226	11000	48506	
海城区	33977	19832	4354	4885	5665	296	－1055	
银海区	32667	15576	3238	5771	5845	269	1968	
铁山港区	32768	12384	1780	5486	12104	643	371	
防城港市小计	**488090**	**184676**	**31207**	**63239**	**123104**	**30000**	**55564**	**300**
本级	156911	67146	13317	10146	28210	17859	20233	

1-20-4

单位:万元

地区	支出						年终结余	其中：净结余
	支出总计	其中：						
		本年支出	一般性转移支付上解	专项转移支付上解	安排预算稳定调节基金	调出资金		
区县小计	1105390	1043266	41184	20940			259939	93733
临桂县	99699	98827	11	861			47575	34313
阳朔县	72875	72330		545			12856	2608
灵川县	81431	79952	506	973			25068	8299
全州县	125677	124479		1198			15862	157
兴安县	86446	85456	35	955			25824	3382
永福县	65793	65139	6	648			20302	3034
荔浦县	77484	76742	79	663			20992	2237
平乐县	71469	70825	16	628			13589	143
恭城县	74971	74395		576			19557	10243
灌阳县	65671	65195		476			2645	1037
龙胜县	60028	59654		374			11058	943
资源县	50885	50589		296			2122	249
秀峰区	30194	20960	7566	1668			8143	4013
象山区	44752	27170	14762	2820			11970	9073
叠彩区	20170	15675	3440	1055			2741	3
七星高新区	63905	42859	14083	6963			18510	13997
雁山区	13940	13019	680	241			1125	2
梧州市小计	**731480**	**720751**	**543**	**9221**		**965**	**38491**	**-4997**
本级	206719	205458	-1055	1351		965	26781	-490
区县小计	524761	515293	1598	7870			11710	-4507
岑溪市	134088	132088	63	1937			4727	-150
苍梧县	115512	113682		1830			4465	-1200
藤县	146148	143918		2230			1838	-438
蒙山县	54141	53509	9	623			800	-845
万秀区	19151	18391	94	666			-2322	-2322
蝶山区	20976	19675	878	423			1270	117
长洲区	24526	23892	512	122			600	76
工业园区	10219	10138	42	39			332	255
北海市小计	**529822**	**509923**	**12417**	**7482**			**114408**	**-19414**
本级	227780	230005	6897	-9122			82012	-6275
区县小计	302042	279918	5520	16604			32396	-13139
合浦县	202063	200456		1607			32963	301
海城区	35062	24839	3510	6713			-1085	-2342
银海区	32896	26346	1844	4706			-229	-6174
铁山港区	32021	28277	166	3578			747	-4924
防城港市小计	**404508**	**401032**	**355**	**3121**			**83582**	**3709**
本级	121139	120218	20	901			35772	903

1－20－5

单位：万元

地区	收入							
	收入总计	其中：					上年结余	调入资金
		本年收入	返还性收入	一般性转移支付收入	专项转移支付收入	转贷财政部代理发行地方政府债券收入		
区县小计	331179	117530	17890	53093	94894	12141	35331	300
港口区	57484	26121	2557	5484	11881	4199	7242	
防城区	119383	38110	5513	19234	35712	4934	15880	
东兴市	76820	32611	4674	6238	23640	2003	7354	300
上思县	77492	20688	5146	22137	23661	1005	4855	
钦州市小计	**772685**	**210135**	**40747**	**162949**	**233565**	**40000**	**74289**	**11000**
本级	228296	54350	16923	5209	62465	28000	50349	11000
区县小计	544389	155785	23824	157740	171100	12000	23940	
浦北县	134202	34715	6918	43850	42712	3000	3007	
灵山县	192669	47785	7951	64090	60869	3000	8974	
钦州港区	39451	30890	2053	2497	2423		1588	
钦南区	85812	20214	3294	22822	31669	3000	4813	
钦北区	92255	22181	3608	24481	33427	3000	5558	
贵港市小计	**930071**	**195250**	**55870**	**240724**	**238557**	**30000**	**169470**	
本级	252307	65036	31530	14016	47773	22780	70972	
区县小计	677764	130214	24340	226708	190784	7220	98498	
港北区	63944	19341	4020	19225	17161		4197	
港南区	71696	10252	1339	24619	28067	700	6719	
覃塘区	76207	14594	1649	26880	21566		11518	
平南县	201432	37366	7343	70510	58135	2100	25978	
桂平市	264485	48661	9989	85474	65855	4420	50086	
玉林市小计	**1151073**	**306117**	**93576**	**306310**	**339022**	**30000**	**67513**	**8535**
本级	228069	83344	44806	7647	43119	13000	35423	730
区县小计	923004	222773	48770	298663	295903	17000	32090	7805
容县	126542	28916	7470	41753	35334	3600	8887	582
陆川县	148848	29783	6226	52212	50312	2500	7685	130
博白县	224312	33762	7645	78923	80996	3600	12914	6472
兴业县	109259	25356	4178	36490	32769	1200	9066	200
北流市	179889	44835	12236	59307	61138	4100	－2127	400
玉州区	98458	49035	9471	17931	23001	1200	－2200	20
福绵区	35696	11086	1544	12047	12353	800	－2135	1
百色市小计	**1292802**	**285452**	**57982**	**385251**	**428925**	**20000**	**114216**	**976**
本级	153655	40659	18674	20497	50632	13000	9439	754
区县小计	1139147	244793	39308	364754	378293	7000	104777	222
右江区	71448	23650	5382	18321	19460	100	4535	
田阳县	91105	20751	5379	27949	31892	800	4112	222
田东县	146269	33042	6603	29509	59763	1200	16152	
平果县	135299	58994	4389	18276	36461	800	16379	

1－20－6　　单位:万元

地区	支出						年终结余	其中:净结余
	支出总计	其中:						
		本年支出	一般性转移支付上解	专项转移支付上解	安排预算稳定调节基金	调出资金		
区县小计	283369	280814	335	2220			47810	2806
港口区	51584	51253	110	221			5900	435
防城区	98518	97658	28	832			20865	98
东兴市	68793	67942	193	658			8027	1665
上思县	64474	63961	4	509			13018	608
钦州市小计	**670958**	**665057**	**283**	**5618**			**101727**	**6720**
本级	185082	204415	－63	－19270			43214	1756
区县小计	485876	460642	346	24888			58513	4964
浦北县	124640	123101		1539			9562	986
灵山县	172471	171220	17	1234			20198	3589
钦州港区	36914	17077	325	19512			2537	82
钦南区	71285	69749	4	1532			14527	130
钦北区	80566	79495		1071			11689	177
贵港市小计	**652981**	**642379**	**259**	**10143**			**277090**	**12347**
本级	152653	153445	－170	－822			99654	3291
区县小计	500328	488934	429	10965			177436	9056
港北区	58692	54745	52	3895			5252	－1267
港南区	56242	55648	20	574			15454	5284
覃塘区	55769	54380	64	1325			20438	3616
平南县	153997	151333	293	2371			47435	－207
桂平市	175628	172828		2800			88857	1630
玉林市小计	**983573**	**962090**	**2183**	**19300**			**167500**	**－25260**
本级	183241	178375	1672	3194			44828	1537
区县小计	800332	783715	511	16106			122672	－26797
容县	109142	107295	25	1822			17400	－365
陆川县	123040	121208	11	1821			25808	－455
博白县	174740	171454	9	3277			49572	－1012
兴业县	92382	91041		1341			16877	－3432
北流市	171227	167318	40	3869			8662	－10499
玉州区	93693	89796	424	3473			4765	－6386
福绵区	36108	35603	2	503			－412	－4648
百色市小计	**1123709**	**1114616**	**117**	**8976**			**169093**	**31663**
本级	135324	142540		－7216			18331	5204
区县小计	988385	972076	117	16192			150762	26459
右江区	65363	63649	12	1702			6085	－3738
田阳县	83159	81965	3	1191			7946	－598
田东县	120134	119068		1066			26135	2348
平果县	106992	98236	101	8655			28307	1663

1－20－7

单位:万元

地区	收入							
	收入总计	其中:					上年结余	调入资金
		本年收入	返还性收入	一般性转移支付收入	专项转移支付收入	转贷财政部代理发行地方政府债券收入		
德保县	87084	16466	3354	35519	24117	800	6828	
靖西县	148300	33955	2542	45256	45681	800	20066	
那坡县	67059	5018	881	31940	20903	200	8117	
凌云县	73023	4800	1081	34377	25616	500	6649	
乐业县	65230	4326	1007	33604	19043	200	7050	
田林县	93040	13827	2346	31684	39195	600	5388	
隆林县	101033	24687	5138	29528	34939	800	5941	
西林县	60257	5277	1206	28791	21223	200	3560	
贺州市小计	**568939**	**103901**	**31446**	**189806**	**153517**	**20000**	**68705**	**1564**
本级	146139	33078	13556	13508	41677	4000	38758	1562
区县小计	422800	70823	17890	176298	111840	16000	29947	2
昭平县	85780	9716	3399	37247	28624	4000	2794	
钟山县	99192	11285	3852	45618	23048	3500	11889	
富川县	82753	13141	2672	37976	20407	3000	5557	
八步区	98843	25363	5942	34587	22523	3000	7426	2
平桂管理区	56232	11318	2025	20870	17238	2500	2281	
河池市小计	**1080603**	**210426**	**71418**	**390936**	**321825**	**20000**	**64564**	**1434**
本级	136669	45110	18064	11940	33423	13000	15132	
区县小计	943934	165316	53354	378996	288402	7000	49432	1434
金城江区	65478	18008	4693	20931	16332		5514	
宜州市	106580	27250	10604	34504	30004	1200	3018	
罗城仫佬族自治县	88723	7919	3931	43067	30195	1100	2511	
环江毛南族自治县	79061	9232	5298	32627	27487	500	3517	400
南丹县	96673	34346	11526	14263	26147	2000	7357	1034
天峨县	69031	17835	3330	21769	19459	1200	5438	
凤山县	69949	4649	981	32692	26118	500	5009	
东兰县	82812	5367	2512	43686	27037	200	4010	
巴马瑶族自治县	72742	8636	2517	34740	22968		3881	
都安瑶族自治县	114212	13846	3792	58850	32987		4737	
大化瑶族自治县	98673	18228	4170	41867	29668	300	4440	
来宾市小计	**746644**	**204833**	**44419**	**206857**	**202121**	**20000**	**68414**	
本级	215493	91806	19689	9527	60088	6963	27420	
区县小计	531151	113027	24730	197330	142033	13037	40994	
来宾市兴宾区	137780	35329	5519	46799	36719	1190	12224	
象州县	92793	18622	4773	30111	26562	6281	6444	
武宣县	93628	22047	4902	32653	25628	1976	6422	
金秀瑶族自治县	47023	5071	1668	26738	12536	286	724	
忻城县	96525	15466	3918	40091	29762	2022	5266	

1－20－8 单位:万元

地区	支出						年终结余	其中：净结余
	支出总计	其中：						
		本年支出	一般性转移支付上解	专项转移支付上解	安排预算稳定调节基金	调出资金		
德保县	76578	76100	1	477			10506	3932
靖西县	127786	127222		564			20514	5369
那坡县	57488	57243		245			9571	4937
凌云县	62657	62337		320			10366	4558
乐业县	56667	56334		333			8563	4081
田林县	79329	78806		523			13711	3443
隆林县	96062	95203		859			4971	398
西林县	56170	55913		257			4087	66
贺州市小计	**484015**	**479756**		**4259**			**84924**	**－14**
本级	93023	100813		－7790			53116	58
区县小计	390992	378943		12049			31808	－72
昭平县	80624	79793		831			5156	109
钟山县	89201	86971		2230			9991	1298
富川县	79291	78660		631			3462	35
八步区	92035	84114		7921			6808	－1594
平桂管理区	49841	49405		436			6391	80
河池市小计	**959839**	**949401**	**24**	**10414**			**120764**	**22829**
本级	120051	120035		16			16618	623
区县小计	839788	829366	24	10398			104146	22206
金城江区	54338	53154		1184			11140	3788
宜州市	95776	93962	4	1810			10804	
罗城仫佬族自治县	83381	82756		625			5342	54
环江毛南族自治县	74344	73575	2	767			4717	6
南丹县	84311	82172		2139			12362	1807
天峨县	61581	60537		1044			7450	46
凤山县	62416	62103		313			7533	2021
东兰县	70892	70507		385			11920	7201
巴马瑶族自治县	61039	60665		374			11703	3922
都安瑶族自治县	96920	96227	18	675			17292	3269
大化瑶族自治县	94790	93708		1082			3883	92
来宾市小计	**618533**	**611817**	**5**	**6540**		**171**	**128111**	**－3345**
本级	170484	177053		－6569			45009	70
区县小计	448049	434764	5	13109		171	83102	－3415
来宾市兴宾区	123183	114300		8883			14597	79
象州县	68036	67035		989		12	24757	60
武宣县	86849	85622	5	1063		159	6779	36
金秀瑶族自治县	45046	44569		477			1977	－1928
忻城县	76744	75833		911			19781	－1950

1－20－9

单位:万元

地区	收入							
	收入总计	其中:						
		本年收入	返还性收入	一般性转移支付收入	专项转移支付收入	转贷财政部代理发行地方政府债券收入	上年结余	调入资金
合山市	58166	14236	3927	20710	9260	1282	8751	
来宾华侨投资区	5236	2256	23	228	1566		1163	
崇左市小计	**796235**	**207934**	**50907**	**215974**	**227711**	**30000**	**63574**	**135**
本级	139293	25177	9352	35606	36028	17409	15721	
区县小计	656942	182757	41555	180368	191683	12591	47853	135
扶绥县	110827	36090	9440	24029	31237	3162	6869	
大新县	94570	28692	5910	26081	27607	900	5380	
天等县	101437	15458	2032	42304	35332	1002	5309	
宁明县	110494	24665	6833	33949	36361	2034	6652	
龙州县	85000	18910	5223	26226	27047	1222	6372	
凭祥市	77363	29670	3051	8869	18285	2700	14788	
江州区	77251	29272	9066	18910	15814	1571	2483	135

1－20－10 单位:万元

地区	支出						年终结余	其中:净结余
	支出总计	其中:						
		本年支出	一般性转移支付上解	专项转移支付上解	安排预算稳定调节基金	调出资金		
合山市	43342	42661		681			14824	278
来宾华侨投资区	4849	4744		105			387	10
崇左市小计	**708211**	**700556**	**1073**	**6582**			**88024**	**10191**
本级	110289	129018		－18729			29004	326
区县小计	597922	571538	1073	25311			59020	9865
扶绥县	98117	95325	7	2785			12710	1267
大新县	91179	89804		1375			3391	－1203
天等县	95007	94391		616			6430	3361
宁明县	99567	98108	142	1317			10927	90
龙州县	79528	78493		1035			5472	1231
凭祥市	59559	56496	909	2154			17804	5116
江州区	74965	58921	15	16029			2286	3

一、一般预算

2009年海南省地市县财政一般预算收支平衡表

1－21－1　　　　　　　　　　　　　　　　　　　　　　　单位:万元

地区	收入							
	收入总计	其中:					上年结余	调入资金
		本年收入	返还性收入	一般性转移支付收入	专项转移支付收入	转贷财政部代理发行地方政府债券收入		
地市县合计	**3738316**	**1154444**	**101891**	**892985**	**1109573**	**153200**	**237418**	**37349**
海口市小计	**721377**	**384417**	**42792**	**66530**	**155066**	**43350**	**14067**	**15155**
本级	453069	295877	14207	－41253	122631	43350	13978	4279
区县小计	268308	88540	28585	107783	32435		89	10876
龙华区	85002	43269	5475	22841	7215		39	6163
美兰区	66666	28155	3767	26272	8138		5	329
秀英区	41426	9483	2478	20787	7472		9	1197
琼山区	75214	7633	16865	37883	9610		36	3187
三亚市小计	**479202**	**267153**	**6889**	**72260**	**71447**	**9236**	**51145**	
本级	479202	267153	6889	72260	71447	9236	51145	
洋浦经济开发区小计	**176415**	**78218**	**3347**	**35120**	**38019**	**21000**	**695**	**16**
本级	176415	78218	3347	35120	38019	21000	695	16
琼海市	**199701**	**58761**	**5567**	**42242**	**67244**	**8713**	**16991**	**183**
儋州市	**239324**	**33798**	**6228**	**78568**	**96648**	**14651**	**6305**	
文昌市	**205616**	**41211**	**4607**	**57676**	**70231**	**10255**	**4885**	**15221**
万宁市	**180932**	**39150**	**1640**	**56497**	**65334**	**10322**	**7839**	**150**
东方市	**153291**	**25891**	**5899**	**45971**	**50981**	**4352**	**8272**	**388**
五指山市	**80470**	**12058**	**766**	**28305**	**32309**	**1704**	**5317**	**11**
屯昌县	**94826**	**11050**	**888**	**34547**	**38750**	**3520**	**6063**	**8**
澄迈县	**191039**	**53339**	**8239**	**37953**	**69164**	**11199**	**9444**	**1701**
临高县	**142397**	**9325**	**2460**	**46648**	**56169**	**4511**	**23001**	**92**
白沙县	**100880**	**6425**	**1498**	**41085**	**36005**	**831**	**4666**	**70**
昌江县	**144573**	**48993**	**4889**	**30021**	**41737**	**2666**	**11739**	**3828**
乐东县	**165290**	**15105**	**1744**	**68702**	**56090**	**1250**	**22330**	**69**
陵水县	**179356**	**38353**	**1192**	**44810**	**48097**	**1234**	**22308**	**362**
保亭县	**87654**	**8096**	**656**	**30965**	**34973**	**809**	**12137**	**18**
琼中县	**90816**	**6270**	**731**	**39043**	**37957**	**986**	**5765**	**64**
定安县	**105157**	**16831**	**1859**	**36042**	**43352**	**2611**	**4449**	**13**

1－21－2 单位:万元

地区	支出：支出总计	其中：本年支出	其中：一般性转移支付上解	其中：专项转移支付上解	其中：安排预算稳定调节基金	其中：调出资金	年终结余	其中：净结余
地市县合计	**3473950**	**3380748**	**12963**	**40610**	**29728**	**5982**	**264366**	**122196**
海口市小计	**693008**	**666670**	**7728**	**9631**	**3774**	**5205**	**28369**	**509**
本级	427557	450749	－31505	3110		5203	25512	227
区县小计	265451	215921	39233	6521	3774	2	2857	282
龙华区	84902	61382	19073	873	3574		100	100
美兰区	66665	53447	13011	7	200		1	1
秀英区	41291	36946	4296	49			135	135
琼山区	72593	64146	2853	5592		2	2621	46
三亚市小计	**415255**	**404455**	**33**	**9695**			**63947**	**47552**
本级	415255	404455	33	9695			63947	47552
洋浦经济开发区小计	**175812**	**170700**	**4904**	**208**			**603**	**603**
本级	175812	170700	4904	208			603	603
琼海市	**177857**	**175501**	**21**	**2335**			**21844**	**21464**
儋州市	**236924**	**235799**	**23**	**976**			**2400**	**549**
文昌市	**192353**	**186990**	**24**	**3581**		**228**	**13263**	**3008**
万宁市	**173318**	**169284**	**7**	**4027**			**7614**	**4640**
东方市	**149672**	**145260**	**172**	**1240**	**3000**		**3619**	**1167**
五指山市	**78008**	**76988**	**12**	**1008**			**2462**	**12**
屯昌县	**86336**	**85949**		**387**			**8490**	**4262**
澄迈县	**181738**	**180688**	**10**	**1040**			**9301**	**4808**
临高县	**117762**	**117099**	**11**	**461**			**24635**	**4719**
白沙县	**97523**	**86809**		**414**	**10000**		**3357**	
昌江县	**127520**	**126387**		**433**			**17053**	**5059**
乐东县	**147414**	**146306**	**2**	**1073**		**33**	**17876**	**13351**
陵水县	**167286**	**154642**	**6**	**2638**	**10000**		**12070**	**4502**
保亭县	**67212**	**66801**		**393**		**18**	**20442**	**2098**
琼中县	**86618**	**86137**		**481**			**4198**	**1242**
定安县	**102334**	**98283**	**10**	**589**	**2954**	**498**	**2823**	**2651**

一、一般预算

2009年重庆市区县财政一般预算收支平衡表

1－22－1　　　　单位:万元

地区	收入							
	收入总计	其中:						
		本年收入	返还性收入	一般性转移支付收入	专项转移支付收入	转贷财政部代理发行地方政府债券收入	上年结余	调入资金
区县合计	**10966587**	**3997040**	**410159**	**2210579**	**3070752**	**380000**	**802322**	**94850**
渝中区	448711	286093	32110	32713	46580	41000	10215	
江北区	445434	226611	15695	35219	86370	54000	21025	6514
沙坪坝区	449785	184142	20719	31516	86417	45000	42794	39197
九龙坡区	364919	168560	20387	48545	70002	35000	22425	
大渡口区	160263	86765	1182	20175	25072	25000	1130	939
南岸区	446831	195482	15500	77937	65526	42000	50386	
北碚区	275353	114985	13856	42313	63952	17500	22623	124
万盛区	122533	28431	2347	20618	62557	3700	1179	3701
双桥区	40890	15571	82	11168	9516	2100	2453	
巴南区	335961	113288	8511	56358	93949	36200	15313	12342
渝北区	398720	206781	15702	60396	90475	10000	15166	
涪陵区	460362	165294	37508	79824	103764	2500	71472	
万州区	488018	111916	19078	124256	191869	2000	35519	3080
黔江区	242555	57891	35410	44380	83610	2500	18756	8
江津区	353967	159824	8696	63591	102337	2600	7709	9010
合川区	336789	136641	8877	66046	93799	3900	27476	50
永川区	324353	152347	11706	54088	85462	2500	10440	7810
綦江县	237338	90466	14065	55582	74220	2100	－634	1539
长寿区	283795	133128	16121	42675	64334	2100	25424	13
潼南县	180012	30607	2856	61035	75753	3800	5961	
铜梁县	224417	94811	5834	40427	54299	2000	26988	50
大足县	198665	72236	5272	50389	54852	3500	12416	
荣昌县	240914	81741	5842	48280	64080	2400	37598	973
璧山县	198488	86327	7042	29686	47704	2000	23871	1858
梁平县	192663	53101	4811	52175	70197	2000	10275	104
城口县	143991	16418	1522	29807	63334	2000	30530	380
南川区	196530	62867	6929	45020	67460	2000	11674	580
丰都县	183813	37617	3162	60156	68131	2000	12729	18
垫江县	184032	43048	5439	52442	66971	3600	9232	3300
武隆县	143001	35380	3360	37820	63429	2000	262	750
忠县	235982	41405	4138	68251	75567	2000	43978	466
开县	303703	47330	6844	98064	120752	2200	28513	
云阳县	232141	25423	3497	85212	112534	2000	3475	
奉节县	261428	41316	4523	68427	109566	2000	35596	
巫山县	169796	23163	6691	48623	71129	2000	18190	
巫溪县	163851	12002	1950	50619	75433	2000	19847	2000
石柱县	171256	33815	4230	50312	59631	2000	21224	44

1－22－2　　　　　　　　　　　　　　　　　　单位：万元

地　　区	支出 支出总计	其中：本年支出	其中：一般性转移支付上解	其中：专项转移支付上解	其中：安排预算稳定调节基金	其中：调出资金	年终结余	其中：净结余
区县合计	**9522451**	**9335904**	**63340**	**122322**			**1444136**	**－17483**
渝中区	433587	414658	7454	11475			15124	464
江北区	378716	361744	6941	10031			66718	922
沙坪坝区	385158	363954	4342	16862			64627	
九龙坡区	329408	304988	14105	10315			35511	1038
大渡口区	158514	152510	1021	4983			1749	30
南岸区	360458	350700	2388	7370			86373	1587
北碚区	225851	220393	60	5398			49502	
万盛区	126787	126529		258			－4254	－4254
双桥区	38145	37790	224	131			2745	61
巴南区	284114	279166		4948			51847	－1536
渝北区	376257	363656		12401			22463	2487
涪陵区	367738	363132		4606			92624	－1419
万州区	415626	411785		3541			72392	－4798
黔江区	222704	220178	214	2312			19851	1486
江津区	340263	335686	3627	750			13704	2322
合川区	281658	277904	3070	684			55131	1307
永川区	291488	288056	2868	564			32865	68
綦江县	233312	225648	7170	494			4026	－2699
长寿区	241089	233043	7049	997			42706	1042
潼南县	166828	166636		192			13184	539
铜梁县	180582	178985	1088	501			43835	2162
大足县	160783	160305	89	389			37882	－875
荣昌县	182413	181228	785	400			58501	1294
璧山县	157987	156707	736	544			40501	408
梁平县	161838	160688		1150			30825	32
城口县	83939	83480		459			60052	－946
南川区	169056	167859	109	1088			27474	10
丰都县	164034	162856		1178			19779	463
垫江县	165876	164374		1502			18156	900
武隆县	142295	141482		813			706	3
忠县	169732	168264		1291			66250	899
开县	248443	247179		1264			55260	236
云阳县	222672	221715		957			9469	－6177
奉节县	186943	186003		940			74485	－2279
巫山县	127526	126620		906			42270	－1370
巫溪县	132257	131688		569			31594	－4500
石柱县	130681	130037		644			40575	－3640

1-22-3

单位:万元

地区	收入总计	其中:本年收入	返还性收入	一般性转移支付收入	专项转移支付收入	转贷财政部代理发行地方政府债券收入	上年结余	调入资金
彭水县	167905	41424	3519	49111	71370	2000	481	
酉阳县	186821	33359	2984	71147	80279	2400	-3348	
秀山县	164184	41535	3389	51770	66375	2400	-1285	
北部新区	606417	407899	18773	94406	32095		53244	

1－22－4　　单位:万元

地　　区	支出：支出总计	支出：其中：本年支出	支出：其中：一般性转移支付上解	支出：其中：专项转移支付上解	支出：其中：安排预算稳定调节基金	支出：其中：调出资金	年终结余	其中：净结余
彭水县	165535	164809		726			2370	
酉阳县	188369	187594		775			－1548	－6018
秀山县	163506	162650		856			678	－2921
北部新区	560283	553225		7058			46134	6189

一、一般预算

2009 年四川省地市县财政一般预算收支平衡表

1－23－1　　　　　　　　　　　　　　　　　　　　　　　　单位:万元

地　　区	收　　入							
	收入总计	其　中:						
		本年收入	返还性收　入	一般性转移支付收入	专项转移支付收入	转贷财政部代理发行地方政府债券收入	上年结余	调入资金
地市县合计	**32574021**	**8379188**	**1574323**	**7053114**	**12802284**	**900000**	**1755312**	**107104**
成都市小计	**7454545**	**3873626**	**428501**	**405257**	**1073818**	**600000**	**990213**	**82330**
本级	2077126	1155037	157005	－11008	－82486	440000	356453	61325
区县小计	5377419	2718589	271496	416265	1156304	160000	633760	21005
锦江区	261706	225555	9494	9447	11881		5329	
青羊区	274918	218685	8910	11408	16295		19620	
金牛区	336352	231022	28714	16804	15772		44040	
武侯区	293875	216370	30872	9625	24707		12301	
成华区	267219	210162	18915	11032	12072		15038	
龙泉驿区	260102	158024	13180	20448	34631	10000	23819	
青白江区	142258	75105	5381	20236	25052		16484	
都江堰市	582730	77692	10359	27741	317784		149154	
金堂县	168782	49116	9370	40829	52099		17368	
双流县	394805	260917	23971	24020	47077		33670	5150
温江区	263632	151698	8743	13004	19600		65587	5000
郫县	176000	98368	11540	16927	21203		27962	
新都区	208950	135794	12303	20204	27052		10297	3300
彭州市	361738	51036	9966	38337	183241		79158	
崇州市	254818	54725	9841	38118	104405		47729	
大邑县	178560	33636	8667	29762	101394		5101	
邛崃市	172492	41907	9705	38084	64120		18133	543
蒲江县	96229	18578	5602	20504	28188		23357	
新津县	128331	73799	8664	14449	20850		10207	362
高新区	553922	336400	27299	－4714	28881	150000	9406	6650
自贡市小计	**784249**	**170236**	**20206**	**302127**	**238136**	**10000**	**35940**	**7544**
本级	267667	106345	13038	84022	56155	10000	－9437	7544
区县小计	516582	63891	7168	218105	181981		45377	
自流井区	40658	2856	513	23593	12865		831	
贡井区	54214	5054	730	24362	17480		6588	
大安区	63347	7826	1080	32959	19597		1885	
沿滩区	60537	4781	646	28459	20672		5919	
荣县	129460	20006	1903	46023	50382		11146	
富顺县	168366	23368	2296	62709	60985		19008	
攀枝花市小计	**764752**	**349028**	**66718**	**170775**	**149823**	**15000**	**13233**	**175**
本级	356003	176678	46455	104694	10679	10000	7497	
区县小计	408749	172350	20263	66081	139144	5000	5736	175
东区	73560	42821	1395	16621	10673		1973	77
西区	41351	17319	3156	7282	10086	3000	497	11

1－23－2

单位:万元

地区	支出						年终结余	其中:净结余
	支出总计	其中:						
		本年支出	一般性转移支付上解	专项转移支付上解	安排预算稳定调节基金	调出资金		
地市县合计	**29882789**	**29746213**	**15952**	**67045**	**22640**	**22143**	**2691232**	**－33185**
成都市小计	**6068471**	**6009694**	**9543**	**31160**		**11174**	**1386074**	**87133**
本级	1540087	1599796	3384	－75067		11174	537039	6211
区县小计	4528384	4409898	6159	106227			849035	80922
锦江区	255709	249833	154	5722			5997	1231
青羊区	261717	249667	79	5971			13201	190
金牛区	285734	276956	549	8229			50618	41573
武侯区	279306	269745	1093	8468			14569	5607
成华区	240919	234686	201	6032			26300	3260
龙泉驿区	238505	228662	561	9282			21597	5725
青白江区	123521	121447	254	1820			18737	62
都江堰市	322180	320763	47	1370			260550	－9653
金堂县	147459	146412	85	962			21323	1256
双流县	362118	352028	679	9311			32687	1379
温江区	224707	218706	164	5837			38925	8799
郫县	151747	146174		5573			24253	4387
新都区	188604	181180	329	7095			20346	3359
彭州市	222740	220967	236	1537			138998	436
崇州市	191373	182840	30	8503			63445	1358
大邑县	163379	161172	132	2075			15181	1531
邛崃市	143541	143033	2	506			28951	1998
蒲江县	65973	65596	25	352			30256	5173
新津县	116604	116067	35	502			11727	1907
高新区	542548	523964	1504	17080			11374	1344
自贡市小计	**734408**	**719935**	**141**	**1172**	**13100**		**49841**	**1259**
本级	271910	262531	－66	－3655	13100		－4243	－15825
区县小计	462498	457404	207	4827			54084	17084
自流井区	39810	39546	14	250			848	440
贡井区	46516	46059	21	436			7698	4857
大安区	57622	57097	148	377			5725	1905
沿滩区	51012	50510	9	433			9525	2220
荣县	116470	114824	3	1643			12990	6481
富顺县	151068	149368	12	1688			17298	1181
攀枝花市小计	**754520**	**751663**		**2857**			**10232**	**3469**
本级	351467	353273	－61	－1745			4536	1012
区县小计	403053	398390	61	4602			5696	2457
东区	72592	69672	8	2912			968	454
西区	40550	40391		159			801	47

1－23－3

单位：万元

地区	收入							
	收入总计	其中：						
		本年收入	返还性收入	一般性转移支付收入	专项转移支付收入	转贷财政部代理发行地方政府债券收入	上年结余	调入资金
仁和区	110184	43694	5886	13621	42820	2000	2094	69
米易县	92542	35050	4716	14631	37950		195	
盐边县	91112	33466	5110	13926	37615		977	18
泸州市小计	**1023071**	**321166**	**62482**	**306170**	**306032**	**10000**	**17221**	
本级	212288	124837	24820	25784	24015	6000	6832	
区县小计	810783	196329	37662	280386	282017	4000	10389	
江阳区	108161	39436	5650	26247	33075	1500	2253	
龙马潭区	68966	24149	2792	17297	22135	1500	1093	
泸县	139844	33468	4011	55597	45436		1332	
纳溪区	85722	20638	3555	30505	28763	1000	1261	
合江县	123027	21361	5348	48855	44986		2477	
叙永县	131101	20978	6595	49909	52417		1202	
古蔺县	153962	36299	9711	51976	55205		771	
德阳市小计	**2169766**	**318339**	**96742**	**205914**	**1437786**	**20000**	**90978**	**7**
本级	328886	102734	28857	27520	140017	15000	14758	
区县小计	1840880	215605	67885	178394	1297769	5000	76220	7
旌阳区	246304	41956	7069	21095	164918	5000	6266	
广汉市	231691	51395	8803	21195	135709		14582	7
绵竹市	361467	33380	13785	24532	273250		16520	
中江县	511904	20032	13032	76714	394449		7677	
什邡市	363703	57558	21485	17572	232539		34549	
罗江县	125811	11284	3711	17286	96904		-3374	
绵阳市小计	**2720416**	**337148**	**108892**	**359541**	**1880345**	**25000**	**7044**	**1209**
本级	492937	136874	55502	23204	234995	10000	31329	
区县小计	2227479	200274	53390	336337	1645350	15000	-24285	1209
涪城区	153798	34665	14976	14856	89737	3000	-3479	43
游仙区	159029	13605	6300	25028	116108	1000	-3012	
江油市	454120	42448	2952	35049	375681		-2010	
安县	283986	13318	4531	29128	241909		-4900	
梓潼县	140372	8338	2697	38201	91759		-1785	1162
平武县	142400	9861	3151	20850	110705	500	-2799	4
北川县	205980	7618	2638	26849	171699	500	-3400	
三台县	427385	24212	7080	90554	308958		-3419	
盐亭县	176732	6329	5099	52923	114130		-1749	
高新区	83677	39880	3966	2899	24664	10000	2268	
广元市小计	**1836282**	**102497**	**42124**	**355134**	**1333476**	**20000**	**-17125**	
本级	295971	45107	19848	59634	157660	20000	-6454	
区县小计	1540311	57390	22276	295500	1175816		-10671	

1-23-4 单位：万元

地区	支出						年终结余	其中：净结余
	支出总计	其中：						
		本年支出	一般性转移支付上解	专项转移支付上解	安排预算稳定调节基金	调出资金		
仁和区	107442	106685	53	704			2742	1352
米易县	92181	91870		311			361	166
盐边县	90288	89772		516			824	438
泸州市小计	**986050**	**978931**	**132**	**2147**	**4000**	**840**	**37021**	**4912**
本级	190710	186441	98	-313	4000	484	21578	168
区县小计	795340	792490	34	2460		356	15443	4744
江阳区	103660	103034	1	534		91	4501	1092
龙马潭区	67951	67174	1	708		68	1015	711
泸县	138789	138581	20	128		60	1055	662
纳溪区	84270	83710	3	527		30	1452	625
合江县	121939	121837	3	76		23	1088	568
叙永县	128319	128085		206		28	2782	283
古蔺县	150412	150069	6	281		56	3550	803
德阳市小计	**1946673**	**1940542**	**2235**	**2409**		**1487**	**223093**	**-72052**
本级	312993	336004	416	-24584		1157	15893	-4283
区县小计	1633680	1604538	1819	26993		330	207200	-67769
旌阳区	248461	245047	382	3032			-2157	-7021
广汉市	227850	223898	1181	2441		330	3841	23
绵竹市	268026	266467		1559			93441	-35937
中江县	487305	486573	7	725			24599	1273
什邡市	274388	255519	243	18626			89315	-23488
罗江县	127650	127034	6	610			-1839	-2619
绵阳市小计	**2675883**	**2666275**	**224**	**6607**		**1540**	**44533**	**-137515**
本级	338638	336309		-77		1373	154299	-26967
区县小计	2337245	2329966	224	6684		167	-109766	-110548
涪城区	157121	156462		659			-3323	-3844
游仙区	171845	171323		355		167	-12816	-12816
江油市	453905	452109	7	1789			215	215
安县	288848	288723	69	56			-4862	-4862
梓潼县	149323	149235	28	60			-8951	-8951
平武县	147212	146981		103			-4812	-4869
北川县	245401	245280		45			-39421	-39421
三台县	448756	446334	110	2312			-21371	-21371
盐亭县	191404	190665	10	729			-14672	-14672
高新区	83430	82854		576			247	43
广元市小计	**1848765**	**1847505**	**83**	**1001**			**-12483**	**-13387**
本级	301379	301617	30	-444			-5408	-5512
区县小计	1547386	1545888	53	1445			-7075	-7875

1－23－5　　　　单位:万元

地区	收入							
	收入总计	其中:						
		本年收入	返还性收入	一般性转移支付收入	专项转移支付收入	转贷财政部代理发行地方政府债券收入	上年结余	调入资金
利州区	231630	11940	1896	34957	182494		343	
元坝区	120310	3051	964	24596	91539		160	
朝天区	127094	3259	1049	24002	101728		－2944	
剑阁县	275464	11257	4691	59027	203302		－2813	
旺苍县	274743	11018	5157	47193	211185		190	
青川县	245670	5838	1777	39036	204740		－5721	
苍溪县	265400	11027	6742	66689	180828		114	
遂宁市小计	**807936**	**131384**	**38396**	**269512**	**339937**	**10000**	**6012**	**12695**
本级	150925	37444	14027	40669	38151	10000	4602	6032
区县小计	657011	93940	24369	228843	301786		1410	6663
船山区	120223	30250	3025	30754	52729		815	2650
蓬溪县	120220	8509	2547	62776	46362			26
射洪县	209927	35236	12944	47253	110348		501	3645
大英县	96484	12356	3636	36937	43475		80	
安居区	110157	7589	2217	51123	48872		14	342
内江市小计	**775198**	**161785**	**42968**	**295396**	**238099**	**10000**	**26920**	**30**
本级	156523	42073	13403	57327	29657	10000	4063	
区县小计	618675	119712	29565	238069	208442		22857	30
市中区	77136	11621	2605	33761	27912		1237	
东兴区	106281	14204	3110	49741	37556		1670	
资中县	192646	28051	5446	78433	64186		16500	30
威远县	129345	41357	12402	30441	42185		2960	
隆昌县	113267	24479	6002	45693	36603		490	
乐山市小计	**1063121**	**342998**	**57688**	**245435**	**343267**	**10000**	**62151**	**1582**
本级	237800	110013	25053	38333	39663	5000	19738	
区县小计	825321	232985	32635	207102	303604	5000	42413	1582
市中区	103322	33466	4060	26353	31256	1000	7187	
五通桥区	62154	19405	3743	16046	21889	1000	71	
沙湾区	62856	27008	2756	9038	22481	1000	518	55
金口河区	26180	8956	593	8133	7860	500	138	
峨眉山市	115136	60016	5797	11635	32136		5552	
犍为县	101597	21825	3859	31165	44564		184	
井研县	78684	8443	2685	33632	27760		6164	
夹江县	93478	23095	5618	14835	42831		7045	54
沐川县	56146	7900	2237	18804	20662	500	4570	1473
峨边县	62099	15852	971	15620	27715	500	1441	
马边县	63669	7019	316	21841	24450	500	9543	
南充市小计	**1668025**	**235237**	**68845**	**599889**	**701338**	**15000**	**47716**	

1－23－6　　　　单位:万元

地　　区	支出						年终结余	其中：净结余
	支出总计	其中：						
		本年支出	一般性转移支付上解	专项转移支付上解	安排预算稳定调节基金	调出资金		
利州区	231087	230850	47	190			543	343
元坝区	119960	119824		136			350	350
朝天区	129503	129423		80			－2409	－2409
剑阁县	277906	277396		510			－2442	－2642
旺苍县	273722	273561		161			1021	821
青川县	250790	250747		43			－5120	－5120
苍溪县	264418	264087	6	325			982	782
遂宁市小计	**792362**	**790947**	**228**	**1187**			**15574**	**1857**
本级	137602	138675	102	－1175			13323	105
区县小计	654760	652272	126	2362			2251	1752
船山区	119399	118387	11	1001			824	425
蓬溪县	120023	119931	8	84			197	197
射洪县	209329	208459	18	852			598	598
大英县	96123	95900	86	137			361	261
安居区	109886	109595	3	288			271	271
内江市小计	**745324**	**744038**	**282**	**1004**			**29874**	**2500**
本级	151654	153393	145	－1884			4869	256
区县小计	593670	590645	137	2888			25005	2244
市中区	76551	76114	12	425			585	395
东兴区	103884	103555	25	304			2397	332
资中县	172240	171669	35	536			20406	510
威远县	129051	127700	7	1344			294	26
隆昌县	111944	111607	58	279			1323	981
乐山市小计	**985504**	**982787**	**824**	**1893**			**77617**	**7233**
本级	198363	205563	512	－7712			39437	325
区县小计	787141	777224	312	9605			38180	6908
市中区	98209	96607	143	1459			5113	553
五通桥区	61713	61526	89	98			441	255
沙湾区	62495	61925	13	557			361	337
金口河区	25794	25768		26			386	51
峨眉山市	108949	103613		5336			6187	1445
犍为县	100624	99993		631			973	717
井研县	74706	74505	16	185			3978	582
夹江县	85550	84289	21	1240			7928	10
沐川县	52240	52226	1	13			3906	97
峨边县	58048	58018	1	29			4051	406
马边县	58813	58754	28	31			4856	2455
南充市小计	**1616553**	**1611725**	**708**	**4120**			**51472**	**3750**

1－23－7　　　　单位:万元

地区	收入							
	收入总计	其中:					上年结余	调入资金
		本年收入	返还性收入	一般性转移支付收入	专项转移支付收入	转贷财政部代理发行地方政府债券收入		
本级	249773	73893	26126	63938	36701	14000	35115	
区县小计	1418252	161344	42719	535951	664637	1000	12601	
顺庆区	121136	34077	7369	32238	45903		1549	
高坪区	107116	10803	1947	50105	42670	1000	591	
嘉陵区	122318	15394	3054	53196	49755		919	
南部县	216866	24225	5994	85054	99969		1624	
营山县	148674	12970	3831	69511	59068		3294	
蓬安县	126188	17168	5399	51385	51568		668	
仪陇县	163442	13989	5967	71623	69767		2096	
西充县	129880	8973	3170	60003	56358		1376	
阆中市	282632	23745	5988	62836	189579		484	
宜宾市小计	**1335664**	**410470**	**123660**	**329929**	**379136**	**15000**	**77469**	
本级	364950	201070	79272	－21183	50641	3000	52150	
区县小计	970714	209400	44388	351112	328495	12000	25319	
翠屏区	155141	72433	12637	21713	39579	3000	5779	
宜宾县	149078	28051	6514	58027	54613		1873	
南溪县	80399	11615	4130	35032	27079		2543	
江安县	84086	12399	2829	42522	24729		1607	
长宁县	83348	11048	3372	35889	31678		1361	
高县	90597	15448	4323	33067	36185		1574	
筠连县	84075	16606	2580	28516	32328	3000	1045	
珙县	87273	18257	5054	26649	30410	3000	3903	
兴文县	85883	13535	1645	42222	27484		997	
屏山县	70834	10008	1304	27475	24410	3000	4637	
广安市小计	**819719**	**162018**	**42398**	**291912**	**302710**	**10000**	**10680**	**1**
本级	121402	44970	12051	14740	37026	7000	5615	
区县小计	698317	117048	30347	277172	265684	3000	5065	1
岳池县	151234	25625	4266	66146	54104		1093	
武胜县	127083	24779	5519	53206	42594		985	
广安区	175437	28168	6501	66726	68975	3000	2066	1
邻水县	153354	24116	6559	63529	58617		533	
华蓥市	91209	14360	7502	27565	41394		388	
达州市小计	**1332783**	**234138**	**74550**	**514023**	**468198**	**10000**	**31237**	**479**
本级	228205	63115	30060	61564	45430	3000	25036	
区县小计	1104578	171023	44490	452459	422768	7000	6201	479
通川区	85456	22055	5847	23991	28747	4000	816	
达县	203506	34062	8510	78151	78877	3000	906	
开江县	101738	15083	4293	45055	36370		458	479

1－23－8 单位:万元

地区	支出总计	支出：其中：本年支出	一般性转移支付上解	专项转移支付上解	安排预算稳定调节基金	调出资金	年终结余	其中：净结余
本级	209364	210730	327	－1693			40409	450
区县小计	1407189	1400995	381	5813			11063	3300
顺庆区	119065	117856	252	957			2071	187
高坪区	106569	106059	16	494			547	547
嘉陵区	121329	120811	71	447			989	779
南部县	211962	211640	27	295			4904	1166
营山县	148362	148159		203			312	312
蓬安县	126765	125270	1	1494			－577	－777
仪陇县	162192	162022		170			1250	1250
西充县	128840	127440	3	1397			1040	－682
阆中市	282105	281738	11	356			527	518
宜宾市小计	**1238688**	**1231173**	**621**	**2355**		**4539**	**96976**	**25602**
本级	302717	298844	515	－1092		4450	62233	21501
区县小计	935971	932329	106	3447		89	34743	4101
翠屏区	150098	147863	55	2180			5043	33
宜宾县	146720	145923	23	774			2358	640
南溪县	79001	78896	7	98			1398	879
江安县	82401	82306		95			1685	354
长宁县	81687	81608	8	71			1661	585
高县	87589	87373	6	121		89	3008	82
筠连县	82910	82889		21			1165	79
珙县	82019	81948	4	67			5254	454
兴文县	82881	82722		159			3002	273
屏山县	60665	60801	3	－139			10169	722
广安市小计	**805027**	**803294**	**50**	**1039**		**644**	**14692**	**2317**
本级	110370	110089		－149		430	11032	799
区县小计	694657	693205	50	1188		214	3660	1518
岳池县	150257	150088	1	86		82	977	765
武胜县	126788	126687	5	96			295	37
广安区	174653	174035	22	504		92	784	18
邻水县	151829	151697		132			1525	619
华蓥市	91130	90698	22	370		40	79	79
达州市小计	**1298685**	**1295541**	**108**	**1204**		**1674**	**34098**	**5340**
本级	202298	202075	106	－807		924	25907	1983
区县小计	1096387	1093466	2	2011		750	8191	3357
通川区	85007	84566		441			449	449
达县	202129	200808		1039		282	1377	222
开江县	100634	100518		57		59	1104	481

1-23-9 单位:万元

地区	收入							
	收入总计	其中:						
		本年收入	返还性收入	一般性转移支付收入	专项转移支付收入	转贷财政部代理发行地方政府债券收入	上年结余	调入资金
宣汉县	209849	28778	8585	85625	85798		905	
万源市	130530	12506	5590	55535	55034		1865	
大竹县	174855	34876	6459	70031	63083		406	
渠县	198644	23663	5206	94071	74859		845	
资阳市小计	**866915**	**182977**	**34392**	**323945**	**304187**	**10000**	**11314**	
本级	122609	41505	11924	32578	23495	8000	5007	
区县小计	744306	141472	22468	291367	280692	2000	6307	
雁江区	165498	33671	9336	58668	60093	2000	1730	
简阳市	231030	55307	5127	80916	87028		2652	
安岳县	210280	31881	4716	94117	77928		1638	
乐至县	137498	20613	3289	57666	55643		287	
眉山市小计	**871687**	**184398**	**45723**	**246088**	**363261**	**15000**	**17217**	
本级	128457	48192	22391	17183	20209	10000	10482	
区县小计	743230	136206	23332	228905	343052	5000	6735	
东坡区	171964	43082	1498	51626	72543	2000	1215	
仁寿县	288596	31055	8766	99506	143965		5304	
彭山县	82757	23910	4600	21804	32349		94	
洪雅县	96314	23177	4374	21124	46558	1000	81	
丹棱县	49118	6089	1577	17953	22477	1000	22	
青神县	54481	8893	2517	16892	25160	1000	19	
巴中市小计	**879482**	**53699**	**28577**	**344664**	**440644**	**10000**	**1388**	**510**
本级	109367	14769	8747	45638	27578	10000	2635	
区县小计	770115	38930	19830	299026	413066		-1247	510
巴州区	196155	11537	6043	85541	92286		238	510
南江县	242103	9985	4762	59306	170185		-2135	
通江县	162646	6722	4408	73335	77958		223	
平昌县	169211	10686	4617	80844	72637		427	
雅安市小计	**887776**	**109017**	**35780**	**167720**	**497923**	**25000**	**52273**	
本级	158551	31500	13594	10139	47754	23000	32564	
区县小计	729225	77517	22186	157581	450169	2000	19709	
雨城区	94616	8042	4277	26625	50198	2000	3474	
名山县	70218	5418	2523	24733	34495		3049	
荥经县	45388	9097	3874	13430	17208		1779	
汉源县	159537	15913	1822	32770	104097		4935	
石棉县	129057	22707	3389	16568	83546		2784	
天全县	56223	8756	3594	17125	26096		652	
芦山县	112089	2319	1843	15923	90682		1322	
宝兴县	62097	5265	864	10407	43847		1714	

1－23－10

单位:万元

地区	支出						年终结余	其中：净结余
	支出总计	其中：						
		本年支出	一般性转移支付上解	专项转移支付上解	安排预算稳定调节基金	调出资金		
宣汉县	207422	207000		132		132	2427	732
万源市	129428	129218		84		126	1102	893
大竹县	174070	173943	1	126			785	395
渠县	197697	197413	1	132		151	947	185
资阳市小计	**848683**	**847126**	**490**	**967**			**18232**	**8638**
本级	112238	117810	130	－5802			10371	1566
区县小计	736445	729316	360	6769			7861	7072
雁江区	163614	157349	21	6244			1884	1514
简阳市	228239	227670	319	250			2791	2776
安岳县	207553	207390	11	152			2727	2323
乐至县	137039	136907	9	123			459	459
眉山市小计	**837592**	**831405**	**213**	**1234**	**4740**		**34095**	**6511**
本级	105136	114239	150	－13993	4740		23321	5526
区县小计	732456	717166	63	15227			10774	985
东坡区	171771	163956	16	7799			193	193
仁寿县	282404	280970	1	1433			6192	64
彭山县	79487	78100	9	1378			3270	169
洪雅县	95246	91949		3297			1068	508
丹棱县	49096	48312		784			22	22
青神县	54452	53879	37	536			29	29
巴中市小计	**875829**	**875293**	**3**	**533**			**3653**	**－1121**
本级	106313	108657		－2344			3054	250
区县小计	769516	766636	3	2877			599	－1371
巴州区	195890	193392		2498			265	265
南江县	241952	241905		47			151	－1819
通江县	162827	162591		236			－181	－181
平昌县	168847	168748	3	96			364	364
雅安市小计	**821006**	**820015**		**928**			**66770**	**3743**
本级	112069	130579		－18510			46482	
区县小计	708937	689436		19438			20288	3743
雨城区	91366	89470		1896			3250	335
名山县	68155	67217		938			2063	154
荥经县	43750	41679		2071			1638	22
汉源县	154678	149266		5412			4859	865
石棉县	125873	119922		5888			3184	533
天全县	54657	52748		1909			1566	876
芦山县	110570	109997		573			1519	516
宝兴县	59888	59137		751			2209	442

一、一般预算

1－23－11

单位:万元

地区	收入							
	收入总计	其中:						
		本年收入	返还性收入	一般性转移支付收入	专项转移支付收入	转贷财政部代理发行地方政府债券收入	上年结余	调入资金
阿坝州小计	**1614447**	**80060**	**40147**	**337658**	**1033937**	**30000**	**92645**	
本级	328460	34216	31211	54952	118229	23500	66352	
区县小计	1285987	45844	8936	282706	915708	6500	26293	
汶川县	159517	9669	3468	18368	126852	360	800	
理县	167399	3562	850	16855	145409	200	523	
茂县	228689	7018	861	25281	191237	200	4092	
松潘县	75296	4105	709	23524	46156	360	442	
九寨沟县	77459	7218	1153	15339	47040	2160	4549	
金川县	66490	1394	195	23541	39325	480	1555	
小金县	111512	2003	177	25284	79290	210	4548	
黑水县	120699	3190	83	21434	95287	180	525	
马尔康县	52984	3637	522	18286	27492	200	2847	
壤塘县	55450	501	67	18759	35321	500	302	
阿坝县	61927	890	264	25685	33145	940	1003	
若尔盖县	61028	1494	404	29198	26775	410	2747	
红原县	46287	809	132	20817	22146	300	2083	
卧龙特区	1250	354	51	335	233		277	
甘孜州小计	**1132527**	**130198**	**28306**	**438254**	**445151**	**15000**	**75474**	**42**
本级	260986	36917	23345	75258	55092	12000	58312	42
区县小计	871541	93281	4961	362996	390059	3000	17162	
康定县	82483	33003	1502	17748	29158	194	878	
泸定县	51855	10897	808	20044	18750	69	1287	
丹巴县	50012	6940	148	19167	22819	115	823	
九龙县	50320	16145	888	12723	18265	215	2084	
雅江县	48615	4301	110	25757	16568	105	1774	
道孚县	47070	2323	328	22214	21990	65	150	
炉霍县	36400	762	135	18516	16382	59	546	
甘孜县	49426	1010	100	24595	22565	97	1059	
新龙县	40906	600	80	18396	21288	90	452	
德格县	44670	818	51	23172	20400	122	107	
白玉县	45262	4390	290	17919	21748	154	761	
石渠县	61939	560	11	28153	31494	230	1491	
色达县	43736	524	40	20949	21549	35	626	
理塘县	57821	1610	77	27228	27642	220	1044	
巴塘县	42635	2913	202	19015	18904	95	1506	
乡城县	37577	3490	72	14006	18236	694	1079	
稻城县	43581	1394	74	18675	22771	53	565	
得荣县	37233	1601	45	14719	19530	388	930	

1－23－12　　　　单位:万元

地区	支出						年终结余	其中:净结余
	支出总计	其中:						
		本年支出	一般性转移支付上解	专项转移支付上解	安排预算稳定调节基金	调出资金		
阿坝州小计	**1369696**	**1368970**	**5**	**721**			**244751**	**－2825**
本级	246787	246743	5	39			81673	1200
区县小计	1122909	1122227		682			163078	－4025
汶川县	162450	162405		45			－2933	－7499
理县	121712	121631		81			45687	391
茂县	156153	156094		59			72536	134
松潘县	71402	71283		119			3894	169
九寨沟县	63369	63280		89			14090	621
金川县	66113	66091		22			377	342
小金县	102203	102159		44			9309	426
黑水县	118537	118437		100			2162	79
马尔康县	48306	48227		79			4678	28
壤塘县	55023	55020		3			427	311
阿坝县	58858	58855		3			3069	72
若尔盖县	58793	58786		7			2235	756
红原县	38760	38742		18			7527	125
卧龙特区	1230	1217		13			20	20
甘孜州小计	**1028191**	**1026946**	**2**	**1141**			**104336**	**4336**
本级	196977	196936	2	19			64009	621
区县小计	831214	830010		1122			40327	3715
康定县	79826	79560		266			2657	301
泸定县	47633	47579		54			4222	116
丹巴县	46986	46742		244			3026	31
九龙县	47410	47273		137			2910	180
雅江县	42988	42969		19			5627	665
道孚县	44955	44929		26			2115	415
炉霍县	35289	35260		29			1111	1
甘孜县	47195	47173		22			2231	190
新龙县	39047	39026		21			1859	248
德格县	44221	44181		40			449	359
白玉县	44049	44003		46			1213	35
石渠县	61342	61329		13			597	302
色达县	43309	43271		25			427	392
理塘县	56490	56443		47			1331	125
巴塘县	38839	38792		47			3796	
乡城县	36181	36167		14			1396	120
稻城县	40538	40458		31			3043	182
得荣县	34916	34855		41			2317	53

一、一般预算

1－23－13　　　　　　　　　　　　　　　　　　　　单位:万元

地区	收入							
	收入总计	其中:						
		本年收入	返还性收入	一般性转移支付收入	专项转移支付收入	转贷财政部代理发行地方政府债券收入	上年结余	调入资金
凉山州小计	**1765660**	**488769**	**87228**	**543771**	**525080**	**15000**	**105312**	**500**
本级	315090	86805	52017	76327	38509	4640	56292	500
区县小计	1450570	401964	35211	467444	486571	10360	49020	
西昌市	213542	110571	10756	34900	46929	1800	8586	
木里县	64942	11918	251	27861	23855	300	757	
盐源县	106415	32978	1168	34955	30465	500	6349	
德昌县	63547	20088	2466	17302	21643	500	1548	
会理县	172513	67856	5053	27760	58773	2600	10471	
会东县	122251	52618	3045	27365	33502	760	4961	
宁南县	60665	14916	2194	21359	20796	500	900	
普格县	59572	7006	1041	22186	20030	500	8809	
布拖县	52922	4624	247	25104	21520	300	1127	
金阳县	59114	6991	326	25466	25746	300	285	
昭觉县	68674	4412	489	35387	27515	300	571	
喜德县	62378	6031	1004	24586	29397	300	1060	
冕宁县	84132	22028	2792	33536	24770	500	506	
越西县	66410	10012	739	32833	22227	300	299	
甘洛县	64726	15016	2588	19972	25898	300	952	
美姑县	63465	3516	571	29584	28912	300	582	
雷波县	65302	11383	481	27288	24593	300	1257	

1－23－14

单位:万元

地区	支出总计	本年支出	一般性转移支付上解	专项转移支付上解	安排预算稳定调节基金	调出资金	年终结余	其中:净结余
	支出	其中:						
凉山州小计	**1604879**	**1602408**	**60**	**1366**	**800**	**245**	**160781**	**25115**
本级	227458	227146		167		145	87632	7430
区县小计	1377421	1375262	60	1199	800	100	73149	17685
西昌市	205219	203893		426	800	100	8323	2577
木里县	63992	63899		93			950	838
盐源县	94246	94189		57			12169	2826
德昌县	59649	59590		59			3898	449
会理县	157923	157742		181			14590	800
会东县	116785	116739		46			5466	3246
宁南县	57496	57455		41			3169	1010
普格县	44733	44650	60	23			14839	353
布拖县	49857	49833		24			3065	441
金阳县	58610	58597		13			504	504
昭觉县	67986	67960		26			688	442
喜德县	61239	61222		17			1139	915
冕宁县	83274	83205		69			858	636
越西县	66168	66156		12			242	242
甘洛县	63736	63649		87			990	978
美姑县	62989	62981		8			476	476
雷波县	63519	63502		17			1783	952

一、一般预算

2009年贵州省地市县财政一般预算收支平衡表

1－24－1　　　　　　　　　　　　　　　　　　　　　　　　　　　单位:万元

地区	收入							
	收入总计	其中:						
		本年收入	返还性收入	一般性转移支付收入	专项转移支付收入	转贷财政部代理发行地方政府债券收入	上年结余	调入资金
地市县合计	**10542215**	**3224172**	**480434**	**3330409**	**2703210**	**280000**	**514208**	**7602**
贵阳市小计	**1840782**	**1053636**	**97101**	**262489**	**227156**	**100000**	**99280**	
本级	754480	504485	57344	54565	－713	93030	44649	
区县小计	1086302	549151	39757	207924	227869	6970	54631	
乌当区	87951	49895	6046	14647	14765		2598	
花溪区	96398	36922	4379	21058	25015	1000	8024	
白云区	85961	46419	4299	14318	11805	900	8220	
南明区	173567	107055	5709	24642	23756		12405	
云岩区	184570	125052	7907	26761	20356		4494	
小河区	71237	47310	2253	11934	8919		821	
清镇市	113267	44856	2882	22544	36980	2200	3805	
开阳县	106203	43026	2950	21401	36226	1500	1100	
修文县	89349	23028	1713	26141	25968	1200	11299	
息烽县	77799	25588	1619	24478	24079	170	1865	
六盘水市小计	**852416**	**371240**	**64293**	**175872**	**204514**	**13500**	**22997**	
本级	169252	85406	43308	10206	25931	1200	3201	
区县小计	683164	285834	20985	165666	178583	12300	19796	
六枝特区	123246	23270	3638	50762	37793	4000	3783	
盘县	291280	155448	10272	47325	71677	2000	4558	
水城县	153489	45094	2932	45884	46855	4000	8724	
钟山区	115149	62022	4143	21695	22258	2300	2731	
遵义市小计	**1592770**	**462843**	**80028**	**558294**	**425603**	**23700**	**37342**	**4960**
本级	201226	91626	42081	40247	－11732	10300	28703	1
区县小计	1391544	371217	37947	518047	437335	13400	8639	4959
红花岗区	112351	54396	2318	17329	33441	240	4627	
汇川区	77170	41014	862	14011	20301	120	862	
遵义县	202640	62088	7803	71088	59948	130	1326	257
桐梓县	102839	21047	2920	43706	31465	430	1042	2229
绥阳县	87578	13347	1739	47817	24216	110	150	199
湄潭县	90337	14086	1641	43296	28335	620	99	2260
凤冈县	72987	8260	792	38877	24868	160	30	
余庆县	65561	14748	1219	26749	21693	470	682	
仁怀市	145688	78563	10108	14112	39552	3300	53	
赤水市	71056	13800	1227	28290	25086	3350	－711	14
习水县	121642	20994	4448	51446	41585	4000	－831	
正安县	95202	10760	1105	48543	33989	230	575	
道真仡佬族苗族自治县	67727	7340	977	32670	26636	140	－36	
务川仡佬族苗族自治县	78766	10774	788	40113	26220	100	771	

1－24－2

单位：万元

地区	支出						年终结余	其中：净结余
	支出总计	其中：						
		本年支出	一般性转移支付上解	专项转移支付上解	安排预算稳定调节基金	调出资金		
地市县合计	**9928118**	**9840838**		**75303**	**8500**	**2297**	**614097**	**111339**
贵阳市小计	**1724549**	**1698423**		**25006**			**116233**	**73807**
本级	701836	753187	－65101	12630			52644	49219
区县小计	1022713	945236	65101	12376			63589	24588
乌当区	82906	81543		1363			5045	2144
花溪区	87325	79625	6655	1045			9073	3278
白云区	73780	64246	8619	915			12181	9632
南明区	165275	142670	20000	2605			8292	4339
云岩区	182507	156616	23416	2475			2063	773
小河区	70314	62854	6411	1049			923	844
清镇市	106340	105770		570			6927	1109
开阳县	103908	103138		770			2295	16
修文县	73063	72619		444			16286	1949
息烽县	77295	76155		1140			504	504
六盘水市小计	**831717**	**821500**		**10217**			**20699**	**5802**
本级	164504	179946		－15442			4748	2358
区县小计	667213	641554		25659			15951	3444
六枝特区	120617	119323		1294			2629	1150
盘县	287066	272970		14096			4214	1591
水城县	145310	142046		3264			8179	436
钟山区	114220	107215		7005			929	267
遵义市小计	**1551467**	**1541731**		**7539**		**2197**	**41303**	**34083**
本级	174913	172858		8		2047	26313	22215
区县小计	1376554	1368873		7531		150	14990	11868
红花岗区	103147	101705		1442			9204	6082
汇川区	74797	73980		817			2373	2373
遵义县	200782	199706		1076			1858	1858
桐梓县	101724	101450		274			1115	1115
绥阳县	87048	86739		309			530	530
湄潭县	90583	90283		300			－246	－246
凤冈县	72956	72752		204			31	31
余庆县	64916	64633		283			645	645
仁怀市	145592	143741		1851			96	96
赤水市	71312	70952		210		150	－256	－256
习水县	122842	122469		373			－1200	－1200
正安县	95202	95075		127				
道真仡佬族苗族自治县	67659	67527		132			68	68
务川仡佬族苗族自治县	77994	77861		133			772	772

一、一般预算

1－24－3　　　　单位:万元

地区	收入							
	收入总计	其中:						
		本年收入	返还性收入	一般性转移支付收入	专项转移支付收入	转贷财政部代理发行地方政府债券收入	上年结余	调入资金
安顺市小计	**684468**	**161851**	**35849**	**229359**	**170427**	**22000**	**63782**	**200**
本级	113248	29352	19965	27726	275	18500	17230	200
区县小计	571220	132499	15884	201633	170152	3500	46552	
西秀区	144873	57247	4217	33994	45671	718	3026	
平坝县	84572	22185	2910	34931	21557	304	1685	
普定县	89091	19269	2013	29455	28366	351	9637	
镇宁布依族苗族自治县	86061	15693	3112	32772	22826	739	10919	
关岭布依族苗族自治县	85110	12531	2150	34844	25069	326	10190	
紫云苗族布依族自治县	81513	5574	1482	35637	26663	1062	11095	
黔南布依族苗族自治州小计	**1057690**	**208536**	**55593**	**429516**	**286702**	**7400**	**69943**	
本级	108105	25348	26102	32043	4250	784	19578	
区县小计	949585	183188	29491	397473	282452	6616	50365	
都匀市	118274	39375	5447	40694	27642	458	4658	
独山县	79059	10998	1779	37263	23034	341	5644	
平塘县	74695	7579	544	39068	24787	1065	1652	
荔波县	56099	10734	2142	20414	17587	440	4782	
三都水族自治县	69862	5620	469	37538	22034	583	3618	
福泉市	79937	31950	2358	22610	22728	261	30	
瓮安县	94120	24301	2591	37940	27087	449	1752	
贵定县	72636	10570	6523	27998	21847	148	5550	
龙里县	68804	15110	2272	26395	15839	615	8573	
惠水县	85033	10768	2675	40226	27388	302	3674	
长顺县	59390	7095	983	25305	23455	906	1646	
罗甸县	91676	9088	1708	42022	29024	1048	8786	
黔东南苗族侗族自治州小计	**1129497**	**174314**	**26682**	**501388**	**355932**	**22000**	**48625**	**556**
本级	119597	24408	11561	34967	23667	17000	7798	196
区县小计	1009900	149906	15121	466421	332265	5000	40827	360
凯里市	113918	48924	3916	24386	31340		5352	
黄平县	67787	6952	744	35167	23482	1000	442	
麻江县	49942	5312	636	23560	18962		1472	
丹寨县	42270	3890	501	21993	15752		134	
雷山县	48109	4333	470	23014	19345	450	497	
施秉县	43558	10247	740	18498	13127		946	
镇远县	65106	12567	1777	24850	18208		7704	
三穗县	50805	5091	396	25096	16253	650	3319	
岑巩县	51338	4524	644	26092	18185		1533	360
天柱县	73737	10118	965	37236	25306	350	－238	
锦屏县	55889	5878	895	31539	16091		1486	

1－24－4 单位：万元

地区	支出						年终结余	其中：净结余
	支出总计	其中：						
		本年支出	一般性转移支付上解	专项转移支付上解	安排预算稳定调节基金	调出资金		
安顺市小计	**605577**	**593464**		**7613**	**4500**		**78891**	**12990**
本级	91081	91672		－591			22167	2280
区县小计	514496	501792		8204	4500		56724	10710
西秀区	142195	139716		2479			2678	680
平坝县	82673	82233		440			1899	38
普定县	78977	76693		2284			10114	1864
镇宁布依族苗族自治县	79695	74033		2162	3500		6366	2039
关岭布依族苗族自治县	64798	63374		424	1000		20312	6089
紫云苗族布依族自治县	66158	65743		415			15355	6
黔南布依族苗族自治州小计	**985256**	**974148**		**7008**	**4000**	**100**	**72434**	**42902**
本级	94106	98127	－4306	285			13999	11916
区县小计	891150	876021	4306	6723	4000	100	58435	30986
都匀市	112250	108940	2495	715		100	6024	5196
独山县	76800	76209		591			2259	463
平塘县	73944	73619		325			751	751
荔波县	53927	53357		570			2172	659
三都水族自治县	65354	65237		117			4508	3174
福泉市	79587	74230	424	933	4000		350	350
瓮安县	93102	91952	393	757			1018	1018
贵定县	68448	67087	994	367			4188	1378
龙里县	56197	54978		1219			12607	8407
惠水县	79830	79241		589			5203	1628
长顺县	58923	58735		188			467	125
罗甸县	72788	72436		352			18888	7837
黔东南苗族侗族自治州小计	**1075706**	**1069683**		**6023**			**53791**	**－1387**
本级	110692	112760	－912	－1156			8905	－3121
区县小计	965014	956923	912	7179			44886	1734
凯里市	105729	102233	912	2584			8189	182
黄平县	67977	67763		214			－190	－190
麻江县	49072	48451		621			870	8
丹寨县	42370	42205		165			－100	－100
雷山县	48083	47940		143			26	26
施秉县	43498	43226		272			60	60
镇远县	55955	55151		804			9151	579
三穗县	48741	48580		161			2064	567
岑巩县	49078	48801		277			2260	60
天柱县	74102	73681		421			－365	－365
锦屏县	55591	55329		262			298	298

1－24－5　　　　　　　　　　　　　　　　　　单位:万元

地区	收入							
	收入总计	其中:					上年结余	调入资金
		本年收入	返还性收入	一般性转移支付收入	专项转移支付收入	转贷财政部代理发行地方政府债券收入		
黎平县	95816	9021	1184	48498	33532	650	2931	
榕江县	67850	6188	841	36168	21121	700	2832	
从江县	71945	5997	508	38159	22812	750	3719	
剑河县	60207	5724	538	30129	18328	250	5238	
台江县	51623	5140	366	22036	20421	200	3460	
毕节地区小计	**1611734**	**435101**	**68362**	**490191**	**471759**	**38400**	**107921**	
本级	178051	88639	40673	22729	－17917	19810	24117	
区县小计	1433683	346462	27689	467462	489676	18590	83804	
毕节市	211865	36381	4128	74718	72225	2119	22294	
大方县	170046	45796	3549	58319	56883	1991	3508	
黔西县	167060	48592	3523	58302	50925	2810	2908	
金沙县	193120	81308	5017	43204	46546	1260	15785	
织金县	183596	52190	2611	50604	64961	3688	9542	
纳雍县	164251	35131	2310	53244	57698	3093	12775	
威宁彝族回族苗族自治县	217634	32911	3226	78129	84608	1557	17203	
赫章县	126111	14153	3325	50942	55830	2072	－211	
铜仁地区小计	**913941**	**137535**	**23271**	**408181**	**327563**	**22200**	**－4809**	
本级	87898	20724	12452	31569	28484	6600	－11931	
区县小计	826043	116811	10819	376612	299079	15600	7122	
铜仁市	79964	25031	2424	19612	33225	240	－568	
松桃苗族自治县	118099	14002	1641	53134	48938	520	－136	
玉屏侗族自治县	48980	11939	1585	20123	15124	110	99	
万山特区	41273	3636	478	17935	12829	400	5995	
江口县	53546	6532	446	26389	19769	170	240	
石阡县	90603	8118	645	41485	32847	7400	108	
印江土家族苗族自治县	80236	9056	595	41194	29131	200	60	
思南县	115208	11516	760	60921	36221	5430	360	
德江县	91799	11216	1104	43342	35235	490	412	
沿河土家族自治县	106335	15765	1141	52477	35760	640	552	
黔西南布依族苗族自治州小计	**858917**	**219116**	**29255**	**275119**	**233554**	**30800**	**69127**	**1886**
本级	93029	16862	7359	27299	－753	24480	16463	1319
区县小计	765888	202254	21896	247820	234307	6320	52664	567
兴义市	173956	89031	10158	29384	39724	467	4992	200
兴仁县	104319	29360	2224	32374	34030	1502	4769	
贞丰县	93836	19454	1301	26404	28294	1122	17168	93
册亨县	64872	5362	814	33471	19579	576	5070	
望谟县	82420	6337	1576	44757	24739	873	4138	
普安县	76801	22448	1139	21178	26422	994	4346	274

1－24－6 单位:万元

地　　区	支出：支出总计	其中：本年支出	其中：一般性转移支付上解	其中：专项转移支付上解	其中：安排预算稳定调节基金	其中：调出资金	年终结余	其中：净结余
黎平县	93011	92683		328			2805	303
榕江县	63407	63210		197			4443	8
从江县	67610	67184		426			4335	120
剑河县	55930	55800		130			4277	110
台江县	44860	44686		174			6763	68
毕节地区小计	**1443939**	**1439076**		**4863**			**167795**	**－57396**
本级	141142	152868		－11726			36909	－41701
区县小计	1302797	1286208		16589			130886	－15695
毕节市	189917	188924		993			21948	－13000
大方县	170046	167643		2403				
黔西县	161464	158353		3111			5596	13
金沙县	153202	148968		4234			39918	588
织金县	163217	162099		1118			20379	68
纳雍县	142789	139825		2964			21462	1102
威宁彝族回族苗族自治县	191540	190349		1191			26094	45
赫章县	130622	130047		575			－4511	－4511
铜仁地区小计	**930481**	**927527**		**2954**			**－16540**	**－19465**
本级	107337	108292		－955			－19439	－22364
区县小计	823144	819235		3909			2899	2899
铜仁市	79281	78473		808			683	683
松桃苗族自治县	119944	119373		571			－1845	－1845
玉屏侗族自治县	46771	46397		374			2209	2209
万山特区	41173	41013		160			100	100
江口县	53294	53049		245			252	252
石阡县	90595	90384		211			8	8
印江土家族苗族自治县	79834	79580		254			402	402
思南县	115109	114609		500			99	99
德江县	91775	91528		247			24	24
沿河土家族自治县	105368	104829		539			967	967
黔西南布依族苗族自治州小计	**779426**	**775286**		**4080**			**79491**	**20003**
本级	80544	90565	－10129	108			12485	16
区县小计	698882	684721	10129	3972			67006	19987
兴义市	167544	162020	4567	957			6412	3273
兴仁县	100290	98312	1188	730			4029	1186
贞丰县	76456	75187	696	573			17380	3030
册亨县	62418	61693	532	193			2454	1950
望谟县	73378	72550	533	295			9042	5998
普安县	70981	69447	812	722			5820	1789

1－24－7

单位:万元

地区	收入总计	收入 其中:本年收入	返还性收入	一般性转移支付收入	专项转移支付收入	转贷财政部代理发行地方政府债券收入	上年结余	调入资金
晴隆县	79018	13056	1870	28065	29918	207	5902	
安龙县	90666	17206	2814	32187	31601	579	6279	

1-24-8 单位:万元

地区	支出						年终结余	其中:净结余
	支出总计	其中:						
		本年支出	一般性转移支付上解	专项转移支付上解	安排预算稳定调节基金	调出资金		
晴隆县	71054	69932	937	185			7964	1466
安龙县	76761	75580	864	317			13905	1295

2009年云南省地市县财政一般预算收支平衡表

1－25－1　　　　单位:万元

地区	收入							
	收入总计	本年收入	其中:				上年结余	调入资金
			返还性收入	一般性转移支付收入	专项转移支付收入	转贷财政部代理发行地方政府债券收入		
地市县合计	**15830396**	**5477875**	**863477**	**4073979**	**4717735**		**521963**	**175367**
昆明市小计	**3362789**	**2016125**	**262469**	**344587**	**558619**		**178033**	**2956**
本级	1419187	990946	135920	43009	149108		100204	
区县小计	1943602	1025179	126549	301578	409511		77829	2956
盘龙区	175820	124956	6984	12793	26070		5017	
五华区	245520	157692	30648	17392	26831		12957	
西山区	193687	130046	10480	13008	35155		4998	
官渡区	279211	200917	11783	17558	33801		15152	
呈贡县	85120	53078	6219	13028	12629		166	
安宁市	201287	128009	32508	12510	23558		4702	
富民县	44074	12106	2222	14048	15688		10	
晋宁县	98858	46977	7088	15617	26562		2166	448
宜良县	96276	38309	2168	17438	32258		6103	
石林彝族自治县	73610	25953	2870	19031	25351		103	302
嵩明县	94151	32876	3797	21736	35742			
禄劝彝族苗族自治县	99056	23098	1204	35580	35926		3248	
东川区	146847	24066	5850	53782	38252		23192	1705
寻甸回族自治县	110085	27096	2728	38057	41688		15	501
昭通市小计	**1212345**	**207906**	**84742**	**461859**	**421414**		**32040**	**4384**
本级	148241	63027	61555	－11398	12287		19770	3000
区县小计	1064104	144879	23187	473257	409127		12270	1384
昭阳区	158499	40711	7722	50659	58519		388	500
鲁甸县	94687	10886	1367	43062	37747		1537	88
巧家县	98777	8560	1581	48028	40229		179	200
盐津县	72280	8668	1036	36379	25978		123	96
大关县	62352	4656	728	32893	23830		245	
永善县	92563	10442	928	46602	34255		336	
绥江县	50575	6426	733	18898	16827		7591	100
镇雄县	209631	20090	3162	98208	88046		125	
彝良县	107042	11575	1932	50258	42808		469	
威信县	76743	10089	1166	37669	26653		1166	
水富县	40955	12776	2832	10601	14235		111	400
曲靖市小计	**1533426**	**631875**	**91310**	**375530**	**380030**		**16964**	**37717**
本级	273264	193151	45605	19723	－1743		15728	800
区县小计	1260162	438724	45705	355807	381773		1236	36917
麒麟区	171008	76108	4531	42085	40015		67	8202
沾益县	104443	47162	2097	24465	30717		2	
马龙县	60668	20176	1161	18466	20017		2	846

1－25－2

单位:万元

地　区	支出						年终结余	其中:净结余
	支出总计	其中:						
		本年支出	一般性转移支付上解	专项转移支付上解	安排预算稳定调节基金	调出资金		
地市县合计	**15096643**	**14395055**	**512178**	**167459**		**8266**	**733753**	**313903**
昆明市小计	**3163028**	**2707475**	**403118**	**44419**		**8016**	**199761**	**91791**
本级	1285223	1034139	258058	－14990		8016	133964	54814
区县小计	1877805	1673336	145060	59409			65797	36977
盘龙区	168829	153402	7639	7788			6991	6186
五华区	242462	176842	53851	11769			3058	2125
西山区	188987	163766	18087	7134			4700	4700
官渡区	264520	227154	26244	11122			14691	11348
呈贡县	84564	74778	5036	4750			556	555
安宁市	192717	153108	34203	5406			8570	8570
富民县	44060	43190		870			14	14
晋宁县	91211	89521		1690			7647	65
宜良县	86019	84201		1818			10257	1118
石林彝族自治县	72739	71161		1578			871	36
嵩明县	93402	91066		2336			749	749
禄劝彝族苗族自治县	95693	94887		806			3363	66
东川区	142517	141674		843			4330	1445
寻甸回族自治县	110085	108586		1499				
昭通市小计	**1124030**	**1114971**		**8565**			**88315**	**1992**
本级	109499	108999		500			38742	6
区县小计	1014531	1005972		8065			49573	1986
昭阳区	151039	148513		2526			7460	462
鲁甸县	88663	87938		725			6024	2
巧家县	93982	93411		571			4795	29
盐津县	70816	70299		387			1464	1
大关县	58604	58262		342			3748	20
永善县	89593	89106		487			2970	172
绥江县	41964	41654		310			8611	136
镇雄县	200981	199966		1015			8650	654
彝良县	105270	104363		647			1772	37
威信县	74836	74266		466			1907	172
水富县	38783	38194		589			2172	301
曲靖市小计	**1476625**	**1401667**	**55002**	**18656**			**56801**	**22963**
本级	218129	219565	13382	－16118			55135	27950
区县小计	1258496	1182102	41620	34774			1666	－4987
麒麟区	170950	151542	8027	11381			58	58
沾益县	104007	94491	4392	5124			436	436
马龙县	60665	57604	1905	1156			3	－6650

一、一般预算

1－25－3

单位:万元

地区	收入							
	收入总计	其中:						
		本年收入	返还性收入	一般性转移支付收入	专项转移支付收入	转贷财政部代理发行地方政府债券收入	上年结余	调入资金
宣威市	256283	79377	5245	69954	94081		511	7115
富源县	163414	71802	4718	39915	44627		352	2000
罗平县	105172	30068	2640	41995	27772		200	2497
师宗县	94072	25113	1709	29328	28923		15	8984
陆良县	122039	33802	3775	43110	36610		60	4682
会泽县	183063	55116	19829	46489	59011		27	2591
玉溪市小计	**986300**	**541595**	**26755**	**134990**	**213269**		**14835**	**54856**
本级	316088	284376	－6181	－42714	26814		14788	39005
区县小计	670212	257219	32936	177704	186455		47	15851
红塔区	125172	70136	8950	25461	20508		2	115
通海县	64586	24136	3177	17043	18487		2	1741
江川县	64947	20899	2573	20097	21376		2	
澄江县	60921	24195	3270	13307	16977		2	3170
华宁县	55910	17889	2196	16072	17651		23	2079
易门县	58100	21311	2346	15038	18258		1	1146
峨山彝族自治县	59319	21833	3232	19445	14804		5	
新平彝族傣族自治县	110990	42523	4061	28340	30464		2	5600
元江哈尼族彝族傣族自治县	70267	14297	3131	22901	27930		8	2000
红河哈尼族彝族自治州小计	**1440397**	**520397**	**84483**	**361688**	**434070**		**39401**	**358**
本级	199739	149214	50538	－32107	5458		26636	
区县小计	1240658	371183	33945	393795	428612		12765	358
个旧市	173756	77271	6632	48201	37354		3940	358
开远市	100068	50125	5303	24587	18271		1782	
蒙自县	119864	58129	4598	26134	29114		1889	
建水县	120159	37841	3638	40048	36745		1887	
石屏县	82874	16977	1958	28180	34649		1110	
弥勒县	142225	56022	4454	36537	44473		739	
泸西县	92852	26141	2682	30844	33019		166	
屏边苗族自治县	45059	4691	675	20252	19294		147	
河口瑶族自治县	53298	8970	954	14084	29092		198	
金平苗族瑶族傣族自治县	88850	13971	1513	32259	40889		218	
元阳县	86331	10511	632	36449	38538		201	
红河县	66156	3353	392	31254	30878		279	
绿春县	69166	7181	514	24966	36296		209	
文山壮族苗族自治州小计	**925574**	**172888**	**23951**	**366738**	**354353**		**6944**	**700**
本级	100281	15610	6833	43108	29128		5602	
区县小计	825293	157278	17118	323630	325225		1342	700
文山县	125676	53608	6022	28614	37396		36	

1－25－4

单位:万元

地　　区	支出：支出总计	支出：其中：本年支出	支出：其中：一般性转移支付上解	支出：其中：专项转移支付上解	支出：其中：安排预算稳定调节基金	支出：其中：调出资金	年终结余	其中：净结余
宣威市	256206	245812	7592	2802			77	77
富源县	162566	149670	7707	5189			848	848
罗平县	104966	101067	2420	1479			206	206
师宗县	94062	90323	2108	1631			10	10
陆良县	122027	117119	2787	2121			12	12
会泽县	183047	174474	4682	3891			16	16
玉溪市小计	**963767**	**898224**	**53338**	**12167**			**22533**	**19172**
本级	295568	252777	44846	－2055			20520	17159
区县小计	668199	645447	8492	14222			2013	2013
红塔区	125166	118797	2129	4240			6	6
通海县	64416	60106	3418	867			170	170
江川县	64836	62379	686	1758			111	111
澄江县	60823	59163	890	770			98	98
华宁县	55546	53810	619	1117			364	364
易门县	57998	56057	723	1218			102	102
峨山彝族自治县	58333	57070	23	1240			986	986
新平彝族傣族自治县	110844	109168	3	1673			146	146
元江哈尼族彝族傣族自治县	70237	68897	1	1339			30	30
红河哈尼族彝族自治州小计	**1392305**	**1376466**		**15189**			**48092**	**46179**
本级	169121	206837		－37716			30618	28705
区县小计	1223184	1169629		52905			17474	17474
个旧市	168755	152063		16692			5001	5001
开远市	96552	89053		7499			3516	3516
蒙自县	117721	111607		6114			2143	2143
建水县	118280	114346		3934			1879	1879
石屏县	82265	81228		1037			609	609
弥勒县	140925	131022		9383			1300	1300
泸西县	92494	91463		1031			358	358
屏边苗族自治县	44837	44517		320			222	222
河口瑶族自治县	52954	52381		443			344	344
金平苗族瑶族傣族自治县	88232	86663		1569			618	618
元阳县	85299	81049		4250			1032	1032
红河县	66011	65689		322			145	145
绿春县	68859	68548		311			307	307
文山壮族苗族自治州小计	**908449**	**899434**	**38**	**8977**			**17125**	**17125**
本级	88059	111134	38	－23113			12222	12222
区县小计	820390	788300		32090			4903	4903
文山县	124834	116801		8033			842	842

1－25－5

单位：万元

地区	收入							
	收入总计	其中：					上年结余	调入资金
		本年收入	返还性收入	一般性转移支付收入	专项转移支付收入	转贷财政部代理发行地方政府债券收入		
砚山县	101067	23688	2270	36605	37534		270	700
西畴县	67716	5080	1121	34433	26640		442	
麻栗坡县	90948	13600	1297	32941	43053		57	
马关县	94408	19666	1980	32379	40342		41	
丘北县	103059	13168	1240	53667	34880		104	
广南县	130722	13460	1665	61964	53345		288	
富宁县	111697	15008	1523	43027	52035		104	
普洱市小计	**903487**	**166000**	**23399**	**322043**	**329172**		**29909**	**32964**
本级	146946	41551	3270	44665	12579		14859	30022
区县小计	756541	124449	20129	277378	316593		15050	2942
思茅区	82163	33100	4316	19896	23762		1089	
宁洱哈尼族彝族自治县	67724	11926	2270	21667	27598		3498	765
墨江哈尼族自治县	94499	12166	2824	38802	38671		2036	
景谷彝族傣族自治县	78276	18406	2967	22461	32925		1517	
镇沅彝族哈尼族拉祜族自治县	63955	7203	1141	27762	28249		-721	321
景东彝族自治县	100174	18000	2836	34387	40838		3339	774
江城哈尼族彝族自治县	46969	5108	626	16053	21860		2544	778
澜沧拉祜族自治县	131436	12359	1893	57061	58438		1481	204
孟连傣族拉祜族佤族自治县	45124	4062	843	18663	21327		129	100
西盟佤族自治县	46221	2119	413	20626	22925		138	
版纳州小计	**361187**	**85990**	**12002**	**112362**	**144434**		**3863**	**2536**
本级	78930	22788	539	28493	21337		3237	2536
区县小计	282257	63202	11463	83869	123097		626	
景洪市	126796	36206	4821	30612	55005		152	
勐海县	79068	11292	4724	27276	35554		222	
勐腊县	76393	15704	1918	25981	32538		252	
楚雄彝族自治州小计	**996633**	**255832**	**96561**	**235107**	**363398**		**41927**	**3808**
本级	162932	61024	69568	4719	2090		22401	3130
区县小计	833701	194808	26993	230388	361308		19526	678
楚雄市	166082	83054	8691	24712	48945		680	
双柏县	55754	7930	1066	18694	27617		281	166
牟定县	60808	7370	866	20945	29553		1697	377
南华县	67125	9779	1779	20853	32967		1747	
姚安县	78378	6197	810	23162	47957		222	30
大姚县	82330	10840	1489	27259	41864		878	
永仁县	57708	6758	870	17267	29484		3314	15
元谋县	59902	8476	1577	22444	26314		1001	90
武定县	77876	14229	1498	27232	32012		2905	

1－25－6 单位:万元

地区	支出：支出总计	其中：本年支出	其中：一般性转移支付上解	其中：专项转移支付上解	其中：安排预算稳定调节基金	其中：调出资金	年终结余	其中：净结余
砚山县	101017	95932		5085			50	50
西畴县	66546	65274		1272			1170	1170
麻栗坡县	89696	87424		2272			1252	1252
马关县	94250	91676		2574			158	158
丘北县	101948	96566		5382			1111	1111
广南县	130424	126673		3751			298	298
富宁县	111675	107954		3721			22	22
普洱市小计	**862917**	**854788**		**7264**			**40570**	**7551**
本级	129099	130320		－1611			17847	3014
区县小计	733818	724468		8875			22723	4537
思茅区	78995	77274		1591			3168	1605
宁洱哈尼族彝族自治县	61632	60750		862			6092	181
墨江哈尼族自治县	92624	91269		1225			1875	979
景谷彝族傣族自治县	76482	75277		1075			1794	774
镇沅彝族哈尼族拉祜族自治县	64267	63284		983			－312	－312
景东彝族自治县	94433	92890		1543			5741	690
江城哈尼族彝族自治县	44248	43936		312			2721	76
澜沧拉祜族自治县	131162	130367		795			274	274
孟连傣族拉祜族佤族自治县	44027	43632		330			1097	150
西盟佤族自治县	45948	45789		159			273	120
版纳州小计	**355807**	**352445**		**3362**			**5380**	**5171**
本级	75335	80042		－4707			3595	3595
区县小计	280472	272403		8069			1785	1576
景洪市	125964	122393		3571			832	832
勐海县	78390	77557		833			678	469
勐腊县	76118	72453		3665			275	275
楚雄彝族自治州小计	**922992**	**910569**	**19**	**12404**			**73641**	**8914**
本级	116327	128681	－16007	3653			46605	6040
区县小计	806665	781888	16026	8751			27036	2874
楚雄市	161305	146386	12186	2733			4777	517
双柏县	54751	54227		524			1003	248
牟定县	57423	56894		529			3385	77
南华县	65179	64464		715			1946	150
姚安县	77449	76914		535			929	172
大姚县	79302	78636		666			3028	171
永仁县	55566	55113		453			2142	339
元谋县	57506	56990		516			2396	85
武定县	76835	76150		685			1041	217

1－25－7

单位:万元

地区	收入							
	收入总计	其中:					上年结余	调入资金
		本年收入	返还性收入	一般性转移支付收入	专项转移支付收入	转贷财政部代理发行地方政府债券收入		
禄丰县	127738	40175	8347	27820	44595		6801	
大理白族自治州小计	**1103770**	**315480**	**73858**	**296853**	**362700**		**51184**	**3695**
本级	141926	55635	45553	26148	－30038		44560	68
区县小计	961844	259845	28305	270705	392738		6624	3627
大理市	238223	122855	14718	29298	67979		681	2692
漾濞彝族自治县	35932	6826	481	14269	13495		861	
祥云县	105596	28503	2825	24557	48073		738	900
宾川县	93335	16058	1586	29327	45309		1055	
弥渡县	69756	10855	1108	27074	30344		375	
南涧彝族自治县	51708	12119	873	16006	21772		903	35
巍山彝族回族自治县	62450	9692	1064	24808	26153		733	
永平县	53799	9596	541	19362	24142		158	
云龙县	60221	8923	763	26702	23720		113	
洱源县	65102	10068	1767	20150	32967		150	
剑川县	51162	9362	742	17710	23082		266	
鹤庆县	74560	14988	1837	21442	35702		591	
保山市小计	**688718**	**158071**	**24749**	**222578**	**240504**		**38950**	**3866**
本级	80772	20407	4621	28420	9610		16564	1150
区县小计	607946	137664	20128	194158	230894		22386	2716
隆阳区	169196	50742	7140	48124	57484		5681	25
施甸县	86239	8294	1594	38105	34007		4239	
腾冲县	177301	50081	5913	49127	66851		2638	2691
昌宁县	92117	14516	2956	31931	36036		6678	
龙陵县	83093	14031	2525	26871	36516		3150	
德宏傣族景颇族自治州小计	**517505**	**98345**	**18807**	**146180**	**205476**		**32705**	**15992**
本级	91217	16355	937	35863	16887		18984	2191
区县小计	426288	81990	17870	110317	188589		13721	13801
潞西市	115696	25521	4493	28202	48034		7146	2300
梁河县	55809	5720	1823	22131	23877		1819	439
盈江县	105837	21724	4634	24527	47052		49	7851
陇川县	67993	6933	2395	22170	34743		1671	81
瑞丽市	80953	22092	4525	13287	34883		3036	3130
丽江市小计	**491343**	**116584**	**13478**	**168317**	**171688**		**13435**	**7841**
本级	69360	18139	2320	21576	17445		9709	171
区县小计	421983	98445	11158	146741	154243		3726	7670
古城区	67857	36743	2924	11224	16448		518	
永胜县	106315	13741	2204	46035	44295		40	
华坪县	78645	26516	3598	18343	22386		302	7500

1－25－8 单位:万元

地区	支出						年终结余	其中:净结余
	支出总计	其中:						
		本年支出	一般性转移支付上解	专项转移支付上解	安排预算稳定调节基金	调出资金		
禄丰县	121349	116114	3840	1395			6389	898
大理白族自治州小计	**1043324**	**1023923**	**413**	**11649**			**60446**	**49925**
本级	87616	124578	－39072	－1790			54310	45535
区县小计	955708	899345	39485	13439			6136	4390
大理市	237634	194215	35315	6739			589	589
漾濞彝族自治县	35529	35226		303			403	236
祥云县	104841	99683	4170	988			755	755
宾川县	92739	91867		872			596	148
弥渡县	69442	68647		795			314	314
南涧彝族自治县	51460	50541		789			248	154
巍山彝族回族自治县	61813	61044		639			637	221
永平县	53519	52173		449			280	113
云龙县	59766	59225		541			455	314
洱源县	64826	64028		408			276	276
剑川县	50210	49828		382			952	826
鹤庆县	73929	72868		534			631	444
保山市小计	**627577**	**620180**		**7241**			**61141**	**20294**
本级	54623	61762	－5415	－1724			26149	12702
区县小计	572954	558418	5415	8965			34992	7592
隆阳区	161173	155582	3309	2152			8023	1269
施甸县	81913	80782	318	787			4326	20
腾冲县	168355	163910		4445			8946	4339
昌宁县	82683	80816	940	927			9434	1823
龙陵县	78830	77328	848	654			4263	141
德宏傣族景颇族自治州小计	**493532**	**488697**	**203**	**4260**			**23973**	**3202**
本级	75729	97292	203	－21766			15488	2262
区县小计	417803	391405		26026			8485	940
潞西市	110827	103507		7143			4869	260
梁河县	55419	53230		1994			390	281
盈江县	105486	98394		7092			351	84
陇川县	67519	65037		2482			474	182
瑞丽市	78552	71237		7315			2401	133
丽江市小计	**479474**	**474537**	**47**	**4500**			**11869**	**8501**
本级	63643	70707	47	－7111			5717	3173
区县小计	415831	403830		11611			6152	5328
古城区	67119	63295		3824			738	616
永胜县	104375	102332		2043			1940	1662
华坪县	77648	75916		1732			997	842

一、一般预算

1－25－9　　　　单位：万元

地　区	收入							
	收入总计	其中：						
		本年收入	返还性收　入	一般性转移支付收入	专项转移支付收入	转贷财政部代理发行地方政府债券收入	上年结余	调入资金
宁蒗彝族自治县	90348	7316	1258	43090	38009		675	
玉龙纳西族自治县	78818	14129	1174	28049	33105		2191	170
怒江傈僳族自治州小计	**290312**	**46666**	**6442**	**107427**	**117859**		**10568**	**1350**
本级	59402	10198	428	26289	13359		9128	
区县小计	230910	36468	6014	81138	104500		1440	1350
兰坪白族普米族自治县	84205	21018	3906	23225	35407		649	
福贡县	47790	2321	241	21899	23079		250	
贡山独龙族怒族自治县	28197	2302	419	14348	10950		178	
泸水县	70718	10827	1448	21666	35064		363	1350
迪庆藏族自治州小计	**306509**	**43578**	**3450**	**140124**	**112853**		**4854**	**1650**
本级	96268	16682	959	44083	29449		4745	350
区县小计	210241	26896	2491	96041	83404		109	1300
香格里拉县	78628	16606	1629	32296	27096		1	1000
维西傈僳族自治县	67074	5820	446	35753	25043		12	
德钦县	64539	4470	416	27992	31265		96	300
临沧市小计	**710101**	**100543**	**17021**	**277596**	**307896**		**6351**	**694**
本级	79158	21657	3094	37404	12185		4639	179
区县小计	630943	78886	13927	240192	295711		1712	515
凤庆县	104281	14338	1524	39030	49125		264	
云县	92255	19505	2921	26843	42727		160	99
临翔区	83215	14298	2421	33384	32560		260	292
永德县	75944	7312	1148	37806	29393		285	
镇康县	65708	6489	1000	24216	33742		232	29
双江拉祜族佤族布朗族傣族自治县	59080	4078	1029	23716	30026		231	
耿马傣族佤族自治县	80685	8507	2847	29269	39862		200	
沧源佤族自治县	69775	4359	1037	25928	38276		80	95

1－25－10

单位:万元

地区	支出总计	支出 其中: 本年支出	一般性转移支付上解	专项转移支付上解	安排预算稳定调节基金	调出资金	年终结余	其中:净结余
宁蒗彝族自治县	89103	87281		1432			1245	1160
玉龙纳西族自治县	77586	75006		2580			1232	1048
怒江傈僳族自治州小计	**277216**	**275430**		**1701**			**13096**	**113**
本级	48146	53707	－5954	328			11256	40
区县小计	229070	221723	5954	1373			1840	73
兰坪白族普米族自治县	83218	77742	4849	607			987	28
福贡县	47399	47222		177			391	
贡山独龙族怒族自治县	28054	27936		118			143	
泸水县	70399	68823	1105	471			319	45
迪庆藏族自治州小计	**303754**	**300894**		**1495**			**2755**	**2755**
本级	94423	94748		－1170			1845	1845
区县小计	209331	206146		2665			910	910
香格里拉县	78233	76150		1823			395	395
维西傈僳族自治县	66781	66215		436			293	293
德钦县	64317	63781		406			222	222
临沧市小计	**701846**	**695355**		**5610**		**250**	**8255**	**8255**
本级	73762	77416		－3904		250	5396	5396
区县小计	628084	617939		9514			2859	2859
凤庆县	103804	102524		1280			477	477
云县	91668	88765		2903			587	587
临翔区	82938	80524		2024			277	277
永德县	75330	74430		835			614	614
镇康县	65435	64822		613			273	273
双江拉祜族佤族布朗族傣族自治县	58828	58208		490			252	252
耿马傣族佤族自治县	80495	79654		841			190	190
沧源佤族自治县	69586	69012		528			189	189

2009年西藏自治区地市县财政一般预算收支平衡表

1－26－1

单位:万元

地区	收入							
	收入总计	其中:						
		本年收入	返还性收入	一般性转移支付收入	专项转移支付收入	转贷财政部代理发行地方政府债券收入	上年结余	调入资金
地市县合计	**1774651**	**245797**	**67895**	**822238**	**590629**		**48092**	
拉萨市小计	**385391**	**100467**	**38386**	**132108**	**101930**		**12500**	
本级	205247	64338	24867	70032	39979		6031	
区县小计	180144	36129	13519	62076	61951		6469	
当雄县	18159	2680	1057	7099	7322		1	
尼木县	12348	696	270	6141	5048		193	
曲水县	14856	1556	557	6466	6134		143	
堆龙德庆县	27810	6554	4566	7755	8184		751	
城关区	50312	16675	4699	10434	13380		5124	
达孜县	14076	1250	832	6758	5159		77	
墨竹工卡县	21160	5121	1309	7239	7386		105	
林周县	21423	1597	229	10184	9338		75	
日喀则地区小计	**359437**	**29222**	**6809**	**166607**	**141109**		**15690**	
本级	88305	11010	2004	47957	19806		7528	
区县小计	271132	18212	4805	118650	121303		8162	
日喀则市	31375	5106	821	10618	14567		263	
江孜县	21922	1250	191	9431	10948		102	
南木林县	20405	707	46	7689	10935		1028	
白朗县	12851	558	27	6083	5733		450	
拉孜县	15969	676	51	6790	8183		269	
谢通门县	19936	3062	3029	6518	6535		792	
萨迦县	13714	510	40	6175	6665		324	
仁布县	10429	341	23	5629	4053		383	
定日县	18044	1702	42	6818	9042		440	
康马县	11388	490	38	5943	4481		436	
昂仁县	15982	525	40	6727	8422		268	
定结县	11108	262	20	6015	4524		287	
吉隆县	10644	274	28	5486	4018		838	
岗巴县	8580	270	63	4966	2909		372	
聂拉木县	12840	833	242	6013	5063		689	
亚东县	11498	612	55	5489	4367		975	
萨嘎县	10172	306	34	6161	3425		246	
仲巴县	14275	728	15	6099	7433			
山南地区小计	**242855**	**32339**	**10266**	**120108**	**78494**		**1648**	
本级	92242	14226	6573	44557	25253		1633	
区县小计	150613	18113	3693	75551	53241		15	
洛扎县	10655	573	49	5768	4265			
浪卡子县	13226	608	25	6737	5856			

1－26－2

单位：万元

地区	支出						年终结余	其中：净结余
	支出总计	其中：						
		本年支出	一般性转移支付上解	专项转移支付上解	安排预算稳定调节基金	调出资金		
地市县合计	**1729213**	**1729213**					**45438**	**15004**
拉萨市小计	**377316**	**377316**					**8075**	**3575**
本级	200926	200926					4321	1208
区县小计	176390	176390					3754	2367
当雄县	18152	18152					7	7
尼木县	12140	12140					208	208
曲水县	14678	14678					178	178
堆龙德庆县	25375	25375					2435	1078
城关区	49691	49691					621	621
达孜县	13987	13987					89	89
墨竹工卡县	21055	21055					105	75
林周县	21312	21312					111	111
日喀则地区小计	**335582**	**335582**					**23855**	**2113**
本级	73591	73591					14714	748
区县小计	261991	261991					9141	1365
日喀则市	31046	31046					329	163
江孜县	21847	21847					75	2
南木林县	20305	20305					100	
白朗县	12564	12564					287	24
拉孜县	15636	15636					333	50
谢通门县	19089	19089					847	200
萨迦县	13641	13641					73	9
仁布县	10215	10215					214	12
定日县	17381	17381					663	232
康马县	10176	10176					1212	19
昂仁县	15728	15728					254	28
定结县	10349	10349					759	94
吉隆县	9467	9467					1177	166
岗巴县	8329	8329					251	82
聂拉木县	12815	12815					25	3
亚东县	10099	10099					1399	245
萨嘎县	9279	9279					893	36
仲巴县	14025	14025					250	
山南地区小计	**241207**	**241207**					**1648**	**1648**
本级	90609	90609					1633	1633
区县小计	150598	150598					15	15
洛扎县	10655	10655						
浪卡子县	13226	13226						

一、一般预算

1－26－3　　　　单位:万元

地区	收入							
	收入总计	其中:					上年结余	调入资金
		本年收入	返还性收入	一般性转移支付收入	专项转移支付收入	转贷财政部代理发行地方政府债券收入		
贡嘎县	17862	3377	551	7174	6745		15	
扎囊县	12469	569	44	6595	5261			
乃东县	17295	3633	763	6983	5916			
琼结县	9964	578	36	6138	3212			
措美县	8447	485	41	5365	2556			
隆子县	13548	804	208	6337	6199			
错那县	10836	453	43	6241	4099			
桑日县	12713	2047	1420	6365	2881			
曲松县	10550	1891	464	5457	2738			
加查县	13048	3095	49	6391	3513			
昌都地区小计	**266047**	**27883**	**4479**	**126801**	**104960**		**1924**	
本级	77409	11519	2904	44641	18062		283	
区县小计	188638	16364	1575	82160	86898		1641	
昌都县	25379	3503	342	10460	10499		575	
江达县	19270	1368	111	7915	9826		50	
贡觉县	14200	945	32	6768	6455			
类乌齐县	13615	1130	108	6569	5808			
丁青县	18098	2281	47	7091	8428		251	
察雅县	18865	963	23	8691	9157		31	
八宿县	15243	1166	52	6569	7323		133	
左贡县	14975	1260	30	6921	6718		46	
芒康县	22251	2068	589	8549	10665		380	
洛隆县	14094	820	47	6551	6596		80	
边坝县	12648	860	194	6076	5423		95	
林芝地区小计	**160536**	**28694**	**4685**	**80297**	**44537**		**2323**	
本级	58189	14008	3469	29141	9544		2027	
区县小计	102347	14686	1216	51156	34993		296	
林芝县	16783	3618	450	7758	4935		22	
波密县	17174	3008	439	8228	5421		78	
察隅县	15034	1345	47	7174	6346		122	
工布江达县	16069	3386	83	7677	4898		25	
米林县	15846	2508	179	7699	5426		34	
朗县	10926	548	18	6523	3822		15	
墨脱县	10515	273		6097	4145			
那曲地区小计	**230976**	**17967**	**2052**	**122465**	**87441**		**1051**	
本级	80869	7557	930	47923	23978		481	
区县小计	150107	10410	1122	74542	63463		570	
那曲县	22822	3008	356	9450	10004		4	

1－26－4 单位:万元

地区	支出						年终结余	其中:净结余
	支出总计	其中:						
		本年支出	一般性转移支付上解	专项转移支付上解	安排预算稳定调节基金	调出资金		
贡嘎县	17847	17847					15	15
扎囊县	12469	12469						
乃东县	17295	17295						
琼结县	9964	9964						
措美县	8447	8447						
隆子县	13548	13548						
错那县	10836	10836						
桑日县	12713	12713						
曲松县	10550	10550						
加查县	13048	13048						
昌都地区小计	**264003**	**264003**					**2044**	**2044**
本级	77049	77049					360	360
区县小计	186954	186954					1684	1684
昌都县	24801	24801					578	578
江达县	19218	19218					52	52
贡觉县	14198	14198					2	2
类乌齐县	13615	13615						
丁青县	17842	17842					256	256
察雅县	18824	18824					41	41
八宿县	15105	15105					138	138
左贡县	14923	14923					52	52
芒康县	21870	21870					381	381
洛隆县	14009	14009					85	85
边坝县	12549	12549					99	99
林芝地区小计	**157237**	**157237**					**3299**	**2919**
本级	55217	55217					2972	2592
区县小计	102020	102020					327	327
林芝县	16761	16761					22	22
波密县	17086	17086					88	88
察隅县	14912	14912					122	122
工布江达县	16044	16044					25	25
米林县	15791	15791					55	55
朗县	10911	10911					15	15
墨脱县	10515	10515						
那曲地区小计	**229640**	**229640**					**1336**	**1336**
本级	80368	80368					501	501
区县小计	149272	149272					835	835
那曲县	22812	22812					10	10

1－26－5　　　　单位:万元

地区	收入							
	收入总计	其中:						
		本年收入	返还性收入	一般性转移支付收入	专项转移支付收入	转贷财政部代理发行地方政府债券收入	上年结余	调入资金
安多县	13879	1169	39	6946	5720		5	
聂荣县	13113	385	6	6604	6025		93	
班嘎县	12644	517	23	7018	5010		76	
申扎县	9277	446	51	5525	3160		95	
巴青县	15264	406	27	7161	7658		12	
索县	13491	722	20	6775	5894		80	
比如县	16442	446	25	7461	8497		13	
嘉黎县	14430	1649	532	7137	4978		134	
尼玛县	11022	712	34	5843	4403		30	
双湖区	7723	950	9	4622	2114		28	
阿里地区小计	**129409**	**9225**	**1218**	**73852**	**32158**		**12956**	
本级	55533	4026	572	31973	11482		7480	
区县小计	73876	5199	646	41879	20676		5476	
噶尔县	10635	1392	162	5494	2402		1185	
革吉县	12318	981	248	6573	3852		664	
改则县	10295	1045	128	5559	3039		524	
措勤县	8409	456	27	5356	2387		183	
普兰县	10946	400	11	6471	3140		924	
札达县	10209	326	29	6184	2352		1318	
日土县	11064	599	41	6242	3504		678	

1－26－6

单位:万元

地　　区	支　　出						年终结余	其中:净结余
	支出总计	其　中:						
		本年支出	一般性转移支付上解	专项转移支付上解	安排预算稳定调节基金	调出资金		
安多县	13873	13873					6	6
聂荣县	13020	13020					93	93
班嘎县	12425	12425					219	219
申扎县	9180	9180					97	97
巴青县	15252	15252					12	12
索县	13324	13324					167	167
比如县	16409	16409					33	33
嘉黎县	14296	14296					134	134
尼玛县	10991	10991					31	31
双湖区	7690	7690					33	33
阿里地区小计	**124228**	**124228**					**5181**	**1369**
本级	52141	52141					3392	582
区县小计	72087	72087					1789	787
噶尔县	10427	10427					208	208
革吉县	12169	12169					149	148
改则县	9782	9782					513	266
措勤县	8290	8290					119	61
普兰县	10833	10833					113	15
札达县	10202	10202					7	7
日土县	10384	10384					680	82

一、一般预算

2009年陕西省地市县财政一般预算收支平衡表

1－27－1 单位：万元

地区	收入							
	收入总计	其中：						
		本年收入	返还性收入	一般性转移支付收入	专项转移支付收入	转贷财政部代理发行地方政府债券收入	上年结余	调入资金
地市县合计	**13911987**	**4982555**	**701518**	**3687833**	**2862327**	**262448**	**1228491**	**186815**
西安市小计	**3212328**	**1813992**	**192484**	**484763**	**397825**	**49738**	**269526**	**4000**
本级	1252626	736506	134880	29577	126877	40007	184779	
区县小计	1959702	1077486	57604	455186	270948	9731	84747	4000
新城区	195266	130002	10348	38713	6787	61	5855	3500
碑林区	235684	179401	8403	29537	7465		10878	
莲湖区	234916	182161	7199	34387	8317	146	2706	
雁塔区	222395	155260	5879	42029	9849	50	9328	
灞桥区	126265	70281	2948	34358	13165	551	4962	
未央区	173710	108301	4603	46383	11195	101	3127	
阎良区	69813	39024	2618	11672	14118	1332	1049	
长安区	189403	95124	3239	35584	38643	405	16408	
临潼区	114447	35086	4122	33583	35918	1105	4633	
蓝田县	108440	10587	1225	48758	38902	1092	7876	
周至县	109344	6038	1339	52211	38812	1278	9666	
户县	97463	26083	4119	31795	28082	1819	5065	500
高陵县	82556	40138	1562	16176	19695	1791	3194	
铜川市小计	**372842**	**100785**	**14581**	**144205**	**84332**	**16333**	**12606**	
本级	136484	60306	11560	30214	17521	14444	2439	
区县小计	236358	40479	3021	113991	66811	1889	10167	
耀州区	103495	21327	1206	41050	30508	619	8785	
宜君县	43093	5133	412	22212	15015	639	－318	
印台区	48081	6001	498	27629	12748	199	1006	
王益区	41689	8018	905	23100	8540	432	694	
宝鸡市小计	**1129760**	**301362**	**71792**	**354204**	**296746**	**27877**	**55563**	**22216**
本级	340946	161305	47914	29061	45987	20277	18243	18159
区县小计	788814	140057	23878	325143	250759	7600	37320	4057
太白县	28719	2006	238	16450	7525	200	2300	
宝鸡县	158864	17226	3915	41738	91333	400	4252	
凤翔县	86107	19001	3174	35101	25466	500	2865	
岐山县	76156	13572	2190	35653	19925	800	4016	
麟游县	30751	3086	211	15097	9727	300	2212	118
陇县	57605	8400	1118	26600	16352	200	4535	400
千阳县	36978	3383	320	18090	13422	600	1158	5
凤县	41328	18778	1680	10395	7947	300	397	1831
扶风县	78957	7808	1131	40783	18125	1500	9610	
眉县	58334	6453	1967	28469	18146	500	2636	163
金台区	67085	17035	2454	28269	12164	1000	4623	1540

1－27－2 单位:万元

地　　区	支出						年终结余	其中:净结余
	支出总计	其中:						
		本年支出	一般性转移支付上解	专项转移支付上解	安排预算稳定调节基金	调出资金		
地市县合计	**12652313**	**12309147**	**11072**	**332044**			**1259674**	**－85683**
西安市小计	**2946520**	**2768502**	**9478**	**168540**			**265808**	**80299**
本级	1075360	1475623	－532096	131833			177266	39962
区县小计	1871160	1292879	541574	36707			88542	40337
新城区	194874	107883	82093	4898			392	48
碑林区	226303	100956	120349	4998			9381	4451
莲湖区	232685	110360	117101	5224			2231	1915
雁塔区	212617	101301	105695	5621			9778	2868
灞桥区	117031	73026	41246	2759			9234	9234
未央区	170315	98167	68066	4082			3395	3382
阎良区	69048	66758	1631	659			765	765
长安区	162200	157795	1727	2678			27203	8911
临潼区	110943	108894	1056	993			3504	1568
蓝田县	98485	96725	963	797			9955	2987
周至县	99494	98075	73	1346			9850	4145
户县	95278	92851	434	1993			2185	50
高陵县	81887	80088	1140	659			669	13
铜川市小计	**342457**	**337101**	**73**	**5283**			**30385**	**－29137**
本级	123641	123508	73	60			12843	－18605
区县小计	218816	213593		5223			17542	－10532
耀州区	93729	91162		2567			9766	－1445
宜君县	40700	40343		357			2393	－3088
印台区	44591	44010		581			3490	－3165
王益区	39796	38078		1718			1893	－2834
宝鸡市小计	**1080385**	**1022083**	**905**	**57397**			**49375**	**－14387**
本级	317580	295015	397	22168			23366	9615
区县小计	762805	727068	508	35229			26009	－24002
太白县	26583	26403		180			2136	－1053
宝鸡县	153844	146028	26	7790			5020	－652
凤翔县	88445	85375		3070			－2338	－6608
岐山县	73042	69720	27	3295			3114	－5669
麟游县	28798	28633		165			1953	－246
陇县	54354	53666		688			3251	38
千阳县	35706	35363		343			1272	－1532
凤县	40966	40662		304			362	16
扶风县	69170	66890	129	2151			9787	2202
眉县	55319	53438	39	1842			3015	－1962
金台区	65594	60777	96	4721			1491	－1731

1－27－3　　　　单位:万元

地区	收入							
	收入总计	其中:						
		本年收入	返还性收入	一般性转移支付收入	专项转移支付收入	转贷财政部代理发行地方政府债券收入	上年结余	调入资金
渭滨区	67930	23309	5480	28498	10627	1300	－1284	
咸阳市小计	**1222311**	**316707**	**51264**	**488171**	**271044**	**21523**	**70522**	**3080**
本级	253622	120122	29115	27966	50532	4285	21602	
区县小计	968689	196585	22149	460205	220512	17238	48920	3080
兴平市	91749	16209	2256	44790	19993	2400	3127	2974
武功县	69435	5211	1059	42397	17323	807	2638	
三原县	74823	12580	2254	39621	19234	1300	－272	106
泾阳县	83101	11385	2421	42912	23915	2132	336	
礼泉县	83278	9009	877	46097	19598	1740	5957	
乾县	83215	8713	1644	45212	23746	1675	2225	
永寿县	55096	4271	469	30359	12793	719	6485	
彬县	99527	38397	2846	32354	18616	2391	4923	
长武县	65250	22381	801	25582	10622	1163	4701	
旬邑县	74642	10616	1238	35290	16731	1697	9070	
淳化县	52652	2853	445	31107	15581	1214	1452	
秦都区	69043	31578	3484	20646	10676		2659	
渭城区	66878	23382	2355	23838	11684		5619	
渭南市小计	**1202664**	**282463**	**50867**	**448813**	**329656**	**32305**	**55580**	**2980**
本级	204931	75959	22999	27621	38602	15221	21549	2980
区县小计	997733	206504	27868	421192	291054	17084	34031	
临渭区	154793	21164	1832	62783	39665	2844	26505	
华县	89643	48482	2071	17306	18261	1600	1923	
华阴市	58357	12133	1839	25807	14357	880	3341	
潼关县	41327	7268	610	21468	10746	1300	－65	
大荔县	104081	5540	1218	55326	38462	1650	1885	
蒲城县	113639	19600	2394	53970	38429	1460	－2214	
澄城县	83245	12550	4724	31801	29150	1250	3770	
白水县	65461	7500	1911	32649	17607	1340	4454	
韩城市	104203	55208	8514	18323	19328	1500	1330	
合阳县	91263	6267	1363	44848	26235	1480	11070	
富平县	91721	10792	1392	56911	38814	1780	－17968	
汉中市小计	**1208543**	**143880**	**61351**	**409229**	**500103**	**20793**	**52179**	**21008**
本级	231623	28245	16491	28571	112723	20793	22403	2397
区县小计	976920	115635	44860	380658	387380		29776	18611
汉台区	92605	37366	6972	31198	15118		1551	400
南郑县	116602	22438	23849	47782	20909		－9841	11465
城固县	89343	6719	5429	53363	19384		4348	100
洋县	78896	7182	1631	45425	21078		3370	210

1－27－4 单位:万元

地区	支出						年终结余	其中：净结余
	支出总计	其中：						
		本年支出	一般性转移支付上解	专项转移支付上解	安排预算稳定调节基金	调出资金		
渭滨区	70984	60113	191	10680			－3054	－6805
咸阳市小计	**1105267**	**1071672**	**84**	**33511**			**117044**	**－18599**
本级	235289	228654	－336	6971			18333	－191
区县小计	869978	843018	420	26540			98711	－18408
兴平市	83913	81539		2374			7836	－886
武功县	60970	59721		1249			8465	－2627
三原县	72278	70818	29	1431			2545	－5244
泾阳县	81581	78065	109	3407			1520	－8179
礼泉县	73555	71257	216	2082			9723	－1562
乾县	76698	75100		1598			6517	－3553
永寿县	46511	45768	47	696			8585	964
彬县	91077	89357		1720			8450	882
长武县	53904	53286		618			11346	883
旬邑县	61304	60600		704			13338	－294
淳化县	44673	43718	12	943			7979	－2253
秦都区	63880	58151		5729			5163	324
渭城区	59634	55638	7	3989			7244	3137
渭南市小计	**1187221**	**1165422**		**21799**			**15443**	**－76407**
本级	175329	179678	－174	－4175			29602	228
区县小计	1011892	985744	174	25974			－14159	－76635
临渭区	133319	129574	49	3696			21474	13953
华县	85961	84112		1849			3682	165
华阴市	55892	53267	11	2614			2465	－1081
潼关县	45553	44510		1043			－4226	－7462
大荔县	112309	109720	12	2577			－8228	－18221
蒲城县	119666	115513		4153			－6027	－12118
澄城县	81492	79989		1503			1753	－2128
白水县	63463	61899	40	1524			1998	－2764
韩城市	109913	107521	62	2330			－5710	－6043
合阳县	80870	78998		1872			10393	201
富平县	123454	120641		2813			－31733	－41137
汉中市小计	**1176592**	**1166323**	**37**	**10232**			**31951**	**－37519**
本级	225473	257071	－3	－31595			6150	－13530
区县小计	951119	909252	40	41827			25801	－23989
汉台区	93100	83245	22	9833			－495	－2902
南郑县	126506	105050		21456			－9904	－14727
城固县	85052	79692	18	5342			4291	－2189
洋县	76244	75167		1077			2652	－2529

1－27－5

单位:万元

地区	收入							
	收入总计	其中:					上年结余	调入资金
		本年收入	返还性收入	一般性转移支付收入	专项转移支付收入	转贷财政部代理发行地方政府债券收入		
西乡县	75584	6767	624	40502	19775		4617	3299
勉县	139579	13090	2755	35710	82123		4301	1600
宁强县	145060	5782	764	38393	94967		4735	419
略阳县	130905	11580	2151	26054	85621		4581	918
镇巴县	64046	3034	409	37645	16275		6483	200
留坝县	25054	938	176	13360	6644		3936	
佛坪县	19246	739	100	11226	5486		1695	
安康市小计	**878005**	**97209**	**28606**	**388627**	**240740**	**17612**	**94509**	**10702**
本级	153335	26678	13390	45738	35220	6087	26222	
区县小计	724670	70531	15216	342889	205520	11525	68287	10702
汉滨区	175610	18165	3686	81762	49619	2000	18921	1457
岚皋县	52833	3516	665	27484	15082	500	4976	610
汉阴县	72848	6433	682	38283	17741		8642	1067
石泉县	55939	4499	848	26806	16732		6822	232
宁陕县	35900	2246	335	18382	11343		3583	11
紫阳县	76076	8036	716	38968	20282		6454	1620
平利县	62162	4529	523	33059	18367	1000	4506	178
镇坪县	27142	2200	357	14657	8315	500	1113	
旬阳县	110324	16388	6847	36708	32000	5525	9426	3430
白河县	55836	4519	557	26780	16039	2000	3844	2097
商洛市小计	**724673**	**89585**	**16869**	**334812**	**196000**	**18576**	**68123**	**708**
本级	157331	16760	10972	40499	56207	11176	21717	
区县小计	567342	72825	5897	294313	139793	7400	46406	708
商州市	101432	15603	691	52513	22491	1100	9024	10
洛南县	91134	15165	2160	50542	21982	1100	185	
山阳县	98344	9760	799	52389	23594	1000	10802	
丹凤县	70115	7553	518	35986	18663	1200	6195	
商南县	66002	8988	538	33099	16701	1000	5655	21
镇安县	81388	8250	643	40301	23963	1000	7231	
柞水县	58927	7506	548	29483	12399	1000	7314	677
延安市小计	**1821864**	**904660**	**123070**	**219786**	**222568**	**22087**	**285182**	**44511**
本级	503776	238508	66162	－40263	2688	9842	225838	1001
区县小计	1318088	666152	56908	260049	219880	12245	59344	43510
宝塔区	136982	76015	5535	16401	24930	76	14025	
延长县	66874	23330	2533	19020	20439	1016	536	
延川县	68891	17376	2460	31168	17889	74	－76	
子长县	138228	70416	6080	15340	25253	2066	2173	16900
安塞县	117846	73366	8274	7200	23737	2549	2720	

1-27-6

单位:万元

地区	支出						年终结余	其中:净结余
	支出总计	其中:						
		本年支出	一般性转移支付上解	专项转移支付上解	安排预算稳定调节基金	调出资金		
西乡县	70618	70061		557			4966	412
勉县	136063	134676		1387			3516	4
宁强县	143594	142687		907			1466	-3790
略阳县	126706	126114		592			4199	927
镇巴县	56538	56162		376			7508	655
留坝县	19758	19603		155			5296	324
佛坪县	16940	16795		145			2306	-174
安康市小计	**793068**	**785421**	**177**	**7470**			**84937**	**-12301**
本级	118296	123362	177	-5243			35039	-7681
区县小计	674772	662059		12713			49898	-4620
汉滨区	166267	162875		3392			9343	-6776
岚皋县	47628	46856		772			5205	1123
汉阴县	65923	64728		1195			6925	1210
石泉县	51131	50084		1047			4808	
宁陕县	32808	31944		864			3092	573
紫阳县	70361	69063		1298			5715	250
平利县	58316	57361		955			3846	10
镇坪县	26194	25708		486			948	-820
旬阳县	100567	98640		1927			9757	1657
白河县	55577	54800		777			259	-1847
商洛市小计	**655266**	**650652**	**24**	**4590**			**69407**	**-18339**
本级	130133	132991	11	-2869			27198	-1795
区县小计	525133	517661	13	7459			42209	-16544
商州市	95415	91649	11	3755			6017	-2374
洛南县	90390	89504		886			744	-6746
山阳县	86757	86179		578			11587	-4259
丹凤县	63134	62623		511			6981	249
商南县	62565	62036	2	527			3437	-576
镇安县	74639	73878		761			6749	-2186
柞水县	52233	51792		441			6694	-652
延安市小计	**1575583**	**1569339**	**42**	**6152**			**246281**	**6457**
本级	323955	447532	-22	-123555			179821	1988
区县小计	1251628	1121807	64	129707			66460	4469
宝塔区	128181	110881		17250			8801	795
延长县	63027	56058		6969			3847	95
延川县	68039	64251		3788			852	-640
子长县	137008	127255		9753			1220	1007
安塞县	113460	100549		12911			4386	1104

1－27－7

单位:万元

地区	收入							
	收入总计	其中:						
		本年收入	返还性收入	一般性转移支付收入	专项转移支付收入	转贷财政部代理发行地方政府债券收入	上年结余	调入资金
吴旗县	223951	160717	9974	11150	20295	1255	2160	18400
志丹县	187956	140112	13400	11326	13925	683	510	8000
甘泉县	57755	35216	3183	9013	8876	15	1452	
富县	65639	6565	606	36208	12621	98	9541	
洛川县	72531	11410	913	36404	15641	1320	6633	210
黄陵县	77509	46560	3636	11173	10803	2931	2406	
宜川县	65509	4028	203	33182	16479	55	11562	
黄龙县	38417	1041	111	22464	8992	107	5702	
榆林市小计	**2070790**	**911750**	**89114**	**396762**	**302434**	**32531**	**260589**	**77610**
本级	494879	349831	52501	－8577	－86372	4919	113189	69388
区县小计	1575911	561919	36613	405339	388806	27612	147400	8222
榆阳区	152677	66293	4774	22666	42048	3185	9711	4000
神木县	313448	209069	10396	46053	28132	5251	14547	
府谷县	173275	105716	7127	24320	23118	3009	9985	
横山县	106863	14985	1641	33810	40300	2568	10217	3342
靖边县	162861	80078	5673	28625	26768	4651	17066	
定边县	159829	71036	3580	29652	36370	2913	16278	
绥德县	107604	3808	1565	46053	44287	1592	10299	
米脂县	89636	3228	567	38989	30050	1024	15758	20
佳县	98217	1860	384	39258	36783	673	19259	
吴堡县	40884	1387	285	19602	16350	189	3071	
清涧县	80089	1951	291	36483	32938	854	7572	
子洲县	90528	2508	330	39828	31662	1703	13637	860
杨凌示范区小计	**68207**	**20162**	**1520**	**18461**	**20879**	**3073**	**4112**	
本级	37738	12473	1065	3243	15520	3073	2364	
区县小计	30469	7689	455	15218	5359		1748	
杨陵区	30469	7689	455	15218	5359		1748	

1－27－8　　　　　　　　　　　　　　　　　　　　单位：万元

地　　区	支出总计	本年支出	一般性转移支付上解	专项转移支付上解	安排预算稳定调节基金	调出资金	年终结余	其中：净结余
	支　出							
		其中：						
吴旗县	222618	185612		37006			1333	832
志丹县	178764	150650		28114			9192	19
甘泉县	55193	45583		9610			2562	305
富县	56994	54565	12	2417			8645	650
洛川县	64923	64330	52	541			7608	98
黄陵县	76066	75570		496			1443	458
宜川县	52976	52350		626			12533	309
黄龙县	34379	34153		226			4038	－563
榆林市小计	**1727652**	**1710836**		**16816**			**343138**	**28693**
本级	371283	375130		－3847			123596	5944
区县小计	1356369	1335706		20663			219542	22749
榆阳区	141749	140059		1690			10928	801
神木县	282761	276980		5781			30687	5677
府谷县	139040	136478		2562			34235	22116
横山县	92767	92015		752			14096	－1795
靖边县	139753	138538		1215			23108	1968
定边县	149225	142705		6520			10604	38
绥德县	91372	90700		672			16232	－1252
米脂县	70340	70005		335			19296	－2062
佳县	82586	82363		223			15631	－1024
吴堡县	35029	34816		213			5855	30
清涧县	65823	65440		383			14266	632
子洲县	65924	65607		317			24604	－2380
杨凌示范区小计	**62302**	**61796**	**252**	**254**			**5905**	**5557**
本级	32922	33220	248	－546			4816	4468
区县小计	29380	28576	4	800			1089	1089
杨陵区	29380	28576	4	800			1089	1089

一、一般预算

2009年甘肃省地市县财政一般预算收支平衡表

1－28－1　　　　单位:万元

地区	收入							
	收入总计	其中:						
		本年收入	返还性收入	一般性转移支付收入	专项转移支付收入	转贷财政部代理发行地方政府债券收入	上年结余	调入资金
地市县合计	**10276063**	**1773465**	**370255**	**3000806**	**4654738**	**216000**	**219901**	**37713**
兰州市小计	**1426204**	**570385**	**153181**	**210870**	**376664**	**57500**	**50111**	**4308**
本级	599636	315544	78460	38010	88139	41847	34809	827
区县小计	826568	254841	74721	172860	288525	15653	15302	3481
永登县	126371	24323	6934	29218	56386	3300	6202	8
榆中县	115061	19701	4249	28266	58167	3100	775	803
皋兰县	58587	9191	2329	13807	31630	1400	227	3
城关区	208665	86840	27891	37087	49702	2000	2478	2667
七里河区	105114	36337	12045	20316	32634	2693	1089	
西固区	86392	32400	10944	19154	20248	2344	117	
安宁区	76334	37625	5716	9751	21279	500	1463	
红古区	50044	8424	4613	15261	18479	316	2951	
嘉峪关市小计	**116458**	**74808**	**4497**	**13151**	**19178**	**4000**	**768**	**56**
本级	116458	74808	4497	13151	19178	4000	768	56
金昌市小计	**218606**	**92328**	**20612**	**27620**	**67233**	**6000**	**4417**	**396**
本级	99812	61050	14586	4156	12336	4000	3649	35
区县小计	118794	31278	6026	23464	54897	2000	768	361
永昌县	69619	11498	3369	15312	37321	1500	458	161
金川区	49175	19780	2657	8152	17576	500	310	200
白银市小计	**629555**	**99241**	**24262**	**200619**	**268851**	**15100**	**18571**	**2911**
本级	163481	40668	17395	39799	52927	5100	6811	781
区县小计	466074	58573	6867	160820	215924	10000	11760	2130
景泰县	72061	7648	1529	29476	29043	1800	2264	301
靖远县	110513	6016	1061	46435	54488	2000	－355	868
会宁县	134939	3152	550	56868	70689	2200	1472	8
平川区	69600	17401	1514	15135	29670	2000	2959	921
白银区	78961	24356	2213	12906	32034	2000	5420	32
天水市小计	**1007112**	**113718**	**44497**	**325076**	**500452**	**20400**	**2563**	**406**
本级	192630	41735	32732	27442	81817	3700	5204	
区县小计	814482	71983	11765	297634	418635	16700	－2641	406
清水县	89070	3355	335	36158	48552	1700	－1034	4
秦安县	115926	6023	697	48882	59596	2200	－1480	8
甘谷县	115704	8711	1895	44890	59737	2700	－2235	6
武山县	100159	4536	1317	36897	56347	2000	－944	6
张家川回族自治县	85984	4150	495	39828	40698	1700	－890	3
秦州区	169604	28036	4081	42141	86430	4400	4447	69
麦积区	138035	17172	2945	48838	67275	2000	－505	310
酒泉市小计	**489330**	**96490**	**20388**	**156155**	**191323**	**10200**	**14057**	**717**

1－28－2　　　　　　　　　　　　　　　　　　　　　　单位:万元

地　　区	支出						年终结余	其中:净结余
	支出总计	其中:						
		本年支出	一般性转移支付上解	专项转移支付上解	安排预算稳定调节基金	调出资金		
地市县合计	**10081864**	**9763809**	**90815**	**173660**	**53580**		**194199**	**－138652**
兰州市小计	**1342735**	**1198342**	**76846**	**48860**	**18687**		**83469**	**2977**
本级	542991	457113	40576	29302	16000		56645	1027
区县小计	799744	741229	36270	19558	2687		26824	1950
永登县	121401	116689	613	4099			4970	5
榆中县	109453	108499		654	300		5608	50
皋兰县	58038	57326		525	187		549	108
城关区	202445	173888	20587	7270	700		6220	139
七里河区	101705	91969	7352	2384			3409	342
西固区	84761	77297	4211	3253			1631	
安宁区	74374	70637	2251	486	1000		1960	675
红古区	47567	44924	1256	887	500		2477	631
嘉峪关市小计	**113817**	**103122**	**10630**	**65**			**2641**	**628**
本级	113817	103122	10630	65			2641	628
金昌市小计	**215742**	**213872**	**1726**	**144**			**2864**	**677**
本级	98545	98260	220	65			1267	590
区县小计	117197	115612	1506	79			1597	87
永昌县	68227	68148		79			1392	33
金川区	48970	47464	1506				205	54
白银市小计	**594843**	**587801**	**1360**	**5682**			**34712**	**－7895**
本级	149899	145723	290	3886			13582	29
区县小计	444944	442078	1070	1796			21130	－7924
景泰县	65257	64556		701			6804	334
靖远县	105792	105136		656			4721	－1634
会宁县	127530	127255		275			7409	－4431
平川区	66486	66436		50			3114	10
白银区	79879	78695	1070	114			－918	－2203
天水市小计	**997218**	**993037**	**253**	**3928**			**9894**	**－16070**
本级	182307	180310	253	1744			10323	－7788
区县小计	814911	812727		2184			－429	－8282
清水县	90025	89874		151			－955	－1123
秦安县	117340	117169		171			－1414	－1679
甘谷县	117889	117690		199			－2185	－2334
武山县	101187	101062		125			－1028	－1101
张家川回族自治县	86647	86439		208			－663	－1002
秦州区	163149	162772		377			6455	
麦积区	138674	137721		953			－639	－1043
酒泉市小计	**471639**	**459725**		**11914**			**17691**	**－655**

1-28-3

单位:万元

地区	收入							
	收入总计	其中:						
		本年收入	返还性收入	一般性转移支付收入	专项转移支付收入	转贷财政部代理发行地方政府债券收入	上年结余	调入资金
本级	102832	29326	3820	29369	26439	3160	10718	
区县小计	386498	67164	16568	126786	164884	7040	3339	717
肃州区	89948	11391	4518	31435	41139	1130	296	39
玉门市	71386	10943	4515	29445	26128	1170	-829	14
金塔县	58093	4644	1604	21245	27908	1200	1487	5
瓜州县	55985	7604	1843	17490	27924	1100	9	15
敦煌市	63742	14749	2074	15795	26743	1600	2141	640
肃北蒙古族自治县	29298	14729	798	6472	6609	540	148	2
阿克塞哈萨克族自治县	18046	3104	1216	4904	8433	300	87	2
张掖市小计	**518483**	**63169**	**15384**	**155310**	**263598**	**10100**	**3007**	**7915**
本级	83735	14350	3143	24000	39793	1300	1106	43
区县小计	434748	48819	12241	131310	223805	8800	1901	7872
山丹县	63362	6080	1455	21519	32659	1500	147	2
民乐县	65775	5937	1341	23099	32470	1400	1523	5
甘州区	134213	16681	5963	37963	65095	2300	-253	6464
临泽县	64069	5663	1582	18124	36307	1300	132	961
高台县	66014	5570	1371	19021	38361	1400	264	27
肃南裕固族自治县	41315	8888	529	11584	18913	900	88	413
武威市小计	**625260**	**48442**	**13467**	**235162**	**319955**	**10100**	**-2531**	**665**
本级	71079	13553	2146	35894	18447	3500	-2461	
区县小计	554181	34889	11321	199268	301508	6600	-70	665
民勤县	122573	5129	844	40489	74533	1500	72	6
古浪县	90480	4218	611	44277	41831	1700	-2160	3
天祝藏族自治县	92471	7443	1151	42498	39648	1400	323	8
凉州区	248657	18099	8715	72004	145496	2000	1695	648
定西市小计	**722749**	**50439**	**9647**	**309131**	**338155**	**18000**	**-8080**	**5457**
本级	89281	8493	2940	35150	35860	5000	-2167	4005
区县小计	633468	41946	6707	273981	302295	13000	-5913	1452
安定区	115911	9522	1876	46899	56173	2000	-586	27
通渭县	99072	2839	538	45211	50772	2100	-2409	21
陇西县	104426	10434	2043	41818	48703	2500	-1200	128
渭源县	74264	2900	362	36528	35356	1000	-1888	6
临洮县	105994	9302	1005	44808	47511	2500	716	152
漳县	49135	2206	267	19204	26350	1000	-147	255
岷县	84666	4743	616	39513	37430	1900	-399	863
陇南市小计	**1510843**	**79437**	**13881**	**313533**	**939657**	**8100**	**146453**	**9782**
本级	243912	12159	3024	26445	42926	322	159036	
区县小计	1266931	67278	10857	287088	896731	7778	-12583	9782

1-28-4　　　　单位:万元

地　区	支出总计	本年支出	一般性转移支付上解	专项转移支付上解	安排预算稳定调节基金	调出资金	年终结余	其中:净结余
	支出							
		其中:						
本级	91358	88475	-3573	6456			11474	36
区县小计	380281	371250	3573	5458			6217	-691
肃州区	89226	88301		925			722	
玉门市	72048	68163	3573	312			-662	-845
金塔县	55920	55334		586			2173	
瓜州县	54482	52924		1558			1503	3
敦煌市	61703	59960		1743			2039	64
肃北蒙古族自治县	29055	29015		40			243	
阿克塞哈萨克族自治县	17847	17553		294			199	87
张掖市小计	**507019**	**503598**		**3421**			**11464**	**-3535**
本级	81647	85142	-4427	932			2088	-1781
区县小计	425372	418456	4427	2489			9376	-1754
山丹县	62640	61995		645			722	47
民乐县	65656	65004		652			119	
甘州区	127864	123287	4427	150			6349	-1890
临泽县	63773	63280		493			296	
高台县	64257	63721		536			1757	36
肃南裕固族自治县	41182	41169		13			133	53
武威市小计	**617932**	**614785**		**3147**			**7328**	**-11992**
本级	71663	70079		1584			-584	-5580
区县小计	546269	544706		1563			7912	-6412
民勤县	122111	121835		276			462	-1140
古浪县	91766	91288		478			-1286	-3323
天祝藏族自治县	92401	91918		483			70	-1082
凉州区	239991	239665		326			8666	-867
定西市小计	**731601**	**726790**		**4811**			**-8852**	**-15618**
本级	91148	90188		960			-1867	-5042
区县小计	640453	636602		3851			-6985	-10576
安定区	117325	117280		45			-1414	-2045
通渭县	101626	101260		366			-2554	-3070
陇西县	105800	103949		1851			-1374	-1398
渭源县	75986	75944		42			-1722	-2031
临洮县	105449	104445		1004			545	23
漳县	49188	49166		22			-53	-810
岷县	85079	84558		521			-413	-1245
陇南市小计	**1515230**	**1461525**		**53705**			**-4387**	**-18697**
本级	240003	189866		50137			3909	-434
区县小计	1275227	1271659		3568			-8296	-18263

1－28－5

单位:万元

地区	收入							
	收入总计	其中:					上年结余	调入资金
		本年收入	返还性收入	一般性转移支付收入	专项转移支付收入	转贷财政部代理发行地方政府债券收入		
成县	137054	14358	2314	18657	90040	443	2696	8546
文县	155435	8509	1232	27095	120076	477	－1954	
康县	128172	4041	525	26825	96151	2037	－1407	
宕昌县	115815	4348	320	35267	76020	1100	－1240	
西和县	146595	5770	1323	38431	102148	1000	－2346	269
礼县	147649	10129	317	52901	87412	1200	－4310	
徽县	114559	10688	3355	17926	81126	387	110	967
两当县	67226	1335	190	15283	50087	771	－440	
武都区	254426	8100	1281	54703	193671	363	－3692	
平凉市小计	**799457**	**188153**	**14209**	**250433**	**332817**	**18300**	**－5231**	**776**
本级	148343	116461	4494	－10864	34740	2100	693	719
区县小计	651114	71692	9715	261297	298077	16200	－5924	57
泾川县	78026	4426	658	34647	36825	1800	－335	5
灵台县	73549	3252	419	36693	32261	1800	－878	2
崇信县	46380	10352	1025	13770	19821	1300	108	4
华亭县	105234	29328	4344	33903	34323	2000	1323	13
庄浪县	97643	3594	511	52718	42178	2500	－3859	1
静宁县	116878	4331	984	54762	57691	2800	－3692	2
崆峒区	133404	16409	1774	34804	74978	4000	1409	30
庆阳市小计	**930760**	**226429**	**25044**	**294670**	**372241**	**20000**	**－11356**	**3732**
本级	227350	129224	16363	14347	39614	7000	17109	3693
区县小计	703410	97205	8681	280323	332627	13000	－28465	39
庆城县	87551	17571	2097	28215	37796	500	1353	19
镇原县	118579	10551	862	49984	61979	500	－5301	4
宁县	94571	6301	761	44567	51734		－8795	3
正宁县	68271	17487	310	29809	26698		－6039	6
合水县	52812	3888	1486	23885	26323	1000	－3770	
华池县	66837	6579	597	25975	30840	1000	1839	7
环县	104982	8188	647	41145	56946		－1944	
西峰区	109807	26640	1921	36743	40311	10000	－5808	
临夏回族自治州小计	**651683**	**40322**	**5727**	**311599**	**283135**	**13200**	**－2868**	**568**
本级	105384	4502	345	55522	46355	7280	－8620	
区县小计	546299	35820	5382	256077	236780	5920	5752	568
临夏市	66020	9829	1512	29207	23895	1000	9	568
临夏县	76327	2279	384	40922	31699	520	523	
积石山保安族东乡族撒拉族自治县	68832	1989	109	34417	30211	250	1856	
永靖县	81943	11480	2360	26801	39525	500	1277	
和政县	55863	3379	265	28284	23075	800	60	

1－28－6 单位:万元

地区	支出						年终结余	其中:净结余
	支出总计	其中:						
		本年支出	一般性转移支付上解	专项转移支付上解	安排预算稳定调节基金	调出资金		
成县	135244	134273		971			1810	
文县	157110	156930		180			－1675	－2600
康县	129542	129520		22			－1370	－2163
宕昌县	113550	113306		244			2265	－1915
西和县	148410	146951		1459			－1815	－2500
礼县	151770	151528		242			－4121	－4487
徽县	114443	114284		159			116	
两当县	66872	66862		10			354	－481
武都区	258286	258005		281			－3860	－4117
平凉市小计	**803288**	**758105**		**10290**	**34893**		**－3831**	**－11076**
本级	145402	122312		9197	13893		2941	
区县小计	657886	635793		1093	21000		－6772	－11076
泾川县	77078	77046		32			948	－524
灵台县	74470	74442		28			－921	－1050
崇信县	46295	46091		204			85	
华亭县	104482	83464		18	21000		752	162
庄浪县	100922	100884		38			－3279	－3744
静宁县	120507	120463		44			－3629	－4032
崆峒区	134132	133403		729			－728	－1888
庆阳市小计	**909397**	**888352**		**21045**			**21363**	**－40529**
本级	187833	167215		20618			39517	36
区县小计	721564	721137		427			－18154	－40565
庆城县	80720	80653		67			6831	676
镇原县	119041	118989		52			－462	－10575
宁县	100642	100573		69			－6071	－9272
正宁县	73720	73674		46			－5449	－5546
合水县	56499	56477		22			－3687	－3770
华池县	66098	66052		46			739	－560
环县	110366	110326		40			－5384	－6462
西峰区	114478	114393		85			－4671	－5056
临夏回族自治州小计	**649490**	**645878**		**3612**			**2193**	**－10722**
本级	112092	109771		2321			－6708	－12281
区县小计	537398	536107		1291			8901	1559
临夏市	64914	64879		35			1106	
临夏县	75540	75482		58			787	151
积石山保安族东乡族撒拉族自治县	65532	65507		25			3300	445
永靖县	79841	78726		1115			2102	400
和政县	55564	55554		10			299	

一、一般预算

1－28－7　　　　　　　　　　　　　　　　　　　　单位:万元

地　区	收　入							
	收入总计	其　中:						
		本年收入	返还性收　入	一般性转移支付收入	专项转移支付收入	转贷财政部代理发行地方政府债券收入	上年结余	调入资金
康乐县	53342	2139	153	30008	19747	150	1145	
广河县	59706	2634	457	28859	26361	1000	395	
东乡族自治县	84266	2091	142	37579	42267	1700	487	
甘南藏族自治州小计	**629563**	**30104**	**5459**	**197477**	**381479**	**5000**	**10020**	**24**
本级	95522	4260	1270	41498	36961	700	10833	
区县小计	534041	25844	4189	155979	344518	4300	－813	24
夏河县	58120	1761	236	23126	31662	1500	－169	4
临潭县	76422	1769	172	27921	47506	600	－1549	3
卓尼县	66141	2040	220	23914	39948	271	－254	2
舟曲县	138843	1815	145	27936	109066	206	－330	5
迭部县	51866	2665	334	15074	33504	227	59	3
碌曲县	41942	3724	125	12669	24192	31	1200	1
玛曲县	51730	8392	2518	10908	29895	12		5
合作市	48977	3678	439	14431	28745	1453	230	1

1－28－8

单位:万元

地　　区	支　　出						年终结余	其中:净结余
	支出总计	其　中:						
		本年支出	一般性转移支付上解	专项转移支付上解	安排预算稳定调节基　金	调出资金		
康乐县	52964	52954		10			378	
广河县	59251	59245		6			455	89
东乡族自治县	83792	83760		32			474	474
甘南藏族自治州小计	**611913**	**608877**		**3036**			**17650**	**－6145**
本级	80022	79607	－1694	2109			15500	－3700
区县小计	531891	529270	1694	927			2150	－2445
夏河县	57625	57325		300			495	－401
临潭县	77145	76832		313			－723	－1728
卓尼县	64575	64276		299			1566	－316
舟曲县	138171	138155	11	5			672	
迭部县	51846	51843		3			20	
碌曲县	41933	41864	68	1			9	
玛曲县	51719	50389	1325	5			11	
合作市	48877	48586	290	1			100	

2009 年青海省地市县财政一般预算收支平衡表

1－29－1　　　　单位:万元

地　　区	收入							
	收入总计	其中:						
		本年收入	返还性收入	一般性转移支付收入	专项转移支付收入	转贷财政部代理发行地方政府债券收入	上年结余	调入资金
地市县合计	**2822560**	**626555**	**70393**	**1071315**	**969703**		**79992**	**4602**
西宁市小计	**927383**	**281495**	**31685**	**215270**	**348449**		**48784**	**1700**
本级	331987	101807	7863	47142	159006		16169	
区县小计	595396	179688	23822	168128	189443		32615	1700
大通县	122909	23314	2886	41072	48382		5755	1500
湟中县	113657	6042	3022	54058	46447		3888	200
湟源县	63023	5977	1209	28940	25395		1502	
城中区	46822	18736	3928	10524	10640		2994	
城西区	59406	36305	4917	7066	9075		2043	
城北区	47213	20814	3269	6331	14057		2742	
城东区	54445	19248	3986	13148	12540		5523	
城南新区	8385	3246	32	313	3922		872	
甘河工业园区	26755	15045	455	2063	4837		4355	
生物产业园区	19856	10239	93	1765	5834		1925	
经济技术开发区东川工业园区	32925	20722	25	2848	8314		1016	
海东地区小计	**527373**	**40590**	**12463**	**249010**	**207796**		**17514**	
本级	26981	3078	1870	13761	5420		2852	
区县小计	500392	37512	10593	235249	202376		14662	
民和县	103959	9137	1700	45392	42261		5469	
乐都县	97059	5356	3469	46654	41245		335	
平安县	59344	4773	1006	26019	24012		3534	
互助县	116729	8000	3427	54136	45154		6012	
化隆县	70238	5574	698	36614	27304		48	
循化县	53063	4672	293	26434	22400		－736	
海西州小计	**440320**	**244448**	**16485**	**86603**	**90224**		**1529**	**1031**
本级	92268	88095	9292	－7477	1141		1217	
区县小计	348052	156353	7193	94080	89083		312	1031
都兰县	42457	4750	288	21541	15577		44	257
乌兰县	37127	5287	308	18764	12908		－140	
天峻县	43275	26935	400	9724	6042		174	
德令哈市	61782	10522	749	24319	25460		－4	736
格尔木市	121149	81826	3192	13141	23069		－117	38
柴旦行委	24140	17035	1162	1602	3579		762	
冷湖行委	5803	2808	407	2076	950		－438	
茫崖行委	12319	7190	687	2913	1498		31	
海南州小计	**230789**	**24363**	**2250**	**118332**	**93930**		**－8475**	**389**
本级	45961	7124	952	24934	11938		995	18
区县小计	184828	17239	1298	93398	81992		－9470	371

1-29-2

单位:万元

地区	支出						年终结余	其中:净结余
	支出总计	其中:						
		本年支出	一般性转移支付上解	专项转移支付上解	安排预算稳定调节基金	调出资金		
地市县合计	**2714775**	**2714775**					**107785**	**-24505**
西宁市小计	**851191**	**851191**					**76192**	**17508**
本级	301268	336663	-30856	-4539			30719	1949
区县小计	549923	514528	30856	4539			45473	15559
大通县	120972	120972					1937	644
湟中县	106316	106316					7341	25
湟源县	60908	60908					2115	264
城中区	45172	37040	8039	93			1650	855
城西区	57254	46880	9618	756			2152	1177
城北区	44905	37872	6232	801			2308	555
城东区	47063	40134	6967	-38			7382	5349
城南新区	6298	6298					2087	1917
甘河工业园区	18365	15438		2927			8390	1504
生物产业园区	13034	13034					6822	9
经济技术开发区东川工业园区	29636	29636					3289	3260
海东地区小计	**521192**	**521192**					**6181**	**-6290**
本级	22400	22400					4581	332
区县小计	498792	498792					1600	-6622
民和县	98860	98860					5099	
乐都县	96804	96804					255	10
平安县	56466	56466					2878	
互助县	118687	118687					-1958	-1958
化隆县	73296	73296					-3058	-3058
循化县	54679	54679					-1616	-1616
海西州小计	**438873**	**438873**					**1447**	**67**
本级	92235	92235					33	33
区县小计	346638	346638					1414	34
都兰县	42378	42378					79	
乌兰县	36856	36856					271	41
天峻县	43490	43490					-215	-215
德令哈市	60711	60711					1071	
格尔木市	121069	121069					80	80
柴旦行委	23284	23284					856	856
冷湖行委	6469	6469					-666	-666
茫崖行委	12381	12381					-62	-62
海南州小计	**232556**	**232556**					**-1767**	**-12525**
本级	45274	45274					687	-3244
区县小计	187282	187282					-2454	-9281

1－29－3

单位:万元

地　区	收入							
	收入总计	其中:					上年结余	调入资金
		本年收入	返还性收入	一般性转移支付收入	专项转移支付收入	转贷财政部代理发行地方政府债券收入		
共和县	51645	5262	693	23877	24813		－3371	371
贵德县	38509	5635	249	20267	15223		－2865	
贵南县	36674	1336	83	18044	18708		－1497	
同德县	29245	1330	139	15050	13253		－527	
兴海县	28755	3676	134	16160	9995		－1210	
海北州小计	**177549**	**14305**	**3274**	**89327**	**66223**		**2938**	**1482**
本级	47024	5072	1340	22270	15166		3176	
区县小计	130525	9233	1934	67057	51057		－238	1482
海晏县	23184	1386	450	12076	9315		－204	161
刚察县	29017	1610	494	15198	11217		36	462
祁连县	29630	2444	556	14528	11537		－294	859
门源县	48694	3793	434	25255	18988		224	
黄南州小计	**154807**	**9812**	**1826**	**91110**	**49458**		**2601**	
本级	31003	1910	349	19865	4648		4231	
区县小计	123804	7902	1477	71245	44810		－1630	
同仁县	40333	1885	1045	23814	14567		－978	
尖扎县	30816	4944	241	16417	9668		－454	
泽库县	30732	345	108	16304	13691		284	
河南县	21923	728	83	14710	6884		－482	
玉树州小计	**215561**	**5226**	**1015**	**127542**	**73487**		**8291**	
本级	52966	491	336	37005	7724		7410	
区县小计	162595	4735	679	90537	65763		881	
玉树县	37303	2747	210	19648	14405		293	
称多县	24147	415	100	16167	7787		－322	
昂欠县	34641	534	109	17625	16003		370	
杂多县	23858	312	80	11726	11318		422	
治多县	21539	306	79	13248	7758		148	
曲麻莱县	21107	421	101	12123	8492		－30	
果洛州小计	**148778**	**6316**	**1395**	**94121**	**40136**		**6810**	
本级	41677	2730	863	22978	8136		6970	
区县小计	107101	3586	532	71143	32000		－160	
玛沁	21375	1847	126	13486	5206		710	
甘德	16839	281	83	11053	5488		－66	
达日	17137	440	80	12528	6104		－2015	
玛多	16158	244	120	11008	4776		10	
班玛	20518	500	52	12359	6495		1112	
久治	15074	274	71	10709	3931		89	

1－29－4

单位：万元

地区	支出						年终结余	其中：净结余
	支出总计	其中：						
		本年支出	一般性转移支付上解	专项转移支付上解	安排预算稳定调节基金	调出资金		
共和县	51556	51556					89	－3304
贵德县	39054	39054					－545	－2808
贵南县	37227	37227					－553	－1467
同德县	29616	29616					－371	－516
兴海县	29829	29829					－1074	－1186
海北州小计	**175450**	**175450**					**2099**	**222**
本级	45174	45174					1850	42
区县小计	130276	130276					249	180
海晏县	23272	23272					－88	－88
刚察县	28535	28535					482	482
祁连县	29786	29786					－156	－225
门源县	48683	48683					11	11
黄南州小计	**153544**	**153544**					**1263**	**－15889**
本级	27834	27834					3169	－5521
区县小计	125710	125710					－1906	－10368
同仁县	39746	39746					587	－3362
尖扎县	32345	32345					－1529	－3045
泽库县	31485	31485					－753	－2524
河南县	22134	22134					－211	－1437
玉树州小计	**204669**	**204669**					**10892**	**－4778**
本级	43306	43306					9660	－3070
区县小计	161363	161363					1232	－1708
玉树县	36264	36264					1039	－813
称多县	24517	24517					－370	－370
昂欠县	34440	34440					201	
杂多县	23511	23511					347	
治多县	21536	21536					3	3
曲麻莱县	21095	21095					12	－528
果洛州小计	**137300**	**137300**					**11478**	**－2820**
本级	31609	31609					10068	－740
区县小计	105691	105691					1410	－2080
玛沁	19828	19828					1547	－85
甘德	16725	16725					114	－81
达日	19029	19029					－1892	－2077
玛多	16198	16198					－40	－43
班玛	19305	19305					1213	206
久治	14606	14606					468	

一、一般预算

2009年宁夏回族自治区地市县财政一般预算收支平衡表

1－30－1　　　　　　　　　　　　　　　　　　　　　　　　　　　　单位:万元

地区	收入							
	收入总计	其中:					上年结余	调入资金
		本年收入	返还性收入	一般性转移支付收入	专项转移支付收入	转贷财政部代理发行地方政府债券收入		
地市县合计	**3448218**	**836653**	**42029**	**823746**	**1115326**	**200000**	**426933**	**3421**
银川市小计	**664182**	**317434**	**16047**	**40136**	**126129**	**51890**	**109282**	**3264**
本级	414401	204993	10843	12696	33003	51890	97976	3000
区县小计	249781	112441	5204	27440	93126		11306	264
兴庆区	93201	38531	851	10356	39758		3705	
金凤区	44806	13222	1077	7548	21169		1790	
西夏区	48781	12019	846	9302	23302		3048	264
高新区	62993	48669	2430	234	8897		2763	
永宁县	**95344**	**24049**	**1307**	**26555**	**32291**	**4320**	**6822**	
贺兰县	**108939**	**36095**	**1266**	**24588**	**31127**	**4240**	**11623**	
灵武市	**160932**	**63003**	**1103**	**33378**	**45230**	**6400**	**11718**	
石嘴山市小计	**381750**	**129180**	**5653**	**64031**	**98771**	**26500**	**57615**	
本级	252866	85372	1951	44828	49057	26500	45158	
区县小计	128884	43808	3702	19203	49714		12457	
大武口区	56829	23101	2065	5035	21282		5346	
惠农区	66475	16180	1637	13740	28086		6832	
隆湖区	5580	4527		428	346		279	
平罗县	**151469**	**42112**	**2570**	**39020**	**44740**	**6840**	**16187**	
吴忠市小计	**225547**	**53919**	**3877**	**58227**	**67723**	**12100**	**29691**	
本级	214177	45703	3877	58227	64569	12100	29691	
区县小计	11370	8216			3154			
利通区	11370	8216			3154			
青铜峡市	**138546**	**43760**	**2745**	**30024**	**45359**	**9500**	**7158**	
盐池县	**110235**	**15301**	**468**	**31092**	**42819**	**5160**	**15395**	
同心县	**141061**	**6235**	**304**	**51079**	**66610**	**5400**	**11433**	
红寺堡	**68934**	**4075**	**63**	**11358**	**34945**	**2080**	**16413**	
中卫市小计	**208573**	**35820**	**2893**	**50980**	**75860**	**23780**	**19240**	
本级	208573	35820	2893	50980	75860	23780	19240	
中宁县	**142207**	**25199**	**1527**	**45194**	**49414**	**12760**	**8113**	
海原县	**180308**	**5181**	**282**	**61153**	**84222**	**10600**	**18870**	
固原市小计	**254813**	**21381**	**936**	**94369**	**95107**	**7200**	**35663**	**157**
本级	117084	14773	57	40627	36388	7200	17882	157
区县小计	137729	6608	879	53742	58719		17781	
原州区	137729	6608	879	53742	58719		17781	
西吉县	**157754**	**3303**	**275**	**63294**	**66622**	**4800**	**19460**	
隆德县	**90214**	**2363**	**432**	**37196**	**35353**	**3080**	**11790**	
泾源县	**61521**	**2223**	**129**	**23679**	**22481**	**2080**	**10929**	
彭阳县	**105889**	**6020**	**152**	**38393**	**50523**	**1270**	**9531**	

1－30－2 单位:万元

地区	支出						年终结余	其中:净结余
	支出总计	其中:						
		本年支出	一般性转移支付上解	专项转移支付上解	安排预算稳定调节基金	调出资金		
地市县合计	2972276	2954487	2536	12569		2574	475942	10304
银川市小计	593300	583427	2470	4829		2574	70882	9753
本级	356970	353382	2470	－1008		2126	57431	1047
区县小计	236330	230045		5837		448	13451	8706
兴庆区	88844	86488		2356			4357	2894
金凤区	43356	42181		1175			1450	1450
西夏区	46517	44818		1699			2264	449
高新区	57613	56558		607		448	5380	3913
永宁县	82766	82308		458			12578	
贺兰县	87371	86803		568			21568	
灵武市	146241	145938		203			14691	
石嘴山市小计	299412	296306		3106			82338	140
本级	192166	189800	－515	2881			60700	85
区县小计	107246	106506	515	225			21638	55
大武口区	45258	45134	124				11571	19
惠农区	56947	56581	296	70			9528	36
隆湖区	5041	4791	95	155			539	
平罗县	126736	125584		1152			24733	26
吴忠市小计	189057	188519		528			36490	
本级	177687	178569	－1420	528			36490	
区县小计	11370	9950	1420					
利通区	11370	9950	1420					
青铜峡市	130738	129415		1323			7808	37
盐池县	94651	94617		34			15584	267
同心县	130763	130749		14			10298	
红寺堡	47796	47783		13			21138	
中卫市小计	171457	171327		130			37116	11
本级	171457	171327		130			37116	11
中宁县	123987	123919		68			18220	70
海原县	147789	147784		5			32519	
固原市小计	230485	230393		92			24328	
本级	104830	104738		92			12254	
区县小计	125655	125655					12074	
原州区	125655	125655					12074	
西吉县	141788	141778		10			15966	
隆德县	75596	75522	66	8			14618	
泾源县	54645	54643		2			6876	
彭阳县	97698	97672		26			8191	

2009年新疆维吾尔自治区地市县财政一般预算收支平衡表

1－31－1　　　　　　　　　　　　　　　　　　　　　　　　　　　　单位:万元

地　　区	收　　入							
	收入总计	其　中:						
		本年收入	返还性收　入	一般性转移支付收入	专项转移支付收入	转贷财政部代理发行地方政府债券收入	上年结余	调入资金
地市县合计	**9856766**	**3386089**	**322001**	**2877540**	**3011294**	**136118**	**43677**	**80047**
克拉玛依市小计	**464981**	**332763**	**30709**	**37976**	**18139**	**7819**	**2403**	**35172**
本级	243416	191030	19696	－10738	12206	5773	449	25000
区县小计	221565	141733	11013	48714	5933	2046	1954	10172
克拉玛依区	120674	83088	6685	26240	2187	626	1848	
独山子区	58102	37247	2556	9660	1276	872		6491
白碱滩区	34363	17128	1637	10713	707	497		3681
乌尔禾区	8426	4270	135	2101	1763	51	106	
石河子市	**152806**	**102524**	**9989**	**16075**	**15321**	**1200**	**7697**	
伊犁州小计	**987365**	**239022**	**42089**	**371830**	**315142**	**10182**	**7672**	**1428**
本级	104175	18074	339	40206	49252	410	－4465	359
区县小计	883190	220948	41750	331624	265890	9772	12137	1069
奎屯市	115564	57828	19653	7457	20271	726	9629	
伊宁市	158024	66983	9024	27844	50192	3154	827	
伊宁县	105269	16401	2447	59138	25771	1356	156	
察布查尔锡伯自治县	65731	8456	662	33721	25058	910	－3076	
霍城县	82541	16395	1415	34658	29436	503	134	
尼勒克县	67820	13583	1174	31247	20800	869	110	37
巩留县	67242	6400	696	36011	23657	402	76	
新源县	87868	26088	5590	25445	25848	473	4371	53
特克斯县	67283	4336	579	37659	22657	661	412	979
昭苏县	65848	4478	510	38444	22200	718	－502	
塔城地区小计	**526452**	**136875**	**12868**	**182838**	**162637**	**4098**	**25288**	**1848**
本级	62561	3625	2553	26061	16589	156	12652	925
区县小计	463891	133250	10315	156777	146048	3942	12636	923
塔城市	68755	13448	1096	24666	27278	365	1899	3
额敏县	65986	10059	867	29930	20490	457	4047	136
乌苏市	96012	33286	2719	24622	28988	637	5560	200
沙湾县	74568	28966	2598	23659	20942	854	－2576	125
托里县	55761	9551	604	23978	19401	649	1578	
裕民县	34575	2140	189	20031	11455	131	479	150
和布克赛尔蒙古自治县	68234	35800	2242	9891	17494	849	1649	309
阿勒泰地区小计	**543605**	**117958**	**6818**	**209229**	**182741**	**4089**	**22392**	**378**
本级	91132	9615	1319	31894	38395	613	8996	300
区县小计	452473	108343	5499	177335	144346	3476	13396	78
阿勒泰市	92468	13400	1441	42179	35065	956	－603	30
布尔津县	49868	7699	565	20771	18296	312	2203	22
哈巴河县	69363	22964	815	22106	16446	664	6368	

1－31－2 单位:万元

地区	支出						年终结余	其中:净结余
	支出总计	其中:						
		本年支出	一般性转移支付上解	专项转移支付上解	安排预算稳定调节基金	调出资金		
地市县合计	**9727723**	**9399887**	**227820**	**97616**			**129043**	**－77877**
克拉玛依市小计	**463761**	**427153**	**25831**	**8677**			**1220**	**1220**
本级	242936	228842	11740	2354			480	480
区县小计	220825	198311	14091	6323			740	740
克拉玛依区	119986	100679	12786	4621			688	688
独山子区	58102	56248	480	1174				
白碱滩区	34363	33103	825	435				
乌尔禾区	8374	8281		93			52	52
石河子市	**146998**	**140114**	**4604**	**2280**			**5808**	**817**
伊犁州小计	**979047**	**976021**		**3026**			**8318**	**5622**
本级	105648	130459	－24657	－154			－1473	－3217
区县小计	873399	845562	24657	3180			9791	8839
奎屯市	105905	86552	18274	1079			9659	9659
伊宁市	156057	148897	6383	777			1967	1602
伊宁县	105137	104970		167			132	132
察布查尔锡伯自治县	68677	68617		60			－2946	－3071
霍城县	82332	81978		354			209	57
尼勒克县	67688	67490		198			132	132
巩留县	67176	67121		55			66	66
新源县	87706	87306		400			162	162
特克斯县	66747	66701		46			536	536
昭苏县	65974	65930		44			－126	－436
塔城地区小计	**491331**	**489470**		**1861**			**35121**	**11817**
本级	51810	51912		－102			10751	6455
区县小计	439521	437558		1963			24370	5362
塔城市	66560	66372		188			2195	57
额敏县	63197	63077		120			2789	85
乌苏市	87284	86812		472			8728	7123
沙湾县	76737	76361		376			－2169	－2483
托里县	50293	50144		149			5468	179
裕民县	33953	33938		15			622	156
和布克赛尔蒙古自治县	61497	60854		643			6737	245
阿勒泰地区小计	**529357**	**527425**		**1932**			**14248**	**4118**
本级	84770	89053		－4283			6362	2885
区县小计	444587	438372		6215			7886	1233
阿勒泰市	93026	92613		413			－558	－558
布尔津县	48025	47888		137			1843	20
哈巴河县	68032	67813		219			1331	20

1－31－3

单位:万元

地区	收入							
	收入总计	其中:					上年结余	调入资金
		本年收入	返还性收入	一般性转移支付收入	专项转移支付收入	转贷财政部代理发行地方政府债券收入		
吉木乃县	39742	1873	332	20692	14119	251	2474	1
福海县	56398	11245	782	21320	21849	511	666	25
富蕴县	94149	46502	1346	24375	18992	517	2417	
青河县	50485	4660	218	25892	19579	265	－129	
博尔塔拉州小计	**251790**	**48570**	**5759**	**89683**	**103180**	**2976**	**831**	**791**
本级	82381	15284	2466	16225	46676	139	979	612
区县小计	169409	33286	3293	73458	56504	2837	－148	179
博乐市	73539	23010	2154	23308	24479	1312	－903	179
精河县	54550	7564	748	28732	16799	823	－116	
温泉县	41320	2712	391	21418	15226	702	871	
巴音郭楞州小计	**635971**	**265996**	**24864**	**179470**	**179292**	**13776**	**－36341**	**8914**
本级	84260	21893	912	24440	27083	2198	3087	4647
区县小计	551711	244103	23952	155030	152209	11578	－39428	4267
库尔勒市	174677	117088	10734	19528	29987	3525	－6302	117
轮台县	63673	44435	1123	10662	16768	972	－10287	
尉犁县	42914	10987	1093	16908	14763	1282	－6119	4000
且末县	43474	13252	2658	16191	13803	625	－3205	150
若羌县	41390	13960	2536	11831	13058	873	－868	
焉耆回族自治县	47594	13099	1554	18876	17555	984	－4474	
和静县	73678	19689	2466	27543	23043	2151	－1214	
和硕县	34744	7876	798	15615	13653	510	－3708	
博湖县	29567	3717	990	17876	9579	656	－3251	
阿克苏地区小计	**876895**	**296064**	**20205**	**278125**	**263239**	**16544**	**－8093**	**10811**
本级	76944	13669	5630	29592	11642	634	15777	
区县小计	799951	282395	14575	248533	251597	15910	－23870	10811
阿克苏市	139749	64680	4623	23389	40496	2888	2673	1000
库车县	183177	106744	3531	30274	34335	2930	5320	43
拜城县	86808	42615	1691	28193	23051	1512	－10879	625
新和县	70235	17139	1694	24888	22009	1312	－1015	4208
沙雅县	81222	29158	1107	24118	27713	2523	－5950	2553
温宿县	75131	13048	942	27685	33271	1301	－3498	2382
乌什县	59244	3058	242	30942	25907	659	－1564	
阿瓦提县	66142	5275	571	37833	28863	2461	－8861	
柯坪县	38243	678	174	21211	15952	324	－96	
克孜勒苏州小计	**335497**	**22619**	**3203**	**179208**	**134302**		**－3835**	
本级	81385	2891	483	40123	41854		－3966	
区县小计	254112	19728	2720	139085	92448		131	
阿图什市	87765	7247	1026	44048	36145		－701	

1－31－4

单位:万元

地区	支出						年终结余	其中:净结余
	支出总计	其中:						
		本年支出	一般性转移支付上解	专项转移支付上解	安排预算稳定调节基金	调出资金		
吉木乃县	38418	38405		13			1324	34
福海县	55844	55574		270			554	400
富蕴县	90731	85615		5116			3418	1343
青河县	50511	50464		47			－26	－26
博尔塔拉州小计	**250428**	**249022**		**1406**			**1362**	**513**
本级	81589	80638		951			792	704
区县小计	168839	168384		455			570	－191
博乐市	74286	73893		393			－747	－870
精河县	54615	54584		31			－65	－73
温泉县	39938	39907		31			1382	752
巴音郭楞州小计	**670305**	**665735**		**4570**			**－34334**	**－35465**
本级	80697	115843	－26422	－8724			3563	2598
区县小计	589608	549892	26422	13294			－37897	－38063
库尔勒市	180729	152661	26422	1646			－6052	－6052
轮台县	73770	64388		9382			－10097	－10203
尉犁县	48911	48369		542			－5997	－5997
且末县	46507	46241		266			－3033	－3033
若羌县	42155	41924		231			－765	－765
焉耆回族自治县	51976	51637		339			－4382	－4382
和静县	74788	74275		513			－1110	－1110
和硕县	38188	37893		295			－3444	－3504
博湖县	32584	32504		80			－3017	－3017
阿克苏地区小计	**872298**	**864291**		**8007**			**4597**	**－9258**
本级	58318	107214	－48499	－397			18626	17925
区县小计	813980	757077	48499	8404			－14029	－27183
阿克苏市	133466	121559	11053	854			6283	296
库车县	172604	147345	22322	2937			10573	3931
拜城县	97389	91698	4707	984			－10581	－10581
新和县	71204	70252		952			－969	－969
沙雅县	86857	75473	10417	967			－5635	－5862
温宿县	78629	78107		522			－3498	－3498
乌什县	60807	60163		644			－1563	－1563
阿瓦提县	74685	74452		233			－8543	－8841
柯坪县	38339	38028		311			－96	－96
克孜勒苏州小计	**339319**	**338557**		**762**			**－3822**	**－3822**
本级	85081	85074		7			－3696	－3696
区县小计	254238	253483		755			－126	－126
阿图什市	88702	88375		327			－937	－937

1－31－5　　　　单位:万元

地　区	收入							
	收入总计	其中:						
		本年收入	返还性收入	一般性转移支付收入	专项转移支付收入	转贷财政部代理发行地方政府债券收入	上年结余	调入资金
阿克陶县	76922	5381	830	44658	24943		1110	
乌恰县	50543	5400	562	26841	17539		201	
阿合奇县	38882	1700	302	23538	13821		－479	
喀什地区小计	**1452609**	**147358**	**12253**	**606303**	**651553**		**29813**	**5329**
本级	140613	3599	－418	52895	61887		22650	
区县小计	1311996	143759	12671	553408	589666		7163	5329
喀什市	224274	51346	3974	38675	129844		－1565	2000
莎车县	214324	14566	1213	94797	104809		－1061	
疏勒县	94930	8744	856	44597	38303		2430	
疏附县	94956	4150	620	48714	41440		－728	760
叶城县	142885	14687	810	62634	55456		9298	
伽师县	101733	6862	530	54136	40423		－218	
巴楚县	99259	11250	952	52551	37287		－4243	1462
麦盖提县	73315	7306	1040	34215	31351		－597	
泽普县	67591	13898	1503	29182	23324		－523	207
英吉沙县	85992	4552	502	40386	37408		3144	
岳普湖县	66062	3164	405	31844	28239		1510	900
塔什库尔干塔吉克自治县	46675	3234	266	21677	21782		－284	
和田地区小计	**757034**	**44990**	**5189**	**355119**	**356408**		**－4672**	
本级	110493	1732	－398	37395	70301		1463	
区县小计	646541	43258	5587	317724	286107		－6135	
皮山县	79292	4189	591	43070	32530		－1088	
墨玉县	130292	5200	630	64108	60219		135	
和田县	81471	4231	826	38593	39037		－1216	
洛浦县	70811	4052	532	39636	27889		－1298	
策勒县	71617	2320	307	34783	33106		1101	
于田县	88783	3532	333	47037	37491		390	
民丰县	33184	1603	405	18763	12586		－173	
和田市	91091	18131	1963	31734	43249		－3986	
吐鲁番地区小计	**264340**	**122410**	**8711**	**57242**	**76162**	**3228**	**－3781**	**368**
本级	26405	3708	347	10969	9485	535	1361	
区县小计	237935	118702	8364	46273	66677	2693	－5142	368
吐鲁番市	77292	30890	3734	17840	27075	1194	－3809	368
鄯善县	105564	67406	2850	11309	19276	750	3973	
托克逊县	55079	20406	1780	17124	20326	749	－5306	
哈密地区小计	**300171**	**104464**	**8768**	**89846**	**85984**	**2466**	**5118**	**3525**
本级	62478	7061	3358	25516	21335		2173	3035
区县小计	237693	97403	5410	64330	64649	2466	2945	490

1－31－6 单位:万元

地区	支出						年终结余	其中：净结余
	支出总计	其中：						
		本年支出	一般性转移支付上解	专项转移支付上解	安排预算稳定调节基金	调出资金		
阿克陶县	75901	75668		233			1021	1021
乌恰县	50477	50309		168			66	66
阿合奇县	39158	39131		27			－276	－276
喀什地区小计	**1430062**	**1427919**		**2143**			**22547**	**7839**
本级	122369	122895	－202	－324			18244	13893
区县小计	1307693	1305024	202	2467			4303	－6054
喀什市	227189	225500	202	1487			－2915	－3115
莎车县	214813	214669		144			－489	－489
疏勒县	94138	93892		246			792	11
疏附县	95620	95585		35			－664	－694
叶城县	141142	140943		199			1743	818
伽师县	100242	100182		60			1491	－737
巴楚县	102175	102094		81			－2916	－3539
麦盖提县	73910	73854		56			－595	－595
泽普县	67876	67809		67			－285	－416
英吉沙县	82321	82282		39			3671	3671
岳普湖县	66014	65983		31			48	－1171
塔什库尔干塔吉克自治县	42253	42231		22			4422	202
和田地区小计	**753033**	**752167**		**866**			**4001**	**－7088**
本级	101577	101573		4			8916	－1623
区县小计	651456	650594		862			－4915	－5465
皮山县	80242	80213		29			－950	－950
墨玉县	130130	129587		543			162	162
和田县	82468	82435		33			－997	－1057
洛浦县	71967	71944		23			－1156	－1156
策勒县	70467	70438		29			1150	1090
于田县	88224	88189		35			559	559
民丰县	33307	33300		7			－123	－123
和田市	94651	94488		163			－3560	－3990
吐鲁番地区小计	**260748**	**259159**		**1589**			**3592**	**224**
本级	19746	39104	－16066	－3292			6659	6602
区县小计	241002	220055	16066	4881			－3067	－6378
吐鲁番市	80688	76819	3080	789			－3396	－3396
鄯善县	100281	83866	12986	3429			5283	1972
托克逊县	60033	59370		663			－4954	－4954
哈密地区小计	**294986**	**293562**		**1424**			**5185**	**－134**
本级	61288	83568	－8000	－14280			1190	150
区县小计	233698	209994	8000	15704			3995	－284

1－31－7

单位：万元

地区	收入 收入总计	其中：本年收入	返还性收入	一般性转移支付收入	专项转移支付收入	转贷财政部代理发行地方政府债券收入	上年结余	调入资金
伊吾县	32901	7832	659	13124	11362	579	－1145	490
巴里坤哈萨克自治县	57179	7384	940	26108	22375	582	－210	
哈密市	147613	82187	3811	25098	30912	1305	4300	
五家渠市	**18481**	**14975**	**467**	**3881**	**692**		**－1572**	**38**
阿拉尔市	**4818**	**10102**	**217**	**4821**	**593**		**－11194**	**279**
图木舒克市	**－2459**	**3016**	**196**	**6724**	**38**		**－12930**	**497**
乌鲁木齐市昌吉州小计	**2286410**	**1376383**	**129696**	**209170**	**465871**	**69740**	**24881**	**10669**
本级	1009883	661733	74621	19178	191949	48508	6998	6896
区县小计	1276527	714650	55075	189992	273922	21232	17883	3773
乌鲁木齐县	42856	15027	1022	16372	7679	231	2474	51
天山区	149762	102900	8200	4656	28127	2580	3127	172
沙依巴克区	116010	78048	11811	4960	14314	4277	2600	
新市区	91619	70336	4981	6319	7926	728	1329	
水磨沟区	90481	69593	4556	1870	11336	790	2336	
头屯河区	58850	38098	3217	5654	5184	2504	643	3550
米东区	145099	93918	4815	18832	23807	3513	214	
达坂城区	36162	21299	206	6344	4868	354	3091	
玛纳斯县	68261	26302	2681	12813	23945	1143	1377	
呼图壁县	57821	20809	2135	15455	16790	561	2071	
昌吉市	141179	84667	6099	14992	36472	1700	－2751	
阜康市	88837	41380	1858	8967	26534	1007	9091	
吉木萨尔县	65336	23594	1492	17849	20758	240	1403	
奇台县	81792	20179	1479	30334	30752	1115	－2067	
木垒哈萨克自治县	42462	8500	523	24575	15430	489	－7055	

1－31－8

单位:万元

地　　区	支出						年终结余	其中:净结余
	支出总计	其中:						
		本年支出	一般性转移支付上解	专项转移支付上解	安排预算稳定调节基金	调出资金		
伊吾县	34018	33772		246			－1117	－1145
巴里坤哈萨克自治县	57265	57156		109			－86	－204
哈密市	142415	119066	8000	15349			5198	1065
五家渠市	**20683**	**20484**		**199**			**－2202**	**－2202**
阿拉尔市	**15506**	**15359**		**147**			**－10688**	**－11194**
图木舒克市	**10419**	**10396**		**23**			**－12878**	**－12878**
乌鲁木齐市昌吉州小计	**2199442**	**1943053**	**197385**	**58704**			**86968**	**－28006**
本级	978680	856077	80444	42159			31203	－27121
区县小计	1220762	1086976	116941	16545			55765	－885
乌鲁木齐县	36395	35836		559			6461	1350
天山区	137987	103273	33821	893			11775	1274
沙依巴克区	114015	88675	23401	1939			1995	1770
新市区	89215	73888	15867	－540			2404	719
水磨沟区	87824	78182	6287	3355			2657	2252
头屯河区	56272	43685	8465	3822			2578	277
米东区	141891	123416	17300	1175			3208	40
达坂城区	31186	29813		1373			4976	－385
玛纳斯县	61456	61111		345			6805	581
呼图壁县	56913	56226		687			908	122
昌吉市	141715	136479	4000	1236			－536	－621
阜康市	74782	66230	7800	752			14055	428
吉木萨尔县	63883	63465		418			1453	170
奇台县	83599	83169		430			－1807	－1807
木垒哈萨克自治县	43629	43528		101			－1167	－7055

二、政府性基金

2009年北京市区县财政政府性基金收支平衡表

2－1　　　　　　　　　　　　　　　　　　　　　　　　　　　　单位:万元

地　区	收　入					支　出			年终结余
	收入总计	其　中:				支出总计	其　中:		
		本年收入	上年结余	补助收入	调入资金		本年支出	调出资金	
区县合计	**4042163**	**2143689**	**789277**	**843131**	**266066**	**2730599**	**2729821**	**778**	**1311564**
东城区	85853	9911	15398	60054	490	67361	67361		18492
西城区	92550	53254	34051	5245		13385	13385		79165
崇文区	97365	1707	75124	17291	3243	83420	83420		13945
宣武区	44572	10186	23752	10634		7641	7641		36931
朝阳区	333703	23424		166860	143419	283703	283703		50000
海淀区	204003	25616	19229	159158		174483	174431	52	29520
石景山区	36122	1776	3492	30813	41	32205	32205		3917
丰台区	80236	6330	7932	65974		75782	75782		4454
门头沟区	89690	48331	18802	22557		79366	79366		10324
房山区	351620	293874	18472	39274		223402	223402		128218
通州区	518169	400253	91599	16338	9979	191661	191661		326508
昌平区	547813	203441	227925	27730	88717	260292	260084	208	287521
顺义区	601548	371090	177182	53276		421197	421197		180351
大兴区	648865	616732	9221	12896	10016	599311	599311		49554
怀柔区	122675	38029	39908	35672	9066	56091	56091		66584
平谷区	43954	13760	8795	21399		36488	36488		7466
密云县	90019	19851	13852	56312	4	78215	77697	518	11804
延庆县	53406	6124	4543	41648	1091	46596	46596		6810

2009 年天津市区县财政政府性基金收支平衡表

2－2　　　　　　　　　　　　　　　　　　　　　　　　　单位：万元

地区	收入					支出			年终结余
	收入总计	其中：				支出总计	其中：		
		本年收入	上年结余	补助收入	调入资金		本年支出	调出资金	
区县合计	**4121953**	**3823727**	**283013**	**15211**	**2**	**3539809**	**3442488**	**89122**	**582144**
和平区	4657		3200	1457		745	745		3912
河北区	1320		777	543		409	409		911
河东区	2583		1912	671		671	671		1912
河西区	1762	－2		1762	2	1762	1762		
南开区	3502	9	1890	1603		572	572		2930
红桥区	720		584	136		136	136		584
塘沽区	1581626	1557283	22787	1556		1535399	1535399		46227
汉沽区	106259	105996		263		106259	105604	655	
大港区	27365	20450	6167	748		16163	13163	3000	11202
东丽区	313303	273512	38704	1087		183262	183262		130041
西青区	158228	151005	6289	934		116334	116334		41894
津南区	406600	323267	82054	1279		214792	214792		191808
北辰区	169332	143906	24045	1381		153500	153500		15832
武清区	119608	115710	3336	562		115819	115819		3789
宝坻区	93088	90798	2008	282		92487	92487		601
蓟县	128848	122428	6308	112		108123	108123		20725
宁河县	150397	126476	23776	145		84189	84189		66208
静海县	220834	220077	67	690		204932	204932		15902
开发区	307986	307583	403			307583	306653		403
保税区	111515	111515				111515	24710	85467	
园区	212420	153714	58706			185157	179226		27263

2009年河北省地市县财政政府性基金收支平衡表

2－3－1　　　　　　　　　　　　　　　　　　　　　　单位：万元

地区	收入					支出			年终结余
	收入总计	其中：				支出总计	其中：		
		本年收入	上年结余	补助收入	调入资金		本年支出	调出资金	
地市县合计	**5334070**	**4459149**	**422462**	**441391**	**11068**	**4765958**	**4716969**	**48989**	**568112**
石家庄市小计	**629965**	**542859**	**32412**	**54694**		**526355**	**516861**	**9494**	**103610**
本级	332782	294350	17427	21005		253888	253888		78894
区县小计	297183	248509	14985	33689		272467	262973	9494	24716
赞皇县	6997	2192	3870	935		6003	6003		994
平山县	11069	3174		7895		11069	11069		
灵寿县	5250	3805	362	1083		4801	4801		449
行唐县	4927	2605	18	2304		3543	3543		1384
井陉县	6536	5694		842		4182	4182		2354
鹿泉市	54567	52250	1044	1273		53599	53599		968
正定县	47836	46044	1072	720		43299	43299		4537
栾城县	27029	20566	5584	879		21981	21981		5048
辛集市	15863	13464		2399		15863	11887	3976	
晋州市	17631	16336		1295		17046	11528	5518	585
深泽县	2778	1423	368	987		2410	2410		368
无极县	15619	14370		1249		15619	15619		
藁城市	31956	31073		883		31956	31956		
赵县	8269	3455		4814		8269	8269		
新乐市	10608	8775	557	1276		8971	8971		1637
高邑县	3413	3025		388		3413	3413		
元氏县	5872	3091		2781		5872	5872		
长安区	688	351	12	325		688	688		
桥东区	488	330		158		488	488		
桥西区	721	367	5	349		716	716		5
新华区	719	371		348		684	684		35
裕华区	1308	949		359		1308	1308		
矿区	10407	9776	510	121		6011	6011		4396
高新区	6632	5023	1583	26		4676	4676		1956
唐山市小计	**991361**	**910619**	**40152**	**40590**		**961670**	**961670**		**29691**
本级	365259	394342	3751	-32834		361361	361361		3898
区县小计	626102	516277	36401	73424		600309	600309		25793
滦县	6913	5000		1913		6913	6913		
滦南县	46794	43951	232	2611		46794	46794		
乐亭县	107174	100651	4390	2133		106119	106119		1055
迁西县	9160	7855	186	1119		9158	9158		2
唐海县	64163	61827		2336		64163	64163		
迁安市	40666	37698	505	2463		40124	40124		542
玉田县	30909	24759	3854	2296		27811	27811		3098
遵化市	12821	2726	7144	2951		6650	6650		6171
路南区	39324	212		39112		39184	39184		140
路北区	765	199	11	555		762	762		3
古冶区	4516	128	83	4305		4429	4429		87

2－3－2 单位:万元

地区	收入					支出			年终结余
	收入总计	其中:				支出总计	其中:		
		本年收入	上年结余	补助收入	调入资金		本年支出	调出资金	
开平区	1254	126	172	956		1224	1224		30
丰润区	28954	23075		5879		28954	28954		
丰南区	84341	79264	2557	2520		82554	82554		1787
高新开发区	30035	29228		807		30035	30035		
海港开发区	28435	28431		4		28435	28435		
南堡开发区	17354	17292	21	41		17275	17275		79
芦台开发区	6129	5343	450	336		5844	5844		285
汉沽管理区	18683	800	16796	1087		9088	9088		9595
曹妃甸工业园区	47712	47712				44793	44793		2919
邯郸市小计	**419417**	**333756**	**31461**	**54200**		**359947**	**358782**	**1165**	**59470**
本级	154459	201276	19409	-66226		110697	109532	1165	43762
区县小计	264958	132480	12052	120426		249250	249250		15708
大名县	4888	556		4332		4888	4888		
魏县	9276	2546	15	6715		9111	9111		165
曲周县	8907	6024	31	2852		8541	8541		366
邱县	4758	1903	428	2427		2906	2906		1852
鸡泽县	3067	1438	479	1150		2470	2470		597
肥乡县	9172	5389	1221	2562		9095	9095		77
广平县	4451	340	2101	2010		3698	3698		753
成安县	2299	54	206	2039		1882	1882		417
临漳县	9218	5334	542	3342		6735	6735		2483
馆陶县	4224	1894		2330		4224	4224		
磁县	8137	3366	1171	3600		5690	5690		2447
涉县	3756	1886	701	1169		3294	3294		462
永年县	5979	2317	38	3624		5947	5947		32
邯郸县	17767	14904	2011	852		14636	14636		3131
武安市	27440	23187	40	4213		27190	27190		250
邯山区	31200	139	131	30930		31111	31111		89
丛台区	36624	191	552	35881		36256	36256		368
复兴区	8779	155	256	8368		8707	8707		72
峰峰矿区	24574	21114	1574	1886		23080	23080		1494
开发区	34471	33873	555	43		33818	33818		653
马头工业园区	5971	5870		101		5971	5971		
张家口市小计	**302547**	**207712**	**43643**	**51192**		**296577**	**296317**	**260**	**5970**
本级	133058	70474	28371	34213		130380	130380		2678
区县小计	169489	137238	15272	16979		166197	165937	260	3292
蔚县	11788	10533	20	1235		11788	11788		
阳原县	3938	2479	779	680		3938	3886	52	
张北县	36353	31954	1077	3322		36269	36269		84
康保县	5352	3673	473	1206		5352	5352		
沽源县	947	10	76	861		917	917		30
尚义县	6135	4391	1098	646		6135	6135		

二、政府性基金

2－3－3

单位：万元

地区	收入					支出			年终结余
	收入总计	其中：				支出总计	其中：		
		本年收入	上年结余	补助收入	调入资金		本年支出	调出资金	
怀安县	5843	3842	1311	690		5622	5622		221
赤城县	2240	776	572	892		2240	2240		
崇礼县	4179	3083	624	472		4179	4179		
万全县	962	136	328	498		924	924		38
宣化县	2585	1851		734		2585	2585		
怀来县	23385	21081	161	2143		23359	23359		26
涿鹿县	13792	9158	3835	799		11077	10869	208	2715
宣化区	40545	35475	4145	925		40405	40405		140
下花园区	3886	3389	112	385		3848	3848		38
桥东区	656	154	116	386		656	656		
桥西区	554	46	252	256		554	554		
高新区	695	112	293	290		695	695		
察北区	5075	4654		421		5075	5075		
塞北区	579	441		138		579	579		
保定市小计	**528156**	**375526**	**100866**	**51724**	**40**	**419038**	**400781**	**18257**	**109118**
本级	133500	141919	38719	-47138		98404	96315	2089	35096
区县小计	394656	233607	62147	98862	40	320634	304466	16168	74022
清苑县	12946	2522	7093	3331		6272	6272		6674
满城县	23529	18728	3352	1449		18377	18377		5152
安新县	11215	7873	1735	1607		7306	7306		3909
唐县	8502	2214	2642	3646		7324	7324		1178
顺平县	17840	14231	449	3160		16533	16533		1307
博野县	3263	774	389	2100		3194	3194		69
曲阳县	5548	2138	1307	2103		3611	3611		1937
涞源县	8133	3594	1104	3435		7230	7230		903
阜平县	4819	2480	317	2022		4163	4163		656
易县	8035	4438	1206	2391		7268	7268		767
定兴县	6725	2095	1649	2981		6182	6182		543
徐水县	9284	6475	1205	1604		7701	7701		1583
容城县	3457	2273	200	984		3133	3074	59	324
涿州市	47802	38735	6321	2746		39974	31274	8700	7828
涞水县	2114	653	70	1391		1938	1938		176
高碑店市	20776	8876	6055	5805	40	10157	10157		10619
雄县	11866	5881	3681	2304		8794	8794		3072
望都县	1690	124	21	1545		1239	1239		451
高阳县	3948	3462	43	443		3902	1704	2198	46
蠡县	12939	9058	1806	2075		11122	11122		1817
安国市	11692	10035	404	1253		11602	11602		90
定州市	49545	42064	3150	4331		41960	36749	5211	7585
南市区	7182	161	709	6312		5550	5550		1632
北市区	45019	106	16958	27955		33246	33246		11773
新市区	11978	144		11834		11978	11978		

2-3-4

单位:万元

地区	收入					支出			年终结余
	收入总计	其中:				支出总计	其中:		
		本年收入	上年结余	补助收入	调入资金		本年支出	调出资金	
高新区	44809	44473	281	55		40878	40878		3931
沧州市小计	**649289**	**525379**	**80460**	**41864**	**1586**	**569377**	**552729**	**16648**	**79912**
本级	126245	82255	40218	2186	1586	104602	104602		21643
区县小计	523044	443124	40242	39678		464775	448127	16648	58269
肃宁县	6673	4140	749	1784		5228	5228		1445
献县	14778	11649	1	3128		14776	14455	321	2
盐山县	16452	14824		1628		16452	16452		
孟村县	14580	13739	1	840		14580	14580		
沧县	20071	7801	7237	5033		9431	9431		10640
青县	3608	282		3326		3608	3608		
南皮县	13777	10572	1258	1947		9956	9956		3821
河间市	33290	24503	4961	3826		27743	16086	11657	5547
任丘市	26855	22501	1804	2550		21690	18690	3000	5165
海兴县	14937	7974	5997	966		12705	12705		2232
东光县	14784	9519	1542	3723		9745	9745		5039
泊头市	16270	12168	2645	1457		15126	15126		1144
吴桥县	15376	8118	1067	6191		12384	12384		2992
黄骅市	38510	27351	9207	1952		29713	28131	1582	8797
新华区	3427	2888	439	100		2627	2627		800
运河区	1198	198	547	453		442	442		756
开发区	6560	6551		9		6560	6560		
港口区	239316	239186	82	48		233564	233476	88	5752
南大港	12704	12142		562		10966	10966		1738
临港区	9878	7018	2705	155		7479	7479		2399
秦皇岛市小计	**286666**	**247125**	**6427**	**25275**	**7839**	**279991**	**279991**		**6675**
本级	106435	149702	3719	-48071	1085	102035	102035		4400
区县小计	180231	97423	2708	73346	6754	177956	177956		2275
青龙满族自治县	6346	4932		1414		6346	6346		
昌黎县	16271	12956	124	3191		16111	16111		160
卢龙县	18129	10353		7776		18129	18129		
抚宁县	19672	17138	370	2164		19488	19488		184
山海关	16306	78	356	9118	6754	16263	16263		43
海港区	47086	338	1	46747		47086	47086		
北戴河	3217	183	154	2880		3217	3217		
秦皇岛经济技术开发区	53204	51445	1703	56		51316	51316		1888
邢台市小计	**257326**	**190517**	**30743**	**34463**	**1603**	**200194**	**200194**		**57132**
本级	110364	80497	14173	14091	1603	76039	76039		34325
区县小计	146962	110020	16570	20372		124155	124155		22807
南宫市	18357	15702	850	1805		17922	17922		435
沙河市	2280	207	994	1079		1158	1158		1122
邢台县	11760	6116	4643	1001		8420	8420		3340
临城县	7303	5166	593	1544		6291	6291		1012

二、政府性基金

2－3－5

单位:万元

地区	收入					支出			年终结余
	收入总计	其中:				支出总计	其中:		
		本年收入	上年结余	补助收入	调入资金		本年支出	调出资金	
内邱县	17333	16231	615	487		15359	15359		1974
柏乡县	3904	1925	1244	735		2365	2365		1539
隆尧县	3606	287	1695	1624		1482	1482		2124
任县	2515	1778	98	639		2378	2378		137
南和县	759	82	8	669		696	696		63
宁晋县	8069	4651	391	3027		7835	7835		234
巨鹿县	14033	12217	1020	796		11222	11222		2811
新河县	4516	3132	914	470		4045	4045		471
广宗县	6368	4422	1263	683		4205	4205		2163
平乡县	2615	1783	216	616		1647	1647		968
威县	9460	6807	687	1966		8427	8427		1033
清河县	16895	15349	133	1413		16384	16384		511
临西县	14988	12709	1001	1278		12364	12364		2624
桥东区	150			150		150	150		
桥西区	206			206		196	196		10
高开区	1620	1394	128	98		1430	1430		190
大曹庄管理区	225	62	77	86		179	179		46
廊坊市小计	**870383**	**813570**	**30189**	**26624**		**820500**	**817336**	**3164**	**49883**
本级	240048	225182	5054	9812		213927	213927		26121
区县小计	630335	588388	25135	16812		606573	603409	3164	23762
三河市	116400	110618	2836	2946		111849	111849		4551
大厂县	53961	53416	49	496		53820	53820		141
香河县	79280	77455	545	1280		78425	75261	3164	855
永清县	34285	29808	3220	1257		29486	29486		4799
固安县	179089	168043	7854	3192		175458	175458		3631
霸州市	45784	39337	2473	3974		39462	39462		6322
文安县	5783	4416		1367		5732	5732		51
大城县	15037	11576	2084	1377		14543	14543		494
安次区	50806	49186	1115	505		49844	49844		962
广阳区	10511	9048	1102	361		8557	8557		1954
开发区	39399	35485	3857	57		39397	39397		2
承德市小计	**210637**	**169964**	**6611**	**34062**		**189137**	**189137**		**21500**
本级	37844	62031	6337	-30524		17809	17809		20035
区县小计	172793	107933	274	64586		171328	171328		1465
宽城县	20765	18111		2654		20765	20765		
滦平县	17313	15462		1851		17313	17313		
丰宁县	11468	8953		2515		11468	11468		
隆化县	14532	11365		3167		14532	14532		
围场县	2726	67		2659		2726	2726		
承德县	23506	19014		4492		23506	23506		
兴隆县	9100	7314		1786		9100	9100		
平泉县	13062	7355		5707		13062	13062		

2-3-6 单位:万元

地区	收入					支出			年终结余
	收入总计	其中:				支出总计	其中:		
		本年收入	上年结余	补助收入	调入资金		本年支出	调出资金	
双桥区	4143	81		4062		4143	4143		
双滦区	34739	3659		31080		34739	34739		
营子区	4664	51		4613		4664	4664		
开发区	16775	16501	274			15310	15310		1465
衡水市小计	**188323**	**142122**	**19498**	**26703**		**143172**	**143171**	**1**	**45151**
本级	25811	14998	5978	4835		13908	13908		11903
区县小计	162512	127124	13520	21868		129264	129263	1	33248
武邑县	23423	19114	2649	1660		12277	12277		11146
饶阳县	8680	4932	956	2792		7411	7411		1269
安平县	10679	8954	397	1328		5898	5898		4781
冀州市	13731	11320		2411		13731	13730	1	
枣强县	16927	12164	3647	1116		8132	8132		8795
深州市	20724	17661	2278	785		18588	18588		2136
武强县	3138	991	957	1190		2437	2437		701
故城县	11243	6937	20	4286		11243	11243		
景县	13785	10261	1505	2019		9939	9939		3846
阜城县	12459	9252	961	2246		12235	12235		224
桃城区	17444	15638		1806		17444	17444		
高开区	9869	9700	10	159		9859	9859		10
衡水湖	410	200	140	70		70	70		340

二、政府性基金

2009 年山西省地市县财政政府性基金收支平衡表

2－4－1　　　　　　　　　　　　　　　　　　　　　　　　　　单位：万元

地　区	收　　入					支　　出			年终结余
	收入总计	其　中：				支出总计	其　中：		
		本年收入	上年结余	补助收入	调入资金		本年支出	调出资金	
地市县合计	**4023151**	**2485597**	**1138644**	**364370**	**34540**	**2339352**	**2290457**	**48895**	**1683799**
太原市小计	**1047609**	**722365**	**281521**	**33114**	**10609**	**638878**	**638878**		**408731**
本级	730186	619225	168962	-67471	9470	475288	475288		254898
区县小计	317423	103140	112559	100585	1139	163590	163590		153833
清徐县	28547	4350	20876	2883	438	5482	5482		23065
阳曲县	8765	3915	3543	1307		5338	5338		3427
娄烦县	9800	903	7089	1808		3534	3534		6266
古交市	37984	11953	16211	9820		29945	29945		8039
小店区	22575	2183	11119	9273		10109	10109		12466
尖草坪区	15029	4235	9367	776	651	3065	3065		11964
迎泽区	11264	1237	4529	5498		2717	2717		8547
杏花岭区	47822	456	984	46332	50	39469	39469		8353
万柏林区	27673	1823	9292	16558		20216	20216		7457
晋源区	10323	1374	2682	6267		5445	5445		4878
太原高新区	19447	16173	3244	30		15755	15755		3692
太原经济区	68255	45803	22424	28		15460	15460		52795
太原民营区	9939	8735	1199	5		7055	7055		2884
大同市小计	**608516**	**473419**	**76397**	**48879**	**9821**	**349418**	**321111**	**28307**	**259098**
本级	438269	396671	24643	7134	9821	237173	231640	5533	201096
区县小计	170247	76748	51754	41745		112245	89471	22774	58002
大同城区	2094	265	1112	717		1281	1281		813
大同矿区	28339	401	3215	24723		22891	117	22774	5448
大同南郊区	69099	47442	13860	7797		49534	49534		19565
大同新荣区	5888	1232	4153	503		688	688		5200
左云县	10033	2598	6768	667		4602	4602		5431
阳高县	14571	8185	5171	1215		12009	12009		2562
天镇县	4016	677	1707	1632		1313	1313		2703
广灵县	4682	3023	623	1036		3025	3025		1657
灵丘县	11279	5328	5406	545		6336	6336		4943
浑源县	8846	2660	3854	2332		5341	5341		3505
大同县	8382	3289	4517	576		4566	4566		3816
大同开发区	3018	1648	1368	2		659	659		2359
阳泉市小计	**159083**	**98439**	**34623**	**22877**	**3144**	**101917**	**101319**	**598**	**57166**
本级	74301	43774	20776	7479	2272	45510	45510		28791
区县小计	84782	54665	13847	15398	872	56407	55809	598	28375
平定县	9455	6761	2035	659		4076	3776	300	5379
盂县	21001	17881	2576	544		16665	16665		4336
阳泉郊区	29455	23465	5014	751	225	14253	13955	298	15202
阳泉城区	2018	148	1450	199	221	675	675		1343
阳泉矿区	15043	511	926	13240	366	13208	13208		1835
阳泉开发区	7810	5899	1846	5	60	7530	7530		280
长治市小计	**386266**	**199290**	**156188**	**28275**	**2513**	**203804**	**203804**		**182462**

2－4－2 单位:万元

地区	收入					支出			年终结余
	收入总计	其中:				支出总计	其中:		
		本年收入	上年结余	补助收入	调入资金		本年支出	调出资金	
本级	112647	73298	51675	－13964	1638	55666	55666		56981
区县小计	273619	125992	104513	42239	875	148138	148138		125481
长治县	59796	19249	38527	2020		20656	20656		39140
潞城市	18161	10634	4914	1903	710	11964	11964		6197
屯留县	32723	17789	10283	4651		25257	25257		7466
长子县	21529	9483	9498	2548		12221	12221		9308
壶关县	6557	1363	1377	3817		5044	5044		1513
平顺县	5769	1797	475	3467	30	4783	4783		986
黎城县	14662	4668	5043	4951		6437	6437		8225
武乡县	20938	9785	8878	2275		9444	9444		11494
襄垣县	26627	14478	8441	3708		15434	15434		11193
沁县	5911	597	1486	3793	35	3467	3467		2444
沁源县	16625	8472	6172	1881	100	8531	8531		8094
长治城区	11737	8855	2043	839		7210	7210		4527
长治郊区	17103	6205	5168	5730		8819	8819		8284
长治高新区	15481	12617	2208	656		8871	8871		6610
晋城市小计	**356915**	**196065**	**142754**	**16847**	**1249**	**183207**	**178718**	**4489**	**173708**
本级	164098	98735	69767	－4404		65989	65989		98109
区县小计	192817	97330	72987	21251	1249	117218	112729	4489	75599
阳城县	45549	25343	18053	2153		27414	25475	1939	18135
高平市	46692	23193	19604	2943	952	40566	40566		6126
沁水县	37378	16944	16673	3761		16525	13975	2550	20853
陵川县	9358	4722	3040	1596		5652	5652		3706
晋城城区	8097	1475	1345	5277		4932	4932		3165
泽州县	35139	15418	14003	5421	297	11956	11956		23183
晋城开发区	10604	10235	269	100		10173	10173		431
朔州市小计	**237768**	**158753**	**59526**	**19215**	**274**	**158806**	**145405**	**13401**	**78962**
本级	91707	73037	14888	3782		62186	62186		29521
区县小计	146061	85716	44638	15433	274	96620	83219	13401	49441
朔城区	44261	37925	2218	4118		38185	38185		6076
平鲁区	13809	7372	3691	2746		6641	6641		7168
山阴县	37032	13033	21546	2453		25274	15973	9301	11758
怀仁县	24883	7923	14822	1864	274	3723	3723		21160
应县	4648	3078	463	1107		3706	3706		942
右玉县	9797	5784	868	3145		8209	8209		1588
朔州开发区	11631	10601	1030			10882	6782	4100	749
忻州市小计	**181280**	**78614**	**74595**	**27263**	**808**	**105097**	**105097**		**76183**
本级	68372	32741	30017	5614		30594	30594		37778
区县小计	112908	45873	44578	21649	808	74503	74503		38405
五台县	5978	1816	163	3999		5204	5204		774
静乐县	5071	4131	701	194	45	3776	3776		1295
河曲县	9619	4492	4402	509	216	5338	5338		4281

2－4－3　　　　单位:万元

地　区	收　入					支　出			年终结余
	收入总计	其　中:				支出总计	其　中:		
		本年收入	上年结余	补助收入	调入资金		本年支出	调出资金	
神池县	3395	402	1623	1370		1538	1538		1857
五寨县	1736	805	611	255	65	581	581		1155
繁峙县	7656	3929	2990	659	78	5777	5777		1879
岢岚县	3497	177	2805	464	51	987	987		2510
偏关县	1690	391	630	669		675	675		1015
代县	5751	589	2878	2284		2574	2574		3177
原平市	21213	7134	10210	3869		14422	14422		6791
忻府区	14878	2842	6739	5297		10210	10210		4668
定襄县	4323	1118	2246	867	92	1363	1363		2960
宁武县	11742	6270	4756	647	69	7311	7311		4431
保德县	10773	6233	3807	541	192	9330	9330		1443
忻州开发区	5586	5544	17	25		5417	5417		169
晋中市小计	**267138**	**151505**	**85044**	**28721**	**1868**	**153122**	**151022**	**2100**	**114016**
本级	81100	58704	24007	-1611		51578	49423	2100	29522
区县小计	186038	92801	61037	30332	1868	101544	101599		84494
榆次区	12272	1829	7297	2950	196	4270	4270		8002
太谷县	9143	4734	2604	1805		5688	5688		3455
祁县	10483	5176	1497	3810		7676	7676		2807
平遥县	15921	9050	4267	2194	410	6797	6867		9124
介休市	26749	10108	13163	3478		11994	11994		14755
灵石县	31687	16859	8746	5554	528	20700	20700		10987
寿阳县	10146	7173	1945	1028		6085	6085		4061
昔阳县	12650	3747	6267	2484	152	3629	3629		9021
和顺县	7616	4170	2513	846	87	4321	4306		3295
左权县	16847	8917	7256	674		8060	8060		8787
榆社县	10163	4713	2005	3363	82	6310	6310		3853
晋中开发区	22361	16325	3477	2146	413	16014	16014		6347
吕梁市小计	**324091**	**179192**	**102116**	**41454**	**1329**	**204861**	**204861**		**119230**
本级	108433	61096	50969	-3632		68495	68495		39938
区县小计	215658	118096	51147	45086	1329	136366	136366		79292
兴县	7966	1824	3984	2158		4237	4237		3729
岚县	3797	392	2418	987		1010	1010		2787
交城县	11857	6881	3947	1029		6631	6631		5226
文水县	6244	1005	2460	2779		4083	4083		2161
汾阳市	18422	13277	3545	1600		12485	12485		5937
孝义市	60733	47565	6570	6598		41716	41716		19017
柳林县	23503	18077	4846	580		13239	13239		10264
中阳县	7810	3069	4051	690		5421	5421		2389
石楼县	3742	150	950	2642		1817	1817		1925
交口县	5050	1479	2534	1037		3733	3733		1317
临县	16993	9857	3072	4064		9039	9039		7954
方山县	26487	4432	3930	18125		20149	20149		6338

2-4-4　　单位:万元

地区	收入					支出			年终结余
	收入总计	其中:				支出总计	其中:		
		本年收入	上年结余	补助收入	调入资金		本年支出	调出资金	
离石区	23054	10088	8840	2797	1329	12806	12806		10248
临汾市小计	**264001**	**153302**	**72514**	**37270**	**915**	**137696**	**137696**		**126305**
本级	65011	41797	19006	4208		16249	16249		48762
区县小计	198990	111505	53508	33062	915	121447	121447		77543
尧都区	56466	31516	18458	6492		30610	30610		25856
侯马市	16355	13919	1542	894		13159	13159		3196
曲沃县	13932	5475	4870	3587		6557	6557		7375
翼城县	9794	4472	2524	2798		6514	6514		3280
襄汾县	7086	4397		2689		7086	7086		
洪洞县	23273	17015	3580	2278	400	12702	12702		10571
霍州市	13352	8121	2373	2858		9248	9248		4104
古县	6655	3722	2068	865		3338	3338		3317
安泽县	3852	2400	135	1317		3816	3816		36
浮山县	4410	3757	81	572		4140	4140		270
吉县	2814	420	645	1729	20	1477	1477		1337
乡宁县	19922	5279	11265	2883	495	11995	11995		7927
蒲县	5514	2552	2629	333		1471	1471		4043
大宁县	1619	80	873	666		692	692		927
永和县	1501	66	548	887		483	483		1018
隰县	606	51	120	435		480	480		126
汾西县	2803	572	452	1779		2405	2405		398
临汾开发区	5524	4524	1000			2128	2128		3396
侯马开发区	3512	3167	345			3146	3146		366
运城市小计	**190484**	**74653**	**53366**	**60455**	**2010**	**102546**	**102546**		**87938**
本级	44327	11215	14484	17831	797	12255	12255		32072
区县小计	146157	63438	38882	42624	1213	90291	90291		55866
盐湖区	6374	694	2269	3411		3366	3366		3008
永济市	14921	3592	5643	5686		8502	8502		6419
芮城县	7531	3230	1046	3255		5829	5829		1702
临猗县	5653	661	506	4486		3586	3586		2067
绛县	3363	737	1315	1311		1749	1749		1614
河津市	46733	30936	12932	2101	764	25597	25597		21136
新绛县	13636	10267	1347	1961	61	11870	11870		1766
垣曲县	6195	1328	1197	3521	149	4907	4907		1288
闻喜县	14593	1659	7187	5747		5116	5116		9477
万荣县	1663	211	293	1159		1370	1370		293
稷山县	10314	4015	3753	2345	201	5762	5762		4552
平陆县	7242	1553	591	5098		6677	6677		565
夏县	7648	4351	766	2493	38	5831	5831		1817
运城经济技术开发区	58	58				58	58		
风陵渡开发区	127	111	16						127
华信开发区	106	35	21		50	71	71		35

2009 年内蒙古自治区地市县财政政府性基金收支平衡表

2－5－1　　　　单位:万元

地　区	收入					支出			年终结余
	收入总计	其中:				支出总计	其中:		
		本年收入	上年结余	补助收入	调入资金		本年支出	调出资金	
地市县合计	**3424578**	**2652700**	**458095**	**310890**	**2893**	**2874011**	**2828209**	**45802**	**550567**
呼伦贝尔市小计	**378995**	**306892**	**24178**	**47925**		**354392**	**338645**	**15747**	**24603**
本级	38389	17918	8588	11883		23612	23612		14777
区县小计	340606	288974	15590	36042		330780	315033	15747	9826
海拉尔市	27918	25260	1439	1219		27105	26439	666	813
满洲里市	48446	35741	8762	3943		48040	47540	500	406
扎兰屯市	39362	34373	1340	3649		38930	37836	1094	432
牙克石市	64250	58029	1531	4690		61473	59234	2239	2777
阿荣旗	18466	13728	28	4710		18425	17263	1162	41
莫力达瓦自治旗	4122	901	13	3208		4122	2750	1372	
根河市	1551	737	121	693		1430	1430		121
额尔古纳市	4281	1924	16	2341		4278	2836	1442	3
鄂伦春自治旗	6122	1446	896	3780		5848	4166	1682	274
新巴尔虎左旗	2275	735		1540		2275	2065	210	
新巴尔虎右旗	44231	43547	450	234		44231	43935	296	
陈巴尔虎旗	36618	34692	184	1742		36143	34787	1356	475
鄂温克自治旗	42964	37861	810	4293		38480	34752	3728	4484
兴安盟小计	**91632**	**44216**	**21971**	**25304**	**141**	**57269**	**55038**	**2231**	**34363**
本级	26732	4069	12855	9808		2960	2334	626	23772
区县小计	64900	40147	9116	15496	141	54309	52704	1605	10591
乌兰浩特市	21072	18264	499	2309		19660	19300	360	1412
科右前旗	6314	413	3053	2848		3190	3040	150	3124
突泉县	9376	4527	160	4689		9340	9340		36
扎赉特旗	11200	6134	3655	1364	47	9647	8710	937	1553
科右中旗	8677	5614	925	2138		8657	8657		20
阿尔山市	8261	5195	824	2148	94	3815	3657	158	4446
通辽市小计	**251892**	**190251**	**29533**	**32108**		**221392**	**220393**	**999**	**30500**
本级	132100	115566	28144	－11610		103094	102295	799	29006
区县小计	119792	74685	1389	43718		118298	118098	200	1494
科尔沁区	28570	19979		8591		28570	28570		
开鲁县	7751	4025		3726		7751	7751		
科左中旗	12891	3000		9891		12891	12891		
科左后旗	17319	6500	664	10155		16570	16570		749
奈曼旗	13649	9184	2	4463		13649	13649		
库伦旗	8532	5330	303	2899		8155	8155		377
扎鲁特旗	14342	11667	393	2282		13974	13774	200	368
霍林郭勒市	16738	15000	27	1711		16738	16738		
锡林郭勒盟小计	**140586**	**109042**	**10429**	**19063**	**2052**	**133475**	**128430**	**5045**	**7111**
本级	10309	5112	3792	－608	2013	8440	3595	4845	1869
区县小计	130277	103930	6637	19671	39	125035	124835	200	5242
太仆寺旗	6504	3541	143	2820		5824	5824		680
多伦县	6042	5075		967		5651	5651		391

2－5－2　　　　单位:万元

地区	收入					支出			年终结余
	收入总计	其中:				支出总计	其中:		
		本年收入	上年结余	补助收入	调入资金		本年支出	调出资金	
正蓝旗	6476	3998	1308	1170		4895	4895		1581
正镶白旗	1841	454	398	950	39	1841	1841		
镶黄旗	2980	1487	981	512		2564	2564		416
苏尼特左旗	2811	1234	678	899		2411	2411		400
西乌珠穆沁旗	28172	25659	2085	428		27430	27430		742
东乌珠穆沁旗	6849	5285	311	1253		6343	6143	200	506
阿巴嘎旗	2145	1603	7	535		2123	2123		22
锡林浩特市	51005	47768	162	3075		50996	50996		9
苏尼特右旗	4390	3371	361	658		3895	3895		495
二连市	11062	4455	203	6404		11062	11062		
乌兰察布盟小计	**98331**	**45762**	**28548**	**24021**		**65091**	**61713**	**3378**	**33240**
本级	18298	3172	13478	1648		860	8076	2718	17438
区县小计	80033	42590	15070	22373		64231	53637	660	15802
集宁区	31728	28749	1527	1452		30791	24075	100	937
察右前旗	3622	5	1680	1937		1581	1417		2041
察右中旗	4924	399	2099	2426		1719	1316	10	3205
察右后旗	10715	4893	1670	4152		7853	6907		2862
丰镇市	3458	757	1141	1560		2796	2336	10	662
凉城县	3536	1332	660	1544		3536	2565	310	
兴和县	3653		1366	2287		1765	1765		1888
卓资县	5430	1840	1886	1704		3124	2844	10	2306
四子王旗	3370	1344	643	1383		2523	2274	220	847
商都县	6227	1974	1376	2877		5827	5448		400
化德县	3370	1297	1022	1051		2716	2690		654
鄂尔多斯市小计	**1050606**	**917767**	**102336**	**30303**	**200**	**891446**	**889928**	**1518**	**159160**
本级	36561	28487	6380	1694		27880	27760	120	8681
区县小计	1014045	889280	95956	28609	200	863566	862168	1398	150479
准格尔旗	46115	41250	357	4508		26298	25958	340	19817
达拉特旗	57281	50700	2944	3437	200	54808	54583	225	2473
东胜区	632449	548509	78503	5437		519774	519673	101	112675
伊金霍洛旗	182918	172646	4993	5279		175036	174388	648	7882
鄂托克旗	38505	37003	3	1499		37787	37787		718
乌审旗	36267	24089	8286	3892		32477	32393	84	3790
杭锦旗	13104	8636	870	3598		9980	9980		3124
鄂托克前旗	7406	6447		959		7406	7406		
巴彦淖尔盟小计	**253934**	**205100**	**30481**	**17853**	**500**	**218121**	**216961**	**1160**	**35813**
本级	168328	128256	27776	11796	500	138840	138506	335	29488
区县小计	85606	76844	2705	6057		79281	78455	825	6325
磴口县	2729	1746	200	783		2729	2529	200	
杭锦后旗	6429	4643	899	887		6258	6058	200	171
临河市	44895	43047	112	1736		40834	40734	100	4061
五原县	11796	10663	288	845		11320	11045	275	476

二、政府性基金

2-5-3 单位:万元

地区	收入					支出			年终结余
	收入总计	其中:				支出总计	其中:		
		本年收入	上年结余	补助收入	调入资金		本年支出	调出资金	
乌拉特前旗	12804	11174	570	1060		11764	11764		1040
乌拉特中旗	4233	3504	313	416		3904	3904		329
乌拉特后旗	2720	2067	323	330		2472	2421	50	248
阿拉善盟小计	**14223**	**9376**		**4847**		**13524**	**14223**	**-699**	**699**
本级	8422	6426		1996		7723	8422	-699	699
区县小计	5801	2950		2851		5801	5801		
阿左旗	4888	2857		2031		4888	4888		
阿右旗	709	38		671		709	709		
额济纳旗	204	55		149		204	204		
呼和浩特市小计	**321790**	**255990**	**47169**	**18631**		**254950**	**249197**	**5753**	**66840**
本级	209240	194757	19722	-5239		165025	164064	961	44215
区县小计	112550	61233	27447	23870		89925	85133	4792	22625
土左旗	29520	17865	6595	5060		23405	23405		6115
托县	6725	1911	3614	1200		6121	6121		604
赛罕区	25061	12848	7325	4888		21796	18137	3659	3265
新城区	2099	266	14	1819		2099	2099		
回民区	3772	169	1006	2597		3270	3270		502
玉泉区	7302	4026	2846	430		4614	4508	106	2688
和林县	27108	19932	4041	3135		22438	22343	95	4670
武川县	6799	2982	916	2901		3749	3749		3050
清水河县	4164	1234	1090	1840		2433	1501	932	1731
包头市小计	**376648**	**269636**	**70022**	**36990**		**315581**	**314340**	**1241**	**61067**
本级	238035	225336	54647	-41948		207616	208228	1	30419
区县小计	138613	44300	15375	78938		107965	106112	1240	30648
东河区	5604	64	2757	2783		4785	4785		819
青山区	11142	191	200	10751		10821	10821		321
昆区	23811	260	540	23011		19259	18646		4552
石拐区	8957	6860	1100	997		8637	8337	300	320
白云区	1705	1210	70	425		1696	1696		9
九原区	16357	88	263	16006		16070	16070		287
土右旗	29002	18750	1621	8631		16484	16144	340	12518
固阳县	23903	7506	5471	10926		14760	14460	300	9143
达茂旗	18132	9371	3353	5408		15453	15153	300	2679
乌海市小计	**74372**	**45222**	**17184**	**11966**		**66724**	**66015**	**709**	**7648**
本级	25095	36315	10193	-21413		21636	22497	664	3459
区县小计	49277	8907	6991	33379		45088	43518	45	4189
乌达区	12146	307	4510	7329		9520	9353		2626
海勃湾区	29580	7723	2326	19531		28713	28012	45	867
海南区	7551	877	155	6519		6855	6153		696
赤峰市小计	**371569**	**253446**	**76244**	**41879**		**282046**	**273326**	**8720**	**89523**
本级	190092	143303	39256	7533		146851	140549	7700	43241
区县小计	181477	110143	36988	34346		135195	132777	1020	46282

2-5-4 单位:万元

地区	收入					支出			年终结余
	收入总计	其中:				支出总计	其中:		
		本年收入	上年结余	补助收入	调入资金		本年支出	调出资金	
红山区	25425	12025	100	13300		25215	25080		210
松山区	9635	5877	2617	1141		8045	7614	420	1590
元宝山区	18606	9473	5036	4097		12448	11215	100	6158
阿鲁科尔沁旗	2016	34	980	1002		1709	1699		307
巴林左旗	7336	2174	4247	915		1765	1756		5571
巴林右旗	13235	6731	5152	1352		12228	12119	100	1007
林西县	3881	1232	1221	1428		1972	1866	100	1909
克什克腾旗	24947	23141		1806		24947	24929		
翁牛特旗	24652	19936	2441	2275		23135	22829	300	1517
喀喇沁旗	7960	7292	54	614		7730	7718		230
宁城县	31085	19439	9606	2040		7929	7889		23156
敖汉旗	12699	2789	5534	4376		8072	8063		4627

2009 年辽宁省地市县财政政府性基金收支平衡表

2－6－1 单位:万元

地区	收入					支出			年终结余
	收入总计	其中:				支出总计	其中:		
		本年收入	上年结余	补助收入	调入资金		本年支出	调出资金	
地市县合计	**15020530**	**12707599**	**1619423**	**492781**	**195107**	**11850021**	**11717273**	**119384**	**3170509**
沈阳市小计	**4629635**	**4062549**	**465855**	**87507**	**13724**	**3676572**	**3605445**	**57763**	**953063**
本级	2456691	2125168	375292	－57277	13508	1699880	1638753	47763	756811
区县小计	2172944	1937381	90563	144784	216	1976692	1966692	10000	196252
铁西区	914971	896283	5990	12698		902451	902451		12520
和平区	80355	48528	4139	27688		61166	61166		19189
沈河区	13269	2109	120	11040		11160	11160		2109
大东区	44623	25330		19293		32354	32354		12269
皇姑区	53843	30538	2709	20596		47506	37506	10000	6337
苏家屯区	74094	48673	19345	6076		56616	56616		17478
沈北新区	574378	541281	29823	3274		501277	501277		73101
东陵区	60841	55672	227	4942		59711	59711		1130
于洪区	167264	163058		4206		153265	153265		13999
辽中县	78662	42492	24380	11574	216	50741	50741		27921
新民市	47045	36096	38	10911		46950	46950		95
法库县	39651	30945	2092	6614		36152	36152		3499
康平县	23948	16376	1700	5872		17343	17343		6605
大连市小计	**4970100**	**4353418**	**397819**	**38633**	**174610**	**4071894**	**4061339**	**10555**	**898206**
本级	2105066	1579327	332632	12877	174610	1382275	1382478	8197	722791
区县小计	2865034	2774091	65187	25756		2689619	2678861	2358	175415
瓦房店市	271198	254387	13748	3063		244839	240766	2358	26359
普兰店市	29879	27117		2762		29879	29540		
庄河市	79015	71052	5651	2312		74291	73889		4724
长海县	3675	3492		183		3675	3646		
金州区	543243	522997	19267	979		488257	485869		54986
旅顺口区	212506	184453	18937	9116		188017	186543		24489
甘井子区	7279	2995	2522	1762		2247	2247		5032
中山区	2864		1696	1168		156	156		2708
西岗区	1979		1209	770		28	28		1951
沙河口区	1034			1034		1034	1034		
开发区	521801	517891	1924	1986		518334	516621		3467
高新园区	1128061	1127207	233	621		1076362	1076054		51699
保税区	62500	62500				62500	62468		
鞍山市小计	**1931396**	**1823774**	**76884**	**30738**		**1610154**	**1602639**	**7515**	**321242**
本级	1560273	1702779	43116	－185622		1275139	1272991	2237	285134
区县小计	371123	120995	33768	216360		335015	329648	5278	36108
海城市	99296	80000	4098	15198		94548	94101	447	4748
台安县	43780	27098	1434	15248		39240	39240		4540
岫岩县	26340	13800	8622	3918		19760	19760		6580
铁东区	23556	75		23481		23386	23311		170
铁西区	23460	6		23454		23460	23454		
立山区	55670	6	20	55644		55650	53786	1858	20

2－6－2 单位:万元

地区	收入					支出			年终结余
	收入总计	其中:				支出总计	其中:		
		本年收入	上年结余	补助收入	调入资金		本年支出	调出资金	
千山区	63707	8	19568	44131		43673	40700	2973	20034
高新区	32039	2		32037		32039	32037		
风景区	3275		26	3249		3259	3259		16
抚顺市小计	**564076**	**476497**	**69419**	**18160**		**461689**	**461689**		**102387**
本级	180612	124511	52390	3711		100860	100860		79752
区县小计	383464	351986	17029	14449		360829	360829		22635
抚顺县	7663	4345	675	2643		7324	7324		339
清原县	12967	9583	436	2948		12888	12888		79
新宾县	10723	6355	1043	3325		7534	7534		3189
顺城区	1608	135	826	647		677	677		931
新抚区	957	214	29	714		896	896		61
东洲区	13373	10343	1347	1683		12865	12865		508
望花区	3927	1862	32	2033		3616	3616		311
抚顺经济开发区	330579	318798	11643	138		314923	314923		15656
胜利开发区	1667	351	998	318		106	106		1561
本溪市小计	**121750**	**64466**	**42995**	**14289**		**80458**	**80458**		**41292**
本级	86917	49124	32349	5444		56563	57176		30354
区县小计	34833	15342	10646	8845		23895	23282		10938
本溪县	19261	10915	5418	2928		12893	12893		6368
桓仁县	11665	3414	4567	3684		7667	7667		3998
平山区	765	261	273	231		613	442		152
明山区	1417	328	97	992		1313	1146		104
溪湖区	917	306	175	436		752	547		165
南芬区	808	118	116	574		657	587		151
丹东市小计	**238283**	**118656**	**88007**	**27842**	**3778**	**143764**	**142441**	**1323**	**94519**
本级	86632	29675	50635	2544	3778	35568	34245	1323	51064
区县小计	151651	88981	37372	25298		108196	108196		43455
东港市	66707	38051	17975	10681		42639	42639		24068
凤城市	20225	5822	7647	6756		13247	13247		6978
宽甸县	32878	19435	7162	6281		26654	26654		6224
振安区	4155	78	3349	728		1462	1462		2693
元宝区	256	2	43	211		247	247		9
振兴区	628		56	572		612	612		16
合作区	26802	25593	1140	69		23335	23335		3467
锦州市小计	**268969**	**155611**	**74929**	**38429**		**184288**	**177934**	**6354**	**84681**
本级	171202	92814	59830	18558		105382	102027	3466	65820
区县小计	97767	62797	15099	19871		78906	75907	2888	18861
凌海市	15066	12946	748	1372		11117	10926	191	3949
义县	6542	2503	1046	2993		5871	5833	36	671
北镇市	15492	2046	10540	2906		9167	9167		6325
黑山县	7832	3221	1714	2897		6841	6838		991
古塔区	6283	501	17	5765		6283	5531	749	

二、政府性基金

2－6－3　　　　单位：万元

地区	收入					支出			年终结余
	收入总计	其中：				支出总计	其中：		
		本年收入	上年结余	补助收入	调入资金		本年支出	调出资金	
凌河区	2563	422	307	1834		2460	1386	1067	103
太和区	3989	2826		1163		3967	3302	665	22
开发区	40000	38332	727	941		33200	32924	180	6800
营口市小计	**821069**	**760640**	**40931**	**19474**	**24**	**691523**	**691436**	**87**	**129546**
本级	290074	265237	25198	－385	24	239087	239087		50987
区县小计	530995	495403	15733	19859		452436	452349	87	78559
盖州市	38229	34434	1555	2240		27457	27370	87	10772
大石桥市	24224	19814	2904	1506		9299	9299		14925
老边区	38821	33379	4781	661		22556	22556		16265
站前区	8498	448	520	7530		7729	7729		769
西市区	7898	357	757	6784		6846	6846		1052
经济技术开发区	413325	406971	5216	1138		378549	378549		34776
阜新市小计	**258009**	**174122**	**47151**	**36736**		**189474**	**189433**	**41**	**68535**
本级	140185	81237	33788	25160		84409	84409		55776
区县小计	117824	92885	13363	11576		105065	105024	41	12759
海州区	759	226		533		759	759		
细河区	356	107	16	233		274	233	41	82
太平区	1611	195		1416		1611	1611		
新邱区	1954	38		1916		1954	1954		
清河门区	679	161	259	259		488	488		191
高新技术园区	17504	16988		516		17504	17504		
开发区	40332	40311		21		40332	40332		
阜蒙县	23885	15386	4784	3715		21538	21538		2347
彰武县	30744	19473	8304	2967		20605	20605		10139
辽阳市小计	**294486**	**191610**	**80405**	**22471**		**176850**	**176471**	**379**	**117636**
本级	187200	150729	44474	－8003		109246	109246		77954
区县小计	107286	40881	35931	30474		67604	67225	379	39682
辽阳县	30035	22768	4018	3249		24365	24365		5670
灯塔市	44179	14020	27639	2520		15396	15396		28783
太子河区	14106	50	916	13140		13154	12775	379	952
弓长岭区	4124	1856	643	1625		3294	3294		830
白塔区	7382		553	6829		6475	6475		907
文圣区	394		25	369		361	361		33
宏伟区	7066	2187	2137	2742		4559	4559		2507
铁岭市小计	**422959**	**253647**	**115492**	**53820**		**224175**	**224175**		**198784**
本级	218865	109173	73990	35702		85114	85829		133751
区县小计	204094	144474	41502	18118		139061	138346		65033
铁岭县	69759	41027	19876	8856		30692	30301		39067
开原市	48609	33366	13344	1899		33802	33686		14807
昌图县	29892	23821	1833	4238		27602	27582		2290
西丰县	7823	2889	3172	1762		3896	3884		3927
调兵山市	12907	10728	1381	798		10963	10938		1944

2-6-4　　　　　　　　　　　　　　　　　　　　　　　　　　　　单位:万元

地　　区	收　　入					支　　出			年终结余
	收入总计	其　中:				支出总计	其　中:		
		本年收入	上年结余	补助收入	调入资金		本年支出	调出资金	
银州区	1984	1498	351	135		806	806		1178
清河区	19537	18000	1154	383		18601	18496		936
开发区	13583	13145	391	47		12699	12653		884
朝阳市小计	**147074**	**48392**	**44354**	**51357**	**2971**	**91403**	**90831**	**572**	**55671**
本级	86576	16531	37815	29259	2971	37010	36438	572	49566
区县小计	60498	31861	6539	22098		54393	54393		6105
北票市	10225	5221	363	4641		9829	9829		396
朝阳县	8489	1627	1931	4931		6356	6356		2133
凌源市	27502	22437	799	4266		27193	27193		309
建平县	4937	1893		3044		4937	4937		
喀左县	5595	240	2070	3285		3702	3702		1893
双塔区	1330	182	420	728		1169	1169		161
龙城区	2033	161	710	1162		1166	1166		867
开发区	387	100	246	41		41	41		346
盘锦市小计	**195852**	**127601**	**42571**	**25680**		**137274**	**104123**	**33151**	**58578**
本级	117004	70062	28615	18327		83640	55640	28000	33364
区县小计	78848	57539	13956	7353		53634	48483	5151	25214
盘山县	28475	18423	5949	4103		24867	21666	3201	3608
大洼县	41922	35022	4335	2565		25509	23559	1950	16413
双台子区	1380	271	626	483		611	611		769
兴隆台区	7071	3823	3046	202		2647	2647		4424
葫芦岛市小计	**156872**	**96616**	**32611**	**27645**		**110503**	**108859**	**1644**	**46369**
本级	92007	58477	19030	14500		65837	64571	1644	26170
区县小计	64865	38139	13581	13145		44666	44288		20199
兴城市	16458	6754	8335	1369		6761	6761		9697
绥中县	8401	4005	262	4134		6507	6502		1894
建昌县	5265	338		4927		5265	5265		
连山区	22155	15587	4856	1712		13855	13627		8300
南票区	1192	282	120	790		884	884		308
龙港区	11394	11173	8	213		11394	11249		

二、政府性基金

2009 年吉林省地市县财政政府性基金收支平衡表

2－7－1

单位:万元

地区	收入					支出			年终结余
	收入总计	其中:				支出总计	其中:		
		本年收入	上年结余	补助收入	调入资金		本年支出	调出资金	
地市县合计	**2357941**	**1274013**	**687549**	**365181**	**31198**	**1346834**	**1345261**	**627**	**1011107**
长春市小计	**1359867**	**715908**	**469022**	**161936**	**13001**	**596185**	**596185**		**763682**
本级	1155982	632300	414311	97092	12279	478218	478218		677764
区县小计	203885	83608	54711	64844	722	117967	117967		85918
榆树市	28927	16041	6462	6424		17714	17714		11213
德惠市	28062	16361	7999	3498	204	17937	17937		10125
农安县	28161	9825	11265	7071		11482	11482		16679
九台市	38728	18259	9941	10189	339	30347	30347		8381
南关区	2256	13	869	1374		913	913		1343
宽城区	6410	107	663	5640		2978	2978		3432
朝阳区	15711	33	1699	13979		1939	1939		13772
二道区	5447		3172	2275		2751	2751		2696
绿园区	10400	1639	3153	5608		7115	7115		3285
双阳区	39783	21330	9488	8786	179	24791	24791		14992
吉林市小计	**283206**	**176644**	**65029**	**35501**	**6032**	**212309**	**211715**	**2**	**70897**
本级	163407	109988	38321	9954	5144	133834	133311		29573
区县小计	119799	66656	26708	25547	888	78475	78404	2	41324
永吉县	24658	14181	7041	3329	107	13207	13196		11451
蛟河市	4913	1227	250	3226	210	4481	4481		432
舒兰市	10672	3205	5247	2044	176	8276	8273		2396
磐石市	19729	11747	2707	5087	188	9841	9838	2	9888
桦甸市	23520	14086	4830	4397	207	15098	15044		8422
昌邑区	1363	209	212	942		263	263		1100
船营区	15018	10308	2800	1910		12275	12275		2743
丰满区	11109	4935	3621	2553		6217	6217		4892
龙潭区	8817	6758		2059		8817	8817		
四平市小计	**97666**	**50841**	**29506**	**15527**	**1792**	**50330**	**50130**		**47336**
本级	36634	18434	13758	3355	1087	19877	20045		16757
区县小计	61032	32407	15748	12172	705	30453	30085		30579
梨树县	10700	5388	3144	2168		5777	5777		4923
双辽市	8572	4297	2568	1393	314	6798	6798		1774
伊通县	5701	1975	1289	2373	64	2502	2302		3199
公主岭市	34349	20747	8460	4983	159	14462	14462		19887
铁东区	1022		11	937	74	736	662		286
铁西区	688		276	318	94	178	84		510
辽源市小计	**42039**	**22702**	**8483**	**9852**	**1002**	**31020**	**31020**		**11019**
本级	27505	17473	4664	4640	728	20633	20633		6872
区县小计	14534	5229	3819	5212	274	10387	10387		4147
东丰县	5355	1354	1787	2069	145	3359	3359		1996
东辽县	8588	3868	2032	2559	129	6437	6437		2151
龙山区	365			365		365	365		
西安区	226	7		219		226	226		

2－7－2　　　　　　　　　　　　　　　　　　　　单位:万元

地　　区	收入总计	收入：其中：本年收入	收入：其中：上年结余	收入：其中：补助收入	收入：其中：调入资金	支出总计	支出：其中：本年支出	支出：其中：调出资金	年终结余
通化市小计	**106265**	**63729**	**18819**	**22113**	**1604**	**75136**	**74533**	**603**	**31129**
本级	35799	21730	10390	3074	605	23964	23364	600	11835
区县小计	70466	41999	8429	19039	999	51172	51169	3	19294
通化县	9121	4071	2030	2902	118	6089	6089		3032
集安市	7031	3760		3102	169	7030	7030		1
柳河县	9545	6379	908	2138	120	7649	7646	3	1896
辉南县	10341	6047	781	3358	155	5974	5974		4367
梅河口市	29348	21147	1792	5972	437	22021	22021		7327
东昌区	3697	507	2015	1175		1342	1342		2355
二道江区	1383	88	903	392		1067	1067		316
白山市小计	**180448**	**115534**	**35351**	**28659**	**904**	**136435**	**136435**		**44013**
本级	40526	17323	18417	4470	316	20153	20268		20373
区县小计	139922	98211	16934	24189	588	116282	116167		23640
抚松县	110439	89561	7284	13594		98658	98658		11781
靖宇县	9879	4918	1904	2992	65	7593	7593		2286
长白县	6904	1812	3943	1093	56	2747	2747		4157
临江市	3229	344	397	2387	101	2626	2626		603
江源区	5745	1427	2042	2025	251	2225	2225		3520
八道江区	3726	149	1364	2098	115	2433	2318		1293
白城市小计	**46870**	**20403**	**8836**	**17313**	**318**	**39766**	**39723**	**19**	**7104**
本级	15314	9691	2263	3360		13623	13623		1691
区县小计	31556	10712	6573	13953	318	26143	26100	19	5413
洮南市	9485	4945	423	4015	102	8680	8680		805
大安市	5720	831	973	3726	190	4234	4191	19	1486
镇赉县	6144	2602	1856	1686		6144	6144		
通榆县	7929	2234	3099	2570	26	5125	5125		2804
洮北区	2278	100	222	1956		1960	1960		318
松原市小计	**113869**	**37526**	**38874**	**34966**	**2503**	**94302**	**94169**	**3**	**19567**
本级	50666	27652	28837	－8326	2503	42533	42426		8133
区县小计	63203	9874	10037	43292		51769	51743	3	11434
前郭县	15533	3874	1866	9793		13537	13537		1996
长岭县	12166	2345	6627	3194		3801	3787	3	8365
乾安县	3971	917	815	2239		3821	3811		150
扶余县	12759	2354	417	9988		11987	11985		772
宁江区	18774	384	312	18078		18623	18623		151
延边朝鲜族自治州小计	**116263**	**65210**	**8873**	**38181**	**3999**	**104631**	**104631**		**11632**
本级	17975	13069	3931	975		12908	12908		5067
区县小计	98288	52141	4942	37206	3999	91723	91723		6565
延吉市	27917	16873	2333	5803	2908	23876	23876		4041
图们市	8402	4621	134	3569	78	8208	8208		194
龙井市	6417	3339	1033	1993	52	5741	5741		676
和龙市	15910	10112		5669	129	15910	15910		

二、政府性基金

2－7－3　　单位:万元

地区	收入					支出			年终结余
	收入总计	其中:				支出总计	其中:		
		本年收入	上年结余	补助收入	调入资金		本年支出	调出资金	
汪清县	8829	5322	7	3417	83	8822	8822		7
安图县	5827	2650	793	2347	37	5666	5666		161
珲春市	13454	5836	469	6848	301	12837	12837		617
敦化市	11532	3388	173	7560	411	10663	10663		869
长白山管委会小计	**11448**	**5516**	**4756**	**1133**	**43**	**6720**	**6720**		**4728**
本级	11448	5516	4756	1133	43	6720	6720		4728

2009 年黑龙江省地市县财政政府性基金收支平衡表

2－8－1　　　　　　　　　　　　　　　　　　　　　　　　　　单位：万元

地区	收入					支出			年终结余
	收入总计	其中：				支出总计	其中：		
		本年收入	上年结余	补助收入	调入资金		本年支出	调出资金	
地市县合计	**2790682**	**2191281**	**396694**	**194642**	**8065**	**2025982**	**2017924**	**216**	**764700**
哈尔滨市小计	**1728451**	**1399134**	**281023**	**40909**	**7385**	**1162401**	**1161135**	**146**	**566050**
本级	1228489	1089496	230679	-98945	7259	733432	733412	146	495057
区县小计	499962	309638	50344	139854	126	428969	427723		70993
阿城市	32674	26823	2175	3676		27877	27868		4797
宾县	17657	10630	2139	4888		13170	13037		4487
方正县	9482	7868		1614		9482	9400		
依兰县	8601	5690	1216	1695		6755	6738		1846
巴彦县	10662	3567	3890	3205		7091	7082		3571
木兰县	8240	2306	3797	2137		7051	7037		1189
通河县	5238	3016		2222		5238	5223		
延寿县	4676	2736	42	1898		4623	4570		53
双城市	29566	23655	417	5494		23413	22729		6153
五常市	29937	10944	13862	5131		8434	8338		21503
尚志市	17552	11485	2031	4036		16839	16831		713
道里区	9919			9903	16	9919	9903		
南岗区	6166		620	5546		5546	5546		620
道外区	30753		390	30324	39	28073	28034		2680
平房区	12451	2076	263	10088	24	12117	12093		334
松北区	203247	151759	16549	34939		182579	182579		20668
香坊区	11589		1183	10359	47	10718	10671		871
呼兰区	51552	47083	1770	2699		50044	50044		1508
齐齐哈尔市小计	**205462**	**162955**	**23936**	**18530**	**41**	**171012**	**170388**		**34450**
本级	141450	130573	10014	863		120831	120411		20619
区县小计	64012	32382	13922	17667	41	50181	49977		13831
龙江县	10559	5841	4428	290		6195	6195		4364
讷河县	13131	6279	4143	2709		9811	9807		3320
依安县	12660	8076	526	4058		10771	10766		1889
泰来县	3314	1097	28	2189		3265	3265		49
甘南县	7220	1516	4289	1374	41	3298	3284		3922
富裕县	6921	4139	358	2424		6829	6708		92
克山县	3419	1412		2007		3419	3408		
克东县	1837	1407		430		1837	1819		
拜泉县	3540	2615	150	775		3345	3314		195
龙沙区	167			167		167	167		
建华区	173			173		173	173		
铁锋区	411			411		411	411		
富拉尔基区	53			53		53	53		
昂昂溪区	41			41		41	41		
梅里斯达斡尔族区	211			211		211	211		
碾子山区	355			355		355	355		
牡丹江市小计	**214648**	**161535**	**30802**	**22311**		**176930**	**173449**		**37718**

二、政府性基金

2－8－2　　　　　　　　　　　　　　　　　　　　　　　　单位:万元

地　　区	收　　入					支　　出			年终结余
	收入总计	其中:				支出总计	其中:		
		本年收入	上年结余	补助收入	调入资金		本年支出	调出资金	
本级	82882	61762	18167	2953		63626	61774		19256
区县小计	131766	99773	12635	19358		113304	111675		18462
林口县	14905	11396	1165	2344		9998	9979		4907
穆棱市	6224	3002	113	3109		4222	4184		2002
东宁县	17801	11125	2104	4572		14213	13976		3588
宁安县	9311	5458	977	2876		6431	5868		2880
海林市	36803	27937	7273	1593		32647	32395		4156
绥芬河市	46372	40855	952	4565		45443	44923		929
东安区	84			84		84	84		
西安区	126			126		126	126		
爱民区	100		51	49		100	100		
阳明区	40			40		40	40		
佳木斯市小计	**48615**	**19350**	**3688**	**25577**		**33379**	**32977**		**15236**
本级	18637	10821	3287	4529		11716	11507		6921
区县小计	29978	8529	401	21048		21663	21470		8315
桦南县	3379	639		2740		3379	3371		
桦川县	2352	1786		566		2352	2299		
汤原县	1306	839	41	426		1235	1231		71
抚远县	5201	3620	29	1552		5162	5129		39
富锦市	6425	1007	62	5356		6418	6355		7
同江市	10424	637	269	9518		2226	2194		8198
东风区	450			450		450	450		
前进区	30			30		30	30		
向阳区	85			85		85	85		
郊区	326	1		325		326	326		
鸡西市小计	**48058**	**25550**	**10713**	**11345**	**450**	**30855**	**30614**		**17203**
本级	22366	18269	3878	－231	450	20415	20415		1951
区县小计	25692	7281	6835	11576		10440	10199		15252
鸡东县	3426	645	431	2350		746	655		2680
密山市	10725	3946	2404	4375		4168	4168		6557
虎林市	9811	2690	4000	3121		3796	3646		6015
鸡冠区	370			370		370	370		
恒山区	200			200		200	200		
滴道区	658			658		658	658		
城子河区									
梨树区	420			420		420	420		
麻山区	82			82		82	82		
鹤岗市小计	**27531**	**14685**	**4842**	**7989**	**15**	**17150**	**16849**		**10381**
本级	19234	11559	4741	2934		13929	13628		5305
区县小计	8297	3126	101	5055	15	3221	3221		5076
萝北县	2663	2374	101	173	15	2396	2396		267
绥滨县	5634	752		4882		825	825		4809

表 2－8－3　　　　单位：万元

地区	收入					支出			年终结余
	收入总计	其中：				支出总计	其中：		
		本年收入	上年结余	补助收入	调入资金		本年支出	调出资金	
南山区									
向阳区									
工农区									
兴山区									
东山区									
兴安区									
双鸭山市小计	**25516**	**11765**	**8789**	**4962**		**9524**	**8981**		**15992**
本级	16272	8133	6993	1146		2344	2040		13928
区县小计	9244	3632	1796	3816		7180	6941		2064
集贤县	1029	115	622	292		240	143		789
宝清县	3001	120		2881		3001	2867		
友谊县	4612	3326	1174	112		3337	3329		1275
饶河县	365	71		294		365	365		
尖山区	49			49		49	49		
岭东区									
四方台区	188			188		188	188		
宝山区									
七台河市小计	**32981**	**18628**	**10331**	**4022**		**22854**	**22758**		**10127**
本级	20389	12502	5440	2447		11960	11960		8429
区县小计	12592	6126	4891	1575		10894	10798		1698
勃利县	6084	4239	330	1515		5419	5323		665
新兴区	4559		4558	1		4335	4335		224
桃山区	4		3	1		4	4		
茄子河区	1945	1887		58		1136	1136		809
黑河市小计	**65807**	**45595**	**4853**	**15185**	**174**	**55000**	**54960**		**10807**
本级	25232	18638	3527	2937	130	20928	20901		4304
区县小计	40575	26957	1326	12248	44	34072	34059		6503
北安市	10407	8132	99	2176		8639	8639		1768
嫩江县	12944	11800	661	483		9916	9915		3028
五大连池市	8225	3628		4597		8225	8225		
逊克县	2574	1777		797		1782	1782		792
孙吴县	4766	919		3847		4766	4754		
爱辉区	1659	701	566	348	44	744	744		915
伊春市小计	**38615**	**29019**	**10**	**9586**		**23114**	**23099**		**15501**
本级	30753	26461		4292		15252	15252		15501
区县小计	7862	2558	10	5294		7862	7847		
铁力市	4187	1319		2868		4187	4175		
嘉荫县	3675	1239	10	2426		3675	3672		
大庆市小计	**241164**	**226349**	**1562**	**13253**		**236365**	**236069**		**4799**
本级	217881	207827	220	9834		217661	217463		220
区县小计	23283	18522	1342	3419		18704	18606		4579
林甸县	3994	3682	102	210		3968	3968		26

二、政府性基金

2－8－4　　　　单位:万元

地　　区	收　　入					支　　出			年终结余
	收入总计	其　中:				支出总计	其　中:		
		本年收入	上年结余	补助收入	调入资金		本年支出	调出资金	
肇洲县	5407	5159	142	106		5238	5228		169
肇源县	8372	4939	456	2977		5896	5813		2476
杜尔伯特蒙古族自治县	5473	4705	642	126		3565	3560		1908
萨尔图区	28	28				28	28		
让胡路区									
龙凤区	9	9				9	9		
红岗区									
大同区									
大兴安岭地区小计	**13019**	**7363**	**2807**	**2849**		**8174**	**8174**		**4845**
本级	3840	1907	794	1139		3209	3209		631
区县小计	9179	5456	2013	1710		4965	4965		4214
加格达奇区	2672	1853	810	9		698	698		1974
呼玛县	1310	418	98	794		879	879		431
塔河县	1882	853	956	73		801	801		1081
漠河县	3315	2332	149	834		2587	2587		728
绥化市小计	**100815**	**69353**	**13338**	**18124**		**79224**	**78471**	**70**	**21591**
本级	37664	37166	1315	－817		30423	30217		7241
区县小计	63151	32187	12023	18941		48801	48254	70	14350
安达市	16102	10355	4476	1271		9280	9224		6822
肇东市	7537	5090	1324	1123		7195	7002		342
兰西县	3356	2751		605		3356	3327		
青冈县	2997	2611	167	219		2915	2910		82
明水县	5694	3013	85	2596		5576	5574		118
海伦市	4607	1130		3477		1444	1377		3163
望奎县	8110	4947	46	3117		8060	8020		50
绥棱县	642	342	49	251		638	593		4
庆安县	5665	1026		4639		5665	5555	70	
北林区	8441	922	5876	1643		4672	4672		3769

2009 年上海市区县财政政府性基金收支平衡表

2－9 单位:万元

地区	收入					支出			年终结余
	收入总计	其中:				支出总计	其中:		
		本年收入	上年结余	补助收入	调入资金		本年支出	调出资金	
区县合计	**8488550**	**5892311**	**2187062**	**408947**	**230**	**5750033**	**5750033**		**2738517**
黄浦区	54202	30798	17067	6337		17107	17107		37095
卢湾区	174011	4959	166399	2653		93549	93549		80462
徐汇区	578990	533968	36093	8929		272020	272020		306970
长宁区	261163	247003	8324	5836		254191	254191		6972
普陀区	382941	240723	135332	6886		139758	139758		243183
静安区	103158	84838	15721	2599		69917	69917		33241
闸北区	487284	344872	136353	6059		263191	263191		224093
虹口区	186660	93841	86327	6492		101728	101728		84932
杨浦区	419010	164991	245243	8776		213339	213339		205671
宝山区	768109	728562	29155	10392		744073	744073		24036
闵行区	751480	377507	357767	15976	230	631354	631354		120126
嘉定区	953932	833783	100520	19629		522590	522590		431342
浦东新区	1163598	478501	668213	16884		799917	799917		363681
金山区	133464	91063	713	41688		92779	92779		40685
松江区	360846	297356	34060	29430		261118	261118		99728
青浦区	513782	474371	3931	35480		306072	306072		207710
南汇区	459181	300921	112533	45727		261714	261714		197467
奉贤区	524889	480144	1706	43039		523179	523179		1710
崇明县	211850	84110	31605	96135		182437	182437		29413

二、政府性基金

2009年江苏省地市县财政政府性基金收支平衡表

2－10－1　　　　单位：万元

地区	收入					支出			年终结余
	收入总计	其中：				支出总计	其中：		
		本年收入	上年结余	补助收入	调入资金		本年支出	调出资金	
地市县合计	**19129185**	**17012872**	**1338963**	**765162**	**12188**	**17009595**	**16942351**	**15081**	**2119590**
南京市小计	**2285457**	**1993869**	**215604**	**75234**	**750**	**2025968**	**2016521**		**259489**
本级	1104732	1015318	133501	－44837	750	1032153	1048100		72579
区县小计	1180725	978551	82103	120071		993815	968421		186910
玄武区	23519			23519		23519	23519		
白下区	7183	22		7161		7183	7183		
秦淮区	5639			5639		5639	5639		
建邺区	11664	6	15	11643		11643	11643		21
鼓楼区	10156		1199	8957		2313	2313		7843
下关区	3351		20	3331		3351	3351		
浦口区	274980	264384	4667	5929		268362	258408		6618
栖霞区	16370			16370		16370	16370		
雨花台区	10843		54	10789		10654	10654		189
江宁区	466040	382315	73546	10179		307133	293700		158907
六合区	145917	134829	1878	9210		141416	140075		4501
溧水县	158582	153366	672	4544		149751	149481		8831
高淳县	46481	43629	52	2800		46481	46085		
无锡市小计	**1895179**	**1715733**	**87054**	**91886**	**506**	**1804175**	**1794984**	**3254**	**91004**
本级	1139751	1053627	48920	37198	6	1088055	1088587	2754	51696
区县小计	755428	662106	38134	54688	500	716120	706397	500	39308
崇安区	35775	35098	394	283		35153	33729		622
南长区	39912	30672	8723	517		39050	37754		862
北塘区	48148	47502	236	410		47786	46671		362
锡山区	47844	30733	6314	10297	500	35496	34598	500	12348
惠山区	85368	75193	5162	5013		79980	79483		5388
滨湖区	44921	36960	1281	6680		37837	35531		7084
江阴市	298398	273154	11911	13333		291371	289810		7027
宜兴市	155062	132794	4113	18155		149447	148821		5615
徐州市小计	**1316136**	**1123251**	**124930**	**65582**	**2373**	**1076088**	**1071970**	**1741**	**240048**
本级	590517	559869	57777	－28339	1210	513047	509780	1737	77470
区县小计	725619	563382	67153	93921	1163	563041	562190	4	162578
鼓楼区	2272	454	189	1629		1665	1624		607
云龙区	32889	1607	558	30724		29517	29463		3372
九里区	14642	321	929	13392		12041	11993		2601
贾汪区	23496	11041	2405	8887	1163	12548	12503		10948
泉山区	2128	665	1141	322		306	249		1822
丰县	68950	51829	10455	6666		40295	40244		28655
沛县	32390	23732	4610	4048		23710	23594		8680
铜山县	176099	151701	16490	7908		122873	122700	4	53226
睢宁县	61783	47068	9035	5680		51985	51931		9798
新沂市	105196	79336	15720	10140		84564	84484		20632
邳州市	205774	195628	5621	4525		183537	183405		22237

2－10－2　　　　　　　　　　　　　　　　　　　　　　　　单位:万元

地　　区	收　入					支　出			年终结余
	收入总计	其　中:				支出总计	其　中:		
		本年收入	上年结余	补助收入	调入资金		本年支出	调出资金	
常州市小计	**2602202**	**2442095**	**99139**	**60968**		**2484035**	**2469706**	**9918**	**118167**
本级	1182683	1096231	68575	17877		1093007	1095944	5653	89676
区县小计	1419519	1345864	30564	43091		1391028	1373762	4265	28491
天宁区	19781	15100	699	3982		18999	16365		782
钟楼区	45745	42820		2925		45745	43430		
戚墅堰区	12308	10158	295	1855		10740	9955		1568
新北区	263244	245327		17917		263244	257661		
武进区	723765	705976	17193	596		711265	706614	3787	12500
溧阳市	208932	196892	3774	8266		203511	202419	478	5421
金坛市	145744	129591	8603	7550		137524	137318		8220
苏州市小计	**4766211**	**4414140**	**245914**	**105171**	**986**	**4275983**	**4261643**		**490228**
本级	1627181	1490424	115587	20620	550	1468059	1466328		159122
区县小计	3139030	2923716	130327	84551	436	2807924	2795315		331106
沧浪区	2526	1008	1067	451		771	135		1755
平江区	1167	203	275	266	423	405	289		762
金阊区	820	99	385	330	6	254	199		566
虎丘区	292588	279523	7611	5454		270456	269747		22132
吴中区	486584	450871	29957	5756		441228	440600		45356
相城区	338869	316230	16765	5874		243679	243343		95190
常熟市	356241	306047	38219	11975		259496	257794		96745
张家港市	494682	458082	17617	18983		447785	445391		46897
昆山市	501873	491663	3	10207		499397	496544		2476
吴江市	423536	389507	15892	18130	7	414337	412172		9199
太仓市	240144	230483	2536	7125		230116	229101		10028
南通市小计	**1140225**	**994782**	**93210**	**52232**	**1**	**989162**	**984042**	**168**	**151063**
本级	475289	428569	36042	10678		427133	430198	111	48156
区县小计	664936	566213	57168	41554	1	562029	553844	57	102907
崇川区	74376	68283	2323	3770		70693	68165		3683
港闸区	73795	67967	1827	4001		71115	69912		2680
海安县	70086	58246	7713	4127		62369	61735		7717
如东县	84539	70735	9999	3805		71313	71028	2	13226
启东市	64097	48333	9754	6010		20818	19630		43279
如皋市	100392	78703	14681	7008		88621	87840	6	11771
通州区	73263	67681	1586	3996		70803	70340		2460
海门市	124388	106265	9285	8837	1	106297	105194	49	18091
连云港市小计	**876330**	**760652**	**70405**	**45273**		**756029**	**755271**		**120301**
本级	315214	286188	34543	-5517		259618	261000		55596
区县小计	561116	474464	35862	50790		496411	494271		64705
连云区	88487	86202	25	2260		87316	86886		1171
新浦区	10070	1138	179	8753		9962	8853		108
海州区	10119	357	1	9761		10118	9762		1
赣榆县	110162	81794	20013	8355		65711	65641		44451

二、政府性基金

表2－10－3 单位：万元

地区	收入					支出			年终结余
	收入总计	其中：				支出总计	其中：		
		本年收入	上年结余	补助收入	调入资金		本年支出	调出资金	
东海县	124197	95667	9742	18788		111811	111745		12386
灌云县	118083	113704	2697	1682		114679	114627		3404
灌南县	99998	95602	3205	1191		96814	96757		3184
淮安市小计	**555275**	**447155**	**75767**	**29150**	**3203**	**428859**	**427363**		**126416**
本级	226968	186446	34572	5950		155149	154155		71819
区县小计	328307	260709	41195	23200	3203	273710	273208		54597
清河区	12261	11714	536	11		11259	11195		1002
楚州区	120532	106888	10155	3489		106840	106755		13692
淮阴区	56421	40703	12054	3664		41671	41597		14750
清浦区	9237	4405	1063	639	3130	4327	4290		4910
涟水县	40895	32644	3239	5012		37990	37924		2905
洪泽县	8887	4169	451	4267		7270	7217		1617
盱眙县	63442	54080	6405	2949	8	55798	55742		7644
金湖县	16632	6106	7292	3169	65	8555	8488		8077
盐城市小计	**1048846**	**845788**	**132513**	**67593**	**2952**	**856416**	**855083**		**192430**
本级	209460	178190	37678	-8832	2424	144916	145290		64544
区县小计	839386	667598	94835	76425	528	711500	709793		127886
亭湖区	22627	3947	1620	16947	113	10320	10210		12307
盐都区	48545	33960	3498	10928	159	44055	43896		4490
响水县	33683	26458	5860	1365		16782	16688		16901
滨海县	87044	70049	9236	7729	30	82071	81940		4973
阜宁县	86902	72436	11534	2906	26	77598	77443		9304
射阳县	94110	67422	17059	9629		74940	74699		19170
建湖县	56315	37838	11754	6523	200	38964	38720		17351
东台市	169910	158257	4356	7297		159975	159635		9935
大丰市	240250	197231	29918	13101		206795	206562		33455
扬州市小计	**693476**	**602961**	**39073**	**50025**	**1417**	**644134**	**641756**		**49342**
本级	344280	297216	21895	25169		320275	323153		24005
区县小计	349196	305745	17178	24856	1417	323859	318603		25337
广陵区	36729	35546	357	826		36299	35131		430
邗江区	50158	45255	2085	2818		46897	46697		3261
维扬区	33117	32110	573	434		32248	31435		869
宝应县	50600	38971	1406	9956	267	48674	48269		1926
仪征市	68902	62106	8346	-1771	221	56006	55142		12896
高邮市	45337	37732	3502	3692	411	40902	40325		4435
江都市	64353	54025	909	8901	518	62833	61604		1520
镇江市小计	**946922**	**859725**	**54370**	**32827**		**802135**	**799976**		**144787**
本级	584177	543463	29823	10891		466375	465599		117802
区县小计	362745	316262	24547	21936		335760	334377		26985
京口区	5953	295	1275	4383		4714	4661		1239
润州区	2071	294	1086	691		1710	1657		361
丹徒区	64562	58911	1771	3880		60264	60150		4298

2－10－4 单位:万元

地区	收入					支出			年终结余
	收入总计	其中:				支出总计	其中:		
		本年收入	上年结余	补助收入	调入资金		本年支出	调出资金	
丹阳市	123123	103556	13389	6178		109869	109145		13254
扬中市	63728	56919	4349	2460		59059	58842		4669
句容市	103308	96287	2677	4344		100144	99922		3164
泰州市小计	**688226**	**565551**	**76122**	**46553**		**597188**	**595005**		**91038**
本级	203331	158786	31502	13043		172624	174128		30707
区县小计	484895	406765	44620	33510		424564	420877		60331
海陵区	37518	31769	5285	464		33498	31478		4020
高港区	30516	29898	285	333		29912	29810		604
兴化市	82860	68021	1726	13113		77756	77452		5104
靖江市	103690	78158	15771	9761		80873	80228		22817
泰兴市	119796	94336	18530	6930		98187	97805		21609
姜堰市	110515	104583	3023	2909		104338	104104		6177
宿迁市小计	**314700**	**247170**	**24862**	**42668**		**269423**	**269031**		**45277**
本级	106677	76452	13333	16892		75166	75602		31511
区县小计	208023	170718	11529	25776		194257	193429		13766
宿城区	11320	9924	51	1345		11269	11225		51
宿豫区	15816	12542	42	3232		15810	15782		6
沭阳县	79390	58637	10976	9777		66075	65794		13315
泗阳县	46705	42736		3969		46705	46473		
泗洪县	54792	46879	460	7453		54398	54155		394

2009年浙江省地市县财政政府性基金收支平衡表

2－11－1　　　　　　　　　　　　　　　　　　　　　　　　　　单位：万元

地区	收入					支出			年终结余
	收入总计	其中：				支出总计	其中：		
		本年收入	上年结余	补助收入	调入资金		本年支出	调出资金	
地市县合计	**24523548**	**20992497**	**2700066**	**766002**	**45957**	**19634790**	**19458507**	**176283**	**4888758**
杭州市小计	**8207064**	**7650515**	**407972**	**116040**	**32537**	**7123412**	**7100900**	**22512**	**1083652**
本级	3878461	4543745	134818	－825889	25787	3805235	3815551	5548	73226
区县小计	4328603	3106770	273154	941929	6750	3318177	3285349	16964	1010426
富阳市	294165	258399	25604	10162		274658	270471	4187	19507
桐庐县	206005	186805	8403	10797		172959	172218	741	33046
临安市	213372	196193	7024	10155		181789	181267	522	31583
建德市	127477	101770	8082	12720	4905	110790	108607	2183	16687
淳安县	219466	195998	6387	15271	1810	174247	173293	954	45219
上城区	143973	13637	10139	120197		85117	82041		58856
下城区	47086	18416	19113	9522	35	18852	12692		28234
江干区	119456	11732	11553	96171		109720	108672		9736
拱墅区	105748	14862	9924	80962		96298	93374		9450
西湖区	287172	16823	19021	251328		241468	238902		45704
滨江区	196765	13073	20434	163258		172702	172702		24063
萧山区	1562824	1445809	105185	11830		929657	922282	7375	633167
余杭区	639205	619903	8642	10660		600676	599534	1002	38529
开发区	162507	12578	11257	138672		148994	148908		13513
西湖风景名胜区	3382	772	2386	224		390	386		2992
临平工业园区						－140			140
嘉兴市小计	**1400376**	**1119297**	**212995**	**63794**	**4290**	**1107305**	**1094274**	**13031**	**293071**
本级	268838	283066	100860	－118835	3747	133751	125782	9062	135087
区县小计	1131538	836231	112135	182629	543	973554	968492	3969	157984
海宁市	302907	285101	11926	5880		272893	271918	975	30014
桐乡市	165265	139189	11145	14931		150017	148837	1180	15248
平湖市	169148	143002	16112	9491	543	140770	140641	129	28378
嘉善县	190322	171098	12241	6983		179442	178405	1037	10880
海盐县	116048	97841	9032	9175		102249	101888	361	13799
南湖区	90188		35136	55052		53947	52854		36241
秀洲区	97660		16543	81117		74236	73949	287	23424
湖州市小计	**801690**	**671556**	**87353**	**42781**		**689026**	**681036**	**7990**	**112664**
本级	170036	304747	30177	－164888		134713	133559	1154	35323
区县小计	631654	366809	57176	207669		554313	547477	6836	77341
长兴县	213025	160889	39653	12483		162446	159711	2735	50579
德清县	68473	55336	6303	6834		61450	59766	1684	7023
安吉县	170184	150584	9058	10542		153780	152125	1655	16404
吴兴区	70064		496	69568		68546	68191	355	1518
南浔区	38298		1640	36658		36798	36391	407	1500
湖州经济开发区	71610		26	71584		71293	71293		317
舟山市小计	**527688**	**382846**	**88061**	**56781**		**290616**	**285575**	**5041**	**237072**
本级	330986	326914	55797	－51725		133455	130005	3550	197531
区县小计	196702	55932	32264	108506		157161	155570	1491	39541

2－11－2 单位：万元

地区	收入					支出			年终结余
	收入总计	其中：				支出总计	其中：		
		本年收入	上年结余	补助收入	调入资金		本年支出	调出资金	
岱山县	53690	39240	2078	12372		44763	44544	219	8927
嵊泗县	15388	7098	3339	4951		11254	11135	119	4134
定海区	37053	4055	10384	22614		22188	21399	789	14865
普陀区	90571	5539	16463	68569		78956	78492	364	11615
金华市小计	**1443814**	**1131962**	**234268**	**77584**		**1199006**	**1177593**	**21413**	**244808**
本级	137366	258996	51597	－173227		97256	93553	3703	40110
区县小计	1306448	872966	182671	250811		1101750	1084040	17710	204698
兰溪市	70282	45764	8767	15751		54214	52481	1733	16068
永康市	256061	202742	46523	6796		222295	221825	470	33766
武义县	90408	73487	9005	7916		81688	81177	511	8720
东阳市	255215	232197	13375	9643		204983	203768	1215	50232
磐安县	32789	25340	3448	4001		29543	29063	480	3246
义乌市	309076	222166	80234	6676		231005	222890	8115	78071
浦江县	81755	71270	3528	6957		79230	78695	535	2525
金东区	49113		6409	42704		45894	45082	812	3219
婺城区	48490		10531	37959		40309	36470	3839	8181
开发区	113259		851	112408		112589	112589		670
绍兴市小计	**1787015**	**1422657**	**303065**	**61293**		**1432510**	**1422871**	**9639**	**354505**
本级	506938	436190	68063	2685		434653	432615	2038	72285
区县小计	1280077	986467	235002	58608		997857	990256	7601	282220
绍兴县	563890	417622	138819	7449		397643	394938	2705	166247
上虞市	204897	173911	17674	13312		186345	185846	499	18552
嵊州市	128108	97355	15454	15299		90464	88060	2404	37644
新昌县	86862	63629	16804	6429		71916	70029	1887	14946
诸暨市	291949	233950	44613	13386		248081	247975	106	43868
绍兴市越城区	4371		1638	2733		3408	3408		963
温州市小计	**2271078**	**1667532**	**517297**	**86162**	**87**	**1502026**	**1460609**	**41417**	**769052**
本级	632162	579522	235836	－183196		362842	354718	8124	269320
区县小计	1638916	1088010	281461	269358	87	1139184	1105891	33293	499732
平阳县	148422	123915	13112	11395		122934	122344	590	25488
苍南县	226732	129382	82745	14605		152397	150293	2104	74335
瑞安市	401786	332209	59932	9645		239512	234686	4826	162274
永嘉县	220001	180415	31624	7962		129966	125021	4945	90035
乐清市	214923	189663	16715	8545		186246	169605	16641	28677
文成县	30928	18646	5557	6725		27315	26825	490	3613
泰顺县	56525	35322	14782	6421		26530	24829	1701	29995
洞头县	35461	22768	9964	2729		24954	24133	821	10507
鹿城区	53624	9591	11889	32057	87	38257	37853	404	15367
瓯海区	103601	7243	9394	86964		83877	83415	462	19724
龙湾区	102034	7355	13186	81493		82066	81757	309	19968
开发区	44879	31501	12561	817		25130	25130		19749
台州市小计	**1574397**	**1196437**	**302994**	**74966**		**1197374**	**1173730**	**23644**	**377023**

二、政府性基金

2－11－3　　　　　　　　　　　　　　　　　　　　　　　　　　单位:万元

地区	收入					支出			年终结余
	收入总计	其中:				支出总计	其中:		
		本年收入	上年结余	补助收入	调入资金		本年支出	调出资金	
本级	161528	122174	36047	3307		129338	126755	2583	32190
区县小计	1412869	1074263	266947	71659		1068036	1046975	21061	344833
临海市	161219	120192	26762	14265		118371	117623	748	42848
温岭市	344497	236549	99837	8111		229490	225872	3618	115007
玉环县	124257	88101	30453	5703		97471	96852	619	26786
三门县	82582	46297	24265	12020		39020	38042	978	43562
仙居县	74294	43024	24761	6509		51603	43227	8376	22691
天台县	73743	56912	8300	8531		65070	63058	2012	8673
椒江区	167545	141320	19784	6441		141680	140590	1090	25865
黄岩区	125835	111159	7287	7389		111234	109263	1971	14601
路桥区	258897	230709	25498	2690		214097	212448	1649	44800
丽水市小计	**377107**	**244213**	**40883**	**92011**		**309518**	**302101**	**7417**	**67589**
本级	148458	133034	7633	7791		137639	135942	1697	10819
区县小计	228649	111179	33250	84220		171879	166159	5720	56770
缙云县	43599	26811	3417	13371		28376	27964	412	15223
景宁县	22414	9065	5286	8063		12490	12190	300	9924
莲都区	7385	377	1237	5771		5963	5372	591	1422
龙泉市	34927	25277	1743	7907		30870	30238	632	4057
青田县	22578	11747	1736	9095		20027	19789	238	2551
庆元县	14240	1210	2827	10203		4215	3949	266	10025
松阳县	41049	22326	4765	13958		31581	31003	578	9468
遂昌县	18739	3395	7416	7928		24132	21612	2520	－5393
云和县	23718	10971	4823	7924		14225	14042	183	9493
衢州市小计	**490689**	**342523**	**67964**	**80162**	**40**	**400571**	**387854**	**12717**	**90118**
本级	194009	170720	23820	－531		176669	175051	1659	17340
区县小计	296680	171803	44144	80693	40	223902	212803	11058	72778
龙游县	58591	38512	6555	13524		46181	45938	234	12410
常山县	47440	32267	3305	11868		28787	28124	655	18653
江山市	113946	73792	24008	16146		90934	85270	5649	23012
开化县	42943	27232	1277	14394	40	39713	38939	765	3230
柯城区	11197		684	10513		6789	6789		4408
衢江区	22563		8315	14248		11498	7743	3755	11065
宁波市小计	**5642630**	**5162959**	**437214**	**14428**	**9003**	**4383426**	**4371964**	**11462**	**1259204**
本级	867595	1206694	112554	－474504	3825	637729	754539		229866
区县小计	4775035	3956265	324660	488932	5178	3745697	3617425	11462	1029338
慈溪市	728896	632333	78070	18278	215	596208	580648	2718	132688
余姚市	792838	754405	17818	17181	3434	701208	687673	309	91630
奉化市	164743	117269	36762	10712		83041	80549	59	81702
象山县	201178	174760	13612	12806		182499	178115	319	18679
宁海县	245803	220098	14526	11179		206055	203424	460	39748
鄞州区	1032373	957902	30457	42647	1367	767711	745978	844	264662
镇海区	316541	256562	51591	8388		213041	203264	434	103500

2－11－4　　　　　　　　　　　　　　　　　　　　　　　　　　　　单位：万元

地　区	收　入					支　出			年终结余
	收入总计	其　中：				支出总计	其　中：		
		本年收入	上年结余	补助收入	调入资金		本年支出	调出资金	
北仑区	58996	34998	18736	5126	136	29657	26482	1027	29339
江东区	74243	10621	20226	43396		42364	39415		31879
江北区	269879	250278	8547	11054		209945	197914	20	59934
海曙区	87238	14041	5642	67555		82253	75974		4985
开发区	400471	367493	14076	18902		344646	324341		55825
大榭开发区	15458	14436	970	52		14914	10007	2450	544
宁波保税区	11896	5978	5574	344		8838	5020	2822	3058
东钱湖区	141246	136785	2878	1583		120525	118968		20721
高新开发区	233236	8306	5175	219729	26	142792	139653		90444

二、政府性基金

2009 年安徽省地市县财政政府性基金收支平衡表

2－12－1　　　　单位:万元

地区	收入					支出			年终结余
	收入总计	其中:				支出总计	其中:		
		本年收入	上年结余	补助收入	调入资金		本年支出	调出资金	
地市县合计	**6061362**	**4925874**	**722231**	**411627**	**1630**	**4843944**	**4842073**	**1792**	**1217418**
宣城市小计	**401722**	**341159**	**40164**	**20399**		**327483**	**327482**	**1**	**74239**
本级	227468	199037	25264	3167		174378	174378		53090
区县小计	174254	142122	14900	17232		153105	153104	1	21149
宣州区	19080	14568	3388	1124		15122	15122		3958
郎溪县	26211	23916	619	1676		25783	25782	1	428
广德县	43121	40542	352	2227		43074	43074		47
宁国市	37495	31439	2401	3655		33961	33961		3534
泾县	31344	19892	6002	5450		19936	19936		11408
旌德县	5282	3040	1295	947		4375	4375		907
绩溪县	11721	8725	843	2153		10854	10854		867
宿州市小计	**150395**	**94469**	**35617**	**20309**		**104393**	**104393**		**46002**
本级	43628	20659	22283	686		21972	21972		21656
区县小计	106767	73810	13334	19623		82421	82421		24346
埇桥区	14429	6244	2566	5619		12256	12256		2173
砀山县	33547	28205	1235	4107		27759	27759		5788
萧县	19501	11823	2910	4768		15608	15608		3893
灵璧县	10134	5769	694	3671		9253	9253		881
泗县	29156	21769	5929	1458		17545	17545		11611
滁州市小计	**429107**	**362950**	**26999**	**39158**		**374608**	**374608**		**54499**
本级	174430	148760	12304	13366		149453	149453		24977
区县小计	254677	214190	14695	25792		225155	225155		29522
琅琊区	378	256		122		378	378		
南谯区	2678	321	867	1490		1773	1773		905
天长市	24983	20741	1868	2374		20268	20268		4715
来安县	13077	9256	1001	2820		11643	11643		1434
全椒县	54730	44855	3744	6131		51276	51276		3454
定远县	74212	65514	2525	6173		58843	58843		15369
凤阳县	49823	44085	3115	2623		46178	46178		3645
明光市	34796	29162	1575	4059		34796	34796		
池州市小计	**123754**	**100194**	**8124**	**15436**		**119313**	**119313**		**4441**
本级	36455	32931	594	2930		35783	35783		672
区县小计	87299	67263	7530	12506		83530	83530		3769
贵池区	31020	25677	600	4743		29760	29760		1260
石台县	11978	10758	354	866		11795	11795		183
青阳县	15309	12861	1103	1345		14917	14917		392
东至县	28992	17967	5473	5552		27058	27058		1934
阜阳市小计	**273145**	**230718**	**19641**	**22786**		**231920**	**231920**		**41225**
本级	82268	66245	8279	7744		60928	60928		21340
区县小计	190877	164473	11362	15042		170992	170992		19885
颍州区	966	264	486	216		161	161		805
颍泉区	38110	36204	190	1716		32348	32348		5762

2－12－2　　　　单位:万元

地区	收入					支出			年终结余
	收入总计	其中:				支出总计	其中:		
		本年收入	上年结余	补助收入	调入资金		本年支出	调出资金	
颍东区	23550	17653	4671	1226		19318	19318		4232
临泉县	10241	8571	1138	532		8607	8607		1634
太和县	45562	38263	3336	3963		41260	41260		4302
颍上县	45383	40977	823	3583		45383	45383		
阜南县	10242	8878	144	1220		8466	8466		1776
界首市	16823	13663	574	2586		15449	15449		1374
六安市小计	**261371**	**184123**	**21983**	**55265**		**232965**	**232965**		**28406**
本级	99328	84156	12402	2770		90052	90052		9276
区县小计	162043	99967	9581	52495		142913	142913		19130
金安区	14525	10889		3636		14516	14516		9
裕安区	5037	1047	534	3456		5021	5021		16
寿县	28244	19486	3050	5708		23759	23759		4485
霍邱县	22419	13809	3808	4802		20848	20848		1571
舒城县	28349	18116		10233		28349	28349		
金寨县	43272	22363	2189	18720		30223	30223		13049
霍山县	20197	14257		5940		20197	20197		
巢湖市小计	**216071**	**174767**	**23251**	**18053**		**180382**	**180382**		**35689**
本级	66082	46762	15136	4184		42387	42387		23695
区县小计	149989	128005	8115	13869		137995	137995		11994
居巢区	20774	17950	1680	1144		19864	19864		910
庐江县	29349	24965	988	3396		28298	28298		1051
含山县	35199	26696	3749	4754		26351	26351		8848
和县	14575	12046	1192	1337		13978	13978		597
无为县	50092	46348	506	3238		49504	49504		588
合肥市小计	**1764951**	**1502865**	**199901**	**62185**		**1339207**	**1339194**		**425744**
本级	1355676	1236376	150294	－30994		1013977	1013977		341699
区县小计	409275	266489	49607	93179		325230	325217		84045
瑶海区	27353	554	441	26358		26990	26990		363
庐阳区	11661	893	1248	9520		9715	9715		1946
蜀山区	16130	921	1294	13915		15708	15708		422
包河区	31111	986	885	29240		29097	29097		2014
肥东县	145351	119841	20400	5110		106511	106511		38840
长丰县	85986	65098	14914	5974		58509	58496		27477
肥西县	91683	78196	10425	3062		78700	78700		12983
蚌埠市小计	**301845**	**252507**	**39213**	**10125**		**222187**	**222187**		**79658**
本级	225159	192145	28705	4309		164550	164550		60609
区县小计	76686	60362	10508	5816		57637	57637		19049
龙子湖区	512	263	56	193		383	383		129
蚌山区	451	263	5	183		366	366		85
禹会区	429	409		20		429	429		
淮上区	644	131	289	224		214	214		430
怀远县	26544	18895	5858	1791		20361	20361		6183

二、政府性基金

2－12－3　　　　　　　　　　　　　　　　　　　　单位：万元

地区	收入					支出			年终结余
	收入总计	其中：				支出总计	其中：		
		本年收入	上年结余	补助收入	调入资金		本年支出	调出资金	
固镇县	11657	8197	2874	586		9718	9718		1939
五河县	36449	32204	1426	2819		26166	26166		10283
淮南市小计	**201123**	**138848**	**48594**	**12083**	**1598**	**133988**	**133976**	**12**	**67135**
本级	158184	112529	36780	8875		108121	108109	12	50063
区县小计	42939	26319	11814	3208	1598	25867	25867		17072
田家庵区	309			309		309	309		
大通区	94			94		94	94		
谢家集区	60			60		60	60		
八公山区	276			276		276	276		
潘集区	102			102		102	102		
凤台县	42098	26319	11814	2367	1598	25026	25026		17072
铜陵市小计	**75013**	**49517**	**16783**	**8713**		**63614**	**63508**	**70**	**11399**
本级	58693	42572	12752	3369		50226	50120	70	8467
区县小计	16320	6945	4031	5344		13388	13388		2932
铜官山区	1866		225	1641		1819	1819		47
狮子山区	1125		271	854		867	867		258
郊区	606		159	447		591	591		15
铜陵县	12723	6945	3376	2402		10111	10111		2612
马鞍山市小计	**233875**	**159431**	**59561**	**14883**		**127462**	**126673**	**789**	**106413**
本级	197444	135079	49630	12735		96227	96227		101217
区县小计	36431	24352	9931	2148		31235	30446	789	5196
花山区	152			152		148	148		4
雨山区	121			121		121	121		
金家庄区	130			130		130	130		
当涂县	36028	24352	9931	1745		30836	30047	789	5192
淮北市小计	**152674**	**115487**	**25357**	**11830**		**129412**	**129412**		**23262**
本级	99108	83479	6977	8652		80074	80074		19034
区县小计	53566	32008	18380	3178		49338	49338		4228
相山区	11			11		11	11		
杜集区	42			42		42	42		
烈山区	76			76		76	76		
濉溪县	53437	32008	18380	3049		49209	49209		4228
芜湖市小计	**703830**	**656935**	**28145**	**18750**		**675480**	**675480**		**28350**
本级	567500	527369	27610	12521		539685	539685		27815
区县小计	136330	129566	535	6229		135795	135795		535
镜湖区	882	535	254	93		628	628		254
弋江区	316	264		52		316	316		
鸠江区	387	334		53		387	387		
三山区	210	90		120		210	210		
繁昌县	32223	30412		1811		32223	32223		
南陵县	23758	21606	281	1871		23477	23477		281
芜湖县	78554	76325		2229		78554	78554		

2－12－4 单位:万元

地区	收入					支出			年终结余
	收入总计	其中:				支出总计	其中:		
		本年收入	上年结余	补助收入	调入资金		本年支出	调出资金	
安庆市小计	**340579**	**232066**	**60880**	**47633**		**223394**	**223394**		**117185**
本级	125800	75400	48393	2007		37292	37292		88508
区县小计	214779	156666	12487	45626		186102	186102		28677
迎江区	3717	902	1	2814		3599	3599		118
大观区	870	349		521		870	870		
宜秀区	25401	18990	3473	2938		20568	20568		4833
怀宁县	9110	5720		3390		9110	9110		
枞阳县	19361	9147	5318	4896		6929	6929		12432
桐城市	21776	15661		6115		21776	21776		
潜山县	15020	12873	1044	1103		13161	13161		1859
太湖县	30090	16691	448	12951		28656	28656		1434
宿松县	51514	45125	2203	4186		43513	43513		8001
望江县	25913	24360		1553		25913	25913		
岳西县	12007	6848		5159		12007	12007		
黄山市小计	**233522**	**181231**	**31111**	**21180**		**208549**	**208379**	**170**	**24973**
本级	70625	73836	21428	–24639		53064	53063	1	17561
区县小计	162897	107395	9683	45819		155485	155316	169	7412
屯溪区	27856	610	433	26813		27231	27142	89	625
黄山区	31687	21077	5181	5429		28725	28725		2962
徽州区	13461	10369	374	2718		13100	13100		361
祁门县	4112	1712	873	1527		3519	3519		593
黟县	11693	9339	267	2087		11501	11476	25	192
休宁县	29901	28280	672	949		29832	29832		69
歙县	44187	36008	1883	6296		41577	41522	55	2610
亳州市小计	**198385**	**148607**	**36907**	**12839**	**32**	**149587**	**148807**	**750**	**48798**
本级	50094	26323	15605	8166		39190	39160		10904
区县小计	148291	122284	21302	4673	32	110397	109647	750	37894
谯城区	20502	13987	4733	1782		10288	10288		10214
涡阳县	62405	54408	7150	815	32	42658	41908	750	19747
蒙城县	43537	34771	7913	853		37316	37316		6221
利辛县	21847	19118	1506	1223		20135	20135		1712

二、政府性基金

2009 年福建省地市县财政政府性基金收支平衡表

2－13－1　　　　单位：万元

地　区	收入					支出			年终结余
	收入总计	其中：本年收入	其中：上年结余	其中：补助收入	其中：调入资金	支出总计	其中：本年支出	其中：调出资金	
地市县合计	**6295547**	**5062651**	**965553**	**238669**	**19015**	**4530616**	**4488630**	**41986**	**1764931**
福州市小计	**1774506**	**1399517**	**341884**	**24998**	**8107**	**1060490**	**1022618**	**37872**	**714016**
本级	786650	681355	149708	-49378	4965	397321	391294	6408	389329
区县小计	987856	718162	192176	74376	3142	663169	631324	31464	324687
鼓楼区	59957		26175	33782		39001	39001		20956
台江区	2603		359	2244		2279	2185	94	324
仓山区	12459	526	5496	6437		5854	5834	20	6605
晋安区	14549	985	1993	11571		12167	12167		2382
马尾区	105787	86984	16707	1080	1016	26346	25957	8	79441
琅岐经济区	491	18	233	236	4	272	268	4	219
保税区	802	106	696			192	192		610
闽侯县	230716	155847	71742	3127		185840	185728	112	44876
长乐市	187753	152483	33106	2164		97009	86660	10349	90744
福清市	175156	151699	16922	5072	1463	155000	154539	461	20156
连江县	90401	85009	3383	2009		78561	63522	15039	11840
罗源县	21596	16598	3609	1389		18479	15945	2534	3117
闽清县	18819	13996	2721	2102		13469	13469		5350
永泰县	24157	15766	6558	1833		13071	10968	2103	11086
平潭县	42610	38145	2476	1330	659	15629	14889	740	26981
三明市小计	**283560**	**216463**	**27994**	**38778**	**325**	**220894**	**220002**	**892**	**62666**
本级	98690	91940	12761	-6011		74802	74783	19	23888
区县小计	184870	124523	15233	44789	325	146092	145219	873	38778
三元区	8158	74	877	7207		3071	3071		5087
梅列区	7405	79	438	6888		6035	6035		1370
永安市	67570	56160	6124	5286		46824	46304	520	20746
宁化县	11046	7551	1093	2292	110	9993	9883	110	1053
大田县	12684	7712	1290	3682		10275	10275		2409
清流县	5982	1506	918	3558		4361	4341	20	1621
明溪县	6512	3143	1603	1766		4992	4992		1520
尤溪县	12643	7065	1205	4373		10670	10670		1973
沙县	33407	29829	576	3000	2	32896	32886	10	511
将乐县	3606	330	804	2472		2075	2075		1531
泰宁县	6138	3425	266	2447		5693	5693		445
建宁县	9719	7649	39	1818	213	9207	8994	213	512
南平市小计	**297363**	**185116**	**76304**	**35174**	**769**	**202958**	**202246**	**712**	**94405**
本级	64430	47796	10515	5535	584	45774	45621	153	18656
区县小计	232933	137320	65789	29639	185	157184	156625	559	75749
延平区	14899	2329	4310	8260		10721	10721		4178
邵武市	32505	20966	8511	3028		15838	15838		16667
建阳市	28681	19924	5809	2948		24591	24591		4090
顺昌县	16389	11231	2675	2483		14855	14855		1534
建瓯市	32842	22705	7316	2821		22294	21735	559	10548

2－13－2 单位:万元

地区	收入					支出			年终结余
	收入总计	其中:				支出总计	其中:		
		本年收入	上年结余	补助收入	调入资金		本年支出	调出资金	
浦城县	36601	19245	15192	2164		21541	21541		15060
武夷山市	37324	25839	7619	3725	141	24625	24625		12699
光泽县	13460	7411	4492	1557		11386	11386		2074
松溪县	6257	1985	3018	1210	44	3185	3185		3072
政和县	13975	5685	6847	1443		8148	8148		5827
宁德市小计	**304155**	**226733**	**53775**	**23381**	**266**	**227174**	**226893**	**281**	**76981**
本级	64930	55636	20651	－11548	191	39177	39177		25753
区县小计	239225	171097	33124	34929	75	187997	187716	281	51228
蕉城区	26852	9241	3767	13844		21781	21714	67	5071
东侨区	2783	2607	173	3		2312	2312		471
福鼎市	68985	62210	4658	2117		63208	63208		5777
福安市	50030	43106	4068	2856		42495	42495		7535
霞浦县	23518	15059	6099	2360		18356	18356		5162
古田县	22543	9979	4711	7853		12005	11885	120	10538
屏南县	9042	4760	2982	1300		3412	3359	53	5630
寿宁县	22985	18581	2364	2040		17711	17711		5274
周宁县	7273	2851	2847	1575		3312	3312		3961
柘荣县	5214	2703	1455	981	75	3405	3364	41	1809
莆田市小计	**274208**	**221156**	**30074**	**15972**	**7006**	**232142**	**231224**	**918**	**42066**
本级	161603	146264	11690	3189	460	147305	146845	460	14298
区县小计	112605	74892	18384	12783	6546	84837	84379	458	27768
仙游县	70482	61961	4678	3642	201	58901	58901		11581
荔城区	18715	7056	4498	1278	5883	11739	11739		6976
城厢区	8553	1717	3571	3265		4987	4987		3566
涵江区	6346	2642	1456	2173	75	3077	3002	75	3269
秀屿区	7771	1488	4018	1889	376	5502	5126	376	2269
湄洲岛管委会	420	5	16	388	11	406	406		14
北岸管委会	318	23	147	148		225	218	7	93
泉州市小计	**760256**	**567078**	**157897**	**34167**	**1114**	**521297**	**521297**		**238959**
本级	260599	176771	102983	－20269	1114	95554	95554		165045
区县小计	499657	390307	54914	54436		425743	425743		73914
泉港区	27136	23442	1716	1978		23307	23307		3829
鲤城区	16011	411	3987	11613		14138	14138		1873
丰泽区	8301	990	762	6549		2379	2379		5922
洛江区	25055	22773	832	1450		16060	16060		8995
惠安县	75602	38647	33988	2967		45790	45790		29812
晋江市	161868	150879	2218	8771		158865	158865		3003
石狮市	50201	45553	2604	2044		46242	46242		3959
南安市	71185	62436	276	8473		69828	69828		1357
安溪县	29040	20149	4265	4626		19573	19573		9467
永春县	15084	10033	1974	3077		13057	13057		2027
德化县	20174	14994	2292	2888		16504	16504		3670

2－13－3　　　　单位：万元

地区	收入					支出			年终结余
	收入总计	其中：				支出总计	其中：		
		本年收入	上年结余	补助收入	调入资金		本年支出	调出资金	
漳州市小计	**466380**	**346697**	**88457**	**29798**	**1428**	**348374**	**347063**	**1311**	**118006**
本级	51418	41420	23154	－1014	858	23582	23550	106	27836
区县小计	414962	305277	65303	43812	570	324792	323513	1205	90170
芗城区	34608	25819	6822	1967		26912	26730	182	7696
龙文区	31283	9312	6283	15618	70	24906	24906		6377
漳州经济开发区	80395	72490	7905			78153	78079		2242
龙海市	60680	47903	8901	3726	150	47517	47517		13163
长泰县	17220	13506	1544	2170		16480	16480		740
东山县	26043	22864	1534	1645		23967	23964	3	2076
南靖县	44989	36079	5007	3903		27130	26110	1020	17859
平和县	14573	8292	3434	2847		11399	11399		3174
华安县	10975	7384	1585	2006		8771	8771		2204
云霄县	23628	18694	1524	3060	350	19304	19304		4324
漳浦县	61423	38269	18679	4475		33370	33370		28053
诏安县	5423	1894	1631	1898		3252	3252		2171
常山开发区	3722	2771	454	497		3631	3631		91
龙岩市小计	**432176**	**336534**	**61621**	**34021**		**321841**	**321841**		**110335**
本级	228835	192090	33377	3368		167064	167064		61771
区县小计	203341	144444	28244	30653		154777	154777		48564
新罗区	43187	34371	3528	5288		34307	34307		8880
长汀县	28053	14093	9685	4275		12286	12286		15767
永定县	29736	16883	6261	6592		16520	16520		13216
上杭县	32408	25272	1677	5459		28632	28632		3776
武平县	33927	29014	473	4440		33233	33233		694
漳平市	17490	10522	4347	2621		12566	12566		4924
连城县	18540	14289	2273	1978		17233	17233		1307
开发区									
厦门市小计	**1702943**	**1563357**	**127547**	**2380**		**1395446**	**1395446**		**307497**
本级	1094697	1054516	50181	－1969		931570	932810		163127
区县小计	608246	508841	77366	22039		463876	462636		144370
同安区	74218	68592	434	5192		71082	69842		3136
集美区	165714	144543	17751	3420		139615	139615		26099
翔安区	154149	101252	49597	3300		67311	67311		86838
海沧区	204348	194332	8167	1849		177494	177494		26854
思明区	5815	122	852	4841		5041	5041		774
湖里区	4002		565	3437		3333	3333		669

2009 年江西省地市县财政政府性基金收支平衡表

2－14－1　　　　　　　　　　　　　　　　　　　　　　　　单位：万元

地区	收入					支出			年终结余
	收入总计	其中：				支出总计	其中：		
		本年收入	上年结余	补助收入	调入资金		本年支出	调出资金	
地市县合计	**4042087**	**3019549**	**567192**	**420733**	**34613**	**3126497**	**3084283**	**26580**	**915590**
南昌市小计	**938420**	**704995**	**155866**	**69240**	**8319**	**661694**	**655843**	**4531**	**276726**
本级	452620	331324	92196	29100		286812	286383		165808
区县小计	485800	373671	63670	40140	8319	374882	369460	4531	110918
南昌县	131189	109801	17816	3572		100494	99563	566	30695
新建县	48305	39372	4675	4258		39087	38907		9218
进贤县	53528	46753	4394	2381		48057	45776	2068	5471
安义县	15210	10796	498	3833	83	15029	13031	1875	181
湾里区	42004	31848	7462	2694		36443	36433		5561
青山湖区	4143		2741	1402		2228	2228		1915
东湖区	774		349	425		419	419		355
西湖区	1611		544	1067		1083	1083		528
青云谱区	1138		208	930		880	858	22	258
昌北区	40045	19501	3037	9271	8236	20495	20495		19550
南昌高新区	35526	20437	10475	4614		17312	17312		18214
红谷滩区	86976	73592	9715	3669		73562	73562		13414
桑海区	6237	4703	918	616		2815	2815		3422
英雄区	19114	16868	838	1408		16978	16978		2136
景德镇市小计	**164148**	**124526**	**16661**	**18044**	**4917**	**136775**	**128997**	**7391**	**27373**
本级	57530	43816	8096	5460	158	42600	42531		14930
区县小计	106618	80710	8565	12584	4759	94175	86466	7391	12443
高新科技园	20621	17369	3246	6		17405	17405		3216
乐平市	54506	43358	1047	5479	4622	53133	45636	7333	1373
浮梁县	29822	19843	3265	6577	137	23263	23111		6559
珠山区	325	48	130	147		76	18	58	249
昌江区	1344	92	877	375		298	296		1046
萍乡市小计	**119144**	**91605**	**16963**	**10576**		**93889**	**91351**	**2034**	**25255**
本级	26099	42178	5821	－21900		14177	13859	274	11922
区县小计	93045	49427	11142	32476		79712	77492	1760	13333
莲花县	8615	5360	1710	1545		6472	5568	760	2143
上栗县	23675	18111	3492	2072		22099	21979		1576
芦溪县	9060	6804	1096	1160		6353	6258		2707
安源区	25224	4609	1252	19363		21297	21297		3927
湘东区	11846	8941	1227	1678		9169	8068	1000	2677
萍乡开发区	14625	5602	2365	6658		14322	14322		303
九江市小计	**545503**	**450749**	**41986**	**47884**	**4884**	**440208**	**438219**	**547**	**105295**
本级	112199	98212	11966	－873	2894	68038	67197	547	44161
区县小计	433304	352537	30020	48757	1990	372170	371022		61134
修水县	13357	7593	2123	3641		10104	9904		3253
武宁县	78439	64424	211	13804		69695	69653		8744
永修县	24274	18201	1137	4928	8	16152	15984		8122
德安县	21126	16617	2854	1655		17915	17764		3211

二、政府性基金

2－14－2　　　　　　　　　　　　　　　　　　　　　　　　　　　　　单位：万元

地区	收入					支出			年终结余
	收入总计	其中：				支出总计	其中：		
		本年收入	上年结余	补助收入	调入资金		本年支出	调出资金	
瑞昌市	35650	31504	2364	1782		33052	33030		2598
都昌县	28902	24733	2046	2123		27435	27311		1467
湖口县	27751	22881	3995	875		24405	24319		3346
彭泽县	8051	5873	510	1668		7291	7167		760
星子县	11944	8950	2175	819		10362	10249		1582
九江县	40190	36096	2545	1549		35879	35763		4311
庐山局	1021	28	702	291		530	530		491
庐山区	21823	14136	4440	3247		13926	13925		7897
浔阳区	10521	7000	1964	1557		9313	9313		1208
九江开发区	82317	74839	572	5706	1200	73917	73916		8400
共青城	27938	19662	2382	5112	782	22194	22194		5744
新余市小计	**315127**	**228381**	**44465**	**41924**	**357**	**259750**	**256910**	**2049**	**55377**
本级	120902	199521	33870	－112791	302	84626	82003	1979	36276
区县小计	194225	28860	10595	154715	55	175124	174907	70	19101
分宜县	22595	14600	1351	6591	53	19147	19000		3448
渝水区	39132	14193	4821	20118		29278	29278		9854
仙女湖区	19369	51	3380	15938		18335	18335		1034
新余高新区	113129	16	1043	112068	2	108364	108294	70	4765
鹰潭市小计	**145171**	**93348**	**29698**	**22125**		**90820**	**90472**	**1**	**54351**
本级	63327	53883	9793	－349		43367	43612		19960
区县小计	81844	39465	19905	22474		47453	46860	1	34391
贵溪市	46397	27481	12171	6745		23675	23512		22722
余江县	17965	6463	3346	8156		10441	10331	1	7524
月湖区	1684	1030	387	267		597	597		1087
龙虎山风景区	6441	4485	884	1072		4935	4830		1506
鹰潭工业园	9357	6	3117	6234		7805	7590		1552
赣州市小计	**509070**	**386995**	**56352**	**65240**	**483**	**392432**	**388862**	**909**	**116638**
本级	174796	129605	27778	17413		112068	111495	400	62728
区县小计	334274	257390	28574	47827	483	280364	277367	509	53910
章贡区	9827	6503	2649	675		5973	5866	3	3854
黄金开发区	55380	47082	2442	5856		52736	52736		2644
赣县	33094	21654	5432	5760	248	25124	24851	63	7970
南康市	58234	53007	1638	3589		47516	47397		10718
信丰县	15163	12513	474	2058	118	14705	14500	51	458
大余县	7741	4939	80	2722		5889	5745	1	1852
上犹县	12780	9133	348	3299		12379	12324	4	401
崇义县	6744	2995	1346	2334	69	5501	5306	108	1243
安远县	6724	4810	40	1874		6374	6099		350
龙南县	17369	11809	4079	1481		12877	12716	123	4492
定南县	11528	10692	53	783		11415	11298		113
全南县	10627	8503	890	1234		8999	8966	8	1628
宁都县	7308	2183	3049	2076		3452	3180	44	3856

2－14－3

单位:万元

地区	收入					支出			年终结余
	收入总计	其中:				支出总计	其中:		
		本年收入	上年结余	补助收入	调入资金		本年支出	调出资金	
于都县	13369	8591	2414	2364		7715	7565	6	5654
兴国县	10165	2470	1949	5746		3905	3719	1	6260
瑞金市	14503	11112	525	2866		14044	13884	14	459
会昌县	12847	10883	612	1352		12154	12000	6	693
寻乌县	6933	5870	276	739	48	6337	6088	62	596
石城县	23938	22641	278	1019		23269	23127	15	669
宜春市小计	**420753**	**334613**	**39642**	**46147**	**351**	**378315**	**375682**	**510**	**42438**
本级	139588	125649	7299	6584	56	118565	118000	400	21023
区县小计	281165	208964	32343	39563	295	259750	257682	110	21415
丰城市	29954	20594	2172	7181	7	29301	29091		653
高安市	59933	50906	4476	4534	17	54938	54596		4995
樟树市	32600	27044	3081	2475		30108	29917		2492
奉新县	12464	7552	1658	3254		8639	8472		3825
万载县	13839	10230	811	2798		12628	12424		1211
上高县	36899	29654	772	6473		32108	31908		4791
宜丰县	37129	34223	153	2753		36136	35955		993
靖安县	10249	7239	562	2438	10	8985	8809	10	1264
铜鼓县	4727	3090	546	1091		3906	3816		821
袁州区	43371	18432	18112	6566	261	43001	42694	100	370
上饶市小计	**281805**	**188877**	**56304**	**21955**	**14669**	**205946**	**203560**	**669**	**75859**
本级	60198	40308	14956	4934		40488	40350	101	19710
区县小计	221607	148569	41348	17021	14669	165458	163210	568	56149
信州区	6864	2747	2938	1179		3572	3482		3292
上饶县	18878	9812	4108	2587	2371	16743	16543	36	2135
广丰县	19723	13361	4924	1371	67	13540	13403	67	6183
玉山县	29288	20422	6074	2792		24246	24071	35	5042
铅山县	29007	23620	2608	2779		23341	23204	56	5666
横峰县	11931	9119	638	2174		10948	10823	9	983
弋阳县	6012	1913	1943	2153	3	3197	3033		2815
余干县	20612	14962	5967	－12317	12000	19067	18856	2	1545
鄱阳县	26091	17424	3353	5217	97	20933	20737		5158
万年县	13085	10446	453	2086	100	10957	10806	6	2128
德兴市	14792	7541	3186	4036	29	10860	10682	29	3932
婺源县	25324	17202	5156	2964	2	8054	7570	328	17270
吉安市小计	**250803**	**148572**	**62246**	**39670**	**315**	**186022**	**182074**	**1309**	**64781**
本级	26033	34560	10480	－19007	12599	12551	133	13434	
区县小计	224770	114012	51766	58677	315	173423	169523	1176	51347
吉安高新区	6283	5798	485			3868	3868		2415
吉州区	26546	6373	1846	18327		22742	22495		3804
青原区	18478	4979	8026	5473		11249	10376	655	7229
吉安县	21885	8443	7766	5676		14441	14176	231	7444
吉水县	11069	3632	4956	2481		6950	6733	16	4119

二、政府性基金

2－14－4 单位:万元

地区	收入总计	收入 其中:本年收入	上年结余	补助收入	调入资金	支出总计	支出 其中:本年支出	调出资金	年终结余
峡江县	8034	3255	748	4031		7851	7716		183
新干县	34212	26613	2126	5473		30971	30733	47	3241
永丰县	23571	18381	1305	3885		21757	21410	86	1814
泰和县	15687	6122	7792	1773		11684	11450		4003
遂川县	7072	2832	1795	2445		3725	3271	137	3347
万安县	10477	5000	1183	3979	315	8643	8461	3	1834
安福县	12551	5080	5295	2176		8638	8357		3913
永新县	17122	12404	3631	1087		13460	13226		3662
井冈山市	11783	5100	4812	1871		7444	7251	1	4339
抚州市小计	**352143**	**266888**	**47009**	**37928**	**318**	**280646**	**272313**	**6630**	**71497**
本级	90572	63527	22286	4759		57865	54802	2927	32707
区县小计	261571	203361	24723	33169	318	222781	217511	3703	38790
临川区	50948	41722	4301	4925		40792	40256	353	10156
南城县	22278	16188	1401	4636	53	19524	19297	48	2754
南丰县	27342	20090	4045	3207		22081	21823	78	5261
黎川县	16478	13259	659	2560		14346	14314		2132
崇仁县	21783	18031	1353	2399		20959	18806	2000	824
宜黄县	21666	14090	3776	3800		15895	14573	1153	5771
乐安县	13988	8601	3413	1974		9397	9144	71	4591
金溪县	22379	17293	1626	3460		20348	20213		2031
资溪县	11948	7796	1324	2753	75	11784	11731		164
广昌县	27774	24992	1618	974	190	24655	24497		3119
东乡县	24987	21299	1207	2481		23000	22857		1987

2009 年山东省地市县财政政府性基金收支平衡表

2－15－1　　　　　　　　　　　　　　　　　　　　　　　　　单位：万元

地区	收入					支出			年终结余
	收入总计	其中：				支出总计	其中：		
		本年收入	上年结余	补助收入	调入资金		本年支出	调出资金	
地市县合计	**17240555**	**14436066**	**2174369**	**601087**	**18782**	**13358457**	**13268126**	**40052**	**3882098**
青岛市小计	**3899521**	**3180742**	**684640**	**20655**	**3233**	**2507404**	**2506715**	**689**	**1392117**
本级	1773910	1749476	490374	－476191		577947	582404		1195963
区县小计	2125611	1431266	194266	496846	3233	1929457	1924311	689	196154
即墨市	168174	140271	15066	11689	1148	147206	146003	689	20968
胶州市	177661	165724	1081	9792	1064	172262	171827		5399
胶南市	279311	231723	37463	9699	426	236139	235697		43172
平度市	12748	863		11604	281	12747	12455		1
莱西市	16456	1931	100	14111	314	9618	9484		6838
崂山区	371622	257163	104965	9494		346810	346165		24812
城阳区	256604	221657	23484	11463		179765	179755		76839
黄岛区	7990	5439	1857	694		5878	5846		2112
开发区	366686	354848	2594	9244		359047	358856		7639
市南区	182658	1691		180967		182658	181828		
市北区	150102	1203		148899		150102	149761		
四方区	27899	501	7652	19746		23082	23082		4817
李沧区	47670	1237		46433		47670	47315		
保税区	868	853	4	11		678	495		190
高新区	59162	46162		13000		55795	55742		3367
济南市小计	**2809024**	**2250849**	**515311**	**40969**	**1895**	**1803487**	**1766741**	**27923**	**1005537**
本级	2472413	2096009	490885	－114481		1564088	1534036	24066	908325
区县小计	336611	154840	24426	155450	1895	239399	232705	3857	97212
历下区	25580	1642		23938		25580	25186		
市中区	55443	1373		54070		5443	5092		50000
天桥区	22093	716	1	21376		22091	21919		2
槐荫区	6535	700	178	4595	1062	6371	6204		164
历城区	16907	1214		15693		11475	11095		5432
长清区	15748	1163	68	14517		13380	13302		2368
章丘市	92848	66489	19958	6401		70360	67218	2845	22488
平阴县	35176	28104	3375	3383	314	23732	22282	1012	11444
济阳县	36582	31916	846	3820		31268	30762		5314
商河县	29699	21523		7657	519	29699	29645		
淄博市小计	**551350**	**463015**	**63726**	**24609**		**494139**	**485672**	**1308**	**57211**
本级	263601	208503	51215	3883		222439	222772	1008	41162
区县小计	287749	254512	12511	20726		271700	262900	300	16049
博山区	15274	10993	3166	1115		9326	9168		5948
淄川区	8932	5771	22	3139		8932	8742		
张店区	23498	14684	3716	5098		19990	18879		3508
周村区	22147	18549	1874	1724		19534	19412		2613
临淄区	26984	23643	1494	1847		24876	18039	300	2108
桓台县	112655	109971	1636	1048		111386	111206		1269
高青县	63555	59188		4367		63555	63464		

二、政府性基金

2－15－2 单位：万元

地区	收入总计	收入 其中：本年收入	上年结余	补助收入	调入资金	支出总计	支出 其中：本年支出	调出资金	年终结余
沂源县	14704	11713	603	2388		14101	13990		603
枣庄市小计	**497668**	**448160**	**23430**	**26078**		**435092**	**433834**		**62576**
本级	130457	113894	7520	9043		115122	114753		15335
区县小计	367211	334266	15910	17035		319970	319081		47241
市中区	2752	1516		1236		2752	2677		
薛城区	7724	5631		2093		7724	7352		
峄城区	18274	16086	40	2148		18202	18158		72
山亭区	5702	447	471	4784		4015	3988		1687
台儿庄区	2967	1459	39	1469		2896	2846		71
滕州市	329792	309127	15360	5305		284381	284060		45411
烟台市小计	**555142**	**395138**	**81324**	**78679**	**1**	**452948**	**450766**	**1**	**102194**
本级	149158	107089	15640	26429		132826	132302	1	16332
区县小计	405984	288049	65684	52250	1	320122	318464		85862
芝罘区	2834	1900		934		2827	2616		7
福山区	57253	51666	1975	3612		54063	53960		3190
龙口市	24107	8457	4381	11269		17382	17076		6725
莱阳市	16350	6036	5003	5311		7877	7795		8473
蓬莱市	76867	59151	12632	5084		64825	64676		12042
招远市	40386	33781	3410	3195		36354	36253		4032
莱州市	14254	3576	6932	3746		5969	5800		8285
栖霞市	32025	19044	8015	4966		25278	25230		6747
海阳市	81711	59014	17359	5338		50505	50410		31206
牟平区	6011	1236	847	3928		5680	5585		331
长岛县	6628	5667	169	792		6339	6327		289
开发区	42953	37452	2250	3250	1	40709	40529		2244
莱山区	4605	1069	2711	825		2314	2207		2291
潍坊市小计	**3227016**	**3079367**	**88806**	**58843**		**3100193**	**3096363**	**690**	**126823**
本级	1764205	1709511	65878	－11184		1677624	1678529	690	86581
区县小计	1462811	1369856	22928	70027		1422569	1417834		40242
潍城区	113461	110399	100	2962		113361	112548		100
坊子区	94282	92898		1384		94282	94174		
寒亭区	280750	275759	2676	2315		275975	275769		4775
昌邑市	126456	118506	5345	2605		117779	117378		8677
昌乐县	96843	93867	3	2973		96840	96634		3
安丘市	52678	47936		4742		48005	47895		4673
寿光市	251243	237079	9813	4351		239373	238837		11870
青州市	150457	142105	4033	4319		141235	140417		9222
高密市	44740	41747		2993		44740	44368		
诸城市	87176	83419		3757		87176	86662		
临朐县	65530	59745	780	5005		64750	64622		780
奎文区	99195	66396	178	32621		99053	98530		142
济宁市小计	**958774**	**848913**	**74917**	**34944**		**800988**	**796384**	**2101**	**157786**

2－15－3 单位:万元

地区	收入					支出			年终结余
	收入总计	其中:				支出总计	其中:		
		本年收入	上年结余	补助收入	调入资金		本年支出	调出资金	
本级	198645	160827	25105	12713		125734	125040	584	72911
区县小计	760129	688086	49812	22231		675254	671344	1517	84875
市中区	40266	34311	5505	450		31231	30067	1000	9035
任城区	48292	47443	429	420		26126	25681		22166
兖州市	201390	197741	3296	353		197799	196969	517	3591
曲阜市	113023	100689	10116	2218		97215	97099		15808
泗水县	49877	46338	1417	2122		49372	49345		505
邹城市	53269	46282	5038	1949		49489	48858		3780
微山县	52119	51610		509		52119	51803		
鱼台县	12853	9235	3023	595		10238	10146		2615
金乡县	84634	73680	10134	820		67868	67818		16766
嘉祥县	38947	33654	4581	712		32516	32417		6431
汶上县	44888	39343	3894	1651		43622	43529		1266
梁山县	20571	7760	2379	10432		17659	17612		2912
临沂市小计	**1097945**	**934575**	**108356**	**55014**		**949787**	**948282**		**148158**
本级	766680	720594	108289	-62203		619095	618530		147585
区县小计	331265	213981	67	117217		330692	329752		573
郯城县	18652	15962	67	2623		18652	18600		
苍山县	48598	42932		5666		48598	48540		
莒南县	14058	6917		7141		13485	13419		573
沂水县	35516	29700		5816		35516	35417		
蒙阴县	28285	21617		6668		28285	28247		
平邑县	25312	19825		5487		25312	25263		
费县	33770	27233		6537		33770	33683		
沂南县	11210	6125		5085		11210	11154		
临沭县	44747	39789		4958		44747	44703		
兰山区	27643	1997		25646		27643	27404		
罗庄区	15825	1113		14712		15825	15709		
河东区	27649	771		26878		27649	27613		
泰安市小计	**647012**	**519567**	**78508**	**48937**		**503447**	**502208**		**143565**
本级	281218	231560	49164	494		202387	203124		78831
区县小计	365794	288007	29344	48443		301060	299084		64734
新泰市	31247	23716	1433	6098		29505	29199		1742
宁阳县	50045	36685	11291	2069		37774	37658		12271
东平县	51742	32521	133	19088		41636	41589		10106
肥城市	46567	37345	4499	4723		35649	35344		10918
泰山区	102812	84786	6994	11032		88486	87435		14326
岱岳区	83381	72954	4994	5433		68010	67859		15371
聊城市小计	**355943**	**242113**	**79913**	**30159**	**3758**	**217634**	**214290**	**763**	**138309**
本级	149285	121548	25042	1648	1047	88431	87490	763	60854
区县小计	206658	120565	54871	28511	2711	129203	126800		77455
东昌府区	26655	16355	2298	7574	428	22254	22071		4401

二、政府性基金

2－15－4　　　　单位:万元

地区	收入					支出			年终结余
	收入总计	其中:				支出总计	其中:		
		本年收入	上年结余	补助收入	调入资金		本年支出	调出资金	
临清市	22695	10802	7058	4214	621	11666	11028		11029
阳谷县	36363	21203	10580	4375	205	19460	19359		16903
莘县	18752	11486	4385	2605	276	9982	9721		8770
茌平县	23979	7390	10871	5204	514	6915	5879		17064
东阿县	48567	34838	11718	1739	272	38156	38083		10411
冠县	22471	17991	3190	1120	170	20019	19969		2452
高唐县	7176	500	4771	1680	225	751	690		6425
菏泽市小计	**358156**	**214411**	**101875**	**40827**	**1043**	**241957**	**238974**	**1441**	**116199**
本级	133480	58783	70678	3370	649	57914	56319	1441	75566
区县小计	224676	155628	31197	37457	394	184043	182655		40633
牡丹区	13508	8410	1545	3159	394	11325	10956		2183
曹县	37732	16947	7955	12830		26956	26871		10776
定陶县	20294	15140	2379	2775		16419	16144		3875
成武县	15530	11130	2873	1527		12146	12091		3384
单县	50249	37010	10724	2515		40807	40735		9442
巨野县	21699	16849	2083	2767		19141	19067		2558
郓城县	27508	22430	3355	1723		21324	21234		6184
鄄城县	16389	11462		4927		16389	16336		
东明县	21767	16250	283	5234		19536	19221		2231
德州市小计	**264358**	**199346**	**32713**	**30095**	**2204**	**214536**	**213518**		**49822**
本级	88454	101066	31459	－45271	1200	45677	45276		42777
区县小计	175904	98280	1254	75366	1004	168859	168242		7045
德城区	46563	181	222	46160		41253	41253		5310
陵县	8362	5571		2791		8362	8318		
平原县	10471	9171		1129	171	10471	10425		
夏津县	15362	10990	128	4244		15169	15120		193
武城县	1316	251		962	103	1316	1285		
齐河县	22819	18740	904	3175		21277	21146		1542
禹城市	19859	9244		10202	413	19859	19771		
乐陵市	33022	30036		2795	191	33022	32982		
临邑县	2173	629		1544		2173	2053		
宁津县	14383	13214		1169		14383	14355		
庆云县	1574	253		1195	126	1574	1534		
滨州市小计	**438524**	**363974**	**54865**	**19640**	**45**	**329325**	**317433**	**4230**	**109199**
本级	185309	164801	36568	－16060		118193	114976	4230	67116
区县小计	253215	199173	18297	35700	45	211132	202457		42083
惠民县	31965	26980	39	4946		31926	31891		39
阳信县	28841	26211	47	2538	45	28443	28345		398
无棣县	28438	25507	977	1954		26090	26009		2348
沾化县	34314	32720	261	1333		28684	28620		5630
博兴县	36173	30508	4277	1388		28854	27711		7319
邹平县	63474	53201	6632	3641		49247	45422		14227

2－15－5 单位：万元

地区	收入					支出			年终结余
	收入总计	其中：				支出总计	其中：		
		本年收入	上年结余	补助收入	调入资金		本年支出	调出资金	
滨城区	30010	4046	6064	19900		17888	14459		12122
东营市小计	**550244**	**444168**	**89828**	**16248**		**435872**	**428709**	**1**	**114372**
本级	329406	302039	87821	－60454		224181	218117		105225
区县小计	220838	142129	2007	76702		211691	210592	1	9147
东营区	61923	2019	17	59887		56541	56140		5382
河口区	15404	12529	106	2769		14964	14696		440
广饶县	62834	59082	335	3417		62499	62277		335
垦利县	61203	54658		6545		61203	61051		
利津县	19474	13841	1549	4084		16484	16428	1	2990
威海市小计	**554609**	**478690**	**43819**	**32100**		**501378**	**500173**	**9**	**53231**
本级	233581	183673	39451	10457		187602	187350	9	45979
区县小计	321028	295017	4368	21643		313776	312823		7252
环翠区	13991	6516	2342	5133		8765	8458		5226
乳山市	69120	62352	2009	4759		67111	66967		2009
文登市	142444	137104	17	5323		142427	142268		17
荣成市	95473	89045		6428		95473	95130		
日照市小计	**282952**	**226090**	**22249**	**32414**	**2199**	**229872**	**228356**	**896**	**53080**
本级	169151	140972	21583	5113	1483	116781	116911	896	52370
区县小计	113801	85118	666	27301	716	113091	111445		710
莒县	34691	22940	436	10960	355	34255	34065		436
五莲县	16152	10743	212	5197		15940	15828		212
东港区	44644	39641		5003		44644	43620		
岚山区	18314	11794	18	6141	361	18252	17932		62
莱芜市小计	**192317**	**146948**	**30089**	**10876**	**4404**	**140398**	**139708**		**51919**
本级	165230	143387	29959	－12520	4404	113673	115576		51557
区县小计	27087	3561	130	23396		26725	24132		362
莱城区	16048	1574	4	14470		16048	15006		
钢城区	11039	1987	126	8926		10677	9126		362

二、政府性基金

2009年河南省地市县财政政府性基金收支平衡表

2－16－1

单位：万元

地区	收入					支出			年终结余
	收入总计	其中：				支出总计	其中：		
		本年收入	上年结余	补助收入	调入资金		本年支出	调出资金	
地市县合计	**5445548**	**4123672**	**685471**	**588004**	**48401**	**4436291**	**4378432**	**57859**	**1009257**
郑州市小计	**1594957**	**1483660**	**69707**	**37905**	**3685**	**1353597**	**1338781**	**14816**	**241360**
本级	865903	1297796	28485	－460842	464	694133	694133		171770
区县小计	729054	185864	41222	498747	3221	659464	644648	14816	69590
巩义市	44220	20855	21488	1877		22522	22522		21698
荥阳市	57514	50213	2417	4884		55963	55963		1551
中牟县	40216	34589	2023	3604		35621	35621		4595
新郑市	30739	22029		5499	3211	30739	15923	14816	
登封市	39787	29701	5081	5005		35925	35925		3862
新密市	25140	14795	6471	3874		18793	18793		6347
二七区	110881	138	270	110473		107779	107779		3102
金水区	217591	775	1337	215479		197901	197901		19690
中原区	49698	235	1100	48353	10	45964	45964		3734
管城区	73653	96	477	73080		69246	69246		4407
上街区	12049	11289	557	203		11445	11445		604
惠济区	27566	1149	1	26416		27566	27566		
开封市小计	**348543**	**304634**	**23698**	**19466**	**745**	**311679**	**308379**	**3300**	**36864**
本级	265693	244034	16479	4450	730	241956	241656	300	23737
区县小计	82850	60600	7219	15016	15	69723	66723	3000	13127
兰考县	13720	8493	994	4233		11400	11400		2320
杞县	8467	4336	542	3589		7129	7129		1338
通许县	6959	3301	2190	1468		6441	6441		518
尉氏县	14853	9197	2539	3117		12573	12573		2280
开封县	38029	35262	926	1841		31582	28582	3000	6447
禹王台区	7			7		6	6		1
鼓楼区	206			203	3	3	3		203
龙亭区	41		14	17	10	31	31		10
顺河区	178	11	14	151	2	168	168		10
金明区	390			390		390	390		
洛阳市小计	**392727**	**277437**	**63144**	**50979**	**1167**	**305099**	**303113**	**1986**	**87628**
本级	179293	202255	32381	－55343		123061	122067	994	56232
区县小计	213434	75182	30763	106322	1167	182038	181046	992	31396
偃师市	18252	14093	283	3876		15216	15216		3036
孟津县	18895	779	12837	5090	189	5274	5274		13621
新安县	13847	3362	1765	8720		12961	12961		886
伊川县	10846	2481	4622	3743		8022	8022		2824
汝阳县	13803	8888	2946	1968	1	9358	9357	1	4445
嵩县	11672	3402	428	6898	944	10155	9202	953	1517
栾川县	19049	12480	4685	1852	32	16385	16353	32	2664
宜阳县	27745	24079	206	3460		27463	27463		282
洛宁县	6458	2706	1512	2240		6009	6009		449
洛龙区	35716	1		35715		35709	35709		7
吉利区	4214	2667	943	604		3218	3218		996

2－16－2

单位：万元

地区	收入					支出			年终结余
	收入总计	其中：				支出总计	其中：		
		本年收入	上年结余	补助收入	调入资金		本年支出	调出资金	
涧西区	718	80	266	371	1	423	422	1	295
西工区	3707	157	248	3302		3357	3357		350
老城区	24482	5		24477		24482	24477	5	
廛河区	4030	2	22	4006		4006	4006		24
平顶山市小计	**262595**	**197120**	**32803**	**32622**	**50**	**215034**	**215034**		**47561**
本级	123019	97401	16002	9616		96033	96033		26986
区县小计	139576	99719	16801	23006	50	119001	119001		20575
鲁山县	33246	22779	4979	5488		30866	30866		2380
宝丰县	16340	11618	1806	2916		16262	16262		78
叶县	21434	15824	2490	3120		17823	17823		3611
郏县	8295	3016	232	4997	50	7597	7597		698
汝州市	22567	14779	5753	2035		16481	16481		6086
舞钢市	27994	25072	1434	1488		20881	20881		7113
新华区	1512	37	6	1469		1505	1505		7
卫东区	156	45		111		156	156		
湛河区	1348	29		1319		1348	1348		
石龙区	6684	6520	101	63		6082	6082		602
安阳市小计	**271743**	**138866**	**111587**	**17466**	**3824**	**151584**	**151574**	**10**	**120159**
本级	164885	73865	87633	393	2994	72393	72472	10	92492
区县小计	106858	65001	23954	17073	830	79191	79102		27667
安阳县	16874	6540	6442	3575	317	11752	11752		5122
林州市	37052	24884	8610	3273	285	22797	22797		14255
汤阴县	20838	16328	3043	1467		15873	15873		4965
滑县	9718	6152	203	3363		9472	9472		246
内黄县	13741	10792	1799	1150		13741	13741		
文峰区	242	65	62	115		192	164		50
北关区	1444	110	759	575		631	578		813
铁西区	190	76	32	82		151	144		39
龙安区	6759	54	3004	3473	228	4582	4581		2177
鹤壁市小计	**108571**	**91344**	**6877**	**10350**		**103290**	**103290**		**5281**
本级	56450	76499	5861	－25910		53838	53838		2612
区县小计	52121	14845	1016	36260		49452	49452		2669
浚县	16055	11481	959	3615		13487	13487		2568
淇县	4351	3364	42	945		4269	4269		82
淇滨区	18546		15	18531		18531	18531		15
山城区	11930			11930		11930	11930		
鹤山区	1239			1239		1235	1235		4
新乡市小计	**254848**	**153013**	**44311**	**56536**	**988**	**171299**	**171299**		**83549**
本级	127602	99599	19059	7997	947	85931	85931		41671
区县小计	127246	53414	25252	48539	41	85368	85368		41878
获嘉县	7302	5611	681	1010		6431	6431		871
新乡县	12659	4654	6948	1016	41	9894	9894		2765
原阳县	19778	5031	4577	10170		9942	9942		9836

二、政府性基金

2－16－3　　　　　　　　　　　　　　　　　　　　　　　　　　　　单位:万元

地区	收入					支出			年终结余
	收入总计	其中:				支出总计	其中:		
		本年收入	上年结余	补助收入	调入资金		本年支出	调出资金	
延津县	11522	2041	938	8543		3464	3464		8058
封丘县	18064	1224	4440	12400		8373	8373		9691
长垣县	23160	19320	1630	2210		20366	20366		2794
辉县市	17913	9248	3679	4986		11574	11574		6339
卫辉市	8592	6263	745	1584		7991	7991		601
卫滨区	4086		37	4049		3901	3901		185
红旗区	400	4	78	318		280	280		120
牧野区	783	2		781		783	783		
凤泉区	2987	16	1499	1472		2369	2369		618
焦作市小计	**144156**	**80056**	**35962**	**28066**	**72**	**82676**	**82525**	**151**	**61480**
本级	88369	48127	27265	12977		35897	35897		52472
区县小计	55787	31929	8697	15089	72	46779	46628	151	9008
修武县	9426	6894	1916	545	71	4700	4629	71	4726
博爱县	4513	1482	144	2887		4376	4376		137
沁阳市	4915	2664	48	2203		4827	4827		88
温县	10393	6503	2442	1448		7271	7271		3122
孟州市	9942	1790	2434	5718		9188	9188		754
武陟县	15232	12327	1586	1319		15192	15112	80	40
解放区	172	91		81		172	172		
中站区	246	33	32	181		201	201		45
马村区	146	26	29	90	1	127	127		19
山阳区	802	119	66	617		725	725		77
濮阳市小计	**117358**	**92638**	**8816**	**15222**	**682**	**106190**	**106023**	**167**	**11168**
本级	73150	65137	7597	416		62375	62208	167	10775
区县小计	44208	27501	1219	14806	682	43815	43815		393
濮阳县	19969	16773		3196		19969	19969		
清丰县	9418	6514	1219	1685		9025	9025		393
南乐县	3819	855		2964		3819	3819		
范县	4083	2613		1470		4083	4083		
台前县	2344	602		1060	682	2344	2344		
华龙区	4575	144		4431		4575	4575		
许昌市小计	**298252**	**252779**	**26873**	**18598**	**2**	**263043**	**257213**	**5830**	**35209**
本级	176467	144619	22035	9813		146800	146800		29667
区县小计	121785	108160	4838	8785	2	116243	110413	5830	5542
许昌县	35592	34195		1396	1	35592	35592		
长葛市	16726	15082		1644		16726	16726		
鄢陵县	22048	21172	1	874	1	22048	22048		
禹州市	32213	24807	4689	2717		26757	20927	5830	5456
襄城县	15048	12807	148	2093		14962	14962		86
魏都区	158	97		61		158	158		
漯河市小计	**118268**	**92000**	**14539**	**11729**		**80195**	**80195**		**38073**
本级	64412	73968	12101	−21657		36746	36746		27666
区县小计	53856	18032	2438	33386		43449	43449		10407

2－16－4　　　　　　　　　　　　　　　　　　　　　　　　单位：万元

地区	收入					支出			年终结余
	收入总计	其中：				支出总计	其中：		
		本年收入	上年结余	补助收入	调入资金		本年支出	调出资金	
舞阳县	7535	4599	250	2686		7468	7468		67
临颍县	18422	13317	538	4567		15450	15450		2972
源汇区	12015	48	344	11623		5934	5934		6081
郾城区	5705	25	1253	4427		4444	4444		1261
召陵区	10179	43	53	10083		10153	10153		26
三门峡市小计	**188221**	**117017**	**40996**	**30148**	**60**	**160778**	**157999**	**2779**	**27443**
本级	39173	55482	11383	－27752	60	27635	26352	1283	11538
区县小计	149048	61535	29613	57900		133143	131647	1496	15905
义马市	25890	13248	11986	656		23520	23520		2370
灵宝市	44969	29113	9041	6815		34366	34143	223	10603
渑池县	18321	6872	6043	5406		17005	17005		1316
陕县	11661	5477	1848	4336		10692	9419	1273	969
卢氏县	9951	6740	427	2784		9466	9466		485
湖滨区	38256	85	268	37903		38094	38094		162
南阳市小计	**328871**	**165041**	**48953**	**91460**	**23417**	**266455**	**243439**	**23016**	**62416**
本级	94271	54403	29828	－13300	23340	58616	35676	22940	35655
区县小计	234600	110638	19125	104760	77	207839	207763	76	26761
邓州市	31795	4743	7616	19436		19948	19948		11847
唐河县	20364	13422		6867	75	20364	20289	75	
方城县	18818	11338	1028	6452		17462	17462		1356
镇平县	25097	18476	2141	4480		22337	22337		2760
社旗县	6761	301	215	6245		6542	6542		219
新野县	6845	1397		5447	1	6845	6844	1	
内乡县	13022	7671		5351		13022	13022		
淅川县	32082	8740	7862	15480		21664	21664		10418
西峡县	10929	7892		3037		10929	10929		
南召县	14045	4561	1	9483		14045	14045		
桐柏县	5089	1187	160	3742		4929	4929		160
宛城区	34679	25570	102	9007		34678	34678		1
卧龙区	15074	5340		9733	1	15074	15074		
商丘市小计	**244502**	**164112**	**52609**	**27781**		**188538**	**188467**	**71**	**55964**
本级	113191	88658	41062	－16529		80036	79965	71	33155
区县小计	131311	75454	11547	44310		108502	108502		22809
永城市	31793	26644	2703	2446		20324	20324		11469
夏邑县	11963	8625	98	3240		11963	11963		
虞城县	18329	10079	183	8067		18102	18102		227
柘城县	16967	8843	4484	3640		13560	13560		3407
宁陵县	7571	4247	31	3293		7521	7521		50
睢县	12478	9566	46	2866		12477	12477		1
民权县	14791	7250	3179	4362		7647	7647		7144
梁园区	11234	120	281	10833		10953	10953		281
睢阳区	6185	80	542	5563		5955	5955		230
信阳市小计	**214614**	**129612**	**19438**	**52517**	**13047**	**202193**	**202069**	**124**	**12421**

二、政府性基金

2－16－5

单位:万元

地区	收入					支出			年终结余
	收入总计	其中:				支出总计	其中:		
		本年收入	上年结余	补助收入	调入资金		本年支出	调出资金	
本级	94945	61940	7698	14165	11142	92196	92196		2749
区县小计	119669	67672	11740	38352	1905	109997	109873	124	9672
罗山县	14795	6679	1997	6119		13066	13066		1729
光山县	26073	20078	816	5102	77	24949	24949		1124
潢川县	16824	12435	1636	2734	19	15401	15401		1423
固始县	17840	7674	4687	3685	1794	13496	13496		4344
商城县	15153	7548		7605		15153	15153		
新县	4394	1608	184	2602		4394	4394		
息县	8228	5982	548	1698		7680	7680		548
淮滨县	8853	5511	1865	1462	15	8382	8382		471
浉河区	4481	124		4357		4481	4357	124	
平桥区	3028	33	7	2988		2995	2995		33
周口市小计	**221126**	**152258**	**36064**	**32483**	**321**	**189375**	**185075**	**4300**	**31751**
本级	59551	62996	7653	－11110	12	47886	47886		11665
区县小计	161575	89262	28411	43593	309	141489	137189	4300	20086
扶沟县	22141	12701	7200	2240		14651	10651	4000	7490
西华县	15482	10997	2596	1889		11656	11656		3826
商水县	15024	7948	4411	2665		10522	10522		4502
太康县	15412	10138	3257	2017		15025	15025		387
鹿邑县	21603	19535		2059	9	21602	21602		1
郸城县	12217	6663	2063	3491		12085	12085		132
淮阳县	16524	9190	4501	2833		15610	15610		914
沈丘县	11643	6381	1820	3142	300	10996	10996		647
项城市	9602	5649	2034	1919		8216	8216		1386
川汇区	21927	60	529	21338		21126	20826	300	801
驻马店市小计	**265256**	**184195**	**42235**	**38486**	**340**	**221665**	**221652**	**13**	**43591**
本级	123366	95595	31047	－3504	228	94055	94055		29311
区县小计	141890	88600	11188	41990	112	127610	127597	13	14280
确山县	10240	5421	1148	3671		8229	8229		2011
泌阳县	19051	11459	149	7350	93	17780	17780		1271
遂平县	24029	18471	1450	4108		21952	21952		2077
西平县	15075	11427		3648		15075	15075		
上蔡县	14658	9043	1069	4546		13377	13377		1281
汝南县	14059	3717	2526	7816		14059	14059		
平舆县	8668	4347	2414	1902	5	7471	7471		1197
新蔡县	12523	8867	128	3527	1	11621	11621		902
正阳县	13518	7625	2303	3590		7977	7977		5541
驿城区	10069	8223	1	1832	13	10069	10056	13	
济源市	**70940**	**47890**	**6859**	**16190**	**1**	**63601**	**62305**	**1296**	**7339**

2009 年湖北省地市县财政政府性基金收支平衡表

2－17－1　　　　　　　　　　　　　　　　　　　　单位:万元

地　区	收　入					支　出			年终结余
	收入总计	其　中:				支出总计	其　中:		
		本年收入	上年结余	补助收入	调入资金		本年支出	调出资金	
地市县合计	**4160066**	**3491296**	**205782**	**459602**	**3386**	**3781703**	**3776350**	**5353**	**378363**
武汉市小计	**2360552**	**2194635**	**117310**	**47724**	**883**	**2082796**	**2082709**	**87**	**277756**
本级	2001342	1913313	112558	-24529		1727398	1727311	87	273944
区县小计	359210	281322	4752	72253	883	355398	355398		3812
江岸区	8039	64		7975		8039	8039		
江汉区	5647		168	5479		5647	5647		
硚口区	7778	1663		6115		7778	7778		
武昌区	7583			7583		7583	7583		
汉阳区	9333		4584	4749		5521	5521		3812
青山区	4472			4472		4472	4472		
洪山区	5599	314		5285		5599	5599		
东西湖区	21571	17609		3962		21571	21571		
汉南区	8754	5529		3225		8754	8754		
江夏区	77758	72404		4471	883	77758	77758		
蔡甸区	46471	39707		6764		46471	46471		
新洲区	52001	47970		4031		52001	52001		
黄陂区	104204	96062		8142		104204	104204		
黄石市小计	**148476**	**130388**	**1156**	**16932**		**147995**	**147036**	**959**	**481**
本级	95018	92841	675	1502		95018	94059	959	
区县小计	53458	37547	481	15430		52977	52977		481
黄石港区	10			10		10	10		
西塞山区	3			3		3	3		
下陆区	2			2		2	2		
铁山区	102			102		102	102		
大冶市	32425	25794		6631		32425	32425		
阳新县	20916	11753	481	8682		20435	20435		481
十堰市小计	**127348**	**104737**		**22611**		**127348**	**127348**		
本级	69085	66789		2296		69085	69085		
区县小计	58263	37948		20315		58263	58263		
张湾区	67			67		67	67		
茅箭区	70			70		70	70		
丹江口市	26457	20894		5563		26457	26457		
郧县	5050	540		4510		5050	5050		
郧西县	14586	11486		3100		14586	14586		
竹山县	7058	4779		2279		7058	7058		
竹溪县	2559	239		2320		2559	2559		
房县	2416	10		2406		2416	2416		
荆州市小计	**92810**	**14876**	**19**	**77915**		**92757**	**92257**	**500**	**53**
本级	11408	5508	19	5881		11355	10855	500	53
区县小计	81402	9368		72034		81402	81402		
沙市区	3505	118		3387		3505	3505		
荆州区	4905	1636		3269		4905	4905		

二、政府性基金

2－17－2　　　　　　　　　　　　　　　　　　　　　　　　　　　　单位:万元

地　　区	收　　入					支　　出			年终结余
	收入总计	其　中:				支出总计	其　中:		
		本年收入	上年结余	补助收入	调入资金		本年支出	调出资金	
江陵县	10735	2680		8055		10735	10735		
松滋市	6016	390		5626		6016	6016		
公安县	6514	20		6494		6514	6514		
石首市	3642	215		3427		3642	3642		
监利县	21273	213		21060		21273	21273		
洪湖市	24812	4096		20716		24812	24812		
宜昌市小计	**393520**	**288316**	**59185**	**46019**		**339078**	**338078**	**1000**	**54442**
本级	229865	177947	58060	－6142		176506	176506		53359
区县小计	163655	110369	1125	52161		162572	161572	1000	1083
西陵区	825			825		825	825		
伍家岗区	1268	13		1255		1268	1268		
点军区	2988		132	2856		2988	2988		
猇亭区	9208	2425	1	6782		9208	9208		
夷陵区	33480	27332	453	5695		32905	32905		575
宜都市	22581	21075		1506		22581	22581		
枝江市	17990	14293	360	3337		17990	17990		
当阳市	28330	21835		6495		28330	28330		
远安县	1376	789		587		1376	1376		
兴山县	8593	3382		5211		8593	8593		
秭归县	18497	5089		13408		18497	18497		
长阳县	14608	11598	160	2850		14100	13100	1000	508
五峰县	3911	2538	19	1354		3911	3911		
襄樊市小计	**228637**	**191701**	**50**	**36886**		**228587**	**228587**		**50**
本级	115659	112012		3647		115659	115659		
区县小计	112978	79689	50	33239		112928	112928		50
襄城区	237			237		237	237		
樊城区	320	6	50	264		270	270		50
襄阳区	23937	19555		4382		23937	23937		
老河口市	32600	28947		3653		32600	32600		
枣阳市	22288	11696		10592		22288	22288		
宜城市	10990	4157		6833		10990	10990		
南漳县	7679	4629		3050		7679	7679		
谷城县	12364	9756		2608		12364	12364		
保康县	2563	943		1620		2563	2563		
鄂州市小计	**57691**	**29663**	**15249**	**12717**	**62**	**32778**	**32778**		**24913**
本级	53410	29567	15187	8656		28559	28559		24851
区县小计	4281	96	62	4061	62	4219	4219		62
鄂城区	1262	62	62	1076	62	1200	1200		62
华容区	2464	24		2440		2464	2464		
梁子湖区	555	10		545		555	555		
荆门市小计	**64294**	**31374**	**2010**	**30361**	**549**	**63331**	**63331**		**963**
本级	17292	10748	2010	3985	549	17255	17255		37

2－17－3

单位:万元

地区	收入					支出			年终结余
	收入总计	其中:				支出总计	其中:		
		本年收入	上年结余	补助收入	调入资金		本年支出	调出资金	
区县小计	47002	20626		26376		46076	46076		926
掇刀区	19022	15499		3523		18096	18096		926
东宝区	4112	115		3997		4112	4112		
钟祥市	11879	3658		8221		11879	11879		
京山县	5443	948		4495		5443	5443		
沙洋县	6546	406		6140		6546	6546		
孝感市小计	**185279**	**149303**	**6162**	**29814**		**169725**	**169725**		**15554**
本级	67015	59356	5991	1668		51632	51632		15383
区县小计	118264	89947	171	28146		118093	118093		171
孝南区	12666	9441		3225		12666	12666		
孝昌县	3292	11	2	3279		3290	3290		2
大悟县	4063	582		3481		4063	4063		
安陆市	6677	3719		2958		6677	6677		
云梦县	13382	5995		7387		13382	13382		
应城市	24249	21101	169	2979		24080	24080		169
汉川市	53935	49098		4837		53935	53935		
黄冈市小计	**80331**	**46885**	**154**	**33292**		**79963**	**79042**	**921**	**368**
本级	22644	19643		3001		22644	22644		
区县小计	57687	27242	154	30291		57319	56398	921	368
黄州区	663	102		561		400	400		263
团风县	3333	1182		2151		3333	3333		
红安县	4661	2145	50	2466		4661	4661		
麻城市	6764	601	104	6059		6659	6659		105
罗田县	7769	5613		2156		7769	7548	221	
英山县	8320	5551		2769		8320	8320		
浠水县	5460	2618		2842		5460	5460		
蕲春县	7667	5195		2472		7667	7667		
武穴市	9192	3343		5849		9192	8492	700	
黄梅县	3858	892		2966		3858	3858		
咸宁市小计	**180843**	**152063**	**2715**	**24173**	**1892**	**180384**	**178498**	**1886**	**459**
本级	81501	80404	300	694	103	81200	81200		301
区县小计	99342	71659	2415	23479	1789	99184	97298	1886	158
咸安区	20616	13463	2169	4618	366	20533	18647	1886	83
嘉鱼县	18707	15258		3449		18707	18707		
赤壁市	19500	13694	200	5606		19500	19500		
通城县	4821	3551	21	1249		4821	4821		
崇阳县	25363	19594	25	4321	1423	25288	25288		75
通山县	10335	6099		4236		10335	10335		
恩施自治州小计	**79088**	**49647**	**1257**	**28184**		**76609**	**76609**		**2479**
本级	3889	1191	1257	1441		1410	1410		2479
区县小计	75199	48456		26743		75199	75199		
恩施市	26538	24642		1896		26538	26538		

二、政府性基金

2－17－4 单位:万元

地区	收入总计	收入 其中:本年收入	上年结余	补助收入	调入资金	支出总计	支出 其中:本年支出	调出资金	年终结余
建始县	8135	7500		635		8135	8135		
巴东县	17961	1257		16704		17961	17961		
利川市	10608	9247		1361		10608	10608		
宣恩县	4257	2354		1903		4257	4257		
咸丰县	3495	2405		1090		3495	3495		
来凤县	1670	481		1189		1670	1670		
鹤峰县	2535	570		1965		2535	2535		
随州市小计	**48894**	**33083**		**15811**		**48894**	**48894**		
本级	24907	16268		8639		24907	24907		
区县小计	23987	16815		7172		23987	23987		
曾都区	1763	1292		471		1763	1763		
广水市	20120	14261		5859		20120	20120		
随县	2104	1262		842		2104	2104		
仙桃市	**30967**	**13850**		**17117**		**30967**	**30967**		
天门市	**43469**	**34422**		**9047**		**43469**	**43469**		
潜江市	**34651**	**25008**		**9643**		**34651**	**34651**		
神农架林区	**3216**	**1345**	**515**	**1356**		**2371**	**2371**		**845**

2009 年湖南省地市县财政政府性基金收支平衡表

表 2-18-1　　　　单位:万元

地区	收入					支出			年终结余
	收入总计	其中:				支出总计	其中:		
		本年收入	上年结余	补助收入	调入资金		本年支出	调出资金	
地市县合计	**3149223**	**2084207**	**545594**	**497958**	**21464**	**2466759**	**2391392**	**51432**	**682464**
长沙市小计	**1506121**	**1197813**	**235959**	**65193**	**7156**	**1248249**	**1237454**	**150**	**257872**
本级	1232763	1038703	201954	-13894	6000	1015487	1006379		217276
区县小计	273358	159110	34005	79087	1156	232762	231075	150	40596
浏阳市	75854	48380	15002	12241	231	55293	54960		20561
宁乡县	42405	34499	91	7711	104	41862	41151	150	543
长沙县	78736	54389	13210	10389	748	65113	64674		13623
望城县	28932	20882	4673	3304	73	24738	24534		4194
雨花区	9951	300	685	8966		9126	9126		825
芙蓉区	26405	206		26199		26405	26405		
天心区	5723	265	96	5362		5621	5621		102
岳麓区	2160	61	12	2087		2116	2116		44
开福区	3192	128	236	2828		2488	2488		704
株洲市小计	**175641**	**120073**	**26415**	**28733**	**420**	**110122**	**107229**	**481**	**65519**
本级	128100	105896	16843	5352	9	80116	77920	253	47984
区县小计	47541	14177	9572	23381	411	30006	29309	228	17535
株洲县	6832	1335	985	4434	78	2887	2809		3945
醴陵市	16063	9218	3343	3502		12522	12425		3541
攸县	4979	1365	769	2574	271	3327	3015	228	1652
茶陵县	6485	147	1675	4663		2219	2185		4266
炎陵县	5137	1698	1333	2106		3531	3492		1606
天元区	5733	109	1122	4471	31	3916	3885		1817
芦淞区	849	78	345	426		462	430		387
荷塘区	955	82		842	31	854	823		101
石峰区	508	145		363		288	245		220
湘潭市小计	**70824**	**32540**	**10413**	**24431**	**3440**	**50511**	**46070**	**3637**	**20313**
本级	40590	16573	8537	12913	2567	21311	18434	2315	19279
区县小计	30234	15967	1876	11518	873	29200	27636	1322	1034
湘潭县	17486	12488	1720	3278		17091	15701	1322	395
湘乡市	7617	55		6724	838	7617	7530		
韶山市	3773	3052	75	646		3172	3157		601
雨湖区	673	175	14	449	35	658	618		15
岳塘区	685	197	67	421		662	630		23
衡阳市小计	**294285**	**174911**	**77867**	**40698**	**809**	**217249**	**188472**	**27740**	**77036**
本级	166119	96853	61288	7169	809	109275	90912	17740	56844
区县小计	128166	78058	16579	33529		107974	97560	10000	20192
衡南县	50476	42790	1977	5709		48637	48591		1839
衡阳县	10317	1451	1147	7719		9414	9010	350	903
衡山县	4148	67	1203	2878		1674	1659		2474
衡东县	17309	7824	5991	3494		9909	9851		7400
常宁市	12690	7087	1551	4052		11116	11050		1574
祁东县	4935	1227	644	3064		4062	4034		873

二、政府性基金

2－18－2　　　　单位:万元

地区	收入					支出			年终结余
	收入总计	其中:				支出总计	其中:		
		本年收入	上年结余	补助收入	调入资金		本年支出	调出资金	
耒阳市	20198	15644	608	3946		19502	9830	9534	696
南岳区	2806	1531	811	464		996	987		1810
珠晖区	1402	27	360	1015					1402
雁峰区	264	25	59	180		164	164		100
石鼓区	2991	370	2079	542		1963	1963		1028
蒸湘区	630	15	149	466		537	421	116	93
邵阳市小计	**149314**	**74733**	**33376**	**40877**	**328**	**104519**	**100234**	**3522**	**44795**
本级	26809	23843	8752	－5786		24322	23937		2487
区县小计	122505	50890	24624	46663	328	80197	76297	3522	42308
双清区	656	23	77	513	43	419	408		237
大祥区	1182	22	433	564	163	782	771		400
北塔区	5618	11	574	5033		2057	1907	145	3561
邵东县	22828	12701	1710	8417		16187	15581	500	6641
新邵县	12903	5568	2082	5235	18	8359	8290	19	4544
隆回县	4175	597	668	2910		2798	2777		1377
洞口县	19030	7412	9130	2488		11749	11717		7281
新宁县	13532	5759	2836	4842	95	8929	8916		4603
邵阳县	12318	4658	2262	5398		8965	7922	966	3353
绥宁县	13194	6128	3249	3817		8688	8682		4506
武冈市	11286	5289	958	5039		7266	7229		4020
城步苗族自治县	5783	2722	645	2407	9	3998	2097	1892	1785
岳阳市小计	**136990**	**75701**	**17538**	**43643**	**108**	**110605**	**105077**	**3981**	**26385**
本级	48283	30694	10121	7360	108	35000	33321	626	13283
区县小计	88707	45007	7417	36283		75605	71756	3355	13102
汨罗市	4203	417	801	2985		4102	3994		101
平江县	20541	12592	330	7619		18896	18867		1645
湘阴县	10859	4019	1692	5148		5469	5264		5390
临湘市	7158	2593	359	4206		6642	6553		516
华容县	8169	4110	606	3453		5819	5796		2350
岳阳县	25793	15497	2279	8017		25657	22267	3355	136
岳阳楼区	2815	630	561	1624		1600	1600		1215
云溪区	3981	2649	412	920		3636	3636		345
君山区	5188	2500	377	2311		3784	3779		1404
常德市小计	**113474**	**38423**	**33141**	**35359**	**6551**	**72186**	**67950**	**1711**	**41288**
本级	47732	16557	16735	7952	6488	28306	26755	1	19426
区县小计	65742	21866	16406	27407	63	43880	41195	1710	21862
津市市	2793	2014		779		2793	2673		
安乡县	8844	918	2766	5150	10	4108	3953		4736
汉寿县	9621	6288	926	2407		8248	8116		1373
澧县	7075	1803	1498	3774		4887	4827		2188
临澧县	8664	3406	1631	3627		6085	4265	1710	2579
桃源县	13566	4238	5976	3352		6995	6824		6571

2－18－3 单位:万元

地区	收入					支出			年终结余
	收入总计	其中:				支出总计	其中:		
		本年收入	上年结余	补助收入	调入资金		本年支出	调出资金	
石门县	6022	1472	1167	3361	22	4000	3897		2022
武陵区	1307	79	6	1191	31	1301	1270		6
鼎城区	7850	1648	2436	3766		5463	5370		2387
张家界市小计	**31009**	**11255**	**5672**	**13815**	**267**	**21533**	**21293**		**9476**
本级	9691	3738	2288	3639	26	4744	4718		4947
区县小计	21318	7517	3384	10176	241	16789	16575		4529
永定区	2757	687	717	1224	129	2417	2329		340
武陵源区	3463	2952	39	456	16	3054	3038		409
慈利县	9393	2462	1260	5589	82	6881	6799		2512
桑植县	5705	1416	1368	2907	14	4437	4409		1268
益阳市小计	**140482**	**85881**	**24184**	**29804**	**613**	**99632**	**95550**	**3711**	**40850**
本级	57654	38722	15736	3106	90	35681	32224	3711	21973
区县小计	82828	47159	8448	26698	523	63951	63326		18877
沅江市	11447	7846		3562	39	11447	11373		
南县	10344	1701	2251	6330	62	5319	5289		5025
桃江县	11744	7513	672	3273	286	10747	10705		997
安化县	17679	7844	2032	7761	42	11937	11895		5742
资阳区	16004	9585	3490	2915	14	8894	8537		7110
赫山区	15610	12670	3	2857	80	15607	15527		3
永州市小计	**93005**	**37213**	**11453**	**43749**	**590**	**78913**	**78474**	**7**	**14092**
本级	15334	3163	6758	5198	215	9639	9397	1	5695
区县小计	77671	34050	4695	38551	375	69274	69077	6	8397
东安县	1986	143	28	1796	19	1979	1943	6	7
道县	16311	6719	161	9366	65	16284	16269		27
宁远县	7328	1625	2123	3566	14	5376	5351		1952
江永县	7593	5489	15	2089		7577	7562		16
江华	5169	3774		1377	18	5169	5151		
蓝山县	4226	3134	34	1049	9	4218	4206		8
新田县	5173	356		4801	16	5173	5165		
双牌县	4243	885	19	3323	16	4223	4207		20
祁阳县	4428	938	5	3459	26	4422	4396		6
零陵区	19052	10817	2225	5818	192	12770	12744		6282
冷水滩区	2162	170	85	1907		2083	2083		79
郴州市小计	**141548**	**93201**	**14200**	**33527**	**620**	**126950**	**124009**	**1613**	**14598**
本级	42964	37785	5319	－140		38651	37616	1500	4313
区县小计	98584	55416	8881	33667	620	88299	86393	113	10285
北湖区	5875	865	1206	3804		4357	4210		1518
苏仙区	5151	869	1759	2487	36	3337	2890	36	1814
资兴市	30734	22575	315	7760	84	30243	29866		491
桂阳县	20661	14782	1397	4482		18520	18435		2141
永兴县	16222	13315	250	2317	340	15950	15610		272
宜章县	2092	235	581	1216	60	1854	1625	60	238

二、政府性基金

2－18－4　　　　　　　　　　　　　　　　　　　　　　　　单位:万元

地　　区	收　入					支　出			年终结余
	收入总计	其　中:				支出总计	其　中:		
		本年收入	上年结余	补助收入	调入资金		本年支出	调出资金	
嘉禾县	3717	670	986	2019	42	2482	2360		1235
临武县	1637	18		1578	41	1629	1588		8
汝城县	3286	252	84	2950		3190	3147		96
桂东县	3214	842	1355	1000	17	1755	1718	17	1459
安仁县	5995	993	948	4054		4982	4944		1013
娄底市小计	**113138**	**55600**	**21810**	**35728**		**86265**	**84747**	**950**	**26873**
本级	45735	25416	11189	9130		37226	36046	950	8509
区县小计	67403	30184	10621	26598		49039	48701		18364
娄星区	2449	648	438	1363		1754	1723		695
双峰县	9136	5291	1203	2642		6916	6869		2220
涟源市	12100	5244	3536	3320		6174	6116		5926
冷水江市	14244	8810	3616	1818		11774	11604		2470
新化县	29474	10191	1828	17455		22421	22389		7053
怀化市小计	**102736**	**44678**	**19907**	**37805**	**346**	**74394**	**69508**	**3923**	**28342**
本级	53598	33448	15464	4637	49	35700	31896	3675	17898
区县小计	49138	11230	4443	33168	297	38694	37612	248	10444
沅陵县	8723	836		7820	67	8707	8495		16
辰溪县	3235	912	562	1730	31	1923	1794		1312
溆浦县	10154	1657	2499	5966	32	3416	3208		6738
麻阳苗族自治县	2326	692	3	1616	15	2325	2310		1
新晃侗族自治县	1490	318	62	1099	11	1276	1040	209	214
芷江侗族自治县	4140	1436	274	2401	29	3929	3853		211
鹤城区	2282	706	637	935	4	1493	1489		789
中方县	2168	412	21	1716	19	2073	1992	39	95
洪江市	5295	623	37	4599	36	5112	5069		183
会同县	2310	99	3	2196	12	2307	2286		3
靖州苗族侗族自治县	3986	2083	3	1865	35	3982	3931		4
通道侗族自治县	3029	1456	342	1225	6	2151	2145		878
湘西土家族苗族自治州小计	**80656**	**42185**	**13659**	**24596**	**216**	**65631**	**65325**	**6**	**15025**
本级	15608	8358	5533	1698	19	10013	9968	6	5595
区县小计	65048	33827	8126	22898	197	55618	55357		9430
吉首市	18983	15337	1523	2054	69	17051	16982		1932
泸溪县	3906	644	624	2617	21	3689	3641		217
凤凰县	7766	3774	2062	1921	9	5070	5057		2696
花垣县	5914	3927	482	1443	62	5580	5516		334
保靖县	4999	504	1041	3432	22	4122	4098		877
古丈县	3047	510	633	1899	5	2521	2516		526
永顺县	5668	773	1344	3542	9	3353	3340		2315
龙山县	14765	8358	417	5990		14232	14207		533

2009 年广东省地市县财政政府性基金收支平衡表

2－19－1　　　　　　　　　　　　　　　　　　　　　　　　单位：万元

地区	收入					支出			年终结余
	收入总计	其中：				支出总计	其中：		
		本年收入	上年结余	补助收入	调入资金		本年支出	调出资金	
地市县合计	**16350824**	**12056773**	**3688515**	**455488**	**148863**	**10338971**	**10239619**	**98314**	**6011853**
广州市小计	**5306674**	**4050122**	**1148223**	**43315**	**65014**	**2696933**	**2695806**	**1127**	**2609741**
本级	2898753	2950885	497829	－561947	11986	1238061	1238061		1660692
区县小计	2407921	1099237	650394	605262	53028	1458872	1457745	1127	949049
越秀区	78436	5358	55853	11699	5526	5790	5790		72646
海珠区	50180	1174	33052	12455	3499	5340	5340		44840
荔湾区	27296	675	9843	10359	6419	15988	15988		11308
天河区	186924	4549	71827	102449	8099	123320	123320		63604
白云区	144922	1519	83667	55598	4138	51961	51961		92961
黄埔区	41487	702	18738	21073	974	18496	18496		22991
花都区	268450	21854	120842	116003	9751	153271	153271		115179
番禺区	310630	33947	74220	191333	11130	209090	209090		101540
南沙区	228608	157534	48205	21877	992	167354	167354		61254
萝岗区	381797	339742	34692	4863	2500	343634	343634		38163
从化市	290325	227351	36201	26773		148175	147048	1127	142150
增城市	398866	304832	63254	30780		216453	216453		182413
深圳市小计	**2620148**	**1700733**	**832487**	**32833**	**52910**	**1586998**	**1532373**	**54625**	**1033150**
本级	2038698	1569963	829719	－362169		1036027	1036027		1002671
区县小计	581450	130770	2768	395002	52910	550971	496346	54625	30479
福田区	1138	576	190	372		41	41		1097
罗湖区	1786		380	1406		1406	1406		380
盐田区	54847			54847		37685	37685		17162
南山区	83309		533	82776		82777	82777		532
宝安区	406402	130194	339	225869	50000	406063	356063	50000	339
龙岗区	33968		1326	29732	2910	22999	18374	4625	10969
珠海市小计	**273959**	**201990**	**69075**	**2894**		**215617**	**215617**		**58342**
本级	210922	165797	52098	－6973		160230	160230		50692
区县小计	63037	36193	16977	9867		55387	55387		7650
香洲区	8997	8657		340		8997	8997		
金湾区	25281	14749	9283	1249		24323	24323		958
斗门区	28759	12787	7694	8278		22067	22067		6692
汕头市小计	**118569**	**99688**	**13284**	**5597**		**88207**	**88174**	**33**	**30362**
本级	47872	40474	7723	－325		38459	38459		9413
区县小计	70697	59214	5561	5922		49748	49715	33	20949
金平区	748	66		682		748	748		
龙湖区	22794	21780	780	234		10312	10312		12482
澄海区	19945	19511		434		19945	19945		
濠江区	6107	4730	1068	309		2980	2980		3127
朝阳区	4817	3766	26	1025		1821	1788	33	2996
潮南区	11891	9175		2716		11891	11891		
南澳县	4395	186	3687	522		2051	2051		2344
佛山市小计	**2711967**	**2034467**	**662173**	**3304**	**12023**	**1778181**	**1778181**		**933786**

二、政府性基金

2－19－2　　　　　　　　　　　　　　　　　　　　　　　　　　　　　　　单位:万元

地区	收入	其中:				支出	其中:		年终结余
	收入总计	本年收入	上年结余	补助收入	调入资金	支出总计	本年支出	调出资金	
本级	572484	312572	267642	-9763	2033	130837	371666		441647
区县小计	2139483	1721895	394531	13067	9990	1647344	1406515		492139
禅城区	282418	245234	33200	2802	1182	225806	175060		56612
南海区	767560	420497	335218	4479	7366	501502	401502		266058
顺德区	774234	761199	12322	713		630050	574967		144184
高明区	83968	79563	1517	2888		79615	69615		4353
三水区	231303	215402	12274	2185	1442	210371	185371		20932
韶关市小计	**169587**	**114928**	**26289**	**28370**		**119331**	**119331**		**50256**
本级	72903	53736	19761	-594		45007	45007		27896
区县小计	96684	61192	6528	28964		74324	74324		22360
浈江区	1934		1122	812		609	609		1325
武江区	1456		563	893		484	484		972
曲江区	24065	20457		3608		21099	21099		2966
乐昌市	17620	9243	1974	6403		13932	13932		3688
南雄市	11160	7556	20	3584		11155	11155		5
仁化县	5102	2297		2805		5102	5102		
始兴县	15024	11287	143	3594		10386	10386		4638
翁源县	8056	4524	646	2886		4548	4548		3508
新丰县	3267	891	840	1536		1365	1365		1902
乳源瑶族自治县	9000	4937	1220	2843		5644	5644		3356
河源市小计	**111283**	**43489**	**36955**	**28048**	**2791**	**75120**	**66717**	**8403**	**36163**
本级	57922	40793	12590	1748	2791	40256	32259	7997	17666
区县小计	53361	2696	24365	26300		34864	34458	406	18497
源城区	5935	861		5074		861	861		5074
东源县	14781	242	3585	10954		13822	13822		959
和平县	6621	787	4387	1447		5994	5588	406	627
龙川县	3658	136	127	3395		3435	3435		223
紫金县	12353	664	9322	2367		4752	4752		7601
连平县	10013	6	6944	3063		6000	6000		4013
梅州市小计	**141938**	**95147**	**7579**	**39131**	**81**	**124516**	**120030**	**4469**	**17422**
本级	20197	13614	5440	1143		7969	7952		12228
区县小计	121741	81533	2139	37988	81	116547	112078	4469	5194
梅江区	612			531	81	612	612		
兴宁市	21371	10907	6	10458		21365	21365		6
梅县	59075	53745	834	4496		57143	52674	4469	1932
平远县	11628	9099	220	2309		10975	10975		653
蕉岭县	11428	2838	623	7967		9112	9112		2316
大埔县	3840	529	79	3232		3704	3704		136
丰顺县	3476	219		3257		3476	3476		
五华县	10311	4196	377	5738		10160	10160		151
惠州市小计	**789446**	**612247**	**145510**	**20555**	**11134**	**592083**	**590803**	**1280**	**197363**
本级	382807	288872	106760	-23959	11134	236038	236038		146769

2－19－3　　单位:万元

地区	收入					支出			年终结余
	收入总计	其中:				支出总计	其中:		
		本年收入	上年结余	补助收入	调入资金		本年支出	调出资金	
区县小计	406639	323375	38750	44514		356045	354765	1280	50594
惠城区	22298	963	2436	18899		19382	19382		2916
惠阳区	110797	101005	1382	8410		100587	100587		10210
惠东县	163199	135107	23659	4433		145009	145009		18190
博罗县	87954	74298	6155	7501		77020	75740	1280	10934
龙门县	22391	12002	5118	5271		14047	14047		8344
汕尾市小计	**68800**	**21049**	**35668**	**12083**		**32731**	**32731**		**36069**
本级	26877	12565	17476	-3164		10355	10355		16522
区县小计	41923	8484	18192	15247		22376	22376		19547
城区	2885	18	2480	387		849	849		2036
陆丰市	16189	973	9936	5280		8978	8978		7211
海丰县	16681	7433	4234	5014		9674	9674		7007
陆河县	6168	60	1542	4566		2875	2875		3293
东莞市小计	**1492296**	**1188368**	**300916**	**3012**		**1135365**	**1135365**		**356931**
本级	1492296	1188368	300916	3012		1135365	1135365		356931
中山市小计	**524234**	**448506**	**74360**	**1368**		**432170**	**432170**		**92064**
本级	524234	448506	74360	1368		432170	432170		92064
江门市小计	**528457**	**435851**	**80307**	**9660**	**2639**	**342979**	**335129**	**7850**	**185478**
本级	221129	195506	28857	-3373	139	153898	149284	4614	67231
区县小计	307328	240345	51450	13033	2500	189081	185845	3236	118247
蓬江区	5453	2068	1063	2322		2139	2139		3314
江海区	2118	1180	109	829		1652	1652		466
新会区	156061	138251	15514	2296		84083	83681	402	71978
台山市	21252	7765	11442	2045		10165	10165		11087
开平市	32583	27436	3039	2108		20284	20231	53	12299
鹤山市	69872	58319	10586	967		59958	59677	281	9914
恩平市	19989	5326	9697	2466	2500	10800	8300	2500	9189
阳江市小计	**140673**	**116821**	**2168**	**21684**		**139590**	**139584**		**1083**
本级	50803	49728	1184	-109		50697	50691		106
区县小计	89870	67093	984	21793		88893	88893		977
江城区	5254	654	14	4586		5240	5240		14
阳春市	28268	23060		5208		28268	28268		
阳东县	34154	27417	970	5767		33191	33191		963
阳西县	22194	15962		6232		22194	22194		
湛江市小计	**367361**	**141717**	**147174**	**78468**	**2**	**179283**	**162557**	**16726**	**188078**
本级	234907	105138	122277	7490	2	85931	71918	14013	148976
区县小计	132454	36579	24897	70978		93352	90639	2713	39102
赤坎区	1269	46	713	510		729	729		540
霞山区	22945	87	884	21974		22002	22002		943
麻章区	1955	256	267	1432		1642	1642		313
坡头区	1911	279	222	1410		1537	1494	43	374
雷州市	34570	13011	7841	13718		20108	19878	230	14462

二、政府性基金

2－19－4　　　　　　　　　　　　　　　　　　　　　　　　　　　单位:万元

地　　区	收　　入					支　　出			年终结余
	收入总计	其　中:				支出总计	其　中:		
		本年收入	上年结余	补助收入	调入资金		本年支出	调出资金	
廉江市	14502	685	943	12874		12880	12880		1622
吴川市	20238	8956	8110	3172		6153	5986	167	14085
遂溪县	14577	5438	464	8675		14249	14249		328
徐闻县	20487	7821	5453	7213		14052	11779	2273	6435
茂名市小计	**63655**	**22990**	**20795**	**19840**	**30**	**41145**	**38555**	**2590**	**22510**
本级	19357	8387	11114	－144		10590	8411	2179	8767
区县小计	44298	14603	9681	19984	30	30555	30144	411	13743
茂南区	5091	1196	2988	907		2510	2510		2581
茂港区	3508	2891	168	449		3368	3368		140
信宜市	2198	388	20	1790		2198	2198		
高州市	12575	2680	143	9752		10105	10105		2470
化州市	6570	1534	597	4439		4739	4739		1831
电白县	14356	5914	5765	2647	30	7635	7224	411	6721
肇庆市小计	**422907**	**358887**	**34535**	**29485**		**341708**	**341488**		**81199**
本级	213014	201607	15321	－3914		151780	151780		61234
区县小计	209893	157280	19214	33399		189928	189708		19965
端州区	3672	1676	6	1990		3666	3666		6
鼎湖区	35901	17554	10703	7644		23744	23744		12157
四会市	16130	14692	22	1416		16109	15889		21
高要市	69391	60098	7166	2127		64930	64930		4461
广宁县	9585	4648		4937		9585	9585		
德庆县	36094	31319	2	4773		36092	36092		2
封开县	20123	15978		4145		20123	20123		
怀集县	18997	11315	1315	6367		15679	15679		3318
清远市小计	**264211**	**230319**	**3366**	**30526**		**237827**	**237827**		**26384**
本级	94438	92324	1485	629		81164	81164		13274
区县小计	169773	137995	1881	29897		156663	156663		13110
清城区	36502	34496	56	1950		36162	36162		340
英德市	51673	44795	665	6213		46616	46616		5057
连州市	14234	1943		12291		14234	14234		
佛冈县	27742	24549	966	2227		25110	25110		2632
清新县	22151	18709		3442		17405	17405		4746
连山壮族瑶族自治县	2773	981	193	1599		2438	2438		335
连南瑶族自治县	1234	570	1	663		1234	1234		
阳山县	13464	11952		1512		13464	13464		
潮州市小计	**34922**	**16265**	**13185**	**4876**	**596**	**17440**	**17422**	**18**	**17482**
本级	19119	8473	9054	996	596	8454	8454		10665
区县小计	15803	7792	4131	3880		8986	8968	18	6817
湘桥区	941	137	192	612		692	692		249
饶平县	7794	5234	614	1946		6682	6664	18	1112
潮安县	7068	2421	3325	1322		1612	1612		5456
揭阳市小计	**108420**	**62905**	**31042**	**14226**	**247**	**76861**	**75668**	**1193**	**31559**

2－19－5 单位:万元

地区	收入					支出			年终结余
	收入总计	其中:				支出总计	其中:		
		本年收入	上年结余	补助收入	调入资金		本年支出	调出资金	
本级	40413	26164	14828	－826	247	26793	25871	922	13620
区县小计	68007	36741	16214	15052		50068	49797	271	17939
榕城区	1346	762	480	104		1097	1097		249
普宁市	25236	13186	7121	4929		18272	18272		6964
揭东县	20988	17122	1782	2084		20055	19879	176	933
揭西县	11399	5548	2832	3019		7633	7619	14	3766
惠来县	9038	123	3999	4916		3011	2930	81	6027
云浮市小计	**91317**	**60284**	**3424**	**26213**	**1396**	**84886**	**84091**		**6431**
本级	14485	9943	2828	1237	477	9398	9398		5087
区县小计	76832	50341	596	24976	919	75488	74693		1344
云城区	20131	18524		1607		20131	20131		
罗定市	33153	18741	519	13893		31952	31952		1201
新兴县	14239	11999		1445	795	14239	13444		
郁南县	5550	564	77	4785	124	5407	5407		143
云安县	3759	513		3246		3759	3759		

二、政府性基金

2009年广西壮族自治区地市县财政政府性基金收支平衡表

2－20－1　　　　　　　　　　　　　　　　　　　　　　　　单位:万元

地区	收入					支出			年终结余
	收入总计	其中:				支出总计	其中:		
		本年收入	上年结余	补助收入	调入资金		本年支出	调出资金	
地市县合计	**3446874**	**2544523**	**454356**	**407261**	**40734**	**2596732**	**2579766**	**16966**	**850142**
南宁市小计	**1051318**	**917265**	**56547**	**47506**	**30000**	**812338**	**812338**		**238980**
本级	928989	839808	37538	21643	30000	727690	727690		201299
区县小计	122329	77457	19009	25863		84648	84648		37681
兴宁区	616	144	207	265		451	451		165
青秀区	868	160	302	406		81	81		787
江南区	458		34	424		283	283		175
西乡塘区	675	64	382	229		186	186		489
良庆区	1581	199	1037	345		208	208		1373
邕宁区	1138	42	830	266		230	230		908
武鸣县	24972	15867	4844	4261		15450	15450		9522
横县	53351	42697	5418	5236		44154	44154		9197
宾阳县	10034	6177	1729	2128		5948	5948		4086
上林县	11155	3334	2165	5656		3131	3131		8024
马山县	5564	2354	1006	2204		3979	3979		1585
隆安县	6892	1746	731	4415		5820	5820		1072
高新区	150	73	55	22		22	22		128
经开区	150		150			21	21		129
华侨区	4725	4600	119	6		4684	4684		41
相思湖区									
风景区									
柳州市小计	**412145**	**324941**	**54201**	**25750**	**7253**	**332122**	**332122**		**80023**
本级	309814	266294	32803	5311	5406	268774	268774		41040
区县小计	102331	58647	21398	20439	1847	63348	63348		38983
柳江县	13267	6880	2267	4120		7813	7813		5454
柳城县	15438	10147	2594	2697		11694	11694		3744
鹿寨县	17133	10153	4224	2756		10771	10771		6362
融安县	18255	8025	6832	3398		13294	13294		4961
三江县	12142	8753	758	2631		6345	6345		5797
融水县	22899	14527	4722	3650		10234	10234		12665
城中区	345			4	341	345	345		
鱼峰区	420			70	350	420	420		
柳南区	1292			816	476	1292	1292		
柳北区	887	91	1	297	498	887	887		
高新开发区	159				159	159	159		
阳和工业新区	94	71			23	94	94		
桂林市小计	**249662**	**162605**	**35167**	**49545**	**2345**	**165698**	**165698**		**83964**
本级	127064	106085	13698	4938	2343	97418	97418		29646
区县小计	122598	56520	21469	44607	2	68280	68280		54318
临桂县	8852	1227	1684	5941		3819	3819		5033
阳朔县	6726	2709	1731	2286		3277	3277		3449
灵川县	8661	1052	1623	5986		902	902		7759

2-20-2 单位:万元

地区	收入					支出			年终结余
	收入总计	其中:				支出总计	其中:		
		本年收入	上年结余	补助收入	调入资金		本年支出	调出资金	
全州县	10603	5360	1446	3797		5389	5389		5214
兴安县	9095	2990	1161	4944		3701	3701		5394
永福县	17203	11784	1703	3716		10907	10907		6296
荔浦县	15379	9913	1541	3925		11100	11100		4279
平乐县	10172	3473	3272	3427		3567	3567		6605
恭城县	3705	259	553	2893		2957	2957		748
灌阳县	14208	8816	2392	3000		10343	10343		3865
龙胜县	7975	4815	1005	2155		5537	5537		2438
资源县	6810	4086	704	2018	2	5487	5487		1323
秀峰区	182		139	43		182	182		
象山区	976		906	70		381	381		595
叠彩区	551		470	81		34	34		517
七星高新区	373		203	170		313	313		60
雁山区	1127	36	936	155		384	384		743
梧州市小计	**190384**	**138191**	**22110**	**29118**	**965**	**160201**	**159503**	**698**	**30183**
本级	95445	77864	12042	4574	965	80447	79749	698	14998
区县小计	94939	60327	10068	24544		79754	79754		15185
岑溪市	17568	6706	6218	4644		15876	15876		1692
苍梧县	35452	29950	418	5084		27521	27521		7931
藤县	22577	14412	1288	6877		21176	21176		1401
蒙山县	15593	8987	1073	5533		12063	12063		3530
万秀区	2007		864	1143		1601	1601		406
蝶山区	736		62	674		736	736		
长洲区	621	10	22	589		519	519		102
工业园区	385	262	123			262	262		123
北海市小计	**276482**	**189329**	**70197**	**16956**		**203025**	**202658**	**367**	**73457**
本级	251535	174008	67958	9569		185125	184758	367	66410
区县小计	24947	15321	2239	7387		17900	17900		7047
合浦县	20441	14652	1371	4418		15161	15161		5280
海城区	1936	288	163	1485		1696	1696		240
银海区	765	230	373	162		264	264		501
铁山港区	1805	151	332	1322		779	779		1026
防城港市小计	**190034**	**167384**	**11922**	**10728**		**166346**	**166346**		**23688**
本级	95984	124016	3341	-31373		88777	88777		7207
区县小计	94050	43368	8581	42101		77569	77569		16481
港口区	37587	5077	3462	29048		34616	34616		2971
防城区	12472	5855	1527	5090		10764	10764		1708
东兴市	35756	30911	2390	2455		29978	29978		5778
上思县	8235	1525	1202	5508		2211	2211		6024
钦州市小计	**141824**	**110284**	**9925**	**21615**		**116142**	**106142**	**10000**	**25682**
本级	65313	52690	3404	9219		48185	38185	10000	17128
区县小计	76511	57594	6521	12396		67957	67957		8554

二、政府性基金

2-20-3　　　　　　　　　　　　　　　　　　　　　　　　　　　　单位:万元

地区	收入总计	其中:本年收入	其中:上年结余	其中:补助收入	其中:调入资金	支出总计	其中:本年支出	其中:调出资金	年终结余
浦北县	18341	12719	812	4810		18103	18103		238
灵山县	23298	16802	1500	4996		19322	19322		3976
钦州港区	9684	9182	500	2		9194	9194		490
钦南区	5878	2439	2438	1001		3896	3896		1982
钦北区	19310	16452	1271	1587		17442	17442		1868
贵港市小计	**115470**	**57805**	**47210**	**10455**		**56102**	**56102**		**59368**
本级	84048	50949	32889	210		44024	44024		40024
区县小计	31422	6856	14321	10245		12078	12078		19344
港北区	4172	1378	2263	531		1967	1967		2205
港南区	3185	465	1850	870		801	801		2384
覃塘区	5458	1012	1253	3193		3724	3724		1734
平南县	5831	1174	2834	1823		1980	1980		3851
桂平市	12776	2827	6121	3828		3606	3606		9170
玉林市小计	**262001**	**197972**	**37144**	**26885**		**195946**	**190045**	**5901**	**66055**
本级	138446	117737	16377	4332		109628	110095		28818
区县小计	123555	80235	20767	22553		86318	79950	5901	37237
容县	13771	7056	3729	2986		7623	7623		6148
陆川县	12686	7565	1095	4026		8602	8602		4084
博白县	35068	25065	3528	6475		28604	22704	5900	6464
兴业县	5042	1114	2041	1887		1353	1353		3689
北流市	46409	38190	4773	3446		37056	37056		9353
玉州区	9287	1046	5275	2966		2628	2161		6659
福绵区	1292	199	326	767		452	451	1	840
百色市小计	**164611**	**64180**	**28630**	**71801**		**115899**	**115899**		**48712**
本级	27238	24303	2942	-7		24526	24526		2712
区县小计	137373	39877	25688	71808		91373	91373		46000
右江区	6990	620	2637	3733		4431	4431		2559
田阳县	13018	1812	2368	8838		10188	10188		2830
田东县	12916	1892	2555	8469		5994	5994		6922
平果县	29524	14939	4284	10301		19038	19038		10486
德保县	8837	2795	1943	4099		3595	3595		5242
靖西县	9564	4421	1610	3533		4841	4841		4723
那坡县	4193	282	721	3190		1356	1356		2837
凌云县	8824	2099	1001	5724		7771	7771		1053
乐业县	8530	1816	1952	4762		7762	7762		768
田林县	11727	1438	4062	6227		8206	8206		3521
隆林县	15873	6241	1673	7959		11535	11535		4338
西林县	7377	1522	882	4973		6656	6656		721
贺州市小计	**61853**	**28212**	**14399**	**19242**		**40058**	**40058**		**21795**
本级	33579	19431	9404	4744		20664	20664		12915
区县小计	28274	8781	4995	14498		19394	19394		8880
昭平县	7861	2569	865	4427		5239	5239		2622

2－20－4 单位:万元

地区	收入					支出			年终结余
	收入总计	其中:				支出总计	其中:		
		本年收入	上年结余	补助收入	调入资金		本年支出	调出资金	
钟山县	8538	2175	1448	4915		6043	6043		2495
富川县	6842	2347	777	3718		4893	4893		1949
八步区	3714	1170	1637	907		2333	2333		1381
平桂管理区	1319	520	268	531		886	886		433
河池市小计	**141609**	**72489**	**40047**	**29073**		**97559**	**97559**		**44050**
本级	37134	24430	10965	1739		23391	23391		13743
区县小计	104475	48059	29082	27334		74168	74168		30307
金城江区	7291	747	1349	5195		3364	3364		3927
宜州市	18749	7694	8208	2847		13014	13014		5735
罗城仫佬族自治县	9972	2552	4712	2708		5298	5298		4674
环江毛南族自治县	9068	4448	1827	2793		7356	7356		1712
南丹县	25337	17831	3985	3521		22248	22248		3089
天峨县	5612	1228	3098	1286		2703	2703		2909
凤山县	4369	241	350	3778		2478	2478		1891
东兰县	3144	528	370	2246		2775	2775		369
巴马瑶族自治县	11718	8917	1278	1523		7080	7080		4638
都安瑶族自治县	3037	1434	929	674		2362	2362		675
大化瑶族自治县	6178	2439	2976	763		5490	5490		688
来宾市小计	**96675**	**59350**	**12901**	**24253**	**171**	**63958**	**63958**		**32717**
本级	44029	37226	4519	2284		35520	35520		8509
区县小计	52646	22124	8382	21969	171	28438	28438		24208
来宾市兴宾区	4287	1742	1433	1112		1669	1669		2618
象州县	10871	3548	2343	4968	12	5898	5898		4973
武宣县	15982	9806	1728	4289	159	8554	8554		7428
金秀瑶族自治县	4866	2562	311	1993		2719	2719		2147
忻城县	9552	2920	1356	5276		4634	4634		4918
合山市	4975	849	676	3450		2947	2947		2028
来宾华侨投资区	2113	697	535	881		2017	2017		96
崇左市小计	**92806**	**54516**	**13956**	**24334**		**71338**	**71338**		**21468**
本级	15820	13424	2293	103		11045	11045		4775
区县小计	76986	41092	11663	24231		60293	60293		16693
扶绥县	15192	8405	1576	5211		10269	10269		4923
大新县	8658	1529	3800	3329		6298	6298		2360
天等县	10430	5606	1108	3716		8409	8409		2021
宁明县	4450	1197	1610	1643		2759	2759		1691
龙州县	7177	1015	1455	4707		6130	6130		1047
凭祥市	24833	22602	1143	1088		22951	22951		1882
江州区	6246	738	971	4537		3477	3477		2769

2009 年海南省地市县财政政府性基金收支平衡表

2－21　　　　单位:万元

地　区	收入：收入总计	收入：其中：本年收入	收入：其中：上年结余	收入：其中：补助收入	收入：其中：调入资金	支出：支出总计	支出：其中：本年支出	支出：其中：调出资金	年终结余
地市县合计	1131381	949576	95234	80093	6478	998823	981744	17079	132558
海口市小计	234716	211661	5611	11755	5689	224676	224215	461	10040
本级	233992	211638	5564	11103	5687	224013	223554	459	9979
区县小计	724	23	47	652	2	663	661	2	61
龙华区	70		5	65		70	70		
美兰区	260	4	18	238		242	242		18
秀英区	85			85		85	85		
琼山区	309	19	24	264	2	266	264	2	43
三亚市小计	358434	313006	41808	3620		298593	298593		59841
本级	358434	313006	41808	3620		298593	298593		59841
洋浦经济开发区小计	1321	503	803	15		450	434	16	871
本级	1321	503	803	15		450	434	16	871
琼海市	29343	19203	5968	4172		24206	24023	183	5137
儋州市	28622	20320	1175	7127		24756	24756		3866
文昌市	62490	50434	1525	10303	228	54692	39471	15221	7798
万宁市	121959	114435	4374	3138	12	110049	109918	131	11910
东方市	21879	7713	3321	10845		14224	13999	225	7655
五指山市	7258	3501	2267	1490		6292	6281	11	966
屯昌县	8595	5645	1154	1796		6716	6710	6	1879
澄迈县	34934	30009	1954	2971		34496	34359	137	438
临高县	10543	3077	2126	5340		4663	4571	92	5880
白沙县	4748	1877	1913	958		4119	4049	70	629
昌江县	31799	28964	517	2318		31014	31014		785
乐东县	17503	10008	823	6639	33	14688	14619	69	2815
陵水县	119139	100670	14274	4195		112567	112205	362	6572
保亭县	18563	15290	1967	1288	18	16923	16905	18	1640
琼中县	3008	780	1349	879		2382	2318	64	626
定安县	16527	12480	2305	1244	498	13317	13304	13	3210

2009 年重庆市区县财政政府性基金收支平衡表

2－22　　单位:万元

地区	收入					支出			年终结余
	收入总计	其中:				支出总计	其中:		
		本年收入	上年结余	补助收入	调入资金		本年支出	调出资金	
区县合计	**3036810**	**1861962**	**470866**	**701809**	**2173**	**2407307**	**2285470**	**40205**	**629503**
渝中区	16529	2298	2113	12118		15104	15076		1425
江北区	276104	125445	14363	136296		238883	238883		37221
沙坪坝区	119663	79849	9896	29918		107716	68467	39197	11947
九龙坡区	109115	63246	15766	30103		89123	89123		19992
大渡口区	31771	3872	3085	24814		29277	29266		2494
南岸区	97258	42363	21541	33354		51484	51484		45774
北碚区	62088	37181	12895	12012		49903	46221	124	12185
万盛区	14572	5025		9547		14512	14501		60
双桥区	13389	12512	8	869		13389	13272		
巴南区	23506	1956	7219	14331		16799	16429		6707
渝北区	79312	39337	4336	35639		61450	60760		17862
涪陵区	199800	136708	30839	32253		144493	143563		55307
万州区	182371	65067	60001	57303		102382	100464		79989
黔江区	48805	38515	2602	7688		45368	42842	8	3437
江津区	108301	93713	2794	11794		104914	102411		3387
合川区	144336	117331	18969	8036		127370	125224		16966
永川区	75849	68791	617	6441		72535	71043		3314
綦江县	67907	64680	567	2660		67020	66520		887
长寿区	147709	94409	28982	24318		111070	109457	13	36639
潼南县	28699	19759	4588	4352		24467	24462		4232
铜梁县	65049	55629	5357	4063		58832	58823		6217
大足县	81211	74755	836	5620		75263	74540		5948
荣昌县	66599	59785	3994	2819	1	63332	62616		3267
璧山县	51942	43375	2431	3964	2172	44810	42732	117	7132
梁平县	25776	15095	6069	4612		12977	12718	104	12799
城口县	5460	862	2660	1938		1136	1100		4324
南川区	43604	31738	7415	4451		26163	25182	580	17441
丰都县	51371	18895	16034	16442		26713	26002	18	24658
垫江县	48247	31746	11296	5205		41368	40160		6879
武隆县	28752	13487	8910	6355		22842	22422		5910
忠县	71072	29021	26761	15290		47563	47558		23509
开县	68543	7950	32695	27898		32708	32708		35835
云阳县	37825	9841	2596	25388		35112	35112		2713
奉节县	77447	5071	39550	32826		28481	28012		48966
巫山县	45321	2632	25808	16881		13700	13523		31621
巫溪县	19091	6143	4835	8113		12741	12636		6350
石柱县	24208	9095	6489	8624		13305	13218	44	10903
彭水县	14489	9081	1826	3582		11561	11173		2928
酉阳县	17687	12695	1062	3930		16467	15901		1220
秀山县	22742	18032	510	4200		21084	20820		1658
北部新区	323290	294977	22551	5762		313890	259046		9400

二、政府性基金

2009 年四川省地市县财政政府性基金收支平衡表

2－23－1

单位:万元

地区	收入					支出			年终结余
	收入总计	其中:				支出总计	其中:		
		本年收入	上年结余	补助收入	调入资金		本年支出	调出资金	
地市县合计	**10126129**	**7413729**	**1263454**	**1426732**	**22214**	**8128536**	**8028127**	**83469**	**1997593**
成都市小计	**5690001**	**4585204**	**855842**	**237781**	**11174**	**4521823**	**4449223**	**72600**	**1168178**
本级	2424215	1743891	617310	51840	11174	1546186	1488686	57500	878029
区县小计	3265786	2841313	238532	185941		2975637	2960537	15100	290149
锦江区	7747	1124	1358	5265		6193	6193		1554
青羊区	15047	1505	9679	3863		6713	6713		8334
金牛区	26662	2051	12611	12000		16798	16798		9864
武侯区	29290	2148	7627	19515		18740	18740		10550
成华区	20684	1528	3457	15699		10856	10856		9828
龙泉驿区	337953	316927	8797	12229		305811	305811		32142
青白江区	132678	127578	2515	2585		128149	128149		4529
都江堰市	233371	193863	5711	33797		198356	198356		35015
金堂县	67470	62301	897	4272		60561	60561		6909
双流县	655403	640506	9989	4908		637868	632718	5150	17535
温江区	142604	138195	1838	2571		138620	138620		3984
郫县	255646	192857	53999	8790		204931	204931		50715
新都区	301282	295574	2742	2966		297969	294669	3300	3313
彭州市	94932	67016	4880	23036		73601	73601		21331
崇州市	118984	104744	3118	11122		106764	106764		12220
大邑县	92378	75308	9729	7341		88319	88319		4059
邛崃市	53933	44874	3973	5086		47299	47299		6634
蒲江县	34568	30526	1369	2673		29682	29682		4886
新津县	188303	178052	6765	3486		184901	184901		3402
高新区	456851	364636	87478	4737		413506	406856	6650	43345
自贡市小计	**244056**	**133853**	**80781**	**29422**		**181254**	**180312**		**62802**
本级	166264	106737	66512	-6985		138501	137827		27763
区县小计	77792	27116	14269	36407		42753	42485		35039
自流井区	3514	74		3440		3514	3514		
贡井区	7901	58	377	7466		7296	7296		605
大安区	7225	93	799	6333		3142	3142		4083
沿滩区	7248	106	4526	2616		3090	3090		4158
荣县	27880	19164	3078	5638		15424	15156		12456
富顺县	24024	7621	5489	10914		10287	10287		13737
攀枝花市小计	**182155**	**162554**	**5352**	**14249**		**176054**	**175948**	**106**	**6101**
本级	99547	107584	1589	-9626		98404	98422		1143
区县小计	82608	54970	3763	23875		77650	77526	106	4958
东区	13891	6732	305	6854		11644	11567	77	2247
西区	6428	5137	815	476		6068	6045	11	360
仁和区	26618	17095	1268	8255		25797	25794		821
米易县	19442	15004	240	4198		19264	19261		178
盐边县	16229	11002	1135	4092		14877	14859	18	1352
泸州市小计	**231768**	**158471**	**18306**	**54151**	**840**	**182620**	**182581**		**49148**

2－23－2　　　　单位:万元

地区	收入					支出			年终结余
	收入总计	其中:				支出总计	其中:		
		本年收入	上年结余	补助收入	调入资金		本年支出	调出资金	
本级	163155	119341	13054	30276	484	122626	122587		40529
区县小计	68613	39130	5252	23875	356	59994	59994		8619
江阳区	16596	12914	434	3157	91	14527	14527		2069
龙马潭区	3221	432	467	2254	68	2554	2554		667
泸县	12128	4746	82	7240	60	11449	11449		679
纳溪区	12788	8606	1234	2918	30	10882	10882		1906
合江县	13947	10152	839	2933	23	13271	13271		676
叙永县	5442	877	1600	2937	28	3960	3960		1482
古蔺县	4491	1403	596	2436	56	3351	3351		1140
德阳市小计	**461051**	**331096**	**27466**	**101002**	**1487**	**369977**	**367028**	**7**	**91074**
本级	138252	104993	12926	19176	1157	110690	107748		27562
区县小计	322799	226103	14540	81826	330	259287	259280	7	63512
旌阳区	57909	44079	3311	10519		48600	48600		9309
广汉市	103013	89155	1789	11739	330	98740	98733	7	4273
绵竹市	74741	43785	5108	25848		52462	52462		22279
中江县	25601	15160	1531	8910		19452	19452		6149
什邡市	39551	19146	2649	17756		18627	18627		20924
罗江县	21984	14778	152	7054		21406	21406		578
绵阳市小计	**655111**	**221242**	**33949**	**398380**	**1540**	**502318**	**501111**	**4**	**152793**
本级	252627	126546	30662	94046	1373	103878	102841		148749
区县小计	402484	94696	3287	304334	167	398440	398270	4	4044
涪城区	4530	882	695	2953		3755	3755		775
游仙区	16793	423	320	15883	167	16676	16676		117
江油市	85641	36303	15	49323		85299	85299		342
安县	65879	15216	996	49667		64911	64856		968
梓潼县	12760	8327	14	4419		12582	12577		178
平武县	55651	576	692	54383		54968	54964	4	683
北川县	86642	12540	537	73565		85996	85977		646
三台县	27861	14440		13421		27860	27773		1
盐亭县	38431	5455	18	32958		38097	38097		334
高新区	8296	534		7762		8296	8296		
广元市小计	**250752**	**85021**	**2766**	**162965**		**239539**	**239339**		**11213**
本级	80811	59685	2755	18371		74484	74284		6327
区县小计	169941	25336	11	144594		165055	165055		4886
利州区	14367	482	1	13884		14366	14366		1
元坝区	17040	114		16926		17040	17040		
朝天区	18063	293		17770		16870	16870		1193
剑阁县	28078	4389		23689		28078	28078		
旺苍县	21316	5173		16143		17634	17634		3682
青川县	32319	81		32238		32319	32319		
苍溪县	38758	14804	10	23944		38748	38748		10
遂宁市小计	**127396**	**104397**	**2571**	**20428**		**118582**	**107288**	**10697**	**8814**

二、政府性基金

2－23－3　　　　　　　　　　　　　　　　　　　　　　　　单位:万元

地区	收入					支出			年终结余
	收入总计	其中:本年收入	上年结余	补助收入	调入资金	支出总计	其中:本年支出	调出资金	
本级	28110	53038	2553	-27481		19373	12744	6032	8737
区县小计	99286	51359	18	47909		99209	94544	4665	77
船山区	37584	2992	14	34578		37551	36531	1020	33
蓬溪县	10070	7202	1	2867		10070	10070		
射洪县	29598	27389		2209		29557	25912	3645	41
大英县	15206	10207	3	4996		15204	15204		2
安居区	6828	3569		3259		6827	6827		1
内江市小计	**125193**	**76790**	**21417**	**26986**		**94066**	**93998**		**31127**
本级	51349	37725	10083	3541		36336	36268		15013
区县小计	73844	39065	11334	23445		57730	57730		16114
市中区	5832	1970	11	3851		5297	5297		535
东兴区	6048	2082	134	3832		5297	5297		751
资中县	15542	6787	4216	4539		9022	9022		6520
威远县	25517	15478	6821	3218		21757	21757		3760
隆昌县	20905	12748	152	8005		16357	16357		4548
乐山市小计	**308532**	**254597**	**25822**	**28113**		**250990**	**250136**	**54**	**57542**
本级	99125	84792	7069	7264		67854	67288		31271
区县小计	209407	169805	18753	20849		183136	182848	54	26271
市中区	19954	7338	8196	4420		13190	12956		6764
五通桥区	13560	11617	316	1627		13338	13338		222
沙湾区	13905	11363	327	2215		13513	13513		392
金口河区	1279	715	189	375		1174	1174		105
峨眉山市	92423	87144	2503	2776		85706	85706		6717
犍为县	10838	7020		3818		10655	10655		183
井研县	19285	16138	2070	1077		19055	19055		230
夹江县	29941	24801	3397	1743		20053	19999	54	9888
沐川县	2611	1130	452	1029		2072	2072		539
峨边县	3366	1717	267	1382		3203	3203		163
马边县	2245	822	1036	387		1177	1177		1068
南充市小计	**344696**	**292771**	**12780**	**39145**		**308340**	**308104**		**36356**
本级	102928	82228	12389	8311		72167	72014		30761
区县小计	241768	210543	391	30834		236173	236090		5595
顺庆区	63961	60132		3829		58738	58656		5223
高坪区	51566	48912		2654		51566	51565		
嘉陵区	24482	20880		3602		24382	24382		100
南部县	23772	19795	371	3606		23524	23524		248
营山县	8420	4321		4099		8418	8418		2
蓬安县	11901	7830		4071		11895	11895		6
仪陇县	21771	19715	5	2051		21765	21765		6
西充县	10577	7512		3065		10568	10568		9
阆中市	25318	21446	15	3857		25317	25317		1
宜宾市小计	**245763**	**175384**	**28888**	**36881**	**4610**	**191231**	**185156**		**54532**

2－23－4　　　　单位：万元

地区	收入					支出			年终结余
	收入总计	其中：				支出总计	其中：		
		本年收入	上年结余	补助收入	调入资金		本年支出	调出资金	
本级	110676	106196	14082	－14052	4450	77470	71770		33206
区县小计	135087	69188	14806	50933	160	113761	113386		21326
翠屏区	35150	3944	2199	29007		32292	32292		2858
宜宾县	27822	18385	4472	4965		19971	19971		7851
南溪县	17471	15784	379	1308		16001	15930		1470
江安县	14129	8265	110	5754		10701	10666		3428
长宁县	2237	901	45	1220	71	2189	2077		48
高县	7267	4341	461	2376	89	7181	7041		86
筠连县	5086	3614	552	920		4318	4318		768
珙县	13239	7484	3738	2017		12279	12279		960
兴文县	7028	4317	1218	1493		5574	5574		1454
屏山县	5658	2153	1632	1873		3255	3238		2403
广安市小计	**143400**	**95394**	**7010**	**40352**	**644**	**125197**	**122355**	**1**	**18203**
本级	41194	30905	3820	6039	430	34095	31254		7099
区县小计	102206	64489	3190	34313	214	91102	91101	1	11104
岳池县	18141	4676	1516	11867	82	12302	12302		5839
武胜县	14649	9636	167	4846		14595	14595		54
广安区	28916	24725	1481	2618	92	27789	27788	1	1127
邻水县	31433	18344		13089		27424	27424		4009
华蓥市	9067	7108	26	1893	40	8992	8992		75
达州市小计	**181011**	**124365**	**20988**	**33984**	**1674**	**155664**	**155491**		**25347**
本级	34363	21420	7410	4609	924	21742	21639		12621
区县小计	146648	102945	13578	29375	750	133922	133852		12726
通川区	5821	2491		3330		5821	5821		
达县	32413	27330	59	4742	282	32413	32385		
开江县	8607	5686	364	2498	59	8041	8032		566
宣汉县	33941	24115	6948	2746	132	29841	29832		4100
万源市	10601	8635	204	1636	126	10109	10097		492
大竹县	30553	21216	274	9063		30498	30498		55
渠县	24712	13472	5729	5360	151	17199	17187		7513
资阳市小计	**269225**	**229553**	**7933**	**31739**		**224467**	**224429**		**44758**
本级	98228	91620	4803	1805		60006	59968		38222
区县小计	170997	137933	3130	29934		164461	164461		6536
雁江区	11034	1075	1580	8379		10044	10044		990
简阳市	107215	100748		6467		107211	107211		4
安岳县	33079	21889	755	10435		28651	28651		4428
乐至县	19669	14221	795	4653		18555	18555		1114
眉山市小计	**247487**	**194495**	**29541**	**23451**		**214003**	**213948**		**33484**
本级	62613	56478	4548	1587		55394	55339		7219
区县小计	184874	138017	24993	21864		158609	158609		26265
东坡区	20579	13488	2874	4217		18781	18781		1798
仁寿县	95501	78698	8462	8341		86015	86015		9486

二、政府性基金

2－23－5　　　　　　　　　　　　　　　　　　　　　　　　　　　　　　　　　　单位:万元

地区	收入					支出			年终结余
	收入总计	其中:				支出总计	其中:		
		本年收入	上年结余	补助收入	调入资金		本年支出	调出资金	
彭山县	43180	32892	8457	1831		32640	32640		10540
洪雅县	12452	7441	652	4359		11666	11666		786
丹棱县	5271	1987	770	2514		4815	4815		456
青神县	7891	3511	3778	602		4692	4692		3199
巴中市小计	**59194**	**35856**	**2900**	**20438**		**56546**	**56546**		**2648**
本级	14733	11120	2877	736		12133	12133		2600
区县小计	44461	24736	23	19702		44413	44413		48
巴州区	4087	1174		2913		4087	4087		
南江县	21187	15070		6117		21177	21177		10
通江县	9686	2988	11	6687		9655	9655		31
平昌县	9501	5504	12	3985		9494	9494		7
雅安市小计	**66013**	**33972**	**17599**	**14442**		**34376**	**34376**		**31637**
本级	23150	15153	7843	154		3000	3000		20150
区县小计	42863	18819	9756	14288		31376	31376		11487
雨城区	8817	3842	1415	3560		6142	6142		2675
名山县	2818	1017	378	1423		2560	2560		258
荥经县	2608	1013	394	1201		1193	1193		1415
汉源县	6047	1171	2566	2310		4525	4525		1522
石棉县	4945	2480	724	1741		3168	3168		1777
天全县	5790	2089	2546	1155		4472	4472		1318
芦山县	7211	6147	478	586		6570	6570		641
宝兴县	4627	1060	1255	2312		2746	2746		1881
阿坝州小计	**105528**	**7846**	**14337**	**83345**		**47239**	**47239**		**58289**
本级	8062	1149	5279	1634		1042	1069		7020
区县小计	97466	6697	9058	81711		46197	46170		51269
汶川县	28531	619	1782	26130		12910	12910		15621
理县	17978	74	175	17729		5332	5332		12646
茂县	19143	851	149	18143		9283	9283		9860
松潘县	4986	89	1061	3836		811	811		4175
九寨沟县	9515	3377	4900	1238		1994	1994		7521
金川县	1008	207	9	792		1008	995		
小金县	7220	810	82	6328		7217	7203		3
黑水县	4997	178	59	4760		4929	4929		68
马尔康县	1025	72	593	360		455	455		570
壤塘县	802	20		782		802	802		
阿坝县	969	175	109	685		763	763		206
若尔盖县	661	154	120	387		325	325		336
红原县	542	66	19	457		363	363		179
卧龙特区	89	5		84		5	5		84
甘孜州小计	**34401**	**14575**	**8993**	**10833**		**22096**	**22096**		**12305**
本级	12298	3866	6615	1817		3195	3195		9103
区县小计	22103	10709	2378	9016		18901	18901		3202

2－23－6 单位:万元

地区	收入					支出			年终结余
	收入总计	其中:				支出总计	其中:		
		本年收入	上年结余	补助收入	调入资金		本年支出	调出资金	
康定县	1325	634	2	689		1325	1325		
泸定县	8039	7204	64	771		7924	7924		115
丹巴县	815	218	123	474		732	732		83
九龙县	3375	1475	1053	847		1753	1753		1622
雅江县	472	45		427		471	471		1
道孚县	376	107	114	155		221	221		155
炉霍县	574	209		365		569	569		5
甘孜县	391	18	155	218		153	153		238
新龙县	241	50		191		190	190		51
德格县	240	7	14	219		238	238		2
白玉县	306	75	95	136		180	180		126
石渠县	384	15		369		384	384		
色达县	299	3	25	271		294	294		5
理塘县	313	10		303		313	313		
巴塘县	852	15	146	691		748	748		104
乡城县	269	33	15	221		269	269		
稻城县	1325	543	429	353		820	820		505
得荣县	2507	48	143	2316		2317	2317		190
凉山州小计	**153396**	**96293**	**38213**	**18645**	**245**	**112154**	**111423**		**41242**
本级	38745	8667	26552	3381	145	11903	11903		26842
区县小计	114651	87626	11661	15264	100	100251	99520		14400
西昌市	71366	68699	82	2485	100	70573	69888		793
木里县	1052	137	331	584		655	655		397
盐源县	3533	683	1586	1264		1761	1757		1772
德昌县	4891	3766	200	925		4347	4346		544
会理县	9626	6817	591	2218		6552	6548		3074
会东县	4709	1605	2370	734		3361	3344		1348
宁南县	1789	711	644	434		986	984		803
普格县	1091	254	366	471		617	616		474
布拖县	768	112	195	461		622	621		146
金阳县	819	262	116	441		560	560		259
昭觉县	1122	318	128	676		1114	1114		8
喜德县	1375	519	273	583		909	904		466
冕宁县	5831	2066	2137	1628		4402	4395		1429
越西县	1264	292	457	515		996	993		268
甘洛县	3537	1057	1889	591		1753	1753		1784
美姑县	762	164	186	412		474	474		288
雷波县	1116	164	110	842		569	568		547

二、政府性基金

2009年贵州省地市县财政政府性基金收支平衡表

2－24－1

单位：万元

地区	收入					支出			年终结余
	收入总计	其中：				支出总计	其中：		
		本年收入	上年结余	补助收入	调入资金		本年支出	调出资金	
地市县合计	**1706583**	**1197908**	**346375**	**160003**	**2297**	**1219545**	**1219545**		**487038**
贵阳市小计	**912901**	**657930**	**215863**	**39108**		**622703**	**622703**		**290198**
本级	607477	468664	145793	－6980		413288	413288		194189
区县小计	305424	189266	70070	46088		209415	209415		96009
乌当区	17334	4994	3036	9304		11336	11336		5998
花溪区	48593	770	32761	15062		15223	15223		33370
白云区	46271	39765	3487	3019		33276	33276		12995
南明区	35674	18929	15243	1502		26883	26883		8791
云岩区	24560	15226	5422	3912		7026	7026		17534
小河区	67752	66517	216	1019		67637	67637		115
清镇市	17089	9640	4153	3296		12917	12917		4172
开阳县	13529	10540	852	2137		10008	10008		3521
修文县	28845	22268	2690	3887		21494	21494		7351
息烽县	5777	617	2210	2950		3615	3615		2162
六盘水市小计	**36468**	**23832**	**4034**	**8602**		**29163**	**29163**		**7305**
本级	10496	6460	930	3106		8520	10572		1976
区县小计	25972	17372	3104	5496		20643	18591		5329
六枝特区	7310	4811	546	1953		5179	4247		2131
盘县	7432	5164	648	1620		6817	5824		615
水城县	3508	1300	576	1632		2673	2546		835
钟山区	7722	6097	1334	291		5974	5974		1748
遵义市小计	**225183**	**170764**	**33607**	**18615**	**2197**	**184750**	**184750**		**40433**
本级	40128	27316	10872	－107	2047	34223	34223		5905
区县小计	185055	143448	22735	18722	150	150527	150527		34528
红花岗区	35511	32405	1115	1991		33747	33747		1764
汇川区	31616	30112	1119	385		26626	26626		4990
遵义县	46382	40702	2060	3620		40785	40785		5597
桐梓县	8902	2873	4321	1708		6401	6401		2501
绥阳县	6528	2043	3068	1417		2139	2139		4389
湄潭县	4831	2334	575	1922		4002	4002		829
凤冈县	9161	4532	3497	1132		6068	6068		3093
余庆县	5859	2895	1337	1627		3862	3862		1997
仁怀市	13085	11909	668	508		10584	10584		2501
赤水市	4783	3358	797	478	150	4035	4035		748
习水县	9474	4184	3562	1728		5272	5272		4202
正安县	2305	1361	7	937		2298	2298		7
道真仡佬族苗族自治县	2833	2174	106	553		2037	2037		796
务川仡佬族苗族自治县	3785	2566	503	716		2671	2671		1114
安顺市小计	**66974**	**48474**	**7197**	**11303**		**53447**	**53447**		**13527**
本级	18344	15994	2938	－588		14118	14118		4226
区县小计	48630	32480	4259	11891		39329	39329		9301
西秀区	25435	20608	2451	2376		20548	20548		4887

2－24－2

单位:万元

地　　区	收入总计	收入·其中:本年收入	上年结余	补助收入	调入资金	支出总计	支出·其中:本年支出	调出资金	年终结余
平坝县	5289	2927	1	2361		4640	4640		649
普定县	3670	1663	79	1928		2978	2978		692
镇宁布依族苗族自治县	4709	2085	282	2342		4393	4393		316
关岭布依族苗族自治县	6077	3694	810	1573		4353	4353		1724
紫云苗族布依族自治县	3450	1503	636	1311		2417	2417		1033
黔南布依族苗族自治州小计	**106193**	**67025**	**22893**	**16175**	**100**	**72891**	**72891**		**33302**
本级	17274	5168	8458	3648		7712	7712		9562
区县小计	88919	61857	14435	12527	100	65179	65179		23740
都匀市	12123	8294	1695	2034	100	8213	8213		3910
独山县	7575	5297	1895	383		4754	4754		2821
平塘县	1289	649	463	177		1077	1077		212
荔波县	10805	8913	1143	749		9135	9135		1670
三都水族自治县	4095	1758	592	1745		2744	2744		1351
福泉市	5797	2993	2528	276		4420	4420		1377
瓮安县	13033	11691	139	1203		12995	12995		38
贵定县	6436	5183	415	838		5861	5861		575
龙里县	9311	7304	979	1028		5764	5764		3547
惠水县	6206	3583	1204	1419		3117	3117		3089
长顺县	7231	5214	1294	723		3959	3959		3272
罗甸县	5018	978	2088	1952		3140	3140		1878
黔东南苗族侗族自治州小计	**105644**	**58291**	**25179**	**22174**		**67883**	**67883**		**37761**
本级	26544	12770	11565	2209		11901	11901		14643
区县小计	79100	45521	13614	19965		55982	55982		23118
凯里市	13028	10652	717	1659		8630	8630		4398
黄平县	3526	2356	592	578		2503	2503		1023
麻江县	5415	3334	1388	693		4209	4209		1206
丹寨县	1513	347	288	878		1179	1179		334
雷山县	2175	1428	346	401		1954	1954		221
施秉县	639	204	212	223		390	390		249
镇远县	3967	2265	1049	653		2259	2259		1708
三穗县	4525	2902	1194	429		3739	3739		786
岑巩县	1726	644	76	1006		1663	1663		63
天柱县	6696	1056	661	4979		5914	5914		782
锦屏县	3235	1569	517	1149		2455	2455		780
黎平县	7246	4742	990	1514		4807	4807		2439
榕江县	15481	12727	1720	1034		10580	10580		4901
从江县	2079	296	1062	721		1650	1650		429
剑河县	5715	745	2449	2521		3337	3337		2378
台江县	2134	254	353	1527		713	713		1421
毕节地区小计	**103472**	**69909**	**17663**	**15900**		**80516**	**80516**		**22956**
本级	21843	11591	6088	4164		9882	9882		11961
区县小计	81629	58318	11575	11736		70634	70634		10995

二、政府性基金

2－24－3

单位：万元

地区	收入					支出			年终结余
	收入总计	其中：				支出总计	其中：		
		本年收入	上年结余	补助收入	调入资金		本年支出	调出资金	
毕节市	17619	16526	201	892		17418	17418		201
大方县	6976	6309		667		6976	6976		
黔西县	16875	12116	1290	3469		16293	16293		582
金沙县	10868	7968	1297	1603		8545	8545		2323
织金县	10348	3890	4795	1663		8851	8851		1497
纳雍县	7197	3445	2828	924		2200	2200		4997
威宁彝族回族苗族自治县	4437	2448	1164	825		3042	3042		1395
赫章县	7309	5616		1693		7309	7309		
铜仁地区小计	**53093**	**33313**	**4855**	**14925**		**41136**	**41136**		**11957**
本级	10083	4757	811	4515		5300	5300		4783
区县小计	43010	28556	4044	10410		35836	35836		7174
铜仁市	12368	10723	1003	642		8783	8783		3585
松桃苗族自治县	2765	928	478	1359		2274	2274		491
玉屏侗族自治县	1789	1337	18	434		1773	1773		16
万山特区	1633	1363	127	143		1573	1573		60
江口县	6345	3914	950	1481		4752	4752		1593
石阡县	1655	294	213	1148		1498	1498		157
印江土家族苗族自治县	3255	2668	1	586		3254	3254		1
思南县	7913	4999	888	2026		7046	7046		867
德江县	1644	851	28	765		1506	1506		138
沿河土家族自治县	3643	1479	338	1826		3377	3377		266
黔西南布依族苗族自治州小计	**96655**	**68370**	**15084**	**13201**		**67056**	**67056**		**29599**
本级	10573	3307	3599	3667		3375	3375		7198
区县小计	86082	65063	11485	9534		63681	63681		22401
兴义市	59415	51849	4786	2780		47484	47484		11931
兴仁县	4157	2942	310	905		3105	3105		1052
贞丰县	3750	2432	862	456		1050	1050		2700
册亨县	3760	324	1754	1682		2224	2224		1536
望谟县	3216	873	1264	1079		2165	2165		1051
普安县	3055	1669	850	536		1414	1414		1641
晴隆县	2737	984	511	1242		2306	2306		431
安龙县	5992	3990	1148	854		3933	3933		2059

2009 年云南省地市县财政政府性基金收支平衡表

2－25－1　　　　　　　　　　　　　　　　　　　　　　　　　　　　　单位:万元

地区	收入					支出			年终结余
	收入总计	其中:本年收入	上年结余	补助收入	调入资金	支出总计	其中:本年支出	调出资金	
地市县合计	**2363553**	**1889075**	**163181**	**301088**	**10209**	**2099227**	**2084253**	**14974**	**264326**
昆明市小计	**950219**	**875310**	**37291**	**28192**	**9426**	**839001**	**836848**	**2153**	**111218**
本级	648107	602597	25234	12260	8016	560681	560681		87426
区县小计	302112	272713	12057	15932	1410	278320	276167	2153	23792
盘龙区	2947	2060	99	788		2160	2160		787
五华区	4549	2743	1187	619		2498	2498		2051
西山区	4381	3292	416	673		3174	3174		1207
官渡区	84090	79988	2662	1440		73980	73980		10110
呈贡县	20396	19717		679		20396	20396		
安宁市	43950	39949	305	2286	1410	43716	43716		234
富民县	2436	1724	314	398		2112	2112		324
晋宁县	32638	31460	11	1167		32613	32165	448	25
宜良县	26251	21835	3234	1182		18711	18711		7540
石林彝族自治县	20936	19587	226	1123		20711	20711		225
嵩明县	38048	36690	1	1357		37630	37630		418
禄劝彝族苗族自治县	5417	3519	24	1874		5055	5055		362
东川区	9639	6046	2753	840		9310	7605	1705	329
寻甸回族自治县	6434	4103	825	1506		6254	6254		180
昭通市小计	**66366**	**36385**	**9483**	**20498**		**55535**	**55235**	**300**	**10831**
本级	26511	17979	5330	3202		21194	21194		5317
区县小计	39855	18406	4153	17296		34341	34041	300	5514
昭阳区	10300	5154	1982	3164		8036	8036		2264
鲁甸县	4153	2628	248	1277		3532	3532		621
巧家县	1385	666	76	643		1159	1159		226
盐津县	1489	93		1396		1489	1489		
大关县	1974	861	467	646		937	937		1037
永善县	3942	2254	19	1669		3825	3825		117
绥江县	2118	181	914	1023		950	850	100	1168
镇雄县	3074	1087	33	1954		3054	3054		20
彝良县	1593	321	178	1094		1578	1578		15
威信县	4377	1451		2926		4377	4377		
水富县	5450	3710	236	1504		5404	5204	200	46
曲靖市小计	**196804**	**157745**	**6436**	**32623**		**181980**	**180764**	**1216**	**14824**
本级	99743	99674	1206	-1137		96986	96986		2757
区县小计	97061	58071	5230	33760		84994	83778	1216	12067
麒麟区	15370	10297	174	4899		14078	14078		1292
沾益县	22719	19735	1195	1789		20268	20268		2451
马龙县	2124	690	490	944		1721	1405	316	403
宣威市	18251	11186	1792	5273		13700	12800	900	4551
富源县	4127	2684	199	1244		4043	4043		84
罗平县	3375	2187	154	1034		3164	3164		211
师宗县	7756	3979	720	3057		7090	7090		666

二、政府性基金

2－25－2　　　　单位:万元

地　区	收入					支出			年终结余
	收入总计	其中:				支出总计	其中:		
		本年收入	上年结余	补助收入	调入资金		本年支出	调出资金	
陆良县	12469	1830	138	10501		11607	11607		862
会泽县	10870	5483	368	5019		9323	9323		1547
玉溪市小计	**120183**	**94519**	**12660**	**12971**	**33**	**98995**	**96665**	**2330**	**21188**
本级	81074	66553	12562	1926	33	59946	57616	2330	21128
区县小计	39109	27966	98	11045		39049	39049		60
红塔区	10217	9012		1205		10217	10217		
通海县	4728	3020	9	1699		4728	4728		
江川县	3174	2289		885		3174	3174		
澄江县	3987	2805	7	1175		3987	3987		
华宁县	3054	2627		427		3054	3054		
易门县	2897	2297		600		2897	2897		
峨山彝族自治县	3129	2667	80	382		3072	3072		57
新平彝族傣族自治县	5477	1646	2	3829		5474	5474		3
元江哈尼族彝族傣族自治县	2446	1603		843		2446	2446		
红河哈尼族彝族自治州小计	**212598**	**178670**	**6839**	**27089**		**197850**	**197186**	**664**	**14748**
本级	19645	18531	1495	－381		13546	12978	568	6099
区县小计	192953	160139	5344	27470		184304	184208	96	8649
个旧市	2917	2073		844		2917	2917		
开远市	51810	50879	135	796		51765	51765		45
蒙自县	25269	21332	2518	1419		21184	21184		4085
建水县	31065	28953	390	1722		30653	30593	60	412
石屏县	9270	6921	697	1652		7943	7916	27	1327
弥勒县	36196	28095	1238	6863		33800	33800		2396
泸西县	21859	12391	219	9249		21726	21717	9	133
屏边苗族自治县	2961	1505	55	1401		2752	2752		209
河口瑶族自治县	4943	4540		403		4943	4943		
金平苗族瑶族傣族自治县	2664	1822	1	841		2664	2664		
元阳县	1262	574		688		1262	1262		
红河县	1849	885	91	873		1807	1807		42
绿春县	888	169		719		888	888		
文山壮族苗族自治州小计	**44626**	**28855**	**1570**	**14201**		**41389**	**41389**		**3237**
本级	10843	2404	1049	7390		9393	9393		1450
区县小计	33783	26451	521	6811		31996	31996		1787
文山县	1282	37	270	975		975	975		307
砚山县	14485	13308	6	1171		13507	13507		978
西畴县	663		165	498		648	648		15
麻栗坡县	8733	8134	3	596		8248	8248		485
马关县	5164	4552	75	537		5164	5164		
丘北县	830	30		800		830	830		
广南县	905		2	903		903	903		2
富宁县	1721	390		1331		1721	1721		
普洱市小计	**112596**	**77847**	**13485**	**21264**		**103950**	**100351**	**3599**	**8646**

2－25－3　　　　单位:万元

地　区	收　入					支　出			年终结余
	收入总计	其中:				支出总计	其中:		
		本年收入	上年结余	补助收入	调入资金		本年支出	调出资金	
本级	63476	57795	8138	－2457		58902	55866	3036	4574
区县小计	49120	20052	5347	23721		45048	44485	563	4072
思茅区	5606	970	1094	3542		5562	5562		44
宁洱哈尼族彝族自治县	3279	1043	960	1276		2749	2507	242	530
墨江哈尼族自治县	8304	4532	1059	2713		7418	7418		886
景谷彝族傣族自治县	9264	2339	433	6492		9174	9174		90
镇沅彝族哈尼族拉祜族自治县	5947	2948	78	2921		5733	5412	321	214
景东彝族自治县	4391	1897	521	1973		3360	3360		1031
江城哈尼族彝族自治县	2840	1259	990	591		2512	2512		328
澜沧拉祜族自治县	4967	3604		1363		4967	4967		
孟连傣族拉祜族佤族自治县	2832	1432	185	1215		1896	1896		936
西盟佤族自治县	1690	28	27	1635		1677	1677		13
版纳州小计	**100832**	**90525**	**499**	**9808**		**99513**	**99513**		**1319**
本级	20363	16791	499	3073		19044	19044		1319
区县小计	80469	73734		6735		80469	80469		
景洪市	67465	66091		1374		67465	67465		
勐海县	6624	4531		2093		6624	6624		
勐腊县	6380	3112		3268		6380	6380		
楚雄彝族自治州小计	**133944**	**99822**	**14866**	**19256**		**121361**	**121361**		**12583**
本级	17974	11669	10377	－4072		10161	10161		7813
区县小计	115970	88153	4489	23328		111200	111200		4770
楚雄市	58108	52427	2	5679		58098	58098		10
双柏县	2252	267	1	1984		2252	2252		
牟定县	6641	1748	1869	3024		5583	5583		1058
南华县	10752	9758	130	864		10744	10744		8
姚安县	5162	1229		3933		5162	5162		
大姚县	3999	1041	1065	1893		2908	2908		1091
永仁县	4128	807	15	3306		3901	3901		227
元谋县	4076	2818	162	1096		2601	2601		1475
武定县	9244	8249	303	692		9098	9098		146
禄丰县	11608	9809	942	857		10853	10853		755
大理白族自治州小计	**144043**	**93753**	**12209**	**38081**		**130065**	**129007**	**1058**	**13978**
本级	7419	4286	4186	－1053		2865	2865		4554
区县小计	136624	89467	8023	39134		127200	126142	1058	9424
大理市	82456	71030	5360	6066		76510	75487	1023	5946
漾濞彝族自治县	2253	97	201	1955		2185	2185		68
祥云县	12493	4992	933	6568		12205	12205		288
宾川县	3133	1216		1917		3123	3123		10
弥渡县	9616	5295	116	4205		9195	9195		421
南涧彝族自治县	4072	1059	134	2879		3957	3922	35	115
巍山彝族回族自治县	3584	509	256	2819		3077	3077		507
永平县	6481	1099	175	5207		6311	6311		170

二、政府性基金

2－25－4　　　　　　　　　　　　　　　　　　　　　　　　单位：万元

地区	收入					支出			年终结余
	收入总计	其中：				支出总计	其中：		
		本年收入	上年结余	补助收入	调入资金		本年支出	调出资金	
云龙县	3824	2183	358	1283		3280	3280		544
洱源县	2239	739	80	1420		1424	1424		815
剑川县	2167	585		1582		2167	2167		
鹤庆县	4306	663	410	3233		3766	3766		540
保山市小计	**117028**	**69682**	**27648**	**19698**		**91116**	**88825**	**2291**	**25912**
本级	10036	1314	7823	899		4286	4286		5750
区县小计	106992	68368	19825	18799		86830	84539	2291	20162
隆阳区	59385	55561	138	3686		59247	59247		138
施甸县	5912	3310	1069	1533		4194	4194		1718
腾冲县	12783	4248	3145	5390		11177	8886	2291	1606
昌宁县	23329	2309	14968	6052		8566	8566		14763
龙陵县	5583	2940	505	2138		3646	3646		1937
德宏傣族景颇族自治州小计	**28338**	**4708**	**8751**	**14879**		**23705**	**23705**		**4633**
本级	7514	2103	3334	2077		5503	5503		2011
区县小计	20824	2605	5417	12802		18202	18202		2622
潞西市	5266	423	2302	2541		4443	4443		823
梁河县	3058	385	1064	1609		2849	2849		209
盈江县	3736	794	32	2910		3699	3699		37
陇川县	4642	364	501	3777		4335	4335		307
瑞丽市	4122	639	1518	1965		2876	2876		1246
丽江市小计	**67470**	**50453**	**1706**	**14811**	**500**	**58613**	**58600**	**13**	**8857**
本级	33348	27921	928	4499		29781	29768	13	3567
区县小计	34122	22532	778	10312	500	28832	28832		5290
古城区	11354	10458	46	850		9698	9698		1656
永胜县	6225	3657	324	2244		3356	3356		2869
华坪县	4162	280	100	3282	500	4142	4142		20
宁蒗彝族自治县	2083	81	245	1757		1757	1757		326
玉龙纳西族自治县	10298	8056	63	2179		9879	9879		419
怒江傈僳族自治州小计	**15312**	**5787**	**4024**	**5501**		**8448**	**7098**	**1350**	**6864**
本级	4019	844	2015	1160		1491	1491		2528
区县小计	11293	4943	2009	4341		6957	5607	1350	4336
兰坪白族普米族自治县	3160	1755	402	1003		1298	1298		1862
福贡县	2056	207	215	1634		1659	1659		397
贡山独龙族怒族自治县	1150	161	208	781		932	932		218
泸水县	4927	2820	1184	923		3068	1718	1350	1859
迪庆藏族自治州小计	**9258**	**1836**	**808**	**6614**		**7714**	**7714**		**1544**
本级	4324	528	598	3198		3353	3353		971
区县小计	4934	1308	210	3416		4361	4361		573
香格里拉县	2406	1033	54	1319		2011	2011		395
维西傈僳族自治县	1497	156	155	1186		1351	1351		146
德钦县	1031	119	1	911		999	999		32
临沧市小计	**43936**	**23178**	**4906**	**15602**	**250**	**39992**	**39992**		**3944**

2 – 25 – 5

单位:万元

地区	收入					支出			年终结余
	收入总计	其中:				支出总计	其中:		
		本年收入	上年结余	补助收入	调入资金		本年支出	调出资金	
本级	14517	12077	2506	– 316	250	11576	11576		2941
区县小计	29419	11101	2400	15918		28416	28416		1003
凤庆县	2465	1277	99	1089		2311	2311		154
云县	6048	1030	32	4986		6034	6034		14
临翔区	8540	6129	80	2331		8501	8501		39
永德县	2365	475	54	1836		2306	2306		59
镇康县	1051	418	77	556		976	976		75
双江拉祜族佤族布朗族傣族自治县	1432	360	296	776		1268	1268		164
耿马傣族佤族自治县	5748	623	1740	3385		5387	5387		361
沧源佤族自治县	1770	789	22	959		1633	1633		137

二、政府性基金

2009年西藏自治区地市县财政政府性基金收支平衡表

2－26－1　　　　　　　　　　　　　　　　　　　　　　　　　　　　单位:万元

地区	收入					支出			年终结余
	收入总计	其中:				支出总计	其中:		
		本年收入	上年结余	补助收入	调入资金		本年支出	调出资金	
地市县合计	**7749**	**6955**	**77**	**717**		**6436**	**6436**		**1313**
拉萨市小计	**1090**	**1090**				**1090**	**1090**		
本级	30	30				30	30		
区县小计	1060	1060				1060	1060		
当雄县									
尼木县									
曲水县	170	170				170	170		
堆龙德庆县									
城关区	250	250				250	250		
达孜县									
墨竹工卡县									
林周县	640	640				640	640		
日喀则地区小计	**1358**	**1358**				**1144**	**1144**		**214**
本级	59	59							59
区县小计	1299	1299				1144	1144		155
日喀则市	10	10				10	10		
江孜县	10	10				10	10		
南木林县	150	150				150	150		
白朗县									
拉孜县	60	60				60	60		
谢通门县	135	135				135	135		
萨迦县									
仁布县	175	175				175	175		
定日县	100	100				100	100		
康马县	159	159				159	159		
昂仁县	40	40				40	40		
定结县	145	145				45	45		100
吉隆县	145	145				100	100		45
岗巴县									
聂拉木县									
亚东县	10	10							10
萨嘎县									
仲巴县	160	160				160	160		
山南地区小计	**291**	**291**				**291**	**291**		
本级	100	100				100	100		
区县小计	191	191				191	191		
洛扎县	51	51				51	51		
浪卡子县	20	20				20	20		
贡嘎县	10	10				10	10		
扎囊县	10	10				10	10		
乃东县									
琼结县									

2－26－2

单位:万元

地区	收入总计	收入 其中:本年收入	收入 其中:上年结余	收入 其中:补助收入	收入 其中:调入资金	支出总计	支出 其中:本年支出	支出 其中:调出资金	年终结余
措美县	45	45				45	45		
隆子县	45	45				45	45		
错那县									
桑日县									
曲松县	10	10				10	10		
加查县									
昌都地区小计	**1937**	**1937**				**1937**	**1937**		
本级									
区县小计	1937	1937				1937	1937		
昌都县	10	10				10	10		
江达县	100	100				100	100		
贡觉县	100	100				100	100		
类乌齐县									
丁青县	145	145				145	145		
察雅县	15	15				15	15		
八宿县									
左贡县	100	100				100	100		
芒康县	1427	1427				1427	1427		
洛隆县	40	40				40	40		
边坝县									
林芝地区小计	**2163**	**1807**	**77**	**279**		**1064**	**1064**		**1099**
本级	1642	1286	77	279		543	543		1099
区县小计	521	521				521	521		
林芝县	243	243				243	243		
波密县	46	46				46	46		
察隅县	52	52				52	52		
工布江达县	36	36				36	36		
米林县	10	10				10	10		
朗县	134	134				134	134		
墨脱县									
那曲地区小计	**472**	**472**				**472**	**472**		
本级	252	252				252	252		
区县小计	220	220				220	220		
那曲县	10	10				10	10		
安多县									
聂荣县	100	100				100	100		
班嘎县									
申扎县									
巴青县									
索县	10	10				10	10		
比如县									
嘉黎县									

2－26－3

单位:万元

地区	收入					支出			年终结余
	收入总计	其中:				支出总计	其中:		
		本年收入	上年结余	补助收入	调入资金		本年支出	调出资金	
尼玛县	100	100				100	100		
双湖区									
阿里地区小计	**438**			**438**		**438**	**438**		
本级	438			438		438	438		
区县小计									
噶尔县									
革吉县									
改则县									
措勤县									
普兰县									
札达县									
日土县									

2009 年陕西省地市县财政政府性基金收支平衡表

2－27－1　　　　单位：万元

地区	收入					支出			年终结余
	收入总计	其中：				支出总计	其中：		
		本年收入	上年结余	补助收入	调入资金		本年支出	调出资金	
地市县合计	**2170974**	**1630650**	**362181**	**178128**	**15**	**1649135**	**1631491**	**17644**	**521839**
西安市小计	**1800103**	**1500189**	**254874**	**45040**		**1432842**	**1432342**	**500**	**367261**
本级	1684677	1440370	220420	23887		1352577	1352577		332100
区县小计	115426	59819	34454	21153		80265	79765	500	35161
新城区	1111		1083	28		281	281		830
碑林区	1374		1066	308		130	130		1244
莲湖区	11694		11571	123		792	792		10902
雁塔区	1664		1281	383		1067	1067		597
灞桥区	4943		1607	3336		3585	3585		1358
未央区	70		13	57		41	41		29
阎良区	3855	1493		2362		3855	3855		
长安区	22344	10228	7434	4682		15109	15109		7235
临潼区	12224	9965	58	2201		12043	12043		181
蓝田县	8352	4081	2388	1883		6209	6209		2143
周至县	3773	1021	1434	1318		2201	2201		1572
户县	12799	4720	6347	1732		4069	3569	500	8730
高陵县	31223	28311	172	2740		30883	30883		340
铜川市小计	**9582**	**3479**	**1451**	**4652**		**6806**	**6806**		**2776**
本级	5295	3122	842	1331		4276	4276		1019
区县小计	4287	357	609	3321		2530	2530		1757
耀州区	2377	344	382	1651		1376	1376		1001
宜君县	924	13	45	866		858	858		66
印台区	217		3	214		214	214		3
王益区	769		179	590		82	82		687
宝鸡市小计	**50050**	**10075**	**22800**	**17175**		**35963**	**23905**	**12058**	**14087**
本级	20127	3225	15049	1853		16839	5339	11500	3288
区县小计	29923	6850	7751	15322		19124	18566	558	10799
太白县	1634	202	107	1325		1439	1439		195
宝鸡县	10680	2902	2849	4929		3998	3998		6682
凤翔县	736	1	191	544		544	544		192
岐山县	2436	40	1919	477		510	510		1926
麟游县	357			357		357	357		
陇县	2107	736	911	460		1114	714	400	993
千阳县	4264	2087	28	2149		4109	4104	5	155
凤县	718	366		352		478	325	153	240
扶风县	1742	222	1393	127		1619	1619		123
眉县	1101	88	5	1008		1101	1101		
金台区	701	72	316	313		463	463		238
渭滨区	3447	134	32	3281		3392	3392		55
咸阳市小计	**26616**	**8599**	**8794**	**9223**		**17453**	**17347**	**106**	**9163**
本级	12390	5418	4167	2805		7827	7827		4563
区县小计	14226	3181	4627	6418		9626	9520	106	4600

二、政府性基金

2－27－2　　　　　　　　　　　　　　　　　　　　　　　　单位:万元

地区	收入					支出			年终结余
	收入总计	其中:本年收入	上年结余	补助收入	调入资金	支出总计	其中:本年支出	调出资金	
兴平市	5207	2378	27	2802		5199	5199		8
武功县	258	40	84	134		174	174		84
三原县	106			106		106		106	
泾阳县	2408	362	854	1192		1421	1421		987
礼泉县	1402	401	687	314		1293	1293		109
乾县	445			445		445	445		
永寿县	150		6	144		144	144		6
彬县	80			80		80	80		
长武县	268		114	154		154	154		114
旬邑县	2594		2409	185		185	185		2409
淳化县	622			622		383	383		239
秦都区	644		446	198					644
渭城区	42			42		42	42		
渭南市小计	**22835**	**2289**	**5974**	**14572**		**9880**	**9880**		**12955**
本级	9137	2056	2117	4964		4101	4101		5036
区县小计	13698	233	3857	9608		5779	5779		7919
临渭区	850		189	661		565	565		285
华县	282		85	197		197	197		85
华阴市	2688		1344	1344		31	31		2657
潼关县	2541		25	2516		705	705		1836
大荔县	1435		621	814		468	468		967
蒲城县	2531	153	1052	1326		1063	1063		1468
澄城县	222			222		222	222		
白水县	100		7	93		93	93		7
韩城市	1779		11	1768		1768	1768		11
合阳县	875	80	523	272		272	272		603
富平县	395			395		395	395		
汉中市小计	**46116**	**5747**	**6031**	**34323**	**15**	**37628**	**36628**	**1000**	**8488**
本级	10185	928	2924	6318	15	6928	6928		3257
区县小计	35931	4819	3107	28005		30700	29700	1000	5231
汉台区	2094	1159	196	739		796	796		1298
南郑县	1896	1064	388	444		1444	444	1000	452
城固县	1161	422	482	257		257	257		904
洋县	983	483	81	419		983	983		
西乡县	1148	813	44	291		851	851		297
勉县	8763	547	319	7897		8093	8093		670
宁强县	11715	31	140	11544		11544	11544		171
略阳县	5173	10	797	4366		4287	4287		886
镇巴县	721	263	373	85		391	391		330
留坝县	1191		244	947		1020	1020		171
佛坪县	1086	27	43	1016		1034	1034		52
安康市小计	**76740**	**41055**	**19191**	**16494**		**35684**	**31704**	**3980**	**41056**

2－27－3 单位：万元

地区	收入总计	收入 其中：本年收入	上年结余	补助收入	调入资金	支出总计	支出 其中：本年支出	调出资金	年终结余
本级	46085	33125	11529	1431		14851	14851		31234
区县小计	30655	7930	7662	15063		20833	16853	3980	9822
汉滨区	9499	277	2838	6384		6537	6537		2962
岚皋县	752	201	104	447		751	461	290	1
汉阴县	3426	3006	229	191		2645	2645		781
石泉县	292	70	135	87		268	198	70	24
宁陕县	621	103	216	302		401	401		220
紫阳县	6110	1152	1981	2977		4661	3041	1620	1449
平利县	469	101	169	199		300	300		169
镇坪县	1953	301	394	1258		1129	1129		824
旬阳县	6030	2403	1370	2257		3698	1698	2000	2332
白河县	1503	316	226	961		443	443		1060
商洛市小计	**11559**	**1120**	**1445**	**8994**		**8834**	**8834**		**2725**
本级	1998	120	180	1698		1596	1596		402
区县小计	9561	1000	1265	7296		7238	7238		2323
商州市	835	57	609	169		347	347		488
洛南县	1195			1195		1195	1195		
山阳县	449	48	87	314		362	362		87
丹凤县	1734	470	4	1260		1728	1728		6
商南县	1958	252	314	1392		605	605		1353
镇安县	1448	100	206	1142		1101	1101		347
柞水县	1942	73	45	1824		1900	1900		42
延安市小计	**56067**	**20074**	**22275**	**13718**		**13350**	**13350**		**42717**
本级	29556	10888	14897	3771		1413	1413		28143
区县小计	26511	9186	7378	9947		11937	11937		14574
宝塔区	3807	942	289	2576		1363	1363		2444
延长县	449			449		449	449		
延川县	393	2		391		393	393		
子长县	675	64	307	304		381	381		294
安塞县	2064	1566	52	446		2012	2012		52
吴旗县	2407	658	587	1162		574	574		1833
志丹县	9053	5436	3176	441		3719	3719		5334
甘泉县	653	118	232	303		449	449		204
富县	2672	9	2433	230		811	811		1861
洛川县	2200	88	124	1988		282	282		1918
黄陵县	868	240	133	495		538	538		330
宜川县	378	46	24	308		378	378		
黄龙县	892	17	21	854		588	588		304
榆林市小计	**70286**	**37673**	**19346**	**13267**		**49675**	**49675**		**20611**
本级	18134	6511	11780	－157		9228	9228		8906
区县小计	52152	31162	7566	13424		40447	40447		11705
榆阳区	21374	20052	401	921		20262	20262		1112

二、政府性基金

2－27－4

单位:万元

地区	收入总计	收入其中:本年收入	收入其中:上年结余	收入其中:补助收入	收入其中:调入资金	支出总计	支出其中:本年支出	支出其中:调出资金	年终结余
神木县	10018	8223	200	1595		9140	9140		878
府谷县	3589	1747	1346	496		2556	2556		1033
横山县	1833		301	1532		337	337		1496
靖边县	3402	550	2528	324		827	827		2575
定边县	1014		630	384		569	569		445
绥德县	2456	255	200	2001		248	248		2208
米脂县	2784		1091	1693		2518	2518		266
佳县	2049	159	391	1499		1690	1690		359
吴堡县	2432	56	220	2156		1676	1676		756
清涧县	229	120		109		229	229		
子洲县	972		258	714		395	395		577
杨凌示范区小计	**1020**	**350**		**670**		**1020**	**1020**		
本级	559			559		559	559		
区县小计	461	350		111		461	461		
杨陵区	461	350		111		461	461		

2009 年甘肃省地市县财政政府性基金收支平衡表

2－28－1　　　　　　　　　　　　　　　　　　　　单位:万元

地区	收入					支出			年终结余
	收入总计	其中:				支出总计	其中:		
		本年收入	上年结余	补助收入	调入资金		本年支出	调出资金	
地市县合计	**926890**	**539345**	**163591**	**223817**	**137**	**678688**	**661137**	**4954**	**248202**
兰州市小计	**404449**	**271823**	**101106**	**31520**		**236372**	**225643**	**1621**	**168077**
本级	299339	218129	85861	-4651		151485	141634	827	147854
区县小计	105110	53694	15245	36171		84887	84009	794	20223
永登县	9473	1329	3844	4300		7632	7624	8	1841
榆中县	11219	5392	775	5052		10122	9284	783	1097
皋兰县	9448	3954	861	4633		7341	7338	3	2107
城关区	8639	1473	5035	2131		5611	5611		3028
七里河区	17659	529	1170	15960		16969	16969		690
西固区	1581	48	279	1254		1580	1580		1
安宁区	29688	27672	1079	937		19631	19631		10057
红古区	17403	13297	2202	1904		16001	15972		1402
嘉峪关市小计	**3653**	**2260**	**11**	**1382**		**3636**	**3533**	**56**	**17**
本级	3653	2260	11	1382		3636	3533	56	17
金昌市小计	**19850**	**10568**	**6599**	**2683**		**14555**	**14448**	**49**	**5295**
本级	14774	7681	6187	906		9897	9804	35	4877
区县小计	5076	2887	412	1777		4658	4644	14	418
永昌县	4032	2849	406	777		3625	3611	14	407
金川区	1044	38	6	1000		1033	1033		11
白银市小计	**43050**	**23197**	**4468**	**15385**		**36027**	**35518**	**92**	**7023**
本级	19365	17991	1786	-412		17708	17284	21	1657
区县小计	23685	5206	2682	15797		18319	18234	71	5366
景泰县	7318	2972	1089	3257		4314	4294	10	3004
靖远县	2456	558	638	1260		1988	1976	8	468
会宁县	5639	1207	212	4220		4420	4412	8	1219
平川区	5760	308	743	4709		5099	5086	13	661
白银区	2512	161		2351		2498	2466	32	14
天水市小计	**101761**	**60945**	**15028**	**25788**		**82964**	**82664**	**130**	**18797**
本级	52781	35546	11729	5506		40167	40018		12614
区县小计	48980	25399	3299	20282		42797	42646	130	6183
清水县	4982	1661	386	2935		4982	4978	4	
秦安县	3546	1131	60	2355		3395	3387	8	151
甘谷县	6627	2739	270	3618		6206	6199	6	421
武山县	3714	328	302	3084		3714	3692	6	
张家川回族自治县	3993	1816		2177		3992	3985	3	1
秦州区	12447	8727	1853	1867		7368	7299	69	5079
麦积区	13671	8997	428	4246		13140	13106	34	531
酒泉市小计	**38067**	**24060**	**1441**	**12566**		**37222**	**36619**	**117**	**845**
本级	14771	13640	1176	-45		14400	14006		371
区县小计	23296	10420	265	12611		22822	22613	117	474
肃州区	5144	415	56	4673		5076	5037	39	68
玉门市	2326	1261		1065		2325	2311	14	1
金塔县	2432	1196	23	1213		2428	2423	5	4

2－28－2

单位:万元

地区	收入					支出			年终结余
	收入总计	其中:				支出总计	其中:		
		本年收入	上年结余	补助收入	调入资金		本年支出	调出资金	
瓜州县	5989	2329		3660		5960	5945	15	29
敦煌市	6330	4557	186	1587		6126	6000	40	204
肃北蒙古族自治县	283	263		20		116	108	2	167
阿克塞哈萨克族自治县	792	399		393		791	789	2	1
张掖市小计	**31883**	**18738**	**2597**	**10548**		**28895**	**28247**	**62**	**2988**
本级	15118	12985	777	1356		14139	13821	43	979
区县小计	16765	5753	1820	9192		14756	14426	19	2009
山丹县	2386	1345	123	918		1878	1692	2	508
民乐县	3466	874		2592		3462	3457	5	4
甘州区	2672	500	92	2080		2650	2588		22
临泽县	2694	693	80	1921		2189	2183	6	505
高台县	3908	1709	1019	1180		3292	3224	6	616
肃南裕固族自治县	1639	632	506	501		1285	1282		354
武威市小计	**27075**	**16554**	**2930**	**7591**		**22171**	**21617**	**109**	**4904**
本级	18464	13390	1754	3320		15857	15531		2607
区县小计	8611	3164	1176	4271		6314	6086	109	2297
民勤县	2083	918	70	1095		1924	1901	6	159
古浪县	2945	1850	391	704		2426	2415	3	519
大祝藏族自治县	959	123	254	582		499	397	8	460
凉州区	2624	273	461	1890		1465	1373	92	1159
定西市小计	**46549**	**30412**	**3264**	**12873**		**39426**	**39169**	**93**	**7123**
本级	10290	8618	297	1375		8728	8695		1562
区县小计	36259	21794	2967	11498		30698	30474	93	5561
安定区	4446	425	1133	2888		3013	2986	27	1433
通渭县	8016	5765	778	1473		6036	5995	21	1980
陇西县	4798	3195	166	1437		4547	4529	13	251
渭源县	6882	5529	222	1131		6264	6256	6	618
临洮县	4623	2793	225	1605		4146	4040	14	477
漳县	2246	600	169	1477		2070	2055	3	176
岷县	5248	3487	274	1487		4622	4613	9	626
陇南市小计	**44670**	**8967**	**2850**	**32853**		**42032**	**39845**	**2125**	**2638**
本级	4998	1911	1716	1371		3535	3741		1463
区县小计	39672	7056	1134	31482		38497	36104	2125	1175
成县	3652	125	116	3411		3572	1716	1856	80
文县	6170	171	134	5865		5923	5879		247
康县	5155	120	725	4310		5033	5033		122
宕昌县	2586	1080	14	1492		2281	2279		305
西和县	6814	2482		4332		6731	6454	269	83
礼县	3445	2256	62	1127		3371	3371		74
徽县	3136	75	72	2989		2996	2989		140
两当县	1791	89	2	1700		1722	1700		69
武都区	6923	658	9	6256		6868	6683		55
平凉市小计	**44836**	**21871**	**8003**	**14962**		**35443**	**35373**	**70**	**9393**

2－28－3　　　　单位：万元

地　　区	收　入					支　出			年终结余
	收入总计	其　中：				支出总计	其　中：		
		本年收入	上年结余	补助收入	调入资金		本年支出	调出资金	
本级	3978	2594	261	1123		3505	3492	13	473
区县小计	40858	19277	7742	13839		31938	31881	57	8920
泾川县	5257	1867	756	2634		4547	4542	5	710
灵台县	2224	815	217	1192		2039	2037	2	185
崇信县	2035	204	243	1588		1981	1977	4	54
华亭县	7650	5900	539	1211		4539	4526	13	3111
庄浪县	4377	1138	2178	1061		3690	3689	1	687
静宁县	7178	3493	793	2892		4089	4087	2	3089
崆峒区	12137	5860	3016	3261		11053	11023	30	1084
庆阳市小计	**53370**	**26182**	**7924**	**19127**	**137**	**41362**	**40830**	**39**	**12008**
本级	24837	17933	4794	1973	137	17785	17347		7052
区县小计	28533	8249	3130	17154		23577	23483	39	4956
庆城县	3731	1216	517	1998		2918	2899	19	813
镇原县	4516	646	797	3073		2516	2457	4	2000
宁县	4037	280	508	3249		3525	3522	3	512
正宁县	6320	3656	240	2424		6097	6091	6	223
合水县	2797	1394	125	1278		2585	2585		212
华池县	1738	195	196	1347		1309	1302	7	429
环县	1193	430	136	627		1142	1142		51
西峰区	4201	432	611	3158		3485	3485		716
临夏回族自治州小计	**52586**	**22320**	**4469**	**25797**		**46143**	**45239**	**367**	**6443**
本级	5420	1895	1106	2419		3305	3303		2115
区县小计	47166	20425	3363	23378		42838	41936	367	4328
临夏市	5346	4258	550	538		5265	4831	367	81
临夏县	5097	213	297	4587		4925	4925		172
积石山保安族东乡族撒拉族自治县	3030	550	1349	1131		1872	1872		1158
永靖县	15589	9348	456	5785		15232	14786		357
和政县	4102	2367	169	1566		3859	3841		243
康乐县	4876	24	254	4598		2707	2707		2169
广河县	5655	3657	288	1710		5507	5503		148
东乡族自治县	3471	8		3463		3471	3471		
甘南藏族自治州小计	**15091**	**1448**	**2901**	**10742**		**12440**	**12392**	**24**	**2651**
本级	1649	120	1059	470		546	546		1103
区县小计	13442	1328	1842	10272		11894	11846	24	1548
夏河县	956	371	80	505		805	801	4	151
临潭县	820	144	264	412		759	755	3	61
卓尼县	1269	119	76	1074		1108	1106	2	161
舟曲县	7384	23	607	6754		7192	7187	5	192
迭部县	1247	307	475	465		683	657	3	564
碌曲县	525	28	118	379		400	399	1	125
玛曲县	481	147	131	203		332	327	5	149
合作市	760	189	91	480		615	614	1	145

二、政府性基金

2009年青海省地市县财政政府性基金收支平衡表

2－29－1　　　　　　　　　　　　　　　　　　　　单位：万元

地区	收入					支出			年终结余
	收入总计	其中：本年收入	其中：上年结余	其中：补助收入	其中：调入资金	支出总计	其中：本年支出	其中：调出资金	
地市县合计	**237954**	**178417**	**34301**	**25048**	**188**	**184120**	**181145**	**2975**	**53834**
西宁市小计	**186663**	**153719**	**26043**	**6901**		**145351**	**143851**	**1500**	**41312**
本级	126158	103710	19238	3210		92352	92352		33806
区县小计	60505	50009	6805	3691		52999	51499	1500	7506
大通县	7629	4434	3033	162		4876	3376	1500	2753
湟中县	4719	964	2568	1187		3563	3563		1156
湟源县	1218	639	112	467		863	863		355
城中区	7422	6651	483	288		6600	6600		822
城西区	449	139	75	235		434	434		15
城北区	412	115	90	207		383	383		29
城东区	780	71	79	630		701	701		79
城南新区	3347	3172	122	53		2941	2941		406
甘河工业园区	21645	21460	185			21056	21056		589
生物产业园区	1637	1294	38	305		335	335		1302
经济技术开发区东川工业园区	11247	11070	20	157		11247	11247		
海东地区小计	**22411**	**12679**	**5075**	**4657**		**16813**	**16813**		**5598**
本级	820	604	212	4		427	427		393
区县小计	21591	12075	4863	4653		16386	16386		5205
民和县	2758	1545	794	419		1633	1633		1125
乐都县	9295	8175	567	553		8088	8088		1207
平安县	2469	447	1652	370		1871	1871		598
互助县	4068	1654	1139	1275		2698	2698		1370
化隆县	2034	48	302	1684		1510	1510		524
循化县	967	206	409	352		586	586		381
海西州小计	**10857**	**9001**	**930**	**926**		**9583**	**8590**	**993**	**1274**
本级	580	22	544	14		104	104		476
区县小计	10277	8979	386	912		9479	8486	993	798
都兰县	726	332	94	300		676	419	257	50
乌兰县	446	285	64	97		356	356		90
天峻县	2026	1884	100	42		1850	1850		176
德令哈市	3259	3117		142		3259	2523	736	
格尔木市	3066	2753		313		3066	3066		
柴旦行委	415	330	70	15		156	156		259
冷湖行委	48	26	21	1		47	47		1
茫崖行委	291	252	37	2		69	69		222
海南州小计	**10999**	**954**	**1314**	**8731**		**7481**	**7110**	**371**	**3518**
本级	870	89	301	480		394	394		476
区县小计	10129	865	1013	8251		7087	6716	371	3042
共和县	4614	209	258	4147		3518	3147	371	1096
贵德县	2208	607	599	1002		1316	1316		892
贵南县	2381	14	33	2334		1967	1967		414
同德县	318	22	93	203		250	250		68

2－29－2 单位:万元

地区	收入					支出			年终结余
	收入总计	其中:				支出总计	其中:		
		本年收入	上年结余	补助收入	调入资金		本年支出	调出资金	
兴海县	608	13	30	565		36	36		572
海北州小计	**2073**	**1122**	**184**	**747**	**20**	**1905**	**1794**	**111**	**168**
本级	312	118	148	46		238	238		74
区县小计	1761	1004	36	701	20	1667	1556	111	94
海晏县	137	26		111		137	26	111	
刚察县	1067	680		367	20	1063	1063		4
祁连县	85	8	9	68		76	76		9
门源县	472	290	27	155		391	391		81
黄南州小计	**2310**	**174**	**331**	**1805**		**1837**	**1837**		**473**
本级	182	20	154	8		60	60		122
区县小计	2128	154	177	1797		1777	1777		351
同仁县	944	30	78	836		746	746		198
尖扎县	825	111	49	665		672	672		153
泽库县	1	1				1	1		
河南县	358	12	50	296		358	358		
玉树州小计	**743**	**17**		**726**		**429**	**429**		**314**
本级	402	6		396		88	88		314
区县小计	341	11		330		341	341		
玉树县	70	7		63		70	70		
称多县	84	2		82		84	84		
昂欠县	46	1		45		46	46		
杂多县	43	1		42		43	43		
治多县	46			46		46	46		
曲麻莱县	52			52		52	52		
果洛州小计	**1898**	**751**	**424**	**555**	**168**	**721**	**721**		**1177**
本级	506	72	364	70		30	30		476
区县小计	1392	679	60	485	168	691	691		701
玛沁	227	100	60	67		160	160		67
甘德	160	120		40		120	120		40
达日	324	78		78	168	246	246		78
玛多	30	15		15		15	15		15
班玛	520	260		260		45	45		475
久治	131	106		25		105	105		26

二、政府性基金

2009年宁夏回族自治区地市县财政政府性基金收支平衡表

2－30 单位：万元

地区	收入					支出			年终结余
	收入总计	其中：				支出总计	其中：		
		本年收入	上年结余	补助收入	调入资金		本年支出	调出资金	
地市县合计	**830560**	**692537**	**74792**	**60657**	**2574**	**750771**	**748771**	**2000**	**79789**
银川市小计	**369163**	**337875**	**15015**	**13699**	**2574**	**330119**	**328119**	**2000**	**39044**
本级	210169	254879	12681	－59517	2126	174049	172497	2000	36120
区县小计	158994	82996	2334	73216	448	156070	155622		2924
兴庆区	36463	210	314	35939		36342	36342		121
金凤区	50883	20745	1398	28740		48526	48526		2357
西夏区	12218	3559	622	8037		11772	11772		446
高新区	59430	58482		500	448	59430	58982		
永宁县	**61541**	**58990**	**1628**	**923**		**61113**	**61113**		**428**
贺兰县	**66190**	**63070**	**2182**	**938**		**63420**	**63420**		**2770**
灵武市	**41148**	**25197**	**14644**	**1307**		**33239**	**33239**		**7909**
石嘴山市小计	**51109**	**38704**	**9338**	**3067**		**44529**	**44529**		**6580**
本级	30456	22082	8591	－217		24754	24754		5702
区县小计	20653	16622	747	3284		19775	19775		878
大武口区	10715	9037	282	1396		10315	10315		400
惠农区	9827	7537	408	1882		9403	9403		424
隆湖区	111	48	57	6		57	57		54
平罗县	**27730**	**22140**	**4107**	**1483**		**25157**	**25157**		**2573**
吴忠市小计	**39383**	**34589**	**3796**	**998**		**34761**	**34761**		**4622**
本级	38849	34589	3796	464		34227	34227		4622
区县小计	534			534		534	534		
利通区	534			534		534	534		
青铜峡市	**15180**	**9089**	**3684**	**2407**		**12094**	**12094**		**3086**
盐池县	**8256**	**4697**	**1537**	**2022**		**8052**	**8052**		**204**
同心县	**3580**	**2044**	**522**	**1014**		**2379**	**2379**		**1201**
红寺堡	**5582**	**2225**	**1722**	**1635**		**4366**	**4366**		**1216**
中卫市小计	**38975**	**21091**	**1613**	**16271**		**38216**	**38216**		**759**
本级	38975	21091	1613	16271		38216	38216		759
中宁县	**37416**	**31579**	**2714**	**3123**		**35935**	**35935**		**1481**
海原县	**15832**	**12228**	**2405**	**1199**		**12792**	**12792**		**3040**
固原市小计	**28066**	**17026**	**3992**	**7048**		**25735**	**25735**		**2331**
本级	22091	17024	2474	2593		21173	21173		918
区县小计	5975	2	1518	4455		4562	4562		1413
原州区	5975	2	1518	4455		4562	4562		1413
西吉县	**7242**	**3276**	**2562**	**1404**		**6846**	**6846**		**396**
隆德县	**4928**	**3045**	**1126**	**757**		**3682**	**3682**		**1246**
泾源县	**1853**	**717**	**669**	**467**		**1559**	**1559**		**294**
彭阳县	**7386**	**4955**	**1536**	**895**		**6777**	**6777**		**609**

2009 年新疆维吾尔自治区地市县财政政府性基金收支平衡表

2－31－1　　　　　　　　　　　　　　　　　　　　　　　　单位:万元

地区	收入					支出			年终结余
	收入总计	其中:				支出总计	其中:		
		本年收入	上年结余	补助收入	调入资金		本年支出	调出资金	
地市县合计	**1096016**	**851258**	**139999**	**104757**	**2**	**902735**	**894384**	**8351**	**193281**
克拉玛依市小计	**42457**	**23819**	**16649**	**1989**		**26402**	**26402**		**16055**
本级	31866	17217	14582	67		16852	17152		15014
区县小计	10591	6602	2067	1922		9550	9250		1041
克拉玛依区	6752	4339	1553	860		5752	5752		1000
独山子区	2454	1830	483	141		2454	2154		
白碱滩区	350	189		161		350	350		
乌尔禾区	1035	244	31	760		994	994		41
石河子市	**24647**	**17190**	**6611**	**846**		**15433**	**15433**		**9214**
伊犁州小计	**165711**	**151534**	**3850**	**10327**		**156781**	**156481**	**300**	**8930**
本级	13282	5197	2191	5894		6395	6095	300	6887
区县小计	152429	146337	1659	4433		150386	150386		2043
奎屯市	17265	16605		660		17265	17265		
伊宁市	97833	97137	370	326		97091	97091		742
伊宁县	13285	12318	429	538		13226	13226		59
察布查尔锡伯自治县	2379	1991	1	387		2378	2378		1
霍城县	5828	5485	79	264		5810	5810		18
尼勒克县	2571	1636	505	430		1906	1906		665
巩留县	2998	2248	4	746		2988	2988		10
新源县	8409	8188		221		7926	7926		483
特克斯县	1148	464	234	450		1106	1106		42
昭苏县	713	265	37	411		690	690		23
塔城地区小计	**48166**	**33051**	**7908**	**7207**		**39816**	**39816**		**8350**
本级	6486	679	1142	4665		4524	4524		1962
区县小计	41680	32372	6766	2542		35292	35292		6388
塔城市	4140	2815	877	448		3516	3516		624
额敏县	5149	2566	2156	427		2560	2560		2589
乌苏市	19963	18282	1232	449		19626	19626		337
沙湾县	5386	4824	179	383		5276	5276		110
托里县	1289	672	548	69		1103	1103		186
裕民县	2589	1975	268	346		2490	2490		99
和布克赛尔蒙古自治县	3164	1238	1506	420		721	721		2443
阿勒泰地区小计	**17423**	**10408**	**1876**	**5139**		**15821**	**15520**	**301**	**1602**
本级	3634	201	677	2756		3455	3155	300	179
区县小计	13789	10207	1199	2383		12366	12365	1	1423
阿勒泰市	1592	1280	34	278		1580	1580		12
布尔津县	2563	1848	177	538		2328	2328		235
哈巴河县	1229	766	183	280		1024	1024		205
吉木乃县	466	137	213	116		262	261	1	204
福海县	2419	1717	357	345		2281	2281		138
富蕴县	4155	3505	175	475		3536	3536		619
青河县	1365	954	60	351		1355	1355		10

二、政府性基金

2－31－2

单位:万元

地区	收入					支出			年终结余
	收入总计	其中:				支出总计	其中:		
		本年收入	上年结余	补助收入	调入资金		本年支出	调出资金	
博尔塔拉州小计	**16061**	**11327**	**1493**	**3241**		**14901**	**14901**		**1160**
本级	3252	406	446	2400		2773	2773		479
区县小计	12809	10921	1047	841		12128	12128		681
博乐市	8390	7095	832	463		7963	7963		427
精河县	3623	3312	13	298		3611	3611		12
温泉县	796	514	202	80		554	554		242
巴音郭楞州小计	**80283**	**70855**	**1431**	**7997**		**78294**	**76594**	**1700**	**1989**
本级	12545	7417	424	4704		11820	11820		725
区县小计	67738	63438	1007	3293		66474	64774	1700	1264
库尔勒市	43887	43257	260	370		43480	43480		407
轮台县	8255	7523	111	621		8144	8144		111
尉犁县	6340	6014	123	203		6150	4450	1700	190
且末县	1033	706	23	304		932	932		101
若羌县	1307	1011		296		1307	1307		
焉耆回族自治县	2654	2000	245	409		2415	2415		239
和静县	3198	2612		586		3198	3198		
和硕县	449	144	110	195		281	281		168
博湖县	615	171	135	309		567	567		48
阿克苏地区小计	**65348**	**49775**	**4505**	**11068**		**59827**	**59827**		**5521**
本级	12171	4143	1953	6075		10234	11234		1937
区县小计	53177	45632	2552	4993		49593	48593		3584
阿克苏市	22551	21002	156	1393		22200	21200		351
库车县	13709	11927	1114	668		11753	11753		1956
拜城县	1556	1190		366		1556	1556		
新和县	2944	2337	51	556		2893	2893		51
沙雅县	4715	4152	43	520		4715	4715		
温宿县	4470	2995	980	495		3474	3474		996
乌什县	1415	951	169	295		1225	1225		190
阿瓦提县	1272	965		307		1271	1271		1
柯坪县	545	113	39	393		506	506		39
克孜勒苏州小计	**6498**	**3797**	**609**	**2092**		**5810**	**5810**		**688**
本级	2230	842	246	1142		2018	2018		212
区县小计	4268	2955	363	950		3792	3792		476
阿图什市	1917	1267	362	288		1441	1441		476
阿克陶县	521	353	1	167		521	521		
乌恰县	790	617		173		790	790		
阿合奇县	1040	718		322		1040	1040		
喀什地区小计	**81595**	**43900**	**21796**	**15899**		**51825**	**49586**	**2239**	**29770**
本级	17780	1899	6937	8944		9247	9247		8533
区县小计	63815	42001	14859	6955		42578	40339	2239	21237
喀什市	35787	22841	11111	1835		18879	16879	2000	16908
莎车县	5531	3685	1025	821		3942	3942		1589

2－31－3　　　　单位:万元

地区	收入					支出			年终结余
	收入总计	其中:				支出总计	其中:		
		本年收入	上年结余	补助收入	调入资金		本年支出	调出资金	
疏勒县	4478	4000	105	373		3573	3573		905
疏附县	1487	845	55	587		1483	1244	239	4
叶城县	3252	1805	957	490		3081	3081		171
伽师县	2002	1103	333	566		1479	1479		523
巴楚县	3490	2968	14	508		3063	3063		427
麦盖提县	1064	702	75	287		985	985		79
泽普县	1826	1526		300		1826	1826		
英吉沙县	1368	454	626	288		1045	1045		323
岳普湖县	2126	990	558	578		1818	1818		308
塔什库尔干塔吉克自治县	1404	1082		322		1404	1404		
和田地区小计	**24745**	**8263**	**4400**	**12082**		**17963**	**17963**		**6782**
本级	8962	1924	2841	4197		4044	4044		4918
区县小计	15783	6339	1559	7885		13919	13919		1864
皮山县	1722	616	349	757		1090	1090		632
墨玉县	2373	531	125	1717		2353	2353		20
和田县	2699	1015	252	1432		2474	2474		225
洛浦县	1560	814	98	648		1486	1486		74
策勒县	2178	732	464	982		1778	1778		400
于田县	1965	507	96	1362		1858	1858		107
民丰县	809	548	87	174		589	589		220
和田市	2477	1576	88	813		2291	2291		186
吐鲁番地区小计	**23349**	**14527**	**5816**	**3006**		**16471**	**16471**		**6878**
本级	2820	155	543	2122		817	817		2003
区县小计	20529	14372	5273	884		15654	15654		4875
吐鲁番市	9712	5446	4067	199		6242	6242		3470
鄯善县	7852	6927	708	217		7170	7170		682
托克逊县	2965	1999	498	468		2242	2242		723
哈密地区小计	**18884**	**12401**	**715**	**5768**		**16110**	**13075**	**3035**	**2774**
本级	11009	5928	155	4926		10175	7140	3035	834
区县小计	7875	6473	560	842		5935	5935		1940
伊吾县	462	173	2	287		461	461		1
巴里坤哈萨克自治县	603	281		322		603	603		
哈密市	6810	6019	558	233		4871	4871		1939
五家渠市	**236**	**228**	**6**		**2**				**236**
阿拉尔市	**4944**	**3921**	**1023**			**1918**	**1639**	**279**	**3026**
图木舒克市	**627**	**627**				**627**	**130**	**497**	
乌鲁木齐市昌吉州小计	**475042**	**395635**	**61311**	**18096**		**384736**	**384736**		**90306**
本级	336690	281735	52912	2043		259629	259629		77061
区县小计	138352	113900	8399	16053		125107	125107		13245
乌鲁木齐县	18313	16702	853	758		16181	16181		2132
天山区	5921	643	2386	2892		3204	3204		2717
沙依巴克区	3028	718	8	2302		2592	2592		436

二、政府性基金

2－31－4

单位:万元

地区	收入					支出			年终结余
	收入总计	其中:				支出总计	其中:		
		本年收入	上年结余	补助收入	调入资金		本年支出	调出资金	
新市区	4882	451	3	4428		4307	4307		575
水磨沟区	1619	458	2	1159		1618	1618		1
头屯河区	9235	7565	195	1475		9051	9051		184
米东区	27204	26470		734		27177	27177		27
达坂城区	2157	248	1152	757		739	739		1418
玛纳斯县	4704	3703	794	207		2403	2403		2301
呼图壁县	7744	7512		232		7689	7689		55
昌吉市	36523	36242	208	73		36253	36253		270
阜康市	8511	6522	1696	293		6173	6173		2338
吉木萨尔县	3083	2006	757	320		2876	2876		207
奇台县	2688	2165	316	207		2347	2347		341
木垒哈萨克自治县	2740	2495	29	216		2497	2497		243

三、预算外财政专户

三、预算外财政专户

2009年北京市区县预算外财政专户资金收支平衡表

3－1　　　　　　　　　　　　　　　　　　　　　　　　　　　　　　　　　单位:万元

地区	收入				支出			年终结余
	收入总计	其中:			支出总计	其中:		
		本年收入	上年结余	补助收入		本年支出	政府调剂资金	
区县合计	**1572604**	**797670**	**774934**		**671020**	**651053**	**19967**	**901584**
东城区	46044	32596	13448		28314	28314		17730
西城区	110114	74754	35360		65797	65797		44317
崇文区	35674	18891	16783		21173	17930	3243	14501
宣武区	69201	37325	31876		18528	18528		50673
朝阳区	115567	73421	42146		81088	80425	663	34479
海淀区	382712	139196	243516		162115	162108	7	220597
石景山区	17462	7241	10221		7594	7553	41	9868
丰台区	112340	49506	62834		61740	61740		50600
门头沟区	12871	8846	4025		7544	7544		5327
房山区	38248	29844	8404		28209	28209		10039
通州区	137865	44222	93643		36391	36391		101474
昌平区	41710	34259	7451		18595	10667	7928	23115
顺义区	201082	87468	113614		47118	47118		153964
大兴区	188254	115500	72754		35418	35418		152836
怀柔区	18766	9365	9401		14612	8231	6381	4154
平谷区	19096	14362	4734		14580	13971	609	4516
密云县	13182	12540	642		12224	12220	4	958
延庆县	12416	8334	4082		9980	8889	1091	2436

2009年天津市区县预算外财政专户资金收支平衡表

3－2　　　　　　　　　　　　　　　　　　　　　　　　单位：万元

地　区	收　入				支　出			
	收入总计	其　中：			支出总计	其　中：		年终结余
		本年收入	上年结余	补助收入		本年支出	政府调剂资金	
区县合计	**487203**	**373846**	**113357**		**334711**	**326037**	**8674**	**152492**
和平区	14789	10578	4211		12802	12802		1987
河北区	16482	14346	2136		14260	14260		2222
河东区	9837	9208	629		7973	7973		1864
河西区	27944	22307	5637		18048	18048		9896
南开区	18130	16926	1204		17521	17521		609
红桥区	20044	15951	4093		13311	13311		6733
塘沽区	23539	16695	6844		14454	14454		9085
汉沽区	4879	3669	1210		3930	3930		949
大港区	24657	6502	18155		13484	13484		11173
东丽区	16515	13794	2721		14403	14403		2112
西青区	41495	23613	17882		27000	26500	500	14495
津南区	22530	15330	7200		14001	14001		8529
北辰区	16315	9238	7077		7700	7700		8615
武清区	20499	20062	437		15365	15365		5134
宝坻区	17862	14691	3171		13806	13806		4056
蓟县	18521	17098	1423		17384	17384		1137
宁河县	5753	5066	687		4975	4975		778
静海县	89776	68115	21661		73494	65320	8174	16282
开发区								
保税区	73366	70042	3324		30083	30083		43283
园区	4270	615	3655		717	717		3553

2009年河北省地市县预算外财政专户资金收支平衡表

3－3－1　　　　　　　　　　　　　　　　　　　　　　　　单位：万元

地区	收入				支出			年终结余
	收入总计	其中：本年收入	上年结余	补助收入	支出总计	其中：本年支出	政府调剂资金	
地市县合计	**1559611**	**1193107**	**342557**	**23947**	**1207935**	**1134513**	**73422**	**351676**
石家庄市小计	**253631**	**179480**	**69682**	**4469**	**184632**	**184632**		**68999**
本级	161387	118788	38938	3661	126642	126642		34745
区县小计	92244	60692	30744	808	57990	57990		34254
赞皇县	677	121	549	7	127	127		550
平山县	10980	2777	8112	91				10980
灵寿县	1569	1569			1569	1569		
行唐县	1385	1084	291	10	1210	1210		175
井陉县	3714	3714			3090	3090		624
鹿泉市	4503	2899	1604		3460	3460		1043
正定县	3770	2963	802	5	3392	3392		378
栾城县	2839	2330	391	118	2548	2548		291
辛集市	5796	5682		114	5796	5796		
晋州市	2646	2364	282		2562	2562		84
深泽县	869	657	207	5	751	751		118
无极县	2352	1575	767	10	1609	1609		743
藁城市	4842	4429	120	293	4722	4722		120
赵县	2099	2094		5	2094	2094		5
新乐市	3626	1976	1620	30	1976	1976		1650
高邑县	914	914			914	914		
元氏县	2785	1783	932	70	1964	1964		821
长安区	3856	3823	24	9	3830	3830		26
桥东区	2249	2173	67	9	2173	2173		76
桥西区	4109	3805	295	9	4052	4052		57
新华区	4915	3974	932	9	4371	4371		544
裕华区	5326	4902	415	9	5127	5127		199
矿区	641	618	23		537	537		104
高新区	15782	2466	13311	5	116	116		15666
唐山市小计	**274309**	**221572**	**49561**	**3176**	**218546**	**206350**	**12196**	**55763**
本级	121030	94078	24825	2127	91630	91630		29400
区县小计	153279	127494	24736	1049	126916	114720	12196	26363
滦县	3785	3457	323	5	3716	3716		69
滦南县	6617	6617			6617	6617		
乐亭县	3137	3113		24	3113	3113		24
迁西县	3274	3238		36	3274	3274		
唐海县	6954	3932	2974	48	4544	4544		2410
迁安市	22751	20278	2264	209	18361	18251	110	4390
玉田县	17390	15997	1393		15073	8618	6455	2317
遵化市	9960	8003	1604	353	8364	6864	1500	1596
路南区	4959	3475	1422	62	3959	3959		1000
路北区	5636	5536	5	95	5631	5631		5

3－3－2

单位：万元

地区	收入				支出			年终结余
	收入总计	其中：			支出总计	其中：		
		本年收入	上年结余	补助收入		本年支出	政府调剂资金	
古冶区	4835	2674	2118	43	2929	2929		1906
开平区	5594	5232	321	41	4654	2554	2100	940
丰润区	7925	6184	1666	75	7728	7728		197
丰南区	28731	20415	8279	37	21557	19615	1942	7174
高新开发区	1509	336	1166	7	87	87		1422
海港开发区	779	740	31	8	748	748		31
南堡开发区	2633	1480	1147	6	1736	1736		897
芦台开发区	186	163	23		164	75	89	22
汉沽管理区	31	31			31	31		
曹妃甸工业园区	16593	16593			14630	14630		1963
邯郸市小计	**124282**	**93947**	**28550**	**1785**	**89990**	**89211**	**779**	**34292**
本级	74832	58555	14834	1443	55337	55337		19495
区县小计	49450	35392	13716	342	34653	33874	779	14797
大名县	1258	1216		42	1258	1258		
魏县	2997	2976	21		2951	2172	779	46
曲周县	1471	1471			1471	1471		
邱县	996	926		70	996	996		
鸡泽县	360	360			360	360		
肥乡县	1241	638	603		612	612		629
广平县	775	770		5	680	680		95
成安县	322	322			322	322		
临漳县								
馆陶县	1130	1101	24	5	1099	1099		31
磁县	5238	5162	76		5001	5001		237
涉县	6137	3254	2883		3415	3415		2722
永年县	4429	3970	459		3795	3795		634
邯郸县	3036	2561	475		2395	2395		641
武安市	12820	7254	5346	220	6758	6758		6062
邯山区	880	880			880	880		
丛台区	768	384	384		768	768		
复兴区	464	451	13		412	412		52
峰峰矿区	1525	1525			1336	1336		189
开发区	3543	111	3432		84	84		3459
马头工业园区	60	60			60	60		
张家口市小计	**164392**	**128358**	**34430**	**1604**	**138678**	**136410**	**2268**	**25714**
本级	110903	90255	20839	－191	96972	94803	2169	13931
区县小计	53489	38103	13591	1795	41706	41607	99	11783
蔚县	1595	1337		258	1595	1595		
阳原县	588	369	155	64	548	548		40
张北县	4315	3760	501	54	3667	3667		648
康保县	667	515	80	72	584	584		83

三、预算外财政专户

3－3－3 单位：万元

地区	收入				支出			
	收入总计	其中：			支出总计	其中：		年终结余
		本年收入	上年结余	补助收入		本年支出	政府调剂资金	
沽源县	1095	736	88	271	1053	1053		42
尚义县	458	385	5	68	453	453		5
怀安县	1426	1349		77	1426	1426		
赤城县	9216	4309	4799	108	6984	6984		2232
崇礼县	635	482	50	103	632	632		3
万全县	2056	1362	554	140	1355	1355		701
宣化县	1298	1243		55	1298	1298		
怀来县	8426	5438	2845	143	5257	5257		3169
涿鹿县	2353	2174	79	100	2126	2126		227
宣化区	9574	6749	2650	175	6331	6331		3243
下花园区	668	420	223	25	615	615		53
桥东区	2810	2084	689	37	2351	2351		459
桥西区	2594	2078	511	5	2097	2097		497
高新区	3569	3201	348	20	3193	3193		376
察北区	135	106	9	20	135	36	99	
塞北区	11	6	5		6	6		5
保定市小计	**158362**	**113193**	**42576**	**2593**	**107743**	**106354**	**1389**	**50619**
本级	75138	49375	25496	267	42133	42133		33005
区县小计	83224	63818	17080	2326	65610	64221	1389	17614
清苑县	5389	4142	1247		4930	4930		459
满城县	1613	1503		110	1503	1503		110
安新县	2393	2360	33		2256	2256		137
唐县	2065	2065			2065	2065		
顺平县	1246	1093		153	1246	1246		
博野县	1405	852	450	103	854	854		551
曲阳县	4005	1955	1914	136	2210	2210		1795
涞源县	7176	2064	4971	141	2065	2065		5111
阜平县	2903	2795	32	76	2903	2903		
易县	7088	5941	1047	100	6001	6001		1087
定兴县	3397	3269	123	5	3257	3257		140
徐水县	6901	5548	1046	307	5753	5753		1148
容城县	119		109	10	71	71		48
涿州市	5520	4240	988	292	4158	4158		1362
涞水县	2132	1707	209	216	1563	1563		569
高碑店市	4062	3711	351		4031	4031		31
雄县	2390	1920	470		1984	1984		406
望都县	1517	1461	56		1134	1134		383
高阳县	4773	4430		343	4773	4343	430	
蠡县	3051	2801	245	5	2927	2927		124
安国市	4238	2438	1747	53	2394	2394		1844
定州市	6321	4756	1358	207	4854	3895	959	1467

3－3－4　　　　单位：万元

地区	收入				支出			
	收入总计	其中：			支出总计	其中：		年终结余
		本年收入	上年结余	补助收入		本年支出	政府调剂资金	
南市区	685	664	21		664	664		21
北市区	1815	1083	663	69	994	994		821
新市区	1020	1020			1020	1020		
高新区								
沧州市小计	**172016**	**144509**	**25812**	**1695**	**147395**	**132373**	**15022**	**24621**
本级	108236	94801	13143	292	92939	92753	186	15297
区县小计	63780	49708	12669	1403	54456	39620	14836	9324
肃宁县	3117	2715	346	56	2670	2650	20	447
献县	3607	3548		59	3607	3181	426	
盐山县	2354	2233	52	69	2233	2233		121
孟村县	842	808		34	842	842		
沧县	10649	8660	1901	88	9879	4972	4907	770
青县	4556	3885	598	73	3557	3557		999
南皮县	3674	3087	511	76	2742		2742	932
河间市	3672	3555		117	3218	3218		454
任丘市	15174	6754	8063	357	11639	5204	6435	3535
海兴县	1713	1288	399	26	1263	1210	53	450
东光县	1136	1095		41	1136	1136		
泊头市	4537	4446		91	4537	4284	253	
吴桥县	1674	1629	10	35	1664	1664		10
黄骅市	3758	3617		141	3758	3758		
新华区	1165	641	481	43	546	546		619
运河区	740	669	5	66	663	663		77
开发区	77		77					77
港口区	883	748	123	12	222	222		661
南大港	236	169	54	13	174	174		62
临港区	216	161	49	6	106	106		110
秦皇岛市小计	**73332**	**50405**	**21736**	**1191**	**50865**	**49593**	**1272**	**22467**
本级	40477	23771	15651	1055	26897	26646	251	13580
区县小计	32855	26634	6085	136	23968	22947	1021	8887
青龙满族自治县	2180	2159	21		2159	2138	21	21
昌黎县	6385	4388	1861	136	3933	3933		2452
卢龙县	3553	3163	390		2757	2757		796
抚宁县	3429	3169	260		2929	2929		500
山海关	8533	7955	578		7530	6530	1000	1003
海港区	4859	3568	1291		3311	3311		1548
北戴河	1215	1108	107		956	956		259
秦皇岛经济技术开发区	2701	1124	1577		393	393		2308
邢台市小计	**88604**	**60232**	**26589**	**1783**	**71266**	**70336**	**930**	**17338**
本级	65917	40507	23983	1427	50818	50688	130	15099
区县小计	22687	19725	2606	356	20448	19648	800	2239

三、预算外财政专户

3－3－5　　　　　　　　　　　　　　　　　　　　　　　　单位:万元

地　区	收入				支出			
	收入总计	其中:本年收入	其中:上年结余	其中:补助收入	支出总计	其中:本年支出	其中:政府调剂资金	年终结余
南宫市	1111	1111			1111	1111		
沙河市	1158	1158			1156	1156		2
邢台县	2189	2110	79		2046	2046		143
临城县	1982	1818	164		1818	1818		164
内邱县	2907	2222	685		2034	2034		873
柏乡县	568	493		75	568	568		
隆尧县	3243	2786	452	5	2750	2750		493
任县	929	797	132		835	835		94
南和县	236	236			236	236		
宁晋县	3781	2984	667	130	3763	2963	800	18
巨鹿县	609	609			609	609		
新河县	293	293			293	293		
广宗县	110	110			110	110		
平乡县	578	578			578	578		
威县	976	938	38		938	938		38
清河县	642	390	176	76	466	466		176
临西县	293	223		70	273	273		20
桥东区	310	232	78		250	250		60
桥西区	128	113	15		113	113		15
高开区	598	478	120		455	455		143
大曹庄管理区	46	46			46	46		
廊坊市小计	**127471**	**102177**	**22182**	**3112**	**91437**	**52082**	**39355**	**36034**
本级	64488	47338	14840	2310	35090	18508	16582	29398
区县小计	62983	54839	7342	802	56347	33574	22773	6636
三河市	8663	7432	735	496	7977	952	7025	686
大厂县	1672	1672			1672		1672	
香河县	15858	15838		20	15858	4658	11200	
永清县	2872	2625	247		2872	2872		
固安县	3848	2554	1294		2138	2117	21	1710
霸州市	9526	8898	342	286	9011	9011		515
文安县	7059	6296	763		7059	6405	654	
大城县	5801	4242	1559		5038	4302	736	763
安次区	2349	2253	96		2339	1583	756	10
广阳区	1704	1618	86		1425	716	709	279
开发区	3631	1411	2220		958	958		2673
承德市小计	**65154**	**49482**	**13865**	**1807**	**53717**	**53717**		**11437**
本级	47166	32532	13068	1566	37007	37007		10159
区县小计	17988	16950	797	241	16710	16710		1278
宽城县	746	746			746	746		
滦平县	994	993	1		993	993		1
丰宁县	541	422		119	541	541		

3 - 3 - 6　　　　单位:万元

地区	收入				支出			年终结余
	收入总计	其中:本年收入	其中:上年结余	其中:补助收入	支出总计	其中:本年支出	其中:政府调剂资金	
隆化县								
围场县	3557	3201	356		3201	3201		356
承德县	1936	1834		102	1936	1936		
兴隆县	4113	3906	207		3959	3959		154
平泉县	1567	1547		20	1567	1567		
双桥区	1990	1990			1990	1990		
双滦区	2281	2090	191		1556	1556		725
营子区	263	221	42		221	221		42
开发区								
衡水市小计	**58058**	**49752**	**7574**	**732**	**53666**	**53455**	**211**	**4392**
本级	34063	28254	6409	-600	31038	30938	100	3025
区县小计	23995	21498	1165	1332	22628	22517	111	1367
武邑县	936	806		130	836	836		100
饶阳县	3691	3020	658	13	2968	2857	111	723
安平县	1629	1555		74	1629	1629		
冀州市	2292	2239		53	2292	2292		
枣强县	1908	1750		158	1908	1908		
深州市	4039	3917		122	4039	4039		
武强县	4096	3630	361	105	3964	3964		132
故城县	1404	1158	126	120	1258	1258		146
景县	543	320		223	543	543		
阜城县	981	894		87	981	981		
桃城区	2331	2088		243	2088	2088		243
高开区	4			4	4	4		
衡水湖	141	121	20		118	118		23

三、预算外财政专户

2009年山西省地市县预算外财政专户资金收支平衡表

3－4－1　　　　　　　　　　　　　　　　　　　　　　　　　　　　单位:万元

地区	收入				支出			年终结余
	收入总计	其中:			支出总计	其中:		
		本年收入	上年结余	补助收入		本年支出	政府调剂资金	
地市县合计	**1111131**	**768363**	**341567**	**1201**	**742587**	**721790**	**20797**	**368544**
太原市小计	**134169**	**95982**	**38187**		**76128**	**73420**	**2708**	**58041**
本级	96068	69458	26610		55709	54306	1403	40359
区县小计	38101	26524	11577		20419	19114	1305	17682
清徐县	3606	2532	1074		2295	2295		1311
阳曲县	827	710	117		696	696		131
娄烦县	453	280	173		280	280		173
古交市	2376	1172	1204		1338	1338		1038
小店区	9035	4709	4326		6092	4787	1305	2943
尖草坪区	2439	2351	88		2433	2433		6
迎泽区	1441	991	450		1075	1075		366
杏花岭区	15134	11902	3232		3834	3834		11300
万柏林区	901	688	213		901	901		
晋源区	1610	1055	555		1333	1333		277
太原高新区	119		119		55	55		64
太原经济区	160	134	26		87	87		73
太原民营区								
大同市小计	**81622**	**62409**	**19209**	**4**	**52587**	**52587**		**29035**
本级	54918	41727	13207	－16	33175	33175		21743
区县小计	26704	20682	6002	20	19412	19412		7292
大同城区	2656	438	2218		514	514		2142
大同矿区	743	560	183		508	508		235
大同南郊区	1356	1171	185		1049	1049		307
大同新荣区	4005	3790	205	10	3750	3750		255
左云县	2475	2354	121		2354	2354		121
阳高县	3869	3233	636		3275	3275		594
天镇县	1624	1072	552		934	934		690
广灵县	3695	3369	316	10	2438	2438		1257
灵丘县	1363	649	714		655	655		708
浑源县	2414	2227	187		2057	2057		357
大同县	2477	1794	683		1857	1857		620
大同开发区	27	25	2		21	21		6
阳泉市小计	**115986**	**50171**	**65815**		**53126**	**44529**	**8597**	**62860**
本级	37972	22464	15508		19965	19965		18007
区县小计	78014	27707	50307		33161	24564	8597	44853
平定县	13520	13424	96		12871	4274	8597	649
盂县	57684	10318	47366		15847	15847		41837
阳泉郊区	2890	1384	1506		2019	2019		871
阳泉城区	1231	1101	130		1088	1088		143
阳泉矿区	1929	1234	695		1172	1172		757
阳泉开发区	760	246	514		164	164		596

3-4-2　　单位:万元

地区	收入				支出			年终结余
	收入总计	其中:			支出总计	其中:		
		本年收入	上年结余	补助收入		本年支出	政府调剂资金	
长治市小计	**191267**	**125920**	**65347**		**115044**	**115044**		**76223**
本级	89377	62981	26396		50065	50065		39312
区县小计	101890	62939	38951		64979	64979		36911
长治县	36855	11734	25121		19520	19520		17335
潞城市	2948	1929	1019		1649	1649		1299
屯留县	2343	1777	566		1785	1785		558
长子县	3822	3265	557		2246	2246		1576
壶关县	1164	783	381		760	760		404
平顺县	978	571	407		615	615		363
黎城县	1076	877	199		802	802		274
武乡县	1457	1119	338		1153	1153		304
襄垣县	40178	32836	7342		28644	28644		11534
沁县	1230	881	349		890	890		340
沁源县	3197	1983	1214		2116	2116		1081
长治城区	3674	2634	1040		2286	2286		1388
长治郊区	2735	2411	324		2362	2362		373
长治高新区	233	139	94		151	151		82
晋城市小计	**48172**	**42918**	**5254**		**40536**	**38500**	**2036**	**7636**
本级	19596	16637	2959		14986	14986		4610
区县小计	28576	26281	2295		25550	23514	2036	3026
阳城县	3292	3234	58		3261	3261		31
高平市	12194	11626	568		10862	8826	2036	1332
沁水县	1724	1513	211		1467	1467		257
陵川县	3202	3071	131		2957	2957		245
晋城城区	2923	1958	965		2164	2164		759
泽州县	5201	4839	362		4839	4839		362
晋城开发区	40	40						40
朔州市小计	**43754**	**26075**	**17679**		**28597**	**28597**		**15157**
本级	19509	7291	12218		9879	9879		9630
区县小计	24245	18784	5461		18718	18718		5527
朔城区	9450	6562	2888		6640	6640		2810
平鲁区	2523	2206	317		2111	2111		412
山阴县	3356	2497	859		2583	2583		773
怀仁县	4112	3852	260		3480	3480		632
应县	2950	2416	534		2546	2546		404
右玉县	1354	1151	203		858	858		496
朔州开发区	500	100	400		500	500		
忻州市小计	**73176**	**67928**	**5248**		**66607**	**65007**	**1600**	**6569**
本级	38031	34267	3764		33511	33511		4520
区县小计	35145	33661	1484		33096	31496	1600	2049
五台县	15387	15387			15387	15387		

三、预算外财政专户

3－4－3　　　　　　　　　　　　　　　　　　　　　　　　　　单位:万元

地区	收入				支出			年终结余
	收入总计	其中:			支出总计	其中:		
		本年收入	上年结余	补助收入		本年支出	政府调剂资金	
静乐县	587	516	71		505	505		82
河曲县	578	479	99		479	479		99
神池县	508	508			508	508		
五寨县	1205	1156	49		1156	1156		49
繁峙县	655	580	75		580	580		75
岢岚县	236	236			236	236		
偏关县	1172	920	252		859	859		313
代县	898	803	95		854	854		44
原平市	5675	4891	784		5064	5064		611
忻府区	3064	3051	13		2598	2598		466
定襄县	1315	1285	30		1232	1232		83
宁武县	2352	2352			2352	752	1600	
保德县	1338	1331	7		1286	1286		52
忻州开发区	175	166	9					175
晋中市小计	**91468**	**73984**	**17484**		**70782**	**68600**	**2182**	**20686**
本级	46562	33173	13389		30954	30954		15608
区县小计	44906	40811	4095		39828	37646	2182	5078
榆次区	7696	7686	10		7686	7686		10
太谷县	4933	4399	534		4930	4930		3
祁县	4534	4054	480		3984	3947	37	550
平遥县	4408	3956	452		3974	3974		434
介休市	5670	5371	299		5049	5024	25	621
灵石县	5215	4987	228		4806	4806		409
寿阳县	3467	2860	607		2142	2142		1325
昔阳县	3402	2856	546		2717	2717		685
和顺县	2455	2435	20		2404	284	2120	51
左权县	1164	1123	41		1145	1145		19
榆社县	1463	1057	406		971	971		492
晋中开发区	499	27	472		20	20		479
吕梁市小计	**98558**	**73873**	**24568**	**117**	**65638**	**62510**	**3128**	**32920**
本级	46701	28065	18636		21357	21357		25344
区县小计	51857	45808	5932	117	44281	41153	3128	7576
兴县	749	582	167		543	543		206
岚县	1001	862	72	67	853	853		148
交城县	2373	2145	228		2367	2367		6
文水县	3295	2839	446	10	2900	2442	458	395
汾阳市	2799	2351	448		2299	2181	118	500
孝义市	24312	21430	2882		21314	21314		2998
柳林县	5788	5237	551		4805	4805		983
中阳县	2234	2105	129		2111	2111		123
石楼县	476	374	102		374	374		102

3-4-4 单位:万元

地区	收入				支出			年终结余
	收入总计	其中:			支出总计	其中:		
		本年收入	上年结余	补助收入		本年支出	政府调剂资金	
交口县	4046	4046			3598	1046	2552	448
临县	1611	1459	152		1418	1418		193
方山县	702	644	18	40	673	673		29
离石区	2471	1734	737		1026	1026		1445
临汾市小计	**140499**	**84265**	**55254**	**980**	**103456**	**103456**		**37043**
本级	103329	53812	49517		73592	73592		29737
区县小计	37170	30453	5737	980	29864	29864		7306
尧都区	6051	4169	1882		3559	3559		2492
侯马市	2430	2375	55		2356	2356		74
曲沃县	1747	1629	118		1564	1564		183
翼城县	2360	2177	183		2300	2300		60
襄汾县	4389	3400	9	980	3997	3997		392
洪洞县	3013	2296	717		2696	2696		317
霍州市	3700	2852	848		2653	2653		1047
古县	792	712	80		697	697		95
安泽县	808	808			808	808		
浮山县	988	807	181		676	676		312
吉县	1311	1311			1150	1150		161
乡宁县	7019	5734	1285		5245	5245		1774
蒲县	792	493	299		493	493		299
大宁县	172	140	32		140	140		32
永和县	750	745	5		745	745		5
隰县	508	489	19		479	479		29
汾西县	279	279			279	279		
临汾开发区	61	37	24		27	27		34
侯马开发区								
运城市小计	**92460**	**64838**	**27522**	**100**	**70086**	**69540**	**546**	**22374**
本级	54704	35353	19291	60	41938	41938		12766
区县小计	37756	29485	8231	40	28148	27602	546	9608
盐湖区	3635	2949	686		2697	2697		938
永济市	4085	3446	639		2868	2868		1217
芮城县	3553	2845	708		3347	2801	546	206
临猗县	8430	5044	3386		4493	4493		3937
绛县	704	586	118		583	583		121
河津市	2944	2469	475		2060	2060		884
新绛县	2836	2096	740		2091	2091		745
垣曲县	802	762		40	802	802		
闻喜县	3190	2935	255		2760	2760		430
万荣县	2346	2286	60		2286	2286		60
稷山县	1567	1159	408		1323	1323		244
平陆县	1162	1162			1162	1162		

三、预算外财政专户

3－4－5

单位:万元

地　区	收入				支出			年终结余
	收入总计	其中:			支出总计	其中:		
		本年收入	上年结余	补助收入		本年支出	政府调剂资金	
夏县	2502	1746	756		1676	1676		826
运城经济技术开发区								
风陵渡开发区								
华信开发区								

2009 年内蒙古自治区地市县预算外财政专户资金收支平衡表

3－5－1 单位:万元

地区	收入				支出			年终结余
	收入总计	其中:			支出总计	其中:		
		本年收入	上年结余	补助收入		本年支出	政府调剂资金	
地市县合计	**874658**	**719582**	**155076**		**662921**	**596890**	**66031**	**211737**
呼伦贝尔市小计	**71448**	**58008**	**13440**		**52696**	**49311**	**3385**	**18752**
本级	33896	28276	5620		23294	21710	1584	10602
区县小计	37552	29732	7820		29402	27601	1801	8150
海拉尔市	6863	4928	1935		4762	4762		2101
满洲里市	5478	4616	862		5184	5184		294
扎兰屯市	3765	3269	496		3030	3030		735
牙克石市	3836	3308	528		3311	3311		525
阿荣旗	2543	2222	321		2203	2203		340
莫力达瓦自治旗	2810	2576	234		2524	1564	960	286
根河市	1007	888	119		562	562		445
额尔古纳市	1480	1311	169		1208	1208		272
鄂伦春自治旗	3517	2839	678		2763	2622	141	754
新巴尔虎左旗	2901	1785	1116		2004	1304	700	897
新巴尔虎右旗	644	295	349		147	147		497
陈巴尔虎旗	679	307	372		251	251		428
鄂温克自治旗	2029	1388	641		1453	1453		576
兴安盟小计	**31160**	**25946**	**5214**		**25147**	**25006**	**141**	**6013**
本级	14679	11618	3061		11392	11392		3287
区县小计	16481	14328	2153		13755	13614	141	2726
乌兰浩特市	7027	6399	628		7006	7006		21
科右前旗	1600	1054	546		991	991		609
突泉县	1634	1436	198		1399	1399		235
扎赉特旗	2057	1712	345		1713	1666	47	344
科右中旗	1664	1482	182		1479	1479		185
阿尔山市	2499	2245	254		1167	1073	94	1332
通辽市小计	**71284**	**63626**	**7658**		**61041**	**61041**		**10243**
本级	49185	43699	5486		41492	41492		7693
区县小计	22099	19927	2172		19549	19549		2550
科尔沁区	3151	2933	218		3130	3130		21
开鲁县	361	206	155		206	206		155
科左中旗	3316	3099	217		3099	3099		217
科左后旗	886	625	261		625	625		261
奈曼旗	8297	7601	696		7667	7667		630
库伦旗	162	110	52		110	110		52
扎鲁特旗	3185	2786	399		2334	2334		851
霍林郭勒市	2741	2567	174		2378	2378		363
锡林郭勒盟小计	**45026**	**38710**	**6316**		**37866**	**36950**	**916**	**7160**
本级	27985	24192	3818	－25	23779	23032	747	4206
区县小计	17041	14518	2498	25	14087	13918	169	2954
太仆寺旗	1063	1063			1063	1063		

3－5－2　　　　单位:万元

地区	收入				支出			年终结余
	收入总计	其中:			支出总计	其中:		
		本年收入	上年结余	补助收入		本年支出	政府调剂资金	
多伦县	1472	1154	318		1154	1154		318
正蓝旗	416	489	－73		416	416		
正镶白旗	487	487			487	448	39	
镶黄旗	528	309	219		309	309		219
苏尼特左旗	417	325	92		292	292		125
西乌珠穆沁旗	3312	3142	145	25	2443	2443		869
东乌珠穆沁旗	879	633	246		500	370	130	379
阿巴嘎旗	1591	1577	14		1458	1458		133
锡林浩特市	3222	2809	413		3222	3222		
苏尼特右旗	736	697	39		682	682		54
二连市	2918	1833	1085		2061	2061		857
乌兰察布盟小计	**49190**	**43729**	**5461**		**42532**	**42021**	**511**	**6658**
本级	30395	26258	4137		24789	24278	511	5606
区县小计	18795	17471	1324		17743	17743		1052
集宁区	6418	5462	956		5750	5750		668
察右前旗	342	342			342	342		
察右中旗	352	332	20		318	318		34
察右后旗	874	716	158		747	747		127
丰镇市	1165	1154	11		1134	1134		31
凉城县	2920	2750	170		2758	2758		162
兴和县	1466	1466			1466	1466		
卓资县	1112	1111	1		1112	1112		
四子王旗	1830	1830			1830	1830		
商都县	1035	1035			1035	1035		
化德县	1281	1273	8		1251	1251		30
鄂尔多斯市小计	**227839**	**184734**	**43105**		**175752**	**168587**	**7165**	**52087**
本级	84448	64278	20170		74557	70895	3662	9891
区县小计	143391	120456	22935		101195	97692	3503	42196
准格尔旗	41638	28686	12952		20055	20055		21583
达拉特旗	10530	9609	921		5985	5585	400	4545
东胜区	42951	37968	4983		35415	35415		7536
伊金霍洛旗	1402	1402			1402	1402		
鄂托克旗	11950	10228	1722		10226	10226		1724
乌审旗	20960	20426	534		19620	19517	103	1340
杭锦旗	13960	12137	1823		8492	5492	3000	5468
鄂托克前旗								
巴彦淖尔盟小计	**29184**	**28265**	**919**		**27516**	**27330**	**186**	**1668**
本级	15978	15888	90		15430	15244	186	548
区县小计	13206	12377	829		12086	12086		1120
磴口县	1143	1034	109		1019	1019		124
杭锦后旗	2899	2899			2899	2899		

3－5－3　　　　单位:万元

地　　区	收　入				支　出			
	收入总计	其　中:			支出总计	其　中:		年终结余
		本年收入	上年结余	补助收入		本年支出	政府调剂资金	
临河市	2168	2168			2168	2168		
五原县	3291	3129	162		2643	2643		648
乌拉特前旗	1357	829	528		1131	1131		226
乌拉特中旗	1378	1349	29		1256	1256		122
乌拉特后旗	970	969	1		970	970		
阿拉善盟小计	**33679**	**30050**	**3629**		**29808**	**29808**		**3871**
本级	17242	14204	3120	－82	14182	14182		3060
区县小计	16437	15846	509	82	15626	15626		811
阿左旗	14640	14509	49	82	14516	14516		124
阿右旗	1228	970	258		784	784		444
额济纳旗	569	367	202		326	326		243
呼和浩特市小计	**80750**	**62690**	**18060**		**55161**	**55161**		**25589**
本级	58457	44638	13819		38573	38573		19884
区县小计	22293	18052	4241		16588	16588		5705
土左旗	1911	1911			1911	1911		
托县	2162	1739	423		1628	1628		534
赛罕区	4854	3611	1243		3385	3385		1469
新城区	4727	4422	305		3496	3496		1231
回民区	4478	2971	1507		2728	2728		1750
玉泉区	1668	1244	424		1284	1284		384
和林县	910	908	2		910	910		
武川县	1085	748	337		748	748		337
清水河县	498	498			498	498		
包头市小计	**74901**	**48037**	**26864**		**35735**	**34735**	**1000**	**39166**
本级	53937	34229	19708		24360	23360	1000	29577
区县小计	20964	13808	7156		11375	11375		9589
东河区	3803	2376	1427		2146	2146		1657
青山区								
昆区	8038	4769	3269		4942	4942		3096
石拐区	201	151	50		149	149		52
白云区	143	143			133	133		10
九原区								
土右旗	8065	5780	2285		3423	3423		4642
固阳县	56	36	20		31	31		25
达茂旗	658	553	105		551	551		107
乌海市小计	**58323**	**48670**	**9653**		**40032**	**34832**	**5200**	**18291**
本级	54243	45542	8701		37833	32633	5200	16410
区县小计	4080	3128	952		2199	2199		1881
乌达区	1117	1065	52		522	522		595
海勃湾区	2489	1673	816		1317	1317		1172
海南区	474	390	84		360	360		114

3－5－4

单位:万元

地区	收入				支出			
	收入总计	其中:			支出总计	其中:		年终结余
		本年收入	上年结余	补助收入		本年支出	政府调剂资金	
赤峰市小计	**101874**	**87117**	**14757**		**79635**	**32108**	**47527**	**22239**
本级	45392	44080	1312		44014	2990	41024	1378
区县小计	56482	43037	13445		35621	29118	6503	20861
红山区	4167	4167			4167	1572	2595	
松山区	16544	7299	9245		192	192		16352
元宝山区	8794	5452	3342		6025	6025		2769
阿鲁科尔沁旗	2630	2587	43		2166	2166		464
巴林左旗	3036	3036			3036	3036		
巴林右旗	570	570			570	570		
林西县	3084	2968	116		2970		2970	114
克什克腾旗	2446	2446			2446	2446		
翁牛特旗	2755	2691	64		2755	2755		
喀喇沁旗	1420	1420			1420	1420		
宁城县	5613	5498	115		5416	4478	938	197
敖汉旗	5423	4903	520		4458	4458		965

2009 年辽宁省地市县预算外财政专户资金收支平衡表

3－6－1　　　　单位:万元

地区	收入				支出			
	收入总计	其中:本年收入	其中:上年结余	补助收入	支出总计	其中:本年支出	其中:政府调剂资金	年终结余
地市县合计	**1444024**	**848597**	**590444**	**4117**	**810696**	**750116**	**60580**	**633328**
沈阳市小计	**453028**	**214270**	**237953**	**805**	**225914**	**221117**	**4797**	**227114**
本级	257518	99263	157450	805	123974	122749	1225	133544
区县小计	195510	115007	80503		101940	98368	3572	93570
铁西区	35550	29239	6311		28538	28538		7012
和平区	25116	16136	8980		16592	16592		8524
沈河区	54356	20378	33978		7245	7245		47111
大东区	4286	2772	1514		3338	3338		948
皇姑区	9979	7969	2010		8398	7550	848	1581
苏家屯区	5300	3591	1709		3800	2984	816	1500
沈北新区	10052	4822	5230		5496	5496		4556
东陵区	23842	10096	13746		8529	7690	839	15313
于洪区	16457	9745	6712		9745	9745		6712
辽中县	2938	2625	313		2625	1752	873	313
新民市	4082	4082			4082	4049	33	
法库县	1512	1512			1512	1462	50	
康平县	2040	2040			2040	1927	113	
大连市小计	**275401**	**158067**	**116468**		**135610**	**129091**	**6519**	**139791**
本级	152149	84330	66953		65778	64661	1117	86371
区县小计	123252	73737	49515		69832	64430	5402	53420
瓦房店市	11762	2602	9160		2894	2894		8868
普兰店市	7213	6211	1002		5587	5587		1626
庄河市	18912	11783	7129		10879	10101	778	8033
长海县	2000	662	1338		1986	1986		14
金州区	29184	19174	10010		10595	10595		18589
旅顺口区	17334	13063	4271		15939	15813	126	1395
甘井子区	5530	3656	1874		4597	4597		933
中山区	10228	4820	5408		5335	5335		4893
西岗区	8226	1448	6778		1725	1725		6501
沙河口区	8314	5820	2494		5797	5797		2517
开发区	4549	4498	51		4498		4498	51
高新园区								
保税区								
鞍山市小计	**87893**	**57405**	**30275**	**213**	**37940**	**37290**	**650**	**49953**
本级	60793	35768	24812	213	17221	17221		43572
区县小计	27100	21637	5463		20719	20069	650	6381
海城市	2837	9936	－7099		9471	9021	450	－6634
台安县	3614	2201	1413		2381	2181	200	1233
岫岩县	5207	4054	1153		4286	4286		921
铁东区	4029	1347	2682		881	881		3148
铁西区	1877	1019	858		975	975		902

三、预算外财政专户

3－6－2

单位:万元

地区	收入				支出			
	收入总计	其中:			支出总计	其中:		年终结余
		本年收入	上年结余	补助收入		本年支出	政府调剂资金	
立山区	4444	831	3613		544	544		3900
千山区	3970	2181	1789		2181	2181		1789
高新区	1028	68	960					1028
风景区	94		94					94
抚顺市小计	**49575**	**19976**	**29407**	**192**	**17006**	**16746**	**260**	**32569**
本级	33006	15192	17622	192	12978	12718	260	20028
区县小计	16569	4784	11785		4028	4028		12541
抚顺县	3457	2056	1401		2146	2146		1311
清原县	8621	2425	6196		1569	1569		7052
新宾县	949		949					949
顺城区	1165		1165					1165
新抚区	595	3	592		3	3		592
东洲区	429	297	132		307	307		122
望花区	1135		1135					1135
抚顺经济开发区	200		200					200
胜利开发区	18	3	15		3	3		15
本溪市小计	**37976**	**14121**	**23558**	**297**	**23589**	**13589**	**10000**	**14387**
本级	30203	7783	22123	297	17589	7589	10000	12614
区县小计	7773	6338	1435		6000	6000		1773
本溪县	1186	1186			1186	1186		
桓仁县	4611	4117	494		3825	3825		786
平山区	847	423	424		423	423		424
明山区	613	282	331		236	236		377
溪湖区	447	231	216		231	231		216
南芬区	69	99	－30		99	99		－30
丹东市小计	**59119**	**40235**	**18559**	**325**	**38075**	**32363**	**5712**	**21044**
本级	35537	23468	11744	325	22220	18090	4130	13317
区县小计	23582	16767	6815		15855	14273	1582	7727
东港市	11695	9125	2570		8667	7085	1582	3028
凤城市	5686	4251	1435		3892	3892		1794
宽甸县	2859	2176	683		2134	2134		725
振安区	795	143	652		194	194		601
元宝区	762	519	243		575	575		187
振兴区	1751	553	1198		393	393		1358
合作区	34		34					34
锦州市小计	**105316**	**63619**	**41426**	**271**	**56673**	**53518**	**3155**	**48643**
本级	76504	40238	35995	271	33239	33199	40	43265
区县小计	28812	23381	5431		23434	20319	3115	5378
凌海市	4396	3255	1141		3014	3014		1382
义县	3342	3882	－540		3512	3512		－170
北镇市	7520	6054	1466		5435	5435		2085

3－6－3 单位:万元

地区	收入				支出			年终结余
	收入总计	其中:			支出总计	其中:		
		本年收入	上年结余	补助收入		本年支出	政府调剂资金	
黑山县	5177	5177			5177	5177		
古塔区	950	950			950	950		
凌河区	4363	2234	2129		3547	1102	2445	816
太和区	2396	941	1455		1290	620	670	1106
开发区	668	888	－220		509	509		159
营口市小计	**80781**	**53855**	**26726**	**200**	**55402**	**36986**	**18416**	**25379**
本级	48779	35817	12762	200	36907	18656	18251	11872
区县小计	32002	18038	13964		18495	18330	165	13507
盖州市	9429	4054	5375		4188	4138	50	5241
大石桥市	－841		－841					－841
老边区	4795	2822	1973		2570	2570		2225
站前区	1587	818	769		230	230		1357
西市区	384	336	48		336	336		48
经济技术开发区	16648	10008	6640		11171	11056	115	5477
阜新市小计	**65048**	**48139**	**16597**	**312**	**43932**	**42535**	**1397**	**21116**
本级	51276	37438	13526	312	33934	32554	1380	17342
区县小计	13772	10701	3071		9998	9981	17	3774
海州区	573	523	50		523	523		50
细河区	1037	919	118		618	618		419
太平区	351	213	138		211	211		140
新邱区	1291	1124	167		1074	1074		217
清河门区	1579	1006	573		774	757	17	805
高新技术园区								
开发区								
阜蒙县	5452	4936	516		4936	4936		516
彰武县	3489	1980	1509		1862	1862		1627
辽阳市小计	**31540**	**24989**	**6370**	**181**	**23057**	**22675**	**382**	**8483**
本级	25530	16212	9137	181	15547	15547		9983
区县小计	6010	8777	－2767		7510	7128	382	－1500
辽阳县	3127	3033	94		3033	2936	97	94
灯塔市	－3562	3183	－6745		2922	2837	85	－6484
太子河区	386	162	224		118	118		268
弓长岭区	1080	832	248		744	544	200	336
白塔区	753	226	527		338	338		415
文圣区	311		311					311
宏伟区	3915	1341	2574		355	355		3560
铁岭市小计	**75045**	**55364**	**19265**	**416**	**51588**	**48469**	**3119**	**23457**
本级	26846	24194	6452	－3800	18792	18650	142	8054
区县小计	48199	31170	12813	4216	32796	29819	2977	15403
铁岭县	5582	3871	582	1129	5376	5102	274	206
开原市	7570	5843	1227	500	5993	5475	518	1577

3－6－4

单位:万元

地区	收入				支出			
	收入总计	其中:本年收入	其中:上年结余	其中:补助收入	支出总计	其中:本年支出	其中:政府调剂资金	年终结余
昌图县	15851	11191	2121	2539	13119	11047	2072	2732
西丰县	3666	2012	1654		1922	1922		1744
调兵山市	11053	5406	5599	48	3733	3733		7320
银州区	2075	1230	845		1047	1047		1028
清河区	1907	1456	451		1456	1344	112	451
开发区	495	161	334		150	149	1	345
朝阳市小计	**63402**	**43118**	**19898**	**386**	**46677**	**41950**	**4727**	**16725**
本级	34020	21052	12582	386	25214	20487	4727	8806
区县小计	29382	22066	7316		21463	21463		7919
北票市	6852	5840	1012		5840	5840		1012
朝阳县	2418	2304	114		2167	2167		251
凌源市	12314	7051	5263		6665	6665		5649
建平县	4182	4182			4182	4182		
喀左县	2009	1976	33		1976	1976		33
双塔区	955	665	290		604	604		351
龙城区	240		240		11	11		229
开发区	412	48	364		18	18		394
盘锦市小计	**24692**	**17786**	**6681**	**225**	**17789**	**17769**	**20**	**6903**
本级	13343	9121	3997	225	9441	9441		3902
区县小计	11349	8665	2684		8348	8328	20	3001
盘山县	2366	2366			2093	2073	20	273
大洼县	7032	6091	941		5986	5986		1046
双台子区	142	142			110	110		32
兴隆台区	1809	66	1743		159	159		1650
葫芦岛市小计	**35208**	**37653**	**－2739**	**294**	**37444**	**36018**	**1426**	**－2236**
本级	14184	11815	2085	284	12192	12192		1992
区县小计	21024	25838	－4824	10	25252	23826	1426	－4228
兴城市	10067	6559	3498	10	6122	6122		3945
绥中县	4801	6389	－1588		6178	6178		－1377
建昌县	－1093	4058	－5151		4058	2832	1226	－5151
连山区	3267	8019	－4752		7899	7899		－4632
南票区	472	379	93		379	379		93
龙港区	3510	434	3076		616	416	200	2894

2009 年吉林省地市县预算外财政专户资金收支平衡表

3－7－1　　　　　　　　　　　　　　　　　　　　　　　　单位：万元

地　　区	收入				支出			年终结余
	收入总计	其中：			支出总计	其中：		
		本年收入	上年结余	补助收入		本年支出	政府调剂资金	
地市县合计	**447275**	**316237**	**129497**	**1541**	**313195**	**300130**	**13065**	**134080**
长春市小计	**210964**	**141361**	**69515**	**88**	**142737**	**136809**	**5928**	**68227**
本级	150831	96463	54368		99054	94120	4934	51777
区县小计	60133	44898	15147	88	43683	42689	994	16450
榆树市	9415	8711	682	22	8655	8472	183	760
德惠市	5415	5397		18	5415	5307	108	
农安县	2164	2076	71	17	2094	1826	268	70
九台市	5178	3375	1788	15	3927	3927		1251
南关区	4090	2160	1930		2413	2073	340	1677
宽城区	4047	3019	1028		2555	2555		1492
朝阳区	9344	4437	4907		4517	4517		4827
二道区	9729	7806	1923		7181	7181		2548
绿园区	3151	2719	432		2678	2654	24	473
双阳区	7600	5198	2386	16	4248	4177	71	3352
吉林市小计	**79762**	**53444**	**26237**	**81**	**57191**	**56835**	**356**	**22571**
本级	53807	31579	22228		35293	35293		18514
区县小计	25955	21865	4009	81	21898	21542	356	4057
永吉县	3171	2890	268	13	2790	2790		381
蛟河市	2317	2042	262	13	2117	2117		200
舒兰市	6420	5342	1060	18	5011	5011		1409
磐石市	5108	4993	98	17	5001	5001		107
桦甸市	2753	2569	164	20	2642	2642		111
昌邑区	771	522	249		498	498		273
船营区	2831	2266	565		2196	2196		635
丰满区	1214	674	540		743	743		471
龙潭区	1370	567	803		900	544	356	470
四平市小计	**18436**	**10754**	**7335**	**347**	**10513**	**10216**	**297**	**7923**
本级	9429	3501	5768	160	3279	3199	80	6150
区县小计	9007	7253	1567	187	7234	7017	217	1773
梨树县	2109	1343	751	15	1325	1325		784
双辽市	883	686	143	54	736	736		147
伊通县	3589	3269	262	58	3359	3199	160	230
公主岭市	1504	1057	387	60	1080	1080		424
铁东区	667	643	24		499	499		168
铁西区	255	255			235	178	57	20
辽源市小计	**2475**	**2121**	**220**	**134**	**2169**	**2169**		**306**
本级	157	26	61	70	25	25		132
区县小计	2318	2095	159	64	2144	2144		174
东丰县	2080	2050	15	15	2050	2050		30
东辽县	210	45	116	49	94	94		116
龙山区								

三、预算外财政专户

3－7－2 单位:万元

地区	收入				支出			年终结余
	收入总计	其中:			支出总计	其中:		
		本年收入	上年结余	补助收入		本年支出	政府调剂资金	
西安区	28		28					28
通化市小计	**26108**	**20398**	**5469**	**241**	**21210**	**17230**	**3980**	**4898**
本级	9732	7080	2572	80	6864	6684	180	2868
区县小计	16376	13318	2897	161	14346	10546	3800	2030
通化县	1506	881	585	40	845	845		661
集安市	3088	2490	587	11	2477	2449	28	611
柳河县	4739	3764	962	13	4067	4067		672
辉南县	4193	3402	709	82	4111	505	3606	82
梅河口市	2276	2207	54	15	2272	2200	72	4
东昌区								
二道江区	574	574			574	480	94	
白山市小计	**13788**	**10087**	**3453**	**248**	**10112**	**10112**		**3676**
本级	6768	4509	2139	120	4294	4294		2474
区县小计	7020	5578	1314	128	5818	5818		1202
抚松县	264	49	200	15	52	52		212
靖宇县	3248	3025	213	10	3071	3071		177
长白县	1268	605	651	12	796	796		472
临江市	533	278	215	40	192	192		341
江源区	1707	1621	35	51	1707	1707		
八道江区								
白城市小计	**19754**	**19291**	**304**	**159**	**19473**	**17032**	**2441**	**281**
本级	11428	11358		70	11428	9182	2246	
区县小计	8326	7933	304	89	8045	7850	195	281
洮南市	2853	2801		52	2853	2658	195	
大安市	1285	1200	73	12	1285	1285		
镇赉县	437	426		11	437	437		
通榆县	1988	1743	231	14	1707	1707		281
洮北区	1763	1763			1763	1763		
松原市小计	**34441**	**26436**	**7868**	**137**	**25182**	**25119**	**63**	**9259**
本级	25198	18224	6894	80	17779	17716	63	7419
区县小计	9243	8212	974	57	7403	7403		1840
前郭县	3078	2478	583	17	2266	2266		812
长岭县	2435	2214	207	14	2203	2203		232
乾安县	1155	1012	130	13	930	930		225
扶余县	1159	1113	33	13	1083	1083		76
宁江区	1416	1395	21		921	921		495
延边朝鲜族自治州小计	**33995**	**25176**	**8713**	**106**	**23771**	**23771**		**10224**
本级	9244	8572	619	53	8633	8633		611
区县小计	24751	16604	8094	53	15138	15138		9613
延吉市	8151	4375	3762	14	4191	4191		3960
图们市	5			5	5	5		

3－7－3

单位:万元

地区	收入				支出			年终结余
	收入总计	其中:			支出总计	其中:		
		本年收入	上年结余	补助收入		本年支出	政府调剂资金	
龙井市	1454	948	501	5	910	910		544
和龙市	2914	1377	1532	5	1352	1352		1562
汪清县	2070	1444	620	6	1450	1450		620
安图县	1833	1451	377	5	1234	1234		599
珲春市	4270	3898	365	7	3140	3140		1130
敦化市	4054	3111	937	6	2856	2856		1198
长白山管委会小计	**7552**	**7169**	**383**		**837**	**837**		**6715**
本级	7552	7169	383		837	837		6715

2009年黑龙江省地市县预算外财政专户资金收支平衡表

3－8－1　　　　单位：万元

地区	收入				支出			年终结余
	收入总计	其中：			支出总计	其中：		
		本年收入	上年结余	补助收入		本年支出	政府调剂资金	
地市县合计	**780329**	**516506**	**263813**	**10**	**517774**	**510075**	**7699**	**262555**
哈尔滨市小计	**310464**	**170624**	**139840**		**189156**	**187915**	**1241**	**121308**
本级	222556	107619	114937		126746	126746		95810
区县小计	87908	63005	24903		62410	61169	1241	25498
阿城市	3277	2956	321		2805	2805		472
宾县	3425	2453	972		2242	2242		1183
方正县	450	450			450	450		
依兰县	2770	2383	387		2729	2729		41
巴彦县	1412	1339	73		1339	1339		73
木兰县	846	621	225		621	621		225
通河县	2207	2207			2207	2207		
延寿县	553	553			553	553		
双城市	5635	3888	1747		3827	3827		1808
五常市	5452	3051	2401		2842	2842		2610
尚志市	2575	2157	418		2152	2152		423
道里区	9591	9467	124		9111	9111		480
南岗区	15659	9848	5811		9646	9646		6013
道外区	12578	6290	6288		7006	5765	1241	5572
平房区	2567	1867	700		1508	1508		1059
松北区	1023	661	362		602	602		421
香坊区	15570	11673	3897		11783	11783		3787
呼兰区	2318	1141	1177		987	987		1331
齐齐哈尔市小计	**74056**	**53826**	**20230**		**48299**	**48299**		**25757**
本级	49492	36534	12958		31137	31137		18355
区县小计	24564	17292	7272		17162	17162		7402
龙江县	4292	3298	994		2867	2867		1425
讷河县	450	450			450	450		
依安县	2632	1812	820		1945	1945		687
泰来县	3172	2003	1169		1903	1903		1269
甘南县	1639	1288	351		1138	1138		501
富裕县	1597	1117	480		920	920		677
克山县	731	721	10		721	721		10
克东县	694	499	195		499	499		195
拜泉县	1506	1229	277		1188	1188		318
龙沙区	994	823	171		843	843		151
建华区	732	446	286		446	446		286
铁锋区	63	18	45		16	16		47
富拉尔基区	4620	2766	1854		3239	3239		1381
昂昂溪区	477	200	277		205	205		272
梅里斯达斡尔族区	493	384	109		406	406		87
碾子山区	472	238	234		376	376		96

3－8－2　　　　单位:万元

地　　区	收　　入				支　　出			
	收入总计	其　中:			支出总计	其　中:		年终结余
		本年收入	上年结余	补助收入		本年支出	政府调剂资金	
牡丹江市小计	**69318**	**52700**	**16618**		**52899**	**50899**	**2000**	**16419**
本级	47443	36772	10671		36263	36263		11180
区县小计	21875	15928	5947		16636	14636	2000	5239
林口县	2031	1886	145		2015	2015		16
穆棱市	1660	1357	303		1322	1322		338
东宁县	2737	2029	708		1974	1974		763
宁安县	3801	3384	417		3674	3674		127
海林市	3540	2013	1527		1944	1944		1596
绥芬河市	7404	4889	2515		5390	3390	2000	2014
东安区	148	105	43		105	105		43
西安区	301	131	170		87	87		214
爱民区	112	37	75		45	45		67
阳明区	141	97	44		80	80		61
佳木斯市小计	**44590**	**39099**	**5491**		**37080**	**33722**	**3358**	**7510**
本级	37649	32280	5369		30260	26902	3358	7389
区县小计	6941	6819	122		6820	6820		121
桦南县	1290	1290			1290	1290		
桦川县	907	907			907	907		
汤原县	216	216			216	216		
抚远县	1929	1894	35		1894	1894		35
富锦市	748	748			748	748		
同江市	93	93			93	93		
东风区	85	85			85	85		
前进区	229	167	62		168	168		61
向阳区	128	128			128	128		
郊区	1316	1291	25		1291	1291		25
鸡西市小计	**43093**	**32627**	**10466**		**29923**	**29923**		**13170**
本级	32498	25632	6866		23010	23010		9488
区县小计	10595	6995	3600		6913	6913		3682
鸡东县	2371	2022	349		2022	2022		349
密山市	1284	1284			1284	1284		
虎林市	5333	2082	3251		2000	2000		3333
鸡冠区	309	309			309	309		
恒山区	337	337			337	337		
滴道区	396	396			396	396		
城子河区	306	306			306	306		
梨树区	97	97			97	97		
麻山区	162	162			162	162		
鹤岗市小计	**19149**	**18352**	**797**		**16608**	**16608**		**2541**
本级	16988	16274	714		14530	14530		2458
区县小计	2161	2078	83		2078	2078		83

三、预算外财政专户

3－8－3　　　　单位:万元

地区	收入				支出			
	收入总计	其中:本年收入	其中:上年结余	其中:补助收入	支出总计	其中:本年支出	其中:政府调剂资金	年终结余
萝北县	1093	1093			1093	1093		
绥滨县	625	542	83		542	542		83
南山区								
向阳区	7	7			7	7		
工农区	39	39			39	39		
兴山区	34	34			34	34		
东山区	363	363			363	363		
兴安区								
双鸭山市小计	**8365**	**8108**	**257**		**8096**	**7896**	**200**	**269**
本级	3017	3017			3017	3017		
区县小计	5348	5091	257		5079	4879	200	269
集贤县	1618	1618			1618	1418	200	
宝清县	2214	2214			2214	2214		
友谊县	591	591			591	591		
饶河县	925	668	257		656	656		269
尖山区								
岭东区								
四方台区								
宝山区								
七台河市小计	**15079**	**12299**	**2770**	**10**	**12030**	**12030**		**3049**
本级	12619	9899	2720		9639	9639		2980
区县小计	2460	2400	50	10	2391	2391		69
勃利县	2001	1991		10	2001	2001		
新兴区	321	271	50		252	252		69
桃山区	138	138			138	138		
茄子河区								
黑河市小计	**11113**	**8357**	**2756**		**6400**	**6400**		**4713**
本级	2195	1912	283		1606	1606		589
区县小计	8918	6445	2473		4794	4794		4124
北安市	6830	4721	2109		3108	3108		3722
嫩江县	786	750	36		750	750		36
五大连池市	428	315	113		315	315		113
逊克县	150	150			150	150		
孙吴县	320	300	20		300	300		20
爱辉区	404	209	195		171	171		233
伊春市小计	**22601**	**16752**	**5849**		**16500**	**16500**		**6101**
本级	21527	15678	5849		15426	15426		6101
区县小计	1074	1074			1074	1074		
铁力市	706	706			706	706		
嘉荫县	368	368			368	368		
大庆市小计	**110416**	**66602**	**43814**		**64205**	**64005**	**200**	**46211**

3－8－4

单位:万元

地区	收入总计	收入 其中:本年收入	上年结余	补助收入	支出总计	支出 其中:本年支出	政府调剂资金	年终结余
本级	94197	55456	38741		53910	53910		40287
区县小计	16219	11146	5073		10295	10095	200	5924
林甸县	1623	1493	130		1556	1556		67
肇洲县	4610	3271	1339		2402	2402		2208
肇源县	2873	1666	1207		1865	1665	200	1008
杜尔伯特蒙古族自治县	1993	1669	324		1591	1591		402
萨尔图区	1321	1252	69		1210	1210		111
让胡路区	553	308	245		283	283		270
龙凤区	281	281			281	281		
红岗区	1877	118	1759		19	19		1858
大同区	1088	1088			1088	1088		
大兴安岭地区小计	**12188**	**7084**	**5104**		**5927**	**5927**		**6261**
本级	7048	3213	3835		2640	2640		4408
区县小计	5140	3871	1269		3287	3287		1853
加格达奇区	928	636	292		355	355		573
呼玛县	721	554	167		544	544		177
塔河县	1701	1277	424		1265	1265		436
漠河县	1790	1404	386		1123	1123		667
绥化市小计	**39897**	**30076**	**9821**		**30651**	**29951**	**700**	**9246**
本级	22246	13339	8907		14296	14296		7950
区县小计	17651	16737	914		16355	15655	700	1296
安达市	4426	4426			4426	3726	700	
肇东市	5726	5065	661		4637	4637		1089
兰西县	1417	1608	－191		1608	1608		－191
青冈县	1384	1384			1384	1384		
明水县	442	442			442	442		
海伦市	1006	870	136		870	870		136
望奎县	1403	1332	71		1332	1332		71
绥棱县	345	185	160		185	185		160
庆安县	526	495	31		495	495		31
北林区	976	930	46		976	976		

三、预算外财政专户

2009 年上海市区县预算外财政专户资金收支平衡表

3－9　　　　单位:万元

地区	收入				支出			
	收入总计	其中:			支出总计	其中:		年终结余
		本年收入	上年结余	补助收入		本年支出	政府调剂资金	
区县小计	**2216427**	**1087638**	**1128789**		**1067870**	**1066407**	**1463**	**1148557**
黄浦区	26704	15318	11386		15181	15181		11523
卢湾区	44707	23839	20868		23232	23232		21475
徐汇区	147985	68119	79866		77701	77701		70284
长宁区	44590	38226	6364		35151	35151		9439
普陀区	85110	38441	46669		38359	38359		46751
静安区	57371	43808	13563		40515	40515		16856
闸北区	23362	18514	4848		19277	19277		4085
虹口区	29912	24584	5328		25870	25870		4042
杨浦区	82876	43219	39657		35006	35006		47870
宝山区	149018	65122	83896		76074	74611	1463	72944
闵行区	172131	84944	87187		59732	59732		112399
嘉定区	261717	135764	125953		140655	140655		121062
浦东新区	409932	104447	305485		104569	104569		305363
金山区	99261	82283	16978		68513	68513		30748
松江区	118721	71217	47504		75957	75957		42764
青浦区	95339	53442	41897		48616	48616		46723
南汇区	171254	41242	130012		58218	58218		113036
奉贤区	92399	73184	19215		58567	58567		33832
崇明县	104038	61925	42113		66677	66677		37361

2009 年江苏省地市县预算外财政专户资金收支平衡表

3－10－1　　　　　　　　　　　　　　　　　　　　　　　　单位:万元

地区	收入				支出			年终结余
	收入总计	其中:			支出总计	其中:		
		本年收入	上年结余	补助收入		本年支出	政府调剂资金	
地市县合计	**7226747**	**5781835**	**1444912**		**5689114**	**5403382**	**285732**	**1537633**
南京市小计	**1047292**	**776260**	**271032**		**747375**	**725754**	**21621**	**299917**
本级	556543	359198	197345		346811	346811		209732
区县小计	490749	417062	73687		400564	378943	21621	90185
玄武区	19655	13533	6122		16456	16456		3199
白下区	27471	21216	6255		19747	19747		7724
秦淮区	18646	13716	4930		11683	11683		6963
建邺区	15734	14705	1029		15121	15121		613
鼓楼区	44607	20527	24080		18133	18133		26474
下关区	20055	12912	7143		15044	15044		5011
浦口区	57756	56343	1413		42296	42296		15460
栖霞区	35616	35249	367		32745	32745		2871
雨花台区	29100	27743	1357		26808	26808		2292
江宁区	121750	111262	10488		107703	107158	545	14047
六合区	52334	46890	5444		48465	37135	11330	3869
溧水县	18347	16174	2173		16976	15030	1946	1371
高淳县	29678	26792	2886		29387	21587	7800	291
无锡市小计	**1044152**	**870446**	**173706**		**845484**	**803622**	**41862**	**198668**
本级	285575	235271	50304		211678	208668	3010	73897
区县小计	758577	635175	123402		633806	594954	38852	124771
崇安区	13674	13516	158		13574	6100	7474	100
南长区	21080	21001	79		20934	12956	7978	146
北塘区	9076	8793	283		8751	8751		325
锡山区	93870	85726	8144		81344	81344		12526
惠山区	91220	73220	18000		77180	77180		14040
滨湖区	70421	25920	44501		30420	30420		40001
江阴市	362726	327695	35031		312765	312365	400	49961
宜兴市	96510	79304	17206		88838	65838	23000	7672
徐州市小计	**422860**	**362593**	**60267**		**344230**	**324818**	**19412**	**78630**
本级	202173	115773	86400		116201	116201		85972
区县小计	220687	246820	－26133		228029	208617	19412	－7342
鼓楼区	5242	4844	398		4844	4844		398
云龙区	11744	11582	162		11583	6083	5500	161
九里区	4434	3037	1397		3595	3567	28	839
贾汪区	－682	13010	－13692		21179	21179		－21861
泉山区	17166	34088	－16922		14913	14913		2253
丰县	17785	19852	－2067		19536	15031	4505	－1751
沛县	28748	24398	4350		22773	22773		5975
铜山县	22561	33951	－11390		34134	25655	8479	－11573
睢宁县	18450	18479	－29		13698	12798	900	4752
新沂市	70095	64228	5867		61865	61865		8230

三、预算外财政专户

3－10－2　　　　　　　　　　　　　　　　　　　　　　　　　　　　　单位:万元

地区	收入				支出			年终结余
	收入总计	其中:			支出总计	其中:		
		本年收入	上年结余	补助收入		本年支出	政府调剂资金	
邳州市	25144	19351	5793		19909	19909		5235
常州市小计	**888541**	**636325**	**252216**		**620388**	**609483**	**10905**	**268153**
本级	207135	108851	98284		108651	108651		98484
区县小计	681406	527474	153932		511737	500832	10905	169669
天宁区	90726	90359	367		90372	90308	64	354
钟楼区	67680	66842	838		49186	38345	10841	18494
戚墅堰区	24934	19966	4968		20001	20001		4933
新北区	66515	18656	47859		18604	18604		47911
武进区	208189	207284	905		205611	205611		2578
溧阳市	129323	75915	53408		82247	82247		47076
金坛市	94039	48452	45587		45716	45716		48323
苏州市小计	**1063007**	**735856**	**327151**		**746983**	**729940**	**17043**	**316024**
本级	244043	166514	77529		145200	145200		98843
区县小计	818964	569342	249622		601783	584740	17043	217181
沧浪区	18507	12996	5511		9420	9420		9087
平江区	14300	11335	2965		10053	10053		4247
金阊区	14823	8163	6660		9057	9057		5766
虎丘区	44393	15162	29231		25765	25765		18628
吴中区	158668	100760	57908		97884	97021	863	60784
相城区	27514	23827	3687		25482	25482		2032
常熟市	200776	160790	39986		163225	156894	6331	37551
张家港市	64408	54258	10150		55041	55041		9367
昆山市	95595	69028	26567		57963	55153	2810	37632
吴江市	95180	56925	38255		86001	83994	2007	9179
太仓市	84800	56098	28702		61892	56860	5032	22908
南通市小计	**600104**	**549348**	**50756**		**553535**	**481892**	**71643**	**46569**
本级	183569	129133	54436		114150	112571	1579	69419
区县小计	416535	420215	－3680		439385	369321	70064	－22850
崇川区	32253	31886	367		26363	25315	1048	5890
港闸区	4814	3436	1378		4801	1432	3369	13
海安县	28132	24584	3548		24079	24009	70	4053
如东县	61845	60713	1132		59267	45213	14054	2578
启东市	52422	51474	948		56063	50834	5229	－3641
如皋市	55949	55209	740		55350	39377	15973	599
通州区	64389	76195	－11806		97601	73680	23921	－33212
海门市	116731	116718	13		115861	109461	6400	870
连云港市小计	**304041**	**253520**	**50521**		**250507**	**243381**	**7126**	**53534**
本级	193396	138456	54940		141947	141947		51449
区县小计	110645	115064	－4419		108560	101434	7126	2085
连云区	10597	10596	1		8860	8860		1737
新浦区	9987	8569	1418		9666	9666		321

3-10-3

单位：万元

地区	收入				支出			年终结余
	收入总计	其中：			支出总计	其中：		
		本年收入	上年结余	补助收入		本年支出	政府调剂资金	
海州区	8300	7775	525		7976	7976		324
赣榆县	44194	38276	5918		34661	29971	4690	9533
东海县	32051	27033	5018		25502	23832	1670	6549
灌云县	8357	9681	-1324		9681	9681		-1324
灌南县	-2841	13134	-15975		12214	11448	766	-15055
淮安市小计	**165891**	**170610**	**-4719**		**162609**	**160461**	**2148**	**3282**
本级	73619	65907	7712		64677	64677		8942
区县小计	92272	104703	-12431		97932	95784	2148	-5660
清河区	3107	5417	-2310		5460	5385	75	-2353
楚州区	18370	26591	-8221		20762	20043	719	-2392
淮阴区	7077	961	6116		961	961		6116
清浦区	9601	9469	132		9266	9266		335
涟水县	8788	9598	-810		9225	8950	275	-437
洪泽县	10823	11264	-441		11185	10575	610	-362
盱眙县	14158	18247	-4089		17917	17448	469	-3759
金湖县	20348	23156	-2808		23156	23156		-2808
盐城市小计	**351033**	**332486**	**18547**		**334110**	**302189**	**31921**	**16923**
本级	79653	76022	3631		79217	74540	4677	436
区县小计	271380	256464	14916		254893	227649	27244	16487
亭湖区	21000	20800	200		21000	15131	5869	
盐都区	70605	68321	2284		68084	68084		2521
响水县	2518	1909	609		2424	2424		94
滨海县	13658	13113	545		13237	12672	565	421
阜宁县	24647	24379	268		24351	10710	13641	296
射阳县	8606	8066	540		8301	7815	486	305
建湖县	44431	41213	3218		38791	35065	3726	5640
东台市	54943	48250	6693		50338	50338		4605
大丰市	30972	30413	559		28367	25410	2957	2605
扬州市小计	**310648**	**258331**	**52317**		**255529**	**251742**	**3787**	**55119**
本级	129122	92387	36735		86302	86302		42820
区县小计	181526	165944	15582		169227	165440	3787	12299
广陵区	12593	11554	1039		11739	11739		854
邗江区	44202	40069	4133		41071	41071		3131
维扬区	13031	11067	1964		10293	10293		2738
宝应县	18411	18411			17242	17242		1169
仪征市	24300	24024	276		23028	22428	600	1272
高邮市	31515	23955	7560		28810	27771	1039	2705
江都市	37474	36864	610		37044	34896	2148	430
镇江市小计	**487677**	**370303**	**117374**		**378963**	**353268**	**25695**	**108714**
本级	221299	114822	106477		108635	106822	1813	112664
区县小计	266378	255481	10897		270328	246446	23882	-3950

三、预算外财政专户

3－10－4　　　　　　　　　　　　　　　　　　　　　　　　　　　单位:万元

地区	收入				支出			
	收入总计	其中:			支出总计	其中:		年终结余
		本年收入	上年结余	补助收入		本年支出	政府调剂资金	
京口区	15840	13623	2217		11346	11296	50	4494
润州区	15132	13722	1410		13095	13095		2037
丹徒区	58654	56592	2062		56969	54428	2541	1685
丹阳市	93132	85881	7251		109827	105882	3945	－16695
扬中市	47704	43371	4333		37470	37104	366	10234
句容市	35916	42292	－6376		41621	24641	16980	－5705
泰州市小计	**429111**	**373757**	**55354**		**357750**	**325454**	**32296**	**71361**
本级	93708	79216	14492		68820	68820		24888
区县小计	335403	294541	40862		288930	256634	32296	46473
海陵区	17253	11537	5716		12478	11058	1420	4775
高港区	30525	26758	3767		30172	19364	10808	353
兴化市	89320	81930	7390		78087	60089	17998	11233
靖江市	76413	67021	9392		65485	63915	1570	10928
泰兴市	80378	61674	18704		58917	58417	500	21461
姜堰市	41514	45621	－4107		43791	43791		－2277
宿迁市小计	**112390**	**92000**	**20390**		**91651**	**91378**	**273**	**20739**
本级	72028	51047	20981		51752	51752		20276
区县小计	40362	40953	－591		39899	39626	273	463
宿城区	4102	4162	－60		4162	4162		－60
宿豫区	13644	12858	786		12408	12408		1236
沭阳县	3235	7068	－3833		7040	7040		－3805
泗阳县	9086	9026	60		8215	8215		871
泗洪县	10295	7839	2456		8074	7801	273	2221

2009 年浙江省地市县预算外财政专户资金收支平衡表

3－11－1　　　　单位:万元

地区	收入				支出			
	收入总计	其中:本年收入	其中:上年结余	其中:补助收入	支出总计	其中:本年支出	其中:政府调剂资金	年终结余
地市县合计	**7788431**	**5193127**	**2587509**	**7529**	**5015304**	**4991006**	**24298**	**2773127**
杭州市小计	**1600604**	**1129428**	**470364**	**812**	**1069327**	**1064617**	**4710**	**531277**
本级	628649	518450	109489	710	451098	451098		177551
区县小计	971955	610978	360875	102	618229	613519	4710	353726
富阳市	171008	102424	68569	15	104156	104156		66852
桐庐县	20487	15226	5246	15	15458	14233	1225	5029
临安市	62616	54105	8493	18	53695	53617	78	8921
建德市	33213	30617	2581	15	22248	22248		10965
淳安县	22893	15786	7068	39	18616	18616		4277
上城区	95645	64518	31127		61558	61053	505	34087
下城区	22425	13700	8725		15580	15465	115	6845
江干区	58563	42306	16257		48916	48916		9647
拱墅区	37257	26966	10291		30924	30924		6333
西湖区	28142	21877	6265		23786	23786		4356
滨江区	83758	15200	68558		26077	26077		57681
萧山区	203308	110848	92460		92217	90452	1765	111091
余杭区	112976	89709	23267		92474	91452	1022	20502
开发区	6523	2163	4360		6289	6289		234
西湖风景名胜区	7335	2314	5021		1209	1209		6126
临平工业园区	5806	3219	2587		5026	5026		780
嘉兴市小计	**676435**	**326926**	**348935**	**574**	**338581**	**338549**	**32**	**337854**
本级	209272	37779	171314	179	38060	38060		171212
区县小计	467163	289147	177621	395	300521	300489	32	166642
海宁市	54546	35537	18794	215	34365	34365		20181
桐乡市	119563	67100	52448	15	73207	73207		46356
平湖市	54974	37546	17413	15	38893	38861	32	16081
嘉善县	41966	19287	22554	125	17943	17943		24023
海盐县	40263	33017	7231	15	31318	31318		8945
南湖区	55152	41273	13879		41975	41975		13177
秀洲区	100699	55387	45302	10	62820	62820		37879
湖州市小计	**349018**	**297840**	**50669**	**509**	**311670**	**311670**		**37348**
本级	93982	72329	21270	383	70107	70107		23875
区县小计	255036	225511	29399	126	241563	241563		13473
长兴县	58468	52368	6024	76	56374	56374		2094
德清县	88117	65494	22593	30	70244	70244		17873
安吉县	49520	58301	－8801	20	66985	66985		－17465
吴兴区	34811	31516	3295		29691	29691		5120
南浔区	17969	14742	3227		15644	15644		2325
湖州经济开发区	6151	3090	3061		2625	2625		3526
舟山市小计	**218093**	**168196**	**49327**	**570**	**173550**	**171570**	**1980**	**44543**
本级	144166	115272	28466	428	118871	118871		25295

三、预算外财政专户

3－11－2　　　　单位:万元

地区	收入				支出			年终结余
	收入总计	其中:			支出总计	其中:		
		本年收入	上年结余	补助收入		本年支出	政府调剂资金	
区县小计	73927	52924	20861	142	54679	52699	1980	19248
岱山县	16328	13646	2606	76	13721	13721		2607
嵊泗县	5669	3902	1701	66	4397	4397		1272
定海区	20335	17717	2618		17559	15579	1980	2776
普陀区	31595	17659	13936		19002	19002		12593
金华市小计	**283757**	**235885**	**47040**	**832**	**223348**	**223168**	**180**	**60409**
本级	97195	82302	14693	200	80543	80543		16652
区县小计	186562	153583	32347	632	142805	142625	180	43757
兰溪市	26710	25733	957	20	24804	24804		1906
永康市	21583	16101	5452	30	13913	13733	180	7670
武义县	18321	13578	4472	271	11692	11692		6629
东阳市	20903	18185	2693	25	18053	18053		2850
磐安县	10494	9760	648	86	8105	8105		2389
义乌市	48718	36855	11678	185	33698	33698		15020
浦江县	12608	11990	603	15	11845	11845		763
金东区	6756	4882	1874		5468	5468		1288
婺城区	14022	11996	2026		11096	11096		2926
开发区	6447	4503	1944		4131	4131		2316
绍兴市小计	**768355**	**610583**	**157468**	**304**	**582256**	**582091**	**165**	**186099**
本级	143987	115281	28533	173	100857	100857		43130
区县小计	624368	495302	128935	131	481399	481234	165	142969
绍兴县	122543	87380	35143	20	82807	82642	165	39736
上虞市	99664	87414	12228	22	86750	86750		12914
嵊州市	65200	56727	8443	30	49800	49800		15400
新昌县	40111	31685	8396	30	30467	30467		9644
诸暨市	283218	218072	65117	29	218309	218309		64909
绍兴市越城区	13632	14024	－392		13266	13266		366
温州市小计	**1244764**	**684367**	**559524**	**873**	**669082**	**663995**	**5087**	**575682**
本级	390429	218312	173537	－1420	188533	188533		201896
区县小计	854335	466055	385987	2293	480549	475462	5087	373786
平阳县	63798	16100	47671	27	25440	25440		38358
苍南县	88250	55766	32424	60	56821	56821		31429
瑞安市	267859	105291	162426	142	92675	92675		175184
永嘉县	72625	50824	21739	62	48318	48318		24307
乐清市	107048	88909	18124	15	98018	98018		9030
文成县	8620	5070	2851	699	6169	6169		2451
泰顺县	14808	10065	3609	1134	9027	9027		5781
洞头县	19165	11714	7385	66	6851	6851		12314
鹿城区	72094	37055	34974	65	39827	34740	5087	32267
瓯海区	77113	60542	16558	13	68712	68712		8401
龙湾区	38435	18878	19547	10	22655	22655		15780

3－11－3

单位:万元

地区	收入：收入总计	收入：其中：本年收入	收入：其中：上年结余	收入：其中：补助收入	支出：支出总计	支出：其中：本年支出	支出：其中：政府调剂资金	年终结余
开发区	24520	5841	18679		6036	6036		18484
台州市小计	**463601**	**341408**	**121694**	**499**	**317056**	**316156**	**900**	**146545**
本级	95479	65493	29777	209	55237	55237		40242
区县小计	368122	275915	91917	290	261819	260919	900	106303
临海市	63890	48667	15203	20	46441	46441		17449
温岭市	84537	52244	32273	20	55422	55422		29115
玉环县	37036	29288	7728	20	24154	24154		12882
三门县	34814	21352	13388	74	18250	18250		16564
仙居县	32809	28416	4310	83	26577	26577		6232
天台县	30950	28994	1891	65	27219	26319	900	3731
椒江区	26289	17511	8778		14252	14252		12037
黄岩区	43893	25260	18633		24337	24337		19556
路桥区	13904	24183	－10287	8	25167	25167		－11263
丽水市小计	**389389**	**260672**	**127117**	**1600**	**237917**	**237867**	**50**	**151472**
本级	97751	68086	29512	153	65595	65595		32156
区县小计	291638	192586	97605	1447	172322	172272	50	119316
缙云县	47368	36071	11278	19	39825	39825		7543
景宁县	7758	3416	3655	687	3924	3924		3834
莲都区	21226	14504	6718	4	15690	15690		5536
龙泉市	52338	46933	5385	20	45000	45000		7338
青田县	79878	35336	44185	357	21585	21585		58293
庆元县	12966	7929	5018	19	5357	5357		7609
松阳县	14408	12186	2200	22	10844	10844		3564
遂昌县	45567	31063	14254	250	26122	26122		19445
云和县	10129	5148	4912	69	3975	3925	50	6154
衢州市小计	**221070**	**169138**	**50976**	**956**	**159660**	**159308**	**352**	**61410**
本级	99049	76251	22535	263	69963	69963		29086
区县小计	122021	92887	28441	693	89697	89345	352	32324
龙游县	36896	25765	11067	64	26314	26314		10582
常山县	13523	12623	702	198	13110	12758	352	413
江山市	27229	22709	4320	200	18380	18380		8849
开化县	12346	9841	2466	39	9823	9823		2523
柯城区	12953	8795	4144	14	8994	8994		3959
衢江区	19074	13154	5742	178	13076	13076		5998
宁波市小计	**1573345**	**968684**	**604395**		**932857**	**922015**	**10842**	**640488**
本级	634700	372647	275552	－13765	324012	324012		310688
区县小计	938645	596037	328843	13765	608845	598003	10842	329800
慈溪市	152246	118582	32228	1436	133847	131958	1889	18399
余姚市	66213	59159	5299	1755	52914	51992	922	13299
奉化市	107721	75549	30290	1882	65132	65081	51	42589
象山县	110849	74429	34536	1884	76742	76742		34107

三、预算外财政专户

3－11－4　　　　单位:万元

地区	收入				支出			年终结余
	收入总计	其中:			支出总计	其中:		
		本年收入	上年结余	补助收入		本年支出	政府调剂资金	
宁海县	63249	36541	24563	2145	35873	35873		27376
鄞州区	213153	130462	81165	1526	151899	143919	7980	61254
镇海区	68009	32824	34574	611	30220	30220		37789
北仑区	58117	34949	22531	637	31560	31560		26557
江东区	7250	2681	4077	492	2671	2671		4579
江北区	17489	12898	3887	704	10890	10890		6599
海曙区	29665	11519	17500	646	10881	10881		18784
开发区								
大榭开发区	3563		3559	4				3563
宁波保税区	984	15	950	19	27	27		957
东钱湖区	10517	3930	6563	24	955	955		9562
高新开发区	29620	2499	27121		5234	5234		24386

2009 年安徽省地市县预算外财政专户资金收支平衡表

3－12－1　　　　单位:万元

地　区	收入				支出			年终结余
	收入总计	其中:本年收入	其中:上年结余	补助收入	支出总计	其中:本年支出	其中:政府调剂资金	
地市县合计	**1548684**	**1174766**	**373918**		**1073531**	**1056751**	**16780**	**475153**
宣城市小计	**45670**	**37907**	**7763**		**40978**	**40978**		**4692**
本级	8630	8233	397		8048	8048		582
区县小计	37040	29674	7366		32930	32930		4110
宣州区	4313	4144	169		4130	4130		183
郎溪县	2988	2311	677		2079	2079		909
广德县	5848	5768	80		5768	5768		80
宁国市	5478	5050	428		5478	5478		
泾县	10897	7261	3636		9389	9389		1508
旌德县	3416	2169	1247		2679	2679		737
绩溪县	4100	2971	1129		3407	3407		693
宿州市小计	**72792**	**58704**	**14088**		**54714**	**52907**	**1807**	**18078**
本级	36352	26848	9504		23978	23978		12374
区县小计	36440	31856	4584		30736	28929	1807	5704
埇桥区	7129	6645	484		6593	6593		536
砀山县	6810	5796	1014		5706	5499	207	1104
萧县	4671	4020	651		3783	2183	1600	888
灵璧县	8927	7994	933		7170	7170		1757
泗县	8903	7401	1502		7484	7484		1419
滁州市小计	**68010**	**54498**	**13512**		**54657**	**53599**	**1058**	**13353**
本级	29807	20771	9036		22445	22045	400	7362
区县小计	38203	33727	4476		32212	31554	658	5991
琅琊区	962	528	434		373	373		589
南谯区	5860	5705	155		5705	5705		155
天长市	4276	3160	1116		2775	2775		1501
来安县	2936	2800	136		2900	2900		36
全椒县	4144	3654	490		3860	3860		284
定远县	7197	6142	1055		5978	5978		1219
凤阳县	5719	5095	624		3722	3722		1997
明光市	7109	6643	466		6899	6241	658	210
池州市小计	**44218**	**42713**	**1505**		**40334**	**40334**		**3884**
本级	21916	21217	699		20815	20815		1101
区县小计	22302	21496	806		19519	19519		2783
贵池区	3884	3884			3884	3884		
石台县	708	622	86		460	460		248
青阳县	14652	14031	621		12216	12216		2436
东至县	3058	2959	99		2959	2959		99
阜阳市小计	**129801**	**93233**	**36568**		**79985**	**74361**	**5624**	**49816**
本级	49268	30117	19151		28743	28743		20525
区县小计	80533	63116	17417		51242	45618	5624	29291
颍州区	4400	2836	1564		2783	2783		1617

三、预算外财政专户

3－12－2 单位:万元

地区	收入				支出			年终结余
	收入总计	其中:本年收入	上年结余	补助收入	支出总计	其中:本年支出	政府调剂资金	
颍泉区	4444	3277	1167		2947	2947		1497
颍东区	2648	2583	65		2228	2228		420
临泉县	17913	12514	5399		9730	9730		8183
太和县	14847	10694	4153		7517	6080	1437	7330
颍上县	14205	13324	881		14022	9835	4187	183
阜南县	10058	7431	2627		5988	5988		4070
界首市	12018	10457	1561		6027	6027		5991
六安市小计	**67335**	**62800**	**4535**		**62973**	**62957**	**16**	**4362**
本级	29307	28259	1048		28634	28634		673
区县小计	38028	34541	3487		34339	34323	16	3689
金安区	2444	2434	10		2427	2427		17
裕安区	7698	6125	1573		5764	5764		1934
寿县	4158	3840	318		3840	3840		318
霍邱县	8665	7562	1103		7440	7440		1225
舒城县	3762	3487	275		3762	3762		
金寨县	2299	2278	21		2265	2249	16	34
霍山县	9002	8815	187		8841	8841		161
巢湖市小计	**50912**	**45721**	**5191**		**48015**	**47777**	**238**	**2897**
本级	16956	15141	1815		16263	16025	238	693
区县小计	33956	30580	3376		31752	31752		2204
居巢区	9252	7720	1532		8684	8684		568
庐江县	5356	4601	755		4732	4732		624
含山县	5413	5213	200		5233	5233		180
和县	5133	4966	167		5023	5023		110
无为县	8802	8080	722		8080	8080		722
合肥市小计	**432287**	**287941**	**144346**		**244186**	**244110**	**76**	**188101**
本级	325836	216322	109514		189462	189462		136374
区县小计	106451	71619	34832		54724	54648	76	51727
瑶海区	15780	11746	4034		3094	3094		12686
庐阳区	12117	9029	3088		6944	6944		5173
蜀山区	15404	5279	10125		1969	1969		13435
包河区	24324	10382	13942		10166	10166		14158
肥东县	21287	16793	4494		15375	15375		5912
长丰县	7591	10313	－2722		9652	9576	76	－2061
肥西县	9948	8077	1871		7524	7524		2424
蚌埠市小计	**79210**	**29756**	**49454**		**34340**	**34270**	**70**	**44870**
本级	52213	13302	38911		18136	18136		34077
区县小计	26997	16454	10543		16204	16134	70	10793
龙子湖区	549	475	74		377	377		172
蚌山区	1273	780	493		673	603	70	600
禹会区	426	424	2		394	394		32

3－12－3　　　　单位:万元

地区	收入				支出			年终结余
	收入总计	其中:本年收入	其中:上年结余	其中:补助收入	支出总计	其中:本年支出	其中:政府调剂资金	
淮上区	149		149					149
怀远县	11760	5885	5875		5779	5779		5981
固镇县	4664	3933	731		3790	3790		874
五河县	8176	4957	3219		5191	5191		2985
淮南市小计	**67023**	**54778**	**12245**		**53372**	**53372**		**13651**
本级	47604	36100	11504		34590	34590		13014
区县小计	19419	18678	741		18782	18782		637
田家庵区	1383	1375	8		1375	1375		8
大通区	962	962			962	962		
谢家集区	2337	1791	546		1791	1791		546
八公山区	4460	4283	177		4377	4377		83
潘集区								
凤台县	10277	10267	10		10277	10277		
铜陵市小计	**26698**	**19696**	**7002**		**18678**	**18678**		**8020**
本级	14213	9459	4754		10489	10489		3724
区县小计	12485	10237	2248		8189	8189		4296
铜官山区	1618	1357	261		1237	1237		381
狮子山区	3953	3219	734		1819	1819		2134
郊区	329	306	23		329	329		
铜陵县	6585	5355	1230		4804	4804		1781
马鞍山市小计	**38096**	**31257**	**6839**		**24618**	**24618**		**13478**
本级	23226	19693	3533		15875	15875		7351
区县小计	14870	11564	3306		8743	8743		6127
花山区	1620	1619	1		1619	1619		1
雨山区	520	382	138		371	371		149
金家庄区	480	480			480	480		
当涂县	12250	9083	3167		6273	6273		5977
淮北市小计	**47865**	**41524**	**6341**		**40111**	**39861**	**250**	**7754**
本级	39147	33079	6068		31622	31372	250	7525
区县小计	8718	8445	273		8489	8489		229
相山区	547	547			547	547		
杜集区	642	642			642	642		
烈山区	994	947	47		919	919		75
濉溪县	6535	6309	226		6381	6381		154
芜湖市小计	**140835**	**121735**	**19100**		**91392**	**88252**	**3140**	**49443**
本级	102194	89040	13154		61111	61111		41083
区县小计	38641	32695	5946		30281	27141	3140	8360
镜湖区	6		6					6
弋江区	1066	524	542		258	258		808
鸠江区	1394	1394			1394	1394		
三山区	1		1					1

三、预算外财政专户

3－12－4 单位:万元

地　区	收入				支出			年终结余
	收入总计	其中:			支出总计	其中:		
		本年收入	上年结余	补助收入		本年支出	政府调剂资金	
繁昌县	23326	18230	5096		16083	16083		7243
南陵县	9282	8981	301		8980	5840	3140	302
芜湖县	3566	3566			3566	3566		
安庆市小计	**117945**	**94213**	**23732**		**89314**	**85894**	**3420**	**28631**
本级	43524	30693	12831		26183	22763	3420	17341
区县小计	74421	63520	10901		63131	63131		11290
迎江区	665	664	1		664	664		1
大观区	845	567	278		638	638		207
宜秀区	1819	1578	241		1364	1364		455
怀宁县	9013	6999	2014		6999	6999		2014
枞阳县	8304	8234	70		8231	8231		73
桐城市	501	540	－39		540	540		－39
潜山县	20172	19351	821		18091	18091		2081
太湖县	7053	6209	844		5979	5979		1074
宿松县	13459	9628	3831		10502	10502		2957
望江县	8735	6245	2490		6745	6745		1990
岳西县	3855	3505	350		3378	3378		477
黄山市小计	**40423**	**29835**	**10588**		**30353**	**29558**	**795**	**10070**
本级	19318	11992	7326		11790	10995	795	7528
区县小计	21105	17843	3262		18563	18563		2542
屯溪区	918	585	333		659	659		259
黄山区	2300	1947	353		2171	2171		129
徽州区	1426	1345	81		1273	1273		153
祁门县	2851	2588	263		2582	2582		269
黟县	1095	895	200		895	895		200
休宁县	4483	4029	454		4029	4029		454
歙县	8032	6454	1578		6954	6954		1078
亳州市小计	**79564**	**68455**	**11109**		**65511**	**65225**	**286**	**14053**
本级	41636	38662	3231	－257	37157	37157		4479
区县小计	37928	29793	7878	257	28354	28068	286	9574
谯城区	7678	5870	1624	184	5362	5362		2316
涡阳县	8070	6262	1781	27	6267	6142	125	1803
蒙城县	11970	9629	2323	18	9369	9294	75	2601
利辛县	10210	8032	2150	28	7356	7270	86	2854

2009 年福建省地市县预算外财政专户资金收支平衡表

3－13－1　　　　单位：万元

地区	收入				支出			年终结余
	收入总计	其中：			支出总计	其中：		
		本年收入	上年结余	补助收入		本年支出	政府调剂资金	
地市县合计	**2404195**	**1175411**	**1220047**	**8737**	**1179161**	**1150870**	**28291**	**1225034**
福州市小计	**629313**	**306610**	**321923**	**780**	**270201**	**267881**	**2320**	**359112**
本级	402728	192095	210328	305	143462	143462		259266
区县小计	226585	114515	111595	475	126739	124419	2320	99846
鼓楼区	12711	5968	6743		8382	8382		4329
台江区	8314	4377	3917	20	4000	4000		4314
仓山区	16355	8817	7538		10038	10038		6317
晋安区	10904	6256	4628	20	6185	6185		4719
马尾区	13506	5023	8483		4844	4164	680	8662
琅岐经济区	495	207	288		201	201		294
保税区								
闽侯县	55847	13773	42064	10	22638	22638		33209
长乐市	43092	18697	24367	28	20037	19646	391	23055
福清市	22902	18138	4652	112	19155	19155		3747
连江县	12260	8091	4133	36	8602	8602		3658
罗源县	8472	6507	1964	1	5081	4720	361	3391
闽清县	7359	4757	2381	221	5081	4743	338	2278
永泰县	8407	8066	325	16	7498	6948	550	909
平潭县	5961	5838	112	11	4997	4997		964
三明市小计	**106846**	**97461**	**8982**	**403**	**92556**	**92428**	**128**	**14290**
本级	33196	28381	4647	168	26237	26237		6959
区县小计	73650	69080	4335	235	66319	66191	128	7331
三元区	3876	1718	2128	30	2050	2050		1826
梅列区	2054	451	1593	10	1881	1881		173
永安市	10860	9730	1120	10	8134	8134		2726
宁化县	6102	5339	763		5703	5703		399
大田县	12054	14770	－2716		13102	13001	101	－1048
清流县	3839	3819		20	3839	3839		
明溪县	2911	2882	14	15	2897	2872	25	14
尤溪县	10720	10036	559	125	9943	9943		777
沙县	8436	8436			7456	7454	2	980
将乐县	7555	6690	845	20	6132	6132		1423
泰宁县	2963	2920	38	5	2902	2902		61
建宁县	2280	2289	－9		2280	2280		
南平市小计	**120757**	**81615**	**38284**	**858**	**77153**	**69702**	**7451**	**43604**
本级	51054	26875	23901	278	24029	23392	637	27025
区县小计	69703	54740	14383	580	53124	46310	6814	16579
延平区	4753	2325	1917	511	2812	1787	1025	1941
邵武市	10190	7968	2211	11	7896	5032	2864	2294
建阳市	6054	5597	427	30	5670	5664	6	384
顺昌县	5127	3712	1414	1	4002	4002		1125

三、预算外财政专户

3－13－2

单位:万元

地区	收入				支出			年终结余
	收入总计	其中:			支出总计	其中:		
		本年收入	上年结余	补助收入		本年支出	政府调剂资金	
建瓯市	9886	8402	1483	1	8044	7061	983	1842
浦城县	3200	3198		2	2693	2693		507
武夷山市	18644	15269	3374	1	13404	12129	1275	5240
光泽县	5203	2545	2637	21	3013	2455	558	2190
松溪县	4758	3865	892	1	3759	3759		999
政和县	1888	1859	28	1	1831	1728	103	57
宁德市小计	**113632**	**84124**	**28842**	**666**	**80945**	**79529**	**1416**	**32687**
本级	38608	24187	14112	309	22605	22114	491	16003
区县小计	75024	59937	14730	357	58340	57415	925	16684
蕉城区	4542	2602	1920	20	2994	2994		1548
东侨区								
福鼎市	17937	17406	459	72	17178	17178		759
福安市	16694	12183	4501	10	10362	9862	500	6332
霞浦县	7680	5232	2433	15	5953	5894	59	1727
古田县	14192	10263	3754	175	10470	10202	268	3722
屏南县	6345	5323	1007	15	4755	4755		1590
寿宁县	3146	3120	6	20	2924	2924		222
周宁县	3237	2644	578	15	2558	2558		679
柘荣县	1251	1164	72	15	1146	1048	98	105
莆田市小计	**126810**	**95789**	**30969**	**52**	**90841**	**80330**	**10511**	**35969**
本级	40535	29153	11350	32	32122	32122		8413
区县小计	86275	66636	19619	20	58719	48208	10511	27556
仙游县	8661	8661			8661	7733	928	
荔城区	37333	27436	9897		22109	16226	5883	15224
城厢区	11328	7712	3616		6962	6469	493	4366
涵江区	13554	12401	1153		9475	9475		4079
秀屿区	10218	5352	4846	20	6331	6307	24	3887
湄洲岛管委会	187	187			187	187		
北岸管委会	4994	4887	107		4994	1811	3183	
泉州市小计	**399849**	**276398**	**123419**	**32**	**274071**	**273167**	**904**	**125778**
本级	140767	98569	46373	－4175	85363	85363		55404
区县小计	259082	177829	77046	4207	188708	187804	904	70374
泉港区	8757	6783	1650	324	7140	6915	225	1617
鲤城区	11208	6070	4562	576	6623	6623		4585
丰泽区	10171	5451	3128	1592	7901	7222	679	2270
洛江区	12743	3681	8977	85	5324	5324		7419
惠安县	22909	19422	1857	1630	21012	21012		1897
晋江市	76297	49354	26943		47797	47797		28500
石狮市	11840	11173	667		8631	8631		3209
南安市	43002	28816	14186		29089	29089		13913
安溪县	35170	24711	10459		33387	33387		1783

3－13－3

单位:万元

地区	收入				支出			年终结余
	收入总计	其中:			支出总计	其中:		
		本年收入	上年结余	补助收入		本年支出	政府调剂资金	
永春县	14552	13443	1109		13148	13148		1404
德化县	12433	8925	3508		8656	8656		3777
漳州市小计	**158622**	**94125**	**63888**	**609**	**82979**	**78523**	**4456**	**75643**
本级	121165	50359	70227	579	41622	37622	4000	79543
区县小计	37457	43766	－6339	30	41357	40901	456	－3900
芗城区	5542	4086	1456		4122	4122		1420
龙文区	2797	2486	301	10	2263	2157	106	534
漳州经济开发区								
龙海市	9542	7333	2209		7212	7212		2330
长泰县	－9953	1332	－11285		1888	1888		－11841
东山县	3805	3641	164		3614	3614		191
南靖县	4555	4339	216		4271	4271		284
平和县	555	535		20	535	535		20
华安县	3191	2601	590		2339	2339		852
云霄县	3254	3735	－481		3246	2896	350	8
漳浦县	9219	10192	－973		8723	8723		496
诏安县	4850	3386	1464		3044	3044		1806
常山开发区	100	100			100	100		
龙岩市小计	**127600**	**80938**	**41325**	**5337**	**92547**	**92437**	**110**	**35053**
本级	72121	36202	30612	5307	48181	48181		23940
区县小计	55479	44736	10713	30	44366	44256	110	11113
新罗区	19808	12684	7124		13382	13272	110	6426
长汀县	6754	6505	234	15	6270	6270		484
永定县	4045	3527	518		3259	3259		786
上杭县	7116	6432	669	15	6594	6594		522
武平县	7445	6200	1245		5840	5840		1605
漳平市	4282	4087	195		4121	4121		161
连城县	6029	5301	728		4900	4900		1129
开发区								
厦门市小计	**620766**	**58351**	**562415**		**117868**	**116873**	**995**	**502898**
本级	359633	－437	360479	－409	60588	60588		299045
区县小计	261133	58788	201936	409	57280	56285	995	203853
同安区	30490	12986	17240	264	11140	11053	87	19350
集美区	129489	10449	118936	104	6302	6302		123187
翔安区	28559	6815	21730	14	6524	5616	908	22035
海沧区	11820	10541	1262	17	10783	10783		1037
思明区	42025	12138	29877	10	16358	16358		25667
湖里区	18750	5859	12891		6173	6173		12577

三、预算外财政专户

2009年江西省地市县预算外财政专户资金收支平衡表

3－14－1　　　　　　　　　　　　　　　　　　　　　　　单位:万元

地区	收入				支出			年终结余
	收入总计	其中:			支出总计	其中:		
		本年收入	上年结余	补助收入		本年支出	政府调剂资金	
地市县合计	**857730**	**688396**	**169334**		**631599**	**614195**	**17404**	**226131**
南昌市小计	**154391**	**94742**	**59649**		**68821**	**68403**	**418**	**85570**
本级	34706	11775	22931		12213	12213		22493
区县小计	119685	82967	36718		56608	56190	418	63077
南昌县	12920	12268	652		6069	6069		6851
新建县	11237	6268	4969		6380	6380		4857
进贤县	18523	17062	1461		14928	14928		3595
安义县	972	296	676		669	251	418	303
湾里区	3161	2471	690		1915	1915		1246
青山湖区	4535	4114	421		2691	2691		1844
东湖区	14721	11512	3209		10611	10611		4110
西湖区	12202	9284	2918		7317	7317		4885
青云谱区	3793	2928	865		2042	2042		1751
昌北区	5653	4245	1408		4	4		5649
南昌高新区	9356	3541	5815		1610	1610		7746
红谷滩区	20961	7991	12970		2193	2193		18768
桑海区	915	251	664		28	28		887
英雄区	736	736			151	151		585
景德镇市小计	**34771**	**28586**	**6185**		**18492**	**18197**	**295**	**16279**
本级	13489	11501	1988		10953	10795	158	2536
区县小计	21282	17085	4197		7539	7402	137	13743
高新科技园								
乐平市	13126	10674	2452		1126	1126		12000
浮梁县	6953	5284	1669		5262	5125	137	1691
珠山区	798	726	72		748	748		50
昌江区	405	401	4		403	403		2
萍乡市小计	**35911**	**33550**	**2361**		**30049**	**29525**	**524**	**5862**
本级	17088	15906	1182		13932	13932		3156
区县小计	18823	17644	1179		16117	15593	524	2706
莲花县	2160	1703	457		1703	1703		457
上栗县	5453	4935	518		3993	3993		1460
芦溪县	3049	2921	128		2533	2533		516
安源区	2671	2643	28		2446	2446		225
湘东区	5490	5442	48		5442	4918	524	48
萍乡开发区								
九江市小计	**107633**	**90864**	**16769**		**93184**	**91408**	**1776**	**14449**
本级	47519	32925	14594		40072	39772	300	7447
区县小计	60114	57939	2175		53112	51636	1476	7002
修水县	3553	3203	350		3482	3482		71
武宁县	5895	5642	253		5642	5642		253
永修县	3885	2838	1047		3299	3299		586

3－14－2 单位:万元

地区	收入				支出			
	收入总计	其中:			支出总计	其中:		年终结余
		本年收入	上年结余	补助收入		本年支出	政府调剂资金	
德安县	2784	2113	671		1953	1953		831
瑞昌市	7252	5075	2177		5107	5107		2145
都昌县	10241	9602	639		10059	10059		182
湖口县	1080	1080			1080	1080		
彭泽县	2868	2817	51		2802	2802		66
星子县	1524	1461	63		1461	1461		63
九江县	1735	1733	2		1587	893	694	148
庐山局	3549	8176	－4627		3520	3520		29
庐山区	8232	7338	894		8182	8182		50
浔阳区	609	950	－341		310	310		299
九江开发区	2399	2190	209		2106	2106		293
共青城	4508	3721	787		2522	1740	782	1986
新余市小计	**36039**	**24923**	**11116**		**21491**	**19832**	**1659**	**14548**
本级	25949	17770	8179		14487	12881	1606	11462
区县小计	10090	7153	2937		7004	6951	53	3086
分宜县	3874	2879	995		2932	2879	53	942
渝水区	6162	4260	1902		4059	4059		2103
仙女湖区	54	14	40		13	13		41
新余高新区								
鹰潭市小计	**27789**	**21549**	**6240**		**21088**	**21044**	**44**	**6701**
本级	13195	9571	3624		9891	9891		3304
区县小计	14594	11978	2616		11197	11153	44	3397
贵溪市	7262	5768	1494		5664	5664		1598
余江县	5348	4628	720		4047	4047		1301
月湖区	1768	1223	545		1237	1193	44	531
龙虎山风景区	－172	133	－305		97	97		－269
鹰潭工业园	388	226	162		152	152		236
赣州市小计	**128675**	**107333**	**21342**		**110352**	**109735**	**617**	**18323**
本级	52955	41859	11096		46563	46563		6392
区县小计	75720	65474	10246		63789	63172	617	11931
章贡区	4734	4114	620		4346	4346		388
黄金开发区	1749	1620	129		1603	1603		146
赣县	1831	1671	160		1661	1661		170
南康市	9198	7334	1864		6910	6910		2288
信丰县	1814	1209	605		1209	1209		605
大余县	4218	3639	579		3639	3639		579
上犹县	1630	1065	565		1065	1065		565
崇义县	3088	2382	706		2428	2359	69	660
安远县	1168	1168			1168	1168		
龙南县	3908	2912	996		2796	2796		1112
定南县	2398	2313	85		2313	2313		85

三、预算外财政专户

3－14－3 单位:万元

地区	收入				支出			
	收入总计	其中:本年收入	上年结余	补助收入	支出总计	其中:本年支出	政府调剂资金	年终结余
全南县	1486	1459	27		1426	1426		60
宁都县	9923	9555	368		9297	8797	500	626
于都县	6382	6201	181		6201	6201		181
兴国县	3784	3153	631		3153	3153		631
瑞金市	6604	6564	40		6476	6476		128
会昌县	3400	2908	492		2530	2530		870
寻乌县	5461	4194	1267		3567	3519	48	1894
石城县	2944	2013	931		2001	2001		943
宜春市小计	**93930**	**77466**	**16464**		**76565**	**73356**	**3209**	**17365**
本级	47983	33260	14723		32089	32089		15894
区县小计	45947	44206	1741		44476	41267	3209	1471
丰城市	8287	7902	385		8178	8178		109
高安市	9796	9777	19		9715	9706	9	81
樟树市	5678	5336	342		5317	2117	3200	361
奉新县	3098	2979	119		2979	2979		119
万载县	6196	6053	143		6074	6074		122
上高县	3007	3007			3007	3007		
宜丰县	3323	3108	215		3052	3052		271
靖安县	1800	1695	105		1713	1713		87
铜鼓县	1422	1009	413		1101	1101		321
袁州区	3340	3340			3340	3340		
上饶市小计	**101788**	**87502**	**14286**		**88163**	**83830**	**4333**	**13625**
本级	52622	41844	10778		42676	42676		9946
区县小计	49166	45658	3508		45487	41154	4333	3679
信州区	1899	1899			1899	1899		
上饶县	13146	13123	23		13146	10775	2371	
广丰县	1217	1217			1217	1150	67	
玉山县	2901	2745	156		2725	2725		176
铅山县	1787	1677	110		1726	1726		61
横峰县	5954	5954			5954	5954		
弋阳县	1514	1446	68		1449	1446	3	65
余干县	1552	1106	446		1106	1106		446
鄱阳县	4754	4716	38		4267	4170	97	487
万年县	2323	2311	12		2311	2211	100	12
德兴市	2088	1102	986		1332	1097	235	756
婺源县	10031	8362	1669		8355	6895	1460	1676
吉安市小计	**52665**	**45682**	**6983**		**45040**	**41860**	**3180**	**7625**
本级	17384	16356	1028		17058	15203	1855	326
区县小计	35281	29326	5955		27982	26657	1325	7299
吉安高新区								
吉州区	3982	2302	1680		1982	1982		2000

3－14－4 单位:万元

地区	收入				支出			
	收入总计	其中:			支出总计	其中:		年终结余
		本年收入	上年结余	补助收入		本年支出	政府调剂资金	
青原区	2148	1720	428		2127	2002	125	21
吉安县	2356	1703	653		1506	1506		850
吉水县	2073	2011	62		1625	1625		448
峡江县	1297	1297			1297	990	307	
新干县	2483	1823	660		1820	1820		663
永丰县	1577	1109	468		1095	1095		482
泰和县	7787	6526	1261		5814	5814		1973
遂川县	1238	1136	102		1185	1136	49	53
万安县	829	810	19		810	366	444	19
安福县	6823	6346	477		6188	6188		635
永新县	997	932	65		925	925		72
井冈山市	1691	1611	80		1608	1208	400	83
抚州市小计	**84138**	**76199**	**7939**		**58354**	**57005**	**1349**	**25784**
本级	56767	45558	11209		30253	28904	1349	26514
区县小计	27371	30641	－3270		28101	28101		－730
临川区	2400	2945	－545		2799	2799		－399
南城县	4850	4789	61		4789	4789		61
南丰县	3520	5675	－2155		3221	3221		299
黎川县	1928	2037	－109		2037	2037		－109
崇仁县	2705	2705			2705	2705		
宜黄县	1140	845	295		851	851		289
乐安县	586	569	17		537	537		49
金溪县	629	629			629	629		
资溪县	2628	2628			2628	2628		
广昌县	2164	1446	718		1160	1160		1004
东乡县	4821	6373	－1552		6745	6745		－1924

2009年山东省地市县预算外财政专户资金收支平衡表

3-15-1

单位:万元

地区	收入总计	收入 其中:本年收入	收入 其中:上年结余	收入 其中:补助收入	支出总计	支出 其中:本年支出	支出 其中:政府调剂资金	年终结余
地市县合计	**2672876**	**1875943**	**796933**		**1946585**	**1925261**	**21324**	**726291**
青岛市小计	**761207**	**366788**	**394419**		**460336**	**460336**		**300871**
本级	549311	217481	331830		310049	310049		239262
区县小计	211896	149307	62589		150287	150287		61609
即墨市	16622	16622			16622	16622		
胶州市	37823	33870	3953		33891	33891		3932
胶南市	20487	15704	4783		19592	19592		895
平度市	15306	15306			15306	15306		
莱西市	17861	17861			17861	17861		
崂山区	50031	20423	29608		18458	18458		31573
城阳区	24033	11103	12930		13121	13121		10912
黄岛区	13235	7369	5866		6474	6474		6761
开发区								
市南区	4141	2056	2085		1671	1671		2470
市北区	1482	1479	3		1421	1421		61
四方区	4349	3284	1065		3008	3008		1341
李沧区	6526	4230	2296		2862	2862		3664
保税区								
高新区								
济南市小计	**420786**	**328531**	**92255**		**314042**	**314042**		**106744**
本级	310018	233348	76915	-245	215235	215235		94783
区县小计	110768	95183	15340	245	98807	98807		11961
历下区	20645	18744	1816	85	20193	20193		452
市中区	17794	12045	5674	75	12884	12884		4910
天桥区	6169	5663	496	10	6122	6122		47
槐荫区	9974	7490	2469	15	6855	6855		3119
历城区	9674	8934	735	5	8934	8934		740
长清区	5118	5093		25	5098	5098		20
章丘市	16125	16065	55	5	16017	16017		108
平阴县	7736	6749	982	5	6772	6772		964
济阳县	14775	11647	3113	15	13175	13175		1600
商河县	2758	2753		5	2757	2757		1
淄博市小计	**144354**	**111449**	**32905**		**113028**	**107330**	**5698**	**31326**
本级	73587	55180	18407		57125	54343	2782	16462
区县小计	70767	56269	14498		55903	52987	2916	14864
博山区	12113	12113			12113	10650	1463	
淄川区	3387		3387					3387
张店区	18399	14806	3593		14814	14814		3585
周村区	3276	3276			3268	3268		8
临淄区	19268	11800	7468		11434	11434		7834
桓台县								

3－15－2 单位:万元

地区	收入				支出			
	收入总计	其中:			支出总计	其中:		年终结余
		本年收入	上年结余	补助收入		本年支出	政府调剂资金	
高青县	8905	8855	50		8855	7402	1453	50
沂源县	5419	5419			5419	5419		
枣庄市小计	**98901**	**77104**	**21797**		**79400**	**75638**	**3762**	**19501**
本级	39842	22682	17160		29103	29103		10739
区县小计	59059	54422	4637		50297	46535	3762	8762
市中区	11290	10306	984		9470	9470		1820
薛城区	4380	4376	4		4374	4374		6
峄城区	2200	2200			2200	2200		
山亭区	3937	3937			3937	175	3762	
台儿庄区	2695	2695			2695	2695		
滕州市	34557	30908	3649		27621	27621		6936
烟台市小计	**197089**	**140433**	**56656**		**148124**	**147886**	**238**	**48965**
本级	112335	68260	44075		77124	77124		35211
区县小计	84754	72173	12581		71000	70762	238	13754
芝罘区	7180	7180			7180	7180		
福山区	7110	7082	28		7082	7082		28
龙口市	16188	9913	6275		8132	8132		8056
莱阳市	8792	6699	2093		7987	7987		805
蓬莱市	10529	9392	1137		9307	9307		1222
招远市	3607	3500	107		3500	3500		107
莱州市	8463	8463			8463	8463		
栖霞市	360	360			360	360		
海阳市	3575	3560	15		3560	3560		15
牟平区	3401	3391	10		3391	3345	46	10
长岛县	672	461	211		461	269	192	211
开发区	2955	2315	640		1995	1995		960
莱山区	11922	9857	2065		9582	9582		2340
潍坊市小计	**223625**	**174752**	**48873**		**177290**	**177290**		**46335**
本级	99020	63164	35931	－75	64282	64650		34738
区县小计	124605	111588	12942	75	113008	112640		11597
潍城区	6363	2795	3568		4323	4323		2040
坊子区	3406	2964	442		3159	2791		247
寒亭区	8508	8237	271		7949	7949		559
昌邑市	13252	12984	258	10	12984	12984		268
昌乐县	3425	2828	587	10	2828	2828		597
安丘市	6366	6147	209	10	6147	6147		219
寿光市	27481	27320	146	15	27320	27320		161
青州市	8355	8178	167	10	8178	8178		177
高密市	10686	10479	197	10	10479	10479		207
诸城市	22611	22516	85	10	22516	22516		95
临朐县	5543	4607	936		4607	4607		936

三、预算外财政专户

3－15－3

单位:万元

地区	收入				支出			年终结余
	收入总计	其中:			支出总计	其中:		
		本年收入	上年结余	补助收入		本年支出	政府调剂资金	
奎文区	8609	2533	6076		2518	2518		6091
济宁市小计	**104697**	**77915**	**26782**		**62578**	**59689**	**2889**	**42119**
本级	62559	37177	25827	－445	22072	22072		40487
区县小计	42138	40738	955	445	40506	37617	2889	1632
市中区	2719	2695	9	15	2710	2710		9
任城区	3389	3253	106	30	3006	2994	12	383
兖州市	11165	11014	131	20	10912	10912		253
曲阜市	4618	4522	66	30	4496	4496		122
泗水县	1836	1761	35	40	1796	1796		40
邹城市	5815	5669	106	40	5689	2812	2877	126
微山县	1521	1460	31	30	1300	1300		221
鱼台县	1069	969	50	50	1048	1048		21
金乡县	1366	1281	55	30	1273	1273		93
嘉祥县	6408	6137	231	40	6103	6103		305
汶上县	461	336	75	50	402	402		59
梁山县	1771	1641	60	70	1771	1771		
临沂市小计	**104313**	**72691**	**31622**		**74614**	**71675**	**2939**	**29699**
本级	75798	47318	28480		47781	47781		28017
区县小计	28515	25373	3142		26833	23894	2939	1682
郯城县	1540	1416	124		1416	1416		124
苍山县	3070	3009	61		3009	3009		61
莒南县	760	760			760	760		
沂水县	300	200	100		200	200		100
蒙阴县	4172	4122	50		4172	1233	2939	
平邑县	947	872	75		872	872		75
费县	769	769			769	769		
沂南县	1042	990	52		1042	1042		
临沭县	1695	1598	97		1598	1598		97
兰山区	6434	5353	1081		6369	6369		65
罗庄区	4025	3202	823		3649	3649		376
河东区	3761	3082	679		2977	2977		784
泰安市小计	**105654**	**91993**	**13661**		**89879**	**85609**	**4270**	**15775**
本级	67206	57106	10100		54815	54815		12391
区县小计	38448	34887	3561		35064	30794	4270	3384
新泰市	9271	8881	390		8845	8845		426
宁阳县	4105	4105			4105	2109	1996	
东平县	4587	3866	721		3680	2680	1000	907
肥城市	10839	9557	1282		10831	9557	1274	8
泰山区	2498	1911	587		1213	1213		1285
岱岳区	7148	6567	581		6390	6390		758
聊城市小计	**78364**	**59235**	**19129**		**57719**	**57719**		**20645**

3－15－4

单位：万元

地区	收入				支出			
	收入总计	其中：			支出总计	其中：		年终结余
		本年收入	上年结余	补助收入		本年支出	政府调剂资金	
本级	47832	31709	16123		32768	32768		15064
区县小计	30532	27526	3006		24951	24951		5581
东昌府区	45	3842	－3797		3320	3320		－3275
临清市	7909	5276	2633		5495	5495		2414
阳谷县	1650	1650			1650	1650		
莘县	1034	915	119		915	915		119
茌平县	7936	7687	249		7676	7676		260
东阿县	982	961	21		960	960		22
冠县	2843	2470	373		2576	2576		267
高唐县	8133	4725	3408		2359	2359		5774
菏泽市小计	**57879**	**52038**	**5841**		**48785**	**47998**	**787**	**9094**
本级	37531	32396	5135		28811	28811		8720
区县小计	20348	19642	706		19974	19187	787	374
牡丹区	3963	3883	80		3883	3883		80
曹县	3067	3067			3067	3067		
定陶县	1127	1127			1127	1127		
成武县	1283	1283			1283	1283		
单县	865	865			865	678	187	
巨野县	3735	3250	485		3582	2982	600	153
郓城县	3380	3380			3380	3380		
鄄城县	1639	1498	141		1498	1498		141
东明县	1289	1289			1289	1289		
德州市小计	**41401**	**38917**	**2484**		**38275**	**38275**		**3126**
本级	30698	29183	1515		28511	28511		2187
区县小计	10703	9734	969		9764	9764		939
德城区	4044	3833	211		3833	3833		211
陵县	507		507					507
平原县	1295	1265	30		1295	1295		
夏津县	230	230			230	230		
武城县	69	69			69	69		
齐河县	3236	3236			3236	3236		
禹城市	65	5	60		5	5		60
乐陵市								
临邑县	650	650			650	650		
宁津县								
庆云县	607	446	161		446	446		161
滨州市小计	**95951**	**91554**	**4397**		**84943**	**84202**	**741**	**11008**
本级	49822	41500	8322		40341	39645	696	9481
区县小计	46129	50054	－3925		44602	44557	45	1527
惠民县	1600	3846	－2246		3846	3846		－2246
阳信县	－12854	1900	－14754		1945	1900	45	－14799

三、预算外财政专户

3－15－5

单位:万元

地区	收入总计	收入 其中:本年收入	收入 其中:上年结余	收入 其中:补助收入	支出总计	支出 其中:本年支出	支出 其中:政府调剂资金	年终结余
无棣县	1277	1275	2		740	740		537
沾化县	2927	2536	391		2574	2574		353
博兴县	7925	6214	1711		6594	6594		1331
邹平县	38010	28318	9692		23485	23485		14525
滨城区	7244	5965	1279		5418	5418		1826
东营市小计	**83787**	**55138**	**28649**		**62743**	**62743**		**21044**
本级	56298	27649	28649		35254	35254		21044
区县小计	27489	27489			27489	27489		
东营区	1247	1247			1247	1247		
河口区	5897	5897			5897	5897		
广饶县	10133	10133			10133	10133		
垦利县	6023	6023			6023	6023		
利津县	4189	4189			4189	4189		
威海市小计	**63954**	**51249**	**12705**		**50040**	**50040**		**13914**
本级	30369	27572	2797		26997	26997		3372
区县小计	33585	23677	9908		23043	23043		10542
环翠区	8709	5397	3312		4763	4763		3946
乳山市	12295	5699	6596		5699	5699		6596
文登市	6111	6111			6111	6111		
荣成市	6470	6470			6470	6470		
日照市小计	**71677**	**68726**	**2951**		**69020**	**69020**		**2657**
本级	58040	57275	765		57075	57075		965
区县小计	13637	11451	2186		11945	11945		1692
莒县	1073	248	825		248	248		825
五莲县	3009	2798	211		2798	2798		211
东港区	6795	5645	1150		6139	6139		656
岚山区	2760	2760			2760	2760		
莱芜市小计	**19237**	**17430**	**1807**		**15769**	**15769**		**3468**
本级	17749	15942	1807		14281	14281		3468
区县小计	1488	1488			1488	1488		
莱城区	828	828			828	828		
钢城区	660	660			660	660		

2009 年河南省地市县预算外财政专户资金收支平衡表

3－16－1　　　　　　　　　　　　　　　　　　　　　　　　　　单位:万元

地　　区	收　　入				支　　出			
	收入总计	其　中:			支出总计	其　中:		年终结余
		本年收入	上年结余	补助收入		本年支出	政府调剂资金	
地市县合计	**1977180**	**1459952**	**492054**	**25174**	**1475278**	**1434853**	**40425**	**501902**
郑州市小计	**398048**	**242555**	**155092**	**401**	**266029**	**263094**	**2935**	**132019**
本级	298856	182904	115799	153	209764	209764		89092
区县小计	99192	59651	39293	248	56265	53330	2935	42927
巩义市	14146	7722	6396	28	10040	9530	510	4106
荥阳市	7640		7602	38	1182		1182	6458
中牟县	7146	5537	1596	13	4448	4205	243	2698
新郑市	9973	8300	1610	63	7026	7026		2947
登封市	17145	13333	3799	13	13402	13402		3743
新密市	1208	1132		76	1132	1132		76
二七区	14925	9824	5098	3	6106	6106		8819
金水区	9327	3919	5404	4	4176	3176	1000	5151
中原区	2556	2173	380	3	879	879		1677
管城区	5825	4627	1195	3	4572	4572		1253
上街区	7707	1933	5772	2	1987	1987		5720
惠济区	1594	1151	441	2	1315	1315		279
开封市小计	**67737**	**54814**	**12703**	**220**	**53151**	**50974**	**2177**	**14586**
本级	37729	30240	7278	211	29872	29619	253	7857
区县小计	30008	24574	5425	9	23279	21355	1924	6729
兰考县	5664	4968	687	9	4782	4782		882
杞县	3983	3822	161		3732	2712	1020	251
通许县	5246	3963	1283		3811	3811		1435
尉氏县	7949	5818	2131		5222	5222		2727
开封县	2567	2390	177		2465	2320	145	102
禹王台区	764	764			764	269	495	
鼓楼区	993	587	406		556	553	3	437
龙亭区	607	347	260		363	353	10	244
顺河区	976	677	299		713	511	202	263
金明区	1259	1238	21		871	822	49	388
洛阳市小计	**261928**	**215736**	**44924**	**1268**	**205411**	**201863**	**3548**	**56517**
本级	165894	140765	23978	1151	132174	131293	881	33720
区县小计	96034	74971	20946	117	73237	70570	2667	22797
偃师市	19458	17736	1715	7	16623	15635	988	2835
孟津县	12200	5785	6412	3	5540	4340	1200	6660
新安县	15798	14346	1378	74	14039	14039		1759
伊川县	7479	7467	6	6	7065	6679	386	414
汝阳县	3747	3359	385	3	3301	3301		446
嵩县	5659	4813	842	4	4099	4006	93	1560
栾川县	4591	4314	275	2	3919	3919		672
宜阳县	5014	3950	1049	15	4177	4177		837
洛宁县	4649	1904	2742	3	3338	3338		1311

3－16－2

单位:万元

地区	收入				支出			年终结余
	收入总计	其中:			支出总计	其中:		
		本年收入	上年结余	补助收入		本年支出	政府调剂资金	
洛龙区	3361	2635	726		2772	2772		589
吉利区	1769	1583	186		1277	1277		492
涧西区	5769	4088	1681		3730	3730		2039
西工区	3196	2434	762		2713	2713		483
老城区	649	18	631		290	290		359
瀍河区	2695	539	2156		354	354		2341
平顶山市小计	**85371**	**70679**	**14019**	**673**	**65660**	**64193**	**1467**	**19711**
本级	45077	38774	5714	589	37105	37105		7972
区县小计	40294	31905	8305	84	28555	27088	1467	11739
鲁山县	3712	3375	307	30	3576	3576		136
宝丰县	9086	5839	3227	20	5839	5839		3247
叶县	3525	3500		25	3500	3500		25
郏县	3627	3600	18	9	2588	2538	50	1039
汝州市	8129	7998	131		6443	5026	1417	1686
舞钢市	7290	4905	2385		5104	5104		2186
新华区	2251	423	1828		367	367		1884
卫东区	1964	1555	409		542	542		1422
湛河区								
石龙区	710	710			596	596		114
安阳市小计	**105189**	**79076**	**25882**	**231**	**61886**	**60337**	**1549**	**43303**
本级	45214	34717	10499	－2	16665	16223	442	28549
区县小计	59975	44359	15383	233	45221	44114	1107	14754
安阳县	9944	8765	1179		8439	7939	500	1505
林州市	15798	14625	958	215	12612	12612		3186
汤阴县	5842	4025	1817		5130	5130		712
滑县	8607	8120	470	17	3469	3469		5138
内黄县	14430	5636	8794		12560	12560		1870
文峰区	1171	818	352	1	991	991		180
北关区	876	647	229		346	346		530
铁西区	1361	481	880		450	423	27	911
龙安区	1946	1242	704		1224	644	580	722
鹤壁市小计	**27029**	**22084**	**3747**	**1198**	**20845**	**19632**	**1213**	**6184**
本级	16899	13399	2510	990	13561	13361	200	3338
区县小计	10130	8685	1237	208	7284	6271	1013	2846
浚县	7120	6413	676	31	4988	3975	1013	2132
淇县	2287	1715	543	29	1610	1610		677
淇滨区	156		8	148	148	148		8
山城区	189	189			170	170		19
鹤山区	378	368	10		368	368		10
新乡市小计	**120607**	**79902**	**39394**	**1311**	**79565**	**78837**	**728**	**41042**
本级	80935	49757	30014	1164	49980	49873	107	30955

3－16－3

单位:万元

地区	收入				支出			年终结余
	收入总计	其中:			支出总计	其中:		
		本年收入	上年结余	补助收入		本年支出	政府调剂资金	
区县小计	39672	30145	9380	147	29585	28964	621	10087
获嘉县	4147	3363	784		2956	2956		1191
新乡县	3099	1523	1518	58	1372	1372		1727
原阳县	2008	1886	122		1801	1801		207
延津县	3178	3166	12		3166	3166		12
封丘县	6968	4162	2792	14	4180	4180		2788
长垣县	7010	6733	277		6273	6273		737
辉县市	4576	3612	964		3995	3995		581
卫辉市	4705	3204	1452	49	3000	3000		1705
卫滨区	273	108	165		211	211		62
红旗区	1595	738	831	26	747	747		848
牧野区	762	708	54		617	617		145
凤泉区	1351	942	409		1267	646	621	84
焦作市小计	**80575**	**53736**	**26180**	**659**	**56014**	**52234**	**3780**	**24561**
本级	46846	29324	16871	651	32039	30596	1443	14807
区县小计	33729	24412	9309	8	23975	21638	2337	9754
修武县	3147	2950	197		2833	2833		314
博爱县	4814	2913	1901		3404	2413	991	1410
沁阳市	6844	4085	2759		3866	3794	72	2978
温县	3697	2918	771	8	2913	2062	851	784
孟州市	2003	2003			2003	2003		
武陟县	9228	7446	1782		6758	6758		2470
解放区	808	216	592		242	242		566
中站区	622	571	51		620	197	423	2
马村区	641	416	225		457	457		184
山阳区	1925	894	1031		879	879		1046
濮阳市小计	**35995**	**28651**	**5989**	**1355**	**29897**	**29546**	**351**	**6098**
本级	23707	17489	4868	1350	18770	18519	251	4937
区县小计	12288	11162	1121	5	11127	11027	100	1161
濮阳县	2850	2850			2850	2750	100	
清丰县	2608	1969	639		1969	1969		639
南乐县	1964	1964			1964	1964		
范县	2633	2146	482	5	2111	2111		522
台前县	510	510			510	510		
华龙区	1723	1723			1723	1723		
许昌市小计	**69333**	**49145**	**18319**	**1869**	**49340**	**48059**	**1281**	**19993**
本级	41394	25521	14240	1633	25192	25192		16202
区县小计	27939	23624	4079	236	24148	22867	1281	3791
许昌县	3044	2493	536	15	2561	2561		483
长葛市	5051	4940		111	4419	4419		632
鄢陵县	2768	2307	440	21	2236	2233	3	532

三、预算外财政专户

3－16－4 单位:万元

地区	收入				支出			
	收入总计	其中:本年收入	其中:上年结余	其中:补助收入	支出总计	其中:本年支出	其中:政府调剂资金	年终结余
禹州市	9048	7777	1254	17	8690	7520	1170	358
襄城县	6339	4805	1473	61	4903	4903		1436
魏都区	1689	1302	376	11	1339	1231	108	350
漯河市小计	**52130**	**42400**	**9000**	**730**	**43378**	**42886**	**492**	**8752**
本级	32538	26594	5434	510	27516	27516		5022
区县小计	19592	15806	3566	220	15862	15370	492	3730
舞阳县	4348	2073	2189	86	2073	2073		2275
临颍县	8791	8371	346	74	8254	7898	356	537
源汇区	1920	1242	678		1365	1365		555
郾城区	3203	3042	101	60	2924	2924		279
召陵区	1330	1078	252		1246	1110	136	84
三门峡市小计	**55522**	**41015**	**14299**	**208**	**43361**	**43157**	**204**	**12161**
本级	21148	12058	8887	203	15596	15596		5552
区县小计	34374	28957	5412	5	27765	27561	204	6609
义马市	5530	1745	3783	2	1510	1510		4020
灵宝市	17006	16284	720	2	16142	15983	159	864
渑池县	2968	2968			2968	2968		
陕县	1685	1627	58		1437	1392	45	248
卢氏县	5236	4551	684	1	4492	4492		744
湖滨区	1949	1782	167		1216	1216		733
南阳市小计	**156822**	**115579**	**37558**	**3685**	**120319**	**118712**	**1607**	**36503**
本级	75621	47422	24539	3660	52909	52784	125	22712
区县小计	81201	68157	13019	25	67410	65928	1482	13791
邓州市	4535	4520		15	4535	4519	16	
唐河县	4031	4021		10	4031	4031		
方城县	6899	6870	29		6781	6519	262	118
镇平县	8015	6469	1546		6389	6389		1626
社旗县	14178	13234	944		13590	13590		588
新野县	9049	3077	5972		3077	3077		5972
内乡县	6231	6231			6231	6231		
淅川县	5200	5200			5200	4370	830	
西峡县	939	939			939	939		
南召县	3898	3015	883		3273	2899	374	625
桐柏县	4615	4051	564		3876	3876		739
宛城区	4348	3230	1118		3230	3230		1118
卧龙区	9263	7300	1963		6258	6258		3005
商丘市小计	**100965**	**81623**	**17473**	**1869**	**87775**	**87775**		**13190**
本级	49650	39073	8979	1598	43978	43978		5672
区县小计	51315	42550	8494	271	43797	43797		7518
永城市	10662	6631	4010	21	7970	7970		2692
夏邑县	6943	6636	297	10	6566	6566		377

3－16－5 单位:万元

地区	收入				支出			年终结余
	收入总计	其中:			支出总计	其中:		
		本年收入	上年结余	补助收入		本年支出	政府调剂资金	
虞城县	4197	3388	795	14	3728	3728		469
柘城县	4978	4755	208	15	4771	4771		207
宁陵县	4452	3709	728	15	3078	3078		1374
睢县	5855	5600	244	11	5280	5280		575
民权县	4026	4008		18	4026	4026		
梁园区	6361	4394	1819	148	4964	4964		1397
睢阳区	3841	3429	393	19	3414	3414		427
信阳市小计	**135822**	**105722**	**26299**	**3801**	**117316**	**103071**	**14245**	**18506**
本级	66418	44968	17662	3788	54997	41872	13125	11421
区县小计	69404	60754	8637	13	62319	61199	1120	7085
罗山县	5661	5661			5661	4988	673	
光山县	8610	8180	430		7466	7466		1144
潢川县	8021	7484	533	4	7147	7147		874
固始县	7202	6634	559	9	6854	6619	235	348
商城县	4389	4389			4389	4389		
新县	6450	5663	787		5663	5663		787
息县	5247	4382	865		4421	4421		826
淮滨县	11243	6121	5122		8322	8110	212	2921
浉河区	7149	6808	341		6964	6964		185
平桥区	5432	5432			5432	5432		
周口市小计	**88479**	**67265**	**17842**	**3372**	**68216**	**67293**	**923**	**20263**
本级	33834	19316	11260	3258	20551	20051	500	13283
区县小计	54645	47949	6582	114	47665	47242	423	6980
扶沟县	7374	6447	927		6793	6793		581
西华县	4366	3665	701		3475	3475		891
商水县	5909	5631	278		5196	5046	150	713
太康县	4609	4441	168		4473	4473		136
鹿邑县	4571	3697	794	80	3496	3223	273	1075
郸城县	6164	5272	874	18	5272	5272		892
淮阳县	11132	10675	452	5	10766	10766		366
沈丘县	4027	3395	632		3157	3157		870
项城市	5499	4037	1451	11	4348	4348		1151
川汇区	994	689	305		689	689		305
驻马店市小计	**121582**	**96867**	**22804**	**1911**	**94174**	**90249**	**3925**	**27408**
本级	48938	34475	12813	1650	34833	34389	444	14105
区县小计	72644	62392	9991	261	59341	55860	3481	13303
确山县	7145	6737	362	46	5431	5431		1714
泌阳县	10182	8291	1890	1	7747	7747		2435
遂平县	9136	8463	672	1	7799	7289	510	1337
西平县	6551	4706	1843	2	4171	4171		2380
上蔡县	7938	7148	788	2	6698	6513	185	1240

3－16－6

单位:万元

地　　区	收入				支出			
	收入总计	其中:			支出总计	其中:		年终结余
		本年收入	上年结余	补助收入		本年支出	政府调剂资金	
汝南县	3940	3815	123	2	3433	3433		507
平舆县	5651	3357	2208	86	3624	3624		2027
新蔡县	6200	6051	140	9	6060	6060		140
正阳县	8094	7602	481	11	7613	7613		481
驿城区	7807	6222	1484	101	6765	3979	2786	1042
济源市	**14046**	**13103**	**530**	**413**	**12941**	**12941**		**1105**

2009 年湖北省地市县预算外财政专户资金收支平衡表

3 - 17 - 1

单位:万元

地区	收入				支出			年终结余
	收入总计	其中:本年收入	其中:上年结余	其中:补助收入	支出总计	其中:本年支出	其中:政府调剂资金	
地市县合计	**1639749**	**1213539**	**336764**	**89446**	**1261187**	**1246819**	**14368**	**378562**
武汉市小计	**625037**	**379295**	**239199**	**6543**	**362331**	**362331**		**262706**
本级	365732	206624	157404	1704	200564	200564		165168
区县小计	259305	172671	81795	4839	161767	161767		97538
江岸区	35425	20688	14737		12590	12590		22835
江汉区	32393	14566	17827		13248	13248		19145
硚口区	12266	9699	2567		9556	9556		2710
武昌区	34410	20643	13767		19641	19641		14769
汉阳区	15364	15221	143		14479	14479		885
青山区	16663	8703	7960		9102	9102		7561
洪山区	14757	12967	1690	100	12985	12985		1772
东西湖区	39127	24168	14638	321	23154	23154		15973
汉南区	4982	3806	826	350	2837	2837		2145
江夏区	5873	5289	150	434	5873	5873		
蔡甸区	14240	12287	1197	756	12392	12392		1848
新洲区	10533	9015	301	1217	10232	10232		301
黄陂区	23272	15619	5992	1661	15678	15678		7594
黄石市小计	**82758**	**73031**	**6937**	**2790**	**75084**	**75084**		**7674**
本级	52767	45200	5655	1912	46703	46703		6064
区县小计	29991	27831	1282	878	28381	28381		1610
黄石港区	3009	2720	289		2720	2720		289
西塞山区	2514	2514			2514	2514		
下陆区	916	351	565		351	351		565
铁山区	887	550	337		550	550		337
大冶市	15410	15028	54	328	15001	15001		409
阳新县	7255	6668	37	550	7245	7245		10
十堰市小计	**108868**	**94234**	**6806**	**7828**	**88610**	**86854**	**1756**	**20258**
本级	64274	57125	4063	3086	46749	46227	522	17525
区县小计	44594	37109	2743	4742	41861	40627	1234	2733
张湾区	1369	1369			1369	1369		
茅箭区	1475	1475			1475	1475		
丹江口市	20003	17170	2190	643	17823	16589	1234	2180
郧县	10653	9106	553	994	10100	10100		553
郧西县	1729	1095		634	1729	1729		
竹山县	3763	2879		884	3763	3763		
竹溪县	4119	2999		1120	4119	4119		
房县	1483	1016		467	1483	1483		
荆州市小计	**104889**	**90847**	**3994**	**10048**	**98290**	**95100**	**3190**	**6599**
本级	60250	51202	3927	5121	53657	53657		6593
区县小计	44639	39645	67	4927	44633	41443	3190	6
沙市区	4285	4285			4285	3600	685	

三、预算外财政专户

3－17－2

单位:万元

地区	收入				支出			年终结余
	收入总计	其中:			支出总计	其中:		
		本年收入	上年结余	补助收入		本年支出	政府调剂资金	
荆州区	3050	3050			3050	3050		
江陵县	2640	2192	67	381	2634	2634		6
松滋市	13919	13191		728	13919	13919		
公安县	1158			1158	1158	1158		
石首市	4509	4117		392	4509	4509		
监利县	3671	2497		1174	3671	3671		
洪湖市	11407	10313		1094	11407	8902	2505	
宜昌市小计	**126876**	**103032**	**13686**	**10158**	**112887**	**112887**		**13989**
本级	48121	41754	1077	5290	46232	46232		1889
区县小计	78755	61278	12609	4868	66655	66655		12100
西陵区	2356	2167	189		2167	2167		189
伍家岗区	838	829	9		829	829		9
点军区	273	273			273	273		
猇亭区	1043	699	344		466	466		577
夷陵区	27176	24445	2731		24530	24530		2646
宜都市	8644	5772	2090	782	7058	7058		1586
枝江市	7619	6136	834	649	6557	6557		1062
当阳市	4634	4320		314	4634	4634		
远安县	3122	2911		211	3122	3122		
兴山县	2106	1766		340	2106	2106		
秭归县	12441	5088	6402	951	6525	6525		5916
长阳县	6522	5205		1317	6522	6522		
五峰县	1981	1667	10	304	1866	1866		115
襄樊市小计	**77281**	**57860**	**10517**	**8904**	**71551**	**71551**		**5730**
本级	48805	36139	8328	4338	44927	44927		3878
区县小计	28476	21721	2189	4566	26624	26624		1852
襄城区	346	265	81		265	265		81
樊城区	1200	1185	15		1185	1185		15
襄阳区	4191	4191			4191	4191		
老河口市	6036	5073	152	811	5203	5203		833
枣阳市	5592	4125	841	626	5592	5592		
宜城市	1200		400	800	1200	1200		
南漳县	4037	2931	276	830	3761	3761		276
谷城县	2533	1426	385	722	2022	2022		511
保康县	3341	2525	39	777	3205	3205		136
鄂州市小计	**37471**	**31911**	**4254**	**1306**	**36618**	**34918**	**1700**	**853**
本级	35370	30179	3885	1306	34517	32817	1700	853
区县小计	2101	1732	369		2101	2101		
鄂城区	937	568	369		937	937		
华容区	876	876			876	876		
梁子湖区	288	288			288	288		

3－17－3

单位：万元

地　　区	收　　入				支　　出			
	收入总计	其　中：			支出总计	其　中：		年终结余
		本年收入	上年结余	补助收入		本年支出	政府调剂资金	
荆门市小计	**72672**	**64659**	**2752**	**5261**	**66642**	**66559**	**83**	**6030**
本级	35975	32737	547	2691	32737	32737		3238
区县小计	36697	31922	2205	2570	33905	33822	83	2792
掇刀区								
东宝区	4619	3954	665		3954	3954		665
钟祥市	16367	14976		1391	16367	16367		
京山县	12111	10949	1110	52	11458	11458		653
沙洋县	3600	2043	430	1127	2126	2043	83	1474
孝感市小计	**74328**	**62160**	**5346**	**6822**	**64773**	**64773**		**9555**
本级	32735	26219	3724	2792	28167	28167		4568
区县小计	41593	35941	1622	4030	36606	36606		4987
孝南区	3498	3498			3498	3498		
孝昌县	8216	6755	1074	387	5088	5088		3128
大悟县	3900	3208	13	679	3887	3887		13
安陆市	6938	6018	461	459	6677	6677		261
云梦县	9404	8974	58	372	9346	9346		58
应城市	3866	3228	16	622	3850	3850		16
汉川市	5771	4260		1511	4260	4260		1511
黄冈市小计	**81750**	**64594**	**5193**	**11963**	**77665**	**71226**	**6439**	**4085**
本级	39220	29948	4067	5205	35259	30817	4442	3961
区县小计	42530	34646	1126	6758	42406	40409	1997	124
黄州区								
团风县	2771	1964	100	707	2771	2771		
红安县	1212	141		1071	1212	1212		
麻城市	5027	4126		901	5027	5027		
罗田县	1779	1754		25	1779	1402	377	
英山县	2188	2068	110	10	2078	2078		110
浠水县	12386	11020		1366	12386	12386		
蕲春县	7801	6734		1067	7801	6181	1620	
武穴市	6259	5351	139	769	6259	6259		
黄梅县	3107	1488	777	842	3093	3093		14
咸宁市小计	**51228**	**35995**	**9874**	**5359**	**42070**	**42070**		**9158**
本级	24069	14431	7104	2534	16454	16454		7615
区县小计	27159	21564	2770	2825	25616	25616		1543
咸安区	4742	4620		122	4742	4742		
嘉鱼县	5798	5093		705	5798	5798		
赤壁市	5127	3086	1459	582	4095	4095		1032
通城县	5275	4115	854	306	5221	5221		54
崇阳县	2745	2190	250	305	2495	2495		250
通山县	3472	2460	207	805	3265	3265		207
恩施自治州小计	**70593**	**60812**	**6436**	**3345**	**61134**	**59934**	**1200**	**9459**

三、预算外财政专户

3－17－4

单位:万元

地区	收入				支出			年终结余
	收入总计	其中:			支出总计	其中:		
		本年收入	上年结余	补助收入		本年支出	政府调剂资金	
本级	26715	20132	5064	1519	19542	18342	1200	7173
区县小计	43878	40680	1372	1826	41592	41592		2286
恩施市	12097	12024	48	25	11857	11857		240
建始县	3825	3816		9	3825	3825		
巴东县	8016	7941	1	74	8016	8016		
利川市	6742	5874	845	23	5245	5245		1497
宣恩县	1384	1335	17	32	1367	1367		17
咸丰县	3076	2985	49	42	2956	2956		120
来凤县	3854	3846		8	3854	3854		
鹤峰县	4884	2859	412	1613	4472	4472		412
随州市小计	**43857**	**33073**	**7666**	**3118**	**34298**	**34298**		**9559**
本级	26443	17618	7018	1807	17620	17620		8823
区县小计	17414	15455	648	1311	16678	16678		736
曾都区	4014	3921	93		3886	3886		128
广水市	7518	5652	555	1311	6963	6963		555
随县	5882	5882			5829	5829		53
仙桃市	**43256**	**31523**	**9708**	**2025**	**34428**	**34428**		**8828**
天门市	**22927**	**17249**	**3878**	**1800**	**19381**	**19381**		**3546**
潜江市	**13531**	**11758**		**1773**	**13531**	**13531**		
神农架林区	**2427**	**1506**	**518**	**403**	**1894**	**1894**		**533**

2009 年湖南省地市县预算外财政专户资金收支平衡表

3－18－1　　　　　　单位:万元

地区	收入				支出			年终结余
	收入总计	其中:本年收入	其中:上年结余	其中:补助收入	支出总计	其中:本年支出	其中:政府调剂资金	
地市县合计	**1567722**	**1321550**	**216027**	**30145**	**1265898**	**1259841**	**6057**	**301824**
长沙市小计	**470100**	**341802**	**111598**	**16700**	**309892**	**309892**		**160208**
本级	293160	187917	88559	16684	148297	148297		144863
区县小计	176940	153885	23039	16	161595	161595		15345
浏阳市	21121	20228	893		21028	21028		93
宁乡县	22301	21789	509	3	21789	21789		512
长沙县	40537	39287	1250		39287	39287		1250
望城县	37764	37756		8	37764	37764		
雨花区	13949	1286	12663		10357	10357		3592
芙蓉区	11502	8054	3448		6967	6967		4535
天心区	8459	6855	1602	2	6667	6667		1792
岳麓区	12692	10372	2320		10705	10705		1987
开福区	8615	8258	354	3	7031	7031		1584
株洲市小计	**89188**	**72345**	**13090**	**3753**	**74374**	**71021**	**3353**	**14814**
本级	21897	16110	2047	3740	21813	18460	3353	84
区县小计	67291	56235	11043	13	52561	52561		14730
株洲县	4137	4137			4137	4137		
醴陵市	13421	11991	1422	8	11991	11991		1430
攸县	26592	18719	7873		18719	18719		7873
茶陵县	7205	6842	360	3	6830	6830		375
炎陵县	2075	1987	88		2011	2011		64
天元区	5410	5332	78		1618	1618		3792
芦淞区	5336	4560	774	2	4561	4561		775
荷塘区	3089	2667	422		2694	2694		395
石峰区	26		26					26
湘潭市小计	**104234**	**89949**	**13953**	**332**	**80246**	**80246**		**23988**
本级	45067	34615	10120	332	28321	28321		16746
区县小计	59167	55334	3833		51925	51925		7242
湘潭县	31826	30293	1533		28227	28227		3599
湘乡市	17115	16526	589		16195	16195		920
韶山市	3693	3180	513		2865	2865		828
雨湖区	1667	890	777		890	890		777
岳塘区	4866	4445	421		3748	3748		1118
衡阳市小计	**130973**	**106170**	**24269**	**534**	**105755**	**105755**		**25218**
本级	44191	28723	14954	514	27920	27920		16271
区县小计	86782	77447	9315	20	77835	77835		8947
衡南县	13435	12795	635	5	12746	12746		689
衡阳县	10085	9416	667	2	10033	10033		52
衡山县	9071	5188	3881	2	5474	5474		3597
衡东县	3887	3760	125	2	2954	2954		933
常宁市	3681	2753	926	2	2259	2259		1422
祁东县	4770	4644	124	2	4768	4768		2

三、预算外财政专户

3－18－2　　　　单位:万元

地区	收入				支出			
	收入总计	其中:			支出总计	其中:		年终结余
		本年收入	上年结余	补助收入		本年支出	政府调剂资金	
耒阳市	33780	31766	2012	2	32951	32951		829
南岳区	3480	3062	415	3	2702	2702		778
珠晖区	1105	820	285		644	644		461
雁峰区	783	691	92		691	691		92
石鼓区	598	506	92		506	506		92
蒸湘区	2107	2046	61		2107	2107		
邵阳市小计	**75947**	**68597**	**6455**	**895**	**68203**	**67887**	**316**	**7744**
本级	25416	21131	3414	871	21491	21491		3925
区县小计	50531	47466	3041	24	46712	46396	316	3819
双清区	389	385		4	389	389		
大祥区	1314	1310		4	1310	1310		
北塔区	440	436		4	440	440		
邵东县	10804	10724	76	4	10731	10593	138	73
新邵县	6987	6986		1	6987	6987		
隆回县	6785	5239	1545	1	5240	5240		1545
洞口县	4526	4525		1	4526	4414	112	
新宁县	4397	4036	360	1	4039	3973	66	358
邵阳县	5061	5060		1	5061	5061		
绥宁县	5268	4644	623	1	4058	4058		1210
武冈市	2297	2155	141	1	2155	2155		142
城步苗族自治县	2263	1966	296	1	1776	1776		487
岳阳市小计	**107416**	**113392**	**－8676**	**2700**	**113790**	**113790**		**－6374**
本级	37951	36525	129	1297	37738	37738		213
区县小计	69465	76867	－8805	1403	76052	76052		－6587
汨罗市	－5187	6135	－11663	341	6135	6135		－11322
平江县	18635	17706	890	39	16559	16559		2076
湘阴县	13144	12671	192	281	12671	12671		473
临湘市	13089	12843	245	1	12842	12842		247
华容县	3908	3826	66	16	3826	3826		82
岳阳县	13244	12506	62	676	12568	12568		676
岳阳楼区	9498	8617	880	1	8931	8931		567
云溪区	84		40	44				84
君山区	3050	2563	483	4	2520	2520		530
常德市小计	**83546**	**79674**	**2003**	**1869**	**79597**	**79597**		**3949**
本级	30509	27300	1340	1869	28331	28331		2178
区县小计	53037	52374	663		51266	51266		1771
津市市	2480	2480			2480	2480		
安乡县	2716	2716			2716	2716		
汉寿县	5603	5535	68		5535	5535		68
澧县	18654	18654			18654	18654		
临澧县	3086	3086			3086	3086		
桃源县	9683	9138	545		8030	8030		1653

3－18－3　　　　单位:万元

地区	收入				支出			年终结余
	收入总计	其中:			支出总计	其中:		
		本年收入	上年结余	补助收入		本年支出	政府调剂资金	
石门县	2390	2390			2390	2390		
武陵区	3047	3047			3047	3047		
鼎城区	5378	5328	50		5328	5328		50
张家界市小计	**31354**	**22659**	**8523**	**172**	**19919**	**19919**		**11435**
本级	6065	5310	583	172	5182	5182		883
区县小计	25289	17349	7940		14737	14737		10552
永定区	13351	6461	6890		4542	4542		8809
武陵源区	2920	2605	315		2605	2605		315
慈利县	4345	4056	289		3820	3820		525
桑植县	4673	4227	446		3770	3770		903
益阳市小计	**77758**	**69039**	**8018**	**701**	**67460**	**67460**		**10298**
本级	54531	43563	11197	－229	41511	41511		13020
区县小计	23227	25476	－3179	930	25949	25949		－2722
沅江市	2497	3228	－950	219	3228	3228		－731
南县	4093	4045		48	4093	4093		
桃江县	2984	2732	108	144	2732	2732		252
安化县	2967	2795		172	2967	2967		
资阳区	3954	2995	827	132	3051	3051		903
赫山区	6732	9681	－3164	215	9878	9878		－3146
永州市小计	**68603**	**60735**	**7373**	**495**	**61414**	**60989**	**425**	**7189**
本级	29146	25215	3451	480	25125	25119	6	4021
区县小计	39457	35520	3922	15	36289	35870	419	3168
东安县	6654	5557	1094	3	5943	5943		711
道县	2699	2579	120		2699	2699		
宁远县	2100	2011	86	3	2100	2100		
江永县	3669	3506	161	2	3508	3508		161
江华	3051	2985	66		3044	3044		7
蓝山县	5269	5055	214		4962	4962		307
新田县	1887	1709	178		1696	1696		191
双牌县	3646	3460	184	2	3460	3041	419	186
祁阳县	1371	1268	100	3	1371	1371		
零陵区	5599	3992	1605	2	4139	4139		1460
冷水滩区	3512	3398	114		3367	3367		145
郴州市小计	**81618**	**75704**	**5232**	**682**	**76006**	**75366**	**640**	**5612**
本级	21648	19306	1660	682	20192	20192		1456
区县小计	59970	56398	3572		55814	55174	640	4156
北湖区	5620	5198	422		5481	5481		139
苏仙区	7167	6223	944		5938	5938		1229
资兴市	6931	5888	1043		5732	5732		1199
桂阳县	4519	4408	111		4486	4486		33
永兴县	7479	7368	111		7468	6828	640	11
宜章县	7933	7679	254		7356	7356		577

三、预算外财政专户

3－18－4 单位:万元

地区	收入				支出			
	收入总计	其中:			支出总计	其中:		年终结余
		本年收入	上年结余	补助收入		本年支出	政府调剂资金	
嘉禾县	8320	8254	66		8309	8309		11
临武县	645	580	65		580	580		65
汝城县	4026	3831	195		3890	3890		136
桂东县	2777	2700	77		2700	2700		77
安仁县	4553	4269	284		3874	3874		679
娄底市小计	**95812**	**85953**	**9220**	**639**	**76870**	**75586**	**1284**	**18942**
本级	31229	29500	1172	557	23578	23578		7651
区县小计	64583	56453	8048	82	53292	52008	1284	11291
娄星区	11405	9451	1952	2	9037	7753	1284	2368
双峰县	19464	15034	4426	4	13148	13148		6316
涟源市	9107	8104	936	67	8009	8009		1098
冷水江市	11515	11238	271	6	11238	11238		277
新化县	13092	12626	463	3	11860	11860		1232
怀化市小计	**101856**	**93747**	**7610**	**499**	**88727**	**88688**	**39**	**13129**
本级	37297	34451	2357	489	29356	29356		7941
区县小计	64559	59296	5253	10	59371	59332	39	5188
沅陵县	5716	5139	576	1	5455	5455		261
辰溪县	7343	5989	1353	1	5918	5918		1425
溆浦县	7058	6323	734	1	6109	6109		949
麻阳苗族自治县	7580	7308	271	1	7227	7222	5	353
新晃侗族自治县	2097	2023	73	1	2040	2040		57
芷江侗族自治县	1716	1516	199	1	1584	1550	34	132
鹤城区	3602	3513	88	1	3443	3443		159
中方县	5511	4732	778	1	4732	4732		779
洪江市	9514	8993	520	1	9096	9096		418
会同县	4627	4447	180		4380	4380		247
靖州苗族侗族自治县	4827	4439	388		4437	4437		390
通道侗族自治县	4968	4874	93	1	4950	4950		18
湘西土家族苗族自治州小计	**49317**	**41784**	**7359**	**174**	**43645**	**43645**		**5672**
本级	17656	14332	3156	168	15607	15607		2049
区县小计	31661	27452	4203	6	28038	28038		3623
吉首市	4355	3834	521		3748	3748		607
泸溪县	1658	1602	56		1602	1602		56
凤凰县	7226	6639	583	4	6343	6343		883
花垣县	5157	4356	801		5157	5157		
保靖县	1437	1391	46		1437	1437		
古丈县	2398	1878	520		1872	1872		526
永顺县	2286	2210	74	2	2210	2210		76
龙山县	7144	5542	1602		5669	5669		1475

2009 年广东省地市县预算外财政专户资金收支平衡表

3－19－1　　　　单位:万元

地区	收入				支出			年终结余
	收入总计	其中:			支出总计	其中:		
		本年收入	上年结余	补助收入		本年支出	政府调剂资金	
地市县合计	**9034346**	**6043249**	**2971372**	**19617**	**5600399**	**5474685**	**123308**	**3433947**
广州市小计	**2693692**	**1343078**	**1350341**	**273**	**1249577**	**1237768**	**11809**	**1444115**
本级	1646542	879133	787938	－20529	743263	743263		903279
区县小计	1047150	463945	562403	20802	506314	494505	11809	540836
越秀区	145421	58537	85786	1098	41163	41163		104258
海珠区	71190	35549	32399	3242	39051	39051		32139
荔湾区	79566	35024	43165	1377	36021	35731	290	43545
天河区	69286	24303	42522	2461	30052	27193	2859	39234
白云区	85712	59320	20796	5596	43907	43907		41805
黄埔区	39311	20757	16800	1754	15796	15796		23515
花都区	52829	38597	13319	913	44716	37442	7274	8113
番禺区	353036	113333	236655	3048	190695	190695		162341
南沙区	22817	5479	17181	157	6627	5241	1386	16190
萝岗区	57688	16839	40586	263	5688	5688		52000
从化市	28027	22259	5051	717	21268	21268		6759
增城市	42267	33948	8143	176	31330	31330		10937
深圳市小计	**2094692**	**1196509**	**898075**		**1216136**	**1213730**		**878556**
本级	825408	432469	392831		317548	315142		507860
区县小计	1269284	764040	505244		898588	898588		370696
福田区	172100	47960	124140		30304	30304		141796
罗湖区	82906	67458	15448		73995	73995		8911
盐田区	43999	24599	19400		21252	21252		22747
南山区	240519	169233	71286		163476	163476		77043
宝安区	507196	284700	222496		448777	448777		58419
龙岗区	222564	170090	52474		160784	160784		61780
珠海市小计	**186532**	**112482**	**73929**	**121**	**83971**	**83971**		**102561**
本级	139419	100126	39876	－583	69003	69003		70416
区县小计	47113	12356	34053	704	14968	14968		32145
香洲区	1659	25	1504	130	513	513		1146
金湾区	32762	3614	28948	200	2271	2271		30491
斗门区	12692	8717	3601	374	12184	12184		508
汕头市小计	**162671**	**140556**	**22012**	**103**	**140558**	**140558**		**22113**
本级	79730	66423	13672	－365	68057	68057		11673
区县小计	82941	74133	8340	468	72501	72501		10440
金平区	7294	7056	199	39	7278	7278		16
龙湖区	9335	5404	3917	14	6508	6508		2827
澄海区	20680	20348	238	94	20223	20223		457
濠江区	1753	1701		52	1753	1753		
朝阳区	28243	25552	2640	51	23551	23551		4692
潮南区	13224	12395	718	111	11960	11960		1264
南澳县	2412	1677	628	107	1228	1228		1184

三、预算外财政专户

3－19－2

单位：万元

地区	收入				支出			年终结余
	收入总计	其中：			支出总计	其中：		
		本年收入	上年结余	补助收入		本年支出	政府调剂资金	
佛山市小计	**965414**	**755455**	**209814**	**145**	**541774**	**541774**		**423640**
本级	201378	170508	30778	92	172545	172545		28833
区县小计	764036	584947	179036	53	369229	369229		394807
禅城区	89134	58546	30588		58578	58578		30556
南海区	391459	304595	86836	28	115811	115811		275648
顺德区	201457	154271	47172	14	134799	134799		66658
高明区	25501	19992	5508	1	20226	20226		5275
三水区	56485	47543	8932	10	39815	39815		16670
韶关市小计	**149939**	**119637**	**28185**	**2117**	**127700**	**127664**	**36**	**22239**
本级	93574	68268	25094	212	75193	75193		18381
区县小计	56365	51369	3091	1905	52507	52471	36	3858
浈江区	2269	2268		1	2265	2265		4
武江区	3855	3515	248	92	2212	2212		1643
曲江区	5341	5128	34	179	5211	5211		130
乐昌市	13979	13228	137	614	13979	13979		
南雄市	6763	6466	96	201	6718	6718		45
仁化县	2337	2257		80	2337	2337		
始兴县	4178	4054	124		4154	4118	36	24
翁源县	6426	6202	74	150	6423	6423		3
新丰县	5789	4518	1264	7	4818	4818		971
乳源瑶族自治县	5428	3733	1114	581	4390	4390		1038
河源市小计	**95469**	**76864**	**17212**	**1393**	**69744**	**62429**	**7315**	**25725**
本级	67444	49389	16662	1393	42197	35232	6965	25247
区县小计	28025	27475	550		27547	27197	350	478
源城区	918	908	10		908	908		10
东源县	2820	2748	72		2748	2748		72
和平县	2849	2749	100		2849	2499	350	
龙川县	5491	5363	128		5310	5310		181
紫金县	14001	13901	100		13926	13926		75
连平县	1946	1806	140		1806	1806		140
梅州市小计	**105890**	**92907**	**11284**	**1699**	**91634**	**91079**	**555**	**14256**
本级	51103	44600	5279	1224	42060	42060		9043
区县小计	54787	48307	6005	475	49574	49019	555	5213
梅江区	2092	2051	7	34	2030	1996	34	62
兴宁市	12424	12413		11	11224	11224		1200
梅县	7881	7314	555	12	7453	6932	521	428
平远县	2208	2208			2208	2208		
蕉岭县	3699	3222	77	400	3639	3639		60
大埔县	4456	4232	217	7	4449	4449		7
丰顺县	8650	5425	3224	1	7379	7379		1271
五华县	13377	11442	1925	10	11192	11192		2185

3－19－3

单位:万元

地区	收入				支出			
	收入总计	其中:			支出总计	其中:		年终结余
		本年收入	上年结余	补助收入		本年支出	政府调剂资金	
惠州市小计	**260352**	**180127**	**77619**	**2606**	**174968**	**171068**	**3900**	**85384**
本级	153792	92473	59916	1403	84547	84547		69245
区县小计	106560	87654	17703	1203	90421	86521	3900	16139
惠城区	22414	17965	4147	302	18295	18295		4119
惠阳区	26698	24846	1552	300	23796	23796		2902
惠东县	7459	7159		300	7159	7159		300
博罗县	33879	26134	7744	1	27274	27274		6605
龙门县	16110	11550	4260	300	13897	9997	3900	2213
汕尾市小计	**76763**	**64773**	**11227**	**763**	**63209**	**62713**	**496**	**13554**
本级	33497	31642	1126	729	31427	30931	496	2070
区县小计	43266	33131	10101	34	31782	31782		11484
城区	3703	3470	233		3365	3365		338
陆丰市	13597	12935	628	34	12223	12223		1374
海丰县	22401	13971	8430		13439	13439		8962
陆河县	3565	2755	810		2755	2755		810
东莞市小计	**622511**	**581666**	**40802**	**43**	**563405**	**563405**		**59106**
本级	622511	581666	40802	43	563405	563405		59106
中山市小计	**406472**	**323779**	**82608**	**85**	**293073**	**293073**		**113399**
本级	406472	323779	82608	85	293073	293073		113399
江门市小计	**238698**	**193787**	**44789**	**122**	**180467**	**176986**	**3481**	**58231**
本级	85430	68989	19004	－2563	58855	58855		26575
区县小计	153268	124798	25785	2685	121612	118131	3481	31656
蓬江区	21555	17992	2910	653	20078	20078		1477
江海区	7919	2542	5123	254	2311	2311		5608
新会区	58388	47164	10867	357	46124	45324	800	12264
台山市	23028	18434	4060	534	17823	17823		5205
开平市	11552	10306	1081	165	9592	9592		1960
鹤山市	14370	12907	1137	326	13265	10584	2681	1105
恩平市	16456	15453	607	396	12419	12419		4037
阳江市小计	**50328**	**49799**	**477**	**52**	**49548**	**39045**	**10503**	**780**
本级	22964	22651	287	26	22798	14395	8403	166
区县小计	27364	27148	190	26	26750	24650	2100	614
江城区	1253	1252		1	1253	1253		
阳春市	9939	9930		9	9939	9939		
阳东县	8271	8073	190	8	7657	7657		614
阳西县	7901	7893		8	7901	5801	2100	
湛江市小计	**201787**	**172520**	**27742**	**1525**	**166649**	**94668**	**71981**	**35138**
本级	114696	94125	19455	1116	90848	25573	65275	23848
区县小计	87091	78395	8287	409	75801	69095	6706	11290
赤坎区	985	396	441	148	416	416		569
霞山区	6142	5731	179	232	5947	5947		195

三、预算外财政专户

3－19－4

单位:万元

地区	收入				支出			
	收入总计	其中:			支出总计	其中:		年终结余
		本年收入	上年结余	补助收入		本年支出	政府调剂资金	
麻章区	1790	1179	611		1420	1397	23	370
坡头区	3093	2822	271		2788	2788		305
雷州市	30570	27618	2945	7	24538	23394	1144	6032
廉江市	10897	10872	24	1	10872	6055	4817	25
吴川市	16857	13995	2857	5	14505	14505		2352
遂溪县	6041	6033		8	6041	6041		
徐闻县	10716	9749	959	8	9274	8552	722	1442
茂名市小计	**102843**	**95622**	**5712**	**1509**	**94797**	**90221**	**4576**	**8046**
本级	34267	30758	3018	491	28185	28185		6082
区县小计	68576	64864	2694	1018	66612	62036	4576	1964
茂南区	1759	1562	180	17	1579	1579		180
茂港区	1877	1702	163	12	1706	1706		171
信宜市	16939	16462	282	195	16462	16462		477
高州市	24621	22948	1431	242	23625	19049	4576	996
化州市	11622	10718	638	266	11482	11482		140
电白县	11758	11472		286	11758	11758		
肇庆市小计	**168278**	**138310**	**28699**	**1269**	**127806**	**124604**	**3202**	**40472**
本级	117121	93553	23155	413	86169	83067	3102	30952
区县小计	51157	44757	5544	856	41637	41537	100	9520
端州区	9768	8154	1611	3	6078	6078		3690
鼎湖区	3302	3302			3302	3302		
四会市	10177	9553	608	16	7560	7560		2617
高要市	11351	10925	424	2	10826	10826		525
广宁县	3467	3248	167	52	3300	3300		167
德庆县	3859	1413	1681	765	2409	2409		1450
封开县	4192	3818	365	9	3774	3774		418
怀集县	5041	4344	688	9	4388	4288	100	653
清远市小计	**145523**	**138432**	**3413**	**3678**	**136335**	**135994**	**341**	**9188**
本级	64372	62366	103	1903	62353	62012	341	2019
区县小计	81151	76066	3310	1775	73982	73982		7169
清城区	40954	40606	208	140	39268	39268		1686
英德市	5795	4775	815	205	4956	4956		839
连州市	6068	4855	866	347	4957	4957		1111
佛冈县	3297	3297			3292	3292		5
清新县	11721	10194	1421	106	8259	8259		3462
连山壮族瑶族自治县	1813	1487		326	1813	1813		
连南瑶族自治县	676	351		325	610	610		66
阳山县	10827	10501		326	10827	10827		
潮州市小计	**89117**	**71211**	**17432**	**474**	**64215**	**63652**	**563**	**24902**
本级	58378	43062	14915	401	38885	38385	500	19493
区县小计	30739	28149	2517	73	25330	25267	63	5409

3－19－5 单位:万元

地区	收入				支出			
	收入总计	其中:			支出总计	其中:		年终结余
		本年收入	上年结余	补助收入		本年支出	政府调剂资金	
湘桥区	9938	8556	1382		6745	6745		3193
饶平县	9972	9547	374	51	9202	9139	63	770
潮安县	10829	10046	761	22	9383	9383		1446
揭阳市小计	**153473**	**138940**	**13026**	**1507**	**109408**	**105390**	**4018**	**44065**
本级	85890	75269	10236	385	46348	46298	50	39542
区县小计	67583	63671	2790	1122	63060	59092	3968	4523
榕城区	1698	1302	95	301	1572	1572		126
普宁市	29704	28466	820	418	28072	26284	1788	1632
揭东县	22469	21222	1025	222	20708	18528	2180	1761
揭西县	6965	6612	273	80	6304	6304		661
惠来县	6747	6069	577	101	6404	6404		343
云浮市小计	**63902**	**56795**	**6974**	**133**	**55425**	**54893**	**532**	**8477**
本级	17913	13462	4442	9	14659	14659		3254
区县小计	45989	43333	2532	124	40766	40234	532	5223
云城区	8157	6170	1986	1	4452	4452		3705
罗定市	11372	11335	6	31	11371	11371		1
新兴县	14808	14706	100	2	13880	13348	532	928
郁南县	7976	7860	27	89	7949	7949		27
云安县	3676	3262	413	1	3114	3114		562

三、预算外财政专户

2009年广西壮族自治区地市县预算外财政专户资金收支平衡表

3－20－1

单位:万元

地区	收入				支出			
	收入总计	其中:			支出总计	其中:		年终结余
		本年收入	上年结余	补助收入		本年支出	政府调剂资金	
地市县合计	**976935**	**682853**	**294008**	**74**	**649378**	**639313**	**10065**	**327557**
南宁市小计	**206367**	**147106**	**59251**	**10**	**124309**	**124309**		**82058**
本级	140793	95976	44807	10	76073	76073		64720
区县小计	65574	51130	14444		48236	48236		17338
兴宁区	696	654	42		583	583		113
青秀区	9995	5863	4132		5287	5287		4708
江南区	2288	1638	650		1334	1334		954
西乡塘区	5900	5609	291		5730	5730		170
良庆区	552	258	294		268	268		284
邕宁区	1127	595	532		503	503		624
武鸣县	4617	4338	279		2366	2366		2251
横县	8190	8183	7		8184	8184		6
宾阳县	9733	8558	1175		7422	7422		2311
上林县	8977	8850	127		8386	8386		591
马山县	4617	2633	1984		2742	2742		1875
隆安县	3670	2345	1325		1945	1945		1725
高新区	2483	357	2126		2368	2368		115
经开区	1240		1240					1240
华侨区	120	112	8		112	112		8
相思湖区	1369	1137	232		1006	1006		363
风景区								
柳州市小计	**89738**	**46712**	**43016**	**10**	**45148**	**45148**		**44590**
本级	62362	24636	37716	10	24293	24293		38069
区县小计	27376	22076	5300		20855	20855		6521
柳江县	4898	4769	129		4472	4472		426
柳城县	2725	2286	439		2354	2354		371
鹿寨县	7741	6362	1379		5850	5850		1891
融安县	1511	1511			1511	1511		
三江县	127	127			127	127		
融水县	3586	2108	1478		1574	1574		2012
城中区	2051	705	1346		699	699		1352
鱼峰区	730	538	192		669	669		61
柳南区	2849	2561	288		2522	2522		327
柳北区	1042	1042			1040	1040		2
高新开发区	9		9					9
阳和工业新区	107	67	40		37	37		70
桂林市小计	**175703**	**105535**	**70158**	**10**	**118157**	**118155**	**2**	**57546**
本级	94834	46050	48774	10	57918	57918		36916
区县小计	80869	59485	21384		60239	60237	2	20630
临桂县	7912	7673	239		7399	7399		513
阳朔县	6036	2772	3264		3187	3187		2849

3－20－2 单位:万元

地区	收入				支出			
	收入总计	其中:			支出总计	其中:		年终结余
		本年收入	上年结余	补助收入		本年支出	政府调剂资金	
灵川县	3055	2578	477		2622	2622		433
全州县	16195	7804	8391		10122	10122		6073
兴安县	8792	8009	783		7957	7957		835
永福县	7364	6678	686		6334	6334		1030
荔浦县	7646	5728	1918		5676	5676		1970
平乐县	4781	4387	394		4252	4252		529
恭城县	3610	2701	909		2308	2308		1302
灌阳县	1332	1171	161		990	990		342
龙胜县	5510	5215	295		4041	4041		1469
资源县	3212	1872	1340		1920	1918	2	1292
秀峰区	1900	1125	775		1201	1201		699
象山区	481	6	475		281	281		200
叠彩区	652	303	349		382	382		270
七星高新区	1710	1309	401		1010	1010		700
雁山区	681	154	527		557	557		124
梧州市小计	**58288**	**53349**	**4930**	**9**	**48628**	**46028**	**2600**	**9660**
本级	27953	27238	706	9	25245	22645	2600	2708
区县小计	30335	26111	4224		23383	23383		6952
岑溪市	12958	11602	1356		10435	10435		2523
苍梧县	3698	3609	89		3341	3341		357
藤县	7736	6540	1196		5396	5396		2340
蒙山县	4535	3787	748		3072	3072		1463
万秀区	358	213	145		261	261		97
蝶山区	611	147	464		484	484		127
长洲区	439	213	226		394	394		45
工业园区								
北海市小计	**37350**	**33133**	**4217**		**33508**	**33508**		**3842**
本级	27425	24366	3059		25041	25041		2384
区县小计	9925	8767	1158		8467	8467		1458
合浦县	9546	8767	779		8467	8467		1079
海城区								
银海区	379		379					379
铁山港区								
防城港市小计	**11210**	**8039**	**3171**		**7723**	**7423**	**300**	**3487**
本级	6177	3983	2194		3471	3471		2706
区县小计	5033	4056	977		4252	3952	300	781
港口区	457	223	234		204	204		253
防城区	1103	978	125		1103	1103		
东兴市	2689	2312	377		2452	2152	300	237
上思县	784	543	241		493	493		291
钦州市小计	**61036**	**40211**	**20820**	**5**	**38657**	**37657**	**1000**	**22379**

三、预算外财政专户

3－20－3　　　　　　　　　　　　　　　　　　　　　　　　　　　　单位:万元

地　　区	收入：收入总计	收入：其中：本年收入	收入：其中：上年结余	收入：其中：补助收入	支出：支出总计	支出：其中：本年支出	支出：其中：政府调剂资金	年终结余
本级	45266	31999	13262	5	31543	30543	1000	13723
区县小计	15770	8212	7558		7114	7114		8656
浦北县	782	625	157		500	500		282
灵山县	4069	2783	1286		2322	2322		1747
钦州港区	1588	516	1072		439	439		1149
钦南区	2969	2007	962		1806	1806		1163
钦北区	6362	2281	4081		2047	2047		4315
贵港市小计	**59834**	**36535**	**23290**	**9**	**33881**	**33881**		**25953**
本级	27895	15644	12242	9	14090	14090		13805
区县小计	31939	20891	11048		19791	19791		12148
港北区	1835	1341	494		1519	1519		316
港南区	1271	1073	198		736	736		535
覃塘区	2223	1556	667		1828	1828		395
平南县	13994	6284	7710		4860	4860		9134
桂平市	12616	10637	1979		10848	10848		1768
玉林市小计	**67684**	**54522**	**13162**		**48729**	**46675**	**2054**	**18955**
本级	39015	30320	8695		28154	27491	663	10861
区县小计	28669	24202	4467		20575	19184	1391	8094
容县	3683	3338	345		2911	2329	582	772
陆川县	2478	2300	178		2351	2351		127
博白县	5476	5200	276		4603	4194	409	873
兴业县	2534	1524	1010		1346	1346		1188
北流市	8995	6504	2491		6898	6498	400	2097
玉州区	4706	4669	37		1749	1749		2957
福绵区	797	667	130		717	717		80
百色市小计	**65587**	**50916**	**14671**		**43219**	**42243**	**976**	**22368**
本级	27934	24587	3347		20321	19567	754	7613
区县小计	37653	26329	11324		22898	22676	222	14755
右江区	2264	1976	288		1753	1753		511
田阳县	4043	3460	583		2967	2745	222	1076
田东县	3960	2892	1068		2516	2516		1444
平果县	10294	4428	5866		3605	3605		6689
德保县	2494	1950	544		1758	1758		736
靖西县	5973	4913	1060		4538	4538		1435
那坡县	1494	1115	379		1146	1146		348
凌云县	1341	1241	100		1108	1108		233
乐业县	1148	758	390		631	631		517
田林县	2107	1610	497		1395	1395		712
隆林县	1614	1365	249		1107	1107		507
西林县	921	621	300		374	374		547
贺州市小计	**36137**	**30288**	**5841**	**8**	**28430**	**26866**	**1564**	**7707**

3－20－4 单位:万元

地区	收入				支出			
	收入总计	其中:			支出总计	其中:		年终结余
		本年收入	上年结余	补助收入		本年支出	政府调剂资金	
本级	23634	19320	4306	8	18174	16612	1562	5460
区县小计	12503	10968	1535		10256	10254	2	2247
昭平县	4303	3770	533		3475	3475		828
钟山县	944	929	15		717	717		227
富川县	1213	1208	5		1208	1208		5
八步区	3860	3032	828		2951	2949	2	909
平桂管理区	2183	2029	154		1905	1905		278
河池市小计	**52622**	**41366**	**11247**	**9**	**42326**	**40892**	**1434**	**10296**
本级	19922	13874	6039	9	15436	15436		4486
区县小计	32700	27492	5208		26890	25456	1434	5810
金城江区	2702	2262	440		2702	2702		
宜州市	2665	2298	367		2277	2277		388
罗城仫佬族自治县	3765	3121	644		3685	3685		80
环江毛南族自治县	3894	3459	435		3668	3268	400	226
南丹县	2748	2499	249		2082	1048	1034	666
天峨县	1228	1209	19		1209	1209		19
凤山县	910	624	286		427	427		483
东兰县	1856	1401	455		1224	1224		632
巴马瑶族自治县	3374	2705	669		2738	2738		636
都安瑶族自治县	6176	4949	1227		3711	3711		2465
大化瑶族自治县	3382	2965	417		3167	3167		215
来宾市小计	**24660**	**14787**	**9869**	**4**	**13859**	**13859**		**10801**
本级	6178		6174	4				6178
区县小计	18482	14787	3695		13859	13859		4623
来宾市兴宾区	2672	2215	457		2402	2402		270
象州县	6383	4472	1911		4330	4330		2053
武宣县	3948	3168	780		2671	2671		1277
金秀瑶族自治县	1456	1175	281		1070	1070		386
忻城县	2485	2287	198		2153	2153		332
合山市	1538	1470	68		1233	1233		305
来宾华侨投资区								
崇左市小计	**30719**	**20354**	**10365**		**22804**	**22669**	**135**	**7915**
本级	14529	8643	5886		11280	11280		3249
区县小计	16190	11711	4479		11524	11389	135	4666
扶绥县	3651	3300	351		3393	3393		258
大新县	3494	2341	1153		1763	1763		1731
天等县	1451	1147	304		1198	1198		253
宁明县	1828	1309	519		1107	1107		721
龙州县	2136	1501	635		1716	1716		420
凭祥市	2964	1808	1156		1789	1789		1175
江州区	666	305	361		558	423	135	108

三、预算外财政专户

2009 年海南省地市县预算外财政专户资金收支平衡表

3－21

单位：万元

地区	收入				支出			年终结余
	收入总计	其中：			支出总计	其中：		
		本年收入	上年结余	补助收入		本年支出	政府调剂资金	
地市县合计	208548	144464	64084		113325	112839	486	95223
海口市小计	113521	62684	50837		42704	42220	484	70817
本级	107282	58261	49021		38351	37867	484	68931
区县小计	6239	4423	1816		4353	4353		1886
龙华区	1412	1241	171		1105	1105		307
美兰区	2646	1412	1234		1411	1411		1235
秀英区	920	745	175		775	775		145
琼山区	1261	1025	236		1062	1062		199
三亚市小计	37446	31282	6164		25736	25736		11710
本级	37446	31282	6164		25736	25736		11710
洋浦经济开发区小计	631	368	263		481	481		150
本级	631	368	263		481	481		150
琼海市	7074	6616	458		4792	4792		2282
儋州市	7635	7076	559		6826	6826		809
文昌市	8321	7704	617		6633	6633		1688
万宁市	3899	3265	634		2512	2512		1387
东方市	2500	2172	328		1492	1492		1008
五指山市	2668	2267	401		2229	2229		439
屯昌县	695	689	6		689	687	2	6
澄迈县	2109	2017	92		2017	2017		92
临高县	2189	1716	473		1945	1945		244
白沙县	1050	921	129		783	783		267
昌江县	418	285	133		418	418		
乐东县	2173	1802	371		2090	2090		83
陵水县	8844	7731	1113		6835	6835		2009
保亭县	3674	2798	876		2543	2543		1131
琼中县	1359	1225	134		1083	1083		276
定安县	2342	1846	496		1517	1517		825

2009 年重庆市区县预算外财政专户资金收支平衡表

3－22　　　　　　　　　　　　　　　　　　　　　　　　　　　　　单位：万元

地　　区	收　　入				支　　出			年终结余
	收入总计	其　中：			支出总计	其　中：		
		本年收入	上年结余	补助收入		本年支出	政府调剂资金	
区县合计	**481569**	**346597**	**125172**	**9800**	**317108**	**265903**	**51205**	**164461**
渝中区	4335	2193	2142		3581	3581		754
江北区	32678	20899	11779		20611	14097	6514	12067
沙坪坝区	19004	11253	7751		12730	12730		6274
九龙坡区	3409	2915	494		3364	3364		45
大渡口区	3038	2615	423		2747	1808	939	291
南岸区	13992	12547	1445		11121	11121		2871
北碚区	11174	7794	2545	835	7200	7200		3974
万盛区	5153	4696	457		4556	855	3701	597
双桥区	157	85	32	40	139	139		18
巴南区	13138	12876	262		12876	534	12342	262
渝北区	16026	7838	8188		7739	7739		8287
涪陵区	20943	17987	2956		17078	17078		3865
万州区	35272	24444	10828		23745	20665	3080	11527
黔江区	8159	7505	654		7824	7824		335
江津区	10986	9756	1230		9092	82	9010	1894
合川区	10619	4632	4499	1488	1135	1085	50	9484
永川区	33679	25841	7028	810	12322	4512	7810	21357
綦江县	13652	7503	6149		6226	6226		7426
长寿区	16736	16140	596		15228	15228		1508
潼南县	873			873	873	873		
铜梁县	9079	6346	1975	758	7239	7189	50	1840
大足县	13473	9562	3005	906	10326	10326		3147
荣昌县	2244	608	638	998	670	670		1574
璧山县	16690	10785	4983	922	10824	6911	3913	5866
梁平县	12672	8309	2193	2170	7869	7869		4803
城口县	6627	6065	562		6356	5976	380	271
南川区	23221	21898	1323		23197	23197		24
丰都县	4301	3008	1293		3601	3601		700
垫江县	3565	3089	476		3077	877	2200	488
武隆县	7348	5756	1592		5816	5066	750	1532
忠县	12931	11857	1074		11646	11180	466	1285
开县	13188	8365	4823		7830	7830		5358
云阳县	7107	5556	1551		4595	4595		2512
奉节县	14074	13091	983		12392	12392		1682
巫山县	3929	3419	510		3295	3295		634
巫溪县	5230	4384	846		4451	4451		779
石柱县	1874	1367	507		1279	1279		595
彭水县	3505	3030	475		2941	2941		564
酉阳县	7361	7098	263		4707	4707		2654
秀山县	4336	3175	1161		2994	2994		1342
北部新区	35791	10310	25481		1816	1816		33975

2009 年四川省地市县预算外财政专户资金收支平衡表

3－23－1

单位:万元

地区	收入				支出			年终结余
	收入总计	其中:本年收入	其中:上年结余	其中:补助收入	支出总计	其中:本年支出	其中:政府调剂资金	
地市县合计	**3411779**	**1759900**	**906946**	**744933**	**2173949**	**2159895**	**14054**	**1237830**
成都市小计	**1453298**	**752296**	**630174**	**70828**	**673645**	**664277**	**9368**	**779653**
本级	955077	475989	499544	-20456	325085	321260	3825	629992
区县小计	498221	276307	130630	91284	348560	343017	5543	149661
锦江区	25838	19768	4759	1311	23054	23054		2784
青羊区	32843	15859	15334	1650	16145	16145		16698
金牛区	23066	12495	8072	2499	16717	16717		6349
武侯区	21269	5627	13589	2053	11106	11106		10163
成华区	28738	15782	10706	2250	18264	18264		10474
龙泉驿区	21249	9952	10796	501	9200	9200		12049
青白江区	17105	11124	5114	867	12934	12934		4171
都江堰市	49301	18982	225	30094	43531	43531		5770
金堂县	21506	18334	1690	1482	13526	13526		7980
双流县	51721	32331	17928	1462	41025	41025		10696
温江区	32793	20339	12277	177	27506	22506	5000	5287
郫县	19025	15664	2932	429	15201	15201		3824
新都区	13451	10459	2579	413	8007	8007		5444
彭州市	45743	11564	2620	31559	35116	35116		10627
崇州市	31976	18844	4833	8299	22325	22325		9651
大邑县	8574	3580	2204	2790	4969	4969		3605
邛崃市	14118	8965	3453	1700	10463	9920	543	3655
蒲江县	6762	4121	2323	318	4572	4572		2190
新津县	9343	6710	2108	525	6989	6989		2354
高新区	23800	15807	7088	905	7910	7910		15890
自贡市小计	**52091**	**42670**	**7869**	**1552**	**39509**	**38265**	**1244**	**12582**
本级	30314	24206	5963	145	21525	20281	1244	8789
区县小计	21777	18464	1906	1407	17984	17984		3793
自流井区	2374	1766	264	344	2266	2266		108
贡井区	3068	2548	459	61	2092	2092		976
大安区	2277	2021	107	149	1849	1849		428
沿滩区	581	272	252	57	316	316		265
荣县	7997	6713	780	504	6391	6391		1606
富顺县	5480	5144	44	292	5070	5070		410
攀枝花市小计	**63177**	**45101**	**17264**	**812**	**37632**	**37563**	**69**	**25545**
本级	47507	37013	9964	530	30144	30144		17363
区县小计	15670	8088	7300	282	7488	7419	69	8182
东区	148		148		39	39		109
西区	3121	1744	1377		814	814		2307
仁和区	7580	3043	4537		3150	3081	69	4430
米易县	2658	2003	655		2138	2138		520
盐边县	2163	1298	583	282	1347	1347		816
泸州市小计	**87189**	**59134**	**27741**	**314**	**54284**	**54284**		**32905**

3－23－2

单位:万元

地区	收入				支出			年终结余
	收入总计	其中:			支出总计	其中:		
		本年收入	上年结余	补助收入		本年支出	政府调剂资金	
本级	62140	40699	21232	209	36130	36130		26010
区县小计	25049	18435	6509	105	18154	18154		6895
江阳区	4689	4277	408	4	4201	4201		488
龙马潭区	1418	185	1227	6	335	335		1083
泸县	4268	3940	290	38	3782	3782		486
纳溪区	2785	1991	786	8	2075	2075		710
合江县	6219	3965	2211	43	3839	3839		2380
叙永县	1441	1168	273		1039	1039		402
古蔺县	4229	2909	1314	6	2883	2883		1346
德阳市小计	**257373**	**71815**	**21932**	**163626**	**174307**	**174307**		**83066**
本级	11325	8354	2905	66	6682	6682		4643
区县小计	246048	63461	19027	163560	167625	167625		78423
旌阳区	30537	7930	4839	17768	17747	17747		12790
广汉市	28446	18176	1306	8964	21738	21738		6708
绵竹市	76923	13972	6175	56776	60149	60149		16774
中江县	37346	9882	260	27204	37154	37154		192
什邡市	58437	11118	5167	42152	22721	22721		35716
罗江县	14359	2383	1280	10696	8116	8116		6243
绵阳市小计	**358746**	**99669**	**21120**	**237957**	**305851**	**305808**	**43**	**52895**
本级	75237	58162	13790	3285	53094	53094		22143
区县小计	283509	41507	7330	234672	252757	252714	43	30752
涪城区	20248	11977	1751	6520	17527	17484	43	2721
游仙区	21107	3894	713	16500	16044	16044		5063
江油市	60411	11002	4034	45375	56000	56000		4411
安县	41653	1682		39971	41381	41381		272
梓潼县	29222	2108		27114	28839	28839		383
平武县	16996	538	142	16316	16632	16632		364
北川县	33306	1396	116	31794	33190	33190		116
三台县	38684	4832		33852	38684	38684		
盐亭县	18780	2209	21	16550	2486	2486		16294
高新区	3102	1869	553	680	1974	1974		1128
广元市小计	**179881**	**37486**	**27868**	**114527**	**130579**	**130579**		**49302**
本级	38121	24972	7952	5197	25182	25182		12939
区县小计	141760	12514	19916	109330	105397	105397		36363
利州区	10855	515		10340	10855	10855		
元坝区	11075	4515		6560	11075	11075		
朝天区	11426	764		10662	6426	6426		5000
剑阁县	22572	1702		20870	22572	22572		
旺苍县	17271	1404		15867	17271	17271		
青川县	52276	2019	19916	30341	20913	20913		31363
苍溪县	16285	1595		14690	16285	16285		
遂宁市小计	**49016**	**37937**	**225**	**10854**	**46907**	**46539**	**368**	**2109**

三、预算外财政专户

3－23－3

单位:万元

地区	收入				支出			年终结余
	收入总计	其中:			支出总计	其中:		
		本年收入	上年结余	补助收入		本年支出	政府调剂资金	
本级	15779	15739	26	14	14810	14810		969
区县小计	33237	22198	199	10840	32097	31729	368	1140
船山区	799	195		604	195	195		604
蓬溪县	4258	2438		1820	4258	4232	26	
射洪县	17869	11930		5939	17846	17846		23
大英县	6382	4433		1949	6382	6382		
安居区	3929	3202	199	528	3416	3074	342	513
内江市小计	**59032**	**47193**	**11103**	**736**	**45948**	**45918**	**30**	**13084**
本级	34127	24607	9385	135	24083	24083		10044
区县小计	24905	22586	1718	601	21865	21835	30	3040
市中区	1997	1418	573	6	812	812		1185
东兴区	1321	1195		126	1171	1171		150
资中县	7103	6455	534	114	6369	6339	30	734
威远县	6082	6101	－315	296	6194	6194		－112
隆昌县	8402	7417	926	59	7319	7319		1083
乐山市小计	**97093**	**73984**	**7302**	**15807**	**87961**	**86433**	**1528**	**9132**
本级	59236	53621	5605	10	51987	51987		7249
区县小计	37857	20363	1697	15797	35974	34446	1528	1883
市中区	2328	864	－58	1522	2328	2328		
五通桥区	3617	2012		1605	3617	3617		
沙湾区	3072	2003		1069	3072	3017	55	
金口河区	254	170		84	254	254		
峨眉山市	5428	2712	1026	1690	4363	4363		1065
犍为县	6418	4418		2000	6418	6418		
井研县	2691	1583	145	963	2514	2514		177
夹江县	5475	3453	519	1503	4973	4973		502
沐川县	3848	2089		1759	3848	2375	1473	
峨边县	2204	497		1707	2178	2178		26
马边县	2522	562	65	1895	2409	2409		113
南充市小计	**65442**	**39727**	**3946**	**21769**	**61888**	**61888**		**3554**
本级	16315	13272	2806	237	13890	13890		2425
区县小计	49127	26455	1140	21532	47998	47998		1129
顺庆区	3818	3334	38	446	3807	3807		11
高坪区	2730	2298	128	304	2712	2712		18
嘉陵区	2557	2059		498	2519	2519		38
南部县	6522	5253	459	810	5963	5963		559
营山县	2743	2123		620	2728	2728		15
蓬安县	2419	2178		241	2419	2419		
仪陇县	3418	2787		631	3418	3418		
西充县	3654	1824	515	1315	3166	3166		488
阆中市	21266	4599		16667	21266	21266		
宜宾市小计	**128282**	**95214**	**32097**	**971**	**92364**	**92293**	**71**	**35918**

3－23－4　　　　　　　　　　　　　　　　　　　　　　　　　　　　单位：万元

地　　区	收　入				支　出			年终结余
	收入总计	其中：			支出总计	其中：		
		本年收入	上年结余	补助收入		本年支出	政府调剂资金	
本级	69111	49151	20104	－144	45587	45807		23524
区县小计	59171	46063	11993	1115	46777	46486	71	12394
翠屏区	9542	6556	2758	228	5311	5091		4231
宜宾县	7860	6194	1274	392	6246	6246		1614
南溪县	5225	4626	538	61	4584	4584		641
江安县	2819	2412	400	7	2270	2270		549
长宁县	2208	1915	131	162	2148	2077	71	60
高县	13055	12087	941	27	11890	11890		1165
筠连县	3912	3327	584	1	3643	3643		269
珙县	10836	5915	4881	40	7674	7674		3162
兴文县	2443	2347		96	2443	2443		
屏山县	1271	684	486	101	568	568		703
广安市小计	**55391**	**45285**	**9643**	**463**	**46470**	**46470**		**8921**
本级	14019	9903	4107	9	13130	13130		889
区县小计	41372	35382	5536	454	33340	33340		8032
岳池县	16214	15086	1023	105	14323	14323		1891
武胜县	10390	10015	311	64	10181	10181		209
广安区	5381	2945	2233	203	3002	3002		2379
邻水县	6862	5048	1773	41	4044	4044		2818
华蓥市	2525	2288	196	41	1790	1790		735
达州市小计	**41175**	**36845**	**2255**	**2075**	**38256**	**37777**	**479**	**2919**
本级	18364	17703	633	28	16675	16675		1689
区县小计	22811	19142	1622	2047	21581	21102	479	1230
通川区	369	241		128	369	369		
达县	3301	2914		387	3301	3301		
开江县	2159	1769		390	2159	1680	479	
宣汉县	3731	3371	115	245	3652	3652		79
万源市	3985	2105	1335	545	3039	3039		946
大竹县	6136	5764	124	248	5988	5988		148
渠县	3130	2978	48	104	3073	3073		57
资阳市小计	**33378**	**24946**	**5935**	**2497**	**25917**	**25917**		**7461**
本级	11843	7411	4408	24	6008	6008		5835
区县小计	21535	17535	1527	2473	19909	19909		1626
雁江区	4168	2787	499	882	3569	3569		599
简阳市	7345	6143	162	1040	6740	6740		605
安岳县	5666	5408	25	233	5641	5641		25
乐至县	4356	3197	841	318	3959	3959		397
眉山市小计	**63347**	**40309**	**4874**	**18164**	**52286**	**52286**		**11061**
本级	15899	14233	1453	213	9924	9924		5975
区县小计	47448	26076	3421	17951	42362	42362		5086
东坡区	6918	3360		3558	6884	6884		34
仁寿县	18233	7035	199	10999	18014	18014		219

3－23－5　　单位:万元

地区	收入				支出			年终结余
	收入总计	其中:本年收入	其中:上年结余	其中:补助收入	支出总计	其中:本年支出	其中:政府调剂资金	
彭山县	10600	5954	3218	1428	5805	5805		4795
洪雅县	4388	3809		579	4388	4388		
丹棱县	1663	675	4	984	1625	1625		38
青神县	5646	5243		403	5646	5646		
巴中市小计	**37579**	**18516**	**1429**	**17634**	**35174**	**34664**	**510**	**2405**
本级	10755	9399	1343	13	8436	8436		2319
区县小计	26824	9117	86	17621	26738	26228	510	86
巴州区	3736	2390		1346	3736	3226	510	
南江县	18282	3100	86	15096	18196	18196		86
通江县	1338	845		493	1338	1338		
平昌县	3468	2782		686	3468	3468		
雅安市小计	**103043**	**63910**	**10953**	**28180**	**83664**	**83664**		**19379**
本级	53930	46728	7159	43	39308	39308		14622
区县小计	49113	17182	3794	28137	44356	44356		4757
雨城区	2988	2669	176	143	2427	2427		561
名山县	3799	2554	404	841	3435	3435		364
荥经县	7779	6058	1615	106	7124	7124		655
汉源县	17559	2523	992	14044	15202	15202		2357
石棉县	6907	1552	518	4837	6332	6332		575
天全县	1344	1242	37	65	1163	1163		181
芦山县	2609	514		2095	2607	2607		2
宝兴县	6128	70	52	6006	6066	6066		62
阿坝州小计	**129528**	**67926**	**25910**	**35692**	**89590**	**89590**		**39938**
本级	32156	47961	16294	－32099	13535	13535		18621
区县小计	97372	19965	9616	67791	76055	76055		21317
汶川县	24112	9471	176	14465	24034	24034		78
理县	12910	1808	4222	6880	4700	4700		8210
茂县	22462	3854	435	18173	21957	21957		505
松潘县	6389	2150	208	4031	4502	4502		1887
九寨沟县	11682	1117	2523	8042	3289	3289		8393
金川县	2769	160	256	2353	2513	2513		256
小金县	8103	266	1	7836	8102	8102		1
黑水县	6374	636	482	5256	5804	5804		570
马尔康县	1752	169	1041	542	780	780		972
壤塘县	408	38	157	213	225	225		183
阿坝县	86	62	24		22	22		64
若尔盖县	86	86			86	86		
红原县	239	148	91		41	41		198
卧龙特区								
甘孜州小计	**21881**	**11526**	**10073**	**282**	**10770**	**10770**		**11111**
本级	9564	5935	3655	－26	4605	4605		4959
区县小计	12317	5591	6418	308	6165	6165		6152

3－23－6

单位:万元

地区	收入				支出			年终结余
	收入总计	其中:			支出总计	其中:		
		本年收入	上年结余	补助收入		本年支出	政府调剂资金	
康定县	1122	276	811	35	1049	1049		73
泸定县	2581	1805	709	67	1887	1887		694
丹巴县	304	78	47	179	244	244		60
九龙县	384	318	65	1	313	313		71
雅江县	507	330	177		285	285		222
道孚县	1396	397	999		620	620		776
炉霍县	1304	319	985		225	225		1079
甘孜县	157		157		27	27		130
新龙县	258	172	86		130	130		128
德格县	329	237	92		147	147		182
白玉县	52	12	40		12	12		40
石渠县	105	105			105	105		
色达县	1684	55	1629		51	51		1633
理塘县	217	195	22		195	195		22
巴塘县	438	330	101	7	224	224		214
乡城县	419	268	151		138	138		281
稻城县	234	117	107	10	124	124		110
得荣县	826	577	240	9	389	389		437
凉山州小计	**75837**	**48411**	**27233**	**193**	**40947**	**40603**	**344**	**34890**
本级	51198	34085	18078	－965	25941	25597	344	25257
区县小计	24639	14326	9155	1158	15006	15006		9633
西昌市	921	11	775	135	170	170		751
木里县	1575	282	1293		188	188		1387
盐源县	3977	3073	888	16	3005	3005		972
德昌县	3423	1864	1413	146	2207	2207		1216
会理县	3268	1807	1279	182	1396	1396		1872
会东县	2274	2091	160	23	2226	2226		48
宁南县	1343	814	488	41	922	922		421
普格县	380	265	105	10	240	240		140
布拖县	336	247	84	5	253	253		83
金阳县	168	117	51		114	114		54
昭觉县	1077	593	475	9	638	638		439
喜德县	514	389	125		358	358		156
冕宁县	1155	535	459	161	745	745		410
越西县	671	465	32	174	650	650		21
甘洛县	1169	89	840	240	304	304		865
美姑县	417	203	205	9	195	195		222
雷波县	1971	1481	483	7	1395	1395		576

三、预算外财政专户

2009 年贵州省地市县预算外财政专户资金收支平衡表

3 - 24 - 1

单位:万元

地区	收入				支出			年终结余
	收入总计	其中:			支出总计	其中:		
		本年收入	上年结余	补助收入		本年支出	政府调剂资金	
地市县合计	**684315**	**475370**	**208945**		**429493**	**427974**	**1519**	**254822**
贵阳市小计	**184701**	**107670**	**77031**		**92810**	**92810**		**91891**
本级	135431	82950	52481		65886	65886		69545
区县小计	49270	24720	24550		26924	26924		22346
乌当区	4918	2414	2504		2626	2626		2292
花溪区	4245	2814	1431		2414	2414		1831
白云区	5564	2777	2787		2810	2810		2754
南明区	9422	4858	4564		4535	4535		4887
云岩区	5462	2234	3228		3149	3149		2313
小河区	8880	2290	6590		6711	6711		2169
清镇市	3773	3313	460		1295	1295		2478
开阳县	3912	2242	1670		1802	1802		2110
修文县	2144	951	1193		863	863		1281
息烽县	950	827	123		719	719		231
六盘水市小计	**89114**	**64226**	**24888**		**67806**	**67806**		**21308**
本级	23428	11528	11900		17261	17261		6167
区县小计	65686	52698	12988		50545	50545		15141
六枝特区	8452	4075	4377		6010	6010		2442
盘县	39883	36480	3403		33073	33073		6810
水城县	11852	7978	3874		6709	6709		5143
钟山区	5499	4165	1334		4753	4753		746
遵义市小计	**115986**	**94410**	**21576**		**83814**	**83814**		**32172**
本级	41611	31393	11433	-1215	22448	22448		19163
区县小计	74375	63017	10143	1215	61366	61366		13009
红花岗区	5777	4034	1699	44	4208	4208		1569
汇川区	7791	7567	132	92	7426	7426		365
遵义县	7870	7720	14	136	7274	7274		596
桐梓县	5232	4284	831	117	4305	4305		927
绥阳县	2357	2152	122	83	2085	2085		272
湄潭县	4900	3648	1173	79	3382	3382		1518
凤冈县	3976	3001	900	75	2497	2497		1479
余庆县	10005	8928	1009	68	8719	8719		1286
仁怀市	4698	4198	408	92	4078	4078		620
赤水市	6800	4817	1974	9	4521	4521		2279
习水县	5320	4743	509	68	5189	5189		131
正安县	3065	2911	7	147	2992	2992		73
道真仡佬族苗族自治县	3659	3109	443	107	2789	2789		870
务川仡佬族苗族自治县	2925	1905	922	98	1901	1901		1024
安顺市小计	**36094**	**28078**	**8016**		**27676**	**27676**		**8418**
本级	17780	13421	4359		13227	13227		4553
区县小计	18314	14657	3657		14449	14449		3865

3－24－2 单位：万元

地区	收入				支出			
	收入总计	其中：			支出总计	其中：		年终结余
		本年收入	上年结余	补助收入		本年支出	政府调剂资金	
西秀区	10371	9252	1119		9064	9064		1307
平坝县	1698	1252	446		1098	1098		600
普定县	2739	1981	758		2205	2205		534
镇宁布依族苗族自治县	1309	592	717		703	703		606
关岭布依族苗族自治县	1241	825	416		800	800		441
紫云苗族布依族自治县	956	755	201		579	579		377
黔南布依族苗族自治州小计	**50328**	**34795**	**15533**		**30885**	**30885**		**19443**
本级	19400	12676	6724		12511	12511		6889
区县小计	30928	22119	8809		18374	18374		12554
都匀市	4626	4047	579		2348	2348		2278
独山县	803	759	44		722	722		81
平塘县	645	329	316		641	641		4
荔波县	5097	4825	272		4186	4186		911
三都水族自治县	865	794	71		834	834		31
福泉市	5448	3168	2280		3245	3245		2203
瓮安县	2921	2600	321		2377	2377		544
贵定县	1817	1493	324		1082	1082		735
龙里县	1822	1295	527		1317	1317		505
惠水县	4993	1116	3877		502	502		4491
长顺县	535	414	121		321	321		214
罗甸县	1356	1279	77		799	799		557
黔东南苗族侗族自治州小计	**61307**	**50358**	**10949**		**44386**	**44386**		**16921**
本级	25223	19501	5722		16088	16088		9135
区县小计	36084	30857	5227		28298	28298		7786
凯里市	6793	4989	1804		5406	5406		1387
黄平县	1600	1529	71		1009	1009		591
麻江县	2662	1580	1082		1515	1515		1147
丹寨县	1007	756	251		870	870		137
雷山县	2103	1985	118		2032	2032		71
施秉县	965	807	158		802	802		163
镇远县	2052	1520	532		1438	1438		614
三穗县	1017	939	78		871	871		146
岑巩县	1888	1662	226		1550	1550		338
天柱县	7212	7078	134		5094	5094		2118
锦屏县	1805	1574	231		1619	1619		186
黎平县	2466	2452	14		2466	2466		
榕江县	2347	1906	441		1681	1681		666
从江县	903	879	24		793	793		110
剑河县	887	887			879	879		8
台江县	377	314	63		273	273		104
毕节地区小计	**63775**	**40214**	**23561**		**35284**	**35284**		**28491**

三、预算外财政专户

3－24－3　　　　　　　　　　　　　　　　　　　　　　　　单位：万元

地区	收入				支出			
	收入总计	其中：			支出总计	其中：		年终结余
		本年收入	上年结余	补助收入		本年支出	政府调剂资金	
本级	21171	13692	7479		12084	12084		9087
区县小计	42604	26522	16082		23200	23200		19404
毕节市	13076	6033	7043		5948	5948		7128
大方县	2666	2213	453		2238	2238		428
黔西县	5062	2034	3028		1601	1601		3461
金沙县	3631	2331	1300		1201	1201		2430
织金县	1192	1123	69		1018	1018		174
纳雍县	9511	7953	1558		6333	6333		3178
威宁彝族回族苗族自治县	4946	2707	2239		2775	2775		2171
赫章县	2520	2128	392		2086	2086		434
铜仁地区小计	**30655**	**24651**	**6004**		**22214**	**22214**		**8441**
本级	16878	12438	4440		11274	11274		5604
区县小计	13777	12213	1564		10940	10940		2837
铜仁市	1024	1024			1024	1024		
松桃苗族自治县	2730	2706	24		2706	2706		24
玉屏侗族自治县	810	609	201		580	580		230
万山特区	419	314	105		264	264		155
江口县	447	367	80		367	367		80
石阡县	2082	2010	72		1858	1858		224
印江土家族苗族自治县	201	201			201	201		
思南县	3023	2562	461		2300	2300		723
德江县	1975	1356	619		1364	1364		611
沿河土家族自治县	1066	1064	2		276	276		790
黔西南布依族苗族自治州小计	**52355**	**30968**	**21387**		**24618**	**23099**	**1519**	**27737**
本级	32441	17872	14569		13009	11690	1319	19432
区县小计	19914	13096	6818		11609	11409	200	8305
兴义市	10461	6363	4098		5279	5079	200	5182
兴仁县	1966	1800	166		1729	1729		237
贞丰县	743	669	74		543	543		200
册亨县	719	481	238		462	462		257
望谟县	545	313	232		217	217		328
普安县	883	743	140		743	743		140
晴隆县	1437	1085	352		957	957		480
安龙县	3160	1642	1518		1679	1679		1481

2009 年云南省地市县预算外财政专户资金收支平衡表

3－25－1 单位:万元

地区	收入				支出			
	收入总计	其中:本年收入	其中:上年结余	其中:补助收入	支出总计	其中:本年支出	其中:政府调剂资金	年终结余
地市县合计	**878092**	**579663**	**279311**	**19118**	**558151**	**516006**	**42145**	**319941**
昆明市小计	**294947**	**144891**	**148204**	**1852**	**139279**	**137368**	**1911**	**155668**
本级	187494	75200	110685	1609	75105	77251		112389
区县小计	107453	69691	37519	243	64174	60117	1911	43279
盘龙区	12367	9581	2786		11526	9380		841
五华区	21208	11125	9956	127	12351	12351		8857
西山区	18493	10971	7522		7203	7203		11290
官渡区	15753	12830	2923		7288	7288		8465
呈贡县	1192	615	577		687	687		505
安宁市	10160	3812	6348		4693	3283	1410	5467
富民县	1164	1080	84		782	782		382
晋宁县	6235	5575	660		5554	5554		681
宜良县	3720	3053	667		2972	2972		748
石林彝族自治县	5672	3121	2551		3748	3748		1924
嵩明县	397	397			397	397		
禄劝彝族苗族自治县	1693	1353	340		1367	1367		326
东川区	6541	3980	2561		3054	3054		3487
寻甸回族自治县	2858	2198	544	116	2552	2051	501	306
昭通市小计	**30337**	**15329**	**4526**	**10482**	**24858**	**24658**	**200**	**5479**
本级	9541	6177	3120	244	6536	6536		3005
区县小计	20796	9152	1406	10238	18322	18122	200	2474
昭阳区	1956	1906	22	28	1775	1775		181
鲁甸县	590	510	75	5	526	526		64
巧家县	1484	1299	179	6	1239	1239		245
盐津县	2871	582		2289	2871	2871		
大关县	1535	188	54	1293	1450	1450		85
永善县	4045	860		3185	4042	4042		3
绥江县	2386	316	117	1953	2243	2243		143
镇雄县	2526	2012	506	8	1275	1275		1251
彝良县	915	626	284	5	610	610		305
威信县	298	295		3	298	298		
水富县	2190	558	169	1463	1993	1793	200	197
曲靖市小计	**95893**	**72598**	**22317**	**978**	**79021**	**67769**	**11252**	**16872**
本级	29850	18875	10507	468	20989	20989		8861
区县小计	66043	53723	11810	510	58032	46780	11252	8011
麒麟区	25231	20942	4243	46	24294	16092	8202	937
沾益县	2544	1986	516	42	1858	1858		686
马龙县	1478	1395	39	44	1436	1436		42
宣威市	12026	9206	2774	46	9759	7259	2500	2267
富源县	10127	9502	578	47	9013	9013		1114
罗平县	5514	3858	1586	70	4999	4449	550	515

3－25－2 单位:万元

地区	收入				支出			
	收入总计	其中:			支出总计	其中:		年终结余
		本年收入	上年结余	补助收入		本年支出	政府调剂资金	
师宗县	2153	1811	268	74	2106	2106		47
陆良县	2599	2465	52	82	2547	2547		52
会泽县	4371	2558	1754	59	2020	2020		2351
玉溪市小计	**81854**	**58923**	**22316**	**615**	**44692**	**31411**	**13281**	**37162**
本级	57289	42362	14512	415	28167	15475	12692	29122
区县小计	24565	16561	7804	200	16525	15936	589	8040
红塔区	6382	3310	2977	95	3042	3042		3340
通海县	3230	2217	1008	5	2813	2813		417
江川县	3611	2421	1184	6	2145	2145		1466
澄江县	3296	2416	872	8	2479	2309	170	817
华宁县	1075	838	234	3	945	945		130
易门县	1550	1448	69	33	1220	801	419	330
峨山彝族自治县	2132	1637	457	38	1771	1771		361
新平彝族傣族自治县	1537	1185	349	3	1108	1108		429
元江哈尼族彝族傣族自治县	1752	1089	654	9	1002	1002		750
红河哈尼族彝族自治州小计	**58795**	**47508**	**10747**	**540**	**42962**	**42962**		**15833**
本级	24647	22229	2106	312	19518	19518		5129
区县小计	34148	25279	8641	228	23444	23444		10704
个旧市	8461	5007	3444	10	3916	3916		4545
开远市	3359	1809	1541	9	2211	2211		1148
蒙自县	9065	7319	1715	31	6790	6790		2275
建水县	5086	4713	338	35	4755	4755		331
石屏县	1148	979	161	8	1043	1043		105
弥勒县	1624	1554	5	65	1038	1038		586
泸西县	1558	1218	329	11	1366	1366		192
屏边苗族自治县	362	348	13	1	353	353		9
河口瑶族自治县	1512	595	915	2	390	390		1122
金平苗族瑶族傣族自治县	462	445	5	12	399	399		63
元阳县	465	378	70	17	334	334		131
红河县	678	585	80	13	506	506		172
绿春县	368	329	25	14	343	343		25
文山壮族苗族自治州小计	**31590**	**23590**	**7654**	**346**	**20894**	**20894**		**10696**
本级	9706	7661	1699	346	7758	7758		1948
区县小计	21884	15929	5955		13136	13136		8748
文山县	6217	3866	2351		3194	3194		3023
砚山县	5780	4633	1147		3074	3074		2706
西畴县	1449	1267	182		1080	1080		369
麻栗坡县	580	567	13		528	528		52
马关县	891	850	41		580	580		311
丘北县	1948	1285	663		1334	1334		614
广南县	2316	1711	605		2154	2154		162

3－25－3 单位:万元

地区	收入				支出			
	收入总计	其中:			支出总计	其中:		年终结余
		本年收入	上年结余	补助收入		本年支出	政府调剂资金	
富宁县	2703	1750	953		1192	1192		1511
普洱市小计	**28047**	**19140**	**8229**	**678**	**19178**	**18618**	**560**	**8869**
本级	12909	8856	3504	549	9063	8603	460	3846
区县小计	15138	10284	4725	129	10115	10015	100	5023
思茅区	1634	952	666	16	1071	1071		563
宁洱哈尼族彝族自治县	1334	1598	－268	4	1616	1616		－282
墨江哈尼族自治县	1399	1012	364	23	1004	1004		395
景谷彝族傣族自治县	2507	1520	978	9	1520	1520		987
镇沅彝族哈尼族拉祜族自治县	1686	1011	664	11	1005	1005		681
景东彝族自治县	879	407	453	19	879	879		
江城哈尼族彝族自治县	658	430	221	7	437	437		221
澜沧拉祜族自治县	2246	1456	770	20	991	991		1255
孟连傣族拉祜族佤族自治县	2416	1647	756	13	1383	1283	100	1033
西盟佤族自治县	379	251	121	7	209	209		170
版纳州小计	**26621**	**22555**	**3694**	**372**	**17932**	**17766**	**166**	**8689**
本级	6886	4703	1811	372	4428	4262	166	2458
区县小计	19735	17852	1883		13504	13504		6231
景洪市	12421	10902	1519		7113	7113		5308
勐海县	3696	3546	150		3181	3181		515
勐腊县	3618	3404	214		3210	3210		408
楚雄彝族自治州小计	**40417**	**28931**	**11084**	**402**	**29119**	**27498**	**1621**	**11298**
本级	21762	16768	4796	198	17329	16115	1214	4433
区县小计	18655	12163	6288	204	11790	11383	407	6865
楚雄市	6727	4495	2167	65	4411	4411		2316
双柏县	604	410	190	4	423	257	166	181
牟定县	1027	738	272	17	832	681	151	195
南华县	539	214	318	7	340	340		199
姚安县	711	547	143	21	390	390		321
大姚县	3200	2425	755	20	2084	2084		1116
永仁县	1523	571	937	15	469	469		1054
元谋县	550	473	63	14	536	446	90	14
武定县	489	402	79	8	473	473		16
禄丰县	3285	1888	1364	33	1832	1832		1453
大理白族自治州小计	**78626**	**67762**	**10173**	**691**	**68208**	**66539**	**1669**	**10418**
本级	37477	32540	4782	155	32229	32229		5248
区县小计	41149	35222	5391	536	35979	34310	1669	5170
大理市	12743	10383	2281	79	11294	9625	1669	1449
漾濞彝族自治县	420	269	121	30	333	333		87
祥云县	2245	1807	307	131	1424	1424		821
宾川县	6760	6186	507	67	6760	6760		
弥渡县	1211	851	251	109	981	981		230

三、预算外财政专户

3－25－4

单位:万元

地区	收入				支出			
	收入总计	其中:本年收入	上年结余	补助收入	支出总计	其中:本年支出	政府调剂资金	年终结余
南涧彝族自治县	786	500	266	20	513	513		273
巍山彝族回族自治县	7122	6731	352	39	6560	6560		562
永平县	4088	4076		12	4088	4088		
云龙县	1191	794	378	19	837	837		354
洱源县	1940	1335	595	10	1195	1195		745
剑川县	1090	1018	64	8	686	686		404
鹤庆县	1553	1272	269	12	1308	1308		245
保山市小计	**37684**	**25168**	**12117**	**399**	**24140**	**23590**	**550**	**13544**
本级	13096	10214	2827	55	10086	9936	150	3010
区县小计	24588	14954	9290	344	14054	13654	400	10534
隆阳区	7180	4089	3044	47	2085	2085		5095
施甸县	2865	2024	768	73	1738	1738		1127
腾冲县	10540	6027	4405	108	7085	6685	400	3455
昌宁县	2493	1708	765	20	1875	1875		618
龙陵县	1510	1106	308	96	1271	1271		239
德宏傣族景颇族自治州小计	**11898**	**8445**	**3205**	**248**	**8521**	**6156**	**2365**	**3377**
本级	3020	2762	120	138	2881	1516	1365	139
区县小计	8878	5683	3085	110	5640	4640	1000	3238
潞西市	2649	990	1644	15	1215	315	900	1434
梁河县	47	26	13	8	11	11		36
盈江县	2471	2300	157	14	2385	2285	100	86
陇川县	269	215		54	269	269		
瑞丽市	3442	2152	1271	19	1760	1760		1682
丽江市小计	**30998**	**24994**	**5441**	**563**	**18768**	**10676**	**8092**	**12230**
本级	5328	3315	1779	234	2976	2884	92	2352
区县小计	25670	21679	3662	329	15792	7792	8000	9878
古城区	2332	1551	725	56	1155	1155		1177
永胜县	3133	2433	681	19	2527	2527		606
华坪县	11077	10665	400	12	8529	529	8000	2548
宁蒗彝族自治县	6765	5343	1228	194	2182	2182		4583
玉龙纳西族自治县	2363	1687	628	48	1399	1399		964
怒江傈僳族自治州小计	**8784**	**6581**	**1920**	**283**	**6915**	**6915**		**1869**
本级	3915	3115	597	203	2987	2987		928
区县小计	4869	3466	1323	80	3928	3928		941
兰坪白族普米族自治县	3005	2126	860	19	2672	2672		333
福贡县	519	365	140	14	430	430		89
贡山独龙族怒族自治县	244	172	55	17	167	167		77
泸水县	1101	803	268	30	659	659		442
迪庆藏族自治州小计	**6761**	**1507**	**4811**	**443**	**1404**	**1404**		**5357**
本级	385		63	322	322	322		63
区县小计	6376	1507	4748	121	1082	1082		5294

3－25－5

单位:万元

地区	收入				支出			年终结余
	收入总计	其中:			支出总计	其中:		
		本年收入	上年结余	补助收入		本年支出	政府调剂资金	
香格里拉县	4992	809	4116	67	873	873		4119
维西傈僳族自治县	142	130		12	30	30		112
德钦县	1242	568	632	42	179	179		1063
临沧市小计	**14840**	**11741**	**2873**	**226**	**12260**	**11782**	**478**	**2580**
本级	5895	4359	1393	143	5052	4873	179	843
区县小计	8945	7382	1480	83	7208	6909	299	1737
凤庆县	1494	1083	398	13	1050	1050		444
云县	1274	1047	221	6	1100	1001	99	174
临翔区	1089	950	118	21	1085	885	200	4
永德县	842	668	160	14	635	635		207
镇康县	535	512	18	5	502	502		33
双江拉祜族佤族布朗族傣族自治县	770	526	240	4	483	483		287
耿马傣族佤族自治县	1167	944	210	13	926	926		241
沧源佤族自治县	1774	1652	115	7	1427	1427		347

2009年西藏自治区地市县预算外财政专户资金收支平衡表

3－26－1

单位:万元

地区	收入				支出			年终结余
	收入总计	其中:			支出总计	其中:		
		本年收入	上年结余	补助收入		本年支出	政府调剂资金	
地市县合计	**52109**	**21585**	**30524**		**14675**	**14675**		**37434**
拉萨市小计	**35232**	**9950**	**25282**		**2496**	**2496**		**32736**
本级	34024	9950	24074		2496	2496		31528
区县小计	1208		1208					1208
当雄县								
尼木县								
曲水县								
堆龙德庆县								
城关区	1208		1208					1208
达孜县								
墨竹工卡县								
林周县								
日喀则地区小计	**2942**	**1578**	**1364**		**1704**	**1704**		**1238**
本级	2900	1569	1331		1704	1704		1196
区县小计	42	9	33					42
日喀则市	31	9	22					31
江孜县								
南木林县								
白朗县								
拉孜县								
谢通门县								
萨迦县	11		11					11
仁布县								
定日县								
康马县								
昂仁县								
定结县								
吉隆县								
岗巴县								
聂拉木县								
亚东县								
萨嘎县								
仲巴县								
山南地区小计	**7366**	**5605**	**1761**		**5406**	**5406**		**1960**
本级	7336	5575	1761		5376	5376		1960
区县小计	30	30			30	30		
洛扎县	30	30			30	30		
浪卡子县								
贡嘎县								
扎囊县								
乃东县								

3－26－2　　　　　　　　　　　　　　　　　　　　　　　　单位：万元

地　　区	收入总计	收入 其中：本年收入	收入 其中：上年结余	收入 其中：补助收入	支出总计	支出 其中：本年支出	支出 其中：政府调剂资金	年终结余
琼结县								
措美县								
隆子县								
错那县								
桑日县								
曲松县								
加查县								
昌都地区小计	**1057**	**400**	**657**		**974**	**974**		**83**
本级	1057	400	657		974	974		83
区县小计								
昌都县								
江达县								
贡觉县								
类乌齐县								
丁青县								
察雅县								
八宿县								
左贡县								
芒康县								
洛隆县								
边坝县								
林芝地区小计	**2828**	**2796**	**32**		**2695**	**2695**		**133**
本级	2555	2555			2555	2555		
区县小计	273	241	32		140	140		133
林芝县								
波密县	273	241	32		140	140		133
察隅县								
工布江达县								
米林县								
朗县								
墨脱县								
那曲地区小计	**353**		**353**		**353**	**353**		
本级	339		339		339	339		
区县小计	14		14		14	14		
那曲县								
安多县								
聂荣县								
班嘎县								
申扎县								
巴青县								
索县								

三、预算外财政专户

3－26－3　　　　　　　　　　　　　　　　　　　　单位:万元

地　　区	收　入				支　出			年终结余
	收入总计	其　中:			支出总计	其　中:		
		本年收入	上年结余	补助收入		本年支出	政府调剂资金	
比如县								
嘉黎县								
尼玛县								
双湖区	14		14		14	14		
阿里地区小计	**2331**	**1256**	**1075**		**1047**	**1047**		**1284**
本级	2331	1256	1075		1047	1047		1284
区县小计								
噶尔县								
革吉县								
改则县								
措勤县								
普兰县								
札达县								
日土县								

2009 年陕西省地市县预算外财政专户资金收支平衡表

3－27－1　　　　单位:万元

地区	收入				支出			
	收入总计	其中:			支出总计	其中:		年终结余
		本年收入	上年结余	补助收入		本年支出	政府调剂资金	
地市县合计	**800547**	**589833**	**210714**		**625911**	**603101**	**22810**	**174636**
西安市小计	**359974**	**219761**	**140213**		**266362**	**264962**	**1400**	**93612**
本级	272930	152947	119983		205360	205360		67570
区县小计	87044	66814	20230		61002	59602	1400	26042
新城区	5461	4662	799		5437	4037	1400	24
碑林区	5120	4765	355		3617	3617		1503
莲湖区	6621	5720	901		5690	5690		931
雁塔区	5927	4482	1445		4468	4468		1459
灞桥区	3256	2844	412		2328	2328		928
未央区	5850	2293	3557		2546	2546		3304
阎良区	4845	2954	1891		2934	2934		1911
长安区	12983	9484	3499		7139	7139		5844
临潼区	11596	9648	1948		9142	9142		2454
蓝田县	4741	4046	695		3892	3892		849
周至县	4704	4527	177		4029	4029		675
户县	10990	7510	3480		6107	6107		4883
高陵县	4950	3879	1071		3673	3673		1277
铜川市小计	**10438**	**7992**	**2446**		**9657**	**9657**		**781**
本级	8341	6467	1874		8190	8190		151
区县小计	2097	1525	572		1467	1467		630
耀州区	1321	1190	131		1140	1140		181
宜君县	589	188	401		194	194		395
印台区								
王益区	187	147	40		133	133		54
宝鸡市小计	**80505**	**58008**	**22497**		**58790**	**55985**	**2805**	**21715**
本级	56475	35873	20602		39611	36806	2805	16864
区县小计	24030	22135	1895		19179	19179		4851
太白县	412	373	39		350	350		62
宝鸡县	4804	3747	1057		2808	2808		1996
凤翔县	5090	4809	281		3564	3564		1526
岐山县	1557	1557			1557	1557		
麟游县	341	323	18		296	296		45
陇县	1620	1511	109		1302	1302		318
千阳县	505	473	32		473	473		32
凤县	938	891	47		713	713		225
扶风县	2231	2071	160		1705	1705		526
眉县	1440	1436	4		1437	1437		3
金台区	2115	1967	148		1997	1997		118
渭滨区	2977	2977			2977	2977		
咸阳市小计	**86353**	**73487**	**12866**		**69588**	**69557**	**31**	**16765**
本级	42223	32912	9311		31745	31745		10478

三、预算外财政专户

3－27－2 单位:万元

地区	收入				支出			年终结余
	收入总计	其中:本年收入	其中:上年结余	其中:补助收入	支出总计	其中:本年支出	其中:政府调剂资金	
区县小计	44130	40575	3555		37843	37812	31	6287
兴平市	2647	2371	276		2466	2435	31	181
武功县	2496	2338	158		2338	2338		158
三原县	4464	4464			4464	4464		
泾阳县	18967	17248	1719		15848	15848		3119
礼泉县	5519	4609	910		3773	3773		1746
乾县	3172	3172			3071	3071		101
永寿县	390	388	2		388	388		2
彬县	1442	1442			1442	1442		
长武县	913	807	106		772	772		141
旬邑县	1404	1404			1404	1404		
淳化县	503	503			503	503		
秦都区	1464	1144	320		954	954		510
渭城区	749	685	64		420	420		329
渭南市小计	**53212**	**50153**	**3059**		**45150**	**45150**		**8062**
本级	28639	25873	2766		20876	20876		7763
区县小计	24573	24280	293		24274	24274		299
临渭区	7883	7789	94		7807	7807		76
华县	1022	966	56		995	995		27
华阴市	2174	2174			2174	2174		
潼关县	525	525			525	525		
大荔县	2569	2569			2569	2569		
蒲城县	1423	1331	92		1278	1278		145
澄城县	2069	2069			2069	2069		
白水县	1309	1309			1309	1309		
韩城市	2432	2381	51		2381	2381		51
合阳县	1451	1451			1451	1451		
富平县	1716	1716			1716	1716		
汉中市小计	**28930**	**28366**	**564**		**28354**	**26413**	**1941**	**576**
本级	11126	11126			11126	10029	1097	
区县小计	17804	17240	564		17228	16384	844	576
汉台区	3795	3769	26		3768	3768		27
南郑县	2398	2301	97		2301	2301		97
城固县	1791	1781	10		1781	1781		10
洋县	2435	2435			2406	2196	210	29
西乡县	2791	2438	353		2782	2348	434	9
勉县	1702	1689	13		1386	1386		316
宁强县	654	654			654	654		
略阳县	1175	1154	21		1131	1131		44
镇巴县	680	680			680	480	200	
留坝县	252	208	44		208	208		44

3－27－3　　　　单位:万元

地　区	收　入				支　出			
	收入总计	其中:			支出总计	其中:		年终结余
		本年收入	上年结余	补助收入		本年支出	政府调剂资金	
佛坪县	131	131			131	131		
安康市小计	**30333**	**26043**	**4290**		**25019**	**24937**	**82**	**5314**
本级	8508	5841	2667		5825	5825		2683
区县小计	21825	20202	1623		19194	19112	82	2631
汉滨区	6956	6877	79		6425	6425		531
岚皋县	1812	1575	237		1684	1624	60	128
汉阴县	1507	1209	298		1039	1039		468
石泉县	1553	1379	174		1379	1379		174
宁陕县	1137	620	517		305	305		832
紫阳县	1231	1164	67		1163	1163		68
平利县	912	906	6		906	906		6
镇坪县	366	366			366	366		
旬阳县	4588	4530	58		4523	4501	22	65
白河县	1763	1576	187		1404	1404		359
商洛市小计	**37280**	**27551**	**9729**		**26280**	**26249**	**31**	**11000**
本级	23399	14285	9114		13213	13213		10186
区县小计	13881	13266	615		13067	13036	31	814
商州市	1629	1299	330		1111	1101	10	518
洛南县	2875	2875			2875	2875		
山阳县	2716	2654	62		2654	2654		62
丹凤县	1135	1135			1135	1135		
商南县	1708	1687	21		1687	1666	21	21
镇安县	3231	3231			3220	3220		11
柞水县	587	385	202		385	385		202
延安市小计	**23156**	**19853**	**3303**		**20459**	**19248**	**1211**	**2697**
本级	12658	10436	2222		10806	9805	1001	1852
区县小计	10498	9417	1081		9653	9443	210	845
宝塔区	1691	1212	479		1390	1390		301
延长县	1070	1070			1070	1070		
延川县	490	490			490	490		
子长县	1689	1689			1689	1689		
安塞县	412	412			412	412		
吴旗县	95	95			95	95		
志丹县								
甘泉县	817	817			817	817		
富县	480	480			480	480		
洛川县	1074	1074			1074	864	210	
黄陵县	1579	977	602		1035	1035		544
宜川县	949	949			949	949		
黄龙县	152	152			152	152		
榆林市小计	**84741**	**74267**	**10474**		**72770**	**57461**	**15309**	**11971**

三、预算外财政专户

3－27－4　　　　单位:万元

地区	收入总计	收入 其中:本年收入	上年结余	补助收入	支出总计	支出 其中:本年支出	政府调剂资金	年终结余
本级	50433	41597	8836		40816	29649	11167	9617
区县小计	34308	32670	1638		31954	27812	4142	2354
榆阳区	1225	1160	65		1160	1160		65
神木县	9332	9321	11		9085	9085		247
府谷县	6272	6152	120		6152	6152		120
横山县	3342	3342			3342		3342	
靖边县	1396	1396			1396	1396		
定边县	1950	780	1170		780	780		1170
绥德县	3986	3986			3986	3986		
米脂县	1400	1400			1400	1400		
佳县	742	742			742	742		
吴堡县	437	437			437	437		
清涧县	817	800	17		800	800		17
子洲县	3409	3154	255		2674	1874	800	735
杨凌示范区小计	**5625**	**4352**	**1273**		**3482**	**3482**		**2143**
本级	5001	3752	1249		2882	2882		2119
区县小计	624	600	24		600	600		24
杨陵区	624	600	24		600	600		24

2009 年甘肃省地市县预算外财政专户资金收支平衡表

3－28－1　　　　　　　　　　　　　　　　　　　　　　　　　　　　单位:万元

地　区	收　入				支　出			
	收入总计	其　中:			支出总计	其　中:		年终结余
		本年收入	上年结余	补助收入		本年支出	政府调剂资金	
地市县合计	**720500**	**530093**	**89555**	**100852**	**617281**	**603315**	**13966**	**103219**
兰州市小计	**133571**	**102496**	**30437**	**638**	**96700**	**96369**	**331**	**36871**
本级	94374	69528	24304	542	64336	64336		30038
区县小计	39197	32968	6133	96	32364	32033	331	6833
永登县	7304	6546	758		6095	6095		1209
榆中县	6148	6015	113	20	5971	5951	20	177
皋兰县	1473	1440	3	30	1396	1396		77
城关区	6466	4382	2049	35	4804	4493	311	1662
七里河区	3444	2724	715	5	2424	2424		1020
西固区	8436	7373	1060	3	6969	6969		1467
安宁区	2352	1614	735	3	1668	1668		684
红古区	3574	2874	700		3037	3037		537
嘉峪关市小计	**32210**	**19168**	**13042**		**19285**	**19285**		**12925**
本级	32210	19168	13042		19285	19285		12925
金昌市小计	**12469**	**11511**	**958**		**10356**	**10356**		**2113**
本级	5967	5607	360		4582	4582		1385
区县小计	6502	5904	598		5774	5774		728
永昌县	4665	4503	162		4309	4309		356
金川区	1837	1401	436		1465	1465		372
白银市小计	**34567**	**31797**	**2696**	**74**	**31718**	**28899**	**2819**	**2849**
本级	10690	9803	946	－59	9758	8998	760	932
区县小计	23877	21994	1750	133	21960	19901	2059	1917
景泰县	2140	2140			2140	1849	291	
靖远县	6208	5969	126	113	5466	4606	860	742
会宁县	4657	4495	162		4492	4492		165
平川区	2909	2433	456	20	2721	1813	908	188
白银区	7963	6957	1006		7141	7141		822
天水市小计	**67319**	**56188**	**11131**		**56930**	**56654**	**276**	**10389**
本级	33787	27553	6234		27953	27953		5834
区县小计	33532	28635	4897		28977	28701	276	4555
清水县	2753	2196	557		1931	1931		822
秦安县	7367	6542	825		6423	6423		944
甘谷县	8108	7202	906		6914	6914		1194
武山县	3654	2971	683		3654	3654		
张家川回族自治县	3874	3726	148		3726	3726		148
秦州区	3714	2221	1493		2368	2368		1346
麦积区	4062	3777	285		3961	3685	276	101
酒泉市小计	**29944**	**23961**	**5933**	**50**	**26513**	**25913**	**600**	**3431**
本级	19410	13846	5534	30	16433	16433		2977
区县小计	10534	10115	399	20	10080	9480	600	454
肃州区	2442	2130	312		2162	2162		280

三、预算外财政专户

3－28－2

单位：万元

地区	收入				支出			
	收入总计	其中：本年收入	上年结余	补助收入	支出总计	其中：本年支出	政府调剂资金	年终结余
玉门市	1492	1462	10	20	1462	1462		30
金塔县	1522	1512	10		1512	1512		10
瓜州县	1923	1913	10		1913	1913		10
敦煌市	2460	2432	28		2378	1778	600	82
肃北蒙古族自治县	273	273			273	273		
阿克塞哈萨克族自治县	422	393	29		380	380		42
张掖市小计	**37370**	**35993**	**1377**		**35504**	**31379**	**4125**	**1866**
本级	8933	8449	484		8570	8570		363
区县小计	28437	27544	893		26934	22809	4125	1503
山丹县	5857	5109	748		4361	4361		1496
民乐县	2744	2744			2744	2744		
甘州区	10710	10710			10710	6995	3715	
临泽县	3785	3785			3785	3773	12	
高台县	4520	4375	145		4513	4495	18	7
肃南裕固族自治县	821	821			821	441	380	
武威市小计	**38187**	**37719**	**468**		**33452**	**33452**		**4735**
本级	24177	24115	62		19994	19994		4183
区县小计	14010	13604	406		13458	13458		552
民勤县	1428	1398	30		1428	1428		
古浪县	3983	3739	244		3563	3563		420
天祝藏族自治县	1351	1301	50		1301	1301		50
凉州区	7248	7166	82		7166	7166		82
定西市小计	**56332**	**51333**	**4959**	**40**	**50643**	**46133**	**4510**	**5689**
本级	17562	16595	927	40	16189	12184	4005	1373
区县小计	38770	34738	4032		34454	33949	505	4316
安定区	4089	3932	157		3846	3846		243
通渭县	4904	4743	161		4196	4196		708
陇西县	12009	11783	226		11631	11516	115	378
渭源县	4046	3621	425		3662	3662		384
临洮县	3598	3417	181		3482	3344	138	116
漳县	5470	2950	2520		3073	2821	252	2397
岷县	4654	4292	362		4564	4564		90
陇南市小计	**128049**	**30933**	**4461**	**92655**	**123184**	**122217**	**967**	**4865**
本级	10322	9110	1202	10	10155	10155		167
区县小计	117727	21823	3259	92645	113029	112062	967	4698
成县	15062	3467	805	10790	14114	14114		948
文县	7648	967	203	6478	7596	7596		52
康县	16199	492		15707	16034	16034		165
宕昌县	4052	4015	37		3265	3265		787
西和县	13387	1496	201	11690	13060	13060		327
礼县	3767	3100	667		3085	3085		682

3－28－3

单位：万元

地区	收入				支出			年终结余
	收入总计	其中：			支出总计	其中：		
		本年收入	上年结余	补助收入		本年支出	政府调剂资金	
徽县	14082	4853		9229	14068	13101	967	14
两当县	3479	110	113	3256	3479	3479		
武都区	40051	3323	1233	35495	38328	38328		1723
平凉市小计	**35892**	**33425**	**2447**	**20**	**32422**	**32422**		**3470**
本级	13021	12342	690	－11	11739	11739		1282
区县小计	22871	21083	1757	31	20683	20683		2188
泾川县	3490	3278	212		2769	2769		721
灵台县	2448	2428		20	2448	2448		
崇信县	1360	1303	57		1272	1272		88
华亭县	5171	4814	346	11	5161	5161		10
庄浪县	2135	2135			2135	2135		
静宁县	5651	4812	839		4664	4664		987
崆峒区	2616	2313	303		2234	2234		382
庆阳市小计	**77632**	**70988**	**6644**		**68762**	**68625**	**137**	**8870**
本级	38373	35764	2616	－7	34079	33942	137	4294
区县小计	39259	35224	4028	7	34683	34683		4576
庆城县	7738	6636	1102		6226	6226		1512
镇原县	4431	4033	398		4030	4030		401
宁县	4555	3341	1214		3205	3205		1350
正宁县	4021	3493	528		3989	3989		32
合水县	6546	6539		7	6546	6546		
华池县	2660	2660			2660	2660		
环县	3835	3835			3835	3835		
西峰区	5473	4687	786		4192	4192		1281
临夏回族自治州小计	**18494**	**16964**	**1530**		**17332**	**17131**	**201**	**1162**
本级	9483	8648	835		8951	8951		532
区县小计	9011	8316	695		8381	8180	201	630
临夏市	1346	1327	19		1170	969	201	176
临夏县	1199	1146	53		1166	1166		33
积石山保安族东乡族撒拉族自治县	32	7	25		7	7		25
永靖县	2036	1934	102		1944	1944		92
和政县	624	569	55		624	624		
康乐县	2824	2592	232		2574	2574		250
广河县	637	583	54		583	583		54
东乡族自治县	313	158	155		313	313		
甘南藏族自治州小计	**18464**	**7617**	**3472**	**7375**	**14480**	**14480**		**3984**
本级	4899	1654	3245		1508	1508		3391
区县小计	13565	5963	227	7375	12972	12972		593
夏河县	74	54		20	74	74		
临潭县	408	289	119		239	239		169
卓尼县	1818	1818			1818	1818		

3－28－4

单位:万元

地　区	收入总计	本年收入	上年结余	补助收入	支出总计	本年支出	政府调剂资金	年终结余
	收　入	其　中:			支　出	其　中:		
舟曲县	9128	1773		7355	9128	9128		
迭部县	1241	1241			1143	1143		98
碌曲县	11	8	3		8	8		3
玛曲县	444	372	72		309	309		135
合作市	441	408	33		253	253		188

2009 年青海省地市县预算外财政专户资金收支平衡表

3－29－1　　　　单位:万元

地　　区	收入				支出			
	收入总计	其中:			支出总计	其中:		年终结余
		本年收入	上年结余	补助收入		本年支出	政府调剂资金	
地市县合计	**48638**	**38668**	**9970**		**36317**	**35202**	**1115**	**12321**
西宁市小计	**22886**	**18038**	**4848**		**16338**	**16138**	**200**	**6548**
本级	14789	11459	3330		9744	9744		5045
区县小计	8097	6579	1518		6594	6394	200	1503
大通县	2401	1897	504		1771	1771		630
湟中县	582	505	77		582	382	200	
湟源县	533	448	85		454	454		79
城中区	1741	1671	70		1714	1714		27
城西区	1050	911	139		940	940		110
城北区	543	288	255		359	359		184
城东区	1247	859	388		774	774		473
城南新区								
甘河工业园区								
生物产业园区								
经济技术开发区东川工业园区								
海东地区小计	**7856**	**6320**	**1536**		**6628**	**6628**		**1228**
本级	673	206	467		668	668		5
区县小计	7183	6114	1069		5960	5960		1223
民和县	913	802	111		816	816		97
乐都县	2933	2681	252		2693	2693		240
平安县	778	598	180		569	569		209
互助县	1888	1450	438		1325	1325		563
化隆县	479	444	35		430	430		49
循化县	192	139	53		127	127		65
海西州小计	**7252**	**5359**	**1893**		**4841**	**4803**	**38**	**2411**
本级	2426	2090	336		1926	1926		500
区县小计	4826	3269	1557		2915	2877	38	1911
都兰县	291	269	22		272	272		19
乌兰县	727	576	151		425	425		302
天峻县	67	49	18		52	52		15
德令哈市	177	177			177	177		
格尔木市	3187	2120	1067		1951	1913	38	1236
柴旦行委	31	12	19		8	8		23
冷湖行委	15		15					15
茫崖行委	331	66	265		30	30		301
海南州小计	**4527**	**3642**	**885**		**3324**	**3306**	**18**	**1203**
本级	2406	2028	378		1958	1940	18	448
区县小计	2121	1614	507		1366	1366		755
共和县	426	291	135		183	183		243
贵德县	1217	980	237		841	841		376
贵南县	85	63	22		52	52		33

3－29－2

单位:万元

地区	收入				支出			
	收入总计	其中:			支出总计	其中:		年终结余
		本年收入	上年结余	补助收入		本年支出	政府调剂资金	
同德县	281	225	56		243	243		38
兴海县	112	55	57		47	47		65
海北州小计	**2538**	**2156**	**382**		**2199**	**1340**	**859**	**339**
本级	981	735	246		750	750		231
区县小计	1557	1421	136		1449	590	859	108
海晏县	66	55	11		52	52		14
刚察县	65	55	10		55	55		10
祁连县	1148	1088	60		1076	217	859	72
门源县	278	223	55		266	266		12
黄南州小计	**1629**	**1414**	**215**		**1428**	**1428**		**201**
本级	1061	902	159		910	910		151
区县小计	568	512	56		518	518		50
同仁县	315	298	17		307	307		8
尖扎县	92	90	2		91	91		1
泽库县	32	32			32	32		
河南县	129	92	37		88	88		41
玉树州小计	**866**	**723**	**143**		**672**	**672**		**194**
本级	796	653	143		602	602		194
区县小计	70	70			70	70		
玉树县								
称多县								
昂欠县								
杂多县	68	68			68	68		
治多县	2	2			2	2		
曲麻莱县								
果洛州小计	**1084**	**1016**	**68**		**887**	**887**		**197**
本级	782	753	29		663	663		119
区县小计	302	263	39		224	224		78
玛沁	98	81	17		63	63		35
甘德	1		1					1
达日	127	127			127	127		
玛多	21		21					21
班玛	39	39			28	28		11
久治	16	16			6	6		10

2009 年宁夏回族自治区地市县预算外财政专户资金收支平衡表

3－30　　　　单位：万元

地区	收入				支出			
	收入总计	其中：本年收入	其中：上年结余	其中：补助收入	支出总计	其中：本年支出	其中：政府调剂资金	年终结余
地市县合计	166420	116771	49649		91089	89932	1157	75331
银川市小计	96915	62475	34440		40109	39109	1000	56806
本级	91588	58052	33536		35888	34888	1000	55700
区县小计	5327	4423	904		4221	4221		1106
兴庆区	4161	3420	741		3179	3179		982
金凤区	345	284	61		296	296		49
西夏区	821	719	102		746	746		75
高新区								
永宁县	1555	1296	259		1289	1289		266
贺兰县	2045	1793	252		1482	1482		563
灵武市	5172	2840	2332		2819	2819		2353
石嘴山市小计	12732	8950	3782		8142	8142		4590
本级	10606	7769	2837		7319	7319		3287
区县小计	2126	1181	945		823	823		1303
大武口区	1152	364	788		348	348		804
惠农区	974	817	157		475	475		499
隆湖区								
平罗县	4109	3391	718		3427	3427		682
吴忠市小计	9464	6908	2556		6450	6450		3014
本级	9464	6908	2556		6450	6450		3014
区县小计								
利通区								
青铜峡市	4332	3458	874		3304	3304		1028
盐池县	3714	2697	1017		2199	2199		1515
同心县	1770	1516	254		1302	1302		468
红寺堡	1743	1396	347		1433	1433		310
中卫市小计	7802	6482	1320		5651	5651		2151
本级	7802	6482	1320		5651	5651		2151
中宁县	2883	2709	174		2693	2693		190
海原县	983	855	128		871	871		112
固原市小计	7102	6236	866		6231	6074	157	871
本级	6056	5319	737		5338	5181	157	718
区县小计	1046	917	129		893	893		153
原州区	1046	917	129		893	893		153
西吉县	1583	1550	33		1550	1550		33
隆德县	859	715	144		626	626		233
泾源县	281	244	37		264	264		17
彭阳县	1376	1260	116		1247	1247		129

2009年新疆维吾尔自治区地市县预算外财政专户资金收支平衡表

3－31－1　　　　　　　　　　　　　　　　　　　　　　　　单位：万元

地　　区	收　　入				支　　出			
	收入总计	其　中：			支出总计	其　中：		年终结余
		本年收入	上年结余	补助收入		本年支出	政府调剂资金	
地市县合计	**617367**	**422699**	**194668**		**414686**	**377019**	**37667**	**202681**
克拉玛依市小计	**59448**	**18258**	**41190**		**28548**	**11353**	**17195**	**30900**
本级	41156	8373	33146	－363	17584	5384	12200	23572
区县小计	18292	9885	8044	363	10964	5969	4995	7328
克拉玛依区	10193	7003	3058	132	5347	5347		4846
独山子区	3251	1101	2066	84	1547	52	1495	1704
白碱滩区	4556	1742	2700	114	3954	454	3500	602
乌尔禾区	292	39	220	33	116	116		176
石河子市	**12502**	**9084**	**3418**		**8509**	**8509**		**3993**
伊犁州小计	**45596**	**36444**	**9152**		**35716**	**34642**	**1074**	**9880**
本级	15653	11496	4157		11045	11040	5	4608
区县小计	29943	24948	4995		24671	23602	1069	5272
奎屯市	5289	4592	697		4560	4560		729
伊宁市	7443	5336	2107		4631	4631		2812
伊宁县	2137	1965	172		1903	1903		234
察布查尔锡伯自治县	1217	871	346		1059	1059		158
霍城县	2910	2689	221		2858	2858		52
尼勒克县	1394	1267	127		1306	1269	37	88
巩留县	1524	1470	54		1457	1457		67
新源县	4784	4047	737		3978	3925	53	806
特克斯县	1367	998	369		1055	76	979	312
昭苏县	1878	1713	165		1864	1864		14
塔城地区小计	**16969**	**13290**	**3679**		**13262**	**11414**	**1848**	**3707**
本级	6238	4059	2189	－10	3736	3611	925	2502
区县小计	10731	9231	1490	10	9526	7803	923	1205
塔城市	2046	1838	208		1952	1949	3	94
额敏县	1248	1077	171		992	856	136	256
乌苏市	2080	1696	384		2007	1407	200	73
沙湾县	3154	3149	5		3005	2480	125	149
托里县	1196	676	520		738	738		458
裕民县	584	476	108		513	363	150	71
和布克赛尔蒙古自治县	423	319	94	10	319	10	309	104
阿勒泰地区小计	**30183**	**21435**	**8748**		**17390**	**17338**	**52**	**12793**
本级	15798	12024	3974	－200	8255	8255		7543
区县小计	14385	9411	4774	200	9135	9083	52	5250
阿勒泰市	2475	1741	734		1635	1605	30	840
布尔津县	2622	1193	1235	194	1464	1442	22	1158
哈巴河县	1692	819	873		775	775		917
吉木乃县	411	334	77		327	327		84
福海县	3590	2898	686	6	2757	2757		833
富蕴县	2446	1535	911		1305	1305		1141

3－31－2 单位:万元

地区	收入				支出			
	收入总计	其中:			支出总计	其中:		年终结余
		本年收入	上年结余	补助收入		本年支出	政府调剂资金	
青河县	1149	891	258		872	872		277
博尔塔拉州小计	**8995**	**6493**	**2502**		**6123**	**5944**	**179**	**2872**
本级	4317	2429	1888		2380	2380		1937
区县小计	4678	4064	614		3743	3564	179	935
博乐市	3021	2544	477		2259	2080	179	762
精河县	1370	1333	37		1351	1351		19
温泉县	287	187	100		133	133		154
巴音郭楞州小计	**53929**	**35036**	**18893**		**34765**	**30883**	**3882**	**19164**
本级	28737	21665	7072		20327	16595	3732	8410
区县小计	25192	13371	11821		14438	14288	150	10754
库尔勒市	14986	5232	9754		6021	6021		8965
轮台县	2054	953	1101		1305	1305		749
尉犁县	1248	1222	26		1222	1222		26
且末县	1746	1109	637		1071	921	150	675
若羌县	426	263	163		241	241		185
焉耆回族自治县	1351	1351			1351	1351		
和静县	2283	2283			2283	2283		
和硕县	565	565			565	565		
博湖县	533	393	140		379	379		154
阿克苏地区小计	**61927**	**53230**	**8697**		**51963**	**49092**	**2871**	**9964**
本级	23820	22277	1543		20242	20242		3578
区县小计	38107	30953	7154		31721	28850	2871	6386
阿克苏市	5216	5115	101		5102	5102		114
库车县	6974	5729	1245		5529	5529		1445
拜城县	1926	1424	502		1270	1270		656
新和县	3994	3145	849		3109	2101	1008	885
沙雅县	3453	2600	853		2882	2882		571
温宿县	5378	4729	649		4076	2213	1863	1302
乌什县	4240	2733	1507		3673	3673		567
阿瓦提县	6785	5337	1448		5949	5949		836
柯坪县	141	141			131	131		10
克孜勒苏州小计	**7049**	**5219**	**1830**		**4544**	**4544**		**2505**
本级	4260	2621	1639		2069	2069		2191
区县小计	2789	2598	191		2475	2475		314
阿图什市	822	800	22		789	789		33
阿克陶县	1521	1468	53		1436	1436		85
乌恰县	263	180	83		72	72		191
阿合奇县	183	150	33		178	178		5
喀什地区小计	**36100**	**26352**	**9748**		**27668**	**25306**	**2362**	**8432**
本级	12630	9976	2654		10816	10816		1814
区县小计	23470	16376	7094		16852	14490	2362	6618

三、预算外财政专户

3－31－3

单位:万元

地区	收入				支出			
	收入总计	其中:			支出总计	其中:		年终结余
		本年收入	上年结余	补助收入		本年支出	政府调剂资金	
喀什市	4330	3745	585		3547	3547		783
莎车县	4258	2002	2256		2331	2331		1927
疏勒县	2357	1437	920		1923	1923		434
疏附县	1499	953	546		807	807		692
叶城县	2193	1463	730		1650	1650		543
伽师县	839	527	312		562	562		277
巴楚县	2543	2303	240		2437	975	1462	106
麦盖提县	948	801	147		569	569		379
泽普县	729	536	193		512	512		217
英吉沙县	1022	790	232		713	713		309
岳普湖县	1490	1299	191		1469	569	900	21
塔什库尔干塔吉克自治县	1262	520	742		332	332		930
和田地区小计	**18423**	**15630**	**2793**		**15115**	**15115**		**3308**
本级	7547	6750	797		7046	7046		501
区县小计	10876	8880	1996		8069	8069		2807
皮山县	2045	1857	188		1878	1878		167
墨玉县	1673	1251	422		1050	1050		623
和田县	275	261	14		265	265		10
洛浦县	344	219	125		222	222		122
策勒县	721	523	198		523	523		198
于田县	3204	2438	766		2255	2255		949
民丰县	1200	1194	6		938	938		262
和田市	1414	1137	277		938	938		476
叶鲁番地区小计	**11654**	**9672**	**1982**		**8713**	**8345**	**368**	**2941**
本级	5339	4409	930		3986	3986		1353
区县小计	6315	5263	1052		4727	4359	368	1588
吐鲁番市	2511	2027	484		2063	1695	368	448
鄯善县	2035	1535	500		1415	1415		620
托克逊县	1769	1701	68		1249	1249		520
哈密地区小计	**17749**	**12023**	**5726**		**10767**	**10767**		**6982**
本级	8437	6796	1677	－36	6182	6182		2255
区县小计	9312	5227	4049	36	4585	4585		4727
伊吾县	106	73	30	3	76	76		30
巴里坤哈萨克自治县	687	571	101	15	578	578		109
哈密市	8519	4583	3918	18	3931	3931		4588
五家渠市	**2146**	**1924**	**222**		**1768**	**1768**		**378**
阿拉尔市	**519**	**231**	**288**		**220**	**220**		**299**
图木舒克市	**37**	**14**	**23**		**17**	**17**		**20**
乌鲁木齐市昌吉州小计	**234141**	**158364**	**75777**		**149598**	**141762**	**7836**	**84543**
本级	172316	120850	54252	－2786	107050	100154	6896	65266
区县小计	61825	37514	21525	2786	42548	41608	940	19277

3－31－4　　　　单位:万元

地区	收入总计	其中:本年收入	其中:上年结余	其中:补助收入	支出总计	其中:本年支出	其中:政府调剂资金	年终结余
乌鲁木齐县	1940	973	967		1041	1041		899
天山区	9154	4408	4002	744	7156	7156		1998
沙依巴克区	7421	3818	2870	733	4779	4779		2642
新市区	6483	2381	3582	520	3457	3457		3026
水磨沟区	2875	1107	1273	495	1429	1429		1446
头屯河区	1006	805	135	66	1006	66	940	
米东区	8264	3786	4450	28	5213	5213		3051
达坂城区	767	337	230	200	200	200		567
玛纳斯县	2320	1685	635		1814	1814		506
呼图壁县	4281	3432	849		2793	2793		1488
昌吉市	8179	6661	1518		6286	6286		1893
阜康市	3080	2815	265		2631	2631		449
吉木萨尔县	2070	1785	285		1754	1754		316
奇台县	3164	2700	464		2168	2168		996
木垒哈萨克自治县	821	821			821	821		

四、基本数字表

2009年北京市区县基本数字表

4－1 单位:人

地区	财政供养人口					经费自理年末人数
	小计	在职人员	离休人员	退休人员	其他人员	
区县合计	**662578**	**390582**	**8875**	**222004**	**41117**	**19354**
东城区	42357	23324	801	18039	193	292
西城区	47965	23717	1099	22608	541	148
崇文区	25196	12986	540	11461	209	102
宣武区	32449	14875	652	15580	1342	1370
朝阳区	75667	36603	1214	25219	12631	8646
海淀区	99735	51895	1424	41954	4462	153
石景山区	22520	12549	208	5917	3846	374
丰台区	54088	28344	707	19130	5907	673
门头沟区	17872	10771	178	4709	2214	418
房山区	36450	24626	304	9762	1758	2623
通州区	28854	20295	269	7334	956	222
昌平区	28694	20948	265	7214	267	1689
顺义区	29629	21198	310	6821	1300	1038
大兴区	31901	23710	171	6920	1100	896
怀柔区	19911	14788	169	3997	957	351
平谷区	23522	17077	206	5841	398	299
密云县	25962	18589	183	5500	1690	17
延庆县	19806	14287	175	3998	1346	43

2009 年天津市区县基本数字表

4－2　　　　单位:人

地　　区	财政供养人口					经费自理年末人数
	小计	在职人员	离休人员	退休人员	其他人员	
区县合计	**367032**	**237949**	**3564**	**121419**	**4100**	**4740**
和平区	23044	11227	351	11422	44	962
河北区	26371	13309	357	12522	183	171
河东区	24112	12976	358	10723	55	59
河西区	27039	14084	385	12225	345	21
南开区	26266	14493	259	11339	175	120
红桥区	21436	10938	142	10259	97	29
塘沽区	25199	16276	234	8383	306	172
汉沽区	10368	7144	113	2793	318	107
大港区	15302	11158	66	3696	382	433
东丽区	13825	9808	66	3932	19	142
西青区	12567	8863	124	3458	122	191
津南区	12964	9116	107	3589	152	455
北辰区	13592	9331	100	3929	232	241
武清区	25028	18342	179	6251	256	214
宝坻区	26216	21250	212	4754		306
蓟县	27631	21183	266	5239	943	888
宁河县	14891	11501	120	3242	28	179
静海县	18234	14478	125	3631		50
开发区	2120	1858			262	
保税区	605	461		19	125	
园区	222	153		13	56	

四、基本数字表

2009年河北省地市县基本数字表

4－3－1　　　　　　　　　　　　　　　　　　　　　　　　　　　　　　　单位：人

地　　区	财政供养人口					经费自理年末人数
	小计	在职人员	离休人员	退休人员	其他人员	
地市县合计	**2143363**	**1595052**	**31752**	**492352**	**24207**	**156791**
石家庄市小计	**272032**	**199439**	**4233**	**65475**	**2885**	**19714**
本级	50281	32140	1523	14141	2477	6118
区县小计	221751	167299	2710	51334	408	13596
赞皇县	6932	5760	82	1090		410
平山县	13994	10501	380	3113		531
灵寿县	8803	6913	188	1702		458
行唐县	11812	9229	69	2514		
井陉县	8191	6407	79	1705		633
鹿泉市	10389	8330	105	1954		1063
正定县	11370	8760	109	2492	9	1992
栾城县	7732	6218	60	1454		1712
辛集市	14067	10452	161	3362	92	662
晋州市	13124	10472	115	2490	47	1011
深泽县	6526	5083	102	1341		90
无极县	10025	7708	136	2181		1113
藁城市	15845	12444	112	3289		457
赵县	13875	11371	208	2296		289
新乐市	10312	7825	91	2396		1589
高邑县	6785	4934	83	1768		
元氏县	8890	7117	96	1670	7	280
长安区	7461	4559	120	2782		311
桥东区	7319	4605	118	2596		58
桥西区	8402	4809	97	3437	59	450
新华区	9171	5861	101	3049	160	207
裕华区	6516	4788	73	1655		211
矿区	3098	2192	25	847	34	9
高新区	1112	961		151		60
唐山市小计	**227798**	**150677**	**4092**	**67566**	**5463**	**41277**
本级	32141	19494	1187	11268	192	18784
区县小计	195657	131183	2905	56298	5271	22493
滦县	14762	10548	232	3982		1933
滦南县	16644	11675	366	3804	799	1064
乐亭县	15888	10522	352	4677	337	1646
迁西县	11133	7615	126	3041	351	1952
唐海县	4802	3097	59	1254	392	540
迁安市	16475	12193	204	4078		3472
玉田县	15916	11271	261	4384		1787
遵化市	18115	12479	299	4661	676	2097
路南区	8063	4873	119	3071		207
路北区	14018	7313	165	5108	1432	387
古冶区	12232	7142	135	4624	331	1171
开平区	7525	5326	98	2101		582
丰润区	21196	14189	293	6638	76	3210

4－3－2 单位:人

地　区	财政供养人口					经费自理年末人数
	小计	在职人员	离休人员	退休人员	其他人员	
丰南区	13379	9591	143	3645		2227
高新开发区	323	323				
海港开发区	364	237		3	124	64
南堡开发区	939	512			427	125
芦台开发区	1669	902	26	604	137	29
汉沽管理区	1891	1179	27	622	63	
曹妃甸工业园区	323	196		1	126	
邯郸市小计	**251203**	**198883**	**2489**	**47025**	**2806**	**19050**
本级	38071	27416	832	9474	349	3087
区县小计	213132	171467	1657	37551	2457	15963
大名县	16998	14192	199	2607		119
魏县	14666	10561	164	3941		3273
曲周县	10972	9075	62	1835		114
邱县	7660	6406	68	1186		291
鸡泽县	9238	7509	22	1704	3	235
肥乡县	8649	7230	93	1326		
广平县	8998	7896	44	1058		1266
成安县	11968	9743	74	2151		739
临漳县	13021	10077	73	2462	409	745
馆陶县	8897	7540	49	1308		389
磁县	13397	11146	92	2049	110	1969
涉县	11166	8719	77	1650	720	341
永年县	19140	16553	122	2365	100	2457
邯郸县	10205	8298	80	1631	196	814
武安市	18785	15869	151	2765		2732
邯山区	4445	3163	53	1229		176
丛台区	5936	4224	88	1624		
复兴区	3858	2805	25	728	300	76
峰峰矿区	14001	9550	119	3713	619	143
开发区	615	555		60		25
马头工业园区	517	356	2	159		59
张家口市小计	**170271**	**124865**	**2844**	**41859**	**703**	**8777**
本级	28874	18651	990	9074	159	1872
区县小计	141397	106214	1854	32785	544	6905
蔚县	12615	9665	146	2804		1089
阳原县	9736	7497	70	2169		1352
张北县	12395	9580	96	2691	28	196
康保县	7455	5686	76	1693		507
沽源县	7071	5952	64	1055		2
尚义县	6535	5200	80	1255		
怀安县	8289	6220	112	1957		312
赤城县	8243	6377	265	1601		103
崇礼县	5339	4408	68	863		386
万全县	6231	4667	79	1485		402

4－3－3

单位：人

地　　区	财政供养人口					经费自理年末人数
	小计	在职人员	离休人员	退休人员	其他人员	
宣化县	8880	6695	134	2051		200
怀来县	9270	6860	199	2211		704
涿鹿县	10325	7890	100	2195	140	401
宣化区	11224	7670	171	3383		99
下花园区	2753	1893	22	838		86
桥东区	6028	3618	87	1963	360	449
桥西区	5761	3754	79	1928		369
高新区	1967	1551	6	410		207
察北区	697	535		146	16	41
塞北区	583	496		87		
保定市小计	**293493**	**215358**	**4870**	**69280**	**3985**	**30822**
本级	39331	26219	1241	11590	281	3491
区县小计	254162	189139	3629	57690	3704	27331
清苑县	13559	10345	216	2992	6	2315
满城县	10789	8554	158	2077		839
安新县	11979	8801	136	3042		447
唐县	11470	8514	181	2775		1174
顺平县	8086	6306	99	1655	26	759
博野县	6291	4866	95	1330		
曲阳县	11699	9654	129	1916		699
涞源县	9240	7124	103	1957	56	369
阜平县	7214	5505	111	1598		168
易县	13330	10010	154	3166		1864
定兴县	13181	10102	94	2934	51	802
徐水县	15238	11270	149	2908	911	133
容城县	6963	5455	264	1244		1568
涿州市	10922	7403	158	3189	172	4233
涞水县	9355	7010	196	2149		1134
高碑店市	10722	7507	104	2474	637	1646
雄县	8338	5870	85	2383		929
望都县	7001	5282	174	1545		879
高阳县	8023	6145	139	1739		537
蠡县	12916	9997	243	2473	203	1059
安国市	9754	7613	180	1961		796
定州市	20005	14954	240	4798	13	3126
南市区	5326	3219	82	1557	468	680
北市区	5158	2866	102	1635	555	761
新市区	6696	4024	36	2051	585	414
高新区	907	743	1	142	21	
沧州市小计	**217758**	**163405**	**3280**	**49346**	**1727**	**6686**
本级	29277	21362	617	6392	906	2629
区县小计	188481	142043	2663	42954	821	4057
肃宁县	10132	6626	162	3344		
献县	13272	10360	213	2699		

4－3－4　　　　单位:人

地　　区	财政供养人口					经费自理年末人数
	小计	在职人员	离休人员	退休人员	其他人员	
盐山县	12505	9597	180	2728		
孟村县	8851	6646	69	2136		
沧县	13784	10334	171	3014	265	154
青县	11432	9031	149	2252		
南皮县	10483	7111	309	3063		
河间市	18148	14904	193	3051		
任丘市	18033	14322	163	3424	124	1313
海兴县	7715	5681	134	1900		394
东光县	11008	7389	276	3193	150	380
泊头市	16913	12701	246	3966		
吴桥县	9940	6986	156	2798		
黄骅市	12911	10390	109	2412		1716
新华区	3956	2763	27	1092	74	14
运河区	4895	3708	44	1143		4
开发区	247	231		16		
港口区	877	666		19	192	
南大港	1678	1211	28	433	6	
临港区	1701	1386	34	271	10	82
秦皇岛市小计	**107984**	**80038**	**1653**	**25557**	**736**	**5245**
本级	23649	16967	561	5858	263	2802
区县小计	84335	63071	1092	19699	473	2443
青龙满族自治县	13040	10450	156	2434		71
昌黎县	16862	12574	290	3998		1099
卢龙县	13756	10230	164	3362		84
抚宁县	15205	11209	202	3763	31	301
山海关	5658	3588	112	1774	184	55
海港区	13463	10077	117	3011	258	65
北戴河	3561	2502	48	1011		768
秦皇岛经济技术开发区	2790	2441	3	346		
邢台市小计	**186520**	**140529**	**2675**	**40045**	**3271**	**9064**
本级	32248	21298	651	7197	3102	2352
区县小计	154272	119231	2024	32848	169	6712
南宫市	10589	7912	124	2553		200
沙河市	11128	9073	109	1946		1462
邢台县	10642	8128	122	2378	14	306
临城县	5415	4013	118	1284		428
内邱县	6576	5142	163	1268	3	882
柏乡县	5469	4048	66	1355		
隆尧县	10588	8272	90	2226		452
任县	7655	6208	77	1370		204
南和县	7246	5288	124	1834		90
宁晋县	12470	9303	114	3006	47	1096
巨鹿县	8653	6517	103	2033		316
新河县	5222	3620	52	1550		

四、基本数字表

4－3－5　　　　　　　　　　　　　　　　　　　　　　　　单位：人

地　　区	财政供养人口					经费自理年末人数
	小计	在职人员	离休人员	退休人员	其他人员	
广宗县	5997	4497	58	1442		
平乡县	7366	5917	97	1352		258
威县	9993	7986	117	1890		105
清河县	10249	8419	76	1743	11	540
临西县	8507	6705	332	1470		
桥东区	3587	2792	41	754		207
桥西区	4715	3634	36	1045		150
高开区	1359	1072	5	209	73	3
大曹庄管理区	846	685		140	21	13
廊坊市小计	**140928**	**113727**	**1126**	**25012**	**1063**	**5533**
本级	15361	14148	22	713	478	2454
区县小计	125567	99579	1104	24299	585	3079
三河市	15418	12446	162	2810		1026
大厂县	6484	5226	64	1194		
香河县	11365	8850	112	2403		1565
永清县	10870	8622	88	2160		72
固安县	12243	9669	97	2477		337
霸州市	19282	15869	104	3309		
文安县	16801	13900	185	2716		
大城县	15242	11793	113	3336		52
安次区	8026	6047	92	1887		27
广阳区	7968	5982	87	1899		
开发区	1868	1175		108	585	
承德市小计	**138874**	**105661**	**2480**	**29165**	**1568**	**2034**
本级	22596	15810	804	5513	469	1053
区县小计	116278	89851	1676	23652	1099	981
宽城县	9372	7542	90	1740		
滦平县	9272	7164	119	1989		343
丰宁县	13022	10447	243	2332		55
隆化县	14349	10241	281	3827		
围场县	14894	11970	209	2715		
承德县	13887	10573	126	3101	87	520
兴隆县	12854	9978	231	2329	316	
平泉县	15146	12128	252	2645	121	
双桥区	6547	4367	71	1534	575	7
双滦区	4161	3330	29	802		56
营子区	2669	2011	25	633		
开发区	105	100		5		
衡水市小计	**136502**	**102470**	**2010**	**32022**		**8589**
本级	17047	13377	276	3394		1982
区县小计	119455	89093	1734	28628		6607
武邑县	8701	6478	88	2135		
饶阳县	7718	5489	162	2067		41
安平县	10335	7870	226	2239		201

4－3－6 单位：人

地区	财政供养人口					经费自理年末人数
	小计	在职人员	离休人员	退休人员	其他人员	
冀州市	12258	8382	146	3730		1269
枣强县	11335	8789	172	2374		18
深州市	13610	10151	242	3217		845
武强县	6767	5227	83	1457		466
故城县	12715	9802	207	2706		1448
景县	13200	9702	164	3334		882
阜城县	8521	5992	150	2379		1189
桃城区	13534	10526	94	2914		202
高开区	488	419		69		2
衡水湖	273	266		7		44

2009 年山西省地市县基本数字表

4－4－1

单位：人

地　　区	财政供养人口					经费自理年末人数
	小计	在职人员	离休人员	退休人员	其他人员	
地市县合计	**1380909**	**1015392**	**21456**	**280503**	**63558**	**45434**
太原市小计	**127633**	**91406**	**2739**	**30385**	**3103**	**7799**
本级	58229	40042	1605	15941	641	1922
区县小计	69404	51364	1134	14444	2462	5877
清徐县	8214	7008	100	517	589	667
阳曲县	5808	4310	149	1349		
娄烦县	5726	4468	89	878	291	163
古交市	6195	5631	74	490		1578
小店区	7147	5802	102	1075	168	107
尖草坪区	7396	4828	116	1872	580	111
迎泽区	8037	5210	176	2651		303
杏花岭区	9562	5728	177	3085	572	4
万柏林区	6821	4304	108	2409		2925
晋源区	3666	3482	43	101	40	12
太原高新区	396	273		4	119	7
太原经济区	298	183		12	103	
太原民营区	138	137		1		
大同市小计	**143213**	**99043**	**1878**	**31420**	**10872**	**3959**
本级	43211	28276	760	10411	3764	3166
区县小计	100002	70767	1118	21009	7108	793
大同城区	9755	5569	83	2851	1252	
大同矿区	11850	8633	53	2839	325	
大同南郊区	9349	5958	49	1232	2110	529
大同新荣区	5530	4722	20	670	118	62
左云县	7590	4629	102	1187	1672	93
阳高县	9798	6903	134	2228	533	
天镇县	8206	6204	150	1772	80	
广灵县	8742	6106	120	1704	812	
灵丘县	8975	6747	123	1998	107	18
浑源县	12193	8899	174	3120		91
大同县	7088	5605	110	1373		
大同开发区	926	792		35	99	
阳泉市小计	**51924**	**36655**	**751**	**11067**	**3451**	**6679**
本级	13590	9203	350	3671	366	2164
区县小计	38334	27452	401	7396	3085	4515
平定县	11593	8455	106	2028	1004	686
盂县	12268	9037	197	2045	989	353
阳泉郊区	8141	5680	38	1921	502	97
阳泉城区	3950	2801	43	1101	5	22
阳泉矿区	1892	1134	15	233	510	3330
阳泉开发区	490	345	2	68	75	27
长治市小计	**124803**	**92241**	**1791**	**24567**	**6204**	**2403**
本级	22877	16548	524	5042	763	1126
区县小计	101926	75693	1267	19525	5441	1277

4－4－2 单位：人

地　　区	财政供养人口					经费自理年末人数
	小计	在职人员	离休人员	退休人员	其他人员	
长治县	8418	6503	134	1688	93	31
潞城市	8031	5499	68	1196	1268	125
屯留县	8324	6463	90	1484	287	
长子县	9379	6675	100	2052	552	148
壶关县	9416	6891	113	1883	529	
平顺县	6965	5093	59	1163	650	54
黎城县	6991	5196	144	1385	266	12
武乡县	7846	5933	133	1780		
襄垣县	8474	6436	163	1654	221	191
沁县	6688	4629	80	1765	214	173
沁源县	7358	5588	90	1151	529	339
长治城区	6160	4948	44	1168		15
长治郊区	6946	5450	49	1086	361	175
长治高新区	930	389		70	471	14
晋城市小计	**80012**	**59680**	**673**	**14760**	**4899**	**2575**
本级	12145	9599	140	1911	495	470
区县小计	67867	50081	533	12849	4404	2105
阳城县	13898	9838	109	2693	1258	500
高平市	11820	9061	93	2580	86	905
沁水县	8940	6883	59	1982	16	61
陵川县	9002	7223	135	1644		100
晋城城区	8131	5302	50	1049	1730	155
泽州县	15788	11530	86	2858	1314	384
晋城开发区	288	244	1	43		
朔州市小计	**66595**	**52541**	**938**	**11529**	**1587**	**1038**
本级	8402	7359	72	710	261	632
区县小计	58193	45182	866	10819	1326	406
朔城区	13440	9735	195	2381	1129	
平鲁区	8318	6913	132	1273		
山阴县	9395	7286	160	1949		
怀仁县	11675	9762	134	1779		234
应县	8943	6405	127	2411		172
右玉县	5642	4498	118	1026		
朔州开发区	780	583			197	
忻州市小计	**138758**	**99467**	**2379**	**30522**	**6390**	**2569**
本级	14292	11033	237	2845	177	1106
区县小计	124466	88434	2142	27677	6213	1463
五台县	12449	9323	256	2870		
静乐县	7288	5163	84	1642	399	98
河曲县	7965	5593	125	1766	481	
神池县	5788	4281	118	1298	91	
五寨县	7202	5549	138	1515		180
繁峙县	8859	5714	112	1648	1385	247
岢岚县	6374	4606	199	1562	7	

4－4－3

单位：人

地区	财政供养人口					经费自理年末人数
	小计	在职人员	离休人员	退休人员	其他人员	
偏关县	6699	4327	91	1274	1007	
代县	8154	5413	142	1834	765	
原平市	14554	10355	356	3510	333	526
忻府区	12809	8625	187	3172	825	
定襄县	9110	6355	129	2439	187	
宁武县	8579	6377	118	1557	527	
保德县	8473	6597	87	1583	206	412
忻州开发区	163	156		7		
晋中市小计	**122964**	**87814**	**1894**	**26703**	**6553**	**3885**
本级	14725	10698	404	3513	110	799
区县小计	108239	77116	1490	23190	6443	3086
榆次区	14361	9515	244	3373	1229	419
太谷县	8847	6378	148	2092	229	335
祁县	9354	6483	125	2116	630	467
平遥县	14252	10921	166	3165		416
介休市	12903	8500	129	2622	1652	485
灵石县	9035	6323	107	1861	744	853
寿阳县	8591	6289	166	2093	43	34
昔阳县	8414	5176	109	1723	1406	
和顺县	7124	5493	99	1532		11
左权县	7709	5871	103	1225	510	
榆社县	6747	5382	91	1274		66
晋中开发区	902	785	3	114		
吕梁市小计	**164092**	**126269**	**2101**	**27198**	**8524**	**1567**
本级	15215	11147	120	857	3091	849
区县小计	148877	115122	1981	26341	5433	718
兴县	10705	8439	168	1962	136	152
岚县	7953	4779	144	1336	1694	15
交城县	10144	7959	168	1969	48	143
文水县	15310	12055	210	3018	27	
汾阳市	14189	9613	197	3116	1263	27
孝义市	18863	14894	235	3724	10	59
柳林县	13814	11521	187	2106		50
中阳县	7815	6199	94	1207	315	11
石楼县	6075	4493	80	1003	499	32
交口县	6237	5320	72	845		
临县	19128	14021	256	3599	1252	
方山县	7197	6264	32	901		177
离石区	11447	9565	138	1555	189	52
临汾市小计	**179627**	**128297**	**3059**	**36717**	**11554**	**7738**
本级	17084	10990	672	3733	1689	1276
区县小计	162543	117307	2387	32984	9865	6462
尧都区	19360	14047	442	4771	100	357
侯马市	11072	8673	127	2272		494

4－4－4

单位：人

地区	财政供养人口					经费自理年末人数
	小计	在职人员	离休人员	退休人员	其他人员	
曲沃县	9801	6938	175	2023	665	242
翼城县	12874	9770	208	2896		411
襄汾县	15896	12674	182	3037	3	1804
洪洞县	20060	12625	293	3626	3516	959
霍州市	9858	7987	146	1725		152
古县	5292	3508	37	1285	462	131
安泽县	6215	4543	108	1157	407	
浮山县	6686	5170	76	1421	19	347
吉县	5661	3700	54	1420	487	73
乡宁县	8593	5798	122	1390	1283	717
蒲县	7019	4868	73	1950	128	700
大宁县	5362	4474	65	722	101	
永和县	4522	3831	39	652		
隰县	7066	3635	96	1262	2073	64
汾西县	6686	4622	142	1311	611	
临汾开发区	401	336	2	63		11
侯马开发区	119	108		1	10	
运城市小计	**181288**	**141979**	**3253**	**35635**	**421**	**5222**
本级	18455	14546	437	3203	269	1413
区县小计	162833	127433	2816	32432	152	3809
盐湖区	16172	12665	347	3160		454
永济市	13689	10680	250	2730	29	990
芮城县	11709	8366	152	3191		479
临猗县	15265	12136	130	2999		158
绛县	11621	9654	117	1820	30	129
河津市	15313	12630	164	2519		
新绛县	10943	8242	261	2440		775
垣曲县	10295	8501	176	1618		169
闻喜县	13107	9556	294	3257		7
万荣县	13494	10929	356	2209		401
稷山县	10085	7777	194	2114		247
平陆县	9453	7408	118	1834	93	
夏县	11201	8403	257	2541		
运城经济技术开发区	132	132				
风陵渡开发区	227	227				
华信开发区	127	127				

2009年内蒙古自治区地市县基本数字表

4－5－1　　　　　　　　　　　　　　　　　　　　单位：人

地　　区	财政供养人口					经费自理年末人数
	小计	在职人员	离休人员	退休人员	其他人员	
地市县合计	**1272901**	**882622**	**11965**	**349055**	**29259**	**24259**
呼伦贝尔市小计	**163964**	**99260**	**1701**	**53167**	**9836**	**3752**
本级	44226	23636	592	19352	646	1803
区县小计	119738	75624	1109	33815	9190	1949
海拉尔市	9730	6020	185	3192	333	98
满洲里市	10033	6578	141	2251	1063	198
扎兰屯市	13055	8293	224	3321	1217	234
牙克石市	14150	9761	92	4050	247	79
阿荣旗	11415	6713	72	4128	502	488
莫力达瓦自治旗	11162	7488	63	3137	474	536
根河市	8881	6258	39	1761	823	61
额尔古纳市	6257	3960	24	1543	730	23
鄂伦春自治旗	11518	7819	68	2445	1186	103
新巴尔虎左旗	4442	2425	43	1590	384	
新巴尔虎右旗	4268	2142	40	1381	705	
陈巴尔虎旗	5521	2821	54	2209	437	129
鄂温克自治旗	9306	5346	64	2807	1089	
兴安盟小计	**81223**	**59421**	**511**	**19394**	**1897**	**735**
本级	14100	10505	103	3249	243	720
区县小计	67123	48916	408	16145	1654	15
乌兰浩特市	13590	9354	78	3217	941	
科右前旗	14279	9738	77	4464		
突泉县	11388	8586	122	2580	100	
扎赉特旗	14222	11363	66	2793		
科右中旗	10687	7981	65	2641		
阿尔山市	2957	1894		450	613	15
通辽市小计	**138097**	**101830**	**1020**	**33978**	**1269**	**2262**
本级	20870	14596	281	5143	850	1641
区县小计	117227	87234	739	28835	419	621
科尔沁区	21122	15144	177	5801		
开鲁县	14437	11419	90	2854	74	
科左中旗	15249	11138	112	3999		520
科左后旗	16460	12711	79	3670		58
奈曼旗	17196	14137	113	2946		
库伦旗	9578	7689	77	1812		
扎鲁特旗	14864	11151	81	3632		43
霍林郭勒市	8321	3845	10	4121	345	
锡林郭勒盟小计	**73382**	**52451**	**819**	**18971**	**1141**	**1011**
本级	12661	9192	235	3153	81	654
区县小计	60721	43259	584	15818	1060	357
太仆寺旗	7436	4733	99	2604		
多伦县	5404	3341	56	1778	229	
正蓝旗	5090	3800	44	1003	243	217
正镶白旗	4382	3130	39	1213		

4－5－2

单位:人

地　　区	财政供养人口					经费自理年末人数
	小计	在职人员	离休人员	退休人员	其他人员	
镶黄旗	3160	2324	24	778	34	
苏尼特左旗	3777	2686	41	1050		
西乌珠穆沁旗	5058	3860	55	1143		
东乌珠穆沁旗	6302	4522	48	1201	531	
阿巴嘎旗	3485	2274	46	1165		
锡林浩特市	7743	6041	62	1640		
苏尼特右旗	5598	3662	57	1879		140
二连市	3286	2886	13	364	23	
乌兰察布盟小计	**137437**	**90660**	**1833**	**44944**		**3675**
本级	23620	14314	519	8787		2954
区县小计	113817	76346	1314	36157		721
集宁区	12177	8768	252	3157		515
察右前旗	9994	6051	87	3856		128
察右中旗	8899	6030	90	2779		
察右后旗	9358	6415	106	2837		1
丰镇市	13989	10475	109	3405		
凉城县	10238	7244	105	2889		
兴和县	10126	7398	110	2618		75
卓资县	9091	5873	162	3056		
四子王旗	9982	5379	138	4465		2
商都县	10897	7675	81	3141		
化德县	9066	5038	74	3954		
鄂尔多斯市小计	**100169**	**71303**	**516**	**23485**	**4865**	**1735**
本级	14352	10016	163	3400	773	365
区县小计	85817	61287	353	20085	4092	1370
准格尔旗	14502	9501	59	3521	1421	409
达拉特旗	12682	9450	70	3162		
东胜区	16010	11357	50	2250	2353	116
伊金霍洛旗	10721	8655	59	2007		
鄂托克旗	7891	5703	28	1939	221	40
乌审旗	8437	6018	37	2382		224
杭锦旗	9790	6980	24	2689	97	581
鄂托克前旗	5784	3623	26	2135		
巴彦淖尔盟小计	**107761**	**69851**	**625**	**36727**	**558**	**4607**
本级	22632	15979	222	6142	289	4394
区县小计	85129	53872	403	30585	269	213
磴口县	7092	4330	54	2708		
杭锦后旗	14081	7889	101	6091		
临河市	18496	12520	79	5897		173
五原县	14482	10345	59	4078		
乌拉特前旗	14175	8506	49	5557	63	
乌拉特中旗	9916	5879	49	3988		
乌拉特后旗	6887	4403	12	2266	206	40
阿拉善盟小计	**25852**	**16299**	**110**	**7696**	**1747**	**486**

4－5－3

单位:人

地　　区	财政供养人口					经费自理年末人数
	小计	在职人员	离休人员	退休人员	其他人员	
本级	6536	4815	41	1372	308	208
区县小计	19316	11484	69	6324	1439	278
阿左旗	12370	7211	39	4046	1074	278
阿右旗	4057	2433	15	1432	177	
额济纳旗	2889	1840	15	846	188	
呼和浩特市小计	**107794**	**75538**	**1027**	**29841**	**1388**	**1185**
本级	29447	21464	494	7170	319	1069
区县小计	78347	54074	533	22671	1069	116
土左旗	12411	8656	89	3666		1
托县	7907	5466	34	2407		
赛罕区	12047	8452	52	3487	56	31
新城区	10669	7657	64	2948		25
回民区	7959	5355	60	2544		
玉泉区	7194	4330	40	1909	915	37
和林县	6897	4921	44	1868	64	
武川县	7886	5209	79	2564	34	
清水河县	5377	4028	71	1278		22
包头市小计	**104446**	**67784**	**1161**	**31214**	**4287**	**1440**
本级	37170	25636	641	9386	1507	791
区县小计	67276	42148	520	21828	2780	649
东河区	10923	6589	81	3639	614	412
青山区	10122	6736	85	2718	583	
昆区	13238	8238	85	3780	1135	
石拐区	3527	2201	26	1185	115	
白云区	1390	709	12	432	237	
九原区	5822	3826	54	1854	88	
土右旗	9605	6202	63	3332	8	237
固阳县	6361	3937	59	2365		
达茂旗	6288	3710	55	2523		
乌海市小计	**26134**	**19490**	**131**	**6446**	**67**	**321**
本级	10687	8004	76	2540	67	297
区县小计	15447	11486	55	3906		24
乌达区	5481	3866	24	1591		2
海勃湾区	5974	4571	21	1382		22
海南区	3992	3049	10	933		
赤峰市小计	**206642**	**158735**	**2511**	**43192**	**2204**	**3050**
本级	21046	13464	772	6079	731	2183
区县小计	185596	145271	1739	37113	1473	867
红山区	13943	10892	147	2904		
松山区	16568	13186	126	3256		797
元宝山区	11374	9801	42	1512	19	
阿鲁科尔沁旗	14470	10811	87	3572		66
巴林左旗	14956	12251	146	2559		
巴林右旗	13727	10838	61	2828		4

4－5－4 单位：人

地　　区	财政供养人口					经费自理年末人数
	小计	在职人员	离休人员	退休人员	其他人员	
林西县	14075	11421	132	2522		
克什克腾旗	15590	12518	138	2934		
翁牛特旗	17322	13946	122	3205	49	
喀喇沁旗	16621	12105	450	4066		
宁城县	20411	15288	151	4972		
敖汉旗	16539	12214	137	2783	1405	

2009年辽宁省地市县基本数字表

4－6－1　　　　单位:人

地区	财政供养人口					经费自理年末人数
	小计	在职人员	离休人员	退休人员	其他人员	
地市县合计	**1658964**	**1098221**	**28451**	**511183**	**21109**	**51653**
沈阳市小计	**276534**	**172441**	**4569**	**95824**	**3700**	**5120**
本级	67789	45143	1772	20170	704	2005
区县小计	208745	127298	2797	75654	2996	3115
铁西区	21896	12606	299	8967	24	9
和平区	18847	10262	395	8190		126
沈河区	19649	11164	349	7876	260	98
大东区	17701	9843	255	7490	113	8
皇姑区	20041	11215	291	8535		
苏家屯区	14357	9150	146	5061		347
沈北新区	10653	6646	110	3182	715	146
东陵区	9882	6279	90	3207	306	214
于洪区	12788	7472	99	3734	1483	436
辽中县	14895	9882	167	4846		621
新民市	21977	14530	241	7111	95	323
法库县	15321	10639	212	4470		569
康平县	10738	7610	143	2985		218
大连市小计	**237190**	**139915**	**6197**	**86104**	**4974**	**6303**
本级	79599	49616	3271	26157	555	2978
区县小计	157591	90299	2926	59947	4419	3325
瓦房店市	24979	14252	480	9438	809	
普兰店市	21054	11752	520	8505	277	406
庄河市	23940	14854	196	8448	442	557
长海县	4538	2610	52	1853	23	
金州区	17308	10262	453	6593		1518
旅顺口区	10395	6251	333	3791	20	211
甘井子区	15560	8663	159	4883	1855	12
中山区	11427	5128	269	5422	608	117
西岗区	8229	3788	215	4125	101	7
沙河口区	10677	5836	218	4623		
开发区	7066	5253	9	1785	19	495
高新园区	1906	1184	20	444	258	2
保税区	512	466	2	37	7	
鞍山市小计	**135040**	**89505**	**1995**	**39057**	**4483**	**11214**
本级	32057	22808	887	7410	952	10577
区县小计	102983	66697	1108	31647	3531	637
海城市	34906	24247	259	10400		18
台安县	13024	9469	163	3392		71
岫岩县	17164	12296	336	4532		265
铁东区	11572	5607	130	3623	2212	
铁西区	7808	4468	72	3268		38
立山区	9382	4886	72	3447	977	45
千山区	8150	4931	73	2804	342	200
高新区	491	411		80		

4－6－2 单位：人

地区	财政供养人口					经费自理年末人数
	小计	在职人员	离休人员	退休人员	其他人员	
风景区	486	382	3	101		
抚顺市小计	**99972**	**63974**	**1583**	**34380**	**35**	**899**
本级	33106	21266	890	10915	35	502
区县小计	66866	42708	693	23465		397
抚顺县	9087	6247	63	2777		343
清原县	13057	9592	140	3325		
新宾县	13477	9342	166	3969		
顺城区	7672	4805	72	2795		
新抚区	6756	3825	85	2846		
东洲区	7810	4117	91	3602		
望花区	6845	3506	57	3282		54
抚顺经济开发区	1415	910	13	492		
胜利开发区	747	364	6	377		
本溪市小计	**74256**	**48397**	**1241**	**24618**		**1401**
本级	40131	25895	828	13408		1115
区县小计	34125	22502	413	11210		286
本溪县	10700	7283	120	3297		56
桓仁县	10470	6877	116	3477		186
平山区	4007	2681	56	1270		
明山区	3831	2485	47	1299		
溪湖区	2962	1793	49	1120		
南芬区	2155	1383	25	747		44
丹东市小计	**92813**	**58907**	**2137**	**31769**		**2389**
本级	26696	17585	937	8174		937
区县小计	66117	41322	1200	23595		1452
东港市	20319	11706	348	8265		1063
凤城市	18490	11844	364	6282		157
宽甸县	13013	9005	222	3786		176
振安区	4650	2864	88	1698		
元宝区	3722	2402	85	1235		
振兴区	4596	2631	83	1882		56
合作区	1327	870	10	447		
锦州市小计	**127396**	**83717**	**2540**	**41054**	**85**	**9653**
本级	40008	28395	1097	10516		4212
区县小计	87388	55322	1443	30538	85	5441
凌海市	17264	11031	155	6078		1767
义县	15039	9213	420	5406		786
北镇市	16646	11142	312	5192		1056
黑山县	17821	10580	318	6838	85	1650
古塔区	5196	2878	61	2257		6
凌河区	5291	3216	87	1988		25
太和区	6491	4496	52	1943		
开发区	3640	2766	38	836		151
营口市小计	**92593**	**61428**	**1515**	**28002**	**1648**	**2564**

4－6－3

单位：人

地区	财政供养人口					经费自理年末人数
	小计	在职人员	离休人员	退休人员	其他人员	
本级	25145	16025	702	8294	124	377
区县小计	67448	45403	813	19708	1524	2187
盖州市	22304	14439	353	7512		314
大石桥市	24071	17542	257	6272		
老边区	5448	3906	49	1493		474
站前区	3016	1852	40	1124		
西市区	2852	1770	37	1045		
经济技术开发区	9757	5894	77	2262	1524	1399
阜新市小计	**75196**	**50561**	**1131**	**21723**	**1781**	**1560**
本级	20931	14150	523	5672	586	1008
区县小计	54265	36411	608	16051	1195	552
海州区	5545	3066	47	1850	582	19
细河区	2929	1876	36	867	150	10
太平区	3979	2606	25	1343	5	32
新邱区	2836	1717	23	996	100	140
清河门区	2234	1711	18	493	12	59
高新技术园区	710	231		146	333	
开发区	238	217	1	20		
阜蒙县	20884	14488	234	6156	6	234
彰武县	14910	10499	224	4180	7	58
辽阳市小计	**68529**	**44934**	**1204**	**21249**	**1142**	**2424**
本级	25939	16961	649	7323	1006	1520
区县小计	42590	27973	555	13926	136	904
辽阳县	13047	8621	162	4264		119
灯塔市	12997	9009	165	3823		211
太子河区	2504	1467	32	871	134	102
弓长岭区	3250	2204	13	1033		42
白塔区	2789	1557	87	1145		48
文圣区	2626	1683	68	875		378
宏伟区	5377	3432	28	1915	2	4
铁岭市小计	**110193**	**79329**	**1559**	**29005**	**300**	**3581**
本级	20874	15032	331	5511		1535
区县小计	89319	64297	1228	23494	300	2046
铁岭县	11296	7541	220	3535		428
开原市	17837	13080	247	4510		514
昌图县	28555	19051	448	8756	300	588
西丰县	12417	9277	175	2965		300
调兵山市	7987	6773	32	1182		114
银州区	5406	3772	77	1557		8
清河区	4684	3849	29	806		85
开发区	1137	954		183		9
朝阳市小计	**123210**	**89762**	**1599**	**31085**	**764**	**1194**
本级	21239	14999	515	5287	438	364
区县小计	101971	74763	1084	25798	326	830

4－6－4　　单位:人

地区	财政供养人口					经费自理年末人数
	小计	在职人员	离休人员	退休人员	其他人员	
北票市	19347	13457	246	5578	66	548
朝阳县	17501	12744	189	4568		27
凌源市	19650	14472	262	4752	164	55
建平县	18380	13595	145	4640		
喀左县	14989	11294	138	3557		200
双塔区	6503	4831	73	1599		
龙城区	5208	4159	30	1019		
开发区	393	211	1	85	96	
盘锦市小计	**56308**	**49238**	**258**	**4665**	**2147**	**2254**
本级	20939	18940	82	1386	531	206
区县小计	35369	30298	176	3279	1616	2048
盘山县	12458	10909	87	1462		103
大洼县	14783	13585	51	1099	48	1945
双台子区	3226	2631	37	558		
兴隆台区	4902	3173	1	160	1568	
葫芦岛市小计	**89734**	**66113**	**923**	**22648**	**50**	**1097**
本级	16659	13423	102	3084	50	45
区县小计	73075	52690	821	19564		1052
兴城市	18058	13575	199	4284		465
绥中县	18782	12951	209	5622		523
建昌县	16323	12289	218	3816		
连山区	13442	9088	183	4171		
南票区	2656	1953	9	694		
龙港区	3814	2834	3	977		64

四、基本数字表

一

2009 年吉林省地市县基本数字表

4－7－1　　　　单位:人

地　区	财政供养人口					经费自理年末人数
	小计	在职人员	离休人员	退休人员	其他人员	
地市县合计	**1180036**	**869723**	**13524**	**292126**	**4663**	**24955**
长春市小计	**277734**	**199939**	**3695**	**73601**	**499**	**9488**
本级	70704	49616	1436	19558	94	6510
区县小计	207030	150323	2259	54043	405	2978
榆树市	39165	29481	397	9287		1096
德惠市	30097	23360	282	6369	86	292
农安县	34053	25451	191	8411		4
九台市	31181	24997	389	5690	105	877
南关区	11184	5808	271	5105		54
宽城区	10670	6230	136	4304		10
朝阳区	11786	7352	196	4165	73	127
二道区	10864	6592	131	4071	70	100
绿园区	8825	6069	95	2661		
双阳区	19205	14983	171	3980	71	418
吉林市小计	**184404**	**128316**	**2322**	**53386**	**380**	**3313**
本级	55909	38201	1033	16468	207	1892
区县小计	128495	90115	1289	36918	173	1421
永吉县	11260	7308	146	3806		68
蛟河市	17141	13106	203	3832		217
舒兰市	19534	13680	178	5649	27	503
磐石市	20947	15128	198	5621		169
桦甸市	20351	16069	117	4019	146	130
昌邑区	12249	7575	133	4541		
船营区	10537	6299	134	4104		114
丰满区	6917	4656	94	2167		37
龙潭区	9559	6294	86	3179		183
四平市小计	**128872**	**97017**	**1417**	**30386**	**52**	**2288**
本级	25063	18639	446	5978		1225
区县小计	103809	78378	971	24408	52	1063
梨树县	25665	19542	239	5884		257
双辽市	17976	14540	155	3281		153
伊通县	15509	11715	173	3621		5
公主岭市	29150	21144	247	7707	52	587
铁东区	8675	6316	84	2275		
铁西区	6834	5121	73	1640		61
辽源市小计	**56655**	**41623**	**535**	**14497**		**1320**
本级	18070	13065	194	4811		313
区县小计	38585	28558	341	9686		1007
东丰县	16626	12607	183	3836		1007
东辽县	14078	10449	86	3543		
龙山区	4430	3232	28	1170		
西安区	3451	2270	44	1137		
通化市小计	**106180**	**80095**	**1431**	**24498**	**156**	**2461**
本级	21465	15269	475	5565	156	251

4－7－2　　　　单位：人

地　　区	财政供养人口					经费自理年末人数
	小计	在职人员	离休人员	退休人员	其他人员	
区县小计	84715	64826	956	18933		2210
通化县	10233	7481	96	2656		133
集安市	9916	7199	128	2589		70
柳河县	12786	9690	158	2938		661
辉南县	14655	12052	154	2449		24
梅河口市	24916	18926	294	5696		1304
东昌区	6361	4872	85	1404		
二道江区	5848	4606	41	1201		18
白山市小计	**71472**	**52779**	**472**	**16948**	**1273**	**2174**
本级	13627	9420	161	3273	773	597
区县小计	57845	43359	311	13675	500	1577
抚松县	15437	11508	87	3842		197
靖宇县	10258	8452	64	1742		214
长白县	6256	5129	74	1053		86
临江市	8618	5948	31	2639		379
江源区	9391	6737	31	2295	328	697
八道江区	7885	5585	24	2104	172	4
白城市小计	**115443**	**89681**	**1136**	**24626**		**2**
本级	20124	15435	286	4403		2
区县小计	95319	74246	850	20223		
洮南市	20905	16273	178	4454		
大安市	22392	17612	240	4540		
镇赉县	17288	13967	81	3240		
通榆县	19303	15568	189	3546		
洮北区	15431	10826	162	4443		
松原市小计	**123364**	**101469**	**1044**	**20728**	**123**	**754**
本级	20618	18087	306	2225		532
区县小计	102746	83382	738	18503	123	222
前郭县	23882	19347	201	4334		144
长岭县	27196	21532	182	5482		
乾安县	18703	16006	110	2587		17
扶余县	19142	15586	95	3461		
宁江区	13823	10911	150	2639	123	61
延边朝鲜族自治州小计	**112411**	**75919**	**1468**	**32844**	**2180**	**3155**
本级	14588	9019	374	5181	14	1149
区县小计	97823	66900	1094	27663	2166	2006
延吉市	18535	11224	237	5778	1296	642
图们市	7191	4726	80	2385		
龙井市	9237	6164	164	2661	248	29
和龙市	10812	7417	90	3143	162	233
汪清县	11277	7538	140	3519	80	9
安图县	9812	7496	93	2148	75	109
珲春市	12635	8678	158	3799		780
敦化市	18324	13657	132	4230	305	204

4－7－3

单位:人

地　　区	财政供养人口					经费自理年末人数
	小计	在职人员	离休人员	退休人员	其他人员	
长白山管委会小计	**3501**	**2885**	**4**	**612**		
本级	3501	2885	4	612		

2009 年黑龙江省地市县基本数字表

4－8－1　　　　单位:人

地　区	财政供养人口					经费自理年末人数
	小计	在职人员	离休人员	退休人员	其他人员	
地市县合计	**1372615**	**927889**	**21040**	**414050**	**9636**	**39325**
哈尔滨市小计	**351787**	**237293**	**5741**	**104794**	**3959**	**10187**
本级	68720	46862	1919	18549	1390	2956
区县小计	283067	190431	3822	86245	2569	7231
阿城市	19730	13424	195	5590	521	40
宾县	16710	11702	165	4574	269	436
方正县	10575	7953	157	2465		1080
依兰县	13634	10643	374	2617		545
巴彦县	19846	13844	79	5892	31	735
木兰县	10480	7255	180	3045		8
通河县	13179	10237	286	2656		1845
延寿县	10429	7556	135	2738		2382
双城市	21186	14658	259	6269		75
五常市	20648	14695	213	5740		
尚志市	15878	11002	201	4675		
道里区	18345	10967	291	7087		
南岗区	20786	12385	324	6749	1328	53
道外区	22848	13223	317	9308		17
平房区	5592	3392	61	2108	31	4
松北区	3732	2592	22	1032	86	
香坊区	21151	12429	299	8423		
呼兰区	18318	12474	264	5277	303	11
齐齐哈尔市小计	**192708**	**120595**	**3383**	**68211**	**519**	**3048**
本级	32521	18831	1021	12272	397	1822
区县小计	160187	101764	2362	55939	122	1226
龙江县	14507	8680	149	5556	122	68
讷河县	15986	11506	171	4309		47
依安县	13281	8298	145	4838		218
泰来县	10362	6021	187	4154		171
甘南县	10040	7134	56	2850		60
富裕县	9509	6872	90	2547		25
克山县	15193	10464	542	4187		283
克东县	10003	6817	203	2983		123
拜泉县	13831	8088	251	5492		
龙沙区	9031	4933	110	3988		
建华区	7945	4429	96	3420		
铁锋区	9407	5381	131	3895		3
富拉尔基区	9781	5752	88	3941		
昂昂溪区	3240	2150	40	1050		81
梅里斯达斡尔族区	4800	3165	75	1560		42
碾子山区	3271	2074	28	1169		105
牡丹江市小计	**113315**	**79170**	**1836**	**32309**		**925**
本级	42508	31145	997	10366		234
区县小计	70807	48025	839	21943		691

4－8－2　　　　单位：人

地区	财政供养人口					经费自理年末人数
	小计	在职人员	离休人员	退休人员	其他人员	
林口县	11287	7482	124	3681		
穆棱市	12656	7880	128	4648		351
东宁县	8064	5744	51	2269		
宁安县	13942	10869	181	2892		214
海林市	10836	6678	156	4002		
绥芬河市	3939	3107	30	802		120
东安区	2390	1446	53	891		
西安区	2999	2038	54	907		
爱民区	2392	1390	39	963		6
阳明区	2302	1391	23	888		
佳木斯市小计	**109133**	**71309**	**2552**	**35272**		**4457**
本级	31705	18079	1369	12257		2737
区县小计	77428	53230	1183	23015		1720
桦南县	14809	10744	108	3957		327
桦川县	8657	5751	150	2756		33
汤原县	10397	7733	360	2304		
抚远县	5757	4304	68	1385		550
富锦市	16615	10147	201	6267		46
同江市	9286	6875	161	2250		404
东风区	1598	1082	26	490		
前进区	1563	1035	27	501		173
向阳区	2255	1432	25	798		
郊区	6491	4127	57	2307		187
鸡西市小计	**68401**	**44199**	**934**	**22591**	**677**	**4920**
本级	18056	12959	295	4707	95	3278
区县小计	50345	31240	639	17884	582	1642
鸡东县	11841	7876	139	3826		220
密山市	14228	8242	151	5835		153
虎林市	8485	5431	178	2294	582	1125
鸡冠区	3211	2117	40	1054		
恒山区	3529	2063	46	1420		
滴道区	2794	1617	27	1150		67
城子河区	3164	1918	27	1219		77
梨树区	2046	1302	14	730		
麻山区	1047	674	17	356		
鹤岗市小计	**42497**	**29398**	**461**	**12301**	**337**	**2178**
本级	23973	16415	209	7163	186	1537
区县小计	18524	12983	252	5138	151	641
萝北县	7467	5163	118	2186		6
绥滨县	7130	5373	68	1689		635
南山区	674	435	14	225		
向阳区	486	304	16	166		
工农区	420	284	11	125		
兴山区	479	234	8	158	79	

4－8－3 单位：人

地区	财政供养人口					经费自理年末人数
	小计	在职人员	离休人员	退休人员	其他人员	
东山区	1268	842	17	409		
兴安区	600	348		180	72	
双鸭山市小计	**61910**	**44494**	**770**	**16646**		**1422**
本级	23039	17021	229	5789		252
区县小计	38871	27473	541	10857		1170
集贤县	10333	7318	107	2908		306
宝清县	12050	8744	171	3135		619
友谊县	5171	3299	36	1836		139
饶河县	7146	4753	182	2211		106
尖山区	649	470	14	165		
岭东区	1606	1299	18	289		
四方台区	811	631	7	173		
宝山区	1105	959	6	140		
七台河市小计	**30517**	**21058**	**352**	**8484**	**623**	**1013**
本级	11557	8771	137	2649		1013
区县小计	18960	12287	215	5835	623	
勃利县	12598	7698	193	4084	623	
新兴区	2167	1438	12	717		
桃山区	1412	946	1	465		
茄子河区	2783	2205	9	569		
黑河市小计	**67434**	**45136**	**999**	**21299**		**1759**
本级	10807	7585	171	3051		191
区县小计	56627	37551	828	18248		1568
北安市	14192	9913	281	3998		230
嫩江县	12004	9159	48	2797		85
五大连池市	8490	5561	116	2813		204
逊克县	6648	3630	87	2931		
孙吴县	7157	3952	159	3046		1049
爱辉区	8136	5336	137	2663		
伊春市小计	**41607**	**30245**	**675**	**10687**		**1230**
本级	26353	20053	477	5823		185
区县小计	15254	10192	198	4864		1045
铁力市	10758	7006	151	3601		
嘉荫县	4496	3186	47	1263		1045
大庆市小计	**103979**	**73328**	**672**	**26466**	**3513**	**1444**
本级	35467	24953	173	8819	1522	930
区县小计	68512	48375	499	17647	1991	514
林甸县	8061	5839	35	2187		171
肇州县	12766	8208	108	3612	838	24
肇源县	13111	9073	110	3406	522	47
杜尔伯特蒙古族自治县	8830	6545	66	2219		272
萨尔图区	5980	4222	77	1681		
让胡路区	4683	3486	23	1174		
龙凤区	3925	2897	27	1001		

4－8－4　　　　　　　　　　　　　　　　　　　　　　　　　　单位:人

地　　区	财政供养人口					经费自理年末人数
	小计	在职人员	离休人员	退休人员	其他人员	
红岗区	3375	1992	14	743	626	
大同区	7781	6113	39	1624	5	
大兴安岭地区小计	**16862**	**11028**	**179**	**5647**	**8**	**259**
本级	4930	3039	102	1789		64
区县小计	11932	7989	77	3858	8	195
加格达奇区	4991	3359	41	1591		28
呼玛县	3858	2689	31	1138		
塔河县	1275	917	3	347	8	167
漠河县	1808	1024	2	782		
绥化市小计	**172465**	**120636**	**2486**	**49343**		**6483**
本级	15330	12003	294	3033		703
区县小计	157135	108633	2192	46310		5780
安达市	14960	10127	294	4539		1040
肇东市	22411	16364	404	5643		790
兰西县	13179	9022	201	3956		323
青冈县	12680	8544	126	4010		27
明水县	11686	8083	107	3496		285
海伦市	22001	14528	272	7201		2154
望奎县	14564	10198	137	4229		513
绥棱县	11836	8807	265	2764		352
庆安县	14569	9777	134	4658		32
北林区	19249	13183	252	5814		264

2009 年上海市区县基本数字表

4－9　　　　单位：人

地　　区	财政供养人口					经费自理年末人数
	小计	在职人员	离休人员	退休人员	其他人员	
区县合计	**640410**	**358219**	**5550**	**237355**	**39286**	**29792**
黄浦区	39858	16595	466	22539	258	628
卢湾区	22172	9514	356	11510	792	261
徐汇区	34920	18177	566	15000	1177	403
长宁区	31630	15569	404	12980	2677	550
普陀区	32620	17657	241	12491	2231	5619
静安区	21084	10147	309	10417	211	2620
闸北区	33193	16289	316	14444	2144	1052
虹口区	36742	16354	352	17410	2626	637
杨浦区	35805	18646	332	14042	2785	5334
宝山区	34976	22044	318	11355	1259	1107
闵行区	41035	26058	495	10565	3917	1278
嘉定区	25919	15694	139	8464	1622	775
浦东新区	82604	48764	398	24177	9265	1143
金山区	29015	16352	116	10587	1960	2060
松江区	27080	17391	237	8475	977	380
青浦区	23750	15914	122	6787	927	420
南汇区	32373	19602	145	9373	3253	2546
奉贤区	29527	20961	100	7693	773	1093
崇明县	26107	16491	138	9046	432	1886

四、基本数字表

2009年江苏省地市县基本数字表

4－10－1　　　　　　　　　　　　　　　　　　　　　　　　单位：人

地　　区	财政供养人口					经费自理年末人数
	小计	在职人员	离休人员	退休人员	其他人员	
地市县合计	**2208830**	**1509177**	**27267**	**584543**	**87843**	**157917**
南京市小计	**229417**	**144245**	**3711**	**69259**	**12202**	**11660**
本级	64228	41750	1395	15071	6012	6552
区县小计	165189	102495	2316	54188	6190	5108
玄武区	11744	6031	319	5074	320	51
白下区	14795	7152	372	7160	111	293
秦淮区	7807	4230	140	3102	335	199
建邺区	6797	4603	74	2009	111	6
鼓楼区	13404	6640	291	5240	1233	4
下关区	7940	4670	171	3066	33	
浦口区	16949	10950	167	5322	510	678
栖霞区	9108	5193	86	3092	737	398
雨花台区	5493	3857	137	1458	41	1046
江宁区	24978	16634	155	6393	1796	362
六合区	21541	14185	178	6574	604	1623
溧水县	11704	8470	113	2843	278	209
高淳县	12929	9880	113	2855	81	239
无锡市小计	**161616**	**111863**	**1119**	**41954**	**6680**	**14301**
本级	36730	26939	483	8645	663	4671
区县小计	124886	84924	636	33309	6017	9630
崇安区	5760	4021	53	1628	58	125
南长区	5613	3684	28	1859	42	484
北塘区	6908	3491	45	2828	544	1033
锡山区	12872	9022	87	3385	378	527
惠山区	13662	8364	93	3779	1426	786
滨湖区	12730	8802	54	3276	598	1031
江阴市	38375	27714	136	8515	2010	4842
宜兴市	28966	19826	140	8039	961	802
徐州市小计	**251138**	**182945**	**3459**	**62366**	**2368**	**16729**
本级	46620	31659	1245	13246	470	3297
区县小计	204518	151286	2214	49120	1898	13432
鼓楼区	4663	2874	67	1722		142
云龙区	6308	4114	95	2099		954
九里区	3052	2423	22	607		409
贾汪区	12006	9381	61	2562	2	334
泉山区	4429	3118	9	1302		798
丰县	26336	19318	383	6635		1433
沛县	32567	22385	337	8139	1706	3021
铜山县	27868	20164	394	7310		734
睢宁县	26660	19798	334	6528		327
新沂市	24023	19427	217	4341	38	1366
邳州市	36606	28284	295	7875	152	3914
常州市小计	**117933**	**78486**	**1134**	**34695**	**3618**	**23562**
本级	26890	15991	517	8247	2135	10738

4－10－2 单位：人

地区	财政供养人口					经费自理年末人数
	小计	在职人员	离休人员	退休人员	其他人员	
区县小计	91043	62495	617	26448	1483	12824
天宁区	6805	3778	61	2532	434	
钟楼区	6514	3779	52	2112	571	894
戚墅堰区	2427	1387	19	918	103	222
新北区	8244	5891	20	2264	69	1857
武进区	28560	20358	228	7934	40	8633
溧阳市	20796	15300	123	5163	210	362
金坛市	17697	12002	114	5525	56	856
苏州市小计	**240593**	**151630**	**1937**	**60750**	**26276**	**21836**
本级	51156	31342	891	13092	5831	4881
区县小计	189437	120288	1046	47658	20445	16955
沧浪区	5684	2195	63	2507	919	1131
平江区	4945	2105	36	1848	956	422
金阊区	5451	2239	30	1838	1344	205
虎丘区	6905	4834	23	1621	427	680
吴中区	17764	12438	144	4025	1157	1567
相城区	10166	7147	18	1970	1031	317
常熟市	36534	21277	226	10676	4355	5389
张家港市	27946	19198	96	6677	1975	1186
昆山市	26776	19034	131	5865	1746	4105
吴江市	25631	17455	167	6132	1877	412
太仓市	21635	12366	112	4499	4658	1541
南通市小计	**217802**	**140196**	**3550**	**67097**	**6959**	**5106**
本级	28793	19945	779	7697	372	1623
区县小计	189009	120251	2771	59400	6587	3483
崇川区	9998	5825	119	2919	1135	358
港闸区	4577	2633	43	1676	225	203
海安县	25676	16479	380	6682	2135	
如东县	29270	18758	528	9431	553	868
启东市	28000	16765	422	9888	925	270
如皋市	31731	21660	487	9125	459	1178
通州区	32167	19979	446	10587	1155	351
海门市	27590	18152	346	9092		255
连云港市小计	**120248**	**90253**	**1466**	**26198**	**2331**	**11047**
本级	24672	18270	519	5077	806	1951
区县小计	95576	71983	947	21121	1525	9096
连云区	3749	2696	28	1014	11	277
新浦区	7232	4868	93	2077	194	548
海州区	5342	3877	60	1287	118	45
赣榆县	23022	18321	257	4288	156	4157
东海县	21283	16093	190	4437	563	2612
灌云县	19082	13926	203	4895	58	278
灌南县	15866	12202	116	3123	425	1179
淮安市小计	**145441**	**102147**	**1790**	**37012**	**4492**	**8122**

4-10-3

单位:人

地　　区	财政供养人口					经费自理年末人数
	小计	在职人员	离休人员	退休人员	其他人员	
本级	24838	17946	378	5115	1399	2424
区县小计	120603	84201	1412	31897	3093	5698
清河区	4389	3201	73	1011	104	181
楚州区	24758	17726	234	6199	599	1101
淮阴区	21787	13562	274	6667	1284	290
清浦区	5630	3776	92	1511	251	70
涟水县	25049	17041	354	7360	294	512
洪泽县	10880	7422	138	2998	322	213
盱眙县	16337	12660	111	3383	183	3331
金湖县	11773	8813	136	2768	56	
盐城市小计	**213869**	**151119**	**2666**	**54471**	**5613**	**12677**
本级	18248	14405	266	3084	493	4623
区县小计	195621	136714	2400	51387	5120	8054
亭湖区	13164	9624	99	2726	715	66
盐都区	20732	14683	358	5196	495	275
响水县	15102	11237	154	3674	37	97
滨海县	25107	17211	281	7191	424	626
阜宁县	26725	18089	338	6811	1487	651
射阳县	24225	17690	338	6049	148	355
建湖县	24005	16762	272	6049	922	968
东台市	24704	16507	279	7254	664	4513
大丰市	21857	14911	281	6437	228	503
扬州市小计	**139504**	**94399**	**1450**	**37071**	**6584**	**11422**
本级	26206	16456	531	7252	1967	2656
区县小计	113298	77943	919	29819	4617	8766
广陵区	5467	3251	93	2023	100	341
邗江区	13164	8034	118	4737	275	2213
维扬区	3435	2537	29	757	112	623
宝应县	25115	18992	188	5466	469	752
仪征市	14299	10101	147	3536	515	323
高邮市	22868	13753	181	6224	2710	1180
江都市	28950	21275	163	7076	436	3334
镇江市小计	**104358**	**69988**	**1269**	**28653**	**4448**	**8562**
本级	26069	17412	634	7586	437	2875
区县小计	78289	52576	635	21067	4011	5687
京口区	5306	2945	63	1523	775	989
润州区	5335	2707	41	1601	986	972
丹徒区	11098	7549	136	3082	331	940
丹阳市	25225	17166	201	7496	362	1093
扬中市	11993	8683	63	2969	278	720
句容市	19332	13526	131	4396	1279	973
泰州市小计	**137112**	**95297**	**1618**	**35687**	**4510**	**9321**
本级	17044	12137	129	2888	1890	1068
区县小计	120068	83160	1489	32799	2620	8253

4－10－4　　　　单位:人

地区	财政供养人口					经费自理年末人数
	小计	在职人员	离休人员	退休人员	其他人员	
海陵区	10601	7057	147	3012	385	659
高港区	5732	4296	26	1291	119	305
兴化市	31777	22908	359	7688	822	3000
靖江市	21179	14469	267	5443	1000	2246
泰兴市	30310	20254	419	9410	227	986
姜堰市	20469	14176	271	5955	67	1057
宿迁市小计	**129799**	**96609**	**2098**	**29330**	**1762**	**3572**
本级	9278	7462	28	779	1009	2478
区县小计	120521	89147	2070	28551	753	1094
宿城区	14281	10614	297	3370		296
宿豫区	17641	13133	370	4138		551
沭阳县	37279	26659	949	9660	11	39
泗阳县	24236	17463	276	6046	451	172
泗洪县	27084	21278	178	5337	291	36

四、基本数字表

2009年浙江省地市县基本数字表

4－11－1　　　　单位：人

地区	财政供养人口					经费自理年末人数
	小计	在职人员	离休人员	退休人员	其他人员	
地市县合计	**1397737**	**1011724**	**12091**	**355351**	**18571**	**100389**
杭州市小计	**224737**	**158057**	**2213**	**60171**	**4296**	**21591**
本级	52762	33402	980	15594	2786	5471
区县小计	171975	124655	1233	44577	1510	16120
富阳市	20548	15284	162	5091	11	1150
桐庐县	11816	8375	78	3363		183
临安市	13009	9322	117	3570		347
建德市	11388	7634	110	3644		3021
淳安县	13704	9840	96	3401	367	467
上城区	9658	5598	142	3918		
下城区	10059	6246	92	3721		507
江干区	8624	6180	55	2389		814
拱墅区	8214	5361	75	2778		82
西湖区	11194	7953	72	3169		1812
滨江区	2495	1964	3	279	249	555
萧山区	29790	23101	135	6550	4	1693
余杭区	15962	14350	80	1450	82	2788
开发区	2131	1239	1	94	797	
西湖风景名胜区	3335	2160	15	1160		2701
临平工业园区	48	48				
嘉兴市小计	**88672**	**60862**	**804**	**26207**	**799**	**18078**
本级	14739	7909	286	6532	12	4012
区县小计	73933	52953	518	19675	787	14066
海宁市	15346	10241	102	5003		2421
桐乡市	14561	10312	97	3957	195	4646
平湖市	12065	8249	72	3163	581	2896
嘉善县	11479	7738	85	3656		1619
海盐县	10726	7511	117	3098		1192
南湖区	5070	4701	26	332	11	590
秀洲区	4686	4201	19	466		702
湖州市小计	**70115**	**49337**	**603**	**20119**	**56**	**5999**
本级	16563	10766	283	5514		3374
区县小计	53552	38571	320	14605	56	2625
长兴县	13640	9930	106	3604		592
德清县	11502	8276	101	3122	3	578
安吉县	13040	9805	68	3167		371
吴兴区	7231	4907	32	2292		579
南浔区	7423	5121	13	2236	53	505
湖州经济开发区	716	532		184		
舟山市小计	**41711**	**30016**	**450**	**11245**		**1132**
本级	13619	9377	242	4000		776
区县小计	28092	20639	208	7245		356
岱山县	6868	4910	53	1905		92
嵊泗县	4649	3441	33	1175		31

4－11－2　　　　　　　　　　　　　　　　　　　　　　　　　　单位：人

地　　区	财政供养人口					经费自理年末人数
	小计	在职人员	离休人员	退休人员	其他人员	
定海区	7211	5499	72	1640		20
普陀区	9364	6789	50	2525		213
金华市小计	**134618**	**95479**	**940**	**35988**	**2211**	**4079**
本级	19792	12967	310	4778	1737	1259
区县小计	114826	82512	630	31210	474	2820
兰溪市	14824	10415	80	4309	20	577
永康市	15309	10832	116	4361		311
武义县	10259	6899	71	3197	92	295
东阳市	19906	13936	98	5872		509
磐安县	6293	4614	12	1305	362	112
义乌市	21367	16563	102	4702		359
浦江县	10175	7443	45	2687		227
金东区	5564	3969	24	1571		
婺城区	9383	6337	81	2965		96
开发区	1746	1504	1	241		334
绍兴市小计	**119087**	**86591**	**725**	**30548**	**1223**	**8282**
本级	18418	14512	175	3484	247	3274
区县小计	100669	72079	550	27064	976	5008
绍兴县	20687	15359	123	4400	805	1653
上虞市	18917	13956	83	4878		897
嵊州市	17633	12224	106	5303		582
新昌县	13045	8695	81	4244	25	400
诸暨市	23541	17256	131	6008	146	1430
绍兴市越城区	6846	4589	26	2231		46
温州市小计	**212626**	**162929**	**2198**	**47036**	**463**	**6188**
本级	33436	24850	574	7860	152	909
区县小计	179190	138079	1624	39176	311	5279
平阳县	20026	15539	234	4253		1079
苍南县	25393	21068	106	4219		528
瑞安市	28187	21753	276	6158		754
永嘉县	20242	15170	231	4680	161	631
乐清市	30009	23043	311	6655		917
文成县	10841	7365	193	3224	59	291
泰顺县	10498	8052	82	2364		175
洞头县	3650	3262	20	368		154
鹿城区	12703	8366	92	4245		66
瓯海区	10303	8144	68	2000	91	324
龙湾区	7036	6045	9	982		352
开发区	302	272	2	28		8
台州市小计	**145124**	**106188**	**1042**	**36016**	**1878**	**10697**
本级	12852	9576	134	2183	959	1521
区县小计	132272	96612	908	33833	919	9176
临海市	22490	15750	195	6545		925
温岭市	22016	15749	125	6142		3968

4－11－3　　　　单位：人

地　区	财政供养人口					经费自理年末人数
	小计	在职人员	离休人员	退休人员	其他人员	
玉环县	11250	8744	145	2361		1989
三门县	10860	8420	65	2303	72	379
仙居县	12747	9123	119	3505		232
天台县	14833	11251	71	3511		851
椒江区	13438	9615	58	2918	847	139
黄岩区	15423	10578	109	4736		517
路桥区	9215	7382	21	1812		176
丽水市小计	**93367**	**69389**	**1007**	**22957**	**14**	**1725**
本级	14459	11413	186	2846	14	536
区县小计	78908	57976	821	20111		1189
缙云县	12317	8640	129	3548		247
景宁县	6474	4839	47	1588		80
莲都区	7796	5106	148	2542		12
龙泉市	9196	7016	79	2101		262
青田县	12316	8939	132	3245		362
庆元县	8164	6875	70	1219		87
松阳县	8588	6241	50	2297		116
遂昌县	8594	6371	102	2121		
云和县	5463	3949	64	1450		23
衢州市小计	**72264**	**52162**	**721**	**18829**	**552**	**4630**
本级	12615	9542	122	2876	75	2078
区县小计	59649	42620	599	15953	477	2552
龙游县	10099	7292	113	2694		439
常山县	10855	7915	87	2832	21	427
江山市	14378	10070	141	3902	265	800
开化县	10664	7875	155	2575	59	411
柯城区	5905	4030	31	1728	116	455
衢江区	7748	5438	72	2222	16	20
宁波市小计	**195416**	**140714**	**1388**	**46235**	**7079**	**17988**
本级	36783	26437	647	9283	416	4614
区县小计	158633	114277	741	36952	6663	13374
慈溪市	28926	17989	94	6036	4807	2784
余姚市	22339	15778	156	6405		640
奉化市	13467	9637	88	3695	47	661
象山县	14734	11171	44	3502	17	426
宁海县	12860	11243	74	1541	2	3432
鄞州区	21891	16024	80	5290	497	918
镇海区	8725	6053	84	2342	246	2045
北仑区	10046	7604	16	2250	176	792
江东区	6691	5021	27	1267	376	589
江北区	7336	5471	34	1813	18	411
海曙区	8614	5888	41	2437	248	626
开发区						
大榭开发区	718	631			87	

4－11－4　　单位：人

地　区	财政供养人口					经费自理年末人数
	小计	在职人员	离休人员	退休人员	其他人员	
宁波保税区	229	224		3	2	
东钱湖区	1181	763	3	275	140	50
高新开发区	876	780		96		

四、基本数字表

2009 年安徽省地市县基本数字表

4－12－1　　单位：人

地　　区	财政供养人口					经费自理年末人数
	小计	在职人员	离休人员	退休人员	其他人员	
地市县合计	**1557377**	**1084897**	**17240**	**416156**	**39084**	**56329**
宣城市小计	**79437**	**53595**	**831**	**23872**	**1139**	**1425**
本级	7213	4739	207	1994	273	547
区县小计	72224	48856	624	21878	866	878
宣州区	16612	11031	139	4954	488	
郎溪县	9353	6518	61	2774		
广德县	12881	8801	97	3858	125	76
宁国市	11533	7970	92	3471		
泾县	9888	6675	109	3002	102	703
旌德县	5504	3837	46	1529	92	99
绩溪县	6453	4024	80	2290	59	
宿州市小计	**130146**	**92626**	**1782**	**32598**	**3140**	**1866**
本级	13468	9105	258	2943	1162	722
区县小计	116678	83521	1524	29655	1978	1144
埇桥区	33047	23464	428	8829	326	224
砀山县	20855	13614	382	5296	1563	191
萧县	24901	17854	361	6680	6	161
灵璧县	21255	16016	211	4945	83	546
泗县	16620	12573	142	3905		22
滁州市小计	**111230**	**77212**	**1315**	**30102**	**2601**	**5085**
本级	18292	12203	384	4810	895	952
区县小计	92938	65009	931	25292	1706	4133
琅琊区	3395	2349	78	949	19	35
南谯区	5670	3920	52	1646	52	
天长市	15678	10633	185	3990	870	943
来安县	12504	8750	94	3512	148	347
全椒县	11407	7538	104	3450	315	704
定远县	16957	12732	144	4026	55	219
凤阳县	15036	10732	146	3940	218	562
明光市	12291	8355	128	3779	29	1323
池州市小计	**41550**	**30571**	**294**	**9748**	**937**	**1475**
本级	6392	4765	30	1264	333	685
区县小计	35158	25806	264	8484	604	790
贵池区	11372	8351	81	2701	239	290
石台县	4660	3452	42	1090	76	73
青阳县	7251	5090	81	1886	194	
东至县	11875	8913	60	2807	95	427
阜阳市小计	**185546**	**130904**	**1823**	**49505**	**3314**	**4124**
本级	20403	15147	421	2922	1913	
区县小计	165143	115757	1402	46583	1401	4124
颍州区	14082	9882	146	4034	20	59
颍泉区	12616	9236	118	3262		
颍东区	12881	8989	113	3459	320	
临泉县	26687	18255	213	8219		1704

4－12－2　　　　　　　　　　　　　　　　　　　　　　　　单位:人

地　区	财政供养人口					经费自理年末人数
	小计	在职人员	离休人员	退休人员	其他人员	
太和县	29776	21922	246	7608		504
颍上县	26268	17362	193	8558	155	491
阜南县	25549	18987	202	6160	200	450
界首市	17284	11124	171	5283	706	916
六安市小计	**144898**	**102611**	**1534**	**38166**	**2587**	**5576**
本级	15066	10569	290	3497	710	2606
区县小计	129832	92042	1244	34669	1877	2970
金安区	15955	11382	279	4261	33	120
裕安区	17199	12033	183	4826	157	403
寿县	24228	17425	219	6449	135	837
霍邱县	25597	17674	225	6953	745	1441
舒城县	19608	13816	134	5039	619	157
金寨县	15303	10621	141	4541		
霍山县	11942	9091	63	2600	188	12
巢湖市小计	**93614**	**65812**	**881**	**26054**	**867**	**6490**
本级	8359	5592	188	2579		2488
区县小计	85255	60220	693	23475	867	4002
居巢区	13626	8828	167	4332	299	1294
庐江县	21335	15350	120	5810	55	596
含山县	10976	8022	99	2855		71
和县	13275	9560	99	3466	150	500
无为县	26043	18460	208	7012	363	1541
合肥市小计	**114911**	**77684**	**1458**	**31212**	**4557**	**8363**
本级	34002	20858	841	9782	2521	6556
区县小计	80909	56826	617	21430	2036	1807
瑶海区	6287	4353	62	1771	101	375
庐阳区	7037	3741	56	1918	1322	84
蜀山区	4490	3370	36	696	388	265
包河区	6487	4409	55	2023		25
肥东县	23844	17269	160	6415		
长丰县	15379	11420	57	3884	18	61
肥西县	17385	12264	191	4723	207	997
蚌埠市小计	**83292**	**54547**	**1086**	**24937**	**2722**	**3337**
本级	22030	14381	493	6743	413	981
区县小计	61262	40166	593	18194	2309	2356
龙子湖区	3710	2223	31	1456		1
蚌山区	3300	1947	29	1299	25	
禹会区	3428	1836	24	1329	239	127
淮上区	2412	1573	20	773	46	135
怀远县	21806	15029	160	5096	1521	15
固镇县	13291	8704	121	4178	288	1491
五河县	13315	8854	208	4063	190	587
淮南市小计	**62741**	**44434**	**666**	**16289**	**1352**	**1478**
本级	22993	16673	422	5675	223	1345

4－12－3 单位:人

地　　区	财政供养人口					经费自理年末人数
	小计	在职人员	离休人员	退休人员	其他人员	
区县小计	39748	27761	244	10614	1129	133
田家庵区	6575	3991	22	1840	722	
大通区	3496	2389	47	973	87	
谢家集区	5211	3276	18	1917		
八公山区	2911	1704		1061	146	
潘集区	6807	5475	36	1257	39	
凤台县	14748	10926	121	3566	135	133
铜陵市小计	**27717**	**18172**	**252**	**6669**	**2624**	**1161**
本级	13753	9128	175	3242	1208	958
区县小计	13964	9044	77	3427	1416	203
铜官山区	2934	1464	12	693	765	135
狮子山区	971	722	3	245	1	2
郊区	1413	897	2	320	194	
铜陵县	8646	5961	60	2169	456	66
马鞍山市小计	**35074**	**23627**	**391**	**9606**	**1450**	**1619**
本级	18108	10944	261	6139	764	1304
区县小计	16966	12683	130	3467	686	315
花山区	1740	1405	23	157	155	72
雨山区	2508	1915	20	204	369	
金家庄区	1180	904	14	100	162	
当涂县	11538	8459	73	3006		243
淮北市小计	**55108**	**38320**	**581**	**12730**	**3477**	**1510**
本级	16726	10883	228	3331	2284	1307
区县小计	38382	27437	353	9399	1193	203
相山区	4417	3261	35	904	217	
杜集区	6184	4757	33	1240	154	4
烈山区	5641	4236	44	1296	65	
濉溪县	22140	15183	241	5959	757	199
芜湖市小计	**63273**	**37941**	**770**	**20625**	**3937**	**3966**
本级	21251	11728	486	7600	1437	3643
区县小计	42022	26213	284	13025	2500	323
镜湖区	7139	3398	40	2892	809	55
弋江区	3173	1953	12	984	224	
鸠江区	3294	1616	32	1134	512	5
三山区	1723	1503	2	63	155	
繁昌县	7948	5024	58	2464	402	256
南陵县	9925	6789	79	3057		
芜湖县	8820	5930	61	2431	398	7
安庆市小计	**172347**	**128780**	**1837**	**39287**	**2443**	**3724**
本级	24428	16993	563	6519	353	1388
区县小计	147919	111787	1274	32768	2090	2336
迎江区	2800	1881	25	804	90	176
大观区	4896	2633	25	1193	1045	281
宜秀区	4326	3087	15	891	333	76

4－12－4　　　　单位：人

地　　区	财政供养人口					经费自理年末人数
	小计	在职人员	离休人员	退休人员	其他人员	
怀宁县	22366	18474	181	3711		11
枞阳县	17122	12512	120	3989	501	1180
桐城市	22255	15562	138	6555		
潜山县	16777	13359	138	3280		
太湖县	13619	10597	116	2906		
宿松县	16436	12543	105	3683	105	593
望江县	13755	10632	192	2931		19
岳西县	13567	10507	219	2825	16	
黄山市小计	**55106**	**36030**	**626**	**17558**	**892**	**1054**
本级	9093	5804	176	3024	89	730
区县小计	46013	30226	450	14534	803	324
屯溪区	3525	2173	76	1273	3	
黄山区	6233	4563	79	1483	108	43
徽州区	2966	2003	5	827	131	46
祁门县	6922	4978	63	1825	56	75
黟县	4386	2734	50	1433	169	26
休宁县	8776	5517	71	3158	30	
歙县	13205	8258	106	4535	306	134
亳州市小计	**101387**	**72031**	**1113**	**27198**	**1045**	**4076**
本级	8461	7434	101	926		117
区县小计	92926	64597	1012	26272	1045	3959
谯城区	20948	14372	168	6408		532
涡阳县	25794	18095	364	7035	300	340
蒙城县	23588	16305	228	6325	730	963
利辛县	22596	15825	252	6504	15	2124

四、基本数字表

2009年福建省地市县基本数字表

4－13－1　　　　　　　　　　　　　　　　　　　　　　　　　　单位：人

地区	财政供养人口					经费自理年末人数
	小计	在职人员	离休人员	退休人员	其他人员	
地市县合计	**1170121**	**852708**	**7822**	**291073**	**18518**	**42798**
福州市小计	**182426**	**121333**	**1373**	**56997**	**2723**	**8329**
本级	38616	25815	600	10729	1472	4227
区县小计	143810	95518	773	46268	1251	4102
鼓楼区	6710	3436	87	3187		381
台江区	6528	3505	31	2992		
仓山区	7949	4905	35	2893	116	110
晋安区	6718	4479	42	2197		201
马尾区	5007	3393	13	1323	278	635
琅岐经济区	915	670	1	244		
保税区	52	26		4	22	
闽侯县	14373	9104	60	5059	150	292
长乐市	14462	10246	55	4068	93	934
福清市	25582	17494	156	7708	224	599
连江县	14096	9512	63	4511	10	253
罗源县	7927	5474	51	2373	29	164
闽清县	10998	7411	44	3483	60	420
永泰县	10867	7854	42	2971		51
平潭县	11626	8009	93	3255	269	62
三明市小计	**116651**	**88112**	**846**	**27038**	**655**	**3684**
本级	13547	9635	192	3616	104	1668
区县小计	103104	78477	654	23422	551	2016
三元区	3864	2848	27	989		303
梅列区	3314	2424	11	879		48
永安市	10906	7698	82	2825	301	212
宁化县	12466	9515	81	2870		308
大田县	13822	11428	71	2323		111
清流县	7359	5660	45	1654		
明溪县	6112	4643	41	1428		43
尤溪县	14537	11251	50	3129	107	423
沙县	9603	6942	56	2505	100	23
将乐县	7560	5712	62	1786		83
泰宁县	6825	4854	84	1887		462
建宁县	6736	5502	44	1147	43	
南平市小计	**128621**	**87645**	**944**	**34487**	**5545**	**2691**
本级	14099	8771	204	3603	1521	846
区县小计	114522	78874	740	30884	4024	1845
延平区	11788	7594	79	4115		148
邵武市	13791	10153	103	3535		251
建阳市	12484	8713	130	3338	303	142
顺昌县	10235	6629	80	3303	223	563
建瓯市	18116	10206	82	4469	3359	188
浦城县	14302	9959	51	4292		262
武夷山市	10544	8363	61	2120		20

4－13－2　　　　　　　　　　　　　　　　　　　　　　　　　　　　单位：人

地　　区	财政供养人口					经费自理年末人数
	小计	在职人员	离休人员	退休人员	其他人员	
光泽县	6956	4847	49	1921	139	148
松溪县	6852	4688	40	2124		109
政和县	9454	7722	65	1667		14
宁德市小计	**138685**	**110139**	**920**	**26100**	**1526**	**4190**
本级	10177	8107	156	1908	6	551
区县小计	128508	102032	764	24192	1520	3639
蕉城区	11895	8981	109	2794	11	100
东侨区	338	233		28	77	
福鼎市	19448	15987	89	3372		2074
福安市	24590	20363	60	4017	150	480
霞浦县	17956	13926	165	3610	255	547
古田县	18161	14322	115	3724		71
屏南县	8567	6792	53	1722		50
寿宁县	12111	10186	47	1878		283
周宁县	9339	6279	105	1928	1027	
柘荣县	6103	4963	21	1119		34
莆田市小计	**91023**	**69969**	**281**	**20740**	**33**	**1561**
本级	15337	12111	72	3154		578
区县小计	75686	57858	209	17586	33	983
仙游县	28940	23100	90	5750		443
荔城区	12110	8169	50	3889	2	157
城厢区	9484	7266	31	2185	2	182
涵江区	12287	8613	25	3649		88
秀屿区	10416	8616	12	1788		113
湄洲岛管委会	785	656		99	29	
北岸管委会	1664	1438		226		
泉州市小计	**174782**	**133763**	**863**	**38868**	**1288**	**4636**
本级	22660	17359	249	4892	160	1501
区县小计	152122	116404	614	33976	1128	3135
泉港区	7602	6371	9	1204	18	115
鲤城区	7485	4540	55	2638	252	31
丰泽区	5313	4323	15	974	1	28
洛江区	5687	4569	8	1002	108	57
惠安县	18298	13696	96	4506		430
晋江市	23905	18550	101	5254		128
石狮市	8747	7103	8	1526	110	642
南安市	27428	20900	140	6364	24	1513
安溪县	23709	18753	76	4320	560	
永春县	13340	9294	66	3925	55	133
德化县	10608	8305	40	2263		58
漳州市小计	**145030**	**104341**	**776**	**36217**	**3696**	**3433**
本级	15451	10431	226	4315	479	930
区县小计	129579	93910	550	31902	3217	2503
芗城区	7233	4305	76	2852		680

4－13－3

单位：人

地　　区	财政供养人口					经费自理年末人数
	小计	在职人员	离休人员	退休人员	其他人员	
龙文区	2380	1937	2	378	63	65
漳州经济开发区	439	413		26		
龙海市	18665	12603	37	5530	495	263
长泰县	7009	5200	24	1611	174	78
东山县	7871	5987	38	1846		378
南靖县	14520	9392	55	2989	2084	43
平和县	15246	10935	105	3924	282	66
华安县	6611	4725	35	1851		3
云霄县	11641	8452	40	3143	6	56
漳浦县	21685	17273	52	4268	92	441
诏安县	15589	12265	82	3221	21	430
常山开发区	690	423	4	263		
龙岩市小计	**119648**	**85290**	**1140**	**30992**	**2226**	**3407**
本级	11606	8221	250	3062	73	2514
区县小计	108042	77069	890	27930	2153	893
新罗区	13528	9014	190	4271	53	328
长汀县	19069	14477	125	4449	18	139
永定县	16721	10241	142	4880	1458	82
上杭县	18835	13220	152	5463		223
武平县	15238	11668	82	3488		54
漳平市	11141	8795	137	2209		35
连城县	13482	9628	62	3168	624	32
开发区	28	26		2		
厦门市小计	**73255**	**52116**	**679**	**19634**	**826**	**10867**
本级	36434	25252	539	10614	29	10576
区县小计	36821	26864	140	9020	797	291
同安区	8691	6169	53	2286	183	
集美区	5381	3945	23	1413		
翔安区	5383	4118	6	1009	250	
海沧区	2905	2519	8	378		97
思明区	10389	6665	47	3313	364	183
湖里区	4072	3448	3	621		11

2009 年江西省地市县基本数字表

4－14－1　　　　　　　　　　　　　　　　　　　　　　　　单位：人

地　　区	财政供养人口					经费自理年末人数
	小计	在职人员	离休人员	退休人员	其他人员	
地市县合计	**1483628**	**1123765**	**7530**	**337471**	**14862**	**53571**
南昌市小计	**137458**	**96209**	**920**	**36324**	**4005**	**7497**
本级	35376	24116	530	9886	844	1735
区县小计	102082	72093	390	26438	3161	5762
南昌县	21058	15303	59	5069	627	147
新建县	16917	11491	82	3594	1750	99
进贤县	20240	15380	67	4793		3588
安义县	7811	5912	19	1833	47	283
湾里区	3421	2420	21	980		
青山湖区	6938	5049	30	1859		85
东湖区	7645	4296	47	3196	106	316
西湖区	8288	4888	34	2916	450	577
青云谱区	4126	2724	23	1377	2	116
昌北区	1055	964		60	31	551
南昌高新区	2495	1866	2	479	148	
红谷滩区	758	724	1	33		
桑海区	341	325		16		
英雄区	989	751	5	233		
景德镇市小计	**54659**	**42127**	**236**	**11988**	**308**	**6256**
本级	20785	15049	153	5387	196	3778
区县小计	33874	27078	83	6601	112	2478
高新科技园	273	228		45		59
乐平市	18681	14570	49	4051	11	1971
浮梁县	8809	7692	12	1040	65	335
珠山区	2961	2130	15	796	20	
昌江区	3150	2458	7	669	16	113
萍乡市小计	**59898**	**45573**	**236**	**13786**	**303**	**2885**
本级	15670	11727	129	3814		618
区县小计	44228	33846	107	9972	303	2267
莲花县	7975	5913	33	2029		762
上栗县	10098	8202	32	1864		92
芦溪县	7478	5944	11	1523		482
安源区	7838	5593	11	1931	303	178
湘东区	9553	7040	20	2493		654
萍乡开发区	1286	1154		132		99
九江市小计	**155624**	**116733**	**950**	**36871**	**1070**	**8554**
本级	23944	17243	334	6366	1	5122
区县小计	131680	99490	616	30505	1069	3432
修水县	17099	12768	56	4275		
武宁县	12413	9443	64	2718	188	
永修县	11010	7655	104	3251		104
德安县	6015	4259	36	1549	171	
瑞昌市	11437	8515	55	2784	83	471
都昌县	19019	15146	30	3228	615	358

4－14－2

单位:人

地区	财政供养人口					经费自理年末人数
	小计	在职人员	离休人员	退休人员	其他人员	
湖口县	8785	6706	33	2046		692
彭泽县	11851	9452	79	2320		359
星子县	8110	6531	37	1530	12	164
九江县	9267	7323	35	1909		645
庐山局	3275	2224	31	1020		264
庐山区	5495	3979	16	1500		183
浔阳区	3920	2662	32	1226		43
九江开发区	1589	1244	7	338		10
共青城	2395	1583	1	811		139
新余市小计	**37871**	**29297**	**155**	**8298**	**121**	**734**
本级	11607	9201	80	2275	51	734
区县小计	26264	20096	75	6023	70	
分宜县	9351	6698	42	2574	37	
渝水区	14623	11625	27	2969	2	
仙女湖区	715	572	4	139		
新余高新区	1575	1201	2	341	31	
鹰潭市小计	**36343**	**27223**	**195**	**7883**	**1042**	**3668**
本级	7529	5686	53	1658	132	823
区县小计	28814	21537	142	6225	910	2845
贵溪市	13952	10309	67	2954	622	2397
余江县	10008	7719	45	2126	118	
月湖区	3761	2626	30	963	142	441
龙虎山风景区	688	552		118	18	7
鹰潭工业园	405	331		64	10	
赣州市小计	**277615**	**211350**	**1099**	**63378**	**1788**	**4314**
本级	22632	15328	264	6718	322	1330
区县小计	254983	196022	835	56660	1466	2984
章贡区	11723	8734	79	2910		665
黄金开发区	2769	2188	6	515	60	85
赣县	16103	12228	85	3790		370
南康市	19346	15349	64	3925	8	55
信丰县	17453	12915	56	3595	887	65
大余县	10160	7217	44	2899		104
上犹县	9633	7530	41	1963	99	97
崇义县	10134	8372	38	1576	148	90
安远县	14285	11445	42	2798		
龙南县	9798	7545	38	2084	131	23
定南县	9303	6895	57	2351		32
全南县	9565	7401	21	2027	116	330
宁都县	18427	14213	45	4169		
于都县	21519	17510	55	3954		214
兴国县	19991	14628	42	5321		244
瑞金市	17536	13158	30	4348		534
会昌县	15343	11684	26	3616	17	76

4－14－3

单位：人

地　　区	财政供养人口					经费自理年末人数
	小计	在职人员	离休人员	退休人员	其他人员	
寻乌县	11059	9124	49	1886		
石城县	10836	7886	17	2933		
宜春市小计	**193818**	**149704**	**962**	**42137**	**1015**	**5300**
本级	14205	10172	209	3589	235	2783
区县小计	179613	139532	753	38548	780	2517
丰城市	37121	30733	68	6305	15	74
高安市	22887	18587	78	4128	94	1641
樟树市	19176	14784	59	4223	110	91
奉新县	14034	11202	75	2757		
万载县	16820	13172	83	3084	481	283
上高县	13375	10322	75	2972	6	402
宜丰县	14755	11607	121	3027		
靖安县	8085	5265	52	2712	56	12
铜鼓县	10012	6053	33	3926		
袁州区	23348	17807	109	5414	18	14
上饶市小计	**214320**	**163782**	**1190**	**48721**	**627**	**7846**
本级	14950	11189	249	3421	91	3989
区县小计	199370	152593	941	45300	536	3857
信州区	14857	11391	87	3318	61	86
上饶县	16534	12754	86	3467	227	1016
广丰县	17616	13618	76	3922		
玉山县	16627	13107	94	3426		399
铅山县	12047	8409	61	3577		518
横峰县	7180	5617	55	1508		107
弋阳县	15071	11130	72	3869		1130
余干县	27389	21879	79	5309	122	187
鄱阳县	38059	27562	119	10378		
万年县	13824	11631	29	2164		
德兴市	9540	7106	107	2326	1	328
婺源县	10626	8389	76	2036	125	86
吉安市小计	**162838**	**126360**	**845**	**35371**	**262**	**2053**
本级	16331	11004	201	5114	12	960
区县小计	146507	115356	644	30257	250	1093
吉安高新区	42	42				
吉州区	8841	6465	59	2317		49
青原区	6299	5462	7	830		22
吉安县	12936	10403	46	2487		38
吉水县	12353	9667	50	2636		
峡江县	8917	7392	52	1473		
新干县	12572	10414	48	2110		10
永丰县	12952	10753	37	2162		34
泰和县	13790	10633	53	3104		
遂川县	12573	9691	53	2758	71	217
万安县	10524	8224	44	2256		

4－14－4 单位:人

地　　区	财政供养人口					经费自理年末人数
	小计	在职人员	离休人员	退休人员	其他人员	
安福县	11848	8894	70	2884		346
永新县	13864	10403	83	3378		349
井冈山市	8996	6913	42	1862	179	28
抚州市小计	**153184**	**115407**	**742**	**32714**	**4321**	**4464**
本级	15686	11331	180	3568	607	532
区县小计	137498	104076	562	29146	3714	3932
临川区	24487	15418	113	5972	2984	513
南城县	12168	9592	30	2546		
南丰县	11068	9198	24	1846		
黎川县	9319	7632	37	1650		
崇仁县	13206	10070	45	3091		
宜黄县	10394	8420	50	1924		
乐安县	14841	12306	26	2390	119	215
金溪县	11242	8278	36	2928		543
资溪县	6702	5520	48	1134		505
广昌县	8168	5708	40	2420		33
东乡县	15903	11934	113	3245	611	2123

2009 年山东省地市县基本数字表

4－15－1 单位:人

地区	财政供养人口					经费自理年末人数
	小计	在职人员	离休人员	退休人员	其他人员	
地市县合计	**2965056**	**2244616**	**48380**	**644788**	**27272**	**110516**
青岛市小计	**261370**	**191021**	**4514**	**59158**	**6677**	**27879**
本级	73739	51947	1414	17652	2726	5819
区县小计	187631	139074	3100	41506	3951	22060
即墨市	28663	21004	845	6710	104	2303
胶州市	17533	17450			83	5694
胶南市	22030	16534	316	3626	1554	4732
平度市	30351	21476	575	8021	279	2462
莱西市	20328	14185	436	5550	157	2923
崂山区	8343	6296	47	1137	863	93
城阳区	14793	11758	151	2374	510	905
黄岛区	5166	2969	83	1883	231	1316
开发区	4269	4105		52	112	22
市南区	10074	6437	166	3466	5	520
市北区	10986	6641	220	4125		671
四方区	7012	4638	124	2218	32	213
李沧区	7618	5124	137	2336	21	206
保税区	369	361		8		
高新区	96	96				
济南市小计	**222321**	**164574**	**3768**	**51143**	**2836**	**9108**
本级	66726	50712	1629	14100	285	3325
区县小计	155595	113862	2139	37043	2551	5783
历下区	12717	8353	286	4062	16	312
市中区	12907	8601	300	3881	125	1614
天桥区	11244	7213	241	3700	90	265
槐荫区	11265	7916	186	3127	36	852
历城区	21052	14550	235	5056	1211	102
长清区	15664	11412	163	3666	423	319
章丘市	28939	22442	280	5972	245	237
平阴县	13207	10160	134	2901	12	180
济阳县	13615	10999	198	2301	117	1376
商河县	14985	12216	116	2377	276	526
淄博市小计	**143434**	**105558**	**2576**	**34017**	**1283**	**5360**
本级	32809	24871	725	6913	300	3261
区县小计	110625	80687	1851	27104	983	2099
博山区	12106	8152	265	3422	267	304
淄川区	17856	13308	235	4219	94	156
张店区	15448	10826	300	3839	483	311
周村区	9679	6911	148	2608	12	101
临淄区	15967	11832	230	3841	64	41
桓台县	13494	10059	204	3223	8	279
高青县	10229	7561	183	2485		33
沂源县	15846	12038	286	3467	55	874
枣庄市小计	**124457**	**100268**	**1242**	**22596**	**351**	**2523**

四、基本数字表

4－15－2

单位：人

地区	财政供养人口					经费自理年末人数
	小计	在职人员	离休人员	退休人员	其他人员	
本级	22431	16627	362	5315	127	1414
区县小计	102026	83641	880	17281	224	1109
市中区	12400	10720	90	1590		
薛城区	13623	11713	118	1568	224	430
峄城区	12428	10424	90	1914		
山亭区	12404	10125	96	2183		136
台儿庄区	9916	8364	76	1476		117
滕州市	41255	32295	410	8550		426
烟台市小计	**205731**	**143370**	**5526**	**54804**	**2031**	**16606**
本级	23819	17944	562	4985	328	9745
区县小计	181912	125426	4964	49819	1703	6861
芝罘区	16115	9543	716	5013	843	492
福山区	7473	4968	245	2238	22	262
龙口市	18294	12785	401	5108		594
莱阳市	20875	14556	641	5635	43	1198
蓬莱市	14493	9840	387	4183	83	1233
招远市	18970	13861	479	4627	3	880
莱州市	24198	15476	660	7452	610	676
栖霞市	18749	13726	425	4598		192
海阳市	16256	10965	465	4826		680
牟平区	15730	11150	410	4153	17	508
长岛县	3014	1986	76	949	3	67
开发区	4893	3994	39	787	73	79
莱山区	2852	2576	20	250	6	
潍坊市小计	**257077**	**191052**	**3809**	**57481**	**4735**	**6189**
本级	35613	28822	484	5379	928	1489
区县小计	221464	162230	3325	52102	3807	4700
潍城区	8521	5972	254	2128	167	81
坊子区	9034	6815	88	2007	124	42
寒亭区	10014	7011	274	2594	135	48
昌邑市	16708	11750	248	4538	172	76
昌乐县	18816	13821	395	4182	418	292
安丘市	25471	19288	327	5389	467	654
寿光市	25056	19157	373	5237	289	901
青州市	25839	18337	400	5921	1181	944
高密市	23491	17767	318	5215	191	165
诸城市	26616	18249	338	7750	279	492
临朐县	24269	18591	210	5216	252	770
奎文区	7629	5472	100	1925	132	235
济宁市小计	**244646**	**188667**	**3542**	**52125**	**312**	**8848**
本级	35286	27490	753	6974	69	1108
区县小计	209360	161177	2789	45151	243	7740
市中区	11782	8760	201	2821		96
任城区	12690	10171	201	2312	6	406

4－15－3

单位：人

地　　区	财政供养人口					经费自理年末人数
	小计	在职人员	离休人员	退休人员	其他人员	
兖州市	18402	13802	289	4311		589
曲阜市	17473	12842	284	4347		727
泗水县	16471	12773	216	3482		648
邹城市	29103	23132	282	5599	90	262
微山县	16861	13342	208	3311		908
鱼台县	11996	8902	150	2944		38
金乡县	18826	15235	216	3375		419
嘉祥县	18144	13922	230	3952	40	1414
汶上县	19132	14537	255	4340		18
梁山县	18480	13759	257	4357	107	2215
临沂市小计	**300059**	**242290**	**4614**	**52442**	**713**	**2083**
本级	34569	27737	655	5530	647	432
区县小计	265490	214553	3959	46912	66	1651
郯城县	27177	22215	304	4658		110
苍山县	29013	24003	345	4664	1	19
莒南县	29912	22799	847	6266		
沂水县	33194	27362	488	5344		
蒙阴县	15248	11545	216	3487		242
平邑县	26114	21579	300	4235		647
费县	24898	20301	427	4170		60
沂南县	24249	19178	348	4723		112
临沭县	19990	16493	267	3230		
兰山区	19050	15120	334	3596		29
罗庄区	7880	6600	44	1236		213
河东区	8765	7358	39	1303	65	219
泰安市小计	**159976**	**120314**	**2062**	**37473**	**127**	**5417**
本级	29469	22868	548	5926	127	3366
区县小计	130507	97446	1514	31547		2051
新泰市	29792	23327	354	6111		93
宁阳县	24872	18790	258	5824		34
东平县	22195	16703	199	5293		670
肥城市	23451	17226	271	5954		610
泰山区	10066	7231	165	2670		60
岱岳区	20131	14169	267	5695		584
聊城市小计	**185652**	**138419**	**2650**	**38746**	**5837**	**1874**
本级	25713	17707	494	4758	2754	1233
区县小计	159939	120712	2156	33988	3083	641
东昌府区	24523	17189	325	4882	2127	50
临清市	18549	13745	244	4560		81
阳谷县	23152	17735	307	5110		249
莘县	25991	21329	407	4255		
茌平县	17896	13399	210	4007	280	29
东阿县	13965	10450	222	2961	332	71
冠县	20872	15822	200	4850		

4－15－4 单位:人

地　区	财政供养人口					经费自理年末人数
	小计	在职人员	离休人员	退休人员	其他人员	
高唐县	14991	11043	241	3363	344	161
菏泽市小计	**270909**	**207015**	**4286**	**59160**	**448**	**11297**
本级	21305	17127	420	3624	134	1622
区县小计	249604	189888	3866	55536	314	9675
牡丹区	31094	22695	549	7850		881
曹县	33565	25860	503	6996	206	1655
定陶县	22478	16658	509	5311		100
成武县	21838	16782	276	4780		685
单县	31191	22390	491	8310		2334
巨野县	27537	21127	535	5875		2764
郓城县	35396	27489	478	7429		144
鄄城县	23010	18679	270	4061		
东明县	23495	18208	255	4924	108	1112
德州市小计	**192359**	**146481**	**3476**	**42128**	**274**	**3253**
本级	21032	16382	488	4162		1177
区县小计	171327	130099	2988	37966	274	2076
德城区	13561	10793	228	2492	48	45
陵县	17351	13553	298	3500		
平原县	14125	11366	248	2511		
夏津县	17050	11929	252	4869		
武城县	12756	8848	371	3537		905
齐河县	17685	13429	224	3806	226	524
禹城市	17137	13255	299	3583		
乐陵市	19490	15328	251	3911		
临邑县	14382	11600	166	2616		501
宁津县	16960	12385	204	4371		
庆云县	10830	7613	447	2770		101
滨州市小计	**125327**	**97916**	**2272**	**24996**	**143**	**3684**
本级	19902	15741	487	3667	7	1596
区县小计	105425	82175	1785	21329	136	2088
惠民县	15281	12617	240	2424		560
阳信县	13551	9902	318	3331		75
无棣县	13954	11310	264	2244	136	17
沾化县	13726	11103	167	2456		158
博兴县	15793	11981	308	3504		414
邹平县	19982	14981	277	4724		610
滨城区	13138	10281	211	2646		254
东营市小计	**69020**	**54969**	**568**	**12511**	**972**	**699**
本级	24017	18959	32	4493	533	305
区县小计	45003	36010	536	8018	439	394
东营区	7227	6087	50	1063	27	164
河口区	4785	4145		640		11
广饶县	14552	11234	206	2748	364	49
垦利县	8662	6811	153	1650	48	170

4 - 15 - 5

单位：人

地区	财政供养人口					经费自理年末人数
	小计	在职人员	离休人员	退休人员	其他人员	
利津县	9777	7733	127	1917		
威海市小计	**85438**	**59986**	**2055**	**23304**	**93**	**2286**
本级	20354	15350	249	4713	42	1235
区县小计	65084	44636	1806	18591	51	1051
环翠区	8163	5781	201	2179	2	81
乳山市	18268	12774	482	4963	49	257
文登市	19964	12909	628	6427		588
荣成市	18689	13172	495	5022		125
日照市小计	**73806**	**58090**	**1055**	**14258**	**403**	**2428**
本级	14599	11923	234	2318	124	1144
区县小计	59207	46167	821	11940	279	1284
莒县	23816	18951	404	4461		248
五莲县	15648	11951	210	3338	149	464
东港区	12292	9316	131	2717	128	194
岚山区	7451	5949	76	1424	2	378
莱芜市小计	**43474**	**34626**	**365**	**8446**	**37**	**982**
本级	15499	11709	219	3534	37	690
区县小计	27975	22917	146	4912		292
莱城区	22104	18032	123	3949		292
钢城区	5871	4885	23	963		

2009年河南省地市县基本数字表

4－16－1　　　　单位：人

地　　区	财政供养人口					经费自理年末人数
	小计	在职人员	离休人员	退休人员	其他人员	
地市县合计	**3122748**	**2360676**	**34307**	**707646**	**20119**	**145990**
郑州市小计	**241653**	**182478**	**2713**	**50380**	**6082**	**17563**
本级	69077	49727	1229	16470	1651	4675
区县小计	172576	132751	1484	33910	4431	12888
巩义市	21814	16250	234	5330		590
荥阳市	19437	15209	155	4073		297
中牟县	19121	16351	103	2442	225	2365
新郑市	18195	14427	237	3361	170	1922
登封市	17959	14396	117	3412	34	4176
新密市	19655	15888	149	3618		847
二七区	13939	7651	87	2881	3320	1446
金水区	13493	10660	114	2719		4
中原区	8879	6624	92	2163		89
管城区	9492	7698	75	1585	134	613
上街区	4800	3534	33	1195	38	31
惠济区	5792	4063	88	1131	510	508
开封市小计	**166909**	**120375**	**2458**	**43412**	**664**	**5031**
本级	36117	23387	1033	11308	389	1622
区县小计	130792	96988	1425	32104	275	3409
兰考县	21233	16518	231	4484		
杞县	25401	19259	348	5794		1467
通许县	19137	14121	167	4746	103	526
尉氏县	24036	16707	240	7089		829
开封县	20970	16861	167	3942		315
禹王台区	3889	2550	32	1307		
鼓楼区	4036	2430	76	1358	172	60
龙亭区	3509	2330	67	1112		
顺河区	4413	3095	50	1268		
金明区	4168	3117	47	1004		212
洛阳市小计	**199966**	**148034**	**2855**	**47242**	**1835**	**15168**
本级	46573	31470	1043	13573	487	4356
区县小计	153393	116564	1812	33669	1348	10812
偃师市	18791	14338	217	4236		2297
孟津县	11877	8949	177	2751		874
新安县	12485	8966	190	3121	208	2228
伊川县	17938	14571	185	3182		980
汝阳县	12128	9697	138	2293		237
嵩县	14267	11353	159	2755		715
栾川县	11076	9088	90	1898		1042
宜阳县	15989	12831	167	2991		1260
洛宁县	14123	10448	182	3493		57
洛龙区	7414	4398	84	1793	1139	184
吉利区	2683	2170	11	502		136
涧西区	4051	2522	64	1465		545

4－16－2 单位：人

地　　区	财政供养人口					经费自理年末人数
	小计	在职人员	离休人员	退休人员	其他人员	
西工区	3996	2667	58	1271		165
老城区	3058	1970	53	1034	1	92
瀍河区	3517	2596	37	884		
平顶山市小计	**170864**	**136043**	**1699**	**32301**	**821**	**12897**
本级	34508	27359	382	6740	27	2616
区县小计	136356	108684	1317	25561	794	10281
鲁山县	22678	17634	322	4691	31	913
宝丰县	14892	11831	147	2914		695
叶县	19771	15025	211	4090	445	2854
郏县	17506	13090	195	4221		1375
汝州市	21652	18345	202	3105		3974
舞钢市	13893	10908	132	2650	203	185
新华区	8901	7493	27	1352	29	189
卫东区	7120	6080	23	1017		28
湛河区	7077	5831	50	1196		
石龙区	2866	2447	8	325	86	68
安阳市小计	**153192**	**117350**	**1725**	**31537**	**2580**	**4474**
本级	35302	26004	561	7574	1163	585
区县小计	117890	91346	1164	23963	1417	3889
安阳县	23600	17792	214	4284	1310	187
林州市	20941	16462	174	4305		1242
汤阴县	11127	8703	131	2206	87	449
滑县	26488	20649	298	5541		955
内黄县	16804	12925	187	3672	20	390
文峰区	6000	4497	64	1439		341
北关区	4211	3315	29	867		69
铁西区	3562	2803	32	727		71
龙安区	5157	4200	35	922		185
鹤壁市小计	**49725**	**38353**	**455**	**10519**	**398**	**1466**
本级	15148	11578	206	2966	398	503
区县小计	34577	26775	249	7553		963
浚县	14545	11347	96	3102		499
淇县	9184	7337	93	1754		316
淇滨区	4173	3428	30	715		
山城区	3983	2737	30	1216		91
鹤山区	2692	1926		766		57
新乡市小计	**173321**	**132314**	**2239**	**37788**	**980**	**9723**
本级	30778	21479	796	8308	195	1749
区县小计	142543	110835	1443	29480	785	7974
获嘉县	10675	8352	112	2196	15	934
新乡县	9765	7427	127	2211		207
原阳县	19132	14600	175	4206	151	397
延津县	13821	10943	164	2687	27	1289
封丘县	19070	15303	172	3595		1162

4－16－3 单位:人

地　区	财政供养人口					经费自理年末人数
	小计	在职人员	离休人员	退休人员	其他人员	
长垣县	19549	14935	164	4450		1041
辉县市	22665	18743	173	3749		1197
卫辉市	14710	11015	191	2927	577	671
卫滨区	3358	2241	44	1073		187
红旗区	2873	2060	42	771		341
牧野区	4096	3007	59	1030		108
凤泉区	2829	2209	20	585	15	440
焦作市小计	**106884**	**82332**	**961**	**23446**	**145**	**9726**
本级	18560	14209	184	4167		4530
区县小计	88324	68123	777	19279	145	5196
修武县	8971	7036	86	1849		819
博爱县	12254	9382	110	2762		296
沁阳市	12143	9442	115	2586		1979
温县	11537	8760	67	2710		570
孟州市	10564	8300	111	2153		987
武陟县	15935	12585	197	3153		319
解放区	5104	3722	28	1354		28
中站区	3790	2877	21	860	32	41
马村区	4034	2971	16	934	113	47
山阳区	3992	3048	26	918		110
濮阳市小计	**138453**	**97986**	**2016**	**37503**	**948**	**1670**
本级	29375	22793	261	5373	948	1064
区县小计	109078	75193	1755	32130		606
濮阳县	30971	23194	598	7179		263
清丰县	18393	12600	253	5540		69
南乐县	15274	11691	218	3365		96
范县	17636	11250	353	6033		
台前县	19178	10855	316	8007		178
华龙区	7626	5603	17	2006		
许昌市小计	**152336**	**112850**	**1739**	**36755**	**992**	**5669**
本级	20399	14866	418	5034	81	1662
区县小计	131937	97984	1321	31721	911	4007
许昌县	20016	13176	185	6655		179
长葛市	24695	19506	214	4970	5	1203
鄢陵县	22334	17734	118	4482		288
禹州市	32501	25557	442	6502		961
襄城县	24332	16789	272	7271		1282
魏都区	8059	5222	90	1841	906	94
漯河市小计	**98863**	**77304**	**947**	**19727**	**885**	**3731**
本级	25632	21452	197	3797	186	1659
区县小计	73231	55852	750	15930	699	2072
舞阳县	16619	11595	227	4785	12	254
临颍县	23194	18056	290	4247	601	1385
源汇区	8344	6606	62	1676		152

4－16－4 单位：人

地区	财政供养人口					经费自理年末人数
	小计	在职人员	离休人员	退休人员	其他人员	
郾城区	16190	12639	128	3423		281
召陵区	8884	6956	43	1799	86	
三门峡市小计	**80227**	**61856**	**648**	**17146**	**577**	**3767**
本级	14026	11404	100	2128	394	1994
区县小计	66201	50452	548	15018	183	1773
义马市	4248	3441	34	773		
灵宝市	21291	14626	152	6418	95	768
渑池县	13887	11522	120	2163	82	242
陕县	10890	8176	141	2567	6	416
卢氏县	10929	8672	98	2159		347
湖滨区	4956	4015	3	938		
南阳市小计	**323123**	**241915**	**3277**	**77672**	**259**	**18043**
本级	37911	29003	517	8132	259	3381
区县小计	285212	212912	2760	69540		14662
邓州市	33021	24561	260	8200		3077
唐河县	31734	22355	197	9182		333
方城县	27600	19362	388	7850		402
镇平县	24530	18410	285	5835		1700
社旗县	20293	16366	119	3808		521
新野县	17591	13379	144	4068		115
内乡县	18007	13792	257	3958		925
淅川县	22285	17692	214	4379		1492
西峡县	16052	12104	135	3813		1321
南召县	19731	13889	206	5636		966
桐柏县	15832	12100	149	3583		1090
宛城区	19626	14763	245	4618		1356
卧龙区	18910	14139	161	4610		1364
商丘市小计	**251542**	**193540**	**2976**	**54649**	**377**	**9133**
本级	24692	20256	390	4046		3579
区县小计	226850	173284	2586	50603	377	5554
永城市	29430	22896	311	6221	2	1614
夏邑县	28967	21106	192	7669		1066
虞城县	29577	24330	361	4886		
柘城县	26557	19819	388	6350		
宁陵县	20744	14768	266	5710		133
睢县	24775	18655	314	5806		88
民权县	23546	18019	397	5130		1654
梁园区	20658	16130	209	4319		999
睢阳区	22596	17561	148	4512	375	
信阳市小计	**268828**	**205401**	**2373**	**60100**	**954**	**10342**
本级	26713	20737	442	5134	400	1347
区县小计	242115	184664	1931	54966	554	8995
罗山县	24041	18224	186	5609	22	276
光山县	20178	16675	142	3305	56	1689

4－16－5　　单位:人

地区	财政供养人口					经费自理年末人数
	小计	在职人员	离休人员	退休人员	其他人员	
潢川县	24742	18890	238	5575	39	243
固始县	45100	33749	472	10879		
商城县	25674	18946	123	6425	180	2157
新县	16290	13795	104	2391		
息县	24600	18843	194	5422	141	2434
淮滨县	22649	17524	49	4960	116	292
浉河区	17378	11273	222	5883		1450
平桥区	21463	16745	201	4517		454
周口市小计	**286860**	**214860**	**2749**	**68886**	**365**	**7522**
本级	18693	14955	290	3083	365	3370
区县小计	268167	199905	2459	65803		4152
扶沟县	22601	17551	130	4920		23
西华县	26424	20672	259	5493		1046
商水县	27876	19714	158	8004		
太康县	30338	21076	268	8994		
鹿邑县	32920	23723	378	8819		
郸城县	28589	22393	299	5897		680
淮阳县	30268	22266	237	7765		1409
沈丘县	26934	21387	277	5270		
项城市	29537	21784	337	7416		994
川汇区	12680	9339	116	3225		
驻马店市小计	**239206**	**181777**	**2334**	**53945**	**1150**	**7832**
本级	27376	21140	403	5030	803	1261
区县小计	211830	160637	1931	48915	347	6571
确山县	14535	10955	193	3387		165
泌阳县	24887	19715	168	5004		1487
遂平县	17785	13142	233	4410		183
西平县	22750	17205	252	5293		282
上蔡县	27324	20600	136	6283	305	1260
汝南县	22649	17011	155	5441	42	470
平舆县	27841	20528	377	6936		
新蔡县	20594	15152	178	5264		1102
正阳县	18881	15180	105	3596		647
驿城区	14584	11149	134	3301		975
济源市	**20796**	**15908**	**143**	**4638**	**107**	**2233**

2009 年湖北省地市县基本数字表

4－17－1 单位:人

地　　区	财政供养人口					经费自理年末人数
	小计	在职人员	离休人员	退休人员	其他人员	
地市县合计	**1804182**	**1317593**	**13523**	**470757**	**2309**	**66995**
武汉市小计	**328824**	**216067**	**3029**	**109728**		**9625**
本级	93479	63061	1349	29069		6514
区县小计	235345	153006	1680	80659		3111
江岸区	21355	11700	251	9404		
江汉区	15845	9270	154	6421		481
硚口区	21395	12749	177	8469		
武昌区	22154	12132	307	9715		170
汉阳区	13878	8335	126	5417		235
青山区	14344	7991	130	6223		82
洪山区	13120	8541	99	4480		51
东西湖区	10903	7155	80	3668		488
汉南区	4432	3445	14	973		58
江夏区	24431	17861	82	6488		495
蔡甸区	13797	9687	72	4038		1051
新洲区	29951	23036	93	6822		
黄陂区	29740	21104	95	8541		
黄石市小计	**74550**	**54654**	**682**	**16944**	**2270**	**1876**
本级	20430	14711	307	5412		386
区县小计	54120	39943	375	11532	2270	1490
黄石港区	3401	2159	30	1212		
西塞山区	4312	3417	27	868		
下陆区	2184	1503	11	670		
铁山区	1877	1327	80	470		
大冶市	20527	15906	116	4505		375
阳新县	21819	15631	111	3807	2270	1115
十堰市小计	**131193**	**97212**	**926**	**33055**		**4935**
本级	30258	22768	305	7185		2142
区县小计	100935	74444	621	25870		2793
张湾区	4217	3502	12	703		
茅箭区	3326	2886	3	437		
丹江口市	16663	12158	125	4380		914
郧县	16774	11959	128	4687		1276
郧西县	16596	11940	93	4563		165
竹山县	14510	10504	88	3918		110
竹溪县	11477	8400	68	3009		328
房县	17372	13095	104	4173		
荆州市小计	**169502**	**127910**	**926**	**40666**		**3936**
本级	32669	23544	370	8755		3192
区县小计	136833	104366	556	31911		744
沙市区	7553	5526	20	2007		225
荆州区	10939	7421	79	3439		61
江陵县	6490	5553		937		
松滋市	19104	14333	104	4667		109

4－17－2

单位：人

地区	财政供养人口					经费自理年末人数
	小计	在职人员	离休人员	退休人员	其他人员	
公安县	21920	15912	81	5927		196
石首市	17180	13795	59	3326		17
监利县	30550	23929	97	6524		116
洪湖市	23097	17897	116	5084		20
宜昌市小计	**122522**	**80158**	**1079**	**41285**		**7239**
本级	26954	17832	459	8663		1924
区县小计	95568	62326	620	32622		5315
西陵区	3191	1935	18	1238		9
伍家岗区	1674	1179	6	489		84
点军区	1943	1504	5	434		1
猇亭区	1377	1068	1	308		4
夷陵区	12321	8443	100	3778		453
宜都市	10709	6934	61	3714		611
枝江市	12324	7957	67	4300		
当阳市	11645	7655	73	3917		2019
远安县	6551	4388	55	2108		276
兴山县	6565	4114	60	2391		137
秭归县	9791	6066	75	3650		1165
长阳县	11041	6899	47	4095		312
五峰县	6436	4184	52	2200		244
襄樊市小计	**186213**	**142996**	**1670**	**41547**		**5728**
本级	34955	28522	489	5944		4279
区县小计	151258	114474	1181	35603		1449
襄城区	6606	5330	36	1240		
樊城区	11976	9427	90	2459		
襄阳区	25116	19089	137	5890		
老河口市	16934	12395	111	4428		590
枣阳市	28867	21882	262	6723		
宜城市	15873	11998	159	3716		
南漳县	18258	12865	148	5245		389
谷城县	17895	13640	198	4057		470
保康县	9733	7848	40	1845		
鄂州市小计	**36069**	**28953**	**138**	**6978**		**3179**
本级	17742	14124	116	3502		3043
区县小计	18327	14829	22	3476		136
鄂城区	8678	7133	11	1534		136
华容区	6158	4787	11	1360		
梁子湖区	3491	2909		582		
荆门市小计	**82148**	**63211**	**363**	**18574**		**4876**
本级	19331	15857	91	3383		2674
区县小计	62817	47354	272	15191		2202
掇刀区	3016	2582	3	431		120
东宝区	6480	5357	10	1113		80
钟祥市	24042	17903	136	6003		1384

4－17－3 单位:人

地　　区	财政供养人口					经费自理年末人数
	小计	在职人员	离休人员	退休人员	其他人员	
京山县	17108	12108	96	4904		4
沙洋县	12171	9404	27	2740		614
孝感市小计	**134073**	**102710**	**984**	**30379**		**4618**
本级	14236	11175	267	2794		1372
区县小计	119837	91535	717	27585		3246
孝南区	19787	15431	123	4233		277
孝昌县	12202	10298	17	1887		59
大悟县	14969	11486	76	3407		529
安陆市	17522	13455	115	3952		57
云梦县	15986	11178	189	4619		97
应城市	16963	12686	113	4164		1788
汉川市	22408	17001	84	5323		439
黄冈市小计	**190215**	**143965**	**1477**	**44773**		**3364**
本级	18071	15165	271	2635		
区县小计	172144	128800	1206	42138		3364
黄州区	8803	6649	104	2050		
团风县	8067	6112	52	1903		25
红安县	19086	14445	121	4520		517
麻城市	25320	19614	176	5530		200
罗田县	14278	10476	90	3712		670
英山县	11910	7951	172	3787		90
浠水县	22520	16976	192	5352		62
蕲春县	21092	16040	104	4948		
武穴市	19025	14885	79	4061		1439
黄梅县	22043	15652	116	6275		361
咸宁市小计	**93401**	**70786**	**825**	**21759**	**31**	**3712**
本级	13772	11119	152	2470	31	505
区县小计	79629	59667	673	19289		3207
咸安区	14351	10847	193	3311		533
嘉鱼县	8819	6544	51	2224		1115
赤壁市	14907	11288	77	3542		560
通城县	14136	10395	107	3634		494
崇阳县	13930	10937	111	2882		420
通山县	13486	9656	134	3696		85
恩施自治州小计	**109614**	**75295**	**554**	**33765**		**4788**
本级	6722	4493	152	2077		2369
区县小计	102892	70802	402	31688		2419
恩施市	18009	12278	77	5654		459
建始县	14101	9428	48	4625		224
巴东县	13485	9495	49	3941		428
利川市	17893	12477	58	5358		943
宣恩县	9225	6324	65	2836		
咸丰县	11305	8049	33	3223		32
来凤县	9688	6519	33	3136		333

4－17－4 单位:人

地　　区	财政供养人口					经费自理年末人数
	小计	在职人员	离休人员	退休人员	其他人员	
鹤峰县	9186	6232	39	2915		
随州市小计	**56786**	**43750**	**471**	**12557**	**8**	**3936**
本级	10673	9044	100	1521	8	68
区县小计	46113	34706	371	11036		3868
曾都区	26521	19969	108	6444		562
广水市	19333	14529	263	4541		3306
随县	259	208		51		
仙桃市	**34167**	**27086**	**74**	**7007**		**2024**
天门市	**26945**	**20500**	**86**	**6359**		**1985**
潜江市	**23589**	**19149**	**220**	**4220**		**1145**
神农架林区	**4371**	**3191**	**19**	**1161**		**29**

2009 年湖南省地市县基本数字表

4－18－1　　　　　　　　　　　　　　　　　　　　单位:人

地　　区	财政供养人口					经费自理年末人数
	小计	在职人员	离休人员	退休人员	其他人员	
地市县合计	**2421122**	**1806256**	**12904**	**575351**	**26611**	**108505**
长沙市小计	**181660**	**121389**	**1676**	**53506**	**5089**	**17796**
本级	48833	31756	763	14482	1832	8823
区县小计	132827	89633	913	39024	3257	8973
浏阳市	31075	22736	164	8026	149	2780
宁乡县	33021	23856	121	8840	204	2105
长沙县	17891	11393	126	6252	120	1211
望城县	13929	10482	51	3396		34
雨花区	7799	4561	127	2274	837	419
芙蓉区	8298	4106	68	2373	1751	40
天心区	5628	3210	78	2276	64	382
岳麓区	7776	5325	51	2377	23	1896
开福区	7410	3964	127	3210	109	106
株洲市小计	**114201**	**82749**	**952**	**29689**	**811**	**5317**
本级	24686	18186	286	6168	46	1104
区县小计	89515	64563	666	23521	765	4213
株洲县	10863	7221	68	3540	34	405
醴陵市	24426	18209	409	5770	38	
攸县	16964	12676	70	3990	228	1841
茶陵县	15538	12335	64	3139		3
炎陵县	7742	4649	29	2891	173	1227
天元区	2273	1841		397	35	160
芦淞区	3306	2177		1129		577
荷塘区	4203	2681	16	1249	257	
石峰区	4200	2774	10	1416		
湘潭市小计	**96635**	**64774**	**1067**	**30094**	**700**	**5543**
本级	31969	21481	648	9235	605	1224
区县小计	64666	43293	419	20859	95	4319
湘潭县	24663	17485	221	6957		2879
湘乡市	26288	17330	113	8772	73	882
韶山市	4043	2859	32	1152		102
雨湖区	5484	3139	39	2306		21
岳塘区	4188	2480	14	1672	22	435
衡阳市小计	**249950**	**191653**	**1076**	**54214**	**3007**	**11978**
本级	39402	27183	439	11125	655	1536
区县小计	210548	164470	637	43089	2352	10442
衡南县	29031	23243	28	5743	17	1992
衡阳县	32701	25799	82	5822	998	909
衡山县	13422	8894	48	4202	278	414
衡东县	22469	17667	92	4332	378	1250
常宁市	30308	24542	62	5704		501
祁东县	29097	22984	19	5888	206	1868
耒阳市	29146	23227	176	5716	27	2636
南岳区	3767	2598		879	290	188

4－18－2　　　　单位:人

地区	财政供养人口					经费自理年末人数
	小计	在职人员	离休人员	退休人员	其他人员	
珠晖区	5281	3730	22	1446	83	501
雁峰区	5272	4007	95	1095	75	183
石鼓区	5806	4399	10	1397		
蒸湘区	4248	3380	3	865		
邵阳市小计	**255498**	**192870**	**792**	**61031**	**805**	**3156**
本级	31456	21916	237	9041	262	1557
区县小计	224042	170954	555	51990	543	1599
双清区	7937	5806	15	2116		
大祥区	6793	5271	33	1489		
北塔区	3502	3112		390		
邵东县	23454	16895	42	6517		785
新邵县	23542	18422	40	5080		
隆回县	28043	21564	57	6413	9	70
洞口县	26187	19156	36	6976	19	615
新宁县	22203	16557	79	5387	180	16
邵阳县	27720	22673	25	4687	335	37
绥宁县	16281	12283	92	3906		64
武冈市	23086	18560	101	4425		
城步苗族自治县	15294	10655	35	4604		12
岳阳市小计	**221456**	**165706**	**1689**	**51754**	**2307**	**9150**
本级	52499	40511	271	10253	1464	3680
区县小计	168957	125195	1418	41501	843	5470
汨罗市	19230	15236	99	3813	82	196
平江县	22843	16507	108	6174	54	1812
湘阴县	19056	14471	65	4520		782
临湘市	20159	15088	944	4127		1790
华容县	21719	17005	67	4647		309
岳阳县	35362	22906	56	12397	3	259
岳阳楼区	15246	13396	14	1836		60
云溪区	7595	5932	16	1644	3	48
君山区	7747	4654	49	2343	701	214
常德市小计	**218676**	**163679**	**1215**	**53091**	**691**	**9476**
本级	35153	25357	390	9175	231	1081
区县小计	183523	138322	825	43916	460	8395
津市市	10048	6788	45	3085	130	46
安乡县	21849	17747	52	4050		382
汉寿县	23002	17139	92	5771		5268
澧县	23478	18482	83	4913		480
临澧县	17385	13556	102	3706	21	73
桃源县	26264	18961	123	6909	271	477
石门县	24748	18152	151	6445		970
武陵区	12133	9238	74	2787	34	19
鼎城区	24616	18259	103	6250	4	680
张家界市小计	**52150**	**39723**	**228**	**11651**	**548**	**3094**

4－18－3　　　　　　　　　　　　　　　　　　　　单位：人

地　　区	财政供养人口					经费自理年末人数
	小计	在职人员	离休人员	退休人员	其他人员	
本级	5825	4747	1	713	364	509
区县小计	46325	34976	227	10938	184	2585
永定区	13818	10271	57	3488	2	812
武陵源区	2443	2065	2	267	109	8
慈利县	16983	12563	138	4211	71	1013
桑植县	13081	10077	30	2972	2	752
益阳市小计	**178995**	**135742**	**929**	**41265**	**1059**	**6581**
本级	27184	19503	259	6554	868	1505
区县小计	151811	116239	670	34711	191	5076
沅江市	30022	24651	89	5282		15
南县	23089	17494	64	5517	14	3583
桃江县	27931	22153	109	5660	9	882
安化县	27731	20028	197	7360	146	
资阳区	16147	12268	84	3794	1	559
赫山区	26891	19645	127	7098	21	37
永州市小计	**215267**	**166362**	**478**	**44737**	**3690**	**10002**
本级	25422	20673	90	4489	170	1841
区县小计	189845	145689	388	40248	3520	8161
东安县	18787	14580	114	4093		525
道县	18870	15444	28	3398		237
宁远县	22847	17742	26	5069	10	2633
江永县	11014	9043	20	1951		513
江华	15239	11906	18	3315		
蓝山县	12344	9529	16	2795	4	
新田县	12546	10069	39	2438		960
双牌县	8210	6581	12	1549	68	77
祁阳县	32084	24646	47	7391		2121
零陵区	18818	11060	35	4285	3438	658
冷水滩区	19086	15089	33	3964		437
郴州市小计	**213307**	**162649**	**1444**	**48175**	**1039**	**4440**
本级	26985	20530	452	5214	789	1665
区县小计	186322	142119	992	42961	250	2775
北湖区	12652	10843	65	1729	15	287
苏仙区	14650	11418	45	3183	4	453
资兴市	14919	11442	59	3396	22	708
桂阳县	26243	20511	71	5661		
永兴县	22319	16699	170	5450		634
宜章县	22413	17069	115	5065	164	236
嘉禾县	15386	11371	160	3855		
临武县	17242	11688	70	5484		
汝城县	15980	12281	81	3573	45	143
桂东县	9006	6749	65	2192		306
安仁县	15512	12048	91	3373		8
娄底市小计	**133888**	**103623**	**315**	**29312**	**638**	**6947**

4－18－4

单位:人

地　　区	财政供养人口					经费自理年末人数
	小计	在职人员	离休人员	退休人员	其他人员	
本级	17015	13167	100	3748		1337
区县小计	116873	90456	215	25564	638	5610
娄星区	9957	8201	23	1733		1133
双峰县	29152	24303	63	4766	20	430
涟源市	31228	23659	24	7536	9	2340
冷水江市	15533	11875	40	3586	32	1307
新化县	31003	22418	65	7943	577	400
怀化市小计	**187448**	**138572**	**598**	**44487**	**3791**	**12508**
本级	19301	14178	187	3763	1173	2614
区县小计	168147	124394	411	40724	2618	9894
沅陵县	16925	12694	17	4187	27	1334
辰溪县	16153	11450	49	3146	1508	1769
溆浦县	22053	16145	72	5546	290	325
麻阳苗族自治县	16804	12271	44	4477	12	401
新晃侗族自治县	9558	7348	25	2147	38	56
芷江侗族自治县	13168	9479	24	3625	40	
鹤城区	9639	7134	56	2449		132
中方县	10319	9226	11	1082		299
洪江市	19984	14478	62	5361	83	861
会同县	11950	8624	17	2689	620	2894
靖州苗族侗族自治县	11576	7607	15	3954		1262
通道侗族自治县	10018	7938	19	2061		561
湘西土家族苗族自治州小计	**101991**	**76765**	**445**	**22345**	**2436**	**2517**
本级	12042	8450	208	3231	153	377
区县小计	89949	68315	237	19114	2283	2140
吉首市	10507	8091	31	1993	392	756
泸溪县	10485	8318	21	2127	19	
凤凰县	12117	8747	33	2739	598	118
花垣县	10365	7846	27	2003	489	222
保靖县	10100	7382	26	2585	107	100
古丈县	6519	5133	18	1181	187	53
永顺县	14661	11244	54	3183	180	115
龙山县	15195	11554	27	3303	311	776

2009 年广东省地市县基本数字表

4－19－1　　　　单位：人

地区	财政供养人口					经费自理年末人数
	小计	在职人员	离休人员	退休人员	其他人员	
地市县合计	**2620449**	**1868955**	**17665**	**576939**	**156890**	**227809**
广州市小计	**357114**	**223250**	**2800**	**105852**	**25212**	**28305**
本级	105493	67794	1387	32746	3566	11891
区县小计	251621	155456	1413	73106	21646	16414
越秀区	37654	17985	458	18952	259	966
海珠区	24566	12616	201	9417	2332	2700
荔湾区	27481	13984	134	11198	2165	1307
天河区	13988	10934	33	3021		47
白云区	23934	15489	248	6986	1211	361
黄埔区	8793	5739	30	2806	218	147
花都区	21168	15592	51	3953	1572	1111
番禺区	33885	22050	118	5939	5778	4090
南沙区	7070	4431		689	1950	382
萝岗区	11487	6594	5	1071	3817	564
从化市	17773	13250	48	4008	467	277
增城市	23822	16792	87	5066	1877	4462
深圳市小计	**190457**	**126065**	**361**	**19536**	**44495**	**25751**
本级	55931	44387	261	8107	3176	4155
区县小计	134526	81678	100	11429	41319	21596
福田区	16006	12197	3	2125	1681	1052
罗湖区	16763	11428	13	2978	2344	1352
盐田区	3657	2980	9	473	195	165
南山区	15439	11046	13	1459	2921	3400
宝安区	50668	23526	33	2814	24295	5544
龙岗区	31993	20501	29	1580	9883	10083
珠海市小计	**52515**	**33088**	**289**	**10261**	**8877**	**4944**
本级	26212	17768	204	4629	3611	2597
区县小计	26303	15320	85	5632	5266	2347
香洲区	10664	5697	6	2089	2872	552
金湾区	5350	3198	23	1337	792	30
斗门区	10289	6425	56	2206	1602	1765
汕头市小计	**137120**	**96234**	**981**	**32689**	**7216**	**11526**
本级	28274	19501	494	8113	166	4118
区县小计	108846	76733	487	24576	7050	7408
金平区	18975	10699	128	6324	1824	842
龙湖区	8133	6272	31	1429	401	712
澄海区	17675	12687	102	4689	197	690
濠江区	6309	4966	8	1174	161	176
朝阳区	34196	24746	170	7051	2229	2965
潮南区	20240	14758	43	3293	2146	1765
南澳县	3318	2605	5	616	92	258
佛山市小计	**122756**	**84877**	**450**	**24583**	**12846**	**28158**
本级	14490	9288	242	3991	969	8434
区县小计	108266	75589	208	20592	11877	19724

4－19－2　　　　　　　　　　　　　　　　　　　　　　单位：人

地　　区	财政供养人口					经费自理年末人数
	小计	在职人员	离休人员	退休人员	其他人员	
禅城区	22968	12962	40	4560	5406	3696
南海区	28595	20993	60	5650	1892	2723
顺德区	36079	27146	55	5472	3406	10711
高明区	8458	6351	38	1851	218	1115
三水区	12166	8137	15	3059	955	1479
韶关市小计	**106661**	**75637**	**881**	**28376**	**1767**	**3887**
本级	19583	12627	423	5677	856	2259
区县小计	87078	63010	458	22699	911	1628
浈江区	5420	3746	24	1633	17	167
武江区	3343	2446	19	878		108
曲江区	10482	7424	38	2899	121	28
乐昌市	12995	9171	50	3389	385	407
南雄市	12263	8880	44	3121	218	
仁化县	8632	6666	30	1911	25	74
始兴县	8332	6084	63	2184	1	12
翁源县	10748	7932	90	2725	1	289
新丰县	8533	5934	62	2394	143	113
乳源瑶族自治县	6330	4727	38	1565		430
河源市小计	**110103**	**80552**	**1381**	**25684**	**2486**	**5205**
本级	9747	8502	23	938	284	1059
区县小计	100356	72050	1358	24746	2202	4146
源城区	7708	5540	120	1401	647	1617
东源县	15689	10591	259	4738	101	569
和平县	17215	11892	264	4619	440	262
龙川县	23955	17112	383	6453	7	579
紫金县	21341	16589	144	4605	3	885
连平县	14448	10326	188	2930	1004	234
梅州市小计	**165839**	**117020**	**1952**	**45513**	**1354**	**6291**
本级	16867	11385	196	4745	541	2995
区县小计	148972	105635	1756	40768	813	3296
梅江区	7765	5283	67	2415		963
兴宁市	33056	23723	274	8653	406	701
梅县	20284	12813	170	7078	223	401
平远县	10844	7976	116	2752		198
蕉岭县	10575	6854	124	3597		378
大埔县	14830	9773	295	4578	184	503
丰顺县	16535	11517	362	4656		40
五华县	35083	27696	348	7039		112
惠州市小计	**111906**	**86855**	**962**	**22228**	**1861**	**19196**
本级	26135	20055	292	4802	986	3281
区县小计	85771	66800	670	17426	875	15915
惠城区	15543	11503	106	3439	495	5029
惠阳区	15441	12497	121	2677	146	3482
惠东县	20484	16413	190	3881		4169

4－19－3

单位：人

地区	财政供养人口					经费自理年末人数
	小计	在职人员	离休人员	退休人员	其他人员	
博罗县	23398	17919	197	5179	103	2662
龙门县	10905	8468	56	2250	131	573
汕尾市小计	**77216**	**63317**	**691**	**12335**	**873**	**2313**
本级	9915	8566	27	1311	11	1596
区县小计	67301	54751	664	11024	862	717
城区	8136	6673	31	1409	23	77
陆丰市	27918	23037	393	3818	670	189
海丰县	22662	17887	185	4421	169	19
陆河县	8585	7154	55	1376		432
东莞市小计	**71924**	**52608**	**117**	**8055**	**11144**	**30803**
本级	71924	52608	117	8055	11144	30803
中山市小计	**59856**	**35739**	**188**	**9597**	**14332**	**1326**
本级	59856	35739	188	9597	14332	1326
江门市小计	**121542**	**81566**	**658**	**32929**	**6389**	**7977**
本级	17250	11063	140	3936	2111	1298
区县小计	104292	70503	518	28993	4278	6679
蓬江区	9100	5695	20	2255	1130	526
江海区	3294	2423	11	732	128	363
新会区	22372	15725	91	6540	16	1290
台山市	23726	14606	152	8010	958	1098
开平市	19560	13576	63	5357	564	190
鹤山市	12509	9376	54	2848	231	1961
恩平市	13731	9102	127	3251	1251	1251
阳江市小计	**76911**	**59327**	**392**	**14913**	**2279**	**4398**
本级	16387	12522	89	3231	545	1849
区县小计	60524	46805	303	11682	1734	2549
江城区	10705	6830	34	2114	1727	261
阳春市	25800	19907	195	5698		
阳东县	11708	9512	49	2140	7	2271
阳西县	12311	10556	25	1730		17
湛江市小计	**191617**	**145758**	**1839**	**39610**	**4410**	**8216**
本级	32500	22856	609	8351	684	2563
区县小计	159117	122902	1230	31259	3726	5653
赤坎区	5505	3512	66	1508	419	894
霞山区	8928	5875	61	2629	363	170
麻章区	5116	4074	57	957	28	228
坡头区	7228	5631	11	1289	297	12
雷州市	31374	25198	216	5299	661	2497
廉江市	31910	23151	334	6915	1510	594
吴川市	21405	17169	118	4097	21	571
遂溪县	25785	20715	199	4634	237	293
徐闻县	21866	17577	168	3931	190	394
茂名市小计	**172564**	**135294**	**712**	**32254**	**4304**	**12978**
本级	22647	16705	197	5280	465	3689

4－19－4

单位:人

地　　区	财政供养人口					经费自理年末人数
	小计	在职人员	离休人员	退休人员	其他人员	
区县小计	149917	118589	515	26974	3839	9289
茂南区	11365	8442	25	1848	1050	235
茂港区	8482	7487	12	923	60	5
信宜市	37747	30124	128	6607	888	541
高州市	37636	28260	143	7511	1722	2038
化州市	25265	19868	84	5205	108	4647
电白县	29422	24408	123	4880	11	1823
肇庆市小计	**112038**	**83840**	**631**	**25820**	**1747**	**13573**
本级	16686	10816	285	4560	1025	2328
区县小计	95352	73024	346	21260	722	11245
端州区	7353	5293	113	1947		1778
鼎湖区	3515	2918		559	38	1008
四会市	10684	7868	19	2648	149	2305
高要市	16855	12899	45	3761	150	1932
广宁县	13369	10058	20	3291		1875
德庆县	12056	9405	83	2568		1300
封开县	12183	9266	46	2784	87	537
怀集县	19337	15317	20	3702	298	510
清远市小计	**106496**	**77853**	**455**	**25749**	**2439**	**4103**
本级	10662	7965	68	2329	300	1330
区县小计	95834	69888	387	23420	2139	2773
清城区	12542	8852	13	2572	1105	1337
英德市	23039	16209	132	6190	508	811
连州市	13921	10497	64	3323	37	71
佛冈县	9700	7276	59	2352	13	65
清新县	12980	10178	17	2547	238	235
连山壮族瑶族自治县	5213	3524	28	1610	51	2
连南瑶族自治县	6122	4069	41	1825	187	252
阳山县	12317	9283	33	3001		
潮州市小计	**69668**	**51783**	**573**	**16649**	**663**	**4125**
本级	16141	11302	249	4227	363	2799
区县小计	53527	40481	324	12422	300	1326
湘桥区	7844	5470	28	2328	18	506
饶平县	23001	16723	241	5781	256	125
潮安县	22682	18288	55	4313	26	695
揭阳市小计	**133874**	**103042**	**1178**	**29100**	**554**	**2280**
本级	19300	15665	105	3303	227	507
区县小计	114574	87377	1073	25797	327	1773
榕城区	9716	6984	160	2556	16	6
普宁市	40489	30787	219	9461	22	5
揭东县	20973	16432	108	4186	247	1102
揭西县	20679	14758	406	5473	42	451
惠来县	22717	18416	180	4121		209
云浮市小计	**72272**	**55250**	**174**	**15206**	**1642**	**2454**

4－19－5 单位：人

地区	财政供养人口					经费自理年末人数
	小计	在职人员	离休人员	退休人员	其他人员	
本级	7880	6190	13	1572	105	1235
区县小计	64392	49060	161	13634	1537	1219
云城区	6895	4528	44	1648	675	140
罗定市	23991	18610	36	5298	47	22
新兴县	16133	12126	30	3205	772	241
郁南县	11101	8617	49	2416	19	760
云安县	6272	5179	2	1067	24	56

2009 年广西壮族自治区地市县基本数字表

4－20－1　　　　单位：人

地　区	财政供养人口					经费自理年末人数
	小计	在职人员	离休人员	退休人员	其他人员	
地市县合计	**1536101**	**1113822**	**6328**	**380163**	**35788**	**48342**
南宁市小计	**182819**	**126596**	**898**	**47340**	**7985**	**6931**
本级	40372	27665	461	11611	635	3016
区县小计	142447	98931	437	35729	7350	3915
兴宁区	5908	2885	9	1363	1651	4
青秀区	7915	4167	18	1683	2047	281
江南区	6779	4231	12	1507	1029	9
西乡塘区	8814	6068	21	2725		
良庆区	4265	3328	8	911	18	110
邕宁区	6881	4536	44	2301		
武鸣县	14508	10729	44	3617	118	149
横县	24424	18090	84	6092	158	877
宾阳县	23190	15819	40	5909	1422	1125
上林县	14557	11124	37	3374	22	326
马山县	12799	9571	88	3014	126	372
隆安县	9812	6670	24	2638	480	652
高新区	715	490	1	87	137	
经开区	582	488		94		
华侨区	1132	578	7	414	133	10
相思湖区	114	113			1	
风景区	52	44			8	
柳州市小计	**118140**	**82238**	**481**	**33699**	**1722**	**5507**
本级	29127	19599	253	9269	6	4458
区县小计	89013	62639	228	24430	1716	1049
柳江县	13664	9778	23	3325	538	267
柳城县	11422	7863	33	3393	133	41
鹿寨县	10563	7024	43	3030	466	111
融安县	10804	8104	28	2631	41	325
三江县	8908	6605	11	2292		156
融水县	15405	11459	37	3909		149
城中区	3854	2167	17	1222	448	
鱼峰区	3345	2181	12	1152		
柳南区	5504	3563	9	1932		
柳北区	4975	3501	15	1459		
高新开发区	251	165		49	37	
阳和工业新区	318	229		36	53	
桂林市小计	**185181**	**124426**	**1069**	**55742**	**3944**	**5005**
本级	31356	19359	583	10694	720	2019
区县小计	153825	105067	486	45048	3224	2986
临桂县	12481	9120	42	3074	245	60
阳朔县	13410	8389	35	4986		
灵川县	13145	8723	24	4397	1	200
全州县	21255	14430	75	6750		
兴安县	13868	9540	57	4048	223	290

4－20－2　　　　单位:人

地区	财政供养人口					经费自理年末人数
	小计	在职人员	离休人员	退休人员	其他人员	
永福县	8019	5427	27	2472	93	579
荔浦县	13153	9195	21	3937		540
平乐县	11380	7834	35	3473	38	578
恭城县	10201	7744	28	2358	71	450
灌阳县	9754	6856	32	2516	350	97
龙胜县	7132	5099	27	1966	40	149
资源县	7969	6015	30	1924		3
秀峰区	2440	1093	17	696	634	10
象山区	3245	1580	11	835	819	3
叠彩区	1984	939	12	596	437	
七星高新区	2662	1815	12	727	108	11
雁山区	1727	1268	1	293	165	16
梧州市小计	**92100**	**68341**	**236**	**22389**	**1134**	**1984**
本级	17340	10968	87	5338	947	982
区县小计	74760	57373	149	17051	187	1002
岑溪市	20560	15531	29	5000		463
苍梧县	17096	13664	31	3367	34	315
藤县	22222	17567	20	4635		224
蒙山县	8623	6393	26	2204		
万秀区	2328	1457	38	833		
蝶山区	2079	1347	3	576	153	
长洲区	1852	1414	2	436		
工业园区						
北海市小计	**52180**	**36909**	**228**	**12600**	**2443**	**3691**
本级	16034	10960	103	4110	861	2128
区县小计	36146	25949	125	8490	1582	1563
合浦县	25849	18657	106	6046	1040	1287
海城区	3796	2318	7	1000	471	20
银海区	3263	2481	5	731	46	105
铁山港区	3238	2493	7	713	25	151
防城港市小计	**30421**	**22588**	**196**	**7289**	**348**	**1179**
本级	5626	4690	18	846	72	91
区县小计	24795	17898	178	6443	276	1088
港口区	2594	2120	8	437	29	239
防城区	10805	7373	106	3297	29	352
东兴市	4066	3257	11	657	141	175
上思县	7330	5148	53	2052	77	322
钦州市小计	**88827**	**66855**	**374**	**20368**	**1230**	**4152**
本级	12535	8296	111	3100	1028	2814
区县小计	76292	58559	263	17268	202	1338
浦北县	19857	14769	57	5013	18	749
灵山县	31480	24557	54	6869		382
钦州港区	815	618		51	146	46
钦南区	10639	8200	77	2362		21

4－20－3　　单位:人

地　　区	财政供养人口					经费自理年末人数
	小计	在职人员	离休人员	退休人员	其他人员	
钦北区	13501	10415	75	2973	38	140
贵港市小计	**108236**	**82200**	**147**	**23845**	**2044**	**2963**
本级	12209	8789	43	2594	783	1340
区县小计	96027	73411	104	21251	1261	1623
港北区	9823	6984	6	1956	877	423
港南区	10876	8608	5	2240	23	
覃塘区	11930	10112	6	1812		
平南县	28157	21385	25	6386	361	952
桂平市	35241	26322	62	8857		248
玉林市小计	**160672**	**120037**	**390**	**37604**	**2641**	**5502**
本级	16897	12651	111	3924	211	2518
区县小计	143775	107386	279	33680	2430	2984
容县	20697	15732	38	4656	271	1170
陆川县	25941	19999	69	5770	103	
博白县	35511	25485	69	8185	1772	275
兴业县	12869	9596	8	3265		444
北流市	28419	22031	35	6348	5	516
玉州区	13603	8996	58	4275	274	344
福绵区	6735	5547	2	1181	5	235
百色市小计	**127522**	**92380**	**502**	**30752**	**3888**	**3160**
本级	10670	7042	114	3156	358	1437
区县小计	116852	85338	388	27596	3530	1723
右江区	8719	5704	63	2496	456	332
田阳县	11491	8424	25	2933	109	54
田东县	11549	7403	20	3126	1000	679
平果县	10856	7873	83	2861	39	19
德保县	11713	9061	39	2586	27	
靖西县	15162	9898	33	4880	351	7
那坡县	8143	6230	42	1659	212	91
凌云县	6332	5099	20	1210	3	50
乐业县	6198	5190	7	1001		
田林县	9275	7248	16	1468	543	432
隆林县	10128	7320	26	1992	790	59
西林县	7286	5888	14	1384		
贺州市小计	**71438**	**52275**	**323**	**17794**	**1046**	**2417**
本级	10607	6990	89	2627	901	1266
区县小计	60831	45285	234	15167	145	1151
昭平县	16450	12603	48	3785	14	8
钟山县	12902	8693	55	4154		632
富川县	11646	8969	51	2626		
八步区	11953	8624	67	3185	77	342
平桂管理区	7880	6396	13	1417	54	169
河池市小计	**133361**	**101991**	**552**	**29902**	**916**	**2089**
本级	8665	5798	126	2622	119	688

4－20－4 单位：人

地　　区	财政供养人口					经费自理年末人数
	小计	在职人员	离休人员	退休人员	其他人员	
区县小计	124696	96193	426	27280	797	1401
金城江区	8591	6175	41	2344	31	
宜州市	15015	11389	48	3578		579
罗城仫佬族自治县	9910	7176	30	2704		363
环江毛南族自治县	10997	8630	29	2338		
南丹县	11418	8015	26	2619	758	45
天峨县	8022	6399	17	1606		
凤山县	6483	4999	23	1461		
东兰县	12344	9616	43	2685		42
巴马瑶族自治县	8923	7201	28	1686	8	122
都安瑶族自治县	16625	12824	93	3708		250
大化瑶族自治县	16368	13769	48	2551		
来宾市小计	**95720**	**73351**	**323**	**18734**	**3312**	**2186**
本级	13061	9973	147	2494	447	817
区县小计	82659	63378	176	16240	2865	1369
兴宾区	25693	21224	53	4416		
象州县	13171	9316	28	2514	1313	80
武宣县	14225	11040	41	2634	510	374
金秀瑶族自治县	9308	7132	8	2168		165
忻城县	13307	9270	39	3148	850	226
合山市	6902	5343	7	1360	192	524
华侨投资区	53	53				
崇左市小计	**89484**	**63635**	**609**	**22105**	**3135**	**1576**
本级	10355	6173	162	2887	1133	463
区县小计	79129	57462	447	19218	2002	1113
扶绥县	12356	8098	22	3713	523	
大新县	14624	11552	186	2739	147	380
天等县	12465	9308	59	3098		
宁明县	14679	10297	55	3839	488	
龙州县	11443	8396	63	2652	332	487
凭祥市	5233	3886	32	1070	245	220
江州区	8329	5925	30	2107	267	26

2009年海南省地市县基本数字表

4－21 单位：人

地区	财政供养人口					经费自理年末人数
	小计	在职人员	离休人员	退休人员	其他人员	
地市县合计	**210078**	**172240**	**1277**	**18501**	**18060**	**63991**
海口市小计	**47494**	**36924**	**286**	**3596**	**6688**	**16771**
本级	20444	17022	170	2317	935	15871
区县小计	27050	19902	116	1279	5753	900
龙华区	7807	4661	8	167	2971	2
美兰区	7155	4933	20	253	1949	121
秀英区	4357	3740	3	161	453	
琼山区	7731	6568	85	698	380	777
三亚市小计	**13859**	**12519**	**75**	**1137**	**128**	**6482**
本级	13859	12519	75	1137	128	6482
洋浦经济开发区小计	**1301**	**1108**		**133**	**60**	**220**
本级	1301	1108		133	60	220
琼海市	**10184**	**9283**	**61**	**828**	**12**	**4260**
儋州市	**15688**	**11409**	**83**	**3777**	**419**	**2034**
文昌市	**13061**	**10569**	**89**	**1378**	**1025**	**6003**
万宁市	**11724**	**10613**	**69**	**739**	**303**	**4305**
东方市	**13914**	**8885**	**69**	**471**	**4489**	**2229**
五指山市	**5138**	**4711**	**25**	**270**	**132**	**812**
屯昌县	**8287**	**5804**	**28**	**523**	**1932**	**1394**
澄迈县	**11341**	**10275**	**55**	**728**	**283**	**3416**
临高县	**10134**	**9199**	**58**	**831**	**46**	**4055**
白沙县	**6261**	**4760**	**49**	**624**	**828**	**541**
昌江县	**7258**	**5963**	**60**	**518**	**717**	**1871**
乐东县	**10012**	**9161**	**68**	**657**	**126**	**2770**
陵水县	**7168**	**6015**	**47**	**656**	**450**	**1505**
保亭县	**4698**	**4282**	**37**	**366**	**13**	**1202**
琼中县	**5808**	**4827**	**90**	**515**	**376**	**1285**
定安县	**6748**	**5933**	**28**	**754**	**33**	**2836**

2009 年重庆市区县基本数字表

4－22 单位：人

地区	财政供养人口					经费自理年末人数
	小计	在职人员	离休人员	退休人员	其他人员	
区县合计	**759290**	**509323**	**2549**	**241186**	**6232**	**25546**
渝中区	20203	10690	153	9359	1	2183
江北区	16156	9200	114	6842		316
沙坪坝区	20446	11907	133	8212	194	1738
九龙坡区	18016	11230	82	6658	46	1172
大渡口区	7580	4766	31	2736	47	3
南岸区	15694	9229	99	6366		87
北碚区	18825	11152	107	7557	9	1524
万盛区	8368	5440	47	2647	234	416
双桥区	2090	1545	7	491	47	
巴南区	23594	14112	71	8521	890	
渝北区	20111	14177	46	5888		420
涪陵区	34620	22552	191	10394	1483	1186
万州区	44961	28796	249	15916		5154
黔江区	16003	11959	19	4025		
江津区	30491	19953	82	10425	31	
合川区	27324	17502	76	9689	57	1243
永川区	24159	17032	69	6901	157	738
綦江县	21610	14285	55	7253	17	802
长寿区	21140	13189	38	7913		114
潼南县	18452	13089	37	5326		242
铜梁县	17562	11789	40	5733		204
大足县	20510	14305	38	5476	691	
荣昌县	18815	12322	39	5613	841	324
璧山县	16012	10745	48	5219		78
梁平县	17355	11770	58	5504	23	112
城口县	8056	6066	11	1979		53
南川区	17767	12102	37	5076	552	498
丰都县	17029	11927	52	5050		1285
垫江县	18242	13623	32	4587		111
武隆县	11700	8607	25	3068		26
忠县	20557	14264	70	6223		98
开县	29740	21169	62	8509		438
云阳县	23799	16000	46	7265	488	887
奉节县	19555	14106	57	5392		1030
巫山县	13435	9988	54	3393		778
巫溪县	12828	9292	22	3514		
石柱县	13577	9966	45	3566		194
彭水县	14195	10507	32	3656		60
酉阳县	18434	14114	33	4052	235	384
秀山县	14202	10525	34	3643		350
北部新区	6077	4331	8	1549	189	1298

2009年四川省地市县基本数字表

4－23－1　　　　单位:人

地　　区	财政供养人口					经费自理年末人数
	小计	在职人员	离休人员	退休人员	其他人员	
地市县合计	**2406864**	**1666898**	**8300**	**672735**	**58931**	**68113**
成都市小计	**367527**	**239255**	**1820**	**107149**	**19303**	**25085**
本级	71106	41455	953	21723	6975	12540
区县小计	296421	197800	867	85426	12328	12545
锦江区	13787	8099	60	5491	137	1374
青羊区	16380	7919	112	7170	1179	942
金牛区	16255	10182	82	5799	192	860
武侯区	15673	8825	34	3811	3003	405
成华区	14162	8229	12	3886	2035	860
龙泉驿区	16043	11342	21	3911	769	744
青白江区	10872	7153	15	2908	796	461
都江堰市	19524	14331	35	4891	267	48
金堂县	17893	12625	45	4424	799	1523
双流县	22901	17316	57	5514	14	718
温江区	13297	9569	61	3293	374	403
郫县	12820	9007	32	3708	73	1893
新都区	17512	12485	72	4947	8	86
彭州市	17958	12564	34	5261	99	458
崇州市	19418	13015	44	5250	1109	
大邑县	14513	10269	50	4127	67	502
邛崃市	16165	10536	33	5165	431	167
蒲江县	7382	5044	25	2313		377
新津县	9790	6334	42	3031	383	721
高新区	4076	2956	1	526	593	3
自贡市小计	**88192**	**56130**	**275**	**29465**	**2322**	**1653**
本级	21516	12565	169	6892	1890	1007
区县小计	66676	43565	106	22573	432	646
自流井区	6679	4076	14	2589		51
贡井区	6399	3831	8	2540	20	244
大安区	10225	6918	5	3302		15
沿滩区	7562	5307	5	2250		117
荣县	15498	9728	30	5423	317	146
富顺县	20313	13705	44	6469	95	73
攀枝花市小计	**47799**	**32333**	**282**	**14651**	**533**	**69**
本级	19862	13019	195	6648		69
区县小计	27937	19314	87	8003	533	
东区	5785	3482	18	2285		
西区	3226	2129	13	1084		
仁和区	6318	4478	15	1625	200	
米易县	6713	4698	27	1655	333	
盐边县	5895	4527	14	1354		
泸州市小计	**113440**	**80455**	**401**	**30526**	**2058**	**2992**
本级	14519	8731	114	4096	1578	1928
区县小计	98921	71724	287	26430	480	1064

4－23－2

单位：人

地　　区	财政供养人口					经费自理年末人数
	小计	在职人员	离休人员	退休人员	其他人员	
江阳区	14296	10019	21	4146	110	257
龙马潭区	7223	5203	31	1949	40	185
泸县	18787	14106	14	4522	145	525
纳溪区	10920	8060	51	2806	3	88
合江县	16468	11466	56	4818	128	
叙永县	15075	10741	48	4286		
古蔺县	16152	12129	66	3903	54	9
德阳市小计	**89622**	**61345**	**271**	**25619**	**2387**	**4352**
本级	12922	8995	51	3442	434	1634
区县小计	76700	52350	220	22177	1953	2718
旌阳区	9924	6675	49	3115	85	88
广汉市	13041	9116	54	3722	149	1658
绵竹市	12480	8478	52	3365	585	166
中江县	23601	15990	32	7562	17	441
什邡市	12575	8337	30	3185	1023	365
罗江县	5079	3754	3	1228	94	
绵阳市小计	**140224**	**93850**	**545**	**39332**	**6497**	**3493**
本级	24349	13601	306	6002	4440	3062
区县小计	115875	80249	239	33330	2057	431
涪城区	11918	8009	44	3684	181	46
游仙区	8771	6709		1795	267	5
江油市	20822	14910	65	5536	311	141
安县	10178	7517	25	2437	199	87
梓潼县	8934	6099	30	2502	303	139
平武县	6313	4656	9	1648		
北川县	6629	4781	11	1718	119	13
三台县	25933	17185	38	8249	461	
盐亭县	14222	8796	16	5395	15	
高新区	2155	1587	1	366	201	
广元市小计	**94068**	**72588**	**194**	**21286**		**3002**
本级	13648	10186	68	3394		1230
区县小计	80420	62402	126	17892		1772
利州区	9557	7177	13	2367		490
元坝区	6370	5347	5	1018		520
朝天区	5370	4614	2	754		632
剑阁县	16390	12567	11	3812		70
旺苍县	14037	10358	69	3610		55
青川县	9535	7432	11	2092		5
苍溪县	19161	14907	15	4239		
遂宁市小计	**79764**	**57932**	**90**	**20842**	**900**	**2420**
本级	10532	7610	28	2536	358	1898
区县小计	69232	50322	62	18306	542	522
船山区	10980	7833	5	3126	16	64
蓬溪县	16010	11479	28	4503		

4－23－3　　　　单位:人

地　　区	财政供养人口					经费自理年末人数
	小计	在职人员	离休人员	退休人员	其他人员	
射洪县	20525	14358	19	5622	526	291
大英县	10659	8335	2	2322		43
安居区	11058	8317	8	2733		124
内江市小计	**104185**	**69996**	**378**	**32988**	**823**	**1380**
本级	16877	10751	205	5692	229	1354
区县小计	87308	59245	173	27296	594	26
市中区	11801	7389	35	4377		
东兴区	15418	10281	35	4520	582	
资中县	25885	18131	34	7720		
威远县	17170	11999	15	5154	2	26
隆昌县	17034	11445	54	5525	10	
乐山市小计	**105940**	**69103**	**409**	**34640**	**1788**	**2793**
本级	18964	11817	197	5812	1138	1836
区县小计	86976	57286	212	28828	650	957
市中区	10806	6589	40	4161	16	45
五通桥区	8209	4702	6	3501		216
沙湾区	4760	3378	5	1325	52	259
金口河区	2185	1634	7	484	60	
峨眉山市	11040	7289	37	3488	226	115
犍为县	13184	8983	30	4171		
井研县	10650	7159	17	3474		
夹江县	9297	5874	27	3396		75
沐川县	5929	3923	16	1909	81	242
峨边县	5311	3910	20	1296	85	5
马边县	5605	3845	7	1623	130	
南充市小计	**193605**	**140599**	**489**	**49175**	**3342**	**1150**
本级	18253	11961	162	5396	734	340
区县小计	175352	128638	327	43779	2608	810
顺庆区	16945	10960	42	4881	1062	
高坪区	16106	12170	22	3914		131
嘉陵区	15743	12805	2	2936		
南部县	25820	19938	67	5797	18	284
营山县	22414	14813	56	6439	1106	4
蓬安县	17653	12847	20	4371	415	
仪陇县	21059	15915	41	5103		
西充县	18298	13083	14	5201		120
阆中市	21314	16107	63	5137	7	271
宜宾市小计	**128309**	**86550**	**413**	**36141**	**5205**	**1836**
本级	16820	10978	155	4464	1223	1517
区县小计	111489	75572	258	31677	3982	319
翠屏区	16956	10878	57	5764	257	106
宜宾县	19946	12512	28	5867	1539	195
南溪县	10063	6782	16	2535	730	11
江安县	10496	7464	31	2922	79	

4－23－4　　　　单位：人

地　　区	财政供养人口					经费自理年末人数
	小计	在职人员	离休人员	退休人员	其他人员	
长宁县	9637	6223	25	2615	774	
高县	9524	6690	34	2798	2	
筠连县	9215	6798	20	2348	49	3
珙县	9228	6604	14	2357	253	4
兴文县	9659	6885	14	2683	77	
屏山县	6765	4736	19	1788	222	
广安市小计	**91984**	**65868**	**170**	**24457**	**1489**	**2402**
本级	4916	4331	6	541	38	1408
区县小计	87068	61537	164	23916	1451	994
岳池县	19798	13312	51	6080	355	38
武胜县	16351	11957	21	4371	2	120
广安区	21541	15436	39	6051	15	
邻水县	21071	14392	44	5566	1069	419
华蓥市	8307	6440	9	1848	10	417
达州市小计	**160550**	**115124**	**396**	**43865**	**1165**	**4446**
本级	16908	12039	125	4436	308	927
区县小计	143642	103085	271	39429	857	3519
通川区	10521	7764	19	2736	2	73
达县	26357	19306	25	7026		822
开江县	14471	10817	18	3636		19
宣汉县	22751	15340	26	7172	213	2315
万源市	16091	11979	31	4021	60	264
大竹县	24023	16112	53	7385	473	9
渠县	29428	21767	99	7453	109	17
资阳市小计	**94631**	**63761**	**141**	**30369**	**360**	**1176**
本级	5470	4497	1	967	5	968
区县小计	89161	59264	140	29402	355	208
雁江区	19287	13072	43	5952	220	2
简阳市	27448	17820	58	9570		121
安岳县	26218	17962	18	8238		11
乐至县	16208	10410	21	5642	135	74
眉山市小计	**98669**	**72326**	**193**	**24697**	**1453**	**2400**
本级	8480	7939	10	531		1140
区县小计	90189	64387	183	24166	1453	1260
东坡区	20476	15339	20	4652	465	365
仁寿县	35698	25432	68	9286	912	
彭山县	10808	7901	23	2884		470
洪雅县	10135	5882	46	4137	70	58
丹棱县	6297	4839	14	1438	6	344
青神县	6775	4994	12	1769		23
巴中市小计	**89873**	**69095**	**167**	**20379**	**232**	**4511**
本级	6696	5964	6	687	39	1778
区县小计	83177	63131	161	19692	193	2733
巴州区	24683	18358	73	6207	45	2637

4－23－5　　　　　　　　　　　　　　　　　　　　单位:人

地　区	财政供养人口					经费自理年末人数
	小计	在职人员	离休人员	退休人员	其他人员	
南江县	17627	12966	25	4636		
通江县	19248	15153	35	3912	148	35
平昌县	21619	16654	28	4937		61
雅安市小计	**55910**	**38676**	**337**	**16467**	**430**	**1292**
本级	7689	5025	142	2513	9	494
区县小计	48221	33651	195	13954	421	798
雨城区	9100	6021	51	3028		15
名山县	6971	4889	18	2059	5	
荥经县	5636	3615	21	1694	306	292
汉源县	8240	5980	27	2233		29
石棉县	5301	3903	19	1373	6	118
天全县	5523	3844	21	1636	22	46
芦山县	4514	3321	17	1175	1	298
宝兴县	2936	2078	21	756	81	
阿坝州小计	**60094**	**40930**	**217**	**16558**	**2389**	
本级	12120	7649	72	4189	210	
区县小计	47974	33281	145	12369	2179	
汶川县	4978	3330	14	1423	211	
理县	3199	2133	9	945	112	
茂县	4922	3402	13	1179	328	
松潘县	3824	2901	12	911		
九寨沟县	4468	2872	7	855	734	
金川县	3806	2561	11	1227	7	
小金县	3634	2445	9	1012	168	
黑水县	3161	2149	14	817	181	
马尔康县	3188	2225	13	868	82	
壤塘县	2671	2046	11	614		
阿坝县	3361	2290	18	894	159	
若尔盖县	3941	2952	6	815	168	
红原县	2821	1975	8	809	29	
卧龙特区						
甘孜州小计	**63013**	**44582**	**407**	**16776**	**1248**	**60**
本级	12984	7912	218	4749	105	6
区县小计	50029	36670	189	12027	1143	54
康定县	4168	2811	19	1139	199	54
泸定县	3811	2677	19	1021	94	
丹巴县	3075	2392	7	676		
九龙县	2995	2216	6	620	153	
雅江县	2326	1774	10	542		
道孚县	2950	2071	14	694	171	
炉霍县	2768	2077	8	609	74	
甘孜县	3216	2015	10	896	295	
新龙县	2638	2181	1	456		
德格县	2523	1844	12	665	2	

4－23－6　　　　单位：人

地　　区	财政供养人口					经费自理年末人数
	小计	在职人员	离休人员	退休人员	其他人员	
白玉县	2240	1726	3	511		
石渠县	2425	1718	9	698		
色达县	2161	1559	7	595		
理塘县	3394	2216	17	1074	87	
巴塘县	2801	2149	14	638		
乡城县	2422	2004	14	363	41	
稻城县	2317	1756	8	526	27	
得荣县	1799	1484	11	304		
凉山州小计	**139465**	**96400**	**705**	**37353**	**5007**	**1601**
本级	21025	11962	287	8479	297	1207
区县小计	118440	84438	418	28874	4710	394
西昌市	16712	11390	84	5033	205	
木里县	4678	3430	14	1105	129	8
盐源县	8097	5692	27	1905	473	20
德昌县	5648	4011	24	1594	19	99
会理县	9683	6640	35	2962	46	203
会东县	8937	6031	20	2020	866	56
宁南县	5460	3985	21	1454		8
普格县	4807	3158	22	1024	603	
布拖县	4429	3063	20	945	401	
金阳县	5080	3873	16	828	363	
昭觉县	6479	5027	20	1203	229	
喜德县	4673	3539	14	1017	103	
冕宁县	9143	6549	28	2272	294	
越西县	7002	5021	19	1734	228	
甘洛县	5869	4260	21	1233	355	
美姑县	5533	4093	13	1122	305	
雷波县	6210	4676	20	1423	91	

2009年贵州省地市县基本数字表

4－24－1　　　　　　　　　　　　　　　　　　　　　　　　单位:人

地　　区	财政供养人口					经费自理年末人数
	小计	在职人员	离休人员	退休人员	其他人员	
地市县合计	**1150698**	**824708**	**6015**	**231382**	**88593**	**14753**
贵阳市小计	**136810**	**80156**	**1097**	**34603**	**20954**	**5236**
本级	34764	21327	600	10911	1926	3621
区县小计	102046	58829	497	23692	19028	1615
乌当区	7654	5433	51	1677	493	158
花溪区	10644	5382	83	2174	3005	659
白云区	7126	4516	28	1392	1190	110
南明区	16267	6988	119	4349	4811	87
云岩区	15108	7296	66	4539	3207	15
小河区	3505	2319	9	887	290	14
清镇市	11591	8199	39	2585	768	260
开阳县	11697	8421	23	2563	690	164
修文县	11209	5117	39	1798	4255	
息烽县	7245	5158	40	1728	319	148
六盘水市小计	**73127**	**56730**	**411**	**13627**	**2359**	**701**
本级	10076	7525	130	2319	102	144
区县小计	63051	49205	281	11308	2257	557
六枝特区	13112	9935	76	3101		159
盘县	23307	19326	111	3870		315
水城县	15270	12488	83	2584	115	
钟山区	11362	7456	11	1753	2142	83
遵义市小计	**190483**	**139251**	**802**	**45048**	**5382**	**3497**
本级	13307	9126	190	3975	16	1016
区县小计	177176	130125	612	41073	5366	2481
红花岗区	13325	8118	112	4834	261	605
汇川区	7415	4914	9	1977	515	
遵义县	26642	20427	67	6050	98	907
桐梓县	13854	9280	38	3250	1286	180
绥阳县	11527	8581	48	2893	5	
湄潭县	11550	8189	50	2889	422	33
凤冈县	10511	8358	34	2095	24	
余庆县	8201	6344	33	1822	2	9
仁怀市	14838	11876	29	2932	1	267
赤水市	8741	6487	26	2197	31	163
习水县	15823	10405	44	3709	1665	38
正安县	11711	8891	42	2552	226	279
道真仡佬族苗族自治县	10086	7974	32	2004	76	
务川仡佬族苗族自治县	12952	10281	48	1869	754	
安顺市小计	**75452**	**53710**	**567**	**16104**	**5071**	**1425**
本级	10956	7204	180	3025	547	840
区县小计	64496	46506	387	13079	4524	585
西秀区	19589	13162	166	4523	1738	265
平坝县	10679	8285	55	2232	107	89
普定县	10503	7129	47	1759	1568	229

4－24－2

单位:人

地　　区	财政供养人口					经费自理年末人数
	小计	在职人员	离休人员	退休人员	其他人员	
镇宁布依族苗族自治县	8717	5869	47	1764	1037	2
关岭布依族苗族自治县	7134	5549	38	1473	74	
紫云苗族布依族自治县	7874	6512	34	1328		
黔南布依族苗族自治州小计	**133948**	**104652**	**846**	**25601**	**2849**	**1386**
本级	10748	7176	254	3174	144	580
区县小计	123200	97476	592	22427	2705	806
都匀市	13771	9428	172	3193	978	126
独山县	13611	10893	54	2535	129	
平塘县	9860	7923	49	1888		
荔波县	7245	5868	32	1268	77	
三都水族自治县	12185	10499	42	1644		315
福泉市	8323	6393	35	1680	215	59
瓮安县	12664	10407	18	2169	70	
贵定县	9554	7277	52	1883	342	143
龙里县	7747	6405	41	1190	111	83
惠水县	10021	7774	37	1952	258	
长顺县	6717	5274	35	1122	286	23
罗甸县	11502	9335	25	1903	239	57
黔东南苗族侗族自治州小计	**149070**	**96432**	**740**	**31260**	**20638**	**1295**
本级	10399	6428	248	3362	361	415
区县小计	138671	90004	492	27898	20277	880
凯里市	13674	8483	101	3139	1951	
黄平县	7479	5472	25	1765	217	17
麻江县	7063	4366	24	1329	1344	18
丹寨县	5796	4173	26	1259	338	
雷山县	6841	4593	30	1356	862	
施秉县	5035	3705	45	1185	100	26
镇远县	6493	4720	20	1753		65
三穗县	9641	4276	24	1377	3964	281
岑巩县	7242	4636	20	1435	1151	
天柱县	13031	7419	32	2187	3393	79
锦屏县	8259	5688	26	1523	1022	287
黎平县	17418	9756	25	2497	5140	
榕江县	10177	7040	33	2504	600	8
从江县	8139	6390	21	1658	70	
剑河县	7168	5408	18	1617	125	
台江县	5215	3879	22	1314		99
毕节地区小计	**165614**	**124202**	**629**	**28761**	**12022**	**134**
本级	11755	8604	184	2919	48	24
区县小计	153859	115598	445	25842	11974	110
毕节市	27142	21430	78	4661	973	
大方县	19557	13754	53	3469	2281	
黔西县	17926	13011	61	3116	1738	5
金沙县	15317	10730	69	3344	1174	2

4－24－3

单位：人

地区	财政供养人口					经费自理年末人数
	小计	在职人员	离休人员	退休人员	其他人员	
织金县	17035	12772	51	3093	1119	103
纳雍县	17707	12972	53	2558	2124	
威宁彝族回族苗族自治县	24122	18396	49	3286	2391	
赫章县	15053	12533	31	2315	174	
铜仁地区小计	**132784**	**103726**	**507**	**20314**	**8237**	**610**
本级	9845	7126	138	2530	51	184
区县小计	122939	96600	369	17784	8186	426
铜仁市	10757	8483	38	2035	201	7
松桃苗族自治县	16778	13384	41	2417	936	26
玉屏侗族自治县	6837	5315	45	1241	236	
万山特区	2961	2272	11	605	73	
江口县	7741	6424	37	1272	8	3
石阡县	14992	10539	48	2165	2240	
印江土家族苗族自治县	13753	10361	49	1717	1626	
思南县	19337	15405	33	2632	1267	
德江县	14334	11171	33	1743	1387	390
沿河土家族自治县	15449	13246	34	1957	212	
黔西南布依族苗族自治州小计	**93410**	**65849**	**416**	**16064**	**11081**	**469**
本级	8946	6006	130	2396	414	439
区县小计	84464	59843	286	13668	10667	30
兴义市	21614	15065	78	3003	3468	6
兴仁县	10940	8162	29	1725	1024	11
贞丰县	8711	6443	36	1549	683	
册亨县	8800	5451	23	1114	2212	
望谟县	9980	5873	18	1568	2521	
普安县	7867	6385	28	1262	192	
晴隆县	6604	5166	31	1161	246	7
安龙县	9948	7298	43	2286	321	6

2009 年云南省地市县基本数字表

4-25-1　　　　　　　　　　　　　　　　　　　　　　　　　　　　　　单位：人

地　区	财政供养人口					经费自理年末人数
	小计	在职人员	离休人员	退休人员	其他人员	
地市县合计	**1417162**	**1074178**	**11056**	**304683**	**27245**	**11367**
昆明市小计	**179454**	**124373**	**1868**	**47817**	**5396**	**3987**
本级	44126	27705	621	13849	1951	2760
区县小计	135328	96668	1247	33968	3445	1227
盘龙区	11781	7822	115	3686	158	4
五华区	14033	7911	338	5708	76	8
西山区	9980	7226	56	2698		6
官渡区	11950	9015	77	2858		
呈贡县	4984	3437	43	1087	417	59
安宁市	8617	6541	33	2043		38
富民县	6163	3934	33	1320	876	
晋宁县	7162	5175	66	1921		51
宜良县	8477	5864	68	2510	35	768
石林彝族自治县	8346	6078	132	1751	385	88
嵩明县	8966	7086	60	1820		41
禄劝彝族苗族自治县	11473	8503	52	2080	838	4
东川区	10196	7616	110	2363	107	140
寻甸回族自治县	13200	10460	64	2123	553	20
昭通市小计	**117085**	**95366**	**550**	**21169**		**244**
本级	9765	6860	254	2651		244
区县小计	107320	88506	296	18518		
昭阳区	16285	12859	87	3339		
鲁甸县	9007	7752	31	1224		
巧家县	9492	7418	53	2021		
盐津县	7360	5798	11	1551		
大关县	6367	5218	17	1132		
永善县	9626	8029	28	1569		
绥江县	4905	3794	5	1106		
镇雄县	21992	19095	29	2868		
彝良县	9750	8040	14	1696		
威信县	8996	7659	15	1322		
水富县	3540	2844	6	690		
曲靖市小计	**175262**	**129938**	**1337**	**27777**	**16210**	**810**
本级	15228	10629	458	3924	217	742
区县小计	160034	119309	879	23853	15993	68
麒麟区	14066	11194	117	2575	180	66
沾益县	12039	8404	60	1871	1704	
马龙县	7477	6271	54	1152		
宣威市	38087	25499	177	5712	6699	
富源县	16901	14501	67	2062	271	
罗平县	17504	12616	178	2057	2653	2
师宗县	12543	8500	75	1647	2321	
陆良县	17688	14200	75	2969	444	
会泽县	23729	18124	76	3808	1721	

4－25－2

单位:人

地　　区	财政供养人口					经费自理年末人数
	小计	在职人员	离休人员	退休人员	其他人员	
玉溪市小计	**77694**	**60029**	**729**	**16594**	**342**	**194**
本级	11967	8884	263	2739	81	36
区县小计	65727	51145	466	13855	261	158
红塔区	10387	7808	115	2429	35	
通海县	7520	5625	42	1838	15	81
江川县	7876	6377	44	1455		5
澄江县	6412	4968	25	1358	61	33
华宁县	6537	5092	40	1390	15	13
易门县	5951	4543	31	1359	18	
峨山彝族自治县	6016	4652	75	1265	24	10
新平彝族傣族自治县	8107	6469	44	1516	78	16
元江哈尼族彝族傣族自治县	6921	5611	50	1245	15	
红河哈尼族彝族自治州小计	**137371**	**103217**	**1279**	**32075**	**800**	**1272**
本级	11598	8112	221	3113	152	611
区县小计	125773	95105	1058	28962	648	661
个旧市	15011	9538	285	5108	80	34
开远市	9817	7016	92	2602	107	454
蒙自县	9716	7184	79	2355	98	29
建水县	14903	10990	147	3706	60	
石屏县	9713	7211	84	2378	40	
弥勒县	14047	11057	89	2849	52	
泸西县	11017	9050	101	1866		
屏边苗族自治县	5893	4724	28	1123	18	
河口瑶族自治县	4948	4032	22	844	50	
金平苗族瑶族傣族自治县	8257	6361	39	1822	35	134
元阳县	8538	6843	40	1602	53	
红河县	7783	5935	32	1771	45	10
绿春县	6130	5164	20	936	10	
文山壮族苗族自治州小计	**109284**	**87071**	**799**	**21414**		**36**
本级	11357	8850	218	2289		4
区县小计	97927	78221	581	19125		32
文山县	14354	11488	87	2779		32
砚山县	12248	10256	60	1932		
西畴县	10399	7931	57	2411		
麻栗坡县	10506	8127	74	2305		
马关县	10666	7894	76	2696		
丘北县	12654	10287	116	2251		
广南县	15882	13218	53	2611		
富宁县	11218	9020	58	2140		
普洱市小计	**91685**	**72536**	**818**	**18206**	**125**	**58**
本级	8875	6383	222	2209	61	58
区县小计	82810	66153	596	15997	64	
思茅区	7634	6017	75	1542		
宁洱哈尼族彝族自治县	7901	6226	125	1509	41	

4-25-3　　　　单位：人

地区	财政供养人口					经费自理年末人数
	小计	在职人员	离休人员	退休人员	其他人员	
墨江哈尼族自治县	10046	8261	79	1706		
景谷彝族傣族自治县	8059	6292	64	1703		
镇沅彝族哈尼族拉祜族自治县	8669	7435	42	1192		
景东彝族自治县	10635	6819	61	3755		
江城哈尼族彝族自治县	5138	4197	30	911		
澜沧拉祜族自治县	14247	12094	78	2075		
孟连傣族拉祜族佤族自治县	5190	4388	32	770		
西盟佤族自治县	5291	4424	10	834	23	
版纳州小计	**31445**	**24051**	**236**	**7158**		**2231**
本级	6435	4675	102	1658		811
区县小计	25010	19376	134	5500		1420
景洪市	10172	8068	41	2063		428
勐海县	7679	5697	52	1930		835
勐腊县	7159	5611	41	1507		157
楚雄彝族自治州小计	**96281**	**73138**	**788**	**22200**	**155**	**441**
本级	11843	7965	295	3456	127	359
区县小计	84438	65173	493	18744	28	82
楚雄市	13892	11124	120	2648		67
双柏县	5687	4417	17	1253		
牟定县	7363	5615	30	1718		
南华县	7597	5896	37	1636	28	15
姚安县	7378	5534	31	1813		
大姚县	8830	6530	65	2235		
永仁县	5641	4385	14	1242		
元谋县	7453	5673	32	1748		
武定县	8322	6631	52	1639		
禄丰县	12275	9368	95	2812		
大理白族自治州小计	**114791**	**84930**	**1005**	**27659**	**1197**	**820**
本级	11333	7940	216	2809	368	227
区县小计	103458	76990	789	24850	829	593
大理市	14963	10408	138	4084	333	57
漾濞彝族自治县	5592	4156	36	1400		
祥云县	10058	7921	57	1880	200	36
宾川县	11052	6962	99	3811	180	201
弥渡县	8526	5967	83	2394	82	45
南涧彝族自治县	6778	5729	26	1023		3
巍山彝族回族自治县	8351	6483	29	1839		
永平县	6646	4849	23	1774		118
云龙县	7686	5684	46	1936	20	
洱源县	8320	6595	54	1671		
剑川县	7087	5793	99	1181	14	
鹤庆县	8399	6443	99	1857		133
保山市小计	**69323**	**52257**	**270**	**15429**	**1367**	**185**
本级	6931	5107	103	1658	63	62

4－25－4

单位：人

地　　区	财政供养人口					经费自理年末人数
	小计	在职人员	离休人员	退休人员	其他人员	
区县小计	62392	47150	167	13771	1304	123
隆阳区	17823	12746	86	4147	844	54
施甸县	9306	7371	11	1865	59	39
腾冲县	16911	12539	26	4090	256	30
昌宁县	9160	7188	17	1872	83	
龙陵县	9192	7306	27	1797	62	
德宏傣族景颇族自治州小计	**49961**	**37198**	**211**	**11873**	**679**	**28**
本级	8068	5579	88	2112	289	5
区县小计	41893	31619	123	9761	390	23
潞西市	10515	7578	37	2577	323	
梁河县	6905	5211	14	1654	26	23
盈江县	10217	7878	21	2318		
陇川县	7309	5609	32	1630	38	
瑞丽市	6947	5343	19	1582	3	
丽江市小计	**51031**	**38754**	**526**	**10879**	**872**	**992**
本级	5014	3428	159	1358	69	736
区县小计	46017	35326	367	9521	803	256
古城区	7762	6202	133	1427		18
永胜县	13137	9527	59	3206	345	6
华坪县	7126	5161	54	1754	157	
宁蒗彝族自治县	9139	7086	24	1728	301	
玉龙纳西族自治县	8853	7350	97	1406		232
怒江傈僳族自治州小计	**25044**	**19580**	**151**	**5313**		
本级	4175	3105	38	1032		
区县小计	20869	16475	113	4281		
兰坪白族普米族自治县	7504	5968	57	1479		
福贡县	4395	3399	25	971		
贡山独龙族怒族自治县	2418	1869	15	534		
泸水县	6552	5239	16	1297		
迪庆藏族自治州小计	**21090**	**15430**	**148**	**5512**		
本级	4268	3082	40	1146		
区县小计	16822	12348	108	4366		
香格里拉县	7135	5482	35	1618		
维西傈僳族自治县	5989	4261	62	1666		
德钦县	3698	2605	11	1082		
临沧市小计	**70361**	**56310**	**341**	**13608**	**102**	**69**
本级	7383	5407	126	1794	56	58
区县小计	62978	50903	215	11814	46	11
凤庆县	9910	7828	17	2065		
云县	9138	7283	30	1779	46	5
临翔区	9884	7861	53	1970		1
永德县	7879	6552	23	1304		
镇康县	6171	5230	12	929		
双江拉祜族佤族布朗族傣族自治县	6091	5028	23	1040		

4－25－5

单位：人

地　区	财政供养人口					经费自理年末人数
	小计	在职人员	离休人员	退休人员	其他人员	
耿马傣族佤族自治县	7626	6250	22	1354		5
沧源佤族自治县	6279	4871	35	1373		

2009年西藏自治区地市县基本数字表

4－26－1

单位：人

地区	财政供养人口					经费自理年末人数
	小计	在职人员	离休人员	退休人员	其他人员	
地市县合计	**146859**	**116743**	**12**	**22313**	**7791**	
拉萨市小计	**26343**	**20582**	**2**	**4708**	**1051**	
本级	10552	8606	1	1929	16	
区县小计	15791	11976	1	2779	1035	
当雄县	1709	1263		293	153	
尼木县	1585	1261	1	261	62	
曲水县	1870	1536		209	125	
堆龙德庆县	1850	1583		255	12	
城关区	2759	2003		704	52	
达孜县	1748	1316		209	223	
墨竹工卡县	1730	1252		153	325	
林周县	2540	1762		695	83	
日喀则地区小计	**30421**	**25298**	**5**	**4229**	**889**	
本级	6902	5099	5	1508	290	
区县小计	23519	20199		2721	599	
日喀则市	2782	2166		548	68	
江孜县	2220	1852		312	56	
南木林县	1886	1725		161		
白朗县	1209	1020		145	44	
拉孜县	1506	1292		143	71	
谢通门县	1321	1159		122	40	
萨迦县	1167	1032		135		
仁布县	988	795		137	56	
定日县	1535	1314		138	83	
康马县	1081	918		146	17	
昂仁县	1401	1281		111	9	
定结县	981	890		76	15	
吉隆县	866	754		66	46	
岗巴县	764	686		78		
聂拉木县	972	891		79	2	
亚东县	928	768		154	6	
萨嘎县	770	694		65	11	
仲巴县	1142	962		105	75	
山南地区小计	**21081**	**16327**		**3366**	**1388**	
本级	5220	4012		1145	63	
区县小计	15861	12315		2221	1325	
洛扎县	1138	863		162	113	
浪卡子县	1355	1053		215	87	
贡嘎县	1598	1351		159	88	
扎囊县	1657	1427		170	60	
乃东县	1605	1144		224	237	
琼结县	1304	979		235	90	
措美县	1124	871		208	45	
隆子县	1343	962		181	200	

4－26－2

单位：人

地　　区	财政供养人口					经费自理年末人数
	小计	在职人员	离休人员	退休人员	其他人员	
错那县	1291	1014		206	71	
桑日县	1046	739		134	173	
曲松县	1127	887		150	90	
加查县	1273	1025		177	71	
昌都地区小计	**24293**	**20208**	**3**	**3413**	**669**	
本级	6709	5552	1	1077	79	
区县小计	17584	14656	2	2336	590	
昌都县	2251	1828	1	295	127	
江达县	1750	1518		232		
贡觉县	1289	1077		167	45	
类乌齐县	1299	1115		174	10	
丁青县	1725	1444		231	50	
察雅县	1791	1526		203	62	
八宿县	1482	1270		197	15	
左贡县	1512	1169		200	143	
芒康县	1652	1401	1	201	49	
洛隆县	1484	1286		198		
边坝县	1349	1022		238	89	
林芝地区小计	**14925**	**11492**	**1**	**1807**	**1625**	
本级	3169	2462	1	490	216	
区县小计	11756	9030		1317	1409	
林芝县	1827	1357		237	233	
波密县	1892	1458		213	221	
察隅县	1537	1080		156	301	
工布江达县	1958	1533		177	248	
米林县	1790	1375		245	170	
朗县	1453	1108		175	170	
墨脱县	1299	1119		114	66	
那曲地区小计	**19246**	**14465**	**1**	**3127**	**1653**	
本级	5070	3267	1	1346	456	
区县小计	14176	11198		1781	1197	
那曲县	2262	1960		247	55	
安多县	1256	1073		183		
聂荣县	1265	861		141	263	
班嘎县	1753	1089		196	468	
申扎县	1066	711		101	254	
巴青县	1430	1104		196	130	
索县	1111	960		151		
比如县	1319	1093		218	8	
嘉黎县	1302	1116		186		
尼玛县	815	706		109		
双湖区	597	525		53	19	
阿里地区小计	**10550**	**8371**		**1663**	**516**	
本级	3225	2304		886	35	

4－26－3

单位：人

地　区	财政供养人口					经费自理年末人数
	小计	在职人员	离休人员	退休人员	其他人员	
区县小计	7325	6067		777	481	
噶尔县	1065	957		108		
革吉县	1011	881		75	55	
改则县	1065	963		100	2	
措勤县	958	819		103	36	
普兰县	1053	582		101	370	
札达县	1060	913		130	17	
日土县	1113	952		160	1	

2009 年陕西省地市县基本数字表

4－27－1　　　　　　　　　　　　　　　　　　　　单位:人

地　　区	财政供养人口					经费自理年末人数
	小计	在职人员	离休人员	退休人员	其他人员	
地市县合计	**1511316**	**1156633**	**12974**	**310334**	**31375**	**31624**
西安市小计	**258494**	**171337**	**3830**	**76595**	**6732**	**6218**
本级	72844	41182	2210	24163	5289	2342
区县小计	185650	130155	1620	52432	1443	3876
新城区	15027	8599	215	6213		21
碑林区	12745	7572	269	4904		188
莲湖区	14991	8612	248	6075	56	4
雁塔区	10029	7487	71	2466	5	704
灞桥区	12192	7856	65	3799	472	207
未央区	11329	7995	61	3151	122	388
阎良区	7483	5200	60	1909	314	106
长安区	23343	17590	112	5621	20	173
临潼区	18140	13701	148	4291		1314
蓝田县	15794	11700	83	3870	141	14
周至县	17553	13770	75	3708		493
户县	17445	12539	169	4471	266	202
高陵县	9579	7534	44	1954	47	62
铜川市小计	**48578**	**38601**	**294**	**9407**	**276**	**181**
本级	10231	8291	107	1569	264	173
区县小计	38347	30310	187	7838	12	8
耀州区	14251	9695	82	4462	12	8
宜君县	7305	6304	64	937		
印台区	9036	7819	15	1202		
王益区	7755	6492	26	1237		
宝鸡市小计	**145532**	**112403**	**1282**	**31694**	**153**	**7917**
本级	28359	20079	570	7557	153	6769
区县小计	117173	92324	712	24137		1148
太白县	3633	3158	16	459		
宝鸡县	15010	12108	109	2793		65
凤翔县	14144	10855	75	3214		19
岐山县	14025	10592	97	3336		
麟游县	4489	3704	18	767		1
陇县	8495	6799	40	1656		
千阳县	5778	4619	29	1130		6
凤县	7416	6398	20	998		
扶风县	12085	9433	69	2583		759
眉县	10403	8836	89	1478		257
金台区	11371	8180	75	3116		
渭滨区	10324	7642	75	2607		41
咸阳市小计	**205432**	**162832**	**1602**	**37087**	**3911**	**1173**
本级	18961	14387	306	4037	231	828
区县小计	186471	148445	1296	33050	3680	345
兴平市	18600	13650	121	4122	707	243
武功县	15836	13236	82	2457	61	

四、基本数字表

4－27－2

单位：人

地区	财政供养人口					经费自理年末人数
	小计	在职人员	离休人员	退休人员	其他人员	
三原县	18706	14712	166	3390	438	
泾阳县	17062	13509	75	3478		
礼泉县	19660	15539	114	3763	244	42
乾县	18949	15202	71	3545	131	16
永寿县	8806	7368	46	1392		
彬县	14910	12850	92	1757	211	
长武县	8180	6688	54	1438		
旬邑县	12266	10152	129	1578	407	
淳化县	10894	9157	46	1593	98	
秦都区	11660	8057	153	2074	1376	13
渭城区	10942	8325	147	2463	7	31
渭南市小计	**197083**	**149634**	**1467**	**39008**	**6974**	**6479**
本级	18254	13823	224	3683	524	2757
区县小计	178829	135811	1243	35325	6450	3722
临渭区	24015	17889	133	5847	146	456
华县	12746	9258	93	2799	596	170
华阴市	10331	8600	63	1379	289	252
潼关县	7170	6014	52	1104		484
大荔县	20812	16117	102	4564	29	864
蒲城县	22578	17821	124	4608	25	54
澄城县	13809	11290	94	2425		420
白水县	11648	7448	290	1955	1955	
韩城市	17012	10292	108	3209	3403	387
合阳县	15198	12076	110	3012		159
富平县	23510	19006	74	4423	7	476
汉中市小计	**139453**	**106042**	**613**	**31652**	**1146**	**4805**
本级	15100	11090	180	3636	194	1828
区县小计	124353	94952	433	28016	952	2977
汉台区	15929	10025	75	5760	69	190
南郑县	17750	13845	37	3857	11	
城固县	17518	13929	77	3512		514
洋县	12724	9502	23	3148	51	809
西乡县	11036	8134	33	2671	198	929
勉县	12643	9512	44	2937	150	244
宁强县	11158	8989	34	1756	379	226
略阳县	9835	8378	52	1405		
镇巴县	9698	7778	20	1855	45	
留坝县	3168	2478	30	611	49	65
佛坪县	2894	2382	8	504		
安康市小计	**111280**	**85747**	**476**	**24048**	**1009**	**1480**
本级	14690	10303	140	3559	688	696
区县小计	96590	75444	336	20489	321	784
汉滨区	23151	17775	47	5329		30
岚皋县	7308	5827	11	1470		49

4－27－3　　　　　　　　　　　　　　　　单位：人

地　　区	财政供养人口					经费自理年末人数
	小计	在职人员	离休人员	退休人员	其他人员	
汉阴县	9839	7728	43	2054	14	54
石泉县	7537	5896	34	1607		
宁陕县	4203	3316	39	828	20	31
紫阳县	10069	7274	24	2594	177	233
平利县	8716	6777	46	1893		166
镇坪县	4011	3287	27	637	60	
旬阳县	14326	11791	25	2460	50	174
白河县	7430	5773	40	1617		47
商洛市小计	**96450**	**75666**	**552**	**19368**	**864**	**1234**
本级	10645	7866	109	2326	344	612
区县小计	85805	67800	443	17042	520	622
商州市	13765	10405	54	3257	49	109
洛南县	15717	12219	85	3253	160	116
山阳县	14009	11356	83	2382	188	259
丹凤县	11328	8660	45	2537	86	60
商南县	9509	7588	60	1861		15
镇安县	11673	9182	88	2366	37	
柞水县	9804	8390	28	1386		63
延安市小计	**137036**	**114631**	**1108**	**17714**	**3583**	**960**
本级	21306	16261	249	2782	2014	362
区县小计	115730	98370	859	14932	1569	598
宝塔区	11896	9408	134	1908	446	93
延长县	8350	7198	95	1057		
延川县	9698	8514	92	1092		
子长县	11073	9620	61	1392		
安塞县	8523	7065	13	676	769	2
吴旗县	9478	8275	40	855	308	
志丹县	8489	7573	38	841	37	
甘泉县	6874	6169	31	665	9	
富县	9059	7648	65	1346		
洛川县	10218	8467	111	1640		
黄陵县	8652	7080	59	1513		503
宜川县	8483	7351	78	1054		
黄龙县	4937	4002	42	893		
榆林市小计	**165572**	**134428**	**1726**	**22694**	**6724**	**794**
本级	20518	14345	225	2576	3372	493
区县小计	145054	120083	1501	20118	3352	301
榆阳区	15263	12730	95	2081	357	3
神木县	13611	11603	139	1869		
府谷县	11760	10151	109	1334	166	7
横山县	12107	10131	112	1453	411	2
靖边县	13545	11974	95	1349	127	
定边县	13356	10837	86	1735	698	168
绥德县	15065	12486	206	2373		

4－27－4

单位：人

地区	财政供养人口					经费自理年末人数
	小计	在职人员	离休人员	退休人员	其他人员	
米脂县	11210	8920	139	2151		62
佳县	9643	7902	103	1443	195	
吴堡县	6510	5497	108	827	78	
清涧县	11213	8468	214	1831	700	59
子洲县	11771	9384	95	1672	620	
杨凌示范区小计	**6406**	**5312**	**24**	**1067**	**3**	**383**
本级	1246	1114	4	125	3	267
区县小计	5160	4198	20	942		116
杨陵区	5160	4198	20	942		116

2009 年甘肃省地市县基本数字表

4－28－1　　　　单位：人

地　　区	财政供养人口					经费自理年末人数
	小计	在职人员	离休人员	退休人员	其他人员	
地市县合计	**959721**	**761404**	**5245**	**171803**	**21269**	**19300**
兰州市小计	**114794**	**79539**	**1180**	**32212**	**1863**	**3501**
本级	38680	25637	777	11776	490	2833
区县小计	76114	53902	403	20436	1373	668
永登县	11265	8539	35	2529	162	79
榆中县	11345	8610	43	2324	368	374
皋兰县	5199	4265	12	861	61	77
城关区	18609	11382	122	7095	10	18
七里河区	11124	7135	93	3179	717	36
西固区	8117	5855	44	2218		6
安宁区	4506	3157	29	1277	43	
红古区	5949	4959	25	953	12	78
嘉峪关市小计	**7485**	**5347**	**53**	**2064**	**21**	**397**
本级	7485	5347	53	2064	21	397
金昌市小计	**17989**	**14049**	**64**	**3802**	**74**	**799**
本级	7683	5987	21	1643	32	46
区县小计	10306	8062	43	2159	42	753
永昌县	6631	5131	33	1425	42	753
金川区	3675	2931	10	734		
白银市小计	**61186**	**51508**	**140**	**9025**	**513**	**678**
本级	7246	5944	14	1239	49	9
区县小计	53940	45564	126	7786	464	669
景泰县	9232	7969	26	1237		42
靖远县	14114	11985	25	2094	10	79
会宁县	15026	13185	34	1807		499
平川区	8086	7039		867	180	39
白银区	7482	5386	41	1781	274	10
天水市小计	**109932**	**87308**	**584**	**17848**	**4192**	**2976**
本级	12246	9127	179	2897	43	436
区县小计	97686	78181	405	14951	4149	2540
清水县	11166	9098	24	1590	454	169
秦安县	15222	12369	36	1976	841	1007
甘谷县	13493	10157	69	2136	1131	103
武山县	10277	8267	59	1447	504	238
张家川回族自治县	10769	9276	38	1327	128	603
秦州区	17856	13992	79	3181	604	16
麦积区	18903	15022	100	3294	487	404
酒泉市小计	**45287**	**33962**	**254**	**9831**	**1240**	**1802**
本级	8150	5352	84	2201	513	479
区县小计	37137	28610	170	7630	727	1323
肃州区	10743	8052	46	2560	85	411
玉门市	6181	4590	53	1420	118	783
金塔县	5442	4317	21	1104		122
瓜州县	5120	4206	26	693	195	

4－28－2 单位：人

地　　区	财政供养人口					经费自理年末人数
	小计	在职人员	离休人员	退休人员	其他人员	
敦煌市	6133	4636	11	1229	257	7
肃北蒙古族自治县	2035	1621	9	405		
阿克塞哈萨克族自治县	1483	1188	4	219	72	
张掖市小计	**48232**	**37909**	**252**	**9567**	**504**	**2713**
本级	7858	5930	104	1777	47	291
区县小计	40374	31979	148	7790	457	2422
山丹县	6486	5196	31	1259		253
民乐县	6919	5724	10	1095	90	1081
甘州区	12536	9669	67	2605	195	686
临泽县	5773	4532	21	1082	138	
高台县	5596	4633	13	950		91
肃南裕固族自治县	3064	2225	6	799	34	311
武威市小计	**68769**	**57933**	**248**	**10091**	**497**	**2242**
本级	9276	6912	122	2159	83	234
区县小计	59493	51021	126	7932	414	2008
民勤县	11285	9640	15	1630		
古浪县	12249	10681	30	1411	127	822
天祝藏族自治县	11418	9961	11	1446		335
凉州区	24541	20739	70	3445	287	851
定西市小计	**86759**	**68711**	**484**	**14908**	**2656**	**932**
本级	6659	5191	88	1338	42	70
区县小计	80100	63520	396	13570	2614	862
安定区	13166	10602	62	2369	133	
通渭县	12316	9598	29	2121	568	45
陇西县	13527	10777	52	2099	599	591
渭源县	9962	8342	71	1389	160	88
临洮县	13474	10212	105	2891	266	13
漳县	5450	4560	36	854		
岷县	12205	9429	41	1847	888	125
陇南市小计	**93294**	**77867**	**426**	**13250**	**1751**	**896**
本级	7639	6441	41	1147	10	200
区县小计	85655	71426	385	12103	1741	696
成县	10044	8314	29	1472	229	21
文县	7986	6688	28	1270		
康县	7116	6183	29	904		
宕昌县	9189	7384	18	1044	743	
西和县	11344	9760	37	1547		338
礼县	13615	11231	73	2210	101	23
徽县	8741	7098	73	1285	285	67
两当县	3759	3216	35	508		12
武都区	13861	11552	63	1863	383	235
平凉市小计	**81180**	**65297**	**394**	**13525**	**1964**	**1497**
本级	8017	5801	133	2051	32	365
区县小计	73163	59496	261	11474	1932	1132

4－28－3　　　　单位：人

地　　区	财政供养人口					经费自理年末人数
	小计	在职人员	离休人员	退休人员	其他人员	
泾川县	12060	8878	65	2039	1078	
灵台县	7901	6275	28	1598		
崇信县	4277	3647	25	578	27	97
华亭县	7817	6735	21	983	78	69
庄浪县	12856	10453	28	1722	653	
静宁县	13378	11033	27	2318		
崆峒区	14874	12475	67	2236	96	966
庆阳市小计	**98210**	**79195**	**566**	**17396**	**1053**	**758**
本级	13654	9244	110	4174	126	758
区县小计	84556	69951	456	13222	927	
庆城县	9413	8173	29	1211		
镇原县	14615	12218	56	2341		
宁县	13021	10550	67	2404		
正宁县	8209	6626	59	1459	65	
合水县	7512	6233	54	1225		
华池县	7580	6466	45	902	167	
环县	12317	10671	93	1553		
西峰区	11889	9014	53	2127	695	
临夏回族自治州小计	**77998**	**64226**	**348**	**10097**	**3327**	**108**
本级	10588	8275	158	2010	145	108
区县小计	67410	55951	190	8087	3182	
临夏市	8761	7150	44	1467	100	
临夏县	9493	7459	21	1167	846	
积石山保安族东乡族撒拉族自治县	8193	7483	2	639	69	
永靖县	9188	7771	27	1124	266	
和政县	6285	5390	22	873		
康乐县	7631	5483	27	1027	1094	
广河县	7630	6075	17	731	807	
东乡族自治县	10229	9140	30	1059		
甘南藏族自治州小计	**48606**	**38553**	**252**	**8187**	**1614**	**1**
本级	6810	4852	101	1790	67	1
区县小计	41796	33701	151	6397	1547	
夏河县	4449	3503	28	874	44	
临潭县	7381	6169	15	1197		
卓尼县	8255	6140	46	1350	719	
舟曲县	6141	5217	16	836	72	
迭部县	3946	3060	13	747	126	
碌曲县	4412	3854	11	547		
玛曲县	3491	2747	10	423	311	
合作市	3721	3011	12	423	275	

2009年青海省地市县基本数字表

4－29－1　　　　　　　　　　　　　　　　　　　　　　　　　　单位：人

地　　区	财政供养人口					经费自理年末人数
	小计	在职人员	离休人员	退休人员	其他人员	
地市县合计	**231130**	**171637**	**1491**	**52225**	**5777**	**1516**
西宁市小计	**63774**	**47391**	**479**	**14725**	**1179**	**1050**
本级	18550	12800	244	5018	488	149
区县小计	45224	34591	235	9707	691	901
大通县	12005	9821	21	2043	120	
湟中县	11442	9591	60	1791		718
湟源县	6399	5256	43	1100		127
城中区	3305	2244	34	1027		23
城西区	3236	2148	41	1037	10	
城北区	3294	2122	16	1077	79	33
城东区	5132	3264	20	1627	221	
城南新区	54	54				
甘河工业园区	152	50			102	
生物产业园区	116				116	
经济技术开发区东川工业园区	89	41		5	43	
海东地区小计	**58066**	**47536**	**268**	**10220**	**42**	**186**
本级	2426	1859	18	549		22
区县小计	55640	45677	250	9671	42	164
民和县	10871	9077	82	1676	36	
乐都县	10913	8577	44	2292		50
平安县	6107	5177	25	905		71
互助县	13388	10952	28	2402	6	43
化隆县	8570	7088	20	1462		
循化县	5791	4806	51	934		
海西州小计	**22551**	**15579**	**182**	**5860**	**930**	**170**
本级	4402	2899	76	1401	26	58
区县小计	18149	12680	106	4459	904	112
都兰县	2761	2004	21	729	7	10
乌兰县	2376	1515	28	833		
天峻县	1839	1107	10	477	245	
德令哈市	2794	2000	15	664	115	
格尔木市	6373	5012	15	1146	200	53
柴旦行委	784	340	5	202	237	49
冷湖行委	422	248	5	135	34	
茫崖行委	800	454	7	273	66	
海南州小计	**24743**	**18363**	**141**	**5413**	**826**	**36**
本级	5138	3777	54	1161	146	
区县小计	19605	14586	87	4252	680	36
共和县	5172	3674	30	1265	203	36
贵德县	4477	3247	25	1060	145	
贵南县	3845	3073	16	756		
同德县	2864	2011	8	513	332	
兴海县	3247	2581	8	658		
海北州小计	**16553**	**11013**	**137**	**4644**	**759**	**74**

4－29－2 单位:人

地区	财政供养人口					经费自理年末人数
	小计	在职人员	离休人员	退休人员	其他人员	
本级	4251	2596	40	1275	340	74
区县小计	12302	8417	97	3369	419	
海晏县	2165	1513	16	636		
刚察县	2549	1735	32	776	6	
祁连县	3058	1886	22	813	337	
门源县	4530	3283	27	1144	76	
黄南州小计	**15513**	**10406**	**102**	**3799**	**1206**	
本级	2875	1937	33	905		
区县小计	12638	8469	69	2894	1206	
同仁县	4365	2643	36	911	775	
尖扎县	3411	2453	20	888	50	
泽库县	2680	1862	8	532	278	
河南县	2182	1511	5	563	103	
玉树州小计	**17860**	**12941**	**96**	**4483**	**340**	
本级	4479	2856	96	1489	38	
区县小计	13381	10085		2994	302	
玉树县	2964	2244		586	134	
称多县	2317	1878		423	16	
昂欠县	2657	1778		783	96	
杂多县	1788	1355		406	27	
治多县	1921	1496		417	8	
曲麻莱县	1734	1334		379	21	
果洛州小计	**12070**	**8408**	**86**	**3081**	**495**	
本级	2924	1910	32	927	55	
区县小计	9146	6498	54	2154	440	
玛沁	1945	1316	8	457	164	
甘德	1405	1056	14	335		
达日	1361	989	8	364		
玛多	1385	1036	5	340	4	
班玛	1568	898	8	390	272	
久治	1482	1203	11	268		

2009年宁夏回族自治区地市县基本数字表

4－30　　　　单位：人

地　区	财政供养人口					经费自理年末人数
	小计	在职人员	离休人员	退休人员	其他人员	
地市县合计	**212124**	**153247**	**1496**	**46199**	**11182**	**5855**
银川市小计	**31041**	**20581**	**366**	**7896**	**2198**	**1617**
本级	16384	10837	293	4263	991	1531
区县小计	14657	9744	73	3633	1207	86
兴庆区	7583	4720	45	1999	819	
金凤区	2909	2138	14	688	69	86
西夏区	3994	2779	14	927	274	
高新区	171	107		19	45	
永宁县	**6188**	**4455**	**43**	**1435**	**255**	
贺兰县	**5481**	**3468**	**24**	**1838**	**151**	**364**
灵武市	**10486**	**8067**	**51**	**2175**	**193**	**214**
石嘴山市小计	**15735**	**11206**	**111**	**3556**	**862**	**727**
本级	8084	5971	90	1918	105	681
区县小计	7651	5235	21	1638	757	46
大武口区	2974	1908	11	519	536	
惠农区	4083	2891	10	1080	102	46
隆湖区	594	436		39	119	
平罗县	**9864**	**6360**	**91**	**2811**	**602**	**317**
吴忠市小计	**18574**	**12377**	**132**	**3768**	**2297**	**510**
本级	16109	11496	122	3113	1378	510
区县小计	2465	881	10	655	919	
利通区	2465	881	10	655	919	
青铜峡市	**11100**	**8161**	**82**	**2107**	**750**	**349**
盐池县	**6569**	**5164**	**57**	**1283**	**65**	**2**
同心县	**10763**	**7488**	**56**	**2364**	**855**	
红寺堡	**2503**	**2373**		**81**	**49**	
中卫市小计	**12056**	**9333**	**82**	**2478**	**163**	**803**
本级	12056	9333	82	2478	163	803
中宁县	**9604**	**7318**	**46**	**1868**	**372**	**212**
海原县	**11512**	**8718**	**53**	**2741**		
固原市小计	**18407**	**13385**	**151**	**3894**	**977**	**692**
本级	7840	5468	85	1631	656	366
区县小计	10567	7917	66	2263	321	326
原州区	10567	7917	66	2263	321	326
西吉县	**12664**	**9235**	**59**	**1999**	**1371**	
隆德县	**8105**	**6730**	**56**	**1319**		**48**
泾源县	**4227**	**3248**	**22**	**935**	**22**	
彭阳县	**7245**	**5580**	**14**	**1651**		

2009 年新疆维吾尔自治区地市县基本数字表

4－31－1　　　　单位:人

地区	财政供养人口					经费自理年末人数
	小计	在职人员	离休人员	退休人员	其他人员	
地市县合计	**945810**	**681158**	**4614**	**225232**	**34806**	**16420**
克拉玛依市小计	**21712**	**14156**	**36**	**3844**	**3676**	**250**
本级	10709	7247	30	2788	644	233
区县小计	11003	6909	6	1056	3032	17
克拉玛依区	6421	3545		362	2514	
独山子区	2223	1779	6	373	65	
白碱滩区	2104	1361		290	453	17
乌尔禾区	255	224		31		
石河子市	**15357**	**10045**	**218**	**4773**	**321**	**280**
伊犁州小计	**121876**	**85650**	**798**	**30387**	**5041**	**2507**
本级	16391	11416	250	4608	117	1648
区县小计	105485	74234	548	25779	4924	859
奎屯市	5877	4205	26	1224	422	84
伊宁市	19483	14274	141	4139	929	220
伊宁县	13965	10096	81	3451	337	9
察布查尔锡伯自治县	9405	5841	29	3010	525	6
霍城县	11590	7930	52	2672	936	36
尼勒克县	9026	6546	44	2066	370	155
巩留县	8879	6207	52	2271	349	30
新源县	10265	7593	55	2617		157
特克斯县	9923	6179	41	2647	1056	16
昭苏县	7072	5363	27	1682		146
塔城地区小计	**60345**	**41378**	**395**	**17670**	**902**	**1718**
本级	6725	4202	86	2344	93	100
区县小计	53620	37176	309	15326	809	1618
塔城市	8552	5620	93	2595	244	13
额敏县	9142	6248	50	2833	11	566
乌苏市	9439	6692	40	2602	105	530
沙湾县	9574	7297	52	2225		401
托里县	6452	4377	27	1982	66	
裕民县	4698	3160	21	1447	70	92
和布克赛尔蒙古自治县	5763	3782	26	1642	313	16
阿勒泰地区小计	**47375**	**35088**	**266**	**11189**	**832**	**336**
本级	7274	5255	80	1869	70	223
区县小计	40101	29833	186	9320	762	113
阿勒泰市	10073	7342	37	2671	23	24
布尔津县	5304	3658	15	1157	474	66
哈巴河县	5684	4206	37	1273	168	11
吉木乃县	4023	2865	17	1141		
福海县	5090	3904	40	1146		
富蕴县	5592	4424	24	1047	97	
青河县	4335	3434	16	885		12
博尔塔拉州小计	**30072**	**22580**	**171**	**5222**	**2099**	**256**
本级	6745	4951	77	1362	355	22

4－31－2　　　　　　　　　　　　　　　　　　　　　　单位:人

地　　区	财政供养人口					经费自理年末人数
	小计	在职人员	离休人员	退休人员	其他人员	
区县小计	23327	17629	94	3860	1744	234
博乐市	10275	7424	36	1483	1332	
精河县	8030	6299	30	1357	344	189
温泉县	5022	3906	28	1020	68	45
巴音郭楞州小计	**75082**	**56683**	**359**	**13109**	**4931**	**890**
本级	12093	7997	132	2527	1437	146
区县小计	62989	48686	227	10582	3494	744
库尔勒市	16893	11955	50	2581	2307	258
轮台县	6354	4855	25	1474		
尉犁县	5537	4709	22	806		
且末县	4835	3673	9	1153		351
若羌县	3122	2533	10	579		1
焉耆回族自治县	7011	5825	34	1152		134
和静县	10041	7871	50	1283	837	
和硕县	4393	3556	16	780	41	
博湖县	4803	3709	11	774	309	
阿克苏地区小计	**103979**	**68689**	**320**	**23561**	**11409**	**1973**
本级	13326	9157	127	3095	947	296
区县小计	90653	59532	193	20466	10462	1677
阿克苏市	15400	10406	35	2373	2586	68
库车县	17501	10186	35	3995	3285	57
拜城县	10489	7498	30	2502	459	
新和县	8075	5230	13	1741	1091	363
沙雅县	9575	5688	13	2356	1518	462
温宿县	9884	6593	25	2370	896	343
乌什县	7360	5111	17	2132	100	232
阿瓦提县	8546	5986	19	2014	527	82
柯坪县	3823	2834	6	983		70
克孜勒苏州小计	**42588**	**30263**	**146**	**12179**		
本级	9106	6740	86	2280		
区县小计	33482	23523	60	9899		
阿图什市	12157	9142	14	3001		
阿克陶县	10097	7232	18	2847		
乌恰县	5856	3533	18	2305		
阿合奇县	5372	3616	10	1746		
喀什地区小计	**131098**	**99237**	**414**	**29777**	**1670**	**1347**
本级	11467	7559	147	3664	97	200
区县小计	119631	91678	267	26113	1573	1147
喀什市	15559	10808	32	4090	629	48
莎车县	19340	15377	43	3836	84	820
疏勒县	9786	7287	29	2470		
疏附县	9821	7841	20	1960		
叶城县	12041	9863	26	2087	65	21
伽师县	10214	7576	21	2517	100	

4－31－3　　　　单位:人

地　　区	财政供养人口					经费自理年末人数
	小计	在职人员	离休人员	退休人员	其他人员	
巴楚县	10185	7993	27	2165		26
麦盖提县	7898	5799	11	1491	597	
泽普县	6615	5413	26	1176		
英吉沙县	8463	6717	20	1726		131
岳普湖县	6347	4762	7	1480	98	101
塔什库尔干塔吉克自治县	3362	2242	5	1115		
和田地区小计	**73906**	**56829**	**291**	**16639**	**147**	**1003**
本级	7373	5200	127	1981	65	322
区县小计	66533	51629	164	14658	82	681
皮山县	7946	5896	21	2029		299
墨玉县	13948	11298	34	2616		57
和田县	8658	6645	23	1990		84
洛浦县	8157	6095	15	2047		
策勒县	6275	4861	19	1395		
于田县	8767	6723	14	1948	82	241
民丰县	3224	2429	11	784		
和田市	9558	7682	27	1849		
吐鲁番地区小计	**30975**	**23338**	**63**	**7063**	**511**	**165**
本级	4477	3314	26	1057	80	165
区县小计	26498	20024	37	6006	431	
吐鲁番市	10083	7557	14	2346	166	
鄯善县	9728	7422	11	2030	265	
托克逊县	6687	5045	12	1630		
哈密地区小计	**32362**	**22016**	**213**	**9020**	**1113**	**629**
本级	8045	5579	103	2363		506
区县小计	24317	16437	110	6657	1113	123
伊吾县	3694	2630	10	1042	12	
巴里坤哈萨克自治县	6605	4531	27	1976	71	
哈密市	14018	9276	73	3639	1030	123
五家渠市	**4585**	**3279**	**80**	**986**	**240**	**19**
阿拉尔市	**2305**	**1691**	**27**	**587**		
图木舒克市	**1821**	**1621**	**1**	**199**		
乌鲁木齐市昌吉州小计	**150372**	**108615**	**816**	**39027**	**1914**	**5047**
本级	45689	32622	479	12177	411	3537
区县小计	104683	75993	337	26850	1503	1510
乌鲁木齐县	4013	2643	29	1231	110	85
天山区	9602	6169	32	3401		
沙依巴克区	9240	6342	24	2874		217
新市区	6766	4682	15	2069		4
水磨沟区	4236	3450	16	770		
头屯河区	3111	2383	6	722		
米东区	9151	6988	29	2126	8	36
达坂城区	1884	1225	6	615	38	82
玛纳斯县	8709	6056	29	2175	449	

4-31-4

单位:人

地区	财政供养人口					经费自理年末人数
	小计	在职人员	离休人员	退休人员	其他人员	
呼图壁县	7622	5998	24	1600		
昌吉市	11368	8730	28	2399	211	557
阜康市	7046	5111	23	1497	415	161
吉木萨尔县	6599	4903	17	1518	161	134
奇台县	9267	6716	39	2401	111	203
木垒哈萨克自治县	6069	4597	20	1452		31